KB190808

개신교 신학의 양대 흐름

루터 신학 vs 웨슬리 신학

개신교 신학의 양대 흐름: 루터 신학 vs 웨슬리 신학

Copyright ⓒ 웨슬리 르네상스 2019

초판1쇄 2019년 3월 8일, **초판2쇄** 2019년 12월 8일

지은이 장기영
펴낸이 장기영
편 집 장기영
교정·윤문 이주련
표지 오인표(터치바이블선교회)
인쇄 (주) 예원프린팅

펴낸곳 웨슬리 르네상스
출판등록 2017년 7월 7일 제2017-000058호
주소 경기도 부천시 호현로 467번길 33-5, 1층 (소사본동)
전화 010-3273-1907
이메일 samhyung@gmail.com

ISBN 979-11-966084-0-8 (03230)
값 30,000원

이 책의 출판을 위해 기도와 재정으로 후원해 주신
부평제일교회 김종웅 목사님과 성도님들께 깊이 감사드립니다.

Two Main Streams of Protestant Theology

개신교 신학의 양대 흐름

루터 신학 vs 웨슬리 신학

장기영 지음

웨슬리 르네상스

약어표

Books

BC	*The Book of Concord: The Confessions of the Evangelical Lutheran Church*, ed. and tr. T. G. Tappert (Philadelphia: Fortress, 1959)
BE	Bicentennial Edition of The Works of John Wesley, General Editors, Frank Baker, Richard Heitzenrater, Oxford: Clarendon Press, Nashville: Abingdon Press, 1975-.
ENNT	Explanatory Notes on the New Testament.
ENOT	Explanatory Notes on the Old Testament.
Journals	*The Journal of the Rev. John Wesley, A.M.*, ed. Nehemiah Curnock, 8 vols, London: Robert Cullery.
Letters	*The Letters of the Rev. John Wesley, A.M.*, ed. John Telford, 8 vols, London: Epworth Press, 1931.
LW	Martin Luther, Luther's Works, ed. J. Pelikan et al. (St Louis: Concordia and Philadelphia: Fortress, 1955-86).
NPNF	Schaff, Philip. ed. *A Select Library of the Nicene and Post-Nicene Fathers of the Christian Church*. 14 vols. Buffalo: The Christian literature Co., 1886.
Plain Account	John Wesley, *A Plain Account of Christian Perfection* (Massachusetts: Hendrickson Publishers, 2007)
ST	Thomas Aquinas, *Summa Theologica*, tr. Fathers of the English Dominical Province. 5 vols. (New York: Benziger Brothers, 1948).
WA	Martin Luther's Werke. Kritische Gesamtausgabe. Weimar, 1883-.
WW	*The Works of John Wesley*, ed. Thomas A. Jackson, 14 volumes.

Journals

CJ	Concordia Journal
CTQ	Concordia Theological Quarterly
LQ	Lutheran Quarterly
MH	Methodist History
WTJ	Wesleyan Theological Journal

차례

머리말

만약 루터가 아닌 웨슬리가 종교개혁을 시도했다면 성공할 수 있었을까? 그렇지 못했을 것이다. 사람들은 웨슬리 신학이 로마 가톨릭 신학과 어떻게 다른지 잘 구별해내지 못했을 가능성이 크다. 웨슬리 신학에는 루터 신학의 전매특허와 같은 과격함과 극단성이 부족하다. 사람들은 루터식 흑백논리와 배타적 양자택일의 장점인 선명함과 확고함, 시원시원함이 없는 웨슬리 신학을 율법과 복음, 가톨릭과 개신교를 뒤섞어놓은 애매모호한 주장으로 여겼을지도 모른다. 루터는 다른 어떤 신학자도 그렇게 하지 못했을 만큼 하나님의 은혜와 예수 그리스도의 십자가의 복음을 선명하게 제시했다. 루터의 모든 글은 복음에 대한 확고한 신념, 그만의 독특한 신학적 사고의 선명함과 탁월함을 드러낸다. 그 점에서 과거만이 아닌 오늘날조차도 루터가 없다면 개신교 신학은 그 근본 토대가 흔들리고 말 것이다. 루터 신학은 칼빈주의와 웨슬리안 전통을 포함해 개신교의 다양한 전통 모두의 신학적 토대이자 공통분모다. 모든 개신교회는 루터 신학에서 영속적으로 유익을 얻고 있다.

한편 만약 웨슬리가 없었다면 개신교 신학은 지금과 같은 성경적 균형을 가질 수 있었을까? 또 개신교회는 지금같이 성령의 역동적인 은혜를 누릴 수 있었을까? 그럴 수 없었을 것이다. 종교개혁 당시 중세 가톨릭 신학은 하나님의 은혜와 인간의 행위 사이에서 인간 편 극단에 치우친 구원론을 가르쳤다. 루터는 가톨릭의 극단을 바로잡기 위해 그들과 정반대의 극단에서 상대를 효과적으로 공략함으로 종교개혁에 성공할 수 있었는데, 가톨릭의 인간 중심적 극단성을 깨뜨린 그의 무기는 하나님 중심적 극단성이었다. 그러나 그 결과 루터 신학은 앞으로 웨슬리 신학의 특징이 될 성경적 균형과 조화를 결여하게 되었다. 웨슬리는 다양한 기독교 전통에 각기 흩어져 존재하던 성경적 진리의 파편들을 녹여 자신의 신학으로 창조적으로 종합해낸 신학적 천재였고, 그의 신학은 루터가 터부시하고 배제해버린 성경적 진리의 중요한 요소를 개신교 신학 내에 다시 회복시키는 성경적 균형을 가졌다. 웨슬리가 존재할 수 있었던 것은 루터가 있었기 때문이라는 사실은 분명하다. 그러나 웨슬리는 루터가 멈춘 곳에서 더 나아가 루터를 극복했다. 루터란은 나의 이런 판단에 동의하지 않을지도 모른다. 그러나 나는 낙원에서 웨슬리를 누구보다 기뻐하며 반겼을 사람이 루터였을 것이라고 믿는다.

이 책은 루터나 웨슬리 중 한 사람을 높이고 다른 사람을 폄하하기 위한 것이 아니다. 루터와 웨슬리 신학 체계의 핵심을 드러내고 비교해, 독자들로 두 위대한 신학자의 메시지의 차이를 명확히 구별할 수 있게 하기 위한 것이다. 그럼에도 책의 제목을 "개신교 신학의 양대 흐름"으로 정한 것에 칼빈주의자는 의문을 품을 수 있을 것이다. 개신교 신학의 흐름을 논의하면서 어떻게 칼빈을 배제할 수 있느냐는 항변은 어떤 면에서 당연하고 상식적인 이의 제기라고 생각한다. 개신교 신학의 발전 과정을 살펴보면, 루터가 충분히 설명하지 못한 내용을 칼빈이 보완했거나, 일부 주제에서 칼빈의 통찰이 루터를 뛰어넘는 부분이 있는 것이 사실이다. 예를 들면, 루터는 율법의 정치적·신학적 용법 두 가지만 가르친 데 비해, 칼빈은 거기에 율법의 제3용법(지시적 용법)을 추가한 것이 대표적 사례다. 루터가 신앙을 통한 그리스도와의 신비적 연합의 유익을 주로 칭의로 설명한 데 비해, 칼빈은 그리스도와의 연합이 가져오는 이중적 은혜로 칭의와 중생(성화)을 함께 강조한 것도 또 다른 사례라 할 수 있다. 그 외에도 성례론에서 루터의 공재(共在)론적 관점과 달리 칼빈이 영적 실재론을 주장한 것이나, 루터는 필요에 따라 이따금 실시한 교회의 치리를 칼빈은 훨씬 강화해 실행할 것을 강조함으로 교회의 거룩성을 보존하려 한 노력 등 루터를 이어 칼빈이 개신교회에 남긴 훌륭한 업적은 결코 폄하되어서는 안 된다.

그러나 몇몇 주제에서의 차이에도 불구하고 루터와 칼빈의 신학에는 본질적인 동질성이 존재한다. 예를 들어, 이 세상의 모든 일 특히 인간의 구원에서 하나님의 전적 주권에 대한 강조가 신론에서는 이중예정론으로 나타나고, 기독론에서는 그리스도의 의의 전가를 통한 구원의 교리로 표현되며, 성령론에서는 성령의 율법과 복음의 계시 및 신자 속에서 죄를 억제함으로 이루시는 성화의 가르침으로 응축된다는 점에서 루터와 칼빈의 신학은 본질적으로 동일하다. 나아가 두 신학은 구원론에서 구원의 조건으로 오직 믿음을 강조하고 믿음의 열매로서 변화된 삶을 강조하면서도 완전성화를 부인하는 점에서, 인간론에서 인간의 전적타락과 원죄의 교리, 노예의지론을 가르치고, 구원 받은 신자를 의인인 동시에 죄인(루터) 또는 신자 안에 옛 본성과 새 본성이 공존하는 두 본성(칼빈)의 상태로 묘사하는 점에서도 근본적 동질성을 드러낸다. 칼빈 학자 프랑수아 방델(François Wendel)이 칼빈에 대해, 루터를 연구하고 그 신학의 정수를 섭렵해 자신의 신학의 토대로 삼은 루터의 수제자로 묘사한 것은 결코 지나친 주장이 아니다.[1] 개신교 신학을 한편에서 아우구스티누스-루터-칼빈이 모여 이루어낸 신학의 큰 강물과, 다른 한편에서 아우구스티누스를 제외한 교부들-아르미니우스-웨슬리가 이루어낸 또 다른 큰 강물로 구분한 큰 그림에서 본다면, 루터 신학과 칼빈 신학의 차이는 전자의 큰 강물 내에서의 사소한 지류의 차이에 불과하다.

이 책은 칼빈과 칼빈주의자를 루터 신학을 계승하고 확장한 루터의 제자로 보는 관점에서 하나의 종교개혁 신학 전통으로 묶어 그들 신학의 대표로 루터를 내세울 것이다. 그리고 종교개혁 신학의 많은 부분을 계승하면서도 일부 성경적 균형에서 벗어난 주장을 수정한 웨슬리를 아르미니우스주의-웨슬리안 신학 전통의 대표로 삼아 양자의 신학 체계를 서로 비교할 것이다. 웨슬리는 루터란과 칼빈주의자 모두와 신앙의 교제를 나누었으나, 신학적 차이에 관해서는 칼빈주의자와 더 자주 논쟁했다. 이 책은 루터와 칼빈 신학 체계의 광범위한 동질성에 기초해, 필요하다면 칼빈주의자와 웨슬리의 논쟁도 루터와 웨슬리 신학의 차이를 비교하기 위한 자료로 활용할 것이다. 루터와 웨슬리 신학을 주로 비교하는 이 책에 자주 칼빈이 등장하는 이유는 그 때문이다. 혹 루터와 칼빈 신학의 차이를 중시해, 그들을 하나의 신학 체계로 묶어 루터를 대표로 삼은 것에 불편을 느끼는 독자는, 칼빈이 어떤 이유로 루터 신학을 계승하고 또 그를 존경했는지 이해하기 위해서라도 잠시 불편한 마음을 유보하고 루터를 새롭게 이해하는 일에 관심을 두시기를 부탁드린다.

나는 지금까지 경험한 일부 칼빈주의자의 신학적 편협성과 달리 많은 루터란 형제가 가진 포용적 태도와 겸손을 감사하게 생각한다. 루터 신학과 루터란 전통의 어떤 요소가 그들로 그런 매력을 갖게 하는지 궁금할 때가 많다. 앞으로 기회가 되는 대로 그들과 친교를 나누며 그들의 장점을 배우고 싶은 것이 솔직한 심정이다. 그렇더라도 나는 관계가 불편하게 될지도 모른다는 우려 때문에 종교개혁 신학의 단점이나 한계에 관해 함구하거나, 웨슬리 신학이 가진 장점을 약화시키지는 않을 것이다. 필요하다고 판단하면 웨슬리 신학이 종교개혁 신학을 보완하고 완성한 더 균형잡힌 신학 체계라는 확신을 독자에게 감추지 않을 것이다.

솔직히 나는 이 책이 루터를 폄하하고 웨슬리만 일방적으로 옹호하는 불공정한 책이 되지는 않을까 하는 것보다, 오히려 이 책이 루터 신학은 비교적 충실하게

---

1   프랑수아 방델, 『칼빈: 그의 신학 사상의 근원과 발전』, 김재성 역 (서울: 크리스천다이제스트, 1999), 141-168.

소개한 데 비해 웨슬리 신학은 그렇지 못한 것 아닌가 하는 점이 염려된다. 이는 박사학위 과정 중에 어느 정도 익숙한 웨슬리보다, 잘 알지 못했던 루터 연구에 더 많은 시간과 노력을 할애했기 때문이다. 이 책이 웨슬리보다 루터를 더 잘 소개했다고 보는 것은, 내 원고를 언제나 꼼꼼히 읽고 논평해주어 반(半)전문가가 된 내 아내의 생각이기도 하다. 2018년 봄학기 서울신학대학교 대학원에서 이 책의 초고로 함께 한 학기를 공부한 학생들도 이 책을 통해 웨슬리 신학의 균형보다 루터 신학의 탁월함에 더 감명을 받았음을 말하기도 했다. 박사학위 논문을 보완해 미국 애즈베리 신학대학원의 '웨슬리와 경건주의 연구 시리즈'(Asbury Theological Seminary Series in Pietist/Wesleyan Studies)의 17번째 책으로 출판한 *The Theologies of the Law in Martin Luther and John Wesley* (Lexington: Emeth Press, 2014)의 우리말 번역을 수년 전 끝냈음에도 지금까지 국내 출판을 미룬 이유 역시 웨슬리 신학 설명이 부족하다는 생각 때문이었다. 하지만 학위를 끝낸 지 6년이 지난 지금, 내용의 부족함을 이유로 계속 출판을 연기할 수만은 없다는 생각이 든다. 시간강사로 지내며 충분한 연구시간을 확보할 수 없는 지금, 최선의 방법은 먼저 책을 출판한 후 차후 수정, 증보판을 내는 것으로 느껴지기 때문이다.

나는 연구 과정에서 자료를 조작해 자의적 결론을 끌어내지 않도록 할 수 있는 한 원자료에 충실하기 위해 많은 주의를 기울였다. 루터나 웨슬리의 주장에 근거하지 않은 자의적 결론을 도출하거나 그들 중 누군가를 의도적으로 불공정하게 대한다면, 학계와 독자의 비난을 자초할 뿐 아니라 학자의 양심을 저버리는 일이 될 것이기 때문이다. 그렇기에 이 책은 그동안 루터 학계가 굳이 다루지 않았던 루터 신학에 대한 비평적 시각을 포함할 수 있고, 그것이 루터 신학에 관한 더 객관적 시각일 수 있다. 루터 학자는 루터란 전통 외부의 입장에서 스스로를 객관화하기 쉽지 않고, 루터에 대한 존경심으로 인해 그의 신학적 약점을 말하기 어려울 수 있기 때문이다. 그 점에서 이 책은 다른 루터 연구서보다 루터의 공과(功過)를 더 객관적으로 드러내는 것일 수 있다. 나는 루터와 웨슬리를 임의로 조작하지 않았음을 입증하기 위해 자주 그들의 글을 직접 인용할 것이다. 비록 해석이 다양할 수 있더라도, 저자 자신의 글은 그 해석이 적절한지 판단하는 불변의 토대가 되기 때문이다. 기존 학계의 반응이 어떻든, 나의 자료 사용과 해석이 공정한지 그렇지 않은지의 여부는 인용된 루터와 웨슬리의 글을 통해 독자들이 직접 판단해 주시기 바란다.

독자 및 다른 연구자를 위해 각주는 본문과 가장 직접적 관련이 있는 출처를 맨 앞에 표기했고, 그 뒤에는 내용상 밀접한 다른 출처들도 함께 표기했다.

웨슬리 신학 해설에서는 기존에 잘 알려진 내용의 재진술이 되지 않도록 국내 웨슬리안이 충분히 인지하지 못한 웨슬리 신학의 특징을 드러내는 것과, 무지나 편견에 기초해 부당하게 비난하고 공격하려는 시도에서 웨슬리 신학을 변증하는 것에 주안점을 두었다. 이는 해외에서는 웨슬리 연구의 필수 자료로 인정받아온 기초적인 자료조차 아직 우리말로 번역되지 않아 국내에서는 접할 수 없는 국내 웨슬리 연구의 현실을 감안한 것이기도 하고, 웨슬리의 글을 한 번도 읽어본 적이 없으면서도 웨슬리를 쉽게 이단으로 매도하는 일부 칼빈주의자의 오해를 바로잡으려는 노력이기도 하다.

이 책은 율법과 복음의 관계를 중심으로 신론, 기독론, 성령론, 구원론, 인간론, 교회론, 기독교윤리 등 조직신학의 주요주제 전반에서 개신교 신학의 양대 흐름인 루터 신학과 웨슬리 신학을 비교할 것이다. 이 책의 각 장은 율법이라는 주제를 항상 중요하게 다룰 것인데, 이 책이 본래 루터와 웨슬리의 율법관을 비교한 연구에 토대를 두었기 때문이다. 독자들이 이 책을 통해 자신이 속한 신학 전통과 타 신학 전통의 차이를 발견해 개신교 신학의 메시지를 더 넓고 풍부하게 이해할 수 있기를 기대한다. 루터란은 웨슬리를, 웨슬리안은 루터를, 또 칼빈주의자는 루터와 웨슬리를 더 명확하고 풍성하게 이해할 수 있기를 바란다. 다양한 교단의 신학자와 목회자, 신학생과 평신도가 이 책을 통해 자신의 신학 전통과 다른 전통을 더 균형 있게 바라보게 되기를 기대한다.

나는 이 책이 한국 개신교의 성숙에 유용하기를 소망한다. 루터와 웨슬리는 참된 신앙과 깊은 영성을 결여한 채 사변적 유희를 즐기는 오늘날의 일부 믿음 없는 신학자와 달리, 영적 처절함과 간절함 속에서 하나님의 진노와 지옥의 공포, 용서와 구원의 은혜를 깊이 체험한 은총의 신학자들이었다. 또 그들은 성경에서 구원의 진리를 캐내 교회에 효과적으로 전달하는 일에서 누구보다 탁월하고 신뢰할 만한 교사들이었다. 그 외에도 그들은 한 지교회의 목회자라기보다 역사 속에 큰 영적 부흥과 사회적 변화를 일으켜, 그들이 속한 사회에 복음이 가진 강한 영향력을 입증해낸 영적 지도자들이었다. 이 점에서 루터와 웨슬리 신학에는 개인 구원을 위한 영적 지혜 외에도, 교회를 갱신하고 사회와 국가를 변혁할 풍부한 통찰과 지

혜, 경륜이 있다. 시대가 어둡고 진리가 혼탁해질수록 우리가 더 깊이 관심 가져야
할 영적 통찰과 지혜의 원천은, 루터와 웨슬리같이 하나님의 계시의 생명샘물에서
오염되지 않은 맑은 물을 길어 사람과 사회를 살리는 영적 지도자들이라고 믿는다.
온갖 지식이 범람하지만 하나님의 말씀은 더욱 희귀해진 이 시대에 이 땅의 그리
스도인들이 하나님의 말씀으로 교회를 개혁한 루터의 신학과, 개신교 신학을 성경
적 균형으로 회복시킨 웨슬리 신학에서 개인과 교회, 사회의 영적 갱신을 위해 유
용한 성경적 신학과 실천의 풍부한 원천을 발견할 수 있기를 바란다.

　　독자들은 이 책을 통해 루터, 웨슬리와 능동적으로 대화해 그들의 가르침에서
성경적 구원의 진리와 성도의 거룩한 삶의 원리, 한국 교회와 사회의 개혁을 위한
지혜와 지식의 보화를 정성껏 캐내어 주시기를 부탁드린다. 덧붙여 책의 각 장에서
루터와 웨슬리 신학을 비교한 후반부에만 관심을 갖기보다, 루터와 웨슬리의 신학
을 각각 다룬 전반부의 해설을 먼저 충실히 이해해 주시기를 바란다.

2019년 2월

장 기 영

감사의 말씀

이 책을 집필하고 출판하기까지 많은 분의 도움이 있었습니다. 무엇보다 이 책은 저를 신앙으로 양육하시고 오랜 기간 사랑과 재정, 기도를 쏟아부어주신 사랑하고 존경하는 부모님의 헌신의 열매입니다. 또 사위 목사를 위해 사랑과 기도, 격려를 아끼지 않으신 사랑하고 존경하는 장인 장모님의 작품이기도 합니다. 제 인생에서 부모님의 사랑은 하나님의 사랑을 그대로 닮아 있기에, 때때로 고난 속에서 하나님이 멀리 계신 듯 느껴질 때도 부모님을 떠올리면 하나님이 어떤 분이신지를 다시금 깨닫게 됩니다.

제게 신앙을 가르쳐 주신 여러 목사님과 교회 선생님, 기독교대한성결교회에 감사드립니다. 서울신학대학교에서 웨슬리 신학에 관해 훌륭한 가르침을 주신 한영태 교수님께 감사드립니다. 영국 나사렛 대학(Nazarene Theological College)의 조던 해먼드(Geordan Hammond) 교수님께 깊이 감사드립니다. 박사과정의 지도교수였던 그분의 헌신적인 도움이 없었다면, 저는 이 연구를 제대로 마칠 수 없었을 것입니다. 해먼드 교수님을 생각하면, 예수님께서 그의 모습을 입고 저를 도와주셨다는 생각이 듭니다. 공동 지도교수셨던 미국 애즈베리 신학대학원(Asbury Theological Seminary)의 케네스 콜린스(Kenneth Collins) 교수님께 깊이 감사드립니다. 그의 웨슬리 신학에 대한 정확한 해석과 해박한 지식은 이 연구의 가장 중요한 밑거름이 되었습니다.

수업 시간에 이 책의 원고로 함께 고민하고 토론한 학생들, 그동안 강의의 기회를 허락해준 서울신학대학교와 평택대학교, 작업 기간에 많은 생각을 나누며 외롭지 않게 동행해준 페이스북 친구분들께도 감사드립니다. 아울러 책의 출판을 위해 조언해주시고, 원고의 교정과 편집, 표지 디자인, 인쇄로 수고해주신 분들께 감사드립니다. 유학 기간 물심양면으로 후원해주신 개인과 교회, 교단의 해외장학회, 그리고 유학 후에도 연구비, 번역비, 출판비를 후원해 학문 활동을 이어가도록 요긴한 도움을 주신 모든 분께 깊이 감사드립니다.

유학 기간의 외로움과 귀국 후 경제적 어려움 속에서도 모든 과정을 헌신과 기도로 함께해준 사랑하는 아내 문은영과 언제나 기쁨과 행복을 주는 사랑하는 딸 성결이와 여결이에게 깊은 고마움과 사랑을 전합니다.

서 론

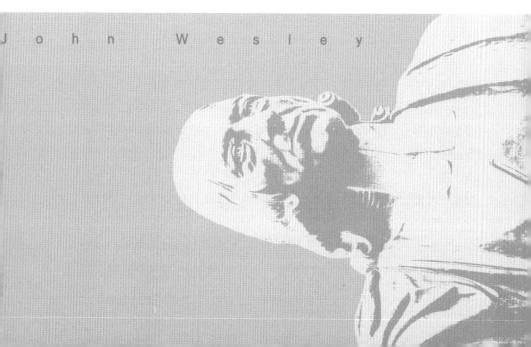

서론

기독교 신앙에서 율법이 차지하는 위치는 초대교회 이후 기독교 신학에서 가장 중요하고 난해한 주제 중 하나다. 교회사를 살펴보면 이 주제를 이해하지 못해 많은 이단과 잘못된 사상이 나타났고, 각 시대 교회가 혼란을 겪었음을 알 수 있다. 지금의 한국 교회도 율법의 위치를 바르게 파악하지 못해 많은 부분에서 신앙의 본질이 흐려지고 있음을 보게 된다. 많은 사람이 행함의 바른 방향을 잃어가고, 따라서 도덕 수준이 하향곡선을 그리며 사회가 타락해가는 것을 본다. 교회는 번창했으되 하나님의 거룩한 뜻을 행하는 것과 멀어진 교회가 되어있음을 본다. 이런 현상은 율법에 대한 바른 이해 여부와 무관하지 않다. … 그리스도인이라면 누구나 타락해 저주 아래 놓인 인간이 구원 받을 수 있는 유일한 길은 오직 예수 그리스도를 믿는 믿음뿐임을 안다. 그러나 그 신앙이 행함을 결여하지 않는다는 사실과 그러한 행함이 무엇을 의미하는지를 많은 그리스도인이 알지 못하고 있다. '오직 믿음'이라는 구원의 방법만 강조한 나머지 하나님의 백성의 삶을 위한 율법의 중요성을 간과하고 있는 것이다.[2]

위의 글은 내가 율법의 바른 이해가 개신교와 한국 교회의 많은 문제를 해결하는 핵심임을 깨달은 뒤, 1996년에 "요한 웨슬레의 율법 이해"라는 제목으로 쓴 신학대학원 졸업논문 서론의 일부다. 그로부터 20여 년의 시간이 흐르는 동안 기독교 신앙에서 율법이 차지하는 중요성에 관한 자각은 희미해지기보다 더 분명해졌다. 이 책은 오래전 그 깨달음에서 시작된 연구의 작은 열매다.

이 책의 직접적 목표는 두 가지다. 첫째, 마르틴 루터와 존 웨슬리 신학의 체계와 특징을 이해하는 것이다. 이를 위해 그들의 율법 이해를 연구의 중심 주제로 삼았는데, 이는 티모시 웽거트(Timothy Wengert)가 잘 표현한 것처럼, "율법과 복음"이라는 주제는 단순히 "신학의 많은 주제 중 하나"로 가볍게 다룰 수 있는 주제가 아니라, "기독교 신학의 모든 주제를 관통해 흐르는" 핵심 중 핵심이기 때문이다.[3] 토어 메이스타드(Tore Meistad)는, 율법 이해는 "하나님, 그리스도, 인간, 구원, 복음, 윤리"에 대한 이해의 체계를 형성하는 요인이자, 그 체계와 완벽히 조화를 이루는 신학의 주요 구성 요소임을 정확히 지적한다.[4] 율법에 관한 연구는 다른 어떤 주제 연구보다 루터와 웨슬리 신학 각각의 특징과 강조점, 서로의 차별성을

---

2   장기영, "요한 웨슬레의 율법 이해" (M.Div. 논문, 서울신학대학교, 1996), 1.

3   Timothy Wengert, "Fear and Love in the Ten Commandments," *CJ* 21.1 (1995), 15.

4   Tore Meistad, *Martin Luther and John Wesley on the Sermon on the Mount* (Lanham, MD: Scarecrow Press, 1999), 26.

분명히 드러낼 수 있는 매우 중요한 주제임에 틀림없다. 이 책을 통해 독자들은 루터와 웨슬리의 율법 해석이 신론, 기독론, 성령론, 구원론, 인간론, 교회론, 기독교 윤리 등 그들 신학의 다른 주제를 어떻게 형성하며, 또 신학의 체계 전체와 어떻게 통일성과 일관성을 이루는지 명확히 볼 수 있을 것이다.

둘째, 루터와 웨슬리의 신학 체계를 전반적으로 비교하는 것이다. 대부분의 루터 학자는 율법이라는 주제를 매우 진지하게 다루어 왔는데, 그중에서 특히 파울 알트하우스(Paul Althaus), 요하네스 헤켈(Johannes Heckel), 토머스 맥도너(Thomas M. McDonough), 게르하르트 포드(Gerhard O. Forde)의 연구가 참고할 만하다.[5] 웨슬리 신학에서 율법을 주요 주제로 다룬 대표적 연구로는 찰스 윌슨(Charles R. Wilson), 존 타이슨(John H. Tyson), 박창훈, 그리고 특히 케네스 콜린스(Kenneth J. Collins)의 연구가 대표적이다.[6] 루터와 웨슬리 각각의 신학, 특히 율법관에 관한 연구는 이런 기존 연구에서 비교적 충분히 이루어진 데 비해 율법관을 중심으로 그들의 신학 전반을 비교한 연구는 흔치 않다. 단행본으로 출판된 연구서는 이제까지 단 두 권이 전부다. 그중 한 권은 웨슬리의 메소디스트 부흥운동을 루터교 경건주의 운동의 한 형태로 이해한 프란츠 힐데브란트(Franz Hildebrandt)의 책 『루터에서 웨슬리에게로』(From Luther to Wesley)다. 힐데브란트는 조직신학의 주요 주제별로 루터와 웨슬리 신학을 비교했으나, 주로 신앙고백의 유사성에 초점을 두어 차이점을 다루지 않았다.[7] 다른 한 권은 토어 메이스타

5   이 학자들의 대표적 연구서는 다음과 같다. Paul Althaus, *The Theology of Martin Luther*, tr. Robert C. Schultz (Philadelphia: Fortress press, 1966); Johannes Heckel, *LEX CHARITATIS: A Juristic Disquisition on Law in the Theology of Martin Luther*, tr. and ed. Gottfried G. Krodel, Henning F. Falkenstein, and Jack A. Hiller (Grand Rapids: Wm. B. Eerdmans, 2010); Thomas M. McDonough, *The Law and the Gospel in Luther: A Study of Martin Luther's Confessional Writings* (London: Oxford University Press, 1963); Gerhard O. Forde, *A More Radical Gospel: Essays on Eschatology, Authority, Atonement, and Ecumenism*, eds. Mark C. Mattes and Steven D. Paulson (Grand Rapids: Wm. B. Eerdmans, 2004); Gerhard O. Forde, *The Law-Gospel Debate: An Interpretation of Its Historical Development* (Minneapolis: Augsburg, 1968); Gerhard O. Forde, *Where God Meets Man: Luther's Down-to-Earth Approach to the Gospel* (Minneapolis: Augsburg, 1972).

6   이 학자들의 대표적 연구서는 다음과 같다. Kenneth J. Collins, "John Wesley's Theology of Law" (Ph.D. dissertation, Drew University, 1984); Charles Randall Wilson, "The Correlation of Love and Law in the Theology of John Wesley" (Ph.D. dissertation, Vanderbilt University, 1959); John Horton Tyson, "Interdependence of Law and Grace in John Wesley's Teaching and Preaching" (Ph.D. thesis, University of Edinburgh, 1991); Chang Hoon Park, "The Theology of John Wesley as 'Checks to Antinomianism'" (Ph.D. dissertation, Drew University, 2002).

7   참고. Franz Hildebrandt, *From Luther To Wesley* (London: Lutterworth Press, 1951).

드의 『루터와 웨슬리의 산상수훈 해설 비교』(*Martin Luther and John Wesley on the Sermon on the Mount*)다. 이 책은 루터와 웨슬리의 율법관을 주로 비교하지만, 연구의 범위를 산상수훈으로 한정해 루터와 웨슬리의 신학 전반을 다루지는 않는다.[8] 따라서 율법과 복음의 관계를 중심주제로 삼아 루터와 웨슬리 신학 각각의 특징을 드러내고 두 신학을 전반적으로 비교한 연구는 지금까지 이루어지지 않았는데, 이 책은 이러한 목적을 충족하기 위한 것이다.

루터는 1530년에 필립 멜랑히톤(Philip Melanchton)에게 쓴 편지에서, 율법은 신학의 가장 어려운 주제로 "많은 사람이 각각의 방법으로 이 문제[율법]를 풀기 위해 씨름했지만 아무도 풀지 못했습니다"[9]라고 쓴 적이 있다. 루터의 종교개혁은 사실상 잘못된 율법 신학으로 인해 성경적 진리를 떠난 중세 가톨릭 신학을 바로잡아 성경적 율법 신학을 확립하기 위한 시도였다고 해도 과언이 아니다. 그러나 루터의 시도는 성공적이었는가? 루터의 종교개혁으로부터 두 세기가 지난 1750년에 웨슬리는 자신의 설교문에 기독교 역사 전체에서 율법만큼 제대로 이해되지 못한 주제는 없으며,[10] 율법은 아직까지 바르게 "검토된 적도, 이해된 적도 없습니다"라고 적었다.[11] 그는 성경적 율법 신학 건설을 기치로 종교개혁을 일으킨 루터가 그 목표를 제대로 이루었다고 생각하지 않은 것이다. 웨슬리는 성경적 율법 신학 수립이라는 측면에서 루터의 종교개혁을 미완의 개혁으로 판단했고, 루터가 이루지 못한 과업을 자신의 신학으로 이루고자 했다. 이 사실에서 우리는 루터와 웨슬리의 율법 신학에는 성경적 진리에 기초한 광범위한 공통분모가 존재할 뿐 아니라, 중대한 관점의 차이가 있으리라는 것을 미리 짐작해 볼 수 있다.

그 차이가 정확히 어떤 것인지를 이해하려면 우선 루터와 웨슬리가 속했던 시대 및 종교적 상황을 파악할 필요가 있다. 먼저 루터가 활동하던 시대를 떠올려 보자. 루터는 이 세상을 사탄과 세상, 육체와 죽음의 공격이 늘 끊이지 않는 곳으로 느꼈다. 따라서 이 세상에서 사람은 하나님을 배반하는 "영적 간음의 죄", "죽음과 다른 무수한 위협", 무엇보다 하나님의 진노에 대한 두려움에서 "단 한순간도" 자

---

8   참고. Meistad, *Martin Luther and John Wesley on the Sermon on the Mount.*

9   Luther to Philip Melanchthon: 4 Aug. 1530, Appendix II: WA.B 5:529.1. Heckel, *LEX CHARITATIS*, 19 에서 재인용.

10 한국웨슬리학회 편,『웨슬리설교전집 (총 7권)』(서울: 대한기독교서회, 2006) 중 설교, "율법의 기원, 본성, 속성 및 용법", 서론. 1 (이하 웨슬리 설교의 출처는 다음과 같이 표기한다. 설교, "설교 제목", 구분 번호).

11 설교, "믿음으로 세워지는 율법 (2)", I. 3.

유로울 수 없다.[12] 루터가 수도원으로 도피해 끊임없는 고뇌 속에서 영적 순례의 길을 가게 된 것은 이 모든 두려움을 벗어버릴 안전한 처소를 찾으려는 열망 때문이었다. 중세 가톨릭교회가 그에게 언제나 가르쳤던 것은, 마치 시내산에서 하나님께서 율법을 선포하실 때의 광경이 암시하는 것과 같이, 죄인에게서 죄를 샅샅이 찾아내 지옥 형벌의 공포로 짓누르는 율법과 그 형벌이라는 "천둥과 번개와 호우와 지진"이었다.[13] 루터에게 시내산 율법 수여의 무시무시한 광경은 율법이 무엇인지를 정확히 형상화한 것이었다.

> 율법은 하나님의 은혜와 의, 생명이 아니라 하나님의 진노와 죄, 죽음, 그리고 하나님 앞에서 우리가 당한 저주와 지옥이 어떤 것인지를 알려주고 보여주는 빛이다. 시내산에서 번개와 우레, 검은 구름, 연기와 불타는 산, 그 전체가 빚어낸 무시무시한 광경은 이스라엘 백성을 행복하거나 생기 있게 만들지 못했고, 공포에 질려 감당할 수 없게 했으며, 그들 자신의 거룩함이나 정결함으로는 구름 속에서 말씀하시는 하나님의 현존을 결코 감당할 수 없음을 드러냈다. 이같이 바르게 사용한다면 율법은 죄를 드러내고, 진노를 일으키며, 정죄하고, 공포스럽게 하며, 사람의 마음을 절망케 한다.[14]

율법의 공포에서 해결책을 찾지 못했던 루터에게 복음을 새롭게 발견하도록 깨달음을 준 '탑의 체험'[15]은, 죄인이 율법의 공포에서 벗어나 양심의 자유와 안식을 누릴 수 있는 곳이 있는데 그곳은 바로 "그리스도께서 온 세상의 죄를 위해 자신을 주신 갈보리 언덕 위"라는 깨달음이었다.[16] 루터의 간증을 직접 들어보자.

> 그 해 나는 다시 시편을 강해했다. 그때는 대학에서 이미 바울의 로마서와 갈라디아서, 히브리서를 강의한 후였기에, 나는 성경 해석에 더욱 숙련되었다는 확신이 있었다. 나는 특히 바울의 로마서를 이해하고 싶은 특별한 열정에 사로잡혀 있었다. 그때까지 나를 방해해온 것은 마음의 냉랭함이 아니라, 로마서 1:17에 나오는 "복음에는 하나님의 의가 나타나서"라는 말씀이었다. 나는 '하나님의 의'라는 말씀을 혐오했는데, 이는 내가 모든 교사가 가르쳐준 용법과 관례대로 이 말을 공식적이거나 능동적인 의, 즉 하나님을 의롭게 하는 의나 하나님께서 불의한 죄인을 벌하시는 의로 생각했기 때문이다.
>
> 나는 나무랄 데 없는 수도사로 살아왔지만 하나님 앞에서는 극도로 불안한 양심을 가진 죄인임을 느꼈다. 나는 그를 배상으로 화해될 수 있는 분으로 믿을 수 없었다. 죄인을 벌하시

---

12 LW 16:30; 1:60-65.
13 LW 15:348-349.
14 LW 26:31.
15 LW 34:336-337; 12:313; 22:145-146.
16 LW 1:310.

는 의로운 하나님을 사랑하지 않고 미워했다. 하나님께 화가 나, 모독적인 방법은 아니었지만 속으로 심하게 투덜대며 "하나님은 원죄 때문에 영원히 버림받은 불쌍한 죄인이 십계명이라는 율법에 의해 온갖 불행에 짓밟히는 것으로도 모자라 자신의 의와 진노로 우리를 위협해 고통에 고통을 더하시는가!"라고 말했다. 그렇게 나는 사납고도 불안한 양심을 가지고 격노했다. 그러면서도 나는 바로 거기서 바울이 가르치려 한 것이 무엇인지 발견하기 위해 열정적으로 바울에게 매달렸다.

하나님의 은혜로 밤낮 묵상하는 가운데 드디어 나는 "복음에는 하나님의 의가 나타나서 믿음으로 믿음에 이르게 하나니 기록된 바 오직 의인은 믿음으로 말미암아 살리라 함과 같으니라"라는 말씀의 문맥에 주의를 기울이게 되었다. 그리고 거기서 하나님의 의란 의인이 되게 하는 의로서, 하나님의 선물로 주어지며 믿음으로 받는 것임을 이해하기 시작했다. 그 의미는 바로 이것이다. 하나님의 의가 복음에 계시되었는데, 이는 수동적 의로 "의인은 믿음으로 말미암아 살리라" 하신 말씀처럼, 자비로우신 하나님께서 믿음에 의해 우리를 수동적으로 의롭게 하신다는 것이다. 여기서 나는 내가 완전히 거듭났으며 열린 문을 통해 낙원에 들어갔음을 느꼈다. 거기서 성경 전체는 나에게 완전히 새로운 모습을 드러냈다. 나는 내가 기억하는 모든 말씀 속을 달려갔다. 나는 다른 용어에서도 비슷한 것을 발견했다. 하나님의 사역이란 하나님께서 우리 안에서 하시는 일을 말하고, 하나님의 능력이란 하나님께서 우리를 강하게 만드시는 능력을 말하고, 하나님의 지혜란 하나님께서 우리를 지혜롭게 하시는 지혜를 의미하며, 하나님의 힘, 하나님의 구원, 하나님의 영광도 마찬가지였다.

나는 전에 '하나님의 의'라는 말을 지독히 혐오했던 정도만큼이나 이제는 엄청난 사랑과 내가 할 수 있는 가장 감미로운 표현을 다해 하나님의 의를 찬양하게 되었다. 바울의 그 말씀은 나에게 진정으로 천국 문이 되었다.[17]

복음에 대한 새로운 깨달음을 얻은 루터는 과거 자신을 짓누른 공포의 원인이 "중세 후기 가톨릭교회가 가르친 심각하게 잘못된 칭의 교리"뿐 아니라,[18] 롤런드 베인턴(Roland Bainton)이 묘사한 대로, 가톨릭교회가 그 손아귀에서 사람들을 마음대로 좌지우지하기 위해 펼친 다음과 같은 의도적 정책이었음을 발견했다.

사람들을 교회의 성례로 몰아넣기 위해 두려움을 고취시키려는 목적으로 … 지옥에는 뜨거운 불이 지펴졌다. 그들이 공포로 새파랗게 질릴 정도가 되면 그들을 진정시키기 위해 지옥에 갈 만큼 나쁘지도 않고 천국에 갈 만큼 선하지도 못한 이들이 속죄를 받는 중간 장소로 연옥이 소개되었다. 공포를 너무 완화시켜 사람들이 안심을 해버리는 경우 연옥의 온도는 다

---

17   LW 34:336-337.
18   Alister E. McGrath, *Luther's Theology of the Cross: Martin Luther's Theological Breakthrough* (Oxford: Basil Blackwell, 1985), 7-12.

시 높여지는데, 이 고통은 또다시 면죄부를 통해 완화되었다.[19]

루터는 죄인에게 모세의 율법만 해도 이미 "충분히 무거움"에도 가톨릭교회는 그보다 훨씬 무거운 "교회법이라는 폭정"을 뒤집어 씌웠기에 중세 가톨릭 아래에서 죄인이 짊어진 율법과 형벌의 무게는 "온 세상이라도 감당할 수 없을" 정도였음을 보았다.[20] 루터는 이런 상황을 바꾸기 위해 종교개혁의 시작부터 "자신의 신학 작업의 주된 주제"를 율법으로 정했다. 요하네스 헤켈은 "중세 시대 모든 수도사에게 율법의 교리는 제2의 천성과도 같고 … 학문의 알파벳과도 같았다. 루터는 이런 전통적 율법관과 충돌을 피할 수 없었고, 오히려 반드시 충돌할 수밖에 없는 상황으로 내몰렸다"[21]는 말로 루터가 짊어진 종교개혁의 과업을 통찰력 있게 설명한다.

루터에 의하면 죄인의 율법 오용은 이중적이다. 첫째는, "그리스도인의 자유를 자신이 원하면 뭐든 할 수 있다는 방종의 허락으로 상상하면서 그리스도인을 율법의 의무에서 완전히 면제시키려는" 율법무용론의 오용이다. 둘째, 가톨릭교회에서는 율법이 전혀 다르게 오용되었는데, 한편으로는 "자신이 율법으로 의롭게 된다고 상상하면서 자기 의를 주장하는 모든 위선자"에 의해, 다른 한편으로는 "율법의 공포는 그리스도를 만나기 전까지만 지속되어야 한다는 사실을 이해하지 못하는 이들"에 의해 오용되고 있었다. 루터는 율법의 오용이 전자에게는 "교만과 주제넘은 생각을 낳는 원인"이 된다면, 후자에게는 "낙심"의 원인이 됨을 보았다.[22] 이 모두는 율법주의가 가져오는 피할 수 없는 결과다.

가톨릭교회의 타락은 교리와 실천 모두에서 심각했지만, 루터는 교리적 오류를 공격하는 데 집중했다. 이는 조지 포렐(George W. Forell)이 바르게 표현한 것처럼 "루터는 만약 말씀이 순수하게 보존되기만 하면 삶은 언제든 이 말씀의 능력에 의해 바로잡힐 것이라는 희망이 있다고 믿은 반면, 만약 말씀을 잃어버리면 변화를 위한 어떤 희망도 남지 않는다고 믿었기"[23] 때문이다. 루터의 말을 들어보자.

교리와 삶은 구분되어야 한다. 교황주의자처럼 우리도 삶은 좋지 못하다. 그럼에도 우리는

19 Roland H. Bainton, *Here I Stand: A Life of Martin Luther* (Tring: Lion Publishing plc, 1987), 28.
20 LW 14:337.
21 Heckel, *LEX CHARITATIS*, 18-19.
22 LW 26:344-345.
23 George Wolfgang Forell, "Justification and Eschatology in Luther's Thought," *Church History* 38:2 (1969), 164-174.

삶의 문제로는 싸우지 않고, 교황주의자를 정죄하지도 않는다. 위클리프(John Wycliffe)와 후스(Jan Hus)는 이를 알지 못해 교황주의자의 삶을 공격했다. 나는 선하게 되라고 나 자신을 꾸짖지는 않으나 말씀을 위해서는 싸우며, 적들과도 말씀을 순수하게 가르치는지 그렇지 않은지를 놓고 싸운다. 공격의 대상이 교리여야 함에도 그 일은 지금까지 이루어지지 않았다. 내 사명은 교리를 바로잡는 일이다.[24]

가톨릭교회의 율법주의를 바로잡기 위해 루터가 선택한 방법은 율법과 복음을 선명하게 구분하는 것이었다.[25] 루터는 율법과 복음을 철저히 구분하는 길만이 복음의 순수성을 "건전하게 지켜낼 수 있으며,"[26] "신앙을 가르치면 육적인 사람은 행위를 무시하고, 반대로 행위를 재촉하면 신앙과 양심의 위로를 잃어버리는"[27] 신앙과 행위 사이의 딜레마를 극복할 수 있다고 믿었다. 또한 오직 순수한 복음만이 모든 두려움에서의 해방을 가져다주고, 믿음으로 율법에 순종하는 부지런한 삶을 가능케 한다고 믿었다. 따라서 루터가 율법과 복음을 구별한 의도는, 복음만 중시하고 율법은 폐하려는 것이 아니라, 율법의 요구는 인간의 노력이 아닌 복음에 의해서만 "만족될 수 있음"을 가르치려는 것이었다.[28] 바로 이 점에서 루터는 죄인인 우리가 삶의 어떤 불행이나 양심의 두려움을 통해 하나님의 진노를 느낄 때는 시내산으로 올라가 부단히 율법을 행하기 위해 노력할 것이 아니라, 먼저 갈보리 언덕으로 올라가 "부단히 하나님의 말씀에 귀 기울이고, 부단히 그리스도의 죽으심을 선포하며, 부단히 그 의미를 숙고해야 함"[29]을 강조했다. 루터는『갈라디아서 강해』(1535)에서 올바른 신앙의 내용과 순서를, 먼저 "신앙의 교리 안에 거하라", 다음으로는 "사랑으로 서로에게 헌신하라"는 두 문장으로 요약했다. 그리고 "이것이 가장 완벽한 교리 … 가장 짧으면서도 가장 긴 신학이다. 단어와 문장은 짧지만, 그 실천은 이 세상 전체보다 넓고 길고 깊고 높다"[30]고 말한다.

웨슬리는 루터와 어떤 관계였는가? 알버트 아우틀러(Albert Outler)에 의하면 웨슬리 이전까지 "영국 국교회에는 칭의에 관해 어떤 일치된 교리도 존재하

---

24 LW 54:110.

25 Gerhard Ebeling, *Luther: An Introduction to His Thought* (Philadelphia: Fortress Press, 1970), 111.

26 LW 26:313.

27 LW 27:75.

28 LW 12:19-20.

29 LW 16:30; Dale A. Johnson, "Luther's Understanding of God," *LQ* 16:1 (Feb. 1964), 59-60.

30 LW 27:59.

지 않았다."[31] 힐데브란트 역시 웨슬리에 대해, 루터의 이신칭의 교리를 깊이 있게 수용해 "루터와 당대의 웨슬리안을 연결시킨 중요한 매개자"로 설명하면서, "영국 국교회의 역사"는 "존 웨슬리와 찰스 웨슬리를 통해 … 루터와 밀접한 관계를 갖게 되었다"고 분석한다.[32] 존 콥(John B. Cobb, Jr.)은 웨슬리를 언급하면서, 추종자를 조직화해 종교적 운동을 이끌고, 무신론적 과학 발전에 도전받지 않고 성경과 기독교전통에 바탕을 둔 유사한 세계관을 지녔으며, 구원에 대한 관심으로 "신앙과 행위, 중생과 칭의, 확신과 성화, 율법과 복음의 관계"를 설명하고자 노력한 "위대한 종교개혁자 중 최후의 인물"로 묘사했다.[33]

그럼에도 웨슬리는 "전통의 사람,"[34] 특히 영국 국교회의 사람이었다.[35] 이는 웨슬리가 씨름한 문제가 루터의 문제와 달랐을 뿐 아니라, 그 해결 방법 역시 진공 상태에서 만들어진 것이 아님을 의미한다. 웨슬리의 제자이자 동역자 존 플레처(John Fletcher)는 자신이 처한 시대의 종교적 과제를 "과거 우리 조상이 가톨릭주의로부터 종교개혁을 이룬 것처럼 지금 우리는 율법무용론으로부터의 개혁을 필요로 한다"[36]는 말로 설명했다. 웨슬리는 18세기 영국의 개신교에 만연한 율법무용론 풍조에 관해 플레처와 생각이 같았다. 그는 개신교 신자 대부분이 "지옥이 천국에서 먼 만큼이나 거룩함과 거리가 먼" 것을 보았다.[37] 교회는 수많은 세례받은 죄인으로 가득했고[38] 기독교 국가와 교파, 도시, 가정들은 셀 수 없이 악을 행하고 있었다.[39] 웨슬리는 이런 기독교의 모습을 "기독교의 궁극적인 목적은 인간의 마음을 하나님의 형상을 따라 새롭게 하고, 우리의 첫 번째 부모의 죄로 말미암

31 Albert C. Outler, *The Wesleyan Theological Heritage*, eds. Thomas C. Oden & Leicester R. Longden (Grand Rapids: Zondervan Publishing House, 1991), 66.
32 Hildebrandt, *From Luther To Wesley*, 14-25.
33 John B. Cobb, Jr., *Grace and Responsibility: A Wesleyan Theology for Today* (Nashville: Abingdon Press, 1995), 21-23.
34 Outler, *The Wesleyan Theological Heritage*, 109.
35 D. Stephen Long, *John Wesley's Moral Theology: A Quest for God and Goodness* (Nashville: Kingswood Books and Abingdon Press, 2005), 171-172; Frank Baker, *John Wesley and the Church of England* (London: Epworth Press, 1970), 7-25.
36 Benson, *The Life of the Rev. John W. de la Flechere*, 160. Laurence W. Wood, *The Meaning of Pentecost in Early Methodism* (Lanham: Scarecrow Press, 2002), 102에서 재인용.
37 설교, "복음의 보편적 전파", 7; "기독교의 무능함의 원인들", 6; "교회의 예배 참여에 대하여", 17-18; "믿음으로 세워지는 율법 (2)", I. 5; "자기 부인", I. 1.
38 설교, "신생의 표적", IV. 3.
39 설교, "산상설교 (2)", III. 18; "결혼예복에 대하여", 13-14.

아 상실한 의와 거룩함의 완전한 회복에 있다. … 새롭게 하지 못하는 종교는 하나의 무가치한 희극에 불과하며 … 웃음거리에 지나지 않음을 알아야 한다"[40]는 말로 개탄했다.

웨슬리는 이런 타락의 양상을 교회사 전체에 "예외 없이 보편적으로 널리 퍼진 전염병"[41]으로 보면서도, 특별히 개신교의 타락에 관해서는 신학적 원인이 큰 것으로 보았다. 즉, 개신교인이 일반적으로 낮은 영성과 도덕성을 갖게 된 데는 율법주의자로 비난받을 것을 두려워한 나머지 하나님의 율법에 대한 순종과 선행의 중요성을 믿고 강조하기를 주저하게 된 것이 큰 영향을 끼쳤다고 분석했다. 웨슬리는 개신교인들이 종교개혁자의 전례를 따라 선행에 대해 죄인으로 자기 의를 주장하게 만드는 "화려한 죄"나 "구원의 방해물"로 폄하하고 부정적으로 묘사하는 것에 반대했다. 그러면서 개신교인 사이에 선행을 폄하하고 왜곡하는 경향이 만연하게 된 것은 종교개혁이 가톨릭의 행위구원 사상에 극단적으로 반응한 결과로 생겨난 또 다른 극단인 신앙지상주의 때문이라고 보았다. 웨슬리는 율법무용론을 양산해 낸 근원은 아이러니하게도 율법주의인데 이는 한쪽 극단에 치우친 사람이 다른 사람을 정반대의 극단에 치우치게 하는 경향 때문이라고 분석했다.

> 대체로 율법무용론자를 양산해내는 것은 율법주의자입니다. 그들은 성경과 뚜렷이 반대되는 한쪽 극단으로 치닫기 때문에, 그들을 반대하는 사람들로 정반대의 극단[율법무용론]에 치닫게 하는 원인이 됩니다. 행위로 의롭다 함을 얻으려는 사람은, 반대편 사람을 겁먹게 만들어 행위에 어떤 가치도 부여하기를 주저하게 만듭니다.[42]

웨슬리가 경계한 양극단은 율법주의에 치우친 로마 가톨릭 신학과 율법무용론의 위험성에까지 나아간 종교개혁 신학 둘 모두다. 웨슬리는 율법주의와 율법무용론의 양극단을 바로잡기 위해 "사랑으로써 역사하는 믿음"(갈 5:6)의 열매가 선행이면, 그것은 "그리스도인이 하나님께 받은 최고의 은혜"이자 "하나님께서 기뻐 받으실 희생제물"이 됨을 강조했다.[43]

특히 율법무용론을 바로잡기 위해 웨슬리는 교리적이고 실천적인 대응 모두를 강조했다. 그는 참된 신자가 아닌 가짜 신자를 (1) 의도적이고 습관적으로 율법을

---

40 John Wesley, *Standard Sermons of John Wesley*, ed. E. H. Sugden, 2
41 설교, "불법의 신비", 36.
42 설교, "믿음으로 세워지는 율법 (1)", II. 5.
43 설교, "의에 대한 보상", I. 1-6.

위반하는 적극적 죄인, (2) 남에게 해도 끼치지 않고 거룩한 삶도 살지 않는 소극적 죄인, (3) 그리스도께서 율법을 폐하셨으므로 우리의 단 한 가지 의무는 오직 믿는 것뿐이라 가르치는 노골적 율법무용론자, 세 종류로 구분했다. 그러면서 셋째 부류인 교리적 율법무용론 주창자를, 입맞춤으로 그리스도를 팔아넘긴 가룟 유다에 비유했다. 믿음을 핑계로 순종을 경시하는 사람은, 그리스도의 보혈과 복음을 핑계로 그리스도의 왕권을 짓밟고 그의 주권을 능욕한다는 것이다. 웨슬리는 교리적 율법무용론 주창자를 "그리스도 복음의 최고의 원수"로 엄중히 비난했다.[44] 이를 바로잡기 위해 웨슬리는 명백한 율법무용론적 주장이 교리적으로 어떤 오류에 빠져 있는지 분석하고 교정했을 뿐 아니라, 그리스도의 의의 전가, 노예의지론, 예정론 등 이미 개신교 내에 널리 수용되어온 교리나 개념, 표현조차도 율법무용론적으로 오해되거나 오용되지 않는지 면밀히 점검했다.

또한 실천적 대응으로 웨슬리는 교회가 단지 율법 순종에 반대하지 않는 것으로는 충분하지 않고 율법을 부지런하게 지속적으로 깊이 있게 가르쳐야 하며,[45] "성경에 있는 모든 말씀"을 가르쳐야 함을 강조했다. 즉, 사람을 안심시키는 용서와 구원, 천국 복음, 사람이 좋아하는 약속과 위로, 복과 특권만이 아니라, 죄인이 불쾌해하고 듣기 싫어하는 하나님의 진노와 심판에 관한 "모든 경고"의 말씀을 가르치고, 또 죄인이 쉽게 자신을 자랑할 수 있는 외적 행위만이 아니라 "율법의 순수함과 영적 특성"을 드러내 "마음의 종교"를 촉구하는 말씀을 끊임없이 강조해야 한다는 것이다.[46]

존 플레처는 이러한 강조점을 지닌 웨슬리의 메소디스트 운동을, 루터의 영향으로 형성된 개신교의 부정적·소극적 율법관을 극복해 성경적 율법관을 회복하기 위한 새로운 종교개혁 운동으로 보았다.[47] 기독교 역사를 전반적으로 조망해 보면 이런 이해는 결코 지나친 것이 아니다. 웨슬리는 로마 가톨릭이 성결을 신앙의 목표로 강조했으나 칭의를 바르게 가르치지 못한 반면, 종교개혁자들은 칭의의 진리를 바르게 강조했으나 성결에 대한 강조를 약화시켰다고 바르게 분석하면서, 하나님께서 메소디스트에게 맡기신 특별한 사명은 성경적 율법관을 확립해 칭의와 성

---

44   설교, "산상설교 (5)", III. 1-8.
45   설교, "자기 부인", III. 3.
46   설교, "믿음으로 세워지는 율법 (2)", I. 1-5.
47   Fletcher, *Works* 1:431-447. Wood, *The Meaning of Pentecost in Early Methodism*, 102에서 재인용.

화를 기독교 신학 체계에 균형 있게 통합하는 것이라고 믿었다.[48]

그 목적을 이루기 위해 웨슬리는 루터·칼빈의 종교개혁 신학의 도움을 크게 받으면서도, 거기에 한정되지 않고 교회사 속 다양한 기독교 전통의 도움을 두루 활용했다. 예를 들어, 웨슬리는 인간의 도덕적 능력에 대한 그릇된 확신을 반대하고, 인간의 부패성을 드러내는 율법의 부정적 역할에 대한 루터의 가르침을 수용했을 뿐 아니라, 특히 칭의 이해에서는 모라비아 교도의 가르침을 통해 루터에게 큰 빚을 졌다.[49] 또한 신자는 하나님의 은혜로 율법을 지킬 수 있고 또 지켜야 한다는 웨슬리의 강조점은 성화를 위한 율법의 제3용법을 가르친 칼빈의 가르침과도 연결된다.[50] 웨슬리가 칼빈을 수용하는 과정에서 중요한 연결고리는 청교도 전통의 율법 신학이다.[51] 어니스트 케번(Ernest F. Kevan)은 역작 『율법, 그 황홀한 은혜』(The Grace of Law, 수풀)에서, 웨슬리 학자라면 누구나 청교도 율법관과 웨슬리 율법관의 놀랄 만한 유사성을 쉽게 발견할 수 있을 정도로 청교도 율법관을 체계적으로 잘 소개한다. 이 책은 대부분의 신자가 루터의 부정적 율법관 이상으로 나아가지 못하고 루터에서 멈추어 있는 우리나라 개신교인이 꼭 읽어 성경을 이해하는 중요한 통찰을 얻어야 할 수작이다. 웨슬리와 청교도 율법관의 관계는 광범위한 연구를 요하는 일이기에 이곳에서 다룰 수는 없다. 그러나 청교도 전통이 웨슬리 율법관의 주요 원천이 되었다는 점은, 더 넓게 보면 웨슬리의 율법관이 청교도가 더 강화하고 발전시켜 전수한 칼빈 신학, 즉 성화를 위한 율법의 긍정적 역할(율법의 제3용법)을 가르친 종교개혁자 존 칼빈의 신학에 빚을 지고 있음을 의미한다.

웨슬리의 성화와 율법의 긍정적 역할에 대한 이해는 칼빈과 청교도 전통 외에도 특히 영국 국교회 전통에서 그 원천을 찾을 수 있다. 영국 국교회 전통에 녹아

---

48 설교, "하나님의 포도원", I. 5-8; "결혼예복에 대하여", 18; "의에 대한 보상", I. 1-6.
49 설교, "믿음으로 얻는 의", II. 1-5.
50 설교, "우리 자신의 구원을 성취함에 있어서"; John Calvin, *Institutes of the Christian Religion*, tr. J. T. McNeil (Louisville: Westminster Press, 1960), II. 7. 5-13.
51 Robert C. Monk, *John Wesley and His Puritan Heritage: A Study of the Christian Life* (London: Epworth Press, 1966), 137-243.

있던 초기 기독교 회복주의,[52] 동방 교부 전통,[53] 로마 가톨릭주의,[54] 아르미니우스주의,[55] 독일 경건주의와 거룩한 삶 전통[56]은 모두 죄인의 구원과 그 후 거룩한 삶에서 인간의 책임성을 강조하는 일치된 경향을 나타내, 웨슬리가 율법의 역할을 긍정적으로 이해하는 데 영향을 끼쳤다. 케네스 콜린스가 잘 분석한 대로, 웨슬리는 이러한 다양한 기독교 전통의 도움을 광범위하게 활용했기에 구원에서 하나님의 주권을 강조하는 개신교적 이해뿐 아니라, 하나님의 주권적 은혜에 응답할 인간의 책임을 강조하는 가톨릭적 은총 이해를 모두 포괄하는 폭넓은 은총관을 갖게 되었다.[57] 그 결과 웨슬리의 성화론은 이 세상에서의 완전성화의 가능성을 부인한 루터와 칼빈을 극복할 수 있었다. 성경적 율법 신학을 바르게 제시하기 위해 웨슬리는 종교개혁 신학의 테두리를 넘어 다양한 기독교 전통이 가진 유익한 통찰과 경험을 종합해 교리와 실천 양면에서 율법에 대한 순종을 그리스도인 삶의 필수 요소로 회복시킨 것이다.

이제까지 살펴본 대로, 루터와 웨슬리가 자신의 신학을 발전시킨 역사적·종교적 상황이 매우 달랐음을 고려하면, 그들의 신학 비교에서 어려움을 야기하는 요소는 여러 가지다. 첫째, 그들은 직접 만난 적이 없다. 따라서 루터와 웨슬리 신학 비교는 직접적으로 그들의 주장의 차이를 근거로 삼아야 하지만, 간접적으로는 그들이 논적으로 삼았던 사람이나 신학을 자료로 활용할 수 있을 것이다. 예를 들어, 특정 주제나 성경 구절에 관한 서로 다른 해석은 좋은 비교의 대상이 될 수 있다. 또 루터와 웨슬리가 중세 가톨릭 신학을 수용하거나 거부함에서의 차이도 비교할 가치가 있다. 루터가 당대에 웨슬리 신학과 완전히 동일하지는 않더라도 어느 정도 유사성을 지닌 주장에 어떤 반응을 보였는가 하는 것은, 루터의 웨슬리 비판 자료로 활용할 수 있을 것이다. 웨슬리가 모라비아 교도와 같은 루터 신학 계승자들과 어떤 신학적 공통분모와 차이점을 드러냈는가 하는 것은, 웨슬리의 루터 비판

52 참고. Geordan Hammond, "Restoring Primitive Christianity: John Wesley and Georgia, 1735-1737" (Ph.D. thesis, The University of Manchester, 2008).
53 참고. Outler, *The Wesleyan Theological Heritage*, 98-110.
54 참고. Long, *John Wesley's Moral Theology*, 171-207.
55 참고. Herbert B. McGonigle, *Sufficient Saving Grace: John Wesley's Evangelical Arminianism* (Carlisle: Paternoster, 2001), 73-105.
56 참고. Kenneth J. Collins, *John Wesley: A Theological Journey* (Nashville: Abingdon Press, 2003), 29-53.
57 Kenneth J. Collins, *The Theology of John Wesley: Holy Love and the Shape of Grace* (Nashville: Abingdon Press, 2007), 289.

에 관한 자료로 활용할 수 있을 것이다.

특히 웨슬리의 칼빈 비판이나 칼빈주의자와의 논쟁은 웨슬리와 루터 신학 비교를 위한 자료로 활용 가능하다. 루터와 칼빈은 신학 전반에서 아우구스티누스 신학을 깊이 의존할 뿐 아니라 신학의 여러 주제에서 광범위한 동질성을 지니기 때문이다. 따라서 루터와 칼빈의 관점이 유사한 주제에 관해서는 웨슬리의 칼빈 신학 비판을 웨슬리의 루터 신학 비판으로 등치시키는 것이 가능하다. 웨슬리의 부흥운동은 그 시작부터 칼빈주의 메소디스트들과의 협력 속에서 이루어졌기에, 웨슬리는 루터란보다 칼빈주의자와 더 많은 신학 논쟁에 휩싸였다. 이 책은 필요한 경우 이러한 논쟁을 루터와 웨슬리 신학 비교를 위한 보조자료로 활용할 것이다.

둘째, 루터와 웨슬리 신학 비교의 또 다른 어려움은 심지어 같은 용어와 표현을 사용할 때조차 그들이 가진 개념과 의미, 교정하려 했던 오류가 근본적으로 달랐다는 데 있다. 나아가 루터와 웨슬리는 칼빈과 같은 조직적 저술가였기보다 당대의 새로운 신앙운동의 지도자로서 언제나 당면한 특수 상황에 대처하기 위해 임기응변식으로 저술한 신학자들이었다. 때때로 그들의 초기 견해는 후기로 가면서 중대한 변화를 겪기도 했다. 루터와 웨슬리 모두 그렇지만, 특히 루터의 글은 이전과 이후의 글이 내적 통일성을 이루지 못하고 표현과 사상이 충돌하는 경우가 있어, 반대자들이 루터를 비난하는 원인이 되기도 했다.[58]

이러한 점에서 나는 루터와 웨슬리 신학 비교에서 그들이 사용한 용어와 표현보다 그들이 의미하고 의도한 내용에 초점을 맞출 것이다. 예를 들어, 비록 웨슬리는 루터를 오해했지만, 루터가 율법을 부정적으로 묘사한 것이 꼭 그가 분별력 없이 선행을 경시한 것을 의미하지는 않는다. 따라서 루터가 율법을 부정적으로 제시한 것을 율법무용론 자체와 동일시해서는 안 된다. 마찬가지로, 웨슬리가 구원에서 인간도 어느 정도 책임이 있음을 주장한 것이, 하나님의 은혜가 구원의 원천이자 하나님께 대한 모든 올바른 응답의 원천이라는 사실을 부인했음을 의미하지 않는다. 따라서 웨슬리의 긍정적 율법 제시를 율법주의와 동일시해서는 안 된다.

루터와 웨슬리 신학을 비교하면서 나는 독자의 이해를 돕기 위해 그들 신학 각각의 기본적인 구조를 활용할 것이다. 먼저 루터 신학은, 브라이언 게리쉬(Brian

---

58   Brian A. Gerrish, *Grace and Reason: A Study in the Theology of Luther* (Oxford: Clarendon, 1962), 7-8, 57-58; Outler, *The Wesleyan Theological Heritage*, 39-54; McGonigle, *Sufficient Saving Grace*, 217-239.

Gerish)가 분석한 대로, 놀랄 정도로 다양한 사상을 포함하고 있음에도 그 전체 구조는 두 가지 교리, 즉 칭의와 하나님의 두 왕국 교리로 이루어져 있다.[59] 필립 왓슨(Philip Watson)이 주장한 하나님 중심주의(theocentricity) 역시 인간을 종교적 무대의 주인공으로 만든 가톨릭주의에 대항한 루터 신학의 중심 동기로서 매우 중요하다.[60] 루터는 1535년판 『갈라디아서 강해』에서 자신의 신학의 특징을 모든 영광을 하나님께 돌리는 신학으로 설명했다.[61] 왓슨은 "오직 하나님께 영광을"(*soli Deo gloria*)이라는 슬로건은 칼빈 못지않게 루터에게도 동일하게 적용될 수 있다고 바르게 주장한다.[62]

웨슬리 신학에서는, 콜린스가 관찰한 거룩(거룩한 사랑)과 은혜(값없이 주시는 은혜와 응답적 은혜)가 두 가지 축을 가진 중심주제를 형성한다. 콜린스에 따르면, 웨슬리가 삼위일체 하나님의 본성 및 진실한 그리스도인의 내면과 삶의 정수로 가르친 "거룩한 사랑"의 개념에는 (1) 죄로부터의 분리와 순결을 함축하는 거룩 개념과 (2) 죄인을 처음 한 번만이 아니라 지속적으로 용서하시면서 더 깊은 친교로 인도하시는 사랑이라는 상반된 개념이 서로 연결되어 있다. 또 웨슬리의 은총 개념에는 (1) 개신교적 강조점인 "오직 은혜"(*sola gratia*)라는 근본적 강조점 안에 (2) 가톨릭적 강조점인 응답의 요소가 부분적으로 결합되어 있다. 그리고 (1) "자격 없는 자에게 주시는 하나님의 호의"로서의 은혜가 (2) "변화시키고 돕고 새롭게 하는" 성령의 능력부음으로서의 은혜와 긴밀히 결합되어 있다.[63]

웨슬리가 '거룩한 사랑'을 신학의 핵심 개념으로 삼아 강조한 것은, 하나님의 거룩한 사랑이 인간에게 경험될 때는 아무런 형태나 기준이 없는 "무정형의 은혜"(amorphous grace)가 아니라, 하나님께서 요구하시는 거룩함에 관한 명확한 "기준을 가진 은혜"(normed grace)로 다가온다는 것이다. 따라서 복음이 일으키는 변화는, 죄인이 죄책을 용서받는 데서 끝나지 않고, 용서받은 하나님의 백성이 하나님의 뜻인 율법에 온전히 순종하게 되는 것을 포함한다. "우리가 하나님과 함께 일하는 자로서 너희를 권하노니 하나님의 은혜를 헛되이 받지 말라"(고후 6:1)

59 Gerrish, *Grace and Reason*, 8-9.
60 Philip Watson, *Let God Be God: An Interpretation of the Theology of Martin Luther* (Philadelphia: Fortress, 1947), 37-38.
61 LW 26:66.
62 Watson, *Let God Be God*, 14.
63 Collins, *The Theology of John Wesley*, 5-22.

는 말씀처럼, 웨슬리가 값없이 주시는 하나님의 은혜를 무효로 하지 않도록 신자가 바른 자세를 취해야 함을 강조한 것은, 신자가 은혜를 "헛되이" 하지 않아야 하나님께서 제시하시고 성취의 능력을 부어주시는 거룩함의 기준이 우리에게서 성취될 수 있기 때문이다. 그리스도를 통해 주시는 하나님의 전적인 은혜를 수용하는 믿음은 구원의 유일한 길이다. 그러나 믿고 구원 받은 신자가 하나님의 율법을 어기는 죄를 저지르는 것은 하나님과의 관계를 다시 타락시켜 이미 받은 "은혜를 헛되이" 만들게 된다. 웨슬리는 하나님의 은혜를 무위로 돌리지 않으려면 신자는 주의를 기울여 하나님의 뜻(율법)에 대한 순종을 지속해야 함을 강조한다.[64]

200년이 넘는 시대적 차이, 지역과 문화, 언어와 역사, 기독교 전통에서 큰 차이를 보이는 두 신학자를 한 자리에 초청해 토론을 진행하는 것은 쉬운 일이 아니다. 따라서 그들의 주장에 대한 비교와 비평적 판단은 그들의 신학 전반에 대한 바른 이해를 토대로 삼아 이루어질 것이다. 그들의 성숙한 견해가 초기 견해와 달라진 경우 그들의 성숙한 견해를 더 중요하게 다룰 것이다.

이 책은 조직신학의 주요 주제별로 루터와 웨슬리 신학을 비교하는 형식으로 구성되어 있다. 각 장은 루터와 웨슬리의 율법관을 신학의 다른 주제와 연결 지어 논의할 것인데, 순서에서는 먼저 루터와 웨슬리 신학을 각각 살펴본 후, 다음으로 두 신학을 비교할 것이다. 1장은 박사학위 논문이나 애즈베리 신학교에서 출판한 책에는 없었던 내용으로, 개신교 신학의 양대 흐름을 교회사적으로 분석해 수록했다. 독자들이 주의 깊게 읽는다면 그 내용은 책 전체에 담긴 루터와 웨슬리 신학의 근본적 차이를 볼 수 있는 교리사적 안목을 열어줄 것이다. 이어지는 2장에서는 루터와 웨슬리의 율법 개념을 다룰 것이다. 3장에서는 그들의 하나님 이해와 관련해 율법을 다룰 것이다. 4장은 기독론, 5장은 성령론과의 관련 속에서 그들의 율법관을 살펴볼 것이다. 구원의 과정에서 믿음과 행위의 관계는 6장에서 살펴볼 것이다. 7장은 두 신학자의 인간론을 그들의 율법 신학과의 관계 속에서 비교·대조하고, 마지막 8장에서는 율법이 교회를 위해 어떻게 사용되어야 하는지 은혜의 방편의 관점에서 살펴본 후, 율법이 세상에서 어떻게 적용되어야 하는지 그리스도인 개인과 사회 윤리의 관점에서 살펴볼 것이다.

---

64 같은 곳.

1장

개신교 신학의 양대 흐름에 대한 교회사적 이해

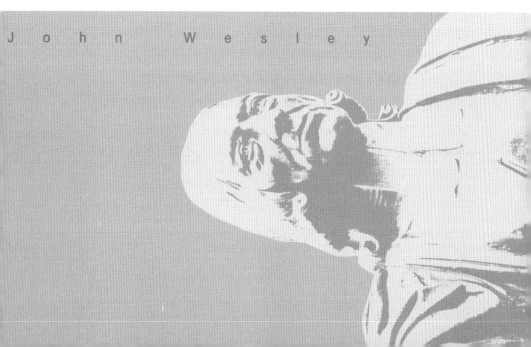

1장 개신교 신학의 양대 흐름에 대한 교회사적 이해

개신교 신학의 역사에서 개신교 내 타 신학 전통의 신학자와 목회자가 웨슬리를 이단 사상을 가졌거나 이단을 옹호한 사람으로 비난하는 일은 자주 있었다. 그런 현상은 어제오늘의 일도 아니고 국내와 해외를 불문하고 자주 있어왔기에 딱히 놀랍지 않다. 그러나 비난은 정당한 근거에 기초해야 한다. 웨슬리를 잘 알지 못하고 그동안 들어온 부정확한 소문에 의존해 웨슬리 비난에 동조해온 사람은 비난하기 전에 먼저 자신이 들어온 내용이 옳은 것인지 확인해야 할 것이다. 부당한 비난을 직간접적으로 받아온 웨슬리안은 타 신학 전통의 오해와 비난에 해명하기 위해서뿐 아니라 스스로의 신학적 자의식을 분명히 하기 위해서라도 웨슬리 신학을 더 정교하게 이해할 필요가 있다. 개신교 신학의 양대 체계가 어떻게 유사하고 다른지를 이해할 필요와 당위성은 양자 모두에게 있다.

1장은 크게 두 부분으로 이루어져 있다. 첫째 단락(A)에서는 책 전체 이해에 도움이 되도록 개신교 내 타 신학 전통에서 웨슬리를 어떻게 비난해 왔는지 대표적인 사례를 소개할 것이다. 그 후에는 그런 비난이 어떤 오해에서 비롯되었는지 웨슬리 신학의 입장에서 답하고자 한다. 비난 사례의 소개와 웨슬리 신학 입장에서의 반론 제시는 개신교 내에 존재하는 양대 신학 체계가 서로 얼마나 다른지 예시하기 위한 것이다. 둘째 단락(B)에서는 왜 같은 개신교 내에서 서로 다른 신학 체계가 발전하게 되었는지, 개신교 신학의 양대 체계의 형성 과정을 역사적으로 고찰할 것이다.

1장은 학계와 교계에서 현재진행형으로 이루어지고 있는 실제적 논쟁을 통해 이 책의 방향을 암시하고, 또 교회사를 통해 이 책이 다루는 신학적 논쟁의 배경을 제시하므로 독자들께서 주의 깊게 읽어 주시기를 바란다.

A. 타 신학 전통의 웨슬리 비판

I. 칼빈주의자의 비판 사례

나는 머리말에서 칼빈과 칼빈주의자를 루터의 제자로 보는 관점에서 그들의 주장을 루터와 웨슬리 신학 비교 자료로 활용할 것임을 밝힌 바 있다. 루터와 칼빈 신학의 공통분모로 인해 칼빈주의자의 웨슬리 비판은, 루터 신학 체계가 웨슬리 신학을 바라보는 시각을 짐작하는 참고자료가 될 수 있기 때문이다. 오늘날 루터란 신학은 루터가 죽은 후 그의 뒤를 이은 필립 멜랑히톤의 지도력 아래 루터 신학의 극단성을 상당히 완화시킨 결과물이다. 그 점에서 루터란 신학은 칼빈 사후 그의 후계자 테오도르 베자(Theodore Beza)의 지도하에 칼빈 신학의 극단성을 강화시킨 칼빈주의 신학보다 더 개방성과 포용성을 가지고 있다. 그 결과 오늘날 웨슬리 비난은 루터란보다 칼빈주의자에게서 더 빈번하게 일어난다.

1. 루이스 벌코프

루이스 벌코프(Louis Berkhof)는 『조직신학』에서 (1) 아르미니우스주의자는 "외면적으로는 구속사역을 하나님께 귀속시키지만, 실제로는 하나님의 구속사역이 인간의 태도와 행위에 부수적이다"라는 말로 아르미니우스주의 구원론을 인간중심적 구원론으로 단정 짓는다.

　(2) "아담의 죄책이 그 모든 후손에게 전가되며, 인간은 본성상 전적으로 타락했고, 따라서 어떠한 영적인 선도 행할 수 없다는 사실을 부인한다"고 주장해 아르미니우스주의와 펠라기우스주의를 동일시한다.

　(3) "웨슬리적 아르미니우스주의자"는 17세기 아르미니우스주의자보다 "비논리적"이어서 "아담의 죄책이 그 모든 후손에게 전가되었다는 것을 인정하면서도 동시에 모든 인간이 그리스도 안에서 칭의 되었고 이러한 죄책이 출생할 때 단번에 제거되었다고 주장한다"고 설명한다. 다시 말해, 웨슬리안은 원죄를 인정하는 듯하면서도 실제로는 부인해 출생할 때 모든 사람이 자동으로 의로운 상태로 출발

한다고 가르친다는 것이다.[1]

(4) "웨슬리는 칭의와 성화를 구분했을 뿐 아니라 실제로 분리하고, 성화 전체를 첫 번째 은혜인 이신칭의 이후 조만간 오게 되는 두 번째 은혜로 언급했다"고 주장한다. 칼빈은 칭의와 중생을 그리스도와의 연합으로 인한 양면적 은혜로 묘사해 서로 연결 지었으나 웨슬리는 둘을 단절시켰다는 것이다.[2]

(5) 그 외에도 벌코프는, 아르미니우스주의자는 신자를 구원에 이르도록 끝까지 붙드시는 견인의 은혜 역시 하나님의 은혜를 의존하지 않고 사람의 "신앙하고자 하는 의지와 선행에 의존"한다고 말한다.[3]

반론

벌코프의 주장을 종합하면, 웨슬리안-아르미니우스주의자는 원죄를 부인하고, 선행으로 구원 받음을 주장하며, 스스로의 노력을 통해 최종적 구원까지 보존된다고 가르친다. 그의 주장이 옳다면 웨슬리안-아르미니우스주의자는 영락없이 펠라기우스주의 이단이다. 그러나 벌코프가 과연 아르미니우스와 웨슬리의 주장을 조금이라도 연구해 본 적이 있는지 의문을 품지 않을 수 없다. 벌코프의 주장을 사실에 근거해 바로잡으면 결론이 전혀 달라지기 때문이다.

(1) 역으로 질문해 보자. 하나님은 구원을 위해 인간의 태도 및 행위의 변화를 요구하시지 않는가? 구원을 위해 회개하고 예수님을 믿어야 한다고 가르치면, 하나님의 구속사역을 인간의 태도와 행위에 부속시키는 인간 중심적 구원론인가?

(2) 아르미니우스는 인간의 전적타락을 부인하지 않는다. 그의 말을 들어보자.

> 창조주의 손에서 빚어진 본래 상태의 인간은 지식과 거룩함과 능력을 부여받아 이해하고 판단하고 숙고하며 자신의 의지로 하나님께 받은 명령에 순종해 참된 선을 행할 수 있었다. 그럴지라도 그는 하나님의 은혜의 도움 없이는 그 어떤 것도 행할 수 없었다. 그러나 그 후 사람이 타락해 죄 많은 상태에 빠지자 자력으로는 참으로 선한 것을 생각할 수도, 의도할 수도, 행할 수도 없게 되었다. 그가 바르게 이해하고 판단하고 숙고하며 참되게 선한 일을 행하기 위해서는, 반드시 그의 지성과 감정과 의지와 모든 능력이 하나님에 의해 그리스도 안에서 성령을 통해 거듭나 새로워져야 했다. 사람이 죄에서 구원 받아 이 거듭남과 갱신에 참여하는

1　루이스 벌코프, 『벌코프 조직신학』, 권수경, 이상원 공역 (서울: 크리스천다이제스트, 2009), 666-667.
2　같은 책, 782.
3　같은 책, 798-799.

자가 되면, 그제서야 그는 선한 것을 생각하고 의도하고 행할 수 있게 된다. 그러나 그것 역시 하나님의 은혜의 지속적인 도움 없이는 불가능하다.[4]

참된 선으로 향했던 인간의 자유의지는 타락으로 인해 상처를 받고 장애를 입어 굽어지고 약해졌을 뿐 아니라, 완전히 결박당하고 파괴되고 상실되었다. 은혜의 도움이 없는 자유의지는 단지 능력이 조금 약해져 힘을 쓸 수 없는 정도가 아니라, 모든 힘을 전적으로 상실했다. 그리스도는 "나를 떠나서는 너희가 아무것도 할 수 없음이라"(요 15:5)고 말씀하셨다. 이 구절을 단어 하나하나 깊이 묵상한 아우구스티누스는 다음과 같이 말한다. "그리스도는 그 없이는 너희가 일을 조금밖에 못 한다거나, 몹시 고되게 일을 할 것이라거나, 어떤 일을 해도 어려움을 겪을 것이라고 말씀하시지 않았다. 주님 없이는 아무 일도 할 수 없다고 하셨다! 주님 없이 일을 할 수는 있지만 완성은 할 수 없다고 하신 것이 아니라, 어떤 일도 할 수 없다고 하셨다." 우리는 이 사실을 더 분명히 하기 위해 구원 받지 못한 사람의 삶 전체뿐 아니라, 사람의 이성과 감정과 의지와 능력에 관해 하나씩 고찰할 것이다.[5]

로저 올슨(Roger Olson)은 『아르미니우스주의 신학: 그 오해와 진실』(*Arminian Theology: Myths and Realities*)에서 "아르미니우스주의자는 칼빈주의자와 마찬가지로 모든 인간이 아담 안에서 함께 타락했고 또 아담에게서 죄를 지을 수밖에 없도록 속박되어 있는 타락한 본성을 물려받았다는 인간의 전적타락 교리를 인정한다"[6]고 바르게 주장한다. 심지어 『나는 왜 아르미니우스주의자가 아닌가?』(*Why I Am Not An Arminian*)이라는 책을 공저한 칼빈주의자 피터슨(Robert A. Peterson)과 윌리엄스(Michael D. Williams) 역시 "아르미니우스주의자와 칼빈주의자는 죄와 관련해 많은 것을 동일하게 믿는다. … 그들 모두는 원죄의 교리를 믿는다. … 타락으로 인해 인간 본성의 모든 면이 죄로 오염되었다는 인간의 전적타락 교리를 믿는 점에서도 동일하다"고 인정한다.[7] 아르미니우스가 인간의 전적타락을 부인했다는 벌코프의 주장은 근거가 없다.

칼빈주의 교리 중 아르미니우스가 반대한 것은 인간의 전적타락 교리가 아니라 다음의 비성경적 주장들이다. 첫째, 하나님께서 천지창조 이전부터 인류의 대부분을 지옥에 가도록 미리 정해 놓았다는 이중 예정론, 둘째, 예수님께서 온 세상 사

4   James Arminius, *The Writings of James Arminius* (Grand Rapids, MI: Baker Book House, 1956), 1: 252-253.
5   같은 책, 1:526.
6   Roger Olson, *Arminian Theology: Myths and Realities* (Downers Grove, IL: InterVarsity Press, 2006), 55-56.
7   Robert A. Peterson & Michael D. Williams, *Why I Am Not An Arminian* (Downers Grove, IL: InterVarsity Press, 2004), 162-163

람을 사랑하신 것이 아니라 소수의 예정된 사람만 사랑해 그들을 위해서만 십자가
에서 피 흘리셨다는 제한 속죄론, 셋째, 사람이 자유의지를 악용해 하나님의 은혜
를 거부함으로 "은혜를 헛되이"(고후 6:1) 만들 수 있음을 부인하는 불가항력적 은
총론, 넷째, 한 번 예정된 사람은 신앙을 상실할 수 없고 어떤 죄를 짓더라도 구원
에서 배제되지 않는다는 성도의 견인론이다. 벌코프의 주장과 달리, 원죄와 인간의
전적타락의 교리에서 아르미니우스는 루터나 칼빈과 다르지 않다.

(3) 유아의 죽음에 관해 칼빈주의는, 구원으로 예정된 유아는 그리스도의 속죄
가 적용돼 천국에 가지만 멸망으로 예정된 유아는 자범죄를 짓지 않아도 아담의
원죄의 죄책 때문에 지옥에 떨어진다고 주장한다. 웨슬리는 그런 주장에 반대해,
하나님께서는 그리스도께서 온 세상의 죄를 위해 흘리신 피의 공로를 모든 인류에
게 적용해 아담의 원죄의 죄책(책임)을 제거해 주셨다고 가르쳤다. 즉, 어떤 사람도
아담의 죄책 때문에 심판받지는 않는다. 웨슬리는 자범죄를 짓기 전 유아는 원죄의
부패성은 가졌더라도 원죄의 죄책에서 자유롭기에 구원 받을 수 있다고 보았다. 그
럼에도 벌코프는 그리스도의 피로 아담의 죄책을 씻어주시는 선행은총을 "모든 인
간이 그리스도 안에서 칭의 되었고(justified) 이러한 죄책이 출생할 때 단번에 제
거되었다"는 부적절한 용어로 왜곡해, 마치 웨슬리가 원죄를 부인했거나 그리스
도의 피의 공로를 잘못 적용해 만인구원론을 주장한 듯한 오해를 불러일으킨다.[8]

(4) 웨슬리는 중생을 초기적 성화와 동일시하고, 때로 광의적 의미로 성화 자체
와 동일시했다. 그런데 초기적 성화인 중생은 시간적으로 칭의와 동시 사건이라는
점에서 웨슬리는 칭의와 성화를 이원론적으로 분리하지 않았다. 나아가 웨슬리는
칭의·중생 이후 점진적 성화의 과정이 따름을 인정하면서, 하나님께서 그 성화의
과정 중 완전성화라는 더 깊은 은혜의 체험을 순간적으로 주실 수 있다고 가르쳤
다. 그럼에도 벌코프는 웨슬리가 마치 칭의와 성화를 분리하고, 또 칭의 이후 점진
적 성화의 과정을 가르치지 않고 순간적 완전성화만 가르친 것처럼 왜곡한다. 이
런 왜곡은 앤서니 후크마나 마이클 호튼 등 대부분의 다른 칼빈주의 학자에게서도

---

8   벌코프가 웨슬리의 원죄 교리를 어떻게 왜곡했는지 확인하려면 케네스 콜린스, 『성경적 구원의 길:
존 웨슬리 신학의 정수』, 장기영 역 (서울: 새물결플러스, 2017), 54-70을 참고하라. 벌코프가 웨슬리의
선행은총론을 어떻게 왜곡했는지 확인하려면 같은 책, 70-83, 200-245와 장기영, "자유의지와 노예의지, 그
분기점으로 웨슬리의 선행은총론", 「신학과 선교」 제45권 (2014), 137-182를 참고하라.

동일하게 나타난다.[9] 웨슬리를 조금이라도 공부했다면 이처럼 쉽게 드러날 오류를 주장할 수 없었을 것이고, 제대로 연구하지 않고 비판했다면 학자로서 온당치 못한 태도인데, 칼빈에 대한 지나친 추종으로 인해 학자적 양심과 그리스도 안에서 형제 됨이라는 신앙적 가치를 가볍게 여긴 것은 아닌지 의구심이 생긴다.

(5) 웨슬리는 하나님께서 그 자녀를 끝까지 지켜 최종적 구원에 이르게 하신다는 '성도의 견인' 교리에 동의했다. 그러나 자신은 선민이기에(예정 받았기에) 구원에 아무런 지장이 없다고 여기면서 태만과 방종에 빠져 신앙에서 파선하고 하나님께 반역하는 데까지 나아가는 '죄인의 견인' 주장에는 분명히 반대했다. 칼빈주의자는 성경에서 하나님께서 그 백성을 지키고 보호하신다는 구절만을 모아 연결한 반쪽 논리로 성도의 견인을 주장할 뿐, 한때 예수 그리스도를 믿었던 사람도 신앙에서 파선할 수 있으며 구원을 상실할 수 있음을 경고하는 성경의 다른 구절에 대해서는 침묵하고 의미를 변질시켜 진리를 왜곡한다.

2. 앤서니 후크마

앤서니 후크마(Anthony Hoekema)는 『개혁주의 구원론』(*Saved by Grace*, 부흥과개혁사)에서 (1) "하나님은 복음을 듣는 모든 사람이 구원 받기를 원하신다. … 그러나 이 은혜는 거부할 수 있다. 실제로 많은 이들이 그 은혜를 거부하고, 그래서 하나님의 계획을 좌절시킨다. 이것이 아르미니우스주의의 해결책이며, 이 해결책을 따를 경우 우리에게 남는 것은 주권적이지 않은 하나님이다. 이는 성경에서 분명히 가르치는 진리를 부정하는 것이다"[10]라고 주장한다.

(2) 또 반(半)펠라기우스주의자와 아르미니우스주의자를 동일시하면서 "(그들은) 복음의 초청을 받아들이는 일이 궁극적으로 오직 인간의 의지에만 달려있다고 말했다. … 하나님은 어떤 식으로든 복음 초청의 결과를 결정하시거나 통제하시지 않는다. … 하나님의 주권은 여기에서 부정된다"[11]고 주장한다.

---

9 벌코프, 『벌코프 조직신학』, 782. 앤서니 후크마, 『개혁주의 구원론』, 이용중 역 (서울: 부흥과개혁사, 2012), 314-315; 마이클 호튼, 『언약적 관점에서 본 개혁주의 조직신학』, 이용중 역 (서울: 부흥과개혁사, 2012), 671. 벌코프, 후크마, 호튼의 주장이 얼마나 근거 없는 것인지는 콜린스, 『성경적 구원의 길』, 196-199, 202-214를 참고하라.
10 후크마, 『개혁주의 구원론』, 115.
11 같은 책, 117-118.

반론

후크마는 하나님의 은혜를 불신앙과 불순종으로 거절해서는 안 되고 믿음과 순종으로 바르게 반응해야 한다는 웨슬리의 가르침을 하나님의 주권을 부정하는 것으로 단정해 비난했다. 그런 그가 칼빈주의 구원론은 어떻게 설명하는가? "개혁주의 신학은 구원의 적용에서 하나님 은혜의 주권을 강조하는 동시에 구원 과정에서 인간의 책임을 부정하지 않는다. … 신자는 구원의 과정에서 믿음의 발휘, 성화, 견인에 책임이 있다. … 구원 과정의 여러 측면에서 하나님과 신자는 함께 관여한다. … 하나님도 일하시고 우리도 일한다. … 예컨대 우리의 성화는 100% 하나님의 일인 동시에 100% 우리의 일이다"[12]라고 말한다. 그의 말을 더 들어보자. "우리는 여기서 역설, 즉 서로 모순된 것처럼 보이는 두 생각의 조화를 다루고 있다. … 하나님은 전적 주권을 지니고 우리 삶을 자신의 뜻대로 인도하시지만, 그럼에도 우리는 스스로 결정을 내려야 하며 그 결정에 대해 전적으로 책임이 있다. … 성경은 하나님의 주권을 분명히 가르친다. … 또한 인간의 책임도 분명히 가르친다."[13] 후크마는 자신의 주장을 뒷받침하기 위해 에드워드 도위(Edward A. Dowey), 제임스 패커(James I. Packer), 버논 그라운즈(Vernon C. Grounds), 길버트 체스터턴(Gilbert K. Chesterton) 등 하나님의 주권과 인간의 책임 모두를 인정하는 칼빈 신학자 다수를 인용한다.[14]

후크마의 주장이 왜 공정성을 잃은 것일 수밖에 없는가? 웨슬리안-아르미니우스주의자가 구원을 위해 인간이 하나님의 은혜를 거부하지 말고 바르게 수용해야 한다고 말하면 인간의 자유로 하나님의 주권을 부정하는 비성경적인 태도라고 비난한다. 반면 동일한 인간의 책임을 칼빈주의자가 말하면 "역설" "서로 모순되어 보이는 두 생각의 조화" "개별적인 주제들의 명료성과 그 주제들 상호관계의 불가해성" "성경이 담고 있는 여러 이율배반 가운데 하나" 등 온갖 미사여구로 미화하기 때문이다.[15]

---

12 같은 책, 14-15.
13 같은 책, 16.
14 같은 책, 16-19를 참고하라.
15 같은 책, 16-19.

3. 마틴 로이드 존스

로이드 존스(Martyn Lloyd-Jones)는 『청교도 신앙: 그 기원과 계승자들』(The Puritans: Their Origins and Successors, 생명의말씀사)에서 웨슬리를 "여러 교리를 혼동했어도 하나님께서 사용"하신 사람,[16] "여러 모순된 것을 말하고 행한 사람"[17] "기질과 … 생각이 이상하게 불안정했던 사람"[18]으로 묘사한다. 또 그가 "그릇된 신학 체계 … 인간적 논리를 따름으로 그처럼 혼돈되었던 사람임에도 구원" 받았다는 것은 "칼빈이 강조한 교리" 즉 "그가 어떤 사람인가에 상관없이 하나님의 은혜가 구원한다"는 가르침이 "진리임을 보여주는 가장 큰 증거"라고 말한다.[19] 로이드 존스에 따르면, "잘못된 생각을 가졌음에도 복음을 전하고 영혼을 회심시키는 도구로 크게 사용되어 … 칼빈주의를 가장 위대하게 입증하는 사람"[20]인 웨슬리는 교리만이 아니라 인격과 사역에도 문제가 있었다.

(1) 먼저 웨슬리의 인격 및 사역에 관한 로이드 존스의 생각은 다음과 같은 평가에서 엿볼 수 있다. 칼빈주의 메소디스트 조지 휫필드는 아르미니우스주의 메소디스트 웨슬리보다 여러 면에서 더 위대했다.[21] 그 이유는 여러 가지다. 웨슬리보다 휫필드가 먼저 회심했고, 옥외설교를 통한 부흥운동을 먼저 시작했으며, 교육 및 자선 단체 역시 먼저 시작했다. 웨슬리가 별로 영향을 끼치지 못한 웨일즈 부흥운동에서 성공적이었고, 미국 대각성 운동에 직접 큰 영향을 끼쳤으며, 웨슬리보다 더 위대한 설교사역을 했다. 그럼에도 "칼빈의 가르침을 따르는 사람은 아르미니우스의 가르침을 따르는 사람보다 떠벌리는 일에 소극적"이고, 휫필드는 "칼빈처럼 가장 겸손한 사람"이었기에 웨슬리처럼 자신의 교단을 따로 만들지 않아 덜 알려졌을 뿐이다.[22] 처음에는 하나였던 메소디스트가 이후 칼빈주의 메소디스트와 아르미니우스주의 메소디스트로 분열된 것은 웨슬리가 "성경의 권면을 철저히 무시"[23]해 이중예정론에 반대하고 그리스도인의 완전 교리

---

16 마틴 로이드 존스, 『청교도 신앙: 그 기원과 계승자들』, 서문강 역 (서울: 생명의말씀사, 2000), 22.
17 같은 책, 318.
18 같은 책, 321.
19 같은 책, 219.
20 같은 책, 308.
21 같은 책, 108-136.
22 같은 책, 113-114.
23 같은 책, 321-322.

등 "여러 모순된 것"을 가르쳐 "문제의 근본 원인"을 제공했기 때문이다.[24] 그럼에
도 휫필드는 편협한 마음으로 파당에 빠지지 않고 "분리를 가슴 아파하면서 … 하
나가 되기 위해 할 수 있는 모든 일을 했고 … 칼빈과 마찬가지로 구원의 복음을 전
하는 일에서 연합에 대단한 관심을 가졌다."[25] 하지만 웨슬리는 메소디스트가 "교
회 안의 작은 교회"라며 영국 국교회 내에서 갱신운동을 하겠다면서도 "변덕과 약
점을 표출"해 "영국 국교회의 많은 규율을 어기고 자기 자신의 단체를 결성"해 영
국 국교회에서 분리시킨 "이상한 성격"의 사람이었다.[26] 비록 웨슬리 자신은 "그렇
지 않다고 애써 주장"했지만 "초기부터 메소디스트 단체는 강력한 … 종파성"을 지
녔고, 웨슬리는 "처음부터 종파주의자"였다.[27]

　(2) 로이드 존스는 다음의 주장을 통해 웨슬리를 인간의 전적타락을 믿지 않았
을 뿐 아니라, 선행은총에 근거해 모든 사람이 신령하다고 주장하는 잘못된 교리
를 가르친 사람으로 평가했다.

> 그들의 문제는 이것입니다. 그들은 "좋습니다. 모든 사람이 본래부터 죄인입니다"라고 말합
> 니다. 그들은 인간의 부패를 믿습니다. 그런데 그 후에는 하나님께서 은혜로 복음을 믿고 받
> 아들일 능력을 '모든 사람'에게 주셨다고 말합니다. 그러므로 모든 사람이 이제 신령하다는
> 뜻입니다. 그러나 바울은 모든 사람이 다 신령하지는 않음을 분명히 말하고 있습니다. … 은
> 혜가 '모든' 사람에게 주어졌다고 말한다면, 필연적으로 모든 사람이 신령하다는 논리가 성
> 립됩니다. 그들이 복음을 미련하게 보지 않고 믿고 받아들이기 위해서는 오직 신령한 사람
> 이어야 하기 때문입니다.[28]

　(3) 로이드 존스는 "칼빈주의 메소디즘은 참된 메소디즘이요, 오직 유일한 참
된 메소디즘"이라고 말한 후, 웨슬리의 가르침을 다음과 같이 비판한다. "아르미
니우스주의 메소디즘도 은혜를 강조하면서 출발합니다. 아르미니우스주의 메소디
스트는 자신들이 '은혜'를 설교한다고 주장해왔습니다. … 그러나 그들이 자유의지
및 인간이 감당하는 역할과 함께 또다시 행위를 끌어들인다는 것은 아주 분명합니
다. … 그들은 은혜에서 출발하지만 곧 은혜를 부정하고 맙니다."[29] 특히 로이드 존

24　같은 책, 316-318.
25　같은 책, 110-111.
26　같은 책, 323.
27　같은 책, 148-149.
28　같은 책, 218.
29　같은 책, 218.

스는 1770년 메소디스트 연회록 사건을 언급하면서 "1770년 연회에서 웨슬리는 사실상 행위로 의롭다 함을 받는 교리로 돌아가는 진술을 매우 공공연하게 했습니다. … 웨슬리의 교리는 루터나 칼빈, 초기 영국의 종교개혁자들, 윌리엄 퍼킨스나 청교도들의 가르침을 정반대로 뒤집은 것입니다"[30]라고 주장한다. 웨슬리가 행위 구원론을 가르쳤다는 것이다.

(4) 또 로이드 존스는 웨슬리가 '성도의 견인' 교리를 반대함으로 구원의 확신의 교리를 상실하게 만들었다며 다음과 같이 비판한다.

> 아르미니우스주의 메소디즘은 신생이나 중생을 잃어버릴 수 있다고 말함으로 그것을 부정합니다. 거듭남은 하나님이 하시는 일입니다. 그런데도 그들은 그것이 취소될 수 있고 우리가 그것을 상실할 수 있다고 말합니다. … 오늘 중생했다가도 내일은 중생하지 않을 수 있고, 다시 중생했다 그다음에 중생하지 않을 수 있다는 것입니다. … 이런 관념은 분명히 중생의 교리를 근본적으로 부정하는 것입니다. 동일한 것이 구원의 확신에 대한 그들의 가르침에도 적용됩니다. 잃어버릴 수 있는 구원의 확신이 무슨 가치가 있습니까? 구원을 상실할 수 있다면 그 구원의 확신이 무슨 가치가 있느냐는 것입니다. 만일 은혜와 구원 안에서 머무는 것이 여러분 자신에게 달려있다면, 그 확신을 어떻게 할 수 있느냐는 말입니다. … 그것은 구원의 확신의 교리가 아닙니다.[31]

(5) 로이드 존스가 가장 긴 지면을 할애해 비판한 것은 완전성화 교리다.[32] 그는 웨슬리의 완전성화 교리의 원천은 로마 가톨릭 및 프로테스탄트 "신비주의"로서,[33] 이로 인해 웨슬리가 이신칭의 교리를 굳게 붙들지 못했다고 주장한다. "웨슬리에게 이신칭의 교리가 주도적인 위치가 되면 신비주의는 물러갔습니다. 그러나 자주 믿음으로 의롭다 함을 받는 진리에서 혼동을 겪으면 신비주의가 다시 고개를 쳐들었습니다. … 존 웨슬리를 이해하는 유일한 길은, 그가 완전한 사랑을 생각하게 한 신비주의 개념과 이신칭의 교리 사이에서 끊임없이 갈등을 겪었음을 아는 것입니다. 그는 둘 사이에서 오락가락했습니다."[34] 로이드 존스는, 이런 갈등과 혼동 속에서 웨슬리가 "지나친 이지주의"에 빠져 "성경 일부의 진술에 의존해 억지로 결론을 도출"한 결과 "거듭난 사람은 누구나

---

30 같은 책, 321.
31 같은 책, 218-219.
32 같은 책, 314-337.
33 같은 책, 318-319.
34 같은 책, 321.

죄를 짓지도 않고 지을 수도 없다"고 주장하는 "완전하고 철저한 성화"를 가르쳤다고 말한다.[35]

로이드 존스는 완전성화론을 웨슬리의 전체 교리 중 최대 약점으로 평가하면서, 웨슬리는 "그리스도인이 죄를 짓는다는 것을 알면서도" 그런 "부단한 모순"을 가진 완전성화론을 주장했기에, 그것이 또다시 죄의 정의를 "알려진 율법을 자발적으로 위반하는 것"으로 축소해 인간의 본성적 오염을 경시하고, 구원의 확신 및 성령세례를 완전성화와 혼동하는 등 "여러 다른 오류"를 초래했다고 주장한다.[36] 그 외에도 찰스 피니(Charles Finney), 윌리엄 보드만(W. E. Boardman), 케직 사경회 등의 다양한 성결운동, 특히 칼빈주의 전통 내에서 웨슬리의 영향을 받아 일어난 성결운동 전체를 잘못된 것으로 비난하는 데 많은 지면을 할애한다.

반론

칼빈주의 전통에 속해 있으면서도 자신이 칼빈주의 메소디스트임을 자처하고, 신자가 받는 제2차적 은혜로서 성령세례를 인정하는 등 웨슬리와 그의 부흥운동의 영향을 강하게 받은 로이드 존스가, 유독 웨슬리를 평가하는 일에서는 여느 칼빈주의자와 같이 심각한 무지와 편견을 드러내는 것이 매우 안타깝다.

(1) 로이드 존스는 "가장 겸손한 사람" 휫필드는 "떠벌리는 일에 소극적"이어서 교단을 만들지 않았지만, "이상한 성격"의 웨슬리는 "종파주의자"여서 영국 국교회로부터 메소디스트를 분리시켰다고 주장한다. 그러나 웨슬리안 신학 전통과 교단 형성의 원인을, 웨슬리의 겸손하지 못하고 떠벌리는 일에 적극적인 성향 문제로 돌리는 것은 그답지 못한 발상이다. 그는 『청교도 신앙: 그 기원과 계승자들』을 비롯해 『성령세례』(*Joy Unspeakable*, 기독교문서선교회), 『부흥』(*Revival*, 복있는사람) 등 역사 속 부흥의 사례를 연구한 훌륭한 저술에서 18세기 웨슬리의 부흥운동을 매우 중요하게 설명할 뿐 아니라, 그처럼 위대한 부흥은 개인의 능력이나 자질로는 일으킬 수 없는, 하나님의 특별한 은혜와 섭리의 역사로 주장해 왔기 때문이다. "교회가 빈사 상태에 빠져 그 존재 의미를 완전히 잃은 듯한 침체의 시기 … 합리주의와 철학이 구원의 생수를 감추고 더럽히던" 18세기에 웨슬리를 통해 일어난

---

35 같은 책, 320-323.
36 같은 책, 321-323.

메소디스트 부흥운동에 대해, 로이드 존스는 자신 스스로가 "교회와 개인의 역사 가운데 행하시며 개입하시고 그 안으로 뚫고 들어오시는 초월적이며 살아계신 주 권자 하나님"의 사역으로 이루어진 "위대한 복음의 각성"이었음을 강조하지 않았 던가![37] "인간의 차원에서는 부흥을 설명할 길이 없습니다. 인간의 차원에서 부흥을 설명하는 것은 전혀 합당치 않은 일입니다"라고 역설한 사람이 그 자신 아닌가![38] 무엇보다 웨슬리를 통해 18세기의 위대한 부흥을 일으키고 개신교 신학을 성경적 균형으로 회복하게 하셨으며, 개신교 내에 그를 따르는 사람들을 두어 그의 신학과 신앙적 유산이 보존되게 하신 것은, 웨슬리 개인의 능력과 자질이 아니라 온 세상 의 주권자이신 하나님이시라고 솔직히 인정하는 것이 진정한 칼빈주의자로서 그 가 가졌어야 할 마땅한 태도 아닌가! 다른 부흥은 다 하나님의 역사였지만, 웨슬리 를 통한 부흥만큼은 그가 겸손하지 못하고 떠벌리기를 좋아한 결과물이란 말인가?

로이드 존스는 메소디즘이 영국 국교회에서 분리된 사실에 근거해 웨슬리를 교만하고 종파적 성향을 가진 사람으로 주장했는데, 같은 논리라면 그는 개신교 가 로마 가톨릭에서 분리된 사실에 근거해 칼빈 역시 자기 이름을 앞세워 "떠벌리 는" 교만한 인물이자 "처음부터 종파주의자"였다는 뜻인가? 로이드 존스는 칼빈주 의 메소디스트였던 휫필드가 여러 영국 국교회 강단에서 배척받아 더는 설교하지 못하게 된 이유가, 영적으로 죽어있던 영국 국교회가 그의 중생에 대한 강조를 수 용하지 못했을 뿐 아니라, 그의 놀라운 사역을 "자기 과시라고 생각하면서 … 대단 한 질투심이 가세해 많은 교회가 그에게 문을 열어 주지 않게 되었기"[39] 때문이라 고 바르게 분석하지 않았는가? 웨슬리가 올더스게이트 체험 이후 믿음으로 구원받 는 도리를 설교하자, 많은 영국 국교회 목회자가 그에게 더는 강단을 허락하지 않 은 이유 역시, 휫필드가 영국 국교회로부터 배척받은 이유와 전혀 다르지 않음은 익히 잘 알려진 사실이다.

로이드 존스는 웨슬리가 "영국 국교회의 많은 규율을 어겼다"며 비난하지만, 웨슬리가 영국 국교회의 규율을 어기며 한 일이란 사실상 영국 국교회가 돌보지 않은 영혼들을 돌본 것이다. 웨슬리의 사역은 영국 국교회와 경쟁 구도를 형성

---

37 마틴 로이드 존스, 『부흥』, 정상윤 역 (서울: 복있는사람, 2011), 66-67.
38 같은 책, 213.
39 로이드 존스, 『청교도 신앙: 그 기원과 계승자들』, 121.

하기보다 오히려 영국 국교회를 보완하는 성격이 강했다. 데이비드 햄튼(David Hampton)이 『성령의 제국 감리교』(*Methodism: Empire of the Spirit*, 기독교문서선교회)에서 분석한 대로, 영국에서 메소디스트 부흥운동은 탄광 지역과 도시 외곽 빈민촌 등 인구가 새롭게 증가했음에도 기존교회의 목회적 돌봄이 충분히 미치지 못한 지역을 중심으로, "군대조직과도 같은 순회 설교자들에 의해" 이루어졌다.[40] 영국 국교회의 돌봄이 미치지 않는 곳을 중심으로 사역한 것과, 루터가 제시한 종교개혁의 중요한 요소로 만인제사장직을 실제로 목회에 적용해 평신도 설교자와 여성 사역자를 부흥운동의 주역으로 삼은 것이 "영국 국교회의 많은 규율을 어긴" 것으로 비난받아야 할 내용인가?

교리적으로는 웨슬리가 성경적 진리로 매우 중요하게 선포한 이신칭의 교리와 성령의 직접 증거(롬 8:16) 교리가 형식주의에 물든 영국 국교회주의자의 비난을 가져왔다.[41] 나아가 웨슬리가 인도하던 집회에서는 사람들의 발작과 울부짖음, 방언과 예언 등의 현상이 자주 나타났는데, 이러한 현상은 휫필드나 미국의 조너선 에드워즈(Jonathan Edwards)의 집회에서의 현상과도 유사했다. 영국 국교회는 이러한 일을 광신도의 광란으로 조롱하며 멸시했다. 커티스 캐번더(Curtis H. Cavernder)가 정리해 1846년에 출판한 『메소디즘 반박 자료 목록』(*Catalogue of Works in Refutation of Methodism*)에 의하면, 1738~1844년 사이에 웨슬리와 그의 신학, 메소디스트들을 비난하기 위해 영국과 미국에서 작성된 책, 논문, 신문 기사 등의 문서는 자그마치 434개에 달했다. 그 후 영국 웨슬리안 신학자 리처드 그린(Richard Green)이 1902년에 펴낸 『18세기 반(反)메소디스트 출판물』(*Anti-Methodist Publications Issued During the Eighteenth Century*)에서는 목록이 606개로 늘어난다.[42] 개신교와 로마 가톨릭 교회 분열의 원인이 종교개혁자들의 교만과 분파 성향 때문이 아니라, 비성경적 교리와 실천으로 가득했던 로마 가톨릭 교회가 루터와 칼빈의 종교개혁을 수용할 수 없었기 때문인 것처럼, 영적으로 깊은 잠에 빠져있었던 영국 국교회가 웨슬리의 성경적 기독교를 수용하지 못한 것이 메소디즘에 대한 비난과 악평을 가져온 것이다.

---

40 데이비드 햄튼, 『성령의 제국 감리교』, 이은재 역 (서울: 기독교문서선교회, 2009), 41.
41 케네스 콜린스, 『존 웨슬리 톺아보기: 그의 삶과 신학 여정』, 이세형 역 (서울: 신앙과지성사, 2016), 152-184.
42 박창훈, "오해와 설득: 올더스게이트 체험 이후의 발전과 그 의미", 「역사신학논총」 제17권(2009), 59-88.

또 한 가지, 새롭게 개척되어 인구가 폭발적으로 늘고 있었던 미국 식민지에 목회자를 파송해 영혼을 돌보려는 웨슬리의 계획은 영국 국교회 목회자의 헌신과 도움이 절실했음에도 도움을 받을 수 없었고, 부득이 메소디스트 평신도 설교자 중 가장 뛰어난 사람들을 목회자로 세워 미국으로 파송할 상황적 요구가 절실했음에도 영국 국교회는 그런 요구에 일절 응답하지 않았다. 이 역시, 웨슬리가 부득이 영국 국교회의 승인 없이 자체의 영국 국교회 목회자를 중심으로 미국 파송 목회자를 안수하는 계기가 되었다.

로이드 존스가 "영국 국교회의 많은 규율을 어겼다"며 웨슬리를 비판한 내용은, 18세기 당시 영국 국교회의 직무유기 속에서 메소디스트들이 그들의 부족함을 보완하기 위해 어떻게 헌신적 노력을 기울였는지 전반적인 상황을 고려하지 않은 것이다. 옥외설교를 시작해 영국 국교회의 규율을 먼저 어긴 사람은 휫필드다. 그런데도 단지 새 교단을 만들지 않았다는 이유만으로 칼빈주의자 휫필드를 겸손한 평화주의자로 칭송한 반면, 새 교단을 만들었다는 이유로 웨슬리를 이상한 성격의 분파주의자였다고 결론을 내린 로이드 존스는, 그 자신이 하나님 백성의 하나 됨을 추구했다며 높게 평가한 칼빈과 휫필드의 모범을 본받을 필요가 있어 보인다.

(2) 로이드 존스는 웨슬리가 가르친 원죄와 인간의 전적타락, 선행은총 교리를 제대로 이해하지 못하고 있다. 그는 웨슬리가 가르친 선행은총을 하나님께서 모든 사람에게 주신 "복음을 믿고 받아들일 능력"이라며 그릇되게 묘사한다. 그리고 이 그릇된 판단에 기초해, 그렇다면 웨슬리는 모든 사람이 복음을 받아들일 수 있는 신령한 사람이라고 주장한 것이라는 잘못된 결론을 내린다. 그러나 웨슬리가 가르친 선행은총은 하나님께서 교회의 말씀 사역 및 성령의 조명을 통해 죄를 깨우치시고 그리스도의 필요성을 계시하실 때, 그 은혜를 수용할 수도 있고 거절할 수도 있는 인격적 책임성을 회복시키는 은혜이지, 그러한 말씀 전파 및 성령의 조명하심이 없이도 죄를 깨우치고 복음을 믿을 능력을 주는 것이 아니다. 따라서 선행은총을 통해 하나님의 은혜에 반응할 인간의 의지의 능력이 회복되었더라도, 그 자체로 사람이 회개하고 복음을 믿을 수 있는 것은 아니다. 본격적인 구원의 은혜인 하나님의 말씀 사역과 성령의 조명하심이 없다면, 구원을 위한 예비적 은혜인 선행은총은 구원으로 이어지지 않는다. 이러한 웨슬리의 가르침은 마치 칼빈주의자들이, 하나님께서 구원으로 예정하셨더라도 교회의 말씀 사역과 성령의 효과적 부

르심이 반드시 있어야 한다고 주장하는 것과도 유사하다. 하나님께서 선행은총을 통해 모든 사람에게 하나님의 은혜를 수용하거나 거절할 인격적 책임성을 회복시켜 주셨다는 것이 웨슬리의 주장이다. 이는 은혜 없이는 인간이 하나님의 구원의 초대에 반응할 능력조차 없음을 의미한다. 즉 선행은총은 원죄와 인간의 전적타락 교리를 부정하는 것이 아니라, 그 교리들과 짝을 이룬다.

(3) 로이드 존스는 자신을 칼빈주의 메소디스트로 지칭할 뿐 아니라, 메소디즘을 "본질적으로 체험적이고 실천적인 신앙이요 생활방법"[43]으로 정의한다. 그가 제시한 메소디즘의 정의는, 하나님의 주권에 대한 신앙이 인간을 지나치게 수동적으로 만들어 태만과 방종을 합리화하지 않도록 하나님의 은혜를 대하는 인간의 책임적 태도를 강조하는 것으로, 웨슬리가 종교개혁 신학의 신단동론이 가져올 수 있는 인간의 책임성 경시를 경계해 사람이 신앙과 순종으로 하나님의 은혜에 바르게 반응해야 함을 강조한 의도와 다르지 않다. 그런데 그 스스로 인간의 책임성을 강조한 로이드 존스가, 아르미니우스주의 메소디즘이 인간의 책임성을 강조한 것은 "은혜를 강조하는 데서 출발"했으나 "행위를 끌어들여 … 은혜를 부정"한 것이라고 비난하는 모순을 보인다. 로이드 존스가 "사실상 행위로 의롭다 함을 받는 교리로 돌아간" 증거라며 비난한 1770년 메소디스트 연회록에서의 웨슬리의 주장은, 사람이 신앙과 순종으로 하나님의 은혜에 적합한 태도를 취하는 것이, 하나님의 은혜를 받기 위한 '조건'은 되지만 구원의 '공로'가 될 수는 없음을 말한 것으로, 행위구원론을 부인한 것이지 주장한 것이 아니다(이 책 3장. C. III 참고).

(4) 로이드 존스는 웨슬리가 성도의 견인 교리에 반대해 "신생이나 중생을 … 취소될 수 있고 상실할 수 있다"고 말함으로 "중생의 교리를 근본적으로 부정"할 뿐 아니라, 성도가 갖는 구원의 확신의 근거를 무너뜨렸다고 비난한다. 그러나 성경적 중생의 교리를 왜곡하고 확신의 근거를 무너뜨렸다는 비난은 웨슬리가 아닌 칼빈주의자들이 받아 마땅하다.

그 이유는 첫째, '성도의 견인' 교리는 성경에서 하나님께서 당신을 믿고 순종하는 백성을 끝까지 지키시고 구원하신다는 내용의 말씀에서 도출한 교리로, 웨슬리 역시 성도의 견인 교리를 인정하고 가르친다. 그러나 성경에는 한때 믿고 순종했더라도 이후에 믿음에서 파선하고 하나님께 반역할 때는 구원을 상실할 것임

---

43   로이드 존스, 『청교도 신앙: 그 기원과 계승자들』, 205-212.

을 경고하는 말씀 및 실제로 그런 일이 일어난 사례가 다수 나온다(사 59:1-2; 겔 33:12; 마 7:16-21; 롬 11:20-22; 고전 3:16-17; 8:10-11; 갈 5:1, 4; 딤전 4:1; 히 6:4-6; 10:26-29; 벧후 2:20-21; 계 22:19 등). 성경은 한때 예수님을 믿었으나 이후 다시 불신앙과 불순종으로 되돌아가버린 '죄인의 견인'은 말씀하지 않는다. "내가 확신하노니 사망이나 생명이나 천사들이나 권세자들이나 현재 일이나 장래 일이나 능력이나 높음이나 깊음이나 다른 어떤 피조물이라도 우리를 우리 주 그리스도 예수 안에 있는 하나님의 사랑에서 끊을 수 없으리라"(롬 8:38-39)고 확언했던 바울조차 자신의 구원 상실 가능성을 인정해 "내가 내 몸을 쳐 복종하게 함은 내가 남에게 전파한 후에 자신이 도리어 버림을 당할까 두려워함이로다"(고전 9:27)라고 말하지 않았던가! 칼빈주의자의 '성도의 견인' 교리는 하나님이 성도를 지키신다는 일부 말씀만 선택하고, 믿음과 순종을 저버린 죄인은 버리신다는 성경의 다른 말씀을 폐기해 신자에게 거짓된 평안을 가르치는 교리다.

둘째, '성도의 견인' 교리가 신자에게 구원의 확신을 준다는 로이드 존스의 주장은 칼빈 신학 자체와도 모순된다. 칼빈은 하나님이 세상을 창조하시기 전, 사람이 선과 악, 신앙과 불신앙 중 어떤 선택을 할 것인지 고려하지 않고("사람의 행위를 일체 무시하고") 오직 하나님의 뜻에 따라 예정하셨다고 주장한다.[44] 즉, 누군가가 지금 예수님을 믿고 있는지 아닌지, 또 순종하고 있는지 아닌지가 하나님의 예정을 확신하는 근거가 될 수 없다. 그뿐 아니라, 누군가가 지금 신앙생활을 하고 있다는 것이 미래에도 그럴 것임을 보증하지 않는다. '성도의 견인' 교리를 알고 믿었던 많은 칼빈주의자가 이후에 믿음에서 파선하고 그리스도를 부인하는 일은 현실에서 자주 일어나기 때문이다. 따라서 '성도의 견인' 교리를 믿는지 아닌지가 이후에도 그가 신앙을 지속할 것인지 아닌지에 대한 확고한 보증이 될 수 없다.

칼빈주의의 '성도의 견인' 교리처럼 한 번 구원이 영원한 구원이라고 주장할 수 없는 것은 한때 믿음을 가졌던 사람도 다시 죄에 빠지고 불신앙으로 돌아가는 경우가 많기 때문이다. 그런 경우 이중예정과 '성도의 견인' 교리를 주장하는 사람은, 그 사람이 신앙생활을 잘 하는 것을 보고 구원으로 예정된 줄 알았는데 떠나는 걸 보니 그게 아니라면서, 칼빈이 누구도 알 수 없는 하나님의 신비에 속한 비밀로 가르친 예정을 자기 마음대로 판단하곤 한다. 예정 받았는지 아닌지를 사람이 임의

44　Institutes, III. 21. 1.

로 판단하는 자세도 잘못이지만, 칼빈은 하나님께서 세상을 창조하시기 전 사람이
선인이 될지 악인이 될지, 신앙과 불신앙 중 어떤 편을 택할지 고려하지 않고 예정
하셨다고 가르쳤는데, 끝까지 지속될지 지속되지 않을지 누구도 알지 못하는 현재
의 신앙을 근거로 예정 여부를 판단할 수 있겠는가? 예정되었는지 아닌지 알 수 없
고, 현재 가진 신앙을 앞으로도 지속할지 배교할지 알 수 없는데, 누가 견인을 확
실하게 말할 수 있겠는가? 모두가 결코 확인 불가능한 가정일 뿐이다. 예정 자체가
확인 불가능하고, 지금 가진 믿음을 지속할 것인지 아닌지도 불확실하니, 기껏 할
수 있는 말은 만약 예정되었다면 견인될 것이 확실하다든가, 지금 가지고 있는 믿
음을 끝까지 지속한다면 견인될 것이 확실하다는 식의 모호하고 불확실한 가정밖
에 할 수 없는 것이 칼빈주의자의 '성도의 견인' 교리다.

　　웨슬리는 칼빈주의자의 '성도의 견인' 교리가 로마 가톨릭의 면죄부와도 같이
결코 구원의 확신의 근거가 될 수 없음을 명확히 간파했다. 그래서 '성도의 견인' 교
리가 아니라 하나님과 신자 사이의 인격적이며 현재적인 신앙과 순종의 관계에서
성령께서 주시는 증거가 더 온전한 구원의 확신의 근거임을 가르쳤다.[45]

　　(5) 로이드 존스가 가장 오해한 것은 완전성화 교리다. 첫째, 그는 웨슬리의 완
전성화 교리의 원천을 로마 가톨릭 및 개신교 신비주의로 지목한다. 그러나 완전
성화는 성경이 말씀하는 교리며, 사도에게서 배운 초대교회 교부들이 한결같이 가
르친 교리다.[46] 예를 들어, 안디옥의 이그나티우스(Ignatius of Antioch, -107)는
"그리스도께 대한 온전한 믿음과 사랑"이 죄에 대한 승리와 사랑의 삶을 가능케
함을 가르쳤고, 그 자신이 하나님께 대한 "온전한 사랑"을 갖게 되었다고 증거했
다.[47] 로마의 클레멘트(Clement of Rome, -101)는 시대마다 참 경건의 사람은 "하
나님의 은총에 의해 사랑으로 온전케 된 사람"이라고 설명했다. 폴리캅(Polycarp,
69-155)은 믿음, 소망, 사랑으로 의의 율법의 완성과 죄에 대한 승리가 가능함을
가르쳤다.[48] 헤르마스(Hermas)는 세례받은 신자의 위선과 내면적 죄를 폭로하

45　웨슬리의 '구원의 확신' 교리에 관해서는 콜린스, 『성경적 구원의 길』, 246-289를 참고하라.

46　서울신학대학교 글로벌 사중복음 연구소 편저, 『글로벌신학과 사중복음』 (서울: 한들출판사, 2015)에서
　　장기영, "사중복음의 교리사적 전거", 55-87 참고.

47　Paul M. Bassett and Wiilam M. Greathouse, *Exploring Christian Holiness II: The Historical Development* (Kansas
　　City: Beason Hill Press, 1985), 28-29; 윌리엄 M. 그레이트하우스 저, 『웨슬레 신학원류』, 김용련 역 (서울:
　　생명줄, 1987), 36.

48　그레이트하우스, 『웨슬레 신학원류』, 36-37.

고, 성령의 능력으로 덧입는 순결과 완전을 바른 신자의 표준으로 제시했다.[49] 이레니우스(Irenaeus, 140-202)는 총괄갱신이 그리스도에게서 끝나지 않고 성령의 역사로 교회에서 이어짐을 가르쳤다.[50] 알렉산드리아의 클레멘트(Clement of Alexandria, 150-215)는 중생한 자는 누구나 "전력을 다해 무죄한 상태에 있기를" 노력해야 하며, 이를 위해 "먼저 죄와 약점을 제거하고, 다음으로 죄를 향한 상습적 경향 뿌리 뽑기"를 권면했다.[51] 이집트 교부 마카리우스(Macarius of Egypt, 300-391)는 기독교를 "성령을 통한 그리스도의 내주하심"이 가져오는 인간의 "변모와 갱신"으로 설명했다. 이로써 영혼에 존재하던 악의 샘은 마르고 정욕이 제거되며, 그리스도인은 영혼을 가득 채우는 "삼위일체 하나님의 임재와 현존"의 영광을 누리게 된다.[52] 닛사의 그레고리(Gregory of Nyssa, 335-395)는 기독교를 "신성의 모방"으로 이해하고, 그리스도인의 완전이 영적 성숙의 과정에서 끊임없는 성장과 진보로 가능하다고 보았다.[53]

성경의 저자와 교부들이 한결같이 주장해온 완전성화의 가르침이 처음으로 거부된 것은 5세기의 아우구스티누스에 와서다. 하나님을 인간의 영혼이 만족할 수 있는 최고선으로 묘사한 아우구스티누스는 자신이 하나님을 향유해 만족을 누림으로 죄와 불순종이 "얼음처럼 녹아버리고 제거되었음"을 체험적으로 고백했다.[54] 그러나 교리적으로 그는 중생의 변화만을 인정하면서 완전성화를 부인했다. 육체의 본능과 죄를 동일시하는 헬라 이원론, 그리고 원죄를 부정한 펠라기우스와의 논쟁의 결과로 비관적 인간론을 갖게 된 것이 그가 완전성화의 가능성을 부인하도록 영향을 끼친 것이다.[55] 전반적으로 교부시대는 완전성화를 교리적으로 가르쳤을 뿐 아니라, 실제적으로 그 은혜를 풍성하게 경험한 시기로 특징지을 수 있다. 그러나 아우구스티누스의 광범위한 영향력은 교리사에 인간운명에 대한 결정론과 성결에 대한 비관론을 확산하는 계기가 되었다. 감사하게도 하나님은 아우구스티

49 Greathouse, *Exploring Christian Holiness II*, 30-35.
50 Gustaf Aulein, *Christus Victor: An Historical Study of the Three Main Types of the Idea of the Atonement* (London: SPCK, 1970), 21-22; *Exploring Christian Holiness II*, 44-50.
51 그레이트하우스, 『웨슬레 신학원류』, 48; Greathouse, *Exploring Christian Holiness II*, 50-58.
52 이후정, "마카리우스의 변모영성과 존 웨슬리", 「신학과 세계」 57 (2006), 74-91.
53 이후정, "닛사의 그레고리의 '완전' 이해", 「세계의 신학」 15 (1992), 27-46.
54 그레이트하우스, 『웨슬레 신학원류』, 83-91.
55 같은 책, 83-96.

누스가 완전성화 교리에 끼친 부정적 해악에도 완전성화 교리가 교회사의 면면을 이어오게 하셨고, 웨슬리는 성경뿐 아니라 초대교회 교부, 동방정교회, 로마 가톨릭, 영국 국교회, 경건주의자와 청교도의 신학과 체험 속에 녹아있는 완전성화 교리의 유산을 발견해 재확증한 것이다.

둘째, 로이드 존스는 완전성화 교리에 대해 웨슬리가 "성경의 인도를 받기보다 지나친 이지주의에 빠져 억지로 도출한 결론"이라면서, 그 골자는 "거듭난 사람이라면 누구든지 죄를 짓지도 않고 지을 수도 없다"는 것이라고 주장해 웨슬리의 완전성화론을 왜곡한다. 그러나 웨슬리는 거듭난 신자의 상태를 성령의 능력으로 죄를 짓지 않을 수 없는 상태(unable not to sin)에서 해방되어 죄를 짓지 않을 수 있는 상태(able not to sin)로 설명했지, 로이드 존스가 주장한 것같이 죄를 지을 수 없는 상태(unable to sin)로 묘사한 적이 결코 없다. 웨슬리는 중생을 성령의 능력으로 죄에 대한 강한 지배력을 갖는 상태로 묘사하지, 죄 지을 수 없는 상태로 묘사한 적이 없으며, 심지어 완전성화조차 그런 상태로 묘사하지 않는다. 로이드 존스는 웨슬리가 주장한 것으로 오해했지만 사실상 웨슬리가 반대한 완전성화 개념에는 다음의 긴 목록이 포함된다. 즉 하나님과 같은 절대적 완전, 인간 실존이 가진 한계를 넘어서는 천사적 완전, 타락 전 아담과 같은 완전, 영화 단계의 완전, 무죄적 완전(sinless perfection), 연약성에서 해방되는 완전, 다시 유혹받지 않는 완전, 과실이나 실수에서 자유로운 완전, 상실할 수 없는 완전, 더 성장할 여지가 없는 완전 등이다.[56] 웨슬리는 완전성화를 지나치게 높은 은혜로 해석하는 주장, 즉 로이드 존스가 오해한 방식의 완전성화 이해를 부인하면서, 성경은 '완전'의 의미를 이 모든 것보다 낮추었음에도 이를 알지 못하는 사람이 '완전'이라는 용어를 성경적 의미보다 훨씬 높여놓아 거기서 오해가 발생함을 지적한다. 로이드 존스를 포함해 웨슬리의 완전성화론을 반대하는 대부분의 사람이 바로 이 경우에 해당된다. 로이드 존스는 웨슬리가 주장한 적 없는 현세에서의 영화의 상태를, 심지어 완전성화도 아닌 중생한 모든 신자에게 적용하는 치명적 오류를 범했다. 웨슬리가 가르친 완전성화는 로이드 존스가 표현한 것같이 "완전하고 철저한 성화"가 아니라, 타락한 이후 인간에게 조건 지워진 한계와 연약성에도 성령께서 정결케 하시고 능력을 부으심으로 가능케 하시는 상대적이고 제한적인 완전이다.

---

56   한영태, 「그리스도인의 성결」 (서울: 성광문화사, 2012), 127-149.

셋째, 로이드 존스는 신자가 받는 제2차적 은혜로서 성령세례는 인정하면서 왜 동일한 은혜로 이루어지는 완전성화를 부인하게 되었을까? 많은 오류가 있지만 지면상 두 가지만 지적하고자 한다. 먼저 웨슬리는 구약에서 옛언약이 실패로 끝나고 포로기를 거친 후의 어느 시점에("그날에") 성령을 주심으로 마음을 정결케 하고 하나님의 율법이 성취될 것을 약속하는 새언약 본문(신 30:6, 11-14; 렘 31:33; 겔 36:25-27) 및 성령의 은사와 능력을 부으신다는 본문(욜 2:28-29) 모두가 신약의 오순절에 이루어진 것으로 가르쳤다. 오순절에 임하신 성령은 신자의 "마음을 깨끗이"(행 15:9) 하실 뿐 아니라, 성령의 은사와 복음 증거의 능력(행 1:8; 2:14-21)을 부으심을 모두 인정한다. 그러나 로이드 존스는 성령세례는 은사와 복음 전도의 능력을 부여한다는 점만 인정하고 신자의 마음을 깨끗케 하신다는 말씀을 부인하는 오류를 범한다.[57] 이는 많은 칼빈주의자에게서 나타나는 전형적인 태도로, 성경 말씀 중 칼빈주의 교리에 부합하는 말씀만을 취사선택해, 칼빈주의와 맞지 않는 내용은 성경조차 부인하는 심각한 오류에 해당한다.

다음으로, 로이드 존스는 완전성화를 부인하는 주장의 근거로 고린도교회의 사례를 든다. 고린도교회는 성령의 능력이 약동해 많은 은사가 나타났음에도 우상 숭배, 음란, 분열 등 많은 죄가 공존했다는 점에서, 성령의 능력이 완전성화를 가져오지 않음을 입증한다는 것이다.[58] 로이드 존스의 오류는, 초대교회를 구성하는 신자의 표본이 상당히 다양했음에도 그것을 지나치게 단순화한 데서 비롯된다. 예를 들어, 거기에는 사도 그룹이 있었고, 그들의 설교로 회개하고 예수님을 믿은 사람들, 즉 구약의 말씀을 통해 하나님의 뜻과 성품을 잘 이해하던 유대인 그룹이 있었으며, 그 외에 말씀이 흥왕해 날마다 구원 받은 사람 중에는 이방인 그룹도 있었다. 이방인 그룹 중에는 복음에 관심을 갖기 시작해 함께 교회로 모였으나 아직 확실한 믿음이 없어 이방 풍속을 버리지 못한 사람이 다수였다. 초대교회의 다양한 신자 그룹 중 웨슬리가 완전성화의 표본으로 삼은 사람은, 예수 그리스도의 공생애 기간 동안 말씀의 훈련을 철저히 받은 사도 그룹과 성경을 잘 알고 그리스도를 믿게 된 유대인 그룹에 속한 사람이지, 이제 막 결신한 사람이나 아직 이방 풍속도 버리지 못한 이방인 그룹이 아니다. 완전성화의 표본으로 삼아야 할 교회는 사

---

57 마틴 로이드 존스 저,『성령세례』, 정원태 역 (서울: 기독교문서선교회, 2010), 65-81, 131-143.
58 같은 책, 76, 135-136.

도와 많은 유대인이 포함된 예루살렘 교회(행 2:42-47)로, 하나님께서 교회에 이미
주신 정결함을 파괴한 아나니아와 삽비라의 죄를 철저히 심판하신 정결한 교회다.
오순절 성령세례로 완전성화의 은혜를 받은 사도들과 성령으로 충만했던 다른 신
자들이 다시 죄에 빠졌다는 내용을 성경에서 찾을 수 있는가? 물론 지식과 판단력
의 부족, 즉 웨슬리가 완전성화의 은혜에도 하나님께서 인간을 겸손케 하시기 위
해 남겨두셨다고 설명한 인간의 연약성으로 인해 바울과 바나바의 의견이 일치하
지 않고, 복음적 원리 이해에서 더욱 철저했던 바울이 그보다 철저하지 못한 베드
로의 외식을 꾸짖는 사건은 있었다 그러나 그들이 다시 범죄하고 타락해 완전성화
교리를 부인할 만한 상태로 돌아갔다는 증거는 어디에서도 발견할 수 없다. 로이
드 존스는 성경에서 완전성화의 좋은 표본을 배제해버린 후 아직 완전성화의 은혜
를 받지 못한 사람들, 고린도에서 아직 이교 풍습조차 버리지 못한 구도자나 초신
자, 성령의 은사는 받았으나 적절하게 사용하지 못하고 자신을 드러내려 했던 미
성숙한 신자를 모델로 삼아 완전성화를 부인하는 표본 선택의 오류에 빠진 것이다.

　전반적으로 평가하면, 로이드 존스는 칼빈주의자임에도 그들의 주장을 따라
오순절 성령세례를 역사적으로 반복될 수 없는 유일회적인 구속사적 사건으로만
설명하지 않고, 오히려 웨슬리를 따라 개인의 구원의 서정에서 가장 두드러지는
충만한 은혜의 경험, 신자가 받는 제2차적 은혜로도 해석한다.[59] 성령의 능력세례
로 역사에서 거듭 일어난 위대한 영적 부흥에 관한 그의 설명은 칼빈의 성령론과
매우 다르며, 웨슬리 성결론을 성령론적 용어로 재해석한 존 플레처의 관점에 가
깝다. 나는 깊이 있는 복음적 성경 해석과 오순절적 성령론에 토대를 둔 신학적 역
동성, 하나님의 은혜를 강조하면서도 인간의 책임을 경시하지 않는 신학적 균형으
로 인해, 칼빈주의자 중 로이드 존스가 웨슬리 신학의 혜택을 가장 크게 받았다고
생각한다. 그가 웨슬리의 완전성화론을 부정함에도 신자가 받는 제2차적 은혜인
성령세례를 가르친다는 점에서, 나는 로이드 존스의 『성령세례』를 높이 추천해 왔
다. 그런 그가 웨슬리의 인격이나 사역, 신학을 평가하면서 드러내 보인 이해의 부
정확함과 칼빈주의자로서의 편협성은 안타까움을 금할 길이 없다.

59　같은 책.

4. 최덕성

2015년 11월 14일, 한국복음주의조직신학회 제31차 정기논문발표회에서 **최덕성**은 논문 "존 웨슬리의 이단 관용정신"을 발표했다.[60] 그의 주장은 매우 충격적이다.

> 웨슬리는 몬타누스, 펠라기우스, 세르베투스를 이단자가 아니라고 주장한다. 그는 … 메소디스트 운동에 이로운 면을 가진 이단 집단에게는 마음을 연다. … 교리적 주장, 예배 형태 … 가 어떠하든지 관용정신으로 하나가 되어야 한다는 것이다. … 그의 이단 관용정신과 이단 옹호 태도는 자신이 이단자처럼 취급당하는 데 대한 방어적 동기에서 나온 점을 고려해도 과유불급으로 보인다. 그리스도의 교회를 혼합주의로 이끄는 위험성을 지니고 있다. 기독교인의 관심을 성경적 진리에서 멀어지게 한다. 교회의 진리의 민감성을 앗아간다.[61]

> 웨슬리는 메소디스트 운동의 정당화를 위해 진리를 양보하는 절충주의를 택했다. 그는 기독교의 기본 진리에 대한 확고한 원칙을 가지지 않았다. 웨슬리의 신학에는 로마 가톨릭, 여호와증인, 소시니우스주의, 이신론, 안식교, 그리고 한국교회가 이단으로 정죄한 많은 그룹이 포함될 수 있다. 예수를 앞세우는 여러 부류의 사이비기독교 그룹들도 포함될 수 있다. … 교회와 신학의 울타리를 기독교의 기본 진리를 벗어난 자들에게까지 넓혀야 하는가? 웨슬리는 그렇다고 답한다. … 웨슬리의 이단 관용정신은 교회의 성경적 규범이나 진리성이나 사도들의 전통에서 온 것이 아니다. 자기와 자신이 전개하는 부흥운동에 대한 자기방어적인 변증에서 나왔다. … 그 결과 … 편파성, 주관성, 성령주의-열광주의에 빠진다.[62]

반론

최덕성의 논문은 학문적 자세와 신자의 양심 모두에서 문제를 드러낸다.

(1) 최덕성은 충분한 문헌 연구 없이 제한된 자료에 의존해 이 같은 주장을 하는데, 그가 거의 전적으로 의존한 자료는 웨슬리 학자 박창훈의 "존 웨슬리 신학의 급진성: 기존신학과 거리 두기"라는 논문이다.[63] 그럼에도 그가 총 120개 각주 중 출처를 밝힌 곳은 단 한 곳(각주 70번)이며, 단 1페이지(227페이지)만 참고해 문헌연구 대부분을 자신이 한 것처럼 보이게 만들었다. 아이러니한 점은, 박창훈은 웨슬리를 매우 긍정적으로 평가했다는 점이다. 즉, 웨슬리는 기존의 정통신학에서 성경적 기독교를 왜곡하는 요소가 있다면 의연히 변화시키는 성경적 개혁성

60 최덕성, "존 웨슬리의 이단 관용정신", 제31차 한국복음주의조직신학회 정기논문발표회 자료집, 26-41.
61 같은 곳, 26.
62 같은 곳, 41.
63 박창훈, "존 웨슬리 신학의 급진성: 기존신학과 거리 두기", 한국교회사학회 및 한국복음주의 역사신학회 공동학술대회 자료집(2014. 3. 22).

을 지녔으며, 교회사의 다양한 기독교 전통이 지닌 참된 기독교의 요소를 종합하는 성경적 포괄성을 가진 인물이라는 것이다. 또 그의 관용정신은 "무관심이나 절충주의가 아니라, 그리스도교에 대한 확고한 원칙과 진리관"에서 나온 신앙적 용기, "하나님과 사람에 대한 무한한 사랑과 관심"에서 비롯되었다는 것이다. 최덕성은 한국교회사학회 정기학술대회에서 박창훈과 같은 분과에서 그의 논문을 접한 후 그의 자료 대부분을 사용하되 결론만 바꾸었다. 웨슬리의 "관용정신"을 "이단 관용정신"으로, 웨슬리의 성경적 포괄성을 진리를 양보하고 이단을 옹호하는 이단성으로 바꾸었다.

(2) 최덕성은 웨슬리를 루터와 경건주의, 영국 국교회와 가톨릭과만 연결하면서 그의 청교도적 뿌리는 감춘다. 웨슬리의 친가와 외가가 모두 영국 국교회로부터 극심한 핍박을 받은 청교도 목회자 집안이었음이 익히 알려져 있음에도 무리하게 웨슬리와 칼빈주의의 연관성을 제거하려 한 그의 의도가 읽힌다.

(3) 웨슬리가 영국 국교회 교회에서 강단 교류를 금지당한 원인은 모라비아 교도로부터 루터의 종교개혁 신학의 정수를 배운 뒤 이신칭의를 설교했기 때문임에도 그 사실을 왜곡해, 웨슬리의 "감정주의·열정주의 특성" 및 영국 국교회에 대한 "위협적" 특성 때문에 강단을 금지당한 것으로 묘사한다. 이로써 최덕성은 웨슬리 시대에 종교개혁 신학을 부정했던 영국 국교회 내부의 가톨릭주의자들 및 성령께서 일으키신 위대한 영적 부흥을 반대하고 비난했던 영국 국교회의 형식주의자들과 보조를 함께한다.

(4) 최덕성은 몬타누스, 펠라기우스, 세르베투스, 재세례파의 잘못된 주장을 장황하게 설명함으로 웨슬리가 그들의 이단적 주장까지 수용하고 옹호한 것처럼 보이게 왜곡한다. 마치 독자를 웨슬리 마녀사냥에 동조하게 하려는 것 같다. 그러나 웨슬리는 그들 주장 전체에 동의한 것이 아니라, 단지 그들의 활동이 당시의 세속화되고 타락한 교회에 경종을 울린, 일부 긍정적인 요소가 있었음을 언급했을 뿐이다. 그런데도 최덕성은 마치 웨슬리가 그들의 잘못된 주장 모두를 추종한 것처럼 왜곡해 결국 '웨슬리는 이단 옹호자'라는 논리를 편다.

최덕성은 문제의 글을 발표하기 10일 전인 2015년 11월 4에 세르베투스의 화형과 관련해 "칼빈은 사람을 죽인 적이 없다"는 제목의 글을 올렸다. 칼빈의 책임론 주장은 "사실과 다를 뿐 아니라 교회의 거룩성을 무너뜨리는 맹독을 지닌 터무니없는 내용"이라면서 십계명을 위반하는 죄로 언급한다. "명예훼손은 제6계명과 제9계명 위반이다. 죽은 자는 말이 없지만, 그 명예는 산 자처럼 보호받아야 할 가치를 지니고 있다." 그런 후 프로테스탄트 교회 전체가 신세를 진 칼빈을 교파주의적 편협성으로 비난하는 것은 "기독인다운 처신"이 아니라고 말한다.[64] 그런 말을 한 지 겨우 10일밖에 지나지 않았을 때 그는 웨슬리를 이단 옹호자로 모는 논문을 발표해 "기독인다운 처신"이 아닌 행동을 자신 스스로가 저지른 것이다.

5. 서철원

최근(2017~2018년) 웨슬리를 이단적이라고 비난한 정이철은, 자신의 판단은 스승 서철원의 가르침에 따른 것이라며 그의 편지를 공개했다.

> "웨슬리는 믿음으로 칭의 받는다는 것을 전적으로 거부합니다. … 우리가 의롭다 함을 받는 근거는 그리스도의 구속사역이 아니고, 우리가 하는 선행이라고 합니다. … 성화는 구원은혜의 도움으로 하는 것이 아니고 선행은혜 곧 모든 사람에게 다 주어진 일반은혜와 자유의지가 협력하여 성화를 이룹니다. 그리고 '완전성화'를 이루면 그 성화에 근거해서 칭의를 받는다고 합니다. … 웨슬리는 이신칭의 교리 … 종교개혁의 근본진리를 전적으로 부정합니다. 이신칭의 교리를 부정하거나 혼합하고 변경시키면 이단이지요. 이신칭의 교리가 종교개혁 교회의 교리입니다. 이 교리를 부정하고 혼합하면 이단임이 분명합니다. 웨슬리의 신학은 이단이라고 단정해도 아무 무리가 없습니다. … 웨슬리는 교리와 신학에 있어서 펠라기우스와 완전히 동일합니다. … 웨슬리의 가르침에 대해 개혁파 신학자들이 그의 완전성화 주장만 부정하였지, 이단으로는 정죄하지 못하였습니다. 그것이 개혁교회의 약점이었습니다."[65]

정말 학자가 쓴 글인지 의심스러울 정도라 반론은 생략한다.

6. 정이철

정이철은 2017-2018년, "웨슬리의 비성경적인 가르침의 핵심은 무엇인가요?"(2017년 5월 28일) "과연 웨슬리에게 신학적 이단성이 없었던 것일까?"(9월 5일) "서철원 박사, 웨슬리 신학을 이단으로 단정해도 무리 없습니다"(9월 7일) "정말 웨슬리는 온전한 복음의 사람이 아니었던 모양이다"(9월 7일) "내가 웨슬리에 대해

---

64 http://reformanda.co.kr/xe/index.php?mid=theology&document_srl=95874
65 http://www.newsnnet.com/news/articleView.html?idxno=5205

배우고 들었던 것이 전부 사실이었다"(9월 8일) 등 다수의 글로 웨슬리의 이단성을 주장했다. 그의 웨슬리 비판이 부적절한 이유는 그 스스로가 "나는 웨슬리의 책을 읽어보지 않았다"[66]고 자백한 것처럼, 칼빈주의자 사이에서 회자되는 소문을 판단의 근거로 삼은 데 있다. 그가 모아놓은 소문은 인용하기에도 부끄러운 수준이다. 따라서 그의 주장을 인용하는 대신, 내가 정이철에게 한 충고는 웨슬리를 읽지도 않고 비난하는 여러 칼빈주의자에게 동일하게 적용 가능하기에 인용해 본다.

> "목사님이 웨슬리의 주장이라고 적어놓은 말들은 결코 웨슬리가 주장한 적이 없는 내용입니다. 목사님은 웨슬리의 말임을 확인할 최소한의 출처조차 적어놓지 않고서 그것이 웨슬리의 주장인 양 글을 쓰신 것입니다. … 목사님은 이단 판별을 사실 확인도 하지 않고 하시는 분입니까? 이제까지 이단 판별도 그런 식으로 하셨습니까? … 목사님은 웨슬리를 읽어보지도 않은 분이 … 누가 이단이라 하면 그렇다고 믿는 분인가요? 스스로 판단할 책임을 다른 사람에게 전가하는 것인가요? … 불성실한 태도입니다. 목사님은 이 사람 저 사람의 말을 듣고 웨슬리를 판단하려 하기 전에, 직접 읽고 공부하시기 바랍니다. … 스스로 독서하고 판단하는 과정 없이 다른 사람의 말과 소문에 의존해 웨슬리가 이단적이냐 아니냐를 말씀하신다면 … 최소한의 성실성이 문제가 됨을 아시기 바랍니다."[67]

7. 목회현장 사례

국내외 칼빈주의자의 근거 없는 웨슬리(안) 비난은 교회로도 이어진다. 예를 들어, 장로교 목사가 교인이 이사할 때 성결교, 감리교는 이단성이 있으니 가서는 안 된다고 교육하는 일은 드물지 않다. 이사 후 상당 기간 성결교회나 감리교회에 출석해 은혜 받고 만족해하면서도 등록을 꺼리는 경우 그 이유를 물어보면, 이전에 다니던 장로교회에서 그렇게 교육받았다고 실토하는 일은 하나의 패턴이 되었다. 웨슬리안 목회자가 장로교회에 가면 안 된다고 교육한 경우는 들어보지 못했다.

지금까지 예를 든 칼빈주의자의 웨슬리 비난은 근거가 없기에, 그들은 웨슬리의 오류를 밝혔다기보다 일부 칼빈주의자들이 얼마나 웨슬리안 전통에 관해 무지하며 편견이나 집단이기주의 또는 영적 교만에 빠져 있었는지를 보여줄 뿐이다.

---

66 http://www.good-faith.net/news/articleView.html?idxno=946 (2017. 9. 8, "내가 웨슬리에 대해 배우고 들었던 것이 전부 사실이었다").

67 https://www.facebook.com/permalink.php?story_fbid=1442130529240514&id=100003307410309

II. 루터란의 비판 사례

2017년 9월 한국루터학회 주관 정기루터강좌에서 한스 트링클라인(John Karl Trinklein)은 "요한 웨슬레와 마르틴 루터의 성화론 비교"라는 제목으로 자신의 박사학위 논문을 요약 발표했다. 나는 트링클라인 박사와 유사하게 루터와 웨슬리 신학을 비교하는 학위 논문을 썼다는 이유로 논찬자로 초청받았다. 트링클라인의 발제는 마치 웨슬리 비판 종합선물세트 같았다. 그의 주장과 나의 반박을 짧게 간추려 보면 다음과 같다.

비판 1.
루터는 인간의 전적타락 교리를 가르쳤으나, 웨슬리는 선행은총으로 완화된 전적타락을 가르쳤다.

반론
웨슬리가 선행은총 개념으로 전적타락 교리를 완화시켰다는 그의 주장은 옳다. 콜린스에 의하면, 웨슬리는 하나님께서 구원과 관계없이 모든 사람에게 베푸시는 선행은총의 혜택을 크게 다섯 가지로 설명했다. (1) 하나님의 속성에 대한 제한된 지식, (2) 도덕법에 대한 이해, (3) 양심의 기능, (4) 초자연적으로 회복된 어느 정도의 의지의 자유, (5) 그리고 이 모든 혜택에 기초해 인간의 불의를 제지하고 악함을 억제하는 효과다.[68] 그렇다면 루터는 하나님께서 타락한 인간에게 이러한 혜택 베푸심을 부인했는가? 그렇지 않다. 웨슬리가 가르친 선행은총의 혜택 중 (4) 인간 의지의 자유 회복을 제외한 다른 요소는 루터 역시 가르쳤다. 루터가 가르친 인간의 전적타락을 웨슬리는 부정했다는 식의 주장은 잘못된 것이다.[69]

트링클라인은 개신교 신학의 핵심 교리인 인간의 '전적타락'(total depravity) 교리를 오해했다. 루터와 웨슬리 신학에서 '전적'이라는 용어는 타락의 '정도'가 아니라 '범위'에 적용되어야 한다. 다시 말해, 인간의 전적타락이란 모든 사람이 악하고, 한 사람을 보더라도 그의 모든 기능 중 죄에 오염되지 않은 부분이 없다는 의

---

68 콜린스, 『성경적 구원의 길』, 74-79.
69 장기영, "자유의지와 노예의지, 그 분기점으로서 웨슬리의 선행은총론", 137-182.

미지, 모든 사람이 더 악할 수 없을 만큼 악하고, 사람의 모든 기능도 최악으로 부패했다는 의미가 아니다. 하나님께서 타락 후에도 모든 사람에게 어느 정도 보편적 은혜를 베풀어주고 계시고, 그 은혜가 인간의 전적타락을 어느 정도 완화한다고 가르친 점에서는 루터와 웨슬리는 차이가 없다.[70] 하나님의 은혜로 전적타락의 상태가 완화되었음을 부인한다면, 사람의 도덕성이나 사회의 보존이 인간의 자연적 선함에 기초해 있다는 것인가?

비판 2.

웨슬리는 '적절한 의미의 죄'(율법에 대한 고의적 위반)와 '부적절한 의미의 죄'(고의성 없이 무지와 실수에 의한 위반)를 구분한 후 전자만 죄라고 하면서도, 후자 역시 속죄를 필요로 한다고 주장했는데, 이는 모순된 주장이다. 죄가 아니라면 왜 속죄가 필요하겠는가?

반론

트링클라인의 지적대로, 고의성 유무에 따라 웨슬리가 '적절한 의미의 죄'와 '부적절한 의미의 죄'를 구분한 것은 사실이다.[71] 이는 성경이 둘 사이를 구분한다고 보았기 때문이다. 예를 들어, 웨슬리는 성경이 "의인이요 당대에 완전한 자"로 부르면서 "하나님과 동행"(창 6:9)했다고 기록한 노아나 하나님께서 친히 "온전하고 정직하여 하나님을 경외하며 악에서 떠난 자"(욥 1:1, 8)로 칭하신 욥을 하나님의 성화시키시는 은혜를 입은 자로 설명한다. 그러나 그들이 비고의적 실수와 인간의 연약성까지 초월해 아무런 실수와 흠결조차 없었기에 성경은 그들을 '온전'하고 '완전'한 자로 칭했는가? 그렇지 않다. 웨슬리는 하나님께서 그들을 온전하다, 완전하다고 평가하신 것은, 그들이 "신실한 의도와 마음을 다하는 사랑으로 하나님과 사람을 향해 자신의 의무를 다하려는 근면한 노력을 기울였기" 때문이라고 설명한다. 성경이 인간에게 '온전한 자' 혹은 '완전한 자'라는 용어를 사용할 때, 그 온전함과 완전함은 당연히 하나님의 말씀에 대한 고의적 위반과 양립할 수 없다. 그러나 그렇다고 그들이 예수님처럼 하나님의 절대적 기준으로 평가하더라도 전혀 부족

---

70 장기영, "인간의 죄에 대한 제어로서 하나님의 숨어계심: 루터의 종교개혁사상의 현대적 적용", 「한국교회사학회지」 44호(2016), 67-108.

71 Plain Account, 53-56.

함이 없었던 것은 아니다. 그들도 무지와 실수, 연약성을 피할 수 없었기에 하나님의 엄격한 기준에서는 그리스도의 대속을 필요로 하는 죄인이었음에도, 하나님께서는 그들에게 있었던 "사랑으로써 역사하는 믿음"(갈 5:6)에 기초해 그들을 판단하심으로 그들을 온전하고 완전한 자로 부르셨다는 것이다.[72]

만약 트링클라인의 주장처럼 율법의 고의적 위반과 비고의적 실수를 구분하지 않고 동일시하면 어떤 결과가 생기는가? 두 가지 해석이 가능하다. (1) 성경이 '완전하다'(창 6:9) 또는 '온전하다'(욥 1:1, 8; 2:3)고 평가한 사람은 율법을 고의적으로 위반하지 않았을 뿐 아니라, 비고의적 실수조차 저지르지 않았다는 말이 된다. 그러나 그런 의미로 완전한 사람은 이 세상에 있을 수 없다. (2) 그들은 비고의적이든 고의적이든 관계없이 율법을 어기고 살았음에도 완전하고 온전하다는 평가를 받았다는 말이 된다. 그러나 그런 해석은 성경의 거룩함의 요구를 정면으로 부인하는 해석으로, 성경적 성결의 의미를 상실하게 만든다. 즉 성경이 완전하다고 표현한 사람도 율법을 어기는 죄를 짓고 살았다는 이상한 결론이 도출된다.

웨슬리 시대에 완전성화를 반대한 사람들의 주장은 '인간은 실수와 연약성을 가졌는데 어떻게 완전할 수 있는가'라는 논리였고, 웨슬리는 이러한 논리가 율법의 고의적 위반과 비고의적 위반 사이를 구분하지 않음으로 성경이 죄악시하지 않는 상태마저 죄악시한 것이 완전성화를 부인하는 결과를 가져왔음을 간파했다. 그는 성경은 고의적 율법 위반의 죄는 심판하지만, 비고의적 실수와 연약성을 가진 사람에게는 완전이라는 용어를 사용했음을 가르쳐 완전성화를 옹호했다. 퍼카이저(W. T. Purkiser) 박사는 웨슬리의 고의적 율법 위반의 죄와 비고의적 실수의 구분이 성경적임을 통찰력 있게 설명했다.

> 어떤 사람은 "죄의 정의가 무엇인지가 신앙생활에 무슨 차이를 가져오는가? 이런 논의는 그저 표현을 가지고 논쟁을 벌이자는 것 아닌가? 인간의 연약성에서 비롯된 기억의 실수나 판단의 오류, 행동의 불완전성을 죄로 부르면 왜 안 되는가?"라는 질문을 제기할지도 모른다. 내 대답은 삼중적이다.
>
> 첫째, 오톤 와일리(H. Orton Wiley)의 말로 표현하면, "죄가 아닌 것을 죄로 부르면, 실제로 범죄할 가능성을 활짝 열어놓는 것이 된다."[73] 죄의 "넓은" 또는 율법적 정의를 받아들이는 것은, 육체에 매인 인간이 죄의 노예 상태를 벗어날 수 없다는 주장을 받아들일 것을 강요받

---

72 ENOT Gen. 6:9; Job 1:1.
73 H. Orton Wiley, *Christian Theology* (Kansas City, MO: Nazarene Publishing House, 1943), II:508.

는 것이다. 그리고 모든 것을 죄로 만드는 것은 사실상 어떤 것도 죄로 만들지 않는 것과 다를 바 없다. 죄의 등급을 나누는 것이 불가능해지고 만다. 만약 약속을 잊어버리는 것이나 잘못된 판단을 하는 것, 인간의 연약성을 죄로 부른다면, 그 결과는 그렇게 죄로 부르는 것과, 거짓말이나 도둑질, 부도덕함 같은 진짜 죄 사이에 아무런 질적 차이가 없게 된다. 그렇게 되면 모든 종류의 죄를 향해 문은 활짝 열리게 된다.

둘째, 그리스도인의 의식과 양심은 여기에 결정적인 질적 차이가 있음을 역설한다. 객관적 공정성이라는 법으로만 판단하면 약속을 실수로 잊어버린 것이나 고의로 깨뜨린 것 사이에는 아무런 차이가 없다. 객관적 공정성이라는 법으로만 판단하면 사실을 잘 알지 못해 잘못 진술한 것과 의도적인 거짓말로 잘못 진술한 것 사이에는 아무런 차이가 없다. 두 경우는 동일하게 약속된 것이 지켜지지 않았고, 진실이 아닌 것이 진술되었다. 그러나 주관적·윤리적인 견지에서 보면 위에서 언급한 두 경우 사이에는 얼마나 큰 차이가 있는가! 실수로 약속을 잊어버린 경우와 잘 알지 못해 잘못된 진술을 한 경우, 우리는 후회는 하더라도 죄책감에 빠지지는 않는다. 슬픈 일이긴 하지만 죄를 지은 것은 아니다. 기억에서의 실수와 무지는 유감스러운 것이고, 가능한 한 피해야 할 것이다. 그러나 그것이 하나님과의 교제를 방해하거나 그리스도인의 의식에 정죄를 가져오지는 않는다. 양심은 언제나 죄의 본질이 의도와 동기의 영역에 있음을 발견한다. 이는 어떤 의미에서도 도덕법의 실체적이거나 객관적인 면을 축소시키지 않는다. 선의로 실수하는 것을 허가해주는 것이 아니다. 그러나 죄가 근본적으로 선택과 의도, 목적의 문제라는 사실을 인식한다.

셋째, 이 구분은 성경적이기에 지극히 중요하다. 성경 전체는 인간이 실수하기 쉬우며 연약성을 지닌 존재임을 인정하되, 그것을 죄와 예리하게 구분한다. 예를 들어, 그리스도는 우리를 죄에서 구원하시고(마 1:21), 육적인 죄를 씻어주시지만(요일 1:7), 우리의 연약함은 동정하신다(히 4:15). 이는 주님께서 우리의 내적, 외적 죄에 대해 가지시는 태도와, 우리의 연약함에 대해 가지시는 태도에 중대한 차이가 있음을 보여준다. 다른 예를 들면, 성령께서는 죄에 대해서는 책망하시고(요 16:8), 우리를 죄성에서 자유롭게 하시지만(롬 8:2), 우리의 연약함에 대해서는 우리를 도우신다(롬 8:26). 자범죄를 용서하시는 것과 죄성을 씻어주시는 것은 순간적으로 이루어진다. 그러나 연약성은 순간적 경험으로 치료될 수 있는 것이 아니라, 우리가 삶의 전쟁터에서 매일 직면하면서 성령의 도움으로 극복하거나 더 나은 방향으로 승화시켜 나가야 한다.

도덕법은 오직 그 내면에 순수한 사랑과 동기를 가진 사람이 지킬 수 있는 것이지, 그 행위가 매우 구체적이더라도 외적인 행동만으로 지킬 수 있는 것이 아니다. 이것이 바울이 로마서 13:8-10에서 말씀한 내용의 분명한 취지다. "피차 사랑의 빚 외에는 아무에게든지 아무 빚도 지지 말라 남을 사랑하는 자는 율법을 다 이루었느니라 간음하지 말라, 살인하지 말라, 도둑질하지 말라, 탐내지 말라 한 것과 그 외에 다른 계명이 있을지라도 네 이웃을 네 자신과 같이 사랑하라 하신 그 말씀 가운데 다 들었느니라 사랑은 이웃에게 악을 행하지 아니하나니 그러므로 사랑은 율법의 완성이니라." 갈라디아서 5:14에서도 우리는 또다시 다음의 말씀을 발견한다. "온 율법은 네 이웃 사랑하기를 네 자신같이 하라 하신 한 말씀에서 이루어졌나니." 예수님은 같은 진리를 마태복음 22:37-40에서 다음과 같이 말씀하셨다. "예수께서 이르시되 네 마음을 다하고 목숨을 다하고 뜻을 다하여 주 너의 하나님을 사랑하라 하셨으니 이것이 크고 첫째 되는 계명이요 둘째도 그와 같으니 네 이웃을 네 자신 같이 사랑하라 하셨으니 이 두 계명이 온 율법과 선지자의 강령이니라."[74]

하나님께서는 실제로 인간의 어떤 실수도 용납하지 않고 모두 죄악시하시며, 인간의 연약성도 죄가 되므로 연약성마저도 초월해 온전해지라고 요구하시는가? 또 노아(창 6:9), 욥(욥 1:1, 8; 2:3), 바울(빌 3:15)이 실수와 연약성도 초월했기에 온전하다고 평가하셨는가? 웨슬리는 성경은 결코 그렇게 가르치지 않음을 강조했다. 즉 주님께서 "하늘에 계신 너희 아버지의 온전하심과 같이 너희도 온전하라"(마 5:48)고 말씀하셨을 때 그 '온전함'은 사람에게 어떤 비고의적 실수와 인간적 연약함도 허용하지 않는 절대적 완벽함으로 해석할 수 없다는 것이다. 그런 해석은 성경이 사람에게 요구하는 것보다 완전의 기준을 훨씬 더 높여놓는 중대한 오류다.

비판 3.

루터에게 은혜란 하나님께서 우리를 향해 가지신 자애로운 성향 그 자체로서, 우리의 외부에 있는 것을 지칭하지 사람 속에 주입되거나 사람이 소유할 수 있는 실체가 아니다. 그런데 웨슬리에 의하면, 하나님은 모든 사람에게 선행은총을 주셔서 전적타락 상태를 완화시키셨기 때문에 "이미 받은 선행은총과 협력하는 것이 그 후의 은혜를 받도록 만든다"(cause you to receive). 다음으로 하나님께서는 죄를 깨닫게 하는 은혜를 통해 죄인을 회개로 인도하시는데, 사람이 "이 은혜와 협력하면 그 결과(yields)"로 칭의의 은혜를 받고, "이 은혜와 협력하면 그 결과(bring)"로 성화의 은혜를 받으며, "이 은혜와 협력하면 그 결과(results in)"로 완전성화를 받고, "이 은혜와 협력하면 하나님께서 보상으로 주시는 것(rewards with)"이 영화의 은혜, 즉 최종적 구원으로서 천국에서의 영원한 삶이다.

---

74 W. T. Purkiser, *Conflicting Concepts of Holiness: Some Current Issues in the Doctrine of Sanctification* (Kansas City: Beacon Hill Press, 1953), 56-58.

반론

이 설명에서 트링클라인은 하나님의 은혜가 타자적인지, 인간이 소유할 수 있는지로 루터와 웨슬리를 구분하지만, 이 구분으로는 두 사람의 차이를 말하기 힘들다. 루터와 웨슬리는 모두 은혜의 근본적인 개념을 하나님께서 죄인을 향해 가지시는 거룩한 사랑으로 설명하고, 신자의 변화 역시 성령을 통해 가능한 것으로 설명하기 때문이다. 루터에게든 웨슬리에게든 하나님의 은혜는 근본적으로 타자적이다.

그러나 그 타자적 은혜가 인간 본성에 아무런 변화를 일으키지 않는가? 성경은 그 변화를 "새 영" "새 마음" "부드러운 마음"(겔 36:26), "깨끗한 마음"(행 15:8-9)으로 표현하지 않는가? 웨슬리는 하나님의 은혜가 인간 외부에서 찾아오지만 인간의 내면을 변화시킨다는 사실을 부인하지 않았다. 루터 역시 은혜를 설명할 때 성령의 조명하심으로 율법과 복음을 깨닫게 하시는 은혜, 그리스도를 선물로 주심과 의롭다 칭하시는 은혜, 믿음과 성령의 선물로 신자를 변화시키시는 은혜 등 다양한 용어와 개념으로 설명한다. 그중 믿음과 성령의 선물은 비록 타자적으로 주어짐에도 신자의 내면과 삶의 변화로 연결된다는 점에서 루터에게도 은혜가 전적으로 타자적이기만 한 것은 아니다.

트링클라인의 주장은 웨슬리 구원론에서 은총의 연결고리를 설명하는 방법과 관련해 더 문제가 된다. 그는 "cause" "yield" "bring" "result in" "reward with" 등의 표현을 사용해 마치 인간의 행위가 하나님의 은혜를 일으키는 것처럼 웨슬리를 가톨릭적으로 해석하는데, 이는 심각한 오류다. 콜린스에 따르면, 웨슬리가 설명한 구원의 과정에는 (1) 율법에 대한 순종이 요구되지 않고 오직 믿음을 통해 하나님의 주권적 구원의 은혜를 수동적으로 받기만 하는 "율법 중지"(law pauses)의 순간이 있고, (2) 그 전후로 하나님께서 주실 더 큰 은혜를 기다리거나, 이미 받은 은혜에 합당하게 반응하는 가운데 신자가 죄를 멀리하고 하나님께 순종하기를 힘써야 하는 "율법 계속"(law continues)의 과정이 있다. 여기서 전자, 즉 율법 중지의 순간에 관해 웨슬리는 신자는 하나님의 타자적 은혜를 믿음으로 수동적으로 수용한다고 말할 뿐 아니라, 은혜를 부어주실지의 여부와 주시는 은혜의 내용, 그 시기를 하나님께서 주권적으로 결정하신다고 설명한다. 이러한 설명은 구원을 오직 하나님의 주권적 은혜로 설명한 루터의 강조점과 매우 유사하다.[75]

---

75   Collins, "John Wesley's Theology of Law."

후자 즉 "율법 계속"의 과정에 관해 웨슬리는, 신자의 율법 순종을 다시 죄에 빠지지 않음으로 하나님께 받은 은혜를 유지하거나, 더 큰 은혜를 주실 하나님을 기대하고 간구하는 태도로 설명한다. 예를 들어, 웨슬리는 네 가지 밭 비유를 다음과 같이 설명한다. 농부이신 우리 주님께서 뿌리신 하나님 나라의 씨앗에는 하나님 나라가 충만하게 실현될 모든 가능성이 담겨 있다. 그럼에도 하나님의 나라는 인간의 죄와 무지와 경박성으로 인해 거부를 당하거나 일부만 수용될 가능성도 있다. 따라서 사람은 자신에게서 하나님 은혜의 실현을 방해하는 요소를 최대한 제거해야 한다. '하나님 나라의 씨앗이 동일하고 씨앗을 뿌리는 그리스도가 동일함에도 왜 사람의 상태는 동일하지 못한가'라는 질문에 대해 웨슬리는 사람의 죄 된 태도가 하나님의 은혜의 수용을 가로막을 수 있다고 답한다.[76] 바로 이 점에서 웨슬리는 성령과 은혜를 "질식시키거나" "저항하지" 말고, 은혜에 "순응하고" 은혜를 "활용하며" "향상시키라"고 역설했다.[77] 이는 "하나님의 은혜를 헛되이 받지 말라"(고후 6:1)는 성경 구절의 또 다른 표현일 뿐, 하나님의 은혜를 인간이 좌우한다는 비성경적 사상의 표현이 아니다. 웨슬리의 구원론은 근본적으로 하나님의 타자적 은혜에 기초하고 있고, 웨슬리가 강조한 인간의 책임은 하나님께서 베푸시는 은혜를 죄로 방해하지 않는 것이라는 점에서, 콜린스는 웨슬리의 은총관을 가톨릭이나 동방 전통에서의 신인협력과 동일시해서는 안 되며, "인간의 공로 없이 하나님의 활동만을 강조하는 개신교 입장"에서 읽어야 한다고 정확히 말한다.[78]

비판 4.

루터는 칭의를 우리의 죄가 그리스도께 전가되는 동시에 그리스도의 완전한 의가 우리에게 전가됨, 즉 이중 전가로 이루어진다고 설명한 데 비해, 웨슬리는 우리 죄의 전가만을 인정하고 그리스도의 의의 전가를 부인했다.

---

76 ENNT Matt 13:3-16.
77 Letters 2:118; BE 2:7; 설교, "성경적 구원의 길", I. 2; "우리 자신의 구원을 성취함에 있어서", II. 7; IV. 4; "잠자는 자여 일어나라", I. 12; III. 13; "사탄의 계략들", II. 7.
78 Collins, *The Theology of John Wesley*, 76.

반론

트링클라인의 주장은 부분적으로만 옳다. 그의 오류는 중기 웨슬리(1738-1765)와 후기 웨슬리(1765-1791) 사이에 그리스도의 의의 전가 교리에 관한 어조의 차이가 있음에도 그것을 구분하지 못한 데서 기인한다. 중기 웨슬리는 루터식 이중 전가 교리에 반대해 칼빈주의자 제임스 허비(James Hervey)와 오랫동안 논쟁을 벌였다. 웨슬리의 논지는 다음과 같다. (1) 그리스도는 하나님의 율법에 온전히 순종하심으로 대속의 자격을 얻으셨다. (2) 칭의는 본질상 죄 용서이므로 전가된 의를 필요로 하지 않는다. (3) 전가된 의 때문에 하나님께서 신자의 죄를 보시지 않는다는 주장은 타락한 인간에 대한 성경의 가르침과 위배된다. (4) 전가 교리는 오직 믿음만 요구하는 은혜 언약과 완전한 의를 요구하는 행위 언약을 뒤섞어, 복음이 마치 행위 계약의 성취를 돕는 것처럼 만들어 버렸다. 그러나 복음은 온전한 행위가 없는 사람이라도 자신의 죄를 회개하고 그리스도를 믿으면 구원을 얻는다는 것이다.[79] 웨슬리는 이러한 주장에서 로마서 4:5-8("일을 아니할지라도 경건하지 아니한 자를 의롭다 하시는 이를 믿는 자에게는 그의 믿음을 의로 여기시나니 일한 것이 없이 하나님께 의로 여기심을 받는 사람의 복에 대하여 다윗이 말한 바 불법이 사함을 받고 죄가 가리어짐을 받는 사람들은 복이 있고 주께서 그 죄를 인정하지 아니하실 사람은 복이 있도다 함과 같으니라") 말씀을 중요하게 다룬다. 이 구절에서 바울은 신자가 그리스도의 완전한 행함의 의를 전가 받아 그리스도처럼 온전한 행위를 한 것으로 인정받기에 의로 여기심을 받는다고 말하지 않는다. "일한 것이 없이 하나님께 의로 여기심을 받는다"고 말한다. 다시 말해 신자는 "전가된 온전한 행위" 같은 것 없이 "불법이 사함을 받고 죄가 가리어짐을 받으며 … 주께서 그 죄를 인정하지 아니하심"으로 구원 받은 자가 된다. 이처럼 중기 웨슬리는 이중 전가가 아니라, 우리 죄의 전가만으로 죄 용서를 통한 칭의를 주장했다. 트링클라인의 주장은 중기 웨슬리에게만 해당되는 주장이다.

후기 웨슬리는 개신교 내 다른 전통과의 화해를 위해 그리스도의 의의 전가라는 표현 자체는 수용했으나, 여전히 루터나 칼빈과는 다른 방법으로 전가의 교리를 가르쳤다. 루터란과 칼빈주의자의 이중 전가 교리는 그리스도의 능동적 의(그리스도의 완전한 율법 순종)와 수동적 의(그리스도의 십자가 죽음)를 구분해 전자

79　McGonigle, *Sufficient Saving Grace*, 217-239.

는 그리스도의 의의 전가, 후자는 형벌 대속과 연결 지었다. 이에 비해 웨슬리는 설교 "우리의 의가 되신 주"(1765)에서 그리스도께서 가지셨던 의를 사람이 인위적으로 나눌 수 없기에, 그리스도의 온전한 삶과 죽으심 전체가 신자를 의롭게 한다는 의미에서 "그리스도의 의는 신자의 것이 된다"고 설명했다.[80] 즉 웨슬리는 그리스도의 의의 전가 교리를, 루터나 칼빈처럼 그리스도의 의나 인간의 죄를 마치 물건처럼 주고받을 수 있는 것으로 설명하지 않았다. 그 대신 신자가 자신의 행위가 아니라 그리스도의 온전한 삶과 십자가의 죽음 때문에 하나님께 용납되었음을 의미한다는 것으로 못 박았다.[81]

전반적으로 웨슬리가 루터나 칼빈식 이중 전가 교리를 반대한 것은, 그런 설명이 은혜를 강조하는 수사적 표현으로는 훌륭할지 모르지만, 그 표현 자체가 비성경적이며 그 결과 역시 신자가 하나님께 순종할 필요성을 경시하는 율법무용론을 낳을 수 있기 때문이다. 만약 하나님께 불순종하는 신자라도 과거, 현재, 미래의 모든 죄를 용서받았고, 그리스도의 완전한 의까지 전가 받아 심지어 죄를 짓더라도 완전한 순종을 한 것으로 인정받는다면, 신자는 하나님께 불순종하면서도 구원에 문제가 없다고 생각하는 왜곡된 신앙에 빠질 수 있다. 그리스도의 의의 전가 교리는 거룩한 사랑의 하나님과의 인격적 관계인 신앙을 단번에 쉽게 죄를 없애주는 면죄부로 변질시킬 위험이 있다. 웨슬리는 이런 왜곡에 반대해, 죄인은 하나님 앞에서 죄를 용서받음으로 의롭다 하심을 얻으며, 하나님께 대한 순종은 그리스도에게서 전가 받는 것이 아니라 언제나 신자 스스로가 행해야 할 의무라고 가르쳤다.

비판 5.

루터는 신자에게 성화란 그리스도와 미래의 소망 안에서는 완전하지만, 현세와 인간의 육체 안에서는 완성될 수 없다는 주장으로 완전성화를 부인했으나, 웨슬리는 칭의 받고 중생한 신자에게 남아있는 죄의 뿌리는 성화의 점진적인 과정 중 어느 한순간에 신자가 죄에 대해 죽고 온전한 사랑으로 채워지는 완전성화의 은혜로 근절됨을 가르쳤다.

---

80 BE 1:454.
81 BE 1:455.

반론

루터와 칼빈의 글을 보면 그들이 완전성화론을 반대한 것은, 완전성화 교리를 이 세상에서 영화(glorification) 수준의 거룩함이 가능하다는 주장으로 오해했기 때문임을 알 수 있다. 이런 오해는 웨슬리 당시에도 매우 빈번했기에 웨슬리는 설교 "완전에 대하여"(1784)에서 완전성화의 의미를 "부패하기 쉬운 몸 안에 살고 있는 동안 인간이 도달할 수 있는 완전"으로 제한했다.[82]

웨슬리에 의하면, 사람은 타락의 영향으로 지적 능력이 축소되고 제한된 지식마저도 오류로 가득하게 되어, 사람에게서는 이제 타락 전과 같은 방대한 지식과 바른 판단력을 기대할 수 없다. 인간의 감정과 의지 역시 죽음의 선고가 내려진 불완전한 육체의 영향을 받아 매우 기복이 심하고 불완전하다. 이처럼 지적·감정적·의지적 기능이 불완전한데, 인간이 어떻게 하나님의 뜻을 온전히 알 수 있으며, 또 알고 있는 하나님의 뜻조차도 어떻게 온전히 행할 수 있겠는가? 설령 성령으로 충만하게 되어 주님을 온전히 사랑하는 성결한 신자라도 그 지식, 정서, 의지에 손상을 입은 상태에서는 순수한 의도와 바람이 완전한 수행(perfect performance)으로 이어지지 못한다. 따라서 웨슬리는 완전성화를 지나치게 완벽한 상태로 여기는 것에 반대해, 성경이 가르치는 완전성화는 그보다 훨씬 못한 상태, 즉 타락이 초래한 인간의 유한성과 연약성에 영향을 받는 제한적 완전으로 가르쳤다(앞의 로이드 존스에 대한 반론 5번 참고). 따라서 웨슬리의 완전성화론을 바르게 이해한다면, 인간의 불완전함에 관한 이해에서 루터와 웨슬리는 사람들이 일반적으로 생각하는 것보다 더 큰 공통점을 지녔음을 알게 된다.

그럼에도 웨슬리는 인간의 연약성을 핑계로 하나님의 율법을 처음부터 성취 불가능한 것으로 전제하는 것에 반대해 하나님의 은혜로 가능한 율법 성취의 범위를 찾고자 노력했다. 웨슬리는, 신자는 각종 기능이 손상돼 바라는 행위의 수행(performance) 자체는 완벽하지 못하더라도 성령의 정결케 하심과 능력부음을 통해(행 1:8; 15:8-9) 그 내면이 순수한 의도와 온전한 사랑으로 변화될 수 있다고 가르쳤다. 그 결과 하나님의 율법의 절대적 엄격성에는 미치지 못하더라도 그리스도께서 명령하신 사랑의 명령은 성취할 수 있다고 보았다. 웨슬리에 의하면, 하나님께서 은혜로 가능케 하시는 신자의 거룩함의 정도를 진지하게 생각하지도 않은

채 무분별하게 '세상에서 우리가 거룩할 수 있는가? 우리가 율법을 다 지킬 수 있는 가?'라고 말하는 자는 성경도, 하나님의 능력도 알지 못해 하나님의 말씀에 대한 순종 그 자체를 부인하는 중대한 잘못을 저지르는 것이다.

비판 6.
루터는 한 종류의 칭의만 가르쳤고, 칭의를 구원 자체로 여겼으며, 칭의 때 얻는 구원은 최종적이고 확실하므로 칭의 이후 성화의 여부가 구원에 아무런 영향을 끼치지 못한다고 주장했다. 이에 비해 웨슬리는 칭의를 초기적 칭의와 최종적 칭의 두 종류로 구분한 후, 초기적 칭의를 구원 자체로 여기기보다 성화를 위한 과정으로 여겼고, 최종적 칭의를 위해 완전성화가 필요함을 가르쳤다. 따라서 웨슬리의 성화론에는 다음과 같은 문제가 있다.

(1) 구원 자체인 칭의를 둘로 찢어 그 사이에 인간의 노력에 의한 성화를 끼워 넣었다. 즉, 웨슬리는 초기적 칭의 후에 최종 칭의를 받으려면 많은 일을 해야 한다고 가르침으로, 하나님의 구원의 단순성과 완전함, 그 위로를 불완전한 인간의 행위와 바꾸어버린다.

(2) 웨슬리는 오직 믿음으로가 아니라 신자가 노력해 성화를 이루어야 구원 받는다는 행위구원론을 주장했다. "주를 뵙기"(히 12:14) 위해 완전성화가 필요하다면, 믿음으로 구원 받는다는 진리는 부인하는 것이 된다. 웨슬리에 의하면 "이미 받은 빛에 따라 행하고" "받은 은혜의 불꽃을 북돋움으로" 완전성화를 위해 노력할 책임이 신자에게 있으므로, 신자의 노력이 완전성화와 최종 구원을 가져온다. 구원에 인간의 행위가 개입되는 것이다. 이는 그리스도의 구원 사역만으로는 우리의 구원에 충분하지 못하다고 주장하는 것이기에, 구원이 하나님의 선물임을 부인하고 예수 그리스도를 모독한다.

반론
칭의와 성화의 관계에 관한 웨슬리의 가르침은 트링클라인의 주장과 매우 다르다.

(1) 웨슬리는 칭의 받고 중생한 사람을 이미 구원 받은 자로 묘사한다. 그는 설교 "신자 안에 있는 죄"(1763)에서, 죄를 용서받아 의롭다 하심을 받은 사람은 심지어 "육신에 속한 자 곧 그리스도 안에서 어린아이"(고전 3:1)라도 "표현할 수 없을 만큼 참으로 위대하고 영광스러운" 구원을 받았다고 설명한다. 설교 "신자의 회

개"에서는 칭의와 중생은 이미 구원의 문 안으로 들어온 것이기에 더는 정죄가 없다고 분명히 말한다.

(2) 웨슬리는 믿음과 행위 모두를 구원의 조건으로 주장하는 행위구원론이 아니라, 루터처럼 구원의 조건을 오직 믿음으로 가르쳤다. 웨슬리는 구원을 위한 유일한 조건인 '신앙'과, 신앙에 비해 부차적으로 필요한 '회개와 그 열매' 사이를 분명히 구분해 다음과 같이 말한다.

> 나는 회개와 그 열매가 칭의 전에도 필요하지만, 둘 중 어떤 것도 신앙과 '같은 의미'(in the same sense) 또는 '같은 정도'(in the same degree)로 필요한 것이 아님을 인정합니다. 신앙과 "같은 정도"로 필요하지 않다는 것은 사람이 믿는 순간 그는 의롭다 하심을 받고, 죄가 제거되며, '그의 신앙이 의로 간주되기 때문'입니다. … 믿음은 칭의를 위해 직접적으로 필요하지만, 회개는 믿음을 자라게 하고 지속시키기 위해 필요하다는 점에서 간접적으로 필요합니다. 회개의 열매는 회개를 위해 필요하다는 점에서 더 간접적으로 필요합니다.[83]

콜린스는 웨슬리가 가르친 믿음과 행위의 관계를 다음의 도표로 정리했다.[84]

회개, 행위, 신앙을 구별 짓는 요소	
신앙과 같은 의미로 필요한 것이 아님 (Not in the Same Sense)	신앙과 같은 정도로 필요한 것이 아님 (Not in the Same Degree)
회개는 간접적으로 필요함	회개가 의롭게 하지는 않음
열매는 더 간접적으로 필요함	열매가 의롭게 하지는 않음
신앙은 직접적으로 필요함	신앙만이 의롭게 함

웨슬리는 신앙의 열매로서 행위는 시간과 여건이 허락하는 상황에서 요구되는 것으로 만약 그런 경우에도 올바른 행위가 없다면 그것은 하나님께 대한 반역과 불순종, 하나님을 만홀히 여김의 표현이라고 보았다. 그러나 믿음은 '언제나' 요구된다. 웨슬리는 다른 모든 것이 있어도 믿음 없이는 구원 받을 수 없음을 분명히 했다.[85]

(3) 웨슬리에 의하면, 초기적 칭의에서든 최종적 칭의에서든 구원의 유일한 조건은 오직 믿음이다. 단지 최종적 칭의에서 행위는 오직 그 행위자가 참 믿음의 소

---

83   BE 11:117.
84   BE 11:118.
85   WW 8:281-82.

유자였음을 입증하는 증거가 될 뿐이다. 성경은, 구원은 오직 믿음으로 받지만 심판은 행위에 따라 내려진다고 말씀하는데(마 7:21; 벧전 1:17; 계 20:13), 이는 행위가 구원의 유일한 조건인 참 신앙을 입증하는 표식이 된다는 의미다.

웨슬리가 초기적 칭의에서는 오직 믿음만 필요하지만, 최종적 칭의에서는 성화가 필요하다고 주장한 것은, 대부분의 사람은 예수님의 십자가 오른편에 달린 강도의 특수한 경우와 달리 초기적 칭의와 최종적 칭의 사이에 상당한 시간적 간격을 갖기 때문이다. 충분한 시간이 주어졌음에도 그 삶에서 자신의 믿음이 참이었음을 입증할 행위의 열매가 없다면, 그것은 그 믿음이 거짓이었음을 드러내는 것이다. 이는 루터 역시 동일하게 강조했다. 루터가 "옳은 일을 행하고 그 열매로 이를 나타내며 이웃에 대해 죄를 짓지 않는 사람은 하나님께로서 난 자다. 그러나 이웃에게 옳은 일을 행하지 않는 사람은 가짜 그리스도인이다"[86]라고 단언했을 때, 그는 옳은 일 행함을 구원의 조건으로 말한 것인가, 참된 신앙을 입증하는 증거로 말한 것인가? 최종적 칭의에서 성화가 필요하다는 웨슬리의 가르침은, 트링클라인의 주장처럼 행위구원 주장이 아니라, 구원의 유일한 조건인 참 믿음을 입증하는 증거가 성화임을 강조한 것이다. 많은 사람이 웨슬리의 최종 칭의 교리를 반대하지만, 최종 칭의 교리는 사실상 구원의 최종적 판단자는 그리스도시라는, 그리스도의 신적 주권의 교리다. 또 마지막 날에 주님은 우리의 거짓된 신앙에 속지 않고 공정한 심판을 내리실 것이라는, 주님의 거룩하심과 공의로우심에 대한 교리이기도 하다. 주님께서 내리실 의로운 선고는 죄와 마귀, 스스로에게 속아 자신을 선하다고 판단한 죄인의 판단과 다를 것이다(마 25:34-46). 만약 이런 의미를 담은 최종 칭의의 교리를 반대한다면, 그것은 내가 이미 칭의 받았는데 주님이 무슨 불필요한 최후의 심판을 하시느냐며 성경의 진리를 부인하는 매우 잘못된 태도가 될 것이다. 이러한 오만하고 비성경적인 태도는 오늘날 최종적 칭의 교리에 '유보적 칭의론'이라는 불순한 이름을 붙여 반대하는 많은 칼빈주의자에게서 나타나고 있다. 그들은 하나님의 계시의 말씀보다 칼빈의 가르침을 더 신뢰하는 오류에 빠져 있다. 칼빈주의 전통이 만들어낸 복잡한 논리 중 다수는 칼빈주의 5대 교리(TULIP)를 정당화하기 위해 성경과 모순되는 주장에까지 나아간다.

---

86 LW 30:264.

비판 7.

완전성화 시 죄가 깨끗이 씻겼다는 성령의 증거가 주어진다는 웨슬리의 주장은, 그리스도의 객관적 사역보다 개인의 주관적 체험에서 확신의 근거를 찾는 광신주의다. 웨슬리에게서 완전성화란 죄에 대해 죽었다는 느낌, 하나님과 사람을 온전히 사랑한다는 느낌일 뿐이며, 웨슬리가 "성령의 증거"(witness of the Spirit)라고 부른 것도 "우리 자신의 영과 더불어 우리가 하나님의 자녀가 되었다는 느낌"에 지나지 않는다. 하지만 그리스도인의 위로와 확신의 근거를 그리스도의 사역이라는 객관적이고 외적인 실체가 아닌 자신의 주관적이고 내적인 느낌에 두는 사람은 불확실성을 벗어날 수 없고, 그리스도는 구원자의 영예를 빼앗긴다.

반론

트링클라인은 '성령의 증거'와 관련해 여러 심각한 오류에 빠져 있다.

(1) '성령의 증거' 교리는 웨슬리가 만든 것이 아니라 성경이 말씀하는 것이다. 로마서 8:15-16은 "너희는 다시 무서워하는 종의 영을 받지 아니하고 양자의 영을 받았으므로 우리가 아바 아버지라고 부르짖느니라 성령이 친히 우리의 영과 더불어 우리가 하나님의 자녀인 것을 증언하시나니"라고 말씀한다. 신자가 하나님을 아버지로 부를 수 있는 근거는, 성령께서 그리스도 안에서 하나님의 사랑을 증거하시는 객관적 사역에 토대를 둔다. 동시에 성령의 증거는 하나님의 사랑이 우리에게 자각되게(느껴지게) 하는 것이기에 우리의 주관적 체험을 배제하지 않는다.

(2) 웨슬리의 '성령의 증거' 교리는 그리스도께서 십자가에서 완성하신 객관적·외적 실체와 관계가 없는 주관주의가 아니다. 웨슬리는 "성령의 증거는 영혼에 주어지는 내적 인상으로 … 성령께서는 이를 통해 예수 그리스도께서 나를 사랑하셔서 나를 위해 자신을 주셨으며, 내 죄는 깨끗이 씻겼고, 심지어 나 같은 사람도 하나님과 화해되었다는 사실을 증거하십니다"[87]라고 설명해, 성령의 증거와 그리스도의 객관적·외적 실체를 연결한다.

웨슬리가 개인의 주관적 요소로 설명한 것은 '우리 자신의 영의 증거'다. 웨슬리는 "성령이 친히 우리의 영과 더불어 우리가 하나님의 자녀인 것을 증거하시나니"(롬 8:16)라는 말씀에서 '성령의 증거'와 '우리 영의 증거'를 구분한 후, '우리 영

87　BE 1:274.

의 증거'를 다음과 같이 설명한다. "모든 사람은 성경적 표징을 자신에게 적용해 보면 자신이 하나님의 자녀인지 아닌지 알 수 있습니다. 먼저 누군가 '하나님의 영으로 인도함 받아' 거룩한 성품과 삶에 들어가게 되었다면 '그는 하나님의 자녀'입니다(롬 8:14). … 따라서 자신이 '성령의 인도하심을 받고' 있다면, '그러므로 나는 하나님의 자녀다'라고 쉽게 결론 내릴 수 있습니다."[88]

이처럼 웨슬리는 '우리 영의 증거', 즉 자신에게 생긴 변화에 대한 자각으로서 그리스도인의 "확신이라는 주관적 측면"과 '성령의 증거' 즉 그리스도의 사역에 토대를 둔 "그리스도인의 확신의 객관적 토대"를 서로 연결 지었다. 성령의 역사를 신앙의 객관적 · 주관적 측면 모두와 균형 있게 연결한 것이다.[89]

(3) 트링클라인은 성령의 증거를 신자의 느낌으로 축소해버린 결과, 신자의 확신의 근거를 성령의 증거에 두면 구원에 관해 불확실성을 피할 수 없다는 해괴한 주장을 한다. 그러나 웨슬리가 가르친 것은 그의 주장과 반대된다. 웨슬리는 '성령의 증거' 와 '우리 자신의 영의 증거' 중 신자의 위로와 확신을 위해 근본적인 것은 전자라고 가르쳤다. 후자인 "성령의 열매는 심한 유혹을 당하고 있는 동안에는 일시적으로 구름에 가려질 수 있으며 … 성령 안에 있는 기쁨(롬 14:17)도 시련의 기간에는 없어질 수 있는 것이 사실"이기 때문이다.[90] 콜린스는 '성령의 증거'와 '우리 영의 증거'의 차이를, "우리는 심각한 유혹으로 맹공격을 받거나 무거운 마음을 갖게 되면 우리 영의 간접 증거를 의심할 수 있다. 그러나 그럴 때조차 성령의 직접 증거는 분명하게 빛난다. 성령의 직접 증거는 인간의 변덕스러운 감정이나 잘못된 추론에 영향 받지 않는다. … 성령의 증거가 없다면 사람은 확신을 위해 증거나 추론, 스스로의 행위 같은 것을 의존할 수밖에 없다"[91]는 말로 설명한다. 웨슬리는 "누구든 성령의 직접 증거가 존재한다는 것을 부인하는 사람은 사실상 믿음으로 칭의를 얻는다는 사실 역시 부인하는 것"[92]이라고 말한다. 성령의 증거 교리는 사실상 종교개혁 구원론의 핵심인, 인간의 행위가 아닌 하나님의 은총의 사역이 우리가 갖는 확신의 근거라는 진리의 성령론적 표현인 것이다. 트링클라인이 종교개혁 모

---

88 BE 1:271-72.
89 BE 1:299.
90 설교, "성령의 증거 (2)", V. 3.
91 콜린스, 『성경적 구원의 길』, 254-255.
92 BE 1:292.

토인 '오직 믿음으로'의 성령론적 표현인 웨슬리의 '성령의 증거' 교리를 인간의 주
관주의로 비난한 것은 웨슬리를 제대로 이해하지 못했기 때문이다. 루터 역시 아
우구스티누스가 가르친 문자와 영의 개념을 빌려, 문자로 기록된 율법이나 복음은
인간 삶을 변화시키지 못하지만, 성령의 조명에 의해 인간의 마음에 전달된 말씀
은 살아있는 말씀이 됨을 가르쳤다.[93] 루터가 가르친 '성령의 영감 또는 계시'와 웨
슬리가 가르친 '성령의 증거'는 본질적 유사성을 가진 교리다.

　　(4) 트링클라인은 웨슬리의 '성령의 증거' 교리를 완전성화의 체험과만 연결하
지만, 사실상 완전성화만이 아니라 칭의와 중생과도 관련된다. 웨슬리 당시에도 어
떤 사람은 완전성화의 은혜를 받은 사람만 성령의 증거를 갖는다고 오해했다. 이
에 대해 웨슬리는 다음과 같이 말한다. "만약 (많은 사람이 주장하듯) 누군가가 성
령의 증거는 오직 가장 높은 수준의 그리스도인에게만 해당되는 것이라고 주장한
다면 어떻게 될까요? 여러분의 대답은 '사도는 그런 제한을 두지 않았습니다. 그러
므로 성령의 증거는 하나님의 모든 자녀에게 속한 것입니다'라는 것이 되어야 하
지 않을까요?"[94] 웨슬리는 성령의 증거를 모든 신자의 특권, 즉 칭의 받고 중생한
신자의 특권으로 말한다.

비판 8.

웨슬리는 성화를 구원의 조건으로 가르쳤다. 그러나 선행이 구원의 방정식에 끼어
들면, 순수하게 이웃을 위한 사랑의 행위가 될 수 없고, 이웃은 스스로를 구원하려
는 이기적 목적을 이루기 위한 방법론적 수단으로 전락한다.

반론

웨슬리에게 완전성화는 스스로의 노력으로는 벗어날 수 없는 인간의 자기 중심성,
죄 된 욕망과 뒤섞인 불순한 사랑을 성령께서 순수한 사랑으로 바꾸어 주시는 은
혜다. 성경은 오순절 성령세례에 대해 "믿는 무리가 한마음과 한 뜻이 되어 모든
물건을 서로 통용하고 자기 재물을 조금이라도 자기 것이라 하는 이가 하나도 없
더라"(행 4:32)라고 기록해, 성령께서 신자의 죄를 씻고 사랑의 능력을 부어주시는
완전성화의 은혜가 아가페 사랑을 가능케 하는 원천임을 드러낸다. 베드로는 오순

93　LW 39:182-183; 11:161; 27:188.
94　WW 11:421.

절 성령강림 사건과 고넬료 가정의 성령강림 사건을 하나님께서 "성령을 주어 …
믿음으로 그들의 마음을 깨끗이"(행 15:8-9) 하신 사건으로 설명했다. 그럼에도 트
링클라인은 성령의 은혜로 신자에게 가능해진 순수한 사랑을, 인간의 공로사상에
매인 잘못된 선행의 노력과 혼동하고 있다.

　　트링클라인의 주장과 달리, 웨슬리에게 성화는 구원의 조건이 아니라 열매다.
이웃 사랑 역시 구원의 조건이 아닌 열매다. 웨슬리에 의하면, 하나님께서 죄인 된
우리를 사랑하시는 사랑(A)과 우리가 하나님을 사랑하는 사랑(B), 그리고 우리가
이웃을 사랑하는 사랑(C)의 관계는, A는 B와 C에 대해 원인적이고, B는 A에 대해
응답적이며, C는 A와 B 모두에 대해 결과적이다.[95]

비판 9.

루터 시대의 신학적 문제는 율법주의적 행위구원의 문제였다면, 웨슬리 시대의 주
된 문제는 율법무용론적 기독교였다. 그러나 수단이 목적을 정당화할 수 없다. 문
제를 바로잡으려는 웨슬리의 의도는 바람직했으나 그 방법으로 선택한 성화론에
는 문제가 있었다.

반론

트링클라인의 루터와 웨슬리 시대 분석은 적절하다. 그러나 그는 올바른 시대 분석
을 루터와 웨슬리 신학에 대한 적절한 이해로 연결하지 못했다.

　　그가 분석한 대로 루터 시대의 문제는 펠라기우스주의에 치우친 중세 가톨릭
교회의 행위구원론이었고, 루터는 이를 무너뜨리기 위해 아우구스티누스 신학을
토대로 인간의 전적타락 교리와 강력한 신 중심적 구원론을 제시했다. 중세 가톨릭
은 구원에서 인간의 역할을 극대화하고 하나님의 주권을 제거해버렸다면, 루터는
그 오류를 바로잡기 위해 그들과 정반대로 하나님의 주권을 집중적으로 강조한 것
이다. 이를 통해 루터는 종교개혁에 성공할 수 있었고, 기독교 내에 구원은 하나님
의 은혜에 의해 믿음으로 가능하다는 성경적 진리를 회복할 수 있었다. 루터의 천
재성은 의도적이고 전술적으로 성경에서 상대방의 극단과 정반대되는 요소를 모
아 상대방을 공격한 데서 나타난다. 루터는 종교개혁을 위해 하나님의 주권과 인

95　설교, "믿음에 의한 칭의", III. 2; "하나님 나라로 가는 길", I. 1. - II. 12; "하나님께 대한 사랑", I. 1-9; "사랑에
　　대하여", II. 1 - III. 1; "성경적 구원의 길", I. 5.

간의 책임이라는 성경의 가르침 중 하나님의 주권 쪽 극단에 있었던 것이지, 둘 사이의 균형을 이루는 중앙에 위치하지 않았다.

웨슬리 시대 영국 국교회 신학은 변화무쌍한 이전 역사의 영향으로 가톨릭과 개신교, 율법주의와 율법무용론이 혼재한 복잡한 상황이었다. 많은 사람이 한편에서는 이신칭의를 주장하면서 성화의 필요성을 경시하는 율법무용론에, 다른 한편에서는 성화를 강조하면서 그것을 칭의의 조건으로 여기는 행위구원론에 빠져 성경적 구원의 길을 찾지 못하고 있었다. 그런 상황에서 웨슬리는 칭의와 성화를 모두 강조하되, 칭의가 성화를 일으킨다고 가르쳐 둘 사이의 관계를 바르게 정립하고, 하나님의 주권적 은혜 아래에서 인간이 어떻게 책임적인 존재가 되어야 하는지를 해명하기 위해 노력했다. 이로써 웨슬리는 한때 은총과 책임의 스펙트럼 위에서 가톨릭 쪽 극단과는 정반대 쪽 극단에 위치했던 개신교를 성경적 균형을 가진 중심적 위치로 이동시켰다.

지금의 개신교회는 16세기 루터의 화석이 아니라 살아있는 루터의 후예다. 그러나 트링클라인의 신학은 16세기 루터가 가톨릭의 극단적 주장을 무너뜨리기 위해 선택한 반대편 극단적 입장에서 그대로 굳어 화석화된 것은 아닌가? 여전히 그곳이 기독교 신학 스펙트럼의 중심이라고 믿으면서, 그보다 균형을 가진 웨슬리 신학을 가톨릭 신학과 동일시하는 것은 아닌가? 16세기와는 상황이 매우 달라진 21세기임에도 여전히 율법주의만이 개신교가 해결해야 할 문제라고 오판해, 하나님의 은혜를 대하는 인간의 적합한 태도를 가르치는 성경적 요소마저 율법주의로 공격한 것은 아닌가? 만약 트링클라인이 루터 신학을 토대로 루터의 후예가 발전시켜온 개신교 신학을 펠라기우스적·로마 가톨릭적 극단으로의 회귀로 오해하지 않고 성경적 균형의 회복과 개신교 신학의 발전으로 인정했다면, 웨슬리를 더 객관적이고 긍정적인 시각으로 바라볼 수 있지 않았을까? 기독교 진리의 온전함의 추구보다 루터 개인에 대한 충성심이 오히려 위대한 루터의 빛을 바래게 한다는 생각이 들어 트링클라인의 발표는 큰 아쉬움으로 남는다.

지금까지 우리는 개신교 내 타 신학 전통의 신학자와 목회자가 웨슬리를 비난한 몇 가지 사례와 웨슬리 신학 입장에서의 반론을 대조해 보았다. 한 가지 분명해진 것은, 웨슬리에 대한 비난의 대부분은 충분한 학문적 검토를 거친 결과가 아니라, 소문과도 같이 회자되어온 근거 없는 비난의 무비판적 재생산에 불과하다는 점이다. 타 신학 전통에 속해 있으면서도 웨슬리 신학을 바르게 이해하면서 정당한 근거를 들어 이의를 제기한 신학자나 목회자가 없다는 점은 안타까운 일이다. 이제는 개신교 신학의 양대 흐름이 어떤 차이를 가지고 있기에 이런 오해가 발생하는지 살펴볼 차례다. 조직신학적 접근은 앞으로 다룰 것이기에, 여기서는 개신교 신학의 역사를 개괄적으로 고찰해 양자의 신학이 어떻게 나뉘게 되었는지 그 배경을 이해해 보고자 한다.

B. 개신교 신학의 양대 흐름 형성 과정

I. 교회사에서 제대로 정립되지 않은 구원론

초기 기독교는 2세기에 접어들면서 교회 존립을 위해 해결해야 할 중요한 과제가 있었다.

첫째, 기독교의 기둥이자 최고 권위자였던 사도들이 순교나 노화로 죽어가자 권위 문제가 대두되었다. 앞으로 누구를 믿고 의지해야 하는가 하는 것이다. 교회는 이 문제를 해결하기 위해 (1) 감독 중심으로 교회 조직을 정비해 감독이 사도적 가르침을 계승하게 했다. (2) 신경(creed)으로 신앙의 본질적 요소를 진술해 기독교 신앙의 본질적 요소를 암기하게 했다(예. 180년 로마신경 – 사도신경의 원시 형태). (3) 신약 정경의 범위를 결정했다.

둘째, 박해와 순교 속에서 교회 생존의 문제였다. 그중에서도 249~313년 약 60년간, 특히 249~260의 황제 데오도시우스와 발레리안의 박해, 303-309년의 황제 디오클레티안의 박해는 극심했다. 수많은 배교자가 생겨났고 교회가 심각한 손상을 입었음에도 참된 기독교 신앙은 오히려 빛을 발하는 시기였다.

셋째, 4세기 콘스탄틴의 기독교 공인 이후 박해는 끝나고 기독교 황제와 주교의 시대가 열렸으나, 박해 시대 동안 교회 내부에 잠재되어 있던 각종 이단 문제가 불거졌다. 그동안 박해받던 소종파에서 로마 제국의 지배적 종교로 부상한 기독교는 교회 전체의 공의회를 소집해 교리 문제를 정립함으로 이단에 대처해 나갔다. 교회의 일치가 제국 통합에 도움이 된다고 여긴 로마 황제들은 공의회 소집을 통한 이단 대처를 적극 지원했다.

넷째, 교회의 공의회를 통한 교리 정립과 이단 대처는 미완의 과제로 남겨지고 말았는데, 이는 서로마 제국 멸망(476년) 후 교황이 세속군주화되고 로마 가톨릭 교회가 정치세력화되자 교리 정립이나 이단 대처보다 세속 권력 다툼 및 부와 쾌락 탐닉에 빠졌기 때문이다. 그 결과 교회의 세속화가 심각해지기 전에 이미 정립된 교리와 아직 정립되지 않은 교리가 분명히 나누어진다. 예를 들어, 교회의 세속화 이전에 비교적 잘 정립된 교리는 삼위일체론, 교회론, 인간론 등이다. 그러나 구원론(칭의론) 해결을 위해 모인 가톨릭 공의회는, 펠라기우스를 정죄한 카르타고 공의회(418년), 아우구스티누스의 교리를 채택하면서도 이중예정론 같은 극단적 교리를 거부한 제2차 오랑주 공의회(529년)를 제외하면, 종교개혁 이후 모인 1545년 트리엔트 종교회의(Council of Trent)가 유일하다. 로마 가톨릭 교회는 죄인이 어떤 방법으로 구원 받는지에 관한 지극히 중요한 교리 정립을 등한시한 채 세속 권력 투쟁 및 부와 쾌락 탐닉으로 중세 천 년을 흘려보낸 것이다.[96] 종교개혁이 일어날 수밖에 없는 필연적 요인은 중세 가톨릭교회 자체에 내재해 있었다.

다섯째, 교회사에서 구원론을 논의한 매우 중요한 시기는 5세기와 16세기로, 이 두 시기는 모두 펠라기우스주의 극단이 일어나자 교회가 하나님의 주권적 은총을 강조한 반대편 극단의 아우구스티누스 신학으로 이단에 대처한 시기다. 그러나 펠라기우스주의가 진압되고 하나님의 은혜에 의한 구원론이 승리를 거둔 후 5세기 교회와 16세기 루터란 교회는 그 신학을 다시금 성경적 균형으로 되돌리기 위해 성실한 노력을 기울인 데 비해, 칼빈주의자들은 펠라기우스주의를 저지한 후 오히려 그 신학적 극단성을 강화했다.

여섯째, 극렬한 구원론 논쟁 후 5세기 교회와 16세기 루터란·칼빈주의 신학 변화의 추이는 다음과 같다. 성경적 구원론을 심각히 왜곡한 펠라기우스주의 이단이 강력한 위세를 떨친 5세기 기독교는, 구원에서 하나님의 주권적 은혜를 강조한 아우구스티누스 신학으로 펠라기우스주의를 성공적으로 저지했으나, 논쟁에서 승리한 후에는 아우구스티누스 신학이 가진 비성경적 요소(이중예정론이나 노예의지론 등)를 거부했다.

이후 중세 가톨릭 신학이 하나님의 은혜가 없어도 사람이 최선을 다하면 구원을 성취할 수 있다는 펠라기우스주의에 다시 빠졌을 때, 루터는 다시 아우구스티누스 신학을 활용해 중세 가톨릭의 펠라기우스주의를 깨뜨렸다. 루터는 아우구스티누스가 만든 이중예정론과 노예의지론 등의 극단적 논리를 무기 삼아 반대편 극단을 깨뜨린 것이다. 하지만 루터 사후 루터란 교회는 필립 멜랑히톤을 중심으로 루터 신학의 극단적 요소인 이중예정론이나 노예의지론을 완화함으로 루터란 전통을 성경적 균형으로 되돌리는 노력을 기울였다. 그 결과 현재 루터란 교회는 루터 신학의 극단적 요소를 완화한 온건한 루터 신학 위에 서 있다.

루터보다 26년 늦게 태어난 존 칼빈은 루터를 뒤이어 종교개혁 신학을 발전시

---

96 앨리스터 맥그래스, 『루터의 십자가 신학』, 정진오 최대열 공역 (서울: 컨콜디아사, 2006), 25.

켰다. 칼빈 학자 방델의 표현대로 칼빈은 루터의 수제자로 루터 신학의 정수를 섭렵해 자신의 신학의 자양분으로 삼았고 이중예정론, 노예의지론 등 아우구스티누스 신학의 극단적 요소를 활용해 로마 가톨릭 교회의 펠라기우스주의를 무너뜨리는 무기로 삼았다. 하지만 펠라기우스주의와 혈전을 벌인 5세기 교회나 16세기 루터란 교회가 이단에게 승리한 후 루터 신학의 극단성을 완화한 것과 달리, 칼빈 사후 칼빈주의자들은 테오도르 베자를 중심으로 칼빈 신학의 극단성을 강화하는 방향으로 칼빈주의 신학을 형성해 나갔다. 현재 칼빈 신학을 자신의 신학적 토대로 표방하는 대부분의 장로교 신학자, 목회자들은 성경과 충돌하는 칼빈 신학의 극단적 요소를 완화시켜 온건한 칼빈주의를 받아들이고 있다. 그럼에도 여전히 자신을 칼빈주의 주류로 착각하는 소수의 극단적 칼빈주의자들은 자신의 주장에 동조하지 않으면 펠라기우스주의자로 공격하는 신학적 편협성을 나타낸다.

II. 초기 기독교 이단 판별법

로마 가톨릭 교회가 성경적 교리 정립을 등한시한 것은 서로마제국 멸망 후 교황이 세속 권력과 권력 투쟁에 빠지면서부터다. 그 전까지 초기 기독교는 각 시대마다 강력히 대두된 각종 이단을 저지하고 성경적 교리를 확립하기 위해 성실한 노력을 기울였다. 그 결과 초기 기독교는 신약 시대로부터 전해져온 사도적 가르침과 이단이 새로 만든 교리를 구분 지을 강력한 이단 판별법을 갖추게 되었다. 개신교 신학의 양대 흐름 이해에 중요한 통찰을 주는 초기 기독교 이단 판별법을 살펴보자.

i. 영지주의 이단의 '비밀 지식' vs. 이레나이우스의 '전통의 단일 원천설'

이단은 사도들이 살아 활동하던 시기부터 교회에 침투해 거짓 교리와 죄악 된 삶을 심어놓았는데, 2세기에는 영지주의 이단이 큰 문제가 되었다. 영지주의 저술가들은, 구원은 비의(비밀 지식)로써 가능한데, 비밀 지식은 우주적 암호 형태로 되어 있고, 이 은밀한 지식이 사도들에게 전수되어 성경에 숨겨져 있다고 가르쳤다. 그러나 성경을 읽는다고 누구나 그 지식을 얻는 것이 아니라, 특별한 방식으로 성경을 읽는 자만 그 지식을 얻을 수 있기에, 영지주의에 입문해 비밀 지식을 얻어야 한다. 이러한 영지주의의 논리에 대항하는 초기 기독교의 대응법은 사도적 전통의 단일성을 강조하는 것이었다. 즉, 기독교 교회는 사도 시대에까지 소급되는 성경 본문에 대한 권위적 해석방식을 가지고 있기에 누구도 성경을 임의로 풀어서는 안 된다는 것이다. 성경은 "기독교회의 연속된 역사의 맥락", 즉 전통을 따라 해석해야 하는데, 여기서 전통이란 "신앙 공동체 안에서 경전을 해석하는 전통적 방법"으로, 이 방법은 오직 하나의 원천인 사도들에게서 직접 유래한 것이어야 한다는 것이다. 이러한 주장을 전통의 단일 원천설(single-source theory)이라 부른다.[97]

영지주의 이단을 반박하고 기독교 신앙을 옹호하기 위해 전통의 단일 원천설을 강조한 예는 리용의 이레나이우스(130~200)의 『이단 논박』(Adversus Haereses, AD 180)에서 볼 수 있다. 그는 사도 요한의 제자 폴리캅에게서 신앙의 지도를 받고, 사도들에게서 유래한 성경해석 방법을 전수받은 교부로, 사도들이 전해준 성경해석 방법은 결코 경시되어서는 안 되는 매우 중요한 전통임을 강조했다. 『이단 논박』에서 그는 다음과 같이 말한다.

> 이단은 성경에 의해 반박을 받으면, 마치 성경이 옳지 않거나 권위를 갖지 못한 것처럼 성경 자체를 비난한다. 성경은 다양한 진술을 포함하고 있기에, 교회의 전통을 알지 못하는 그들이 그 속에서 진리를 발견하는 것은 불가능하기 때문이다. 진리는 글을 통해 전달된 것이 아니라 '생생한 음성'을 통해 전달되었기 때문에 … 진리를 깨닫고자 하는 자는 전 세계의 모든 교회에 이미 알려져온 사도적 전통에 주의를 기울여야 한다. 우리는 사도들이 지명한 주교와 오늘까지 내려온 계승자의 수를 확인할 수 있는데, 이분들은 저 이단이 상상하는 것 같은 내용을 전혀 가르치지도 않았고 알지도 못했다. 만약 사도들이, 영지주의자가 주장하는 것 같이 사사로이 그리고 은밀히 완전한 자들에게 가르친 숨겨진 비밀을 알고 있었다면 그 비밀을 자신이 교회를 맡긴 사람에게 전해주었을 것이다. 그들은 자신들의 후임자이자 자신의 권위적 직분을 물려준 이들이 완전하고 흠이 없기를 바랐을 것이다. … 이 점에 대해서는 워낙 많은 증거가 있으므로 우리는 교회에서 쉽게 얻을 수 있는 진리를 다른 곳에서 찾아 헤맬 필요가 없다. 말하자면, 사도들은 이 진리를 교회라는 보고에 온전히 축적해 놓아, 누구나 원하는 자는 교회를 통해 이 생명수를 길을 수 있게 한 것이다. 이것이 생명의 문이다. 이 문을 통하지 않는 자는 강도요 도적이다.[98]

---

97 앨리스터 맥그래스, 『신학의 역사: 교부시대에서 현대까지 기독교 사상의 흐름』, 소기천 외 3인 공역 (서울: 지와 사랑, 2013), 73-77.
98 같은 책, 78.

ii. 발렌티누스, 마르키온, 프락세아스, 몬타누스 vs. 테르툴리아누스

영지주의자 발렌티누스뿐 아니라 마르키온, 프락세아스, 몬타누스 등의 이단에 대항해 기독교 교리의 사도적 계승과 전통의 중요성을 강조한 또 다른 교부로 이레나이우스보다 후대의 인물인 테르툴리아누스(약 160~225)를 들 수 있다. 그는 다음과 같이 말한다.

> 교회를 사도적이라 부를 수 있는 것은 그들이 사도적 교회의 후예이기 때문이다. 우리가 권위를 이어나가는 것은 이 때문이다. … 주 예수 그리스도께서 설교를 위해 사도들을 파송하셨다면, 우리는 그리스도께서 지명하신 설교자들 외에는 누구도 영접해서는 안 된다. … 그리스도께서 그들에게 계시하신 것은 사도들 자신의 설교의 생생한 음성과 그에 따른 편지들로 설립한 교회들에 의해서만 확립되어야 한다. 이것이 옳다면 사도적 교회와 일치하는 모든 교리, 신앙의 자료요 근원인 교리는 진리로 간주해야 한다. 그것은 교회가 사도들에게서, 그리스도에게서, 결국은 하나님에게서 받은 것을 의심할 나위 없이 보존하고 있기 때문이다. 만일 이단 중 누가 감히 자신의 기원을 사도 시대까지 소급하려 하고, 그 결과 자신이 사도들 밑에 있었다는 이유를 대면서 자신의 가르침을 사도에게서 전수 받은 것이라며 그럴듯한 구실을 대려 한다면 우리는 이렇게 말할 수 있다. '너희 교회의 근거를 제시하라. 너희 주교의 위계를 제시하라. 처음부터 시작한 승계의 역사를 제시하라. 그리하여 너희의 첫 번째 주교가 선임자로서 사도나 사도와 밀접한 관계를 맺은 준사도적 인물임을 입증하라.'[99]

iii. 5세기까지의 모든 이단 vs. '빈켄티우스 카논'

이레나이우스나 테르툴리아누스보다 수세기 후 프랑스 레랑섬에서 활동한 교부 신학자 빈켄티우스(Vincentius of Lérins, ~445)는 이단을 판단할 더 분명한 척도를 제시했다. 사도적 기독교 교리는 "언제나 있어왔고, 어느 지역의 교회든 공통적으로 믿으며, 누구나 믿는 것이어야 한다"는 그의 삼중 척도는 '빈켄티우스 카논'(Vincentian Canon)으로 불린다. 다시 말해 참된 기독교 교리의 척도는 (1) 고대성(사도 시대로부터 믿어온 교리여야 함), (2) 보편성(어느 지역의 교회든 동일하게 믿는 것이어야 함), (3) 일치성(모든 신자가 인정하고 믿어온 내용이어야 함)이라는 세 가지 기준이다. 빈켄티우스는 다음과 같이 말한다.

---

99 같은 책, 80.

타락한 이단의 오류에서 보편적 신앙의 진리를 구별해내는 확고하고 일반적인 원리는 어떻게 확립할 수 있는가? … 성경은 그 심오함 때문에 보편적 의미로 수용되지 않는다. 동일한 성경의 진술이 이 사람, 저 사람에 따라 달리 해석되며 급기야 사람 수만큼 많은 서로 다른 해석이 존재하는 듯하다. … 그러므로 각양각색의 오류 때문에 누군가는 예언자와 사도들을 해석하기 위한 척도를, 공교회의 척도가 지시하는 방향으로 제시할 필요가 있다. 공교회는 우리가 언제나 어디서나 만민이 믿어온 진리를 견지한다는 사실을 가장 중요하게 생각한다.[100]

빈켄티우스는 모든 사람의 성경해석은 제각각 다르고, 심지어 이단들도 성경에 호소하기에 단지 성경이 가르치는 것이라며 성경에 호소하는 것만으로는 부족하고 성경을 바르게 해석할 척도가 필요한데, 이는 사도 시대로부터 전해내려 오고, 모든 지역의 교회가 공유하며, 모든 신자가 보편적으로 알고 있는 신앙의 내용이어야 한다는 것이다. 빈켄티우스가 참된 기독교 교리의 삼중 척도를 제시한『콤모니토리』(Commonitory: 정통신앙 교훈집)는 이단 판별에 관한 중요한 원리를 담고 있었기에 출판 이후 150회 이상 발간되고, 라틴어뿐 아니라 다양한 언어로 번역될 정도로 대단히 큰 인기를 누렸다. 이처럼 초기 기독교는 전통의 단일 원천설에 의거해 성경을 사도 시대에까지 이어지는 살아있는 기독교 전통 안에서 해석하는 방법이 이단을 구별해낼 뿐 아니라 기독교 교리를 바르게 지키고 보전하는 데 필수불가결하다는 인식에서 보편적 일치를 이루었다.

III. 초기 기독교에 없었던 이중예정론

i. 빈켄티우스의 판단

초기 기독교의 이단 판별 원리를 가장 잘 압축해낸 빈켄티우스는 '빈켄티우스 카논'이라는 삼중 척도에 따라 펠라기우스, 발렌티누스, 도나투스, 포티누스, 아폴리나리스, 네스토리우스, 오리게네스, 몬타누스 등의 이단성을 잘 설명해냈다.

동시에 빈켄티우스는 초기 기독교가 펠라기우스주의 이단을 제어한 공로를 높이 사 이단으로 판정하지는 않았음에도, 신약성경과 사도들의 가르침에는 결코 존재한 적이 없었다가 펠라기우스 논쟁 시기에 새롭게 만들어진 교리가 아우구스티

---

100 같은 책, 82.

누스가 주장한 이중예정론, 노예의지론과 같은 극단적 교리임을 밝혀냈다. 빈켄티우스는 사도 시대와 교부 시대의 신학의 발전과정 전체를 면밀히 연구한 끝에, 이중예정론과 노예의지론은 펠라기우스주의 이단과의 논쟁 끝에 아우구스티누스가 만들어낸 창작물이지, 사도들로부터 교부들을 거쳐 전해져 내려온 교리가 아니라고 결론 내렸다. '빈켄티우스 카논'의 삼중 척도에 비추어보면, 아우구스티누스의 이중예정론과 노예의지론은 사도들에게서 전해지지도 않았고, 모든 지역의 교회가 믿어온 교리도 아니며, 모든 성도가 다 같이 믿는 교리가 아니라는 것이다.

빈켄티우스는 『콤모니토리』에서 아우구스티누스의 이름을 직접 거론하지는 않았으나 그와 추종자를 "혁신자들"로 규정해, 아우구스티누스가 만든 이중예정론과 노예의지론이 사도들과 교부들의 신학적 입장을 벗어난 것이라는 사실에 대해 강력한 공격을 가했다. 빈켄티우스는 "아프리카의 감독"(아우구스티누스)이 가르친 이중예정과 노예의지론은 "항상, 모든 곳에서, 모든 사람에 의해" 가르쳐지지 않았기에, 참된 기독교 교리가 아닌 혁신에 해당되므로 기독교 공동체가 마땅히 배격해야 할 교리임을 천명했다.[101] 교회사가 필립 샤프(Philip Schaff)는 자신의 『교회사전집』(History of the Christian Church, 크리스천다이제스트)에서 빈켄티우스뿐 아니라 당시의 많은 교부가 아우구스티누스의 이름을 거론해 공격하지는 않았으나 그의 신학을 새로운 창작물로 여겨 배격했음을 다양한 사례를 들어 밝힌다.[102]

ii. 오랑주 공의회(529년)의 판단

아우구스티누스의 논쟁의 결과로 펠라기우스주의가 418년 카르타고 공의회와 431년 에베소 공의회에서 정죄 받았음에도 뿌리 뽑히지 않고 반(半)펠라기우스주의 형태로 존속해 문제를 일으키자, 529년에 오랑주 종교회의(Council of Orange)는 반(半)펠라기우스주의를 다시 한 번 정죄했다. 그러나 이와 동시에 초기 기독교는 아우구스티누스가 가르친 이중예정론이나 노예의지론, 불가항력적 은총론 같은 요소 역시 사도 시대로부터 교부들에게 전해진 기독교 교리에 포함될 수 없는 신학적 창작물로 여겨 성경적이고 사도적인 교리로 채택하기를 거부했다.

---

101 두란노아카데미편집부 편, 기독교고전총서 제9권, 「중세 초기 신학」 (서울: 두란노아카데미, 2011), 31.

102 Philip Schaff, History of the Christian Church (Grand Rapids: WM. B. Eerdmans Pub. Co., 1910), 3:861-865.

iii. 아르미니우스(1560~1609)의 판단

제임스 아르미니우스(James Arminius)는 네덜란드 개혁교회의 가장 훌륭한 신학자로 인정받아 네덜란드 국비 장학생으로 뽑혀 칼빈의 계승자 테오도르 베자의 수제자가 된 탁월한 칼빈주의 학자였다. 그러나 코른헤르트(Dirck Coornhert, 1522~1590)라는 성경에 해박한 평신도 신학자가 칼빈의 이중예정론이 성경적이지 않음을 주장하자, 당시 칼빈주의자들은 가장 훌륭한 칼빈주의 학자로 인정받던 아르미니우스에게 코른헤르트 논박의 책임을 맡겼다. 아르미니우스는 이중예정론 반대를 논박하기 위해 성경과 교부 신학을 연구하던 중, 원래의 의도와 달리 성경과 교부의 가르침에는 칼빈과 베자가 가르친 이중예정이 결코 나타나지 않음을 발견한다. 그 결과 아르미니우스는 칼빈이 가르친 하나님의 은총 중심의 구원론은 찬성하되 비성경적 이중예정론은 반대하게 되었다.

iv. 루터(1483~1546)와 칼빈(1509~1564)의 판단

아우구스티누스가 주장한 이중예정론과 노예의지론이 그 이전의 모든 사도와 교부가 가르친 적이 없는 새로운 창작물이라는 빈켄티우스 및 초기 기독교 교부, 오랑주 공의회와 아르미니우스의 판단은 옳은가? 그들은 이중예정론에 반대했기에 아우구스티누스에 대해 지나친 판단을 내린 것은 아닌가? 그런 의심은 충분히 가능하다. 그렇기에 아우구스티누스의 신학을 계승해 이중예정론과 노예의지론을 종교개혁 신학의 핵심 무기로 삼아 로마 가톨릭에 대항한 종교개혁자 마르틴 루터와 존 칼빈의 판단 역시 참고할 필요가 있다.

　　루터와 칼빈이 펠라기우스주의애 빠진 로마 가톨릭 교회를 대항해 종교개혁을 일으켰을 때 아우구스티누스의 반(反)펠라기우스주의 신학을 의존했음은 잘 알려져 있다.[103] 그들은 아우구스티누스의 원죄론과 노예의지론, 이중예정론을 이어받고 강화해 인간의 자유의지를 가르친 초기 기독교의 모든 교부를 반대했을 뿐 아니라, 심지어 아우구스티누스가 인간의 자유의지나 구원에서 하나님과의 협력을 말할 때는 아우구스티누스에 대해서도 비판을 서슴지 않았다.

103　Wolfgang A. Bienert, "The Patristic Background of Luther's Theology," *LQ* 9 (1995), 263-279; S. J. Han, "An Investigation into Calvin's Use of Augustine," *Acta Theologica Supplementum* vol. 10 (2008), 70–83.

예를 들어, 아우구스티누스 수도회 수도사로서 아우구스티누스를 따라 원죄와 인간의 전적타락, 노예의지론과 이중예정론 등을 종교개혁 신학의 뼈대로 삼은 루터는 아우구스티누스와 다른 모든 교부를 분명히 구분 지었다. 루터는『창세기 강해』에서 "교부들이 자유의지에 대해 위험한 주장을 함으로 이루려 한 것이 도대체 무엇인가. 그들의 글을 읽으려면 주의해서 읽어야 한다"며 아우구스티누스 외의 모든 교부가 가르친 자유의지론을 거부했다. 나아가 루터는 "당신 없이 당신을 창조하신 하나님은 당신 없이 당신을 구원하려 하지 않으실 것이다"라는 말로 구원을 위한 인간의 역할이 있다는 아우구스티누스의 온건한 주장에 관해서도 "이런 주장에서 도출되는 것은 자유의지의 협력이 구원을 위해 선행적이고 효과적인 원인이 된다는 결론이다"라는 논리로 반대를 표했다.[104] 그는『갈라디아서 강해』에서 "여러분은 … 고대 신학자에게서 율법과 복음의 올바른 구별에 관해 아무것도 배울 수 없을 것이다. … 수세기 동안 모든 학교와 교회는 이에 대해 현저히 침묵을 지켜왔다"고 주장함으로 교부들 전체를 거부한 반면, "아우구스티누스는 이에 대해 약간 가르치고 표현했다"는 말로 다른 모든 교부와 구분 지었고, 심지어 자신이 복음을 가르치는 일에서 아우구스티누스보다 뛰어남을 주장했다.[105] 루터는 자신의 회심 경험을 기술한 "라틴어 저작 전집 서문"에서도 아우구스티누스는 하나님의 의에 대해 신앙을 통해 외부에서 주어지는 선물로 바르게 이해했으나 "불완전하게" 설명해 성경의 진리를 명쾌하게 만들지 못했다고 평가했다.[106]『탁상담화』(Table Talk)에서는 더 강한 어조로 "바울을 이해하게 된 후 나는 교회의 어떤 신학자도 좋게 볼 수 없었다. 그들은 내게 조금도 가치가 없다. 처음에 나는 아우구스티누스를 단지 읽는 정도가 아니라 깊이 탐독했다. 그러나 바울을 이해하는 눈이 뜨여 믿음으로 의롭다 함을 얻는 것이 무엇인지 이해한 후에는 더는 그를 의존하지 않게 되었다"[107]고 언급했다. 이처럼 루터는 초기 기독교 교부 중 노예의지를 가르친 단 한 사람 아우구스티누스와 자유의지를 가르친 다른 모든 교부 사이를 구분해 아우구스티누스를 지지하고 다른 모든 교부에 반대하면서도, 자신의 신학이 아우구스티누스 신학보다 급진적임을 드러냈다. 루터에 의하더라도, 이중예정론

---

104 LW 1:61.
105 LW 26:313.
106 LW 34:337.
107 LW 54:49.

과 노예의지론은 초기 기독교 교부 중 누구도 가르친 적이 없는 아우구스티누스의 창작물임이 입증된다.

　　칼빈은 루터의 가장 충실한 제자이자 아우구스티누스의 제자였다. "칼빈을 이해하려면 루터에 관한 지식이 필요하지만, 루터를 이해하는 것은 칼빈을 배경으로 하지 않아도 좋다. 그러나 그 두 사람은 모두 아우구스티누스 없이는 이해될 수 없다"[108]는 아더 쿠스탕스(Arthur C. Custance)의 말은 칼빈 신학의 원천과 내용을 잘 요약했다. 칼빈은 아우구스티누스와 루터를 따라 노예의지론과 이중예정론, 불가항력적 은혜 등을 가르쳤다. 루터처럼 칼빈 역시 "교부들은 인간의 의지의 능력을 찬양하고 있는데, 아우구스티누스를 제외한 다른 모든 고대 교부들은 이 문제에 대해 … 혼란한 상태였다"고 주장함으로, 고대 교부들 중 노예의지를 가르친 유일한 사람 아우구스티누스[109]와 자유의지를 가르친 "아우구스티누스를 제외한 다른 모든 고대 교부들"[110] 또는 "다른 모든 교회 저술가들"[111] 사이를 선명히 구분했다. 칼빈은 자신의 논문 "예정에 관하여"(*Concerning the Eternal Predestination of God*)에서 암브로우스를 1회 인용한 것 외에는 다른 어떤 교부도 인용하지 않고 오직 아우구스티누스만 96회 인용하면서 "아우구스티누스와 내 생각은 너무나 비슷하기에, 만약 내가 예정에 관한 신앙고백서를 작성한다면 나는 매우 기쁘게 아우구스티누스의 글에서 많은 내용을 인용할 것이다"[112]라는 말로 자신의 예정론이 아우구스티누스의 예정론에 바탕을 두었음을 분명히 표현했다. 칼빈은 성경을 주석할 때는 크리소스톰 등 많은 교부를 인용해 종교개혁 신학이 자신의 창작물이 아님을 드러내기 위해 노력하면서도, 노예의지론을 주장한 "의지의 속박과 자유"(*The Bondage and Liberation of the Will*), 이중예정론을 주장한 "예정에 관하여", 그리고 그 외의 다양한 반(反)펠라기우스주의 저작물 등 종교개혁의 핵심 교리를 설명할 때는 언제나 오직 아우구스티누스만 전적으로 의존하는 양면성을 나타냈다.[113] 이처럼 칼빈 역시 다양한 진술과 정황에서 이중예정론과 노예의지론 등 종교개혁

108 아더 C. 쿠스탕스 저, 『칼빈의 교리신학』, 한국칼빈주의연구원 편역 (서울: 기독교문화협회, 1986), 79.
109 참고. Institutes, II. 2. 8.
110 참고. Institutes, II. 2. 4.
111 참고. Institutes, II. 2. 9.
112 *Commentary on Seneca's De Clementia* (1532), 8:266. Han, "An Investigation into Calvin's Use of Augustine," 79에서 재인용.
113 Han, "An Investigation into Calvin's Use of Augustine," 70–83.

신학의 극단적 요소는 아우구스티누스가 창작해낸 것임을 드러냈다.

아우구스티누스, 루터, 칼빈의 신학적 유사성에 관해서는 얼마든지 더 많은 사례를 들 수 있으나 이 정도의 설명으로 그치고자 한다. 단지 지금까지 언급한 사실에서 도출되는 중요한 결론은 다음과 같다. 성경과 교부 시대 전체를 면밀히 연구한 후 노예의지론, 이중예정론, 불가항력적 은총론 등을 가르친 사람은 오직 아우구스티누스뿐이었으며, 사도들과 아우구스티누스를 제외한 다른 모든 교부는 인간의 자유의지를 인정했고, 이중예정론을 가르치지 않았으며, 불가항력적 은총(irresistible grace)이 아닌 가항력적 은총(resistible grace) 또는 응답가능한 은총(responsible grace)을 가르쳤다고 주장한 레랑의 빈켄티우스, 오랑주 공의회, 제임스 아르미니우스, 존 웨슬리 등의 판단은 교회사적으로 볼 때 옳았다. 이 점은 아우구스티누스가 창작해낸 교리에 반대한 이들뿐 아니라, 그의 교리를 종교개혁의 무기로 활용한 루터와 칼빈에 의해서도 동일하게 입증되고 있다.

그렇다면 개신교 신학의 양대 흐름은 다음과 같이 표현 가능하다. 과거에 존재한 적이 없었던 새로운 교리(노예의지론, 이중예정론, 불가항력적 은총론)를 창작해 펠라기우스주의 극단과 싸웠던 아우구스티누스, 루터, 칼빈이 교회사에서 개신교 신학의 한 흐름을 형성한다. 그리고 사도들에게서 기독교 진리를 전수 받은 속사도 교부 및 아우구스티누스를 제외한 모든 고대 교부, 오랑주 공의회를 포함해 모든 초기 기독교 교회, 제임스 아르미니우스와 존 웨슬리가 개신교 신학의 또 다른 흐름을 형성한다. 물론 초기 기독교는 펠라기우스주의를 막아낸 중요한 공로를 인정해 아우구스티누스가 창작해낸 교리를 이단적이라고 정죄하지 않았고, 개신교회 역시 펠라기우스주의에 빠진 로마 가톨릭주의에서 교회를 구해낸 공로를 인정해 루터와 칼빈의 극단적 교리를 이단적이라고 정죄하지는 않았다. 그러나 아우구스티누스와 루터, 칼빈의 이중예정론과 노예의지론 등은 초대교회로부터 교부 시대 전체를 통틀어 아우구스티누스 외에 누구도 주장하지 않았던 신학적 창작물이라는 점은 개신교 양대 진영 모두의 주장과 언급을 통해 입증된다.

이제부터 아우구스티누스-루터-칼빈의 신학 체계와 초기 기독교 교부-오랑주 공의회-아르미니우스-웨슬리의 또 다른 신학 체계를, 루터와 웨슬리를 대표로 내세워 비교해 보고자 한다.

2장

율법이란 무엇인가?

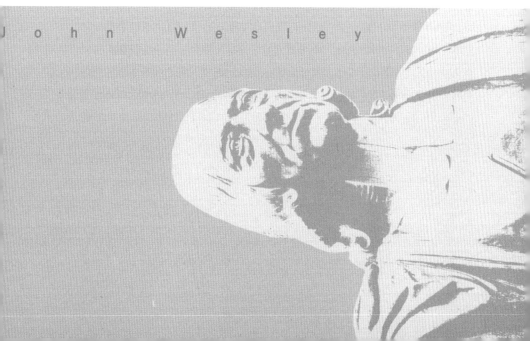

2장 율법이란 무엇인가?

A. 마르틴 루터

I. 율법의 정의, 원천, 역사, 형태

i. 율법의 정의와 개념

율법이란 무엇인가? 루터의 율법의 정의는 율법과 복음의 이분법적 구분에서 분명히 나타난다. 루터는 율법이란 "우리가 어떤 일을 해야 하는지 … 즉 우리가 무엇을 하고 무엇을 하지 말아야 하는지에 대한 명령과 요구"라면, 복음은 "하나님께서 당신을 위해 어떤 일을 행하셨는지"를 나타내는 것이라고 설명한다.[1] 또 루터는 하나님의 명령과 금령으로서의 율법 이해를 더 확장해 "명령이 어떻게 지켜지고 깨뜨려졌는지"에 대한 실례를 율법의 가르침에 포함시킨다.[2] 나아가 율법을 통해 얻을 수 있는 "혜택이나 위험, 이익이나 손해" 등 율법에 대한 순종이나 불순종의 결과에 관한 말씀도 율법의 범주로 설명한다.[3] 루터에게 율법은 "인간의 죄를 드러내고 정죄하는 성경의 모든 말씀"을 포함하고, 복음은 "하나님의 위로와 구원, 은혜를 약속하는 모든 말씀"을 포함하는 포괄적인 개념이다.[4]

마르쿠스 브릿(Marcus Wriedt)은 루터의 포괄적 율법 개념은 성경 본문 밖으로까지 확장됨을 관찰하면서, 루터에게 율법이나 복음은 성경 본문에 한정될 수 없는 것이라고 주장한다.[5] 베르너 엘러트(Werner Elert) 역시 루터에게 율법은 하나님께서 시내산에서 선포하신 율법 없이도 작용할 수 있음을 지적한다.[6] 티모시 웽거트는 더 구체적으로, 루터에게 율법과 복음은 단지 하나님께서 명령과 약속 중

---

1 LW 35:162, 236-237.
2 LW 35:236.
3 BC 345.
4 Donald K. McKim ed., *The Cambridge Companion to Martin Luther* (Cambridge: Cambridge University Press, 2003), 106.
5 같은 책, 106.
6 Werner Elert, *Law and Gospel*, tr. Edward H. Schroeder (Philadelphia: Fortress Press, 1967), 10-11; LW 47:89.

무엇을 말씀하셨는지를 말하는 것이 아니라, "행동하시는 하나님, 즉 자기 자신을 신뢰하는 우리의 옛 존재를 죽이고 … 신앙으로 새로운 피조물이 되게 하시는 하나님을 선포하는" 것은 무엇이든 율법이나 복음일 수 있다고 설명한다.[7] 파울 알트하우스는, 루터가 하나님의 진노는 그리스도의 십자가에서 가장 무서운 모습을 드러냈다고 가르친 예를 들면서,[8] 루터에게는 복음도 역설적으로 인간의 죄를 정죄하는 율법의 기능을 할 수 있다고 주장한다.[9] 이처럼 루터에게 율법이란 "분명한 명령이나 정죄나 심판"의 형태로도, 그 외 다양한 형태로도 존재할 수 있다.[10]

루터는 율법에 대상과의 관계성을 포함시켜, 율법의 원천이 무엇인가 하는 관점에서는 율법을 "하나님의 말씀"이라는 말로 바꾸어 사용하기도 하고,[11] 율법이 명령하는 대상이 무엇인가 하는 관점에서는 율법을 인간의 선행이라는 말과 혼용하기도 했다.[12] 특히 후자와 관련해 레긴 프렌터(Regin Prenter)는, 루터가 율법을 정의하는 요소에는 인간 마음의 "움직임"이 포함된다고 설명한다. 즉, 우리 마음에서 "모든 교만과 자기 중심성"을 제거하고 "그리스도께 향하도록" 영향을 끼치는 것은 무엇이든 복음으로 볼 수 있다면, 이와 반대로 교만, 거짓, 자기 의에 대한 신뢰 등 우리 마음을 그리스도에게서 멀어지게 하는 모든 것은 율법으로 볼 수 있다는 것이다.[13] 이 점에서 조지 포렐은, 루터에게 인간의 "행동과 기능 … 선과 악의 기준"은 한 번 율법이나 복음으로 분류되고 나면 다시는 변하지 않고 영원히 고정되는 "정적"인 것이 아니라 "동적"인 것이라고 통찰력 있게 주장한다. 즉, 우리와 하나님의 관계를 돕는지 방해하는지에 따라 어떤 때는 복음도, 어떤 때는 율법도 될 수 있다는 것이다.[14] 게르하르트 포드는 그 사례를 들어, 만일 신자가 자신의 구원이나 선행의 공을 하나님이 아닌 자신에게 돌린다면, 복음은 즉시 율법이 되어버

---

7   Wengert, "Fear and Love in the Ten Commandments," 15; George Wolfgang Forell, *Faith Active in Love: An Investigation of the Principles Underlying Luther's Social Ethics* (Minneapolis: Augsburg Publishing House, 1954), 60-61, n. 28.

8   LW 47:113.

9   LW 26:13.

10   Althaus, *The Theology of Martin Luther*, 261.

11   Ian D. Kingston Siggins, *Martin Luther's Doctrine of Christ* (New Haven and London: Yale University Press, 1970), 71-72.

12   LW 26:333.

13   Regin Prenter, *Spiritus Creator*, tr. John M. Jensen (Philadelphia: Muhlenberg Press, 1953), 110-111.

14   Forell, *Faith Active in Love*, 54-55.

린다고 설명한다.[15] 루터는 이런 의미에서 세례를 "한 번 받고 나면 영원히" 효력을 가지는 것으로 생각해서는 안 되고, 신자의 마음에서 날마다 새롭게 갱신되는 은혜로 여겨야 한다고 가르쳤다. 루터는 만약 우리가 날마다 새롭게 하나님의 은혜를 의지하고 자기를 부인하는 태도를 갱신하지 않는다면, 포드가 잘 표현한 대로 "어제의 복음이 오늘은 쉽게 율법이 되어버릴 수 있다"고 경고한다.[16]

　　루터는 이제까지 살펴본 포괄적 율법 개념을 종합해 "가장 넓은 의미로는 은혜가 아닌 것은 무엇이나 율법"[17]이라고 주장했다. 하나님의 섭리든, 그리스도의 십자가든, 성령의 계시든, 혹은 우리의 태도든, 우리를 하나님께 가까이 나아가게 하고 그 결과로 우리의 구원을 이루는 데 도움이 되는 것이 복음이라면, 우리를 결과적으로 하나님에게서 멀어지게 하고 정죄에 이르게 하는 것은 율법인 것이다.[18] 율법을 이렇게 넓게 이해하면, 포드의 주장처럼 율법은 정죄를 통해서든, 율법의 제3용법 즉 "거듭난 신자가 삶을 위한 본보기와 규정으로 삼아야 할 명확한 규칙"[19]의 형식을 통해서든, 심지어 "어제의 더 깊었던 신앙을 오늘 다시 붙들라는 요구"를 통해서든 "셀 수 없이 많고 미묘한 방식으로 늘 새롭게 들려올 것이 틀림없다."[20] 루터는 포괄적인 율법 개념에 기초해 "성령께서는 우리 모든 사람의 마음에서 이 율법 말씀하시기를 결코 멈추지 않으시기에 어느 누구도 하나님 앞에서 자신을 변명할 수 없다"[21]고 가르쳤다. 이러한 가르침에 기초해 루터 신학의 충실한 해설자들은 『공동 합의 교리서』(*The Book of Concord*, 1580)에서 "율법이란 무엇이 옳고 하나님을 기쁘시게 하는지를 가르치고, 죄 된 것과 하나님의 뜻에 반하는 모든 것을 정죄하는 신적 교리다. 따라서 죄를 정죄하는 모든 것은 율법의 선포에 해당된다"[22]라는 문구로 루터의 가르침을 훌륭하게 요약했다.

15　Gerhard O. Forde, *On Being a Theologian of the Cross: Reflections on Luther's Heidelberg Disputation, 1518* (Grand Rapids: Wm. B. Eerdmans, 1997), 24-25.

16　Forde, *Where God Meets Man*, 38-40; Forde, *On Being a Theologian of the Cross*, 108-109.

17　LW 26:42.

18　LW 26:122-123.

19　*Formula of Concord*, Article VI in BC 479.

20　Forde, *Where God Meets Man*, 40; Forde, *On Being a Theologian of the Cross*, 108-109.

21　LW 27:355.

22　BC 478.

ii. 율법의 원천

루터는 율법의 범위를 성경 속 율법으로 좁혀 논의할 경우 "사람이 무엇을 하고 무
엇을 하지 말아야 하는지" 가르치는 율법책으로서 구약성경의 유효성을 인정했
다.[23] 그리고 모세를 "완벽한 율법 수여자"로 제시하면서 율법은 모세의 책에서 "완
벽히" 선포되었다고 주장한다.[24] 루터는 십계명을 "다른 모든 계명과 모세오경 전
체"의 핵심으로 여겼다. 하나님은 도덕법과 시민법, 의식법 모두를 "십계명에 담으
셨고, 십계명을 의존하게 하셨으며, 십계명에 포함되게 하셨다."[25] 구약의 다른 책
들 "선지서와 역사서"는 "모세가 말한 율법의 적용, 그외의 다른 무엇이 아니다."[26]

루터는 구약과 신약의 관계를 구약은 율법, 신약은 복음으로 양분하지 않았다.
그는 신약, 특히 그리스도의 산상수훈에서 율법을 발견한다.[27] 죄 고백과 회개 형
식으로 인간의 죄를 드러내는 주기도문과 다른 기도문도 "율법의 교리를 가득 담
고 있다."[28] 그리스도께서 율법을 가르치심과 그리스도인의 모범이 되심, 십자가에
서 죽으심도 모두 율법의 원천이다.[29] "신약의 명령"과 "사도의 지시"도 풍부한 율
법의 원천이다.[30]

복음의 관점에서 보면, 구약과 신약은 복음에 대한 약속과 성취의 관계로 볼
수 있다. 구약은 신약을 향하고 의존한다.[31] 그러나 율법의 관점에서 보면, 반대로
신약이 구약을 의존한다. 구약에서 율법은 "어느 누구도, 심지어 그리스도께서도
더 향상된 율법을 선포하시는 것이 불가능할 정도로" 이미 완벽하게 선포되었기
때문이다.[32]

---

23 LW 35:236.
24 LW 35:238, 246.
25 LW 35:237-238; 40:93.
26 LW 35:246-247.
27 Meistad, *Martin Luther and John Wesley on the Sermon on the Mount*.
28 Althaus, *The Theology of Martin Luther*, 261; WA 391, 351.
29 Forde, *On Being a Theologian of the Cross*, 1-18; Oswald Bayer, *Martin Luther's Theology: A Contemporary Interpretation*, tr. Thomas H. Trapp (Grand Rapids: Wm. B. Eerdmans, 2008), 63-64; Meistad, *Martin Luther and John Wesley on the Sermon on the Mount*, 24; Marc Lienhard, *Luther: Witness to Jesus Christ Stages and Themes of the Reformer's Christology*, tr. Edwin H. Robertson (Minneapolis: Augsburg Publishing House, 1982), 142; Althaus, *The Theology of Martin Luther*, 261-266.
30 Althaus, *The Theology of Martin Luther*, 271.
31 LW 35:236-237.
32 LW 21:69; Althaus, *The Theology of Martin Luther*, 261.

루터가 구약에 이미 완벽한 율법이 있고, 심지어 신약에서 그리스도께서 선포하신 율법보다 모세가 선포한 율법이 더 완벽하다고 주장한 것에 대해, 루터의 율법관을 연구한 요하네스 헤켈은 동의하지 않는다. 헤켈은 율법의 온전하고 영적인 의미가 "십계명에서는 드러나지 않았으나 … 그리스도께서 율법을 완벽하고도 영적으로 해석하셨다"[33]면서, 루터는 율법의 완벽한 해설을 모세가 아닌 그리스도께 돌렸다고 주장한다.[34] 그러나 이는 잘못된 주장이다. 헤켈의 오류는 루터의 글에서 율법의 선포와 신자가 율법을 이해하는 능력을 구분해내지 못하고 둘을 동일시한 데서 발생한다. 루터에 의하면, 율법을 이해하는 능력은 오직 하나님이 어떤 분이신지를 아는 신앙에 의해 주어진다.[35] 이런 의미로 루터는 "영적인 율법과 복음은 같은 것이다"[36] 또는 "복음이란 다름 아닌 옛 율법의 계시와 해석이다"[37]라고 주장했다. 루터의 주장은, 헤켈이 오해한 것처럼 모세의 율법에는 충분한 영성이 결여되어 있기에 그리스도께서 모세보다 더 깊이 있는 율법을 가르치고, 또 새로운 내용도 더하셨다는 의미가 아니다. 다만 그리스도께서 모세가 이미 완벽하게 선포한 온전하고 영적인 법을 재확인하고 사람들이 이해할 수 있도록 다시 해석하셨다는 것이며, 또한 율법을 바르게 이해하는 능력은 신앙을 통해 주어지므로, 신앙을 가진 사람은 그리스도께서 가르치신 율법만이 아니라 모세가 가르친 율법에서도 영성의 온전한 깊이를 인식한다는 것이다.[38] 다시 말해 루터는 율법의 완벽한 선포를 신약의 그리스도가 아닌 구약의 모세의 사역으로 돌렸다.

iii. 율법의 역사

a. 인간 타락 이전의 율법

루터는 하나님께서 창조 시 아담에게 주신 율법과 타락 후 인간에게 주신 율법을 구분했다. 창조 시 아담은 하나님의 형상인 "하나님의 신성과 불멸성에 참여하

33   Heckel, *LEX CHARITATIS*, 87.
34   WA 39.I:452.12. Heckel, *LEX CHARITATIS*, 358에서 재인용.
35   Heckel, *LEX CHARITATIS*, 89.
36   LW 11:285.
37   WA 1:126.7. Heckel, *LEX CHARITATIS*, 369에서 재인용.
38   LW 21:69; Althaus, *The Theology of Martin Luther*, 261.

는 존재"로 지음 받았고,[39] 하나님께 부여받은 원의(原義, original righteousness)를 가지고 하나님과 다른 피조물을 사랑했다.[40] 아담은 "순결하고 죄 없는" 본성을 가졌기에 어떤 강제도 없이 자발적으로 하나님의 율법을 지켰다. 그는 이미 "그렇게 되어야 할" 가장 바람직한 상태에 있었고, 그가 행해야 할 일을 이미 온전히 행하고 있었다.[41] 루터는 선악을 알게 하는 나무의 실과를 먹지 말라는 하나님의 명령을, 이미 의로웠던 아담에게 "하나님을 예배하고 경외하는 마음을 구체적으로 표현할 방법"[42]을 제공하기 위해 주신 것으로 설명했다. 루터는 디모데전서 1:9("율법은 옳은 사람을 위하여 세운 것이 아니요 오직 불법한 자와 복종하지 아니하는 자와 경건하지 아니한 자와 죄인과 거룩하지 아니한 자와 망령된 자와 … 살인하는 자며")을 토대로, 율법은 죄인에게 주어지는 것이므로 죄 없는 아담에게 주신 것은 율법이 아닌 권고였다는 주장을 부인한다. 이 구절이 말하는 율법은 타락 후의 율법이지 타락 전 율법이 아니라는 이유에서다. "불의한 사람에게 주어지는 율법은 의로운 아담에게 주어진 율법과 동일하지 않기 때문이다."[43]

데이비드 예고(David S. Yeago)는 루터가 가르친 인간 타락 전 율법의 특징을 다음과 같이 정리한다. 인간 타락 전 율법은, 인간이 온전한 마음과 행위 속에서 하나님과 맺고 있던 관계가 의로웠음을 전제해, 그 관계 속에서 의롭고 거룩한 인간이 하나님께 드리는 예배의 형식으로 주어졌다. "선악을 알게 하는 나무의 실과를 먹지 말라는 명령은, 아담이 그 명령을 지켜 하나님을 사랑하는 사람이 되라고 주신 것이 아니다. 아담은 이미 하나님을 사랑하는 사람이었다. … 따라서 그 명령은 하나님을 향한 아담의 사랑을 역사 속에서 구체화된 삶의 방식 … 즉 구체적인 사회적 실천을 통해 표현할 수 있게 하려는 목적으로 주신 것이다."[44] 예고는 하나님과 타락 전 인간의 의로운 관계를 하나님의 은혜와 인간의 응답의 "완전한 일치"로 설명한다. 이 관계에서 율법은 "죄와 아무런 관계가 없었고, 또 은혜와도 반대된 것이 아니었다."[45]

---

39   LW 1:115, 62-63, 65.
40   LW 1:113.
41   LW 24:255; 34:187.
42   LW 1:94.
43   LW 1:109.
44   David S. Yeago, "Martin Luther on Grace, Law, and Moral Life," *The Thomist* 62 (1998) no. 2, 163-191.
45   같은 곳.

그러나 타락 전 인간의 죄 없는 상태는 아담이 타락한 후로는 우리 중 누구도 경험해보지 않아 "알 수 없게 된 무엇" 그래서 "추측밖에 할 수 없는" 상태가 되고 말았다.[46] 창조 시에 있었던 율법의 요구와 인간의 완벽한 순종의 조화는 깨어지고 말았다.[47] 죄 없는 인간이 하나님께 드린 순수한 예배의 표현으로서 율법의 역할은 "낙원에서의 죄로 인해 영원히 상실"되고 말았다.[48]

b. 자연법

그렇다면 현재 우리에게 "적합한" "주된" "진정한" 율법은 타락 전 아담이 아니라, 타락 후 인간에게 주어져 인간 타락의 현실을 고스란히 반영하는 율법이다.[49] 죄 지은 이후 사람은 죄 짓기 전 무죄한 상태가 아니므로, "죄 짓기 전 주어진 율법과 죄 지은 후 주어진 율법은 구분"되어야 한다는 것이다.[50] 루터는 인간 타락 후 율법을 시간적 순서에 따라 "자연법, 성문법, 복음의 법" 세 종류로 구분했다.[51]

그중 시간적으로 가장 앞서는 자연법은, 로마서 2:14-15("율법 없는 이방인이 본성으로 율법의 일을 행할 때에는 이 사람은 율법이 없어도 자기가 자기에게 율법이 되나니 이런 이들은 그 양심이 증거가 되어 그 생각들이 서로 혹은 고발하며 혹은 변명하여 그 마음에 새긴 율법의 행위를 나타내느니라")에서 알 수 있듯, 하나님께서 모든 사람의 마음에 원천적으로 새겨놓으신 법이다.[52] 루터는 사람에게 이 자연법이 "하나님의 율법의 본질을 이해하는 실마리"가 된다고 생각했다.[53] 자연법은 "하나님께서 시내산에서 선포하신 [성문법으로서의] 율법이 없을 때도" 가인에 대한 형벌이나 소돔과 고모라 심판에서와 같은 하나님의 심판적 행위나 판결, 인간의 양심의 활동을 통해 "이미 작용"하고 있었다.[54] 시내산에서 율법이 주어졌을

---

46 LW 1:63, 113.

47 WA 31:1:478, 454. Martin Luther, *What Luther Says: An Anthology*, ed. Ewald M. Plass, 3 vols. (St. Louis: Concordia, 1959), 2:748에서 재인용.

48 LW 1:65.

49 LW 26:309.

50 LW 1:109.

51 LW 27:354.

52 LW 47:110; 35:164-168; 54:293.

53 Heckel, *LEX CHARITATIS*, 45.

54 Elert, *Law and Gospel*, 10-11; BC 365-368; LW 13:364-365; Althaus, *The Theology of Martin Luther*, 145.

때나 그 후 사람이 하나님의 율법이나 심판적 활동을 이해하고 받아들인 것은, 인간의 마음에서 자연법이 효력을 나타내고 있었음을 입증한다. 루터는 "만약 우리가 훈계를 받을 때 즉시 '네, 그렇습니다' 하고 동의할 수 있도록 율법이 먼저 마음에 새겨져 있지 않았다면, 백 년 넘게 율법을 가르쳐도 아무 소용이 없을 것"[55]이라고 설명했다. 루터는 이와 같이 자연법은 "주어지는 것이 아니라 창조 안에 선천적으로 존재하는 것이며, 우리 속에 이미 내재하는 것이지 전수 받는 것이 아니며 … 살아서 활동하는 것이지 문자에 담겨진 것이 아니다"[56]라고 말한다. 자연법은 모든 사람의 마음속에서 하나님의 "부단히 활동하고 살아있는 말씀"으로 존재한다.[57] 이 자연법은 인간 타락 전에 가졌던 역할, 즉 하나님께 대한 순결한 예배의 방법을 가르치는 역할은 상실했지만, 여전히 "도덕의 영역에서 실천을 위한 최초의 원리"[58]로서, "인간 속에 율법이 존재하는 근원적 소재지"[59]가 된다.

자연법이 요구하는 율법의 내용은 크게 두 가지로, "하나님 예배"와 "이웃 사랑"의 의무다.[60] 하나님에 관해 자연법은 사람이 창조주께 어떤 은혜를 입고 사는지 알려줌으로 하나님께 무엇을 되돌려드려야 할지 알게 한다. 즉 피조물인 인간은 창조주 하나님에 대해 감사하고 찬양하며 사랑해야 한다는 것이다.[61] 만약 사람이 자기 생명과 복과 모든 영광을 창조주의 은혜로 돌리지 않으면 자연법이 그를 정죄한다.[62] 이웃과의 관계에서 자연법은 "남에게 대접을 받고자 하는 대로 너희도 남을 대접하라"는 황금률(마 7:12; 눅 6:31)과 "네 이웃을 네 자신과 같이 사랑하라"(롬 13:9)는 말씀의 실천을 요구한다.[63]

---

55 W.A. 56.447.10 이하. Watson, *Let God Be God*, 99에서 재인용; LW 40:96; 26:399-400.

56 LW 25:182.

57 Heckel, *LEX CHARITATIS*, 45.

58 LW 54:293.

59 Gifford Grobien, "A Lutheran Understanding of Natural Law in the Three Estates," *CTQ* 73 (2009), 212; LW 40:97-98.

60 Heinrich Bornkamm, *Luther and the Old Testament*, trs. Eric W. & Ruth C. Gritsch, ed. Victor I. Gruhn (Philadelphia: Fortress Press, 1969), 124-125.

61 LW 1:15; 40-96-97.

62 LW 13:364-365; BC 365-368; Althaus, *The Theology of Martin Luther*, 145.

63 LW 40:96-97; 27:348-358; 45:128; WA 17II, 102:15. Bornkamm, *Luther and the Old Testament*, 125에서 재인용.

c. 모세의 법(성문법)

루터는 하나님께서 모세의 법을 주신 것은 사람의 마음에 새겨주신 자연법이 마귀에 의해 "약하고 모호하게" 되어 죄인이 하나님과 이웃을 전혀 상관하지 않는 지경에 이르렀기 때문이라고 설명했다.[64] 즉 하나님께서 성문법을 부가적으로 주신 것은, 죄인이 "자신 속에서 다시금 율법을 발견하고 느낄 수 있도록" 하기 위한 것이다. 모세의 법은 하나님의 도우심과 조명으로 죄인에게 희미해져버린 자연법을 재각인한다.[65]

모세의 법이 자연법을 인간의 마음에 재생시키고 재각인할 수 있는 기초는 율법의 내용적 통일성이다. 율법의 내용으로 말하면, 자연법 이후에 주어진 두 법인 모세의 법과 복음의 법은 자연법과 "거의 다르지 않다." 모세의 법과 복음의 법은 사실상 자연법을 재진술한 것이다.[66] 루터는 "이 세 법은 모두 같은 내용을 가지고 있고, 그 내용은 하나로 요약되는데 그것은 사랑"이라고 단언했다.[67]

> 성문법의 "네 이웃을 네 몸과 같이 사랑하라"는 말씀은, 자연법의 "다른 사람이 너에게 해주기를 바라는 대로 먼저 그들에게 해주라"는 내용과 같다. 그런데 복음 전체는 사랑 외에 무엇을 가르치는가? 따라서 모든 시대를 관통해 모든 사람에게 알려지고 모든 사람 마음에 새겨졌으며 처음부터 끝까지 아무도 변명할 수 없게 만드는 법은 오직 하나만 있을 뿐이다.[68]

자연법과 모세의 율법의 관계에 관해 헤켈은, 자연법은 하나님의 계시로 십계명에서 "반복되고 명료하게" 되었기 때문에 "십계명은 내용으로 보면 자연법이지만, 형식으로 보면 … 하나님의 실정법"[69]이라고 설명한다. 자연법과 실정법은 다음의 두 가지 차이가 있다. 첫째, 자연법은 "실천을 위한 첫 번째 원리"로 존재한다면, 실정법은 "자연법의 원리와 일치"하되 법이 적용되는 대상의 상황과 문화, 시대, 영적 상태를 포괄적으로 고려한다. 예를 들어, "일반적이고 모호한" 자연법의 "선을 행하고 악을 행하지 말라"는 원리가 실제 절도 사건에 적용되면, 실정법은 절도라는 범죄의 종류와 수위를 세분화하고 거기에 따라 적정 형량을 결정하기 위해

---

64   WA 31:1:478, 454. Plass ed., *What Luther Says*, 2:748에서 재인용; WA 39.1.361.19 이하. Watson, *Let God Be God*, 99; LW 40:96-98.

65   LW 40:97; Grobien, "A Lutheran Understanding of Natural Law in the Three Estates," 214.

66   LW 40:98; 47:89; Althaus, *The Theology of Martin Luther*, 253.

67   LW 27:354; WA 31:1:478, 454. Plass ed., *What Luther Says*, 2:748에서 재인용.

68   LW 27:355.

69   Heckel, *LEX CHARITATIS*, 45.

많은 법률 조항과 세목을 가지고 복잡한 계산을 한다.[70] 실정법이 많은 법률 조항을 가지고 복잡하게 작용한다면, 자연법은 모든 실정법의 "두뇌와 원천과 뿌리"가 되는 원리를 다룬다.[71] 기퍼드 그로비엔(Gifford Grobien)은 다음과 같이 설명한다.

> 자연법은 사실상 일반적 원리이기에 실정법에 담긴 현실성 있는 진술을 통해 모든 상황과 시대에 적용되는 것이 특징이다. 자연법은 일반적 · 보편적인 것으로 여겨지기에 … 모든 장소와 상황에 적용될 수 있다. 그러므로 자연법이 확장되고 적용되려면 언제나 실정법이라는 수단을 필요로 하고, 자연법은 모든 실정법의 원리가 되어 실정법을 돕는다.[72]

자연법과 실정법의 두 번째 차이는, "자연법의 기초는 하나님"이심에 비해 "실정법의 기초는 행정 당국자"라는 점이다.[73] 하나님께서 모든 사람에게 주신 자연법의 원리를 토대로 각 사회의 법률 전문가가 실정법을 만들기 때문이다. 이 사실을 더 일반화하면, 모든 사람은 자기 삶에서 자연법을 바르게 해석하고 실천할 책임을 지닌 존재라 할 수 있다.[74] 그럼에도 인간은 모든 일을 정확히 판단하는 데 한계가 있으므로, 타인을 불공정하게 대하지 않으려면 누구에게나 엄격한 법을 들이대기보다 관용과 예외를 인정할 필요가 있다.[75]

d. 그리스도의 법(복음의 법)

가장 나중에 주어진 그리스도의 법은 자연법, 모세의 법과 동일한 내용을 가지고 있다. 루터는 일관되게 그리스도는 율법을 가르치는 일에서 모세보다 뛰어나지 못하셨다고 주장했다. 루터는 모세가 앞으로 오실 메시아를 예언한 신명기 18:15("네 하나님 여호와께서 너희 가운데 네 형제 중에서 너를 위하여 나와 같은 선지자 하나를 일으키시리니 너희는 그의 말을 들을지니라")을 설명하면서, 모세의 율법은 이미 완벽하기에 이 구절은 모세의 법 위에 또 다른 율법을 추가할 새 선지자가 필요함을 말한 것이 아니라고 주장했다.[76]

---

70 Grobien, "A Lutheran Understanding of Natural Law in the Three Estates," 216; LW 54:293; 27:349-352.
71 LW 27:349-352.
72 Grobien, "A Lutheran Understanding of Natural Law in the Three Estates," 216.
73 LW 54:293.
74 Grobien, "A Lutheran Understanding of Natural Law in the Three Estates," 216; LW 13:160-164.
75 LW 46:99-103.
76 LW 27:113.

율법은 모세가 가장 완벽하고 충분하게 전파했기에, 그 위에 어떤 것도 더할 필요가 없다. 십계명에 무엇을 더할 수 있겠는가? 온 마음을 다해 하나님을 믿고 신뢰하고 사랑하고 경외하며, 하나님을 시험하지 말라는 것보다 더 높은 가르침이 어디 있겠는가? 하나님께 대한 외적 예배와 나라의 통치, 이웃 사랑에 대해 모세가 명령한 것보다 더 공정하고 거룩한 어떤 규칙이 있겠는가?…모세가 너무나 잘 설명했기에 다른 사람의 설명은 필요 없고, 모세의 설명을 더 분명하고 완벽하게 하기 위해 일점일획도 더할 필요가 없다. 오직 은혜의 말씀 외에 율법의 완벽한 가르침을 뛰어넘는 말씀은 있을 수 없기 때문에, 여기서 새로운 선지자란 율법을 가르치는 자가 아닌 복음의 사자임에 틀림없다.[77]

자연법이나 모세의 법과 동일하게 그리스도의 법의 요체는 사랑이다.[78] 그리스도는 자연법뿐 아니라 모세의 법에도 새롭게 더하신 것이 전혀 없다. "그리스도의 법은 사랑의 법이다. 그리스도는 우리를 구원하시고 새롭게 하셔서 그의 교회가 되게 하신 후 서로 사랑하라는 법 외에는 어떤 새로운 법도 주신 일이 없다."[79]

내용상 차이가 없다면 자연법, 모세의 법과 구별되는 그리스도의 법의 특징은 무엇인가? 루터는 그리스도의 법 역시 자연법이나 모세의 법처럼 모든 인간, 사회의 모든 신분과 질서에 죄악이 만연한 현실을 반영하고 있음을 인정한다.[80] 그러나 모세의 법이 "끔찍한 형벌로" 가혹하리만치 죄인을 위협하는 것과 달리, 그리스도는 매우 "사랑스럽고 친근한 방식으로" 율법을 가르치셨다.[81] 그리스도의 법도 "육체에 남아있는 옛 사람의 잔재를 죽이기 위해" 인간의 죄를 다룬다.[82] 그러나 그리스도는 위협과 형벌로 율법을 선포한 율법 교사 모세의 권위 아래 있지 않다. 복음의 교사 그리스도는 모세를 끝내고 그를 대신하셨다. 이 말은 그리스도께서 복음만 가르치고 율법은 가르치지 않으셨다는 뜻이 아니라, 자신의 율법을 복음이라는 새 토대 위에서 확립하셨음을 의미한다. 그리스도는 모세보다 "훨씬 위대하고 좋은 것"을 가르치셨는데, 그 비결은 '그분 자신이 누구신가?' 하는 데 있었다. 즉 그는 구원자시며 복음의 설교자시다. 따라서 그리스도께서 율법을 가르치실 때조차 그의 가르침은 자신이 죄인을 위해 행하신 일, 복음을 전제하고 있다.[83]

77 LW 9:176-177; 35:246
78 LW 27:391.
79 LW 27:113.
80 LW 27:114; 27:391-392.
81 LW 35:120-121.
82 LW 9:179; 40:97; BC 567.
83 LW 26:293.

기독교 사회윤리학자 에른스트 트뢸취(Ernst Troeltsch)는 루터가 산상수훈은 그리스도인 개인윤리의 표준으로 여긴 반면, 십계명과 같은 자연법은 그리스도인 사회윤리의 표준으로 생각했음을 바르게 관찰했다. 그러나 트뢸취와 달리 조지 포렐은, 루터는 개인윤리든 사회윤리든 모든 윤리를 하나님의 죄 용서에 기초했다면서, 루터가 그리스도의 법과 모세의 법을 구분하지 않았다는 잘못된 결론을 내린다.[84] 토어 메이스타드는 이 같은 오류를 다시 바로잡아 루터에게는 그리스도인을 위해 "두 종류의 서로 다른" 율법이 있었음을 바르게 지적한다. 그중 하나는 모든 인간의 이성에 기초를 둔 "보편적" 율법이라면, 다른 하나는 오직 그리스도인에게만 적용되는 율법이다. 전자의 법은 "자연법, 인간의 이성, 세속적 법률"의 형태로 모든 사람과 사회를 위한 도덕적 기준으로 작용한다. 후자의 법은, 비록 그 내용은 자연법과 다르지 않으나, 그리스도에 의해 "배타적"으로 그리스도인에게만 계시되었고, 일반적 이성에는 계시되지 않았다.[85] 메이스타드는 루터에게 그리스도의 법은 "그리스도인의 삶의 방식이자 영적 열매"[86]로, "오직 믿음으로 얻는 칭의"가 그리스도의 법을 행하게 하는 "구원론적 기초"라고 바르게 관찰한다.[87] 루터는 다른 법은 "아무 차별 없이 모든 사람"에게 주어졌지만, 그리스도의 법은 "가장 엄격한 구분에 의해" 배타적으로 그리스도인에게만 주어졌다고 단언했다.[88] 그리스도의 법은 그것을 받는 대상을 구별한다. "산상수훈은 오직 그리스도인만을 위해 의도되었다."[89]

그리스도는 죄인을 위해 그들이 받아야 할 율법의 형벌을 담당하신 복음의 주님이시다. 그리고 율법의 위협과 형벌을 영원히 제거해주신 신자에게만 자신의 법을 주셨다.[90] 따라서 그리스도인은 비그리스도인과는 율법을 대하는 자세가 다르다. 이 점에서 루터는 그리스도께서 자신의 법을 주신 대상은 "율법을 뛰어넘어 율법이 명령하는 것보다 더 많은 것을 행하는 그리스도인"[91]이라고 주장한다. 그

84 Forell, *Faith Active in Love*, 63; Ernst Troeltsch, *The Social Teaching of the Christian Church* II, tr. Olive Wyon (London: George Allen & Unwin LTD, 1931), 507-508.

85 Meistad, *Martin Luther and John Wesley on the Sermon on the Mount*, 29-30, 35.

86 LW 21:45.

87 Meistad, *Martin Luther and John Wesley on the Sermon on the Mount*, 19.

88 LW 10:403-404.

89 LW 21:25.

90 LW 9:179; 27:114.

91 LW 9:144; 11:527.

들에게는 "불경건한 자로 자신의 죄와 연약성을 발견하게 해 겸손케 하려는 의도를 가진 율법은 이미 철폐되었다."[92] 신자는 율법의 위협 때문에 "할 수 없이, 자기 의지에 반해" 그리스도의 법에 순종하는 것이 아니다. 그와 정반대로 "율법을 성취할 능력"의 원천, 즉 자신 속에 응답적 사랑을 일으키는 그리스도의 비할 바 없는 사랑을 받았기에, 그리스도께서 명하신 것을 "자연히" "자발적으로" 행하기를 "스스로 재촉한다."[93] "그리스도께서 자신을 위해 행하신 일을 생각하는 것"은 신자로 감사가 넘치는 사랑에 의해 그리스도의 법을 지키지 않을 수 없게 만든다.[94]

따라서 그리스도의 법은 율법을 행하는 사람이 율법 성취의 능력을 받는 원천이 무엇인가 하는 측면에서 모세의 법이나 자연법과 전혀 다르다. 그리스도의 법은 하나님 편에서는 하나님의 은혜, 그리스도의 희생적 사랑, 성령의 계시하시는 현존을 그 원천으로 지목한다. 신자 편에서는 신앙과 사랑과 영적 갱신을 율법 성취의 원천으로 지목한다. 이에 비해 자연법과 모세의 법은 그리스도의 법과 동일하게 하나님의 뜻을 계시하더라도, 그것을 성취하는 능력에서 죄인의 제한되고 오염된 자원을 의존한다.[95] 이 점에서 그리스도의 법은 표면적으로는 율법이지만, 엄밀히 말하면 율법이 이미 성취되고 있는 상태, 즉, 복음을 믿는 신앙을 통해 하나님의 사랑에 대해 감사와 찬양, 하나님께 되돌려드리는 사랑이 신자 속에 이미 존재하는 상태를 의미한다.[96] 이런 이유로 루터는 모세의 법을 "행위의 법" "육체의 법" "죄의 법" "진노의 법" "죽음의 법"과 동일시한 반면, 그리스도의 법은 "평화의 법" "은혜의 법" "생명의 법" "신앙의 법" "사랑의 법" "새 율법" 또는 가장 분명한 표현으로 "복음" 그 자체와 동일시했다.[97] 복음은 강제하지 않고 자유롭게 하면서도 동기를 부여하는 특징을 가지고 있기에, 그리스도의 법은 비록 율법임에도 신자가 그리스도와 맺는 관계에 기초해 그리스도의 다른 일들과 동일하게 "은혜"로 변하는 것이다.[98]

---

92   LW 9:179; 27:114.
93   LW 9:179.
94   LW 24:101-102; BC 147.
95   LW 21:69.
96   LW 11:285-288; 10:152-154.
97   LW 10:403; 25:67, 187; 27:114, 234-235; 35:120-121.
98   LW 35:120-121.

iv. 율법의 형태

루터는 "구약성서에 붙이는 서문"(1545)에서 모세의 법을 시민법, 의식법, 도덕법의 세 종류로 구분해 다음과 같이 설명했다.

> 율법은 세 종류가 있다. 어떤 것은 제국의 법률처럼 현세적 일을 다루는데 … 악한 자가 나쁜 일을 저지르지 못하게 하려는 목적을 가진다. … 이 세상 삶에서는 … 예배의 외적 형태가 없을 수 없으므로 하나님은 … 그것을 명령에 포함시키셨다. … 예배의 공간, 장소, 사람, 일, 형태는 충분히 확정되고 지시되었는데, 이는 사람이 불평할 수 없도록, 또 낯선 예배 방식을 좇아갈 필요가 없도록 하기 위한 것이다. 이 두 율법 외에 믿음과 사랑에 관한 율법[도덕법]이 있다. … 믿음과 사랑은 언제나 율법의 안주인으로 모든 법을 관장한다. 모든 법은 믿음과 사랑을 목적으로 삼기 때문에, 믿음과 사랑에 위배된다면 … 어떤 법도 타당성을 갖지 못한다.[99]

a. 의식법

모세의 법의 세 형태인 시민법, 도덕법, 의식법은 모두 인간 타락의 현실을 드러낸다. 루터는 그중 의식법은 하나님께서 이스라엘 사람으로 자신의 죄를 인식하게 하는 하나의 훈련방법으로 고안하셨다고 설명한다.

> 모세가 의식법을 통해 참으로 의도한 것은 죄를 드러내 인간 능력에 대한 모든 억측을 부끄럽게 만드는 것이었다. … 그는 본래 정말 죄 된 것을 죄라고 하는 십계명 같은 율법만 준 것이 아니라, 본질상 전혀 죄가 아닌 것까지 죄로 만든다. 이를 통해 모세는 사람에게 죄를 억지로 짊어지우고 높이 쌓아 짓누른다. 불신앙과 악한 욕망은 본성상 죄이기에 죽음의 형벌을 받아 마땅하다. 그러나 유월절에 발효시킨 빵을 먹는 것이나 정결하지 못한 짐승을 먹는 것, 몸에 문신을 하는 것 등 레위기에서 제사장이 죄로 다루는 것은 본성상 죄 되고 악한 것이 아니다. 오히려 그것들은 단지 율법으로 금지되었다는 이유 하나 때문에 죄가 되어버렸다.[100]

인간의 죄를 드러내는 목적은 그리스도를 구원자로 제시하기 위해서다. 그 점에서 그리스도께서 "단번에 드려진 화목제물"로 죽임을 당했을 때 의식법은 소임을 다했다. 인간의 죄를 쌓아올렸던 구약의 의식은 그리스도께서 십자가를 지신후 신자가 "죄를 용서해 주심을 감사"하기 위한 "성만찬 희생"으로 대체되었다.[101] 루터는 모세의 의식법을 적절히 설명하면 기독교 신앙에 도움이 되므로, 의식법

---

99   LW 35:239-240.
100   LW 35:242-243.
101   BC 252-253.

에서 유대인의 종교 제의(祭儀) 이상의 보편적 가치를 발견했다.[102] 그 의식들은 "예배의 외적 형식"[103]으로, 신약에서는 새롭게 바뀐 형식으로 여전히 남아있다.[104]

루터는 성경이 율법을 복음과 대조할 때는 "시민법, 의식법, 도덕법 구분 없이 율법 전체"를 의미한다고 설명한다.[105] 만약 죄를 의식법 위반으로 이해하면, 죄 용서 역시 의식법을 위반한 죄 용서에 한정되기 때문이다. "그렇다면 그리스도께서 죽음으로 성취하신 것은, 유대인을 의식법에서 구해낸 것밖에 되지 않는다." 따라서 루터는 율법의 저주에서의 구원을 말할 때 율법을 의식법으로 제한하는 것에 반대해, 그리스도는 "세상의 모든 죄와 죽음"에서, 즉 의식법만이 아닌 "도덕법 전체의 효력과 구속력"에 대한 위반에서도 구원하신다고 확언했다.[106] 그럼에도 가장 중요한 율법은 도덕법이다. 루터는 "바울은 단순히 총체적 의미의 율법을 말하지만, 특히 도덕법을 염두에 두었다"[107]고 명시한다.

b. 도덕법

도덕법은 자연법, 모세의 법, 그리스도의 법이 내용적 통일성을 갖게 하는 요소로, 하나님께 대한 신앙과 이웃에 대한 사랑을 명령한다. 모세의 법이 그리스도인에게 구속력을 갖는 이유는, 모세의 법 중 도덕법이 자연법 및 그리스도의 법과 일치하기 때문이다.[108] 이런 의미에서 루터는 "십계명은 모세의 법이 아니다. … 세상이 창조될 때부터 모든 사람의 마음에 기록되고 새겨졌기 때문이다"[109]라고 주장했다. 비록 도덕법은 이스라엘의 특정 문화와 역사적 정황에서 주어졌지만,[110] 루터는 "자연법이 모세에 의해 가장 잘 정리되고 기록되었다"고 생각했고, 그 점에서 "모세의 법(도덕법)과 자연법은 하나"라고 설명했다.[111]

102 LW 40:96-98; 35:169-173; 35:239-240; 44:35.
103 LW 35:240.
104 LW 40:96-98; 35:169-173, 239-240; 44:35; Heckel, LEX CHARITATIS, 85.
105 LW 26:122.
106 LW 34:114-120.
107 LW 34:114.
108 Bornkamm, Luther and the Old Testament, 124-126.
109 WA 31:1:478, 454. Plass ed., What Luther Says, 2:748에서 재인용.
110 LW 35:165-170; 40:95-98; Grobien, "A Lutheran Understanding of Natural Law in the Three Estates," 213-214.
111 LW 40:96-98; 35:165.

c. 시민법

루터는 성경 속 시민법의 첫 사례를 하나님께서 홍수 이후 노아 가족과 맺으신 언약에서 발견하는데, 이 언약에서 하나님은 살인자에게 죽음의 형벌을 명령하신다.[112] 루터는 그보다 앞선, 가인을 죽이지 말라는 하나님의 명령(창 4:15)도 일종의 시민법으로 보았다. 그러나 가인에게는 죽음의 형벌이 직접적으로 명령되지 않았다는 점에서, 죽음의 형벌이 명시된 홍수 이후 명령을 더 적합한 시민법의 사례로 제시한 것이다.[113] 만약 인간의 죄가 없었다면 그런 형벌도 필요하지 않았을 것이므로 시민법은 인간의 타락으로 필요하게 된 법이다.[114] 마귀가 "온 세상을 다스리고 사람들을 각종 죄로 몰아가기 때문에" 하나님께서는 공적 법률을 통해 "마귀의 손을 묶도록" 결정하신 것이다. 마치 밧줄이 광포한 짐승을 묶어 사람을 공격하지 못하게 하는 것같이, 악한 자는 형벌 집행자의 칼이 무서워 살인, 간음, 도둑질을 저지르지 못하게 된다.[115] 이처럼 시민법은 부정적으로는 강제와 처벌로 인간의 죄를 억제한다. 긍정적으로는 사람의 삶을 평화 속에 유지하고 가족, 교회, 국가 같은 지상적 삶의 모든 영역을 하나님의 창조질서 속에 보존한다.

루터는 모세의 법에 들어있는 시민법은 오직 이스라엘 사람을 위한 것이므로 그리스도인에게 적용되지 않는다고 보았다. 그 점에서 루터는 "나는 이스라엘 백성에게 주어진 명령을 무시한다. 그것이 나를 강요하거나 강제할 수 없다"[116]고 주장했다. 그럼에도 루터는 즉시 모세가 도덕법만이 아니라 시민법의 영역에서도 자연법을 탁월하게 해석했다고 설명하면서 "만약 내가 황제라면 모세의 법을 내가 만들 법의 본보기로 삼을 것이다. … 모세의 법에는 대단히 훌륭한 법규가 많다. … 이 속에서 황제는 훌륭한 정치의 전례를 발견할 수 있을 것이다"[117]라고 덧붙인다. 루터는 모세의 법에 있는 시민법의 훌륭한 사례는 현대의 실정법에도 적용할 수 있는데, 이는 단지 모세가 명령했기 때문이 아니라 그것이 선천적으로 사람 속에 새겨진 자연법의 원리와 일치하기 때문이라고 보았다.[118]

---

112 LW 2:139;
113 LW 45:86.
114 LW 1:104.
115 LW 26:308
116 LW 35:164-168.
117 LW 35:166-167.
118 LW 2:340.

II. 율법의 본성, 결과, 용법

i. 율법의 본성

루터는 일관되게 "율법은 거룩하고 선하다. 율법의 저자이신 하나님께서 내리신 명령이 악하거나 그릇될 수는 없다"[119]고 주장했다. 또 율법이 영적 본성을 지녔음을 강조했다. 하나님을 떠나 영성을 상실한 죄인은 율법을 도덕성 및 외적 행동과만 연결 지어 이해한다. 그러나 하나님은 "사람의 마음 깊은 곳을 보고 판단하는 영"이시므로,[120] 하나님의 율법 역시 사랑하고 기뻐하는 마음 없이 외적 행동만으로 순종하는 것은 충분하지 않다. 루터는 "율법은 영적인 것이기에, 당신이 모든 일을 마음에서부터 행하지 않는다면 율법을 만족시킬 수 없다"[121]고 강조했다. 그런데 죄인이 하나님의 법을 사랑하기 위해 먼저 필요한 것은 "오직 믿음이 사람을 의롭게 변화시키는 것이다."[122] 이처럼 루터는 도덕성을 영성에, 외적 행위를 내적 의로움에, 선행을 신앙 아래 종속시켰다. 루터는 또 엄격성을 율법의 특징으로 가르쳤다. 헤켈은, 루터에게 율법은 "사람에게 단 한 가지 선택을 제시한다. 모든 것을 완벽히 지키라. 그렇지 않으면 아무것도 지키지 않은 것이다! … 이 엄격성 때문에 하나님의 율법은 자연적인 사람에게는 순종 불가능한 것이 되고 만다. … 심지어 사람의 가장 작고 은밀한 생각, 하나님의 법에 불순종하려는 생각만으로도 … 가장 엄격한 죽음의 형벌을 받게 된다"[123]고 바르게 설명한다. 루터의 "바울의 로마서에 붙인 서문"(1546, 1522)을 직접 들어보자.

> 율법이라는 작은 단어를 생각할 때, 인간적인 방식으로 어떤 일은 해야 하고 어떤 일은 하면 안 된다는 가르침으로 생각해서는 안 된다. 이런 태도는 인간의 법을 대하는 방식이다. 인간의 법을 행하는 것은 아무런 마음이 없이 행위만으로도 가능하다. 그러나 하나님은 속마음에 따라 심판하신다. 하나님의 율법 역시 가장 깊은 속마음을 요구한다. 그의 율법은 행위만으로는 이행할 수 없고, 오히려 마음으로 행하지 않는 행위를 위선과 거짓으로 징벌한다. … 좋은 일을 행하더라도 마음에서 기뻐하는 생각이 없다면 그것은 깊은 속마음을 하나님의 율법에 두지 않은 것이다. 그렇다면 죄가 있는 것이 확실하며, 외적으로 많은 선을 행하는 것 같고

---

119 LW 22:140.
120 LW 35:365-380; Yeago, "Martin Luther on Grace, Law, and Moral Life," 163-191.
121 LW 35:366-368.
122 LW 35:368-369.
123 Heckel, *LEX CHARITATIS*, 17.

고귀한 생을 보내는 것 같아 보이더라도 하나님의 진노를 받아 마땅하다. … 비록 형벌을 두려워하거나 보답을 바라면서 외적 행위로 율법을 지킨다 할지라도, 율법에 대한 즐거움과 사랑 없이 억지로, 강제에 못 이겨 마지 못해 이 모든 것을 행하기 때문이다. 그러므로 만일 율법이 없다면 그와 반대로 행했을 것이다. 결론은 당신의 내심은 율법을 미워한다는 것이다. …

사도 바울은 로마서 7:14에서 "율법은 신령한 것"이라고 말한다. … 율법은 영적인 마음으로 애호 받고 성취되어야 할 신령한 것, 그런 정신을 필요로 하는 것이다. 율법 자체는 선하고 바르고 거룩하더라도, 그런 정신이 없다면 마음에는 죄와 율법에 대한 불만과 적의가 남아있다.

율법의 어구를 행하는 것과 율법을 수행하는 것이 매우 다르다는 말에 익숙해지기 바란다. 율법의 행위는 인간이 자신의 자유의지나 능력으로 율법을 지키기 위해 행하거나 행할 수 있는 모든 것이다. 그러나 이 모든 행위를 하면서도 동시에 마음에는 율법과 그 강제에 대한 증오가 있기 때문에 그것은 헛되며 아무 가치가 없다. 사도 바울이 로마서 3:20에서 "율법의 행위로 하나님 앞에 의롭다 하심을 얻을 육체가 없나니"라고 말한 것은 이를 의미한다.[124]

루터는, 율법이 이런 것이기에 인간이 타락한 후로는 칭의 전이든 후든 율법이 의로워지는 수단으로 의도된 적이 결코 없다고 단언했다.[125] 율법은 영적 완전성을 요구하지만, 이는 죄인에게 불가능한 것이다. 죄인이 율법을 성취할 유일한 길은 "율법을 지킬 수 있는 다른 존재" 즉 율법의 유일한 성취자이신 그리스도를 소유하는 것뿐이다. 죄인이 신앙으로 그리스도를 소유할 때, 그는 그리스도를 통해, 그리스도 안에서 율법을 성취한 자가 되기 때문이다.[126]

ii. 율법의 결과

사람들은 율법의 본성이 거룩하고 의로우며 선하다는 점에서 율법을 행한 결과 역시 거룩하고 의로우며 선할 것이라고 생각한다. 그러나 루터는 "하나님 앞에서 사람은 율법의 행위로 의롭게 될 수 없다"[127]고 말한다. 왜 거룩한 율법이 죄인을 의롭게 하는 방법은 될 수 없는가? 루터의 대답은 "죄 지은 후의 아담은 죄 짓기 전 아담과 같지 않기 때문"[128]이라는 것이다. 율법은 똑같지만 율법이 적용되는 대상인 사

---

124 LW 35:365-369.
125 LW 26:123-124.
126 LW 25:326.
127 LW 26:123.
128 LW 1:109.

람이 똑같지 않다. 문제가 생긴 것은 율법이 아니라, 타락 전에는 원의(原義)를 가지고 율법을 지킬 수 있었으나 타락 후 원의를 상실해버린 죄인이다.[129] 율법의 요구는, 타락해 율법을 이룰 수 없는 인간의 죄 된 상태와 "정반대로 대조된다."[130] 율법은 선하지만 죄인은 그것을 이룰 수 없으므로, 인간의 죄를 드러내고 정죄하는 기능을 갖게 된 것이다.[131] 타락으로 인해 바뀐 것은 율법의 내용이 아니라, 타락한 인간에 대한 율법의 역할이다. 아이가 바르게 행동할 때는 사용할 일이 없지만 잘 못을 저지를 때 매를 사용하는 것처럼, 율법은 사람이 의인일 때 정죄할 필요가 없었으나 죄인이 되자 정죄하는 것이다.[132]

루터에게 율법의 "죄를 드러내는" 역할과 "선을 요구하는" 역할은 서로 분리될 수 없는 것이다. 율법은 생명의 길을 보여주기 때문에, 죄로 생명의 길을 벗어났을 때는 그가 죽게 된 사실을 알려준다.[133] 율법은 거룩하고 의롭고 선하기에, 타락한 인간이 거룩하고 의롭고 선하지 못함을 드러내고, 죄인에게 "하나님께서 너를 싫어하신다"는 느낌을 갖게 하며, 심판을 언도한다.[134] 그 결과 율법은 죄인에게 고통스런 마음과 악한 양심을 일으키고,[135] 이로 인해 죄인은 차라리 하나님이 없기를 바라며[136] 하나님을 거부하게 된다.[137] 루터는 율법의 본성만이 아닌 이러한 결과까지를 포괄적으로 고려해, 율법은 죄인에게 율법에 대한 혐오를 일으키고, 죄를 자라게 하며 배나 더하게 한다고 역설했다.[138]

iii. 율법의 두 용법

루터는 율법의 용법을 크게 신학적 용법과 시민적(정치적) 용법 두 가지로 가르쳤다. 둘 모두는 인간의 죄와 관련된다. 시민적 용법은 현세에서 가정, 교회, 국가의 사회적 질서 유지를 위한 것으로, 공적 권위자가 칼로 죄인을 벌함으로 실행된다.

---

129 Yeago, "Martin Luther on Grace, Law, and Moral Life," 163-191.
130 LW 25:342.
131 LW 1:109; 26:123.
132 LW 1:109.
133 LW 35:237.
134 LW 32:223-224; 26:309; WA 40.II:351.5. Heckel, *LEX CHARITATIS*, 243에서 재인용
135 LW 31:231; 24:101.
136 WA12:569.35. Heckel, *LEX CHARITATIS*, 18에서 재인용.
137 WA 40.I:362.4. Heckel, *LEX CHARITATIS*, 246에서 재인용.
138 LW 35:367; 26:309.

루터가 더 중요하게 여긴 것은 신학적 용법인데, 이 용법은 죄인의 구원을 목적으로 삼아 하나님 앞에서 인간의 죄를 다룬다. 루터는 인간이 원의를 상실한 후 "율법의 진정한 기능 및 주요하고 적절한 용법은 인간에게 그들의 죄와 몽매함, 불행과 악함과 무지, 하나님께 대한 미움과 모독, 죽음과 지옥, 심판 및 받아 마땅한 하나님의 진노를 알게 하는 것"[139]이라고 가르쳤다.

죄인뿐 아니라 거듭나 하나님께서 의롭다고 칭하신 신자에게도 율법의 주된 용법은 신학적 용법이다. 신학적 용법은, 신자의 마음 한쪽에서는 죄와 육체가 한편이 되고, 다른 한쪽에서는 성령과 믿음이 한편이 되어 서로 충돌하게 만든다. 더 경건한 신자일수록 이 충돌은 더 극심하다.[140] 이 충돌에서 율법의 정죄를 해결할 뿐 아니라 신자로 율법에 순종하게 만드는 것은 율법의 요구나 신자의 능력이 아니라, "성령께서 우리를 조명하심과 우리가 하나님 말씀으로 거듭나는 것, 그리고 그리스도를 믿는 우리의 신앙"[141]이다.

III. 율법과 복음의 관계

i. 율법과 복음의 변증법

루터에 의하면 율법은 죄인을 정죄함으로 그리스도께 인도한다. 죄는 죄인이 선하고 자연스럽고 도덕적이라고 생각하는 모든 것에 은밀히 스며들어 있다.[142] "죄는 활동하는 동안에는 느껴지지 않는다. … 죄의 나쁜 결과가 숨겨져 있기 때문에 우리는 스스로 훌륭한 체하면서 죄 된 행동으로 나아간다."[143] 죄인의 염치는 대단해서 살인이나 간음, 도둑질만 저지르지 않으면 자신을 의롭다고 생각하는데, 이것이 그들에게 교만과 잘난 체함 속에서 은혜를 경시하는 태도를 일으킨다. 죄의 이런 숨은 활동에 반해 하나님은 그들이 참으로 처해있는 저주와 불행의 상태를 깨

---

139 LW 26:309.
140 LW 26:390-391; 27:70-75.
141 LW 22:143-145.
142 LW 32:225-226.
143 LW 1:163

닿게 해 겸손하게 낮추시는 도구로 율법을 사용하신다.[144] 시내산의 번개와 우렛소리 같은 무서운 광경이 상징하듯,[145] 율법은 죄인이 절망할 때까지 죄인의 자랑과 자기 의를 깨부수는 하나님의 "강력한 쇠망치"가 된다.[146] "율법을 통해 죄가 드러나면, 그 죄는 사람이 감당할 수 없는 무거운 짐이 된다."[147]

이와 같이 율법은 죄인을 정죄함으로 그리스도께 인도하는 신학적 용법을 가지고 있기에, 루터는 율법 없이는 복음도 소용없게 되므로 그리스도인은 율법을 제거하지 말아야 함을 강조했다. "율법이 없는 곳에는 죄도 없다. 그리고 죄가 없으면 그리스도 역시 아무것도 아니다. … 율법과 양심 없이 무엇이 죄인지 어떻게 알 수 있겠는가? … 율법을 알지 못해 주님께서 배상하신 죄가 무엇인지 모른다면, 우리는 그리스도가 누구신지, 그가 우리를 위해 무엇을 하셨는지 어떻게 배울 수 있겠는가?"[148] 따라서 비록 율법이 인간의 죄를 드러내더라도, 율법을 사용하시는 하나님의 의도는 정죄 자체보다 정죄를 통해 죄인을 그리스도께로 이끌어 하나님의 구원 계획을 성취하시는 데 있다. 율법의 정죄라는 부정적 역할은 죄인의 구원을 목적한다는 것이다. 루터는 다음과 같이 말한다.

하나님께서 한 사람을 의롭게 하기 시작하실 때 먼저 그를 정죄하신다. 하나님은 일으키고자 하시는 자를 먼저 부수신다. 고치고자 하시는 자를 먼저 병들게 하신다. 생명을 주고자 하시는 자를 먼저 죽이신다. … 죄인은 지옥으로 향하고 그 얼굴은 수치로 가득해진다. … 그러나 이 소스라침이 구원의 시작이다. … 요약하면, 하나님께서는 자신의 본래의 일을 하시기 위해 먼저 낯선 일을 하시는 것이다.[149]

죄인이 율법의 정죄를 받아 낙심하고 번민하면, 그제서야 복음이 찾아와 "너를 위해 대신 율법을 성취해주신 오직 한 분, 하나님께서 그를 믿는 모든 자에게 의로움과 거룩함과 지혜와 구속함이 되게 하신 그분을 바라보라"[150]고 선포한다. 마치 태양이 달을 대신하듯 그리스도는 "내가 세상의 빛"이라는 말씀으로 다른 모든 교리를 폐하신다. 지금까지 율법이 한 일이 달의 역할이었다. 이제 그리스도께

---

144 LW 26:309-310.
145 LW 26:64, 310.
146 LW 26:310.
147 LW 1:163.
148 LW 47:110-113.
149 LW 31:99.
150 LW 31:231.

서 태양으로 오셨음에도 달만 붙드는 것은 유익하지 않을 뿐 아니라 도리어 해가된다.[151] 따라서 "의로움이 죄를 대체하고, 화해와 은혜가 진노를 대체하며, 생명이 죽음을, 영원한 구원이 저주를 대체"하듯, 그리스도는 모세를, 복음은 율법을 대체해야 한다.[152]

신자에게 죄가 남아있는 한, 그들도 남은 죄를 깨닫고 계속 그리스도의 복음으로 인도함을 받기 위해 율법의 정죄를 필요로 한다. 율법은 신자가 죄인인 한 그들역시 계속적으로 복음으로 몰아감으로 복음을 위해 봉사한다. 이 점에서 루터는 율법에 대해 복음을 위해 봉사하는 일꾼으로 묘사하면서,[153] 설교자는 율법으로 시작해 복음으로 나아가야 한다고 충고한다. 그럴 때 죄인은 먼저 율법에 의해 겸손케 된 후, 다음으로 "저녁에는 울음이 깃들일지라도 아침에는 기쁨이 오리로다"(시 30:5)라는 말씀을 고백하면서 복음의 위로를 체험하게 되기 때문이다.[154]

ii. 율법의 폐지

성경은 때때로 신자의 삶을 율법에서의 자유로 설명하는데, 루터는 이를 율법이더는 신자를 정죄할 수 없다는 의미로 해석했다. 신자는 양심에서 율법의 공포를느낄 수는 있어도 그로 인해 낙심에 빠지지는 않는다. 이 점에서 신자에게 율법은폐지된 것이다.[155]

> 그리스도께서 오시면 율법, 특히 원래 죄가 아닌 것을 죄로 만드는…레위기의 법[의식법]은 중지된다. 이제는 십계명을 지키거나 성취할 필요가 없다는 의미가 아니라, 모세의 직분이 더는 죄를 증가시키지 못하고 … 죄가 더 이상 죽음의 쏘는 것이 되지 못한다는 점에서 십계명[도덕법] 역시 중지되었다.[156]

그러면서도 루터는 율법 폐지의 의미를 제한해 신자라도 율법에서 완전히 자유케 된 것은 아니라는 설명을 덧붙인다. 그 이유는 첫째, 하나님은 은혜가 완전하시기에 신자를 전적으로 용납하시더라도, 신자 자신은 거룩하기도 하고 죄로 가득

151 LW 23:324.
152 LW 26:151.
153 LW 26:314-315.
154 LW 31:364.
155 LW 27:446-447.
156 LW 35:244.

하기도 한 이중적 존재이기에, 여전히 자신에게 남아있는 죄와 육체 때문에 율법의 정죄를 경험한다.[157] 신자에게는 복음 자체도 자신이 형벌받아 마땅한 존재임을 계속 상기시켜 준다.[158] 따라서 신자는 율법의 입장에서든, 복음의 입장에서든 하나님의 은혜를 높이기 위해 자신이 여전히 죄인임을 계속 고백할 필요가 있다. 자신의 죄를 망각하는 것은 하나님을 향해 배은망덕한 태도를 낳고 그의 은혜를 모욕하는 결과를 가져온다.[159]

둘째, 루터는 율법 폐지를 하나님의 영적 나라에서의 구원 문제로 제한했다. 그는 율법 또는 복음을 적용해야 할 영역과 시간을 적절히 구별해야 함을 가르치면서, 우리 양심이 구원 문제로 두려움에 떨 때는 율법을 무시하고 그리스도만 붙들어야 하지만, 구원에서의 "양심 문제를 떠나 외적 의무를 실행해야 할 때는 … 설교자나 정치가, 남편, 선생이나 학생 등 어떤 직분이라도 맡고 있다면, 그때는 복음이 아닌 율법에 귀 기울이고 자신의 소명을 감당할 수 있어야 한다"[160]고 강조했다. 구원의 문제에서는 신자의 양심이 그리스도만을 붙들어야 하지만, 구원 이후 삶의 문제에서는 율법에 귀 기울여야 한다는 것이다. 따라서 율법은 신자의 삶의 문제와 관련해서는 폐지되지 않았다.

---

157 LW 32:226-229.
158 LW 47:113.
159 LW 27:229-230.
160 LW 26:117.

B. 존 웨슬리

I. 율법의 정의, 원천, 역사, 형태

i. 율법의 정의와 개념

웨슬리는 율법을 "옳고 그름에 대한 불변의 규칙"[161] "모든 진리와 선에 대한 완전한 모범"[162] 또는 그 규칙이나 모범에 근거해 명령하거나 금지하시는 하나님의 말씀[163]으로 정의했다. 나아가 웨슬리에게 율법은 하나님의 뜻에 부합하는 삶의 방식을 가르치는 하나님 말씀이다. 즉 "하나님 및 다른 사람과 관련해 … 우리의 모든 내적·외적 상황과 … 우리 마음과 말과 행동의 모든 움직임 … 우리의 모든 능력과 기능, 재능을 사용하는 방식에 이르기까지" 끝없이 많은 삶의 요소에 관해 상세히 하나님의 뜻을 지시하는 하나님의 말씀은 모두 율법에 해당된다.[164] 웨슬리는 "하나님의 계명은 대단히 넓어 우리의 행동뿐 아니라, 우리 입술의 말과 모든 생각까지 관계한다"[165]고 설명했다. 웨슬리에게 율법은 인간의 마음과 삶의 기준을 제시하는 하나님의 모든 말씀이다. 콜린스는 박사학위 논문 "존 웨슬리의 율법 신학"(John Wesley's Theology of Law)에서 웨슬리에게 율법은 매우 포괄적인 개념으로, "하나님의 피조물의 행위와 관련해 하나님 뜻의 표현으로 여겨질 수 있는 어떤 명령이나 규정, 비난이나 규칙"도 모두 율법으로 정의할 수 있다고 바르게 주장한다.[166]

율법을 내용으로 구분하면 첫째, 인간의 마음과 삶의 죄를 다루시는 하나님 말씀을 포함한다. 웨슬리는 로마서 5:13("죄가 율법 있기 전에도 세상에 있었으나 율법이 없었을 때에는 죄를 죄로 여기지 아니하였느니라")을 다음과 같이 설명한다.

> 죄는 기록된 율법이 주어지기 오래전부터 세상에 있어왔고, 모든 사람은 죄를 범했다. 그러나 그들이 어떤 죄를 지었는지 보여주는 율법이 없었을 때 하나님은 사람이 지은 죄와 똑같은 정도의 죄책을 지우시거나 엄한 형벌을 내리지 않으셨다. 그러나 그때도 모든 사람이 이

---

161 설교, "율법의 기원, 본성, 속성 및 용법", III. 8.
162 같은 곳, I. 2.
163 Plain Account, 18; 설교, "믿음으로 세워지는 율법 (2)", I. 2.
164 설교, "우리 자신의 영의 증거", 9.
165 설교, "산상설교 (11)", I. 2.
166 Collins, "John Wesley's Theology of Law," Intro. vii.

미 죄를 범했다는 사실은 모든 사람이 죽었다는 데서 잘 드러난다.[167]

하지만 율법이 주어지자 상황은 변한다. 웨슬리는 "죄를 짓는 자마다 불법을 행하나니 죄는 불법이라"(요일 3:4)는 말씀이 율법과 죄의 관계를 명시한다고 보았다. "불법"으로 번역된 헬라어 'ἀνομίαν' 또는 'ἀνομία'는 '율법을 벗어남'(lawlessness) 또는 '율법 위반'(transgression of the law)을 의미한다. 율법 위반이 왜 죄가 되는가? 로마서 7:12에 따르면 율법은 "거룩하고 의롭고 선한" 것에 대한 하나님의 기준이다. 따라서 하나님의 기준을 벗어나 "거룩하고 의롭고 선하지" 못한 것은 죄가 되는 것이다. 웨슬리는 율법 위반을 죄로 정의하는 요한일서 3:4과 율법은 거룩하고 의롭고 선하다고 가르치는 로마서 7:12을 연결해, 죄를 "하나님의 거룩하고 의롭고 선한 율법의 위반"으로 정의하면서 죄, 즉 하나님의 율법의 위반은 인간이 율법을 제정하고 선포하신 "하나님의 권위를 멸시함"에서 비롯된다고 설명했다.[168]

성경적 죄의 정의를 하나님 율법의 위반으로 이해하면, 죄의 범위는 율법의 범위만큼 넓다.[169] 그런데 웨슬리는 거기서 한발 더 나아가 "하나님의 명령을 지키는 방법은 한 가지이지만 … 명령을 어기거나, 잘못된 방식으로 행하거나, 행하는 상황이 적합하지 않은 것도 하나님의 명령을 제대로 지킨 것이라 할 수 없습니다. 따라서 각각의 하나님의 명령마다 그것을 깨뜨리는 방법은 천 가지가 넘도록 많기에 죄의 길은 너무나 넓습니다"라고 설명한다. 율법을 깨뜨려 죄를 짓는 길은 율법을 지키는 길보다 "천 배나 넓다"는 것이다.[170]

율법은 이처럼 인간의 죄를 드러내고 죄인을 정죄한다. 그러나 율법의 역할은 거기서 그치지 않고 더 적극적인 목적을 갖는다. 이를 웨슬리는 "율법의 위치는 인간의 범죄와 하나님께서 값없이 주시는 구원의 선물 사이에 있습니다"[171]라는 말로 설명했다. 즉, 율법은 범죄한 인간에게 죄를 깨닫게 하고 심판을 상기시킴으로 자신에게 구원이 필요함을 깨닫게 한다는 것이다. 이 점에서 웨슬리는 성경에서 "사람으로 죄를 깨닫게 하며, 지옥의 문턱에서 잠자고 있는 사람을 일깨우고,"[172] 하나

---

167 ENNT Rom. 5:13.
168 ENNT 1 John 3:4; Plain Account, 55.
169 설교, "하나님께로부터 난 자의 특권", II. 2.
170 설교, "산상설교 (11)", I. 2.
171 ENNT Rom. 5:20.
172 설교, "믿음으로 세워지는 율법 (1)", I. 3.

님의 심판으로 죄인을 위협하며,[173] "미신과 무지와 우상숭배에 관해 사람을 꾸짖고, 장래에 임할 심판과 죽은 자의 부활을 가르쳐 회개를 강하게 촉구하며", "의와 절제와 장차 올 심판을 경고함으로" 죄인으로 그리스도께 돌이킬 것을 촉구하는 하나님의 모든 말씀이 율법의 주요 내용과 각 부분이라고 설명했다.[174]

세상의 일 중에는 그것이 선한지 악한지 판단하기 힘든 불확실한 일이 있다.[175] 일부 오락이나 취미 생활과 같이 도덕적으로 명확히 잘못된 것은 아니지만 많은 재정과 시간을 요하는 일도 있다. 이 경우 사람들은 죄가 아니라는 이유로 쉽게 방심하지만, 하나님의 말씀은 그로 인해 발생할 수 있는 무책임이나 무절제, "악으로 기울어지기 쉬운 모든 실수"까지도 미리 경고해 죄를 경계하는데, 이처럼 죄를 예방하기 위해 주시는 하나님 말씀도 율법의 범주에 속한다.[176]

더 나아가 웨슬리는 하나님께서 인간에게 가르쳐주신 영성과 도덕성의 성경적 기준을 거룩함, 성결, 그리스도인의 완전 등의 용어로 설명하면서, 그 기준에 따라 죄인이 쉽게 감지하지 못할 미묘한 유혹과 위험을 샅샅이 살펴 경고하고, 유혹이 일어날 때 잠시도 지체하지 말고 즉시 물리칠 것을 요구하는 하나님의 모든 말씀을 율법의 범주로 이해했다.[177] 요약하면, 웨슬리는 인간의 마음과 삶의 모든 죄 된 요소와 죄를 일으킬 가능성이 있는 모든 상황에 관해 죄인에게 위험을 알리는 경고 및 죄인에게 구원의 필요성을 알려주는 모든 말씀, 구원 받은 사람이 다시 죄에 빠지지 않도록 경계하는 모든 하나님의 말씀을 율법의 범주에 포함시켰다.

율법을 내용상 구분하면 둘째, 율법은 긍정적인 면에서 사람의 올바른 관계를 돕는 관계의 법, 즉 하나님과 하나님의 모든 피조물의 올바른 관계성에 관한 규정이다. 이 관점에서 보면 하나님과 이웃, 다른 피조물과의 관계가 어떠해야 하는지 지시하고 안내하는 하나님의 모든 말씀은 율법에 해당된다. 웨슬리는 "모든 관계에서 상대방에게 마땅히 돌려야 할 것"이 무엇인지 가르치는 것이 율법이라고 설명한다. 하나님은 창조주로서 자신과 피조물인 인간의 관계가 어떠해야 하는지, 또 인간이 개인적 관계와 사회적 질서 속에서 서로를 어떻게 대해야 하는지, 하나

---

173 같은 곳, I. 6.
174 설교, "믿음으로 세워지는 율법 (1)", I. 8.
175 설교, "이웃에 대한 책망의 의무", I. 3.
176 같은 곳, I. 2; "비난 받는 대중오락에 대하여", IV.
177 설교, "하나님께로부터 난 자의 특권", III. 1.

님의 대리자로서 인간이 하나님의 피조물을 어떻게 다루어야 하는지를 율법으로
진술하셨기 때문이다. 웨슬리는 관계의 법으로서의 율법을 다음과 같이 설명한다.

> 율법의 속성은 의로운 것입니다. 그것은 모두에게 의당 돌아가야 할 것을 돌려줍니다. 그것
> 은 우리 자신뿐 아니라 창조주 하나님, 하나님이 만드신 모든 피조물과 관련해 무엇이 옳으
> 며, 무엇을 행하고 말하고 생각해야 마땅한지를 정확히 규정해 줍니다. 율법은 모든 점에서
> 사물의 본성, 즉 온 우주와 그 각 부분의 본성에 적합합니다. 율법은 각각의 모든 환경과 그들
> 사이의 상호 관계 … 모든 사물의 적합성과 정확히 일치합니다. 율법은 이들 중 무엇과도 충
> 돌하지 않습니다. … 하나님의 율법에 제멋대로인 것은 아무것도 없습니다.[178]

율법이 하나님과 사람, 피조물과의 관계에서 하나님의 뜻과 질서를 가르치는
관계의 법이라는 웨슬리의 설명은, 율법이 단지 죄인을 정죄해 그리스도께로 인도
하는 데서 그 역할을 다한다거나, 인간으로서 이루기 불가능한 이상(ideal)을 노래
하는 것이 아니라, 매우 현실적 가르침을 통해 실천과 순종을 목적 삼는 것으로 이
해했음을 의미한다. 이러한 이해에 기초해 웨슬리는 그리스도인의 영적 · 물질적 ·
사회적 관계를 구체적으로 교육하기 위해 많은 설교를 출판했다. 주님의 산상수훈
에 관한 열세 편의 설교 외에도 다수의 설교에서 부모와 자녀 관계, 부부 관계, 국
가의 통치자와 시민의 관계, 시민 상호 간 관계, 목회자와 신자의 관계, 신자 상호
간 관계, 세상에서 신자와 불신자의 관계, 하나님의 피조물에 대한 사랑 및 신자의
재정과 시간 사용 등에 관해 율법을 그리스도인의 삶과 외적 관계의 실질적 · 실천
적 · 구체적 지침으로 삼았다.[179]

셋째, 율법은 하나님께서 규정하신 하나님, 이웃, 세상과의 관계 실현을 위한
훈련 지침이기도 하다. 그리스도인이 하나님께서 정하신 은혜의 방편을 어떻게 활
용해 개인적 · 공동체적으로 그 내면의 성품과 삶을 훈련해야 하는지에 관한 하나
님의 말씀은 모두 율법에 해당한다. 그리스도인의 영적 훈련을 위한 하나님의 규

---

178 설교, "율법의 기원, 본성, 속성 및 용법", III. 5.
179 그리스도인 삶을 실천적으로 가르치는 설교는 "부모에게 순종함에 대하여" "가정의 신앙생활에 대하여"
"자녀교육에 대하여" "목사에게 순종함에 대하여" "국가적 죄와 비극들" "돈의 사용" "선한 청지기"
"부의 위험성" "부에 대하여" "재물 축적의 위험성에 대하여" "의복에 대하여" "아픈 자들을 심방하는
일에 대하여" "부자와 나사로" "기독교의 무능함의 원인들" "더 좋은 길" "세상의 어리석음에 대하여"
"꿈과 같은 인생" "편협한 믿음에 대한 경고" "관용의 정신" "험담의 치료" "조지 횟필드의 서거에
대하여" "모든 사람을 기쁘게 하는 일" "사랑에 대하여" "분열에 대하여" "은총의 수단" "생활방식의
개혁" "이웃에 대한 책망의 의무" "세상과 벗된 것에 대하여" "세상과 분리된다는 것은 무엇을 의미하나?"
"타락한 자들을 부르심" "성찬을 규칙적으로 시행해야 할 의무" 등으로 웨슬리 설교의 큰 부분을 차지한다.

례와 규칙은 율법의 중요한 부분이다. 웨슬리는 구제와 기도와 금식 등 신자의 영적 삶을 돕기 위한 직접적 명령뿐 아니라, 그것을 "어떤 방식으로 행해야 하는지"에 대한 구체적 지침까지도 율법의 중요한 내용으로 가르쳤다.[180] 그리스도인의 절제와 자기 훈련에 관한 성경 말씀, "경건의 능력과 관계되며 … 나그네로 있을 때를 두려움으로 지내고, 두렵고 떨림으로 너희 구원을 이루라" "좁은 문으로 들어가기를 힘쓰라" "분투하라"고 요구하는 하나님의 말씀은 모두 "하나님의 율법의 크고도 중요한 가지"다.[181] 영적 훈련을 위한 규율로 율법이 주어진 것은, 하나님의 백성에게 훈련과 지속적인 자기 제어가 없다면 하나님, 이웃, 세상과의 바른 관계 유지와 성숙은 실현 불가능하기 때문이다. 웨슬리는 이처럼 율법을 그리스도인의 영적 훈련 지침으로 이해했기에, 18세기 영국의 부도덕하고 무질서한 삶을 살아가던 대중을 바르게 인도하는 데 반드시 필요하다고 생각한 "그리스도인의 삶을 위한 많은 구체적인 규칙"을 성경에서 이끌어냈다. 존 데쉬너(John Deschner)는 그 사례를 다음과 같이 열거한다.

> 메소디스트는 맹세하거나, 술 취하거나, 노예를 소유하거나, 더러운 거래를 하거나, 불법적으로 이자를 받아서는 안 된다. 가난하고 병든 자를 돌아보고, 모든 사람을 가르치고 훈계하며, 모든 은혜의 방편을 활용해야 한다. … 값싼 것을 필요한 만큼만 먹어야 한다. … 사치품, 장신구를 구입하거나, 유행을 좇아가며 세련된 옷이나 가구 사들이는 일을 금하라. 단지 청결함과 필요성, 적당한 편의성만 고려하라. 무익한 말을 피하라. … 금과 값비싼 의류는 그리스도인 여성에게 분명히 금지되며, 이 점에 관해서는 "인간이 어떻게 합리화하더라도 그리스도인의 신앙고백과 명백한 계명에 대한 고의적 위반을 조화시킬 수 없다."[182]

마지막으로, 웨슬리가 율법을 매우 구체적·현실적·실천적으로 이해한 것에 덧붙여 반드시 언급해야 할 점은, 그럼에도 웨슬리는 율법을 단지 행동을 위한 외적 규율의 집합으로 이해하는 것에 강하게 반대했다는 사실이다. 율법은 하나님께서 직접 알려주신 인간의 "거룩함에 대한 개요"다.[183] 따라서 율법의 구체적 실천은 반드시 율법의 정신인 거룩함의 실현을 위한 것이어야 한다. 웨슬리는 여러 설교에서 단지 구체적 행위를 가르치는 데서 그치지 않고 그 행위의 기초인 율법의 정신

180 설교, "산상설교 (7)", II. 12.
181 설교, "산상설교 (5)", III. 6.
182 John Deschner, *Wesley's Christology: An Interpretation* (Grand Rapids: Francis Asbury Press, 1988), 94; 설교, "믿음으로 세워지는 율법 (1)", III. 4-6; ENNT I Tim 2:9; I Pet 3:3.
183 설교, "산상설교 (1)", 서론. 7.

을 강조했다. 1738년에는 그리스도인의 의무를 세 가지로 요약해 "하나님께서 명하신 모든 규례"의 실천, "모든 선"을 행함, "모든 거룩하고 신적인 성품"을 갖는 것으로 가르쳤다.[184] 1781년에는 그리스도인의 의무를 사랑, 거룩한 성품, 자비의 일, 경건의 일, 교회 관련 의무라는 다섯 가지 범주로 정리했다.[185] 그러나 이 모든 의무를 한 가지로 요약하면 율법의 정신과 목적은 하나님 안에서 거룩한 사랑의 실현이라는 근본적 관계성으로 수렴된다.

> "마음을 다하고 목숨을 다하고 뜻을 다하여 주 너의 하나님을 사랑하라 하셨으니 이것이 가장 크고 첫째 되는 계명"(마 22:37-38)입니다. 이것이 그리스도인의 의의 가장 으뜸되고 가장 위대한 부분입니다. … 여러분은 "내 아들아 네 마음을 내게 주며"(잠 23:26)라고 말씀하시는 하나님의 말씀을 듣고 그것을 이루어야 합니다. … 여러분의 마음과 영혼의 가장 깊은 곳을 하나님께 드리고, 하나님께서 어떤 경쟁자도 없이 여러분을 다스리도록 해드릴 때 여러분은 온 마음으로 "나의 힘이신 여호와여 내가 주를 사랑하나이다"(시 18:1)라고 외치게 될 것입니다. … 그리스도인의 의의 두 번째 위대한 부분은 "네 이웃을 네 자신같이 사랑"(마 22:39)하는 것입니다. … 이러한 사랑이 "율법의 완성"(마 5:17)이자, 그리스도인의 의의 총체, 모든 내적인 의와 외적인 의의 총체 아니겠습니까?[186]

사랑이라는 율법의 정신과 원리는 그것을 보여주신 삼위일체 하나님의 본성과 사역에서 구체화되었다는 점에서, 율법의 정신은 근본적으로 삼위일체 하나님의 본성과 사역을 떠나서는 이해가 불가능하다. 또한 이 사랑은 구원의 열매이자 신자에게 일어나는 실질적 변화로서 세상에서의 윤리적 실천으로 이어진다는 점에서 구원론적 용어, 인간론적 용어, 윤리적 용어로도 표현이 가능하다. 이는 앞으로 이어지는 각 장에서 더 자세히 살펴볼 것이다. 웨슬리는 율법의 요구를 신론적 표현으로 하나님의 본성을 닮아 거룩한 사랑을 품는 것(3장), 기독론적 표현으로 그리스도의 마음을 품고 그를 본받아 행하는 것(4장), 성령론적 표현으로 성령을 충만히 받고 성령의 열매를 맺는 것(5장), 구원론적 표현으로 죄 용서를 통해 죄책에서 자유케 될 뿐 아니라, 중생과 성화를 통해 죄에서 정결케 되고 거룩하게 변화 받는 것(6장), 인간론적 표현으로 잃어버린 하나님 형상을 회복하는 것(7장), 윤리적 표현으로 그리스도인의 삶을 통해 이웃에 대한 사랑과 섬김의 관계를 회복하는 것(8

---

184 설교, "믿음으로 말미암는 구원", III. 2; "산상설교 (5)", IV. 11; "하나님의 포도원", III. 1; Deschner, *Wesley's Christology*, 94.
185 설교, "열심에 대하여", II. 5.
186 설교, "하나님 나라로 가는 길", I. 7-9.

장) 등으로 설명했다. 웨슬리는 신자가 세상에서 맺는 영적이고 현세적인 모든 관계에서 하나님의 뜻으로서 율법의 정신을 온전히 구현하고자 했다.

ii. 율법의 원천

웨슬리는 죄인의 구원과 신자의 거룩함을 위한 율법의 원천을 하나님의 본성으로 설명한다.[187] "율법은 모세 시대에 뒤늦게 만들어진 제도가 아니라, 그보다 훨씬 전 노아, 또 그보다 먼저 에녹이 선포한 것입니다. 율법의 기원을 더 거슬러 올라가면 … 그 이전으로도 올라갈 수 있습니다."[188] 웨슬리는 율법의 성문화는 모세 때 이루어졌으나 그 기원은 하나님께서 "인간의 마음에 율법을 새겨주신 시점"이므로, 율법은 "인간의 본성 자체와 시대를 같이한다"고 생각했다.[189] 웨슬리는 그 전에는 하나님께서 천사에게도 "모든 진리의 완전한 모범 … 모든 선의 완전한 모범"으로 율법을 주셨다고 설명한다.[190] 최종적으로 율법은 "신적인 덕과 지혜 … 진리와 선에 대한 본래의 관념"으로서, 영원 전부터 하나님 안에 존재했다고 설명한다.[191]

원래 하나님 안에 존재했고, 세상 창조 전에는 천사에게 주셨으며, 세상 창조 시 "하나님의 손가락으로 인간의 마음에 새기신" 율법이 모세를 통해 다시 반포된 것은 "인간이 하나님을 배반하고 영광스러운 율법을 깨뜨려 마음에서 율법을 거의 지워버렸기" 때문이다.[192] 하나님은 온 인류에게 다시 율법을 주시기 위해 우선 "한 민족"을 택해 "율법을 이해하는 데 더딘" 그들을 위해 직접 두 돌판에 새겨 주셨다. 이것이 현재 인간이 성문법으로 가진 하나님의 율법의 시작이다.[193] 웨슬리는 하나님께서 두 돌판에 직접 새겨 주신 성문법으로서 십계명을 "하나님의 율법에 관한 더 완전한 지식"의 기원으로 설명한다.[194]

십계명의 확장인 모세의 율법 전체도 율법의 원천이다.[195] 구약의 선지자는 모

---

187 설교, "율법의 기원, 본성, 속성 및 용법", III. 10.
188 같은 곳, I. 1.
189 같은 곳, I. 4.
190 같은 곳, I. 2-3.
191 같은 곳, I. 1, II. 4.
192 같은 곳, I. 3.
193 같은 곳, I. 5.
194 같은 곳, I. 5.
195 설교, "산상설교 (1)", 서론. 7.

세의 율법을 반복적으로 "선언하고 설명해 사람이 실천할 수 있게 만들었다."[196] 이 점에서 웨슬리는 "계명은 율법의 일부분"이며, 성경의 많은 본문이 "율법" "계명" "율법과 선지자"라는 말을 동의어로 병용하고 있다고 설명한다.[197]

웨슬리는 율법의 근원 되시는 삼위일체 하나님의 성품과 사역도 율법 역할을 하는 것으로 보았다. 예를 들어, 마태복음 5:45("하나님이 그 해를 악인과 선인에게 비추시며 비를 의로운 자와 불의한 자에게 내려주심이라")을 통해 하나님의 사랑의 본보기를 신자가 따라야 할 모범으로서 율법의 범주에 포함시켰다.[198]

무엇보다 그리스도의 가르침과 삶은 율법의 가장 중요한 원천이다. 웨슬리는 그리스도의 가르침 특히 산상수훈은, 구약의 모세와 선지자가 불완전하고 모호하게 선포한 율법을 "그 완전함" 속에 확립했다고 설명한다.[199] 웨슬리에게 성자 그리스도는 율법의 신적 근원과 "창시자"일 뿐 아니라 율법의 가장 탁월한 "수여자"로서, 구약의 율법 수여의 통로로 쓰임 받은 인간 모세와 비교하면 지위나 가르침의 내용 모두에서 비교할 수 없이 탁월하시다. 율법에 대한 그리스도의 교훈은 율법을 실천한 그리스도의 삶과 전적으로 일치한다는 점에서, 그리스도께서 가르치신 율법과 그리스도의 삶의 모범, 특히 하나님께 온전히 순종하고 죄인을 온전히 사랑하신 그리스도의 십자가는 그리스도인이 율법의 내용과 그에 대한 온전한 순종 모두를 배울 수 있는 율법의 주요 원천이다.[200] 그리스도의 말씀과 생애, 죽으심 모두가 하나님의 뜻을 구체적으로 나타내는 온전한 율법의 원천이다.

웨슬리는 사도들 역시 성령의 계시를 통해 그리스도께 배운 율법을 전했을 뿐 아니라 온전한 순종의 본보기가 되었다는 점에서,[201] 사도의 가르침도 구약의 십계명, 그리스도의 산상수훈과 같은 신적 권위를 가진 율법의 원천으로 보았다.[202]

웨슬리에 의하면, 성경에 기록된 모든 말씀은 그 자체의 고유한 역할을 가지고 있다. 따라서 사람이 어떤 말씀은 중요하고 다른 말씀은 그렇지 않다며 자의적으

196 설교, "산상설교 (5)", I. 2; III. 2.
197 설교, "율법의 기원, 본성, 속성 및 용법", II. 3.
198 설교, "타락한 인류를 향한 하나님의 사랑", I. 5; WW 10:68-71.
199 설교, "산상설교 (5)", I. 3-4; Kenneth Collins, *The Scripture Way of Salvation* (Nashville: Abingdon Press, 1997), 52.
200 설교, "산상설교 (2)", II. 2; "산상설교 (4)", 서론. 1; ENNT John 10:4.
201 설교, "믿음으로 세워지는 율법 (2)", I. 1-2; Deschner, *Wesley's Christology*, 93-94.
202 설교, "험담의 치료", 서론. 1.

로 판단해서는 안 된다. 웨슬리는 하나님께서 성경의 많은 분량을 할애해 기록하신 율법을 그리스도인이 섣불리 가치를 폄하하거나 기독교 신앙에서 배제하지 않도록 "하나님의 책에 기록된 모든 것"이 선포되어야 함을 강조했다.[203] 웨슬리에게 율법은 성경 전체에서 발견되며, 율법의 의미는 하나님 말씀 자체만큼 범위가 넓다.

iii. 율법의 역사

웨슬리는 역사 속 율법의 다양한 형태를 행위 언약과 은혜 언약, 그리고 은혜 언약 아래에서의 두 시대(dispensations)를 구분함으로 설명했는데, 이 구분은 칼빈주의 언약신학을 정리한 '웨스트민스터 신앙고백'과 궤를 같이한다. 존 데쉬너가 정리한 웨슬리의 두 언약과 두 시대의 개요는 다음과 같다.

1. **행위 언약**(타락 전 아담만 해당됨): 삶의 규범은 도덕법, 순종이 하나님과의 교제의 조건

2. **은혜 언약**(타락 후 인류가 해당됨): 삶의 규범은 도덕법, 신앙이 하나님과의 교제의 조건

    a. **모세 시대**: 삶의 규범은 도덕법, 제사의식을 통한 화해를 믿는 신앙이 하나님과의 교제의 조건, 신앙이 문자적 순종을 낳음

    b. **복음 시대**: 삶의 규범은 도덕법, 그리스도를 통한 화해를 믿는 신앙이 하나님과의 교제의 조건, 사랑에 의한 영적인 순종이 신앙을 입증[204]

두 언약과 은혜 언약의 두 시대는 웨슬리의 율법관을 이해하는 데 중요할 뿐 아니라 웨슬리 신학 전반 이해에도 중요한 통찰을 던져준다.

a. 행위 언약

웨슬리는 율법을 하나님께서 인간의 타락 전 "행위 언약" 아래에서 의로운 아담에게 주신 율법과 인간의 타락 후 "은혜 언약" 아래에서 주신 율법(자연법, 모세의 법, 그리스도의 법)으로 구분했다. 그중 첫 번째인 행위 언약에 관해 웨슬리는, 하나님께서 타락 전 죄 없는 아담에게 주셨던 법을 "아담의 법"(the Adamic law)이라는 특별한 용어로 부르거나, 언약신학의 용어로 "행위 언약" 아래에서 주신 율

---

203 설교, "믿음으로 세워지는 율법 (2)", I. 5.
204 Deschner, *Wesley's Christology*, 112-114.

법으로 설명했다. 행위 언약 아래에서 율법은 타락 전 아담에게 "내적이고 외적인 의, 소극적이고 적극적인 의" 모두를 요구했다. 아담의 순종과 거룩함은 그 정도와 "계속성" 모두에서 전적으로 완전해야 했다.[205]

> 행위 계약은 하나님께서 낙원에 있었던 인간에게 주신 것으로, 모든 조항에서 완전한 복종, 부족함이 없는 총체적 복종을 요구했습니다. 이 복종은 인간이 창조되었을 때부터 소유했던 성결과 행복을 영원히 지속하기 위한 조건으로 요구되었습니다. 행위 계약은 인간에게 내적이고 외적인, 소극적이고 적극적인 모든 의 … 하나님께 대한 전적 복종, 내적이고 외적인 성결을 요구했고, 그 마음과 생활에서 하나님의 뜻에 완전히 일치할 것을 요구했습니다. 내면적이거나 외면적 율법에서 어떤 사소한 실천에서라도 미진함이 허락되거나 가감될 가능성이 전혀 없었습니다. … 마음과 생활의 완전한 성결은 완벽히 지속되어야 하며 한순간도 중단 없이 계속되지 않으면 안 되었습니다.[206]

웨슬리는 아담의 법의 본질은 사랑이었으며, 사랑의 율법이 새겨진 장소는 아담의 마음이었다면서, 죄 없는 아담은 "창조 시부터 이해에서든, 성정에서든 어떤 결함에서도 자유로웠기에" 이 율법을 성취할 수 있었다고 설명했다. 행위 언약 아래에서 하나님의 요구는 "아담이 처음부터 가졌던 능력과 균형을 이루었기" 때문에, "아담의 능력으로 불가능한 일을 요구하신 것이 아니었다."[207] 아담은 처음부터 완전한 의와 사랑의 율법을 지킬 능력이 있었고, 따라서 율법에 순종하면서 낙원에서 영원히 거룩하고 행복한 삶을 지속할 수 있었다. 그러나 그가 하나님께 불순종함으로 죽음의 형벌이 찾아왔다.[208]

b. 은혜 언약

웨슬리는 하나님께서 타락한 인류와 세우신 언약을 "은혜 언약"으로 칭하면서, 이 언약은 타락 후 모든 인간이 온전한 의와 사랑을 행하는 것이 불가능해지자 하나님께서 그들을 영원히 "잃어버리지 않기 위해" 새롭게 세우신 언약이라고 설명

205 설교, "믿음으로 얻는 의", 서론. 1, I. 1-5; "믿음에 의한 칭의", I. 2; Plain Account, 83-84.
206 설교, "믿음으로 얻는 의", I. 1-4.
207 Plain Account, 83-84; 설교, "하나님의 형상", I. 1-4; "믿음에 의한 칭의", I. 2-3; "우주적 구원", I. 2; "신생", I. 1.
208 설교, "믿음에 의한 칭의", I. 4-5; "신생", I. 2; "믿음에 의한 칭의", I. 3; "인류의 타락에 대하여", 서론. 1; "신생", I. 2; WW 9:402; ENOT Gen 2:7; 3:6-8.

했다.[209] 은혜 언약이 요구하는 구원의 조건은 "오직 믿으라"는 것이다.[210] 다시 말해, 이제부터는 "행하는 자가 아니라 오직 믿는 자가 의롭게 되고, 성결하게 되며, 영화롭게 된다"는 것이다. 이 점에서 웨슬리는 은혜 언약 아래에서의 하나님의 요구를 "믿음의 법"(롬 3:27)으로 불렀다.[211]

아담의 타락은 인간에게 하나님의 도덕적 형상의 상실과 자연적 · 정치적 형상의 손상을 가져왔다.[212] 인간의 타락한 영혼은 죽음의 선고가 내려진 무질서한 육체와 결합되어 있어, 죄를 지을 뿐 아니라 판단과 실천에서의 불완전함과 실수를 피할 수 없게 되었다. 심지어 성결하게 하시는 은혜를 받아 도덕적 형상을 회복한 신자도, 자연적 · 정치적 형상의 손상으로 인한 수많은 결함에서 자유로울 수 없다.[213] 이 상태에서는 아무리 거룩한 사람도 과거 아담에게 요구되었던 행위 언약의 요구를 완전히 성취할 수 없다.[214]

웨슬리는, 죄인이 율법을 완벽히 지키는 방법으로는 생명 얻는 것이 불가능하게 되자, 그리스도께서 십자가에서 죽으심으로 행위 언약을 종결지으셨고, "아담의 법에 대한 순종의 의무는 완전히 사라졌다"[215]고 설명했다. 웨슬리는 "그리스도께서 율법의 마침"(롬 10:4)이 되신다는 바울의 선언에 대해, 그리스도를 믿음으로 구원 얻는 은혜 언약이 완전한 행위로 구원 얻는 행위 언약을 종결시키고 대체했음을 의미한다고 설명한다.[216]

웨슬리는 행위 언약의 종결과 새로운 은혜 언약에 대한 설명을 토대로, 하나님께서 현재 인류와 맺으신 언약이 마치 행위 언약인 양 성화와 선행을 구원의 조건으로 여기는 오류를 바로잡는다. 먼저 웨슬리는, 만약 타락한 죄인이 구원을 얻기 위해 타락 전 아담이 한 것같이 온전히 순종하고자 한다면, 이는 자신을 타락 전 아담같이 죄 없는 상태로 여기는 치명적인 오류에 빠진 것임을 지적한다. 웨슬리는

---

209 Rogers, "The Concept of Prevenient Grace in the Theology of John Wesley," 113-127.

210 설교, "믿음으로 얻는 의", 서론. 3; I. 8.

211 Plain Account, 84.

212 Works 9:381; 설교, "인류의 타락에 대하여", II. 6; "하나님의 형상", I. 1; "신생", I. 1; Leo G. Cox, *John Wesley's Concept of Perfection* (Kansas City: Beacon Hill Press, 1968), 148-149.

213 설교, "그리스도인의 완전", I. 8; "완전에 대하여", I. 3-4; Plain Account, 21-22, 84; Cox, *John Wesley's Concept of Perfection*, 148-149.

214 설교, "믿음으로 얻는 의", II. 5.

215 Plain Account, 84; 설교, "믿음으로 얻는 의", I. 1-3.

216 설교, "믿음으로 얻는 의", I. 1-3.

최초 계약인 행위 계약과 둘째 계약인 은혜 계약의 차이를, "전자는 계약이 주어진 당사자 인간이 하나님 형상대로 지음을 받았으며 하나님의 은혜를 누리고 있는, 이미 거룩하고 행복한 상태임을 전제로 하지만, … 후자는 계약이 주어진 당사자인 인간이 현재 거룩하지 않고 불행한 상태에 있음을 전제로 한다"[217]는 말로 설명한다. 불완전한 인간이 완벽한 행위를 하겠다는 생각 그 자체가 어리석은 것이다.

'율법에 의한 의'를 여전히 신뢰하는 사람의 어리석음은 다음에서 분명히 나타납니다. … 그들은 자신이 행위 계약이 체결될 당시의 사람과 같은 상태에 있다고 생각합니다. 얼마나 허영에 찬 추측입니까! 행위 계약은 하나님이 무죄한 아담과 맺으신 것입니다. … 그들은 행위 계약이 "허물과 죄로 죽은 사람"(엡 2:1)이 아니라, 하나님 앞에서 영적으로 살아있고 죄를 전혀 알지 못하며 하나님의 거룩하심같이 거룩한 사람과 맺어졌음을 고려하지 않는 것입니다.

율법에 의한 의를 추구하는 사람은 율법이 요구하는 복종이나 의가 어떤 것인지 생각하지 않습니다. 그 복종이나 의는 모든 면에서 완전하고 전적이어야 하며, 그렇지 않다면 율법을 이룬 것이 될 수 없습니다. 그러나 여러분 중 누가 그런 복종을 할 수 있으며 … 누가 하나님의 외적인 계명을 일점일획까지 다 수행할 수 있습니까? … 하물며 하나님의 내적 명령을 모두 수행하는 것은 얼마나 더 어려운 일입니까? … 그러므로 타락한 인간이 … [행위 언약이 요구하는] 의를 이루어 생명을 구하겠다는 것은 어리석음 중 어리석음이 아닙니까?[218]

웨슬리는 행위 자체의 측면에서도 구원 받기 전 행위가 하나님 앞에 선할 수 없는 것은, "칭의 전에 이루어진 모든 행위는 … 예수 그리스도께 대한 믿음에서 나온 것이 아니라는 점에서 … 죄의 성질을 가지고 있기"[219] 때문이라고 설명한다. 그의 삼단논법은 다음과 같다. "(1) 하나님께서 원하고 명하신 대로 행하지 않은 모든 행위는 선하지 않다. (2) 그러나 칭의 전에 행한 모든 행위는 하나님께서 원하고 명하신 대로 행한 것이 아니다. (3) 그러므로 칭의 전의 모든 행위는 선하지 않다."[220]

또 웨슬리는 하나님께서 믿음을 통해 값없이 구원의 은혜를 주신다는 말씀(엡 2:1-9; 롬 5:8)에는 그것을 주시는 대상이 죄인임이 전제되어 있다고 설명한다. 구원 받을 대상은 거룩한 자가 아니라 죄인이기 때문이다.

의롭다 함을 얻는 자는 누구입니까? … 하나님은 경건치 않은 자를 의롭다 하십니다(롬 4:5). … 의로운 사람은 회개도, 죄사함도 필요하지 않습니다(눅 15:7 참조). 용서 구할 이유가 있

---

217 같은 곳, I. 11.
218 같은 곳, II. 1-5.
219 설교, "믿음에 의한 칭의", III. 5.
220 같은 곳, III. 6.

는 사람은 죄인뿐이요, 죄만이 용서받는 것을 가능케 합니다. ⋯ 따라서 칭의를 얻기 위해 먼저 성결해야 하거나 먼저 순종해야 한다는 주장은 ⋯ 본질상 불합리하고 그 자체가 모순입니다. 죄를 용서받는 것은 거룩한 자가 아닌 죄인이며, 죄 용서는 죄인임을 인식하는 가운데 이루어지기 때문입니다. ⋯ 선한 목자는 이미 발견된 자를 찾아 구합니까? 아닙니다. 잃어버린 자를 찾아 구합니다. ⋯ 전혀 경건치 않은 사람, 아버지 하나님의 사랑이 머물지 않았던 사람, 선한 것이 조금도 없고 ⋯ 악하고 혐오할 만한 모든 것이 머물러 있는 사람 ⋯ 하나님을 거스르는 육적 마음의 열매, 교만, 분노, 세상에 대한 사랑을 가진 사람을 하나님께서 사랑하십니다.[221]

빈틈 없는 신학자와 목회자였던 웨슬리는 심지어 사람이 더 회개할 필요가 있다는 반성도 정도가 지나치면 믿음을 붙드는 일에 걸림돌이 될 수 있음을 관찰하면서, 더 온전한 변화나 더 철저한 회개를 이유로 믿음을 뒤로 미루는 태도를 경계한다. 은혜 언약의 요구는 믿음 이전의 변화가 아니라 믿음 자체이기 때문이다.

"나는 충분히 선하지 못하기 때문에 아직 받아들여질 자격이 없다"고 말해서는 안 됩니다. 누가 하나님이 받아들이시기에 합당할 만큼 충분히 선합니까? 그런 사람이 존재한 적은 있습니까? "나는 아직 넉넉할 만큼 깊이 죄를 뉘우치고 있지 않습니다"라고 말하지도 마십시오. 물론 당신이 현재보다 천 배라도 깊이 죄를 뉘우치기 바라지만 그것을 이유로 머물러 있어서는 안 됩니다. 하나님께서는 당신이 믿기 전이 아닌, 믿은 후에 더 깊이 회개하게 해주실 것입니다. 당신의 머리는 바다가 되고, 눈은 눈물샘이 되게 하실 것입니다. 그리스도께 나아가기 전에 내가 더 무언가를 해야 한다고도 말하지 마십시오. ⋯ 당신은 아직도 자기 의를 내세우려 하고 있습니다. ⋯ 당신이 행하거나 가진 모든 것은 하나님의 용서를 받는 데 무익합니다. ⋯ 주님은 "이를 행하라. 즉 내 모든 명령에 완전하게 복종하라. 그리하면 살리라"가 아니라, "주 예수를 믿으라. 그리하면 네가 구원을 얻을 것이다"라고 말씀하십니다.[222]

웨슬리는 타락한 죄인이 행위 언약을 감당할 수 없음을 인정할 때 "믿음으로 하나님에게서 주어지는 의"(롬 3:22 참조)에 복종할 수 있음을 강조하고, 성화와 "모든 참되게 선한 행위"는 칭의의 조건이 아니라 "칭의 이후에 뒤따르는" 열매임을 분명히 했다. "믿음이야말로 참으로 선하고 거룩한 모든 것의 유일한 근본이기 때문"이다. "예수 그리스도로 말미암아 하나님이 기쁘게 받으실"(벧전 2:5) 만한 모든 것은 오직 진실하고 참된 구원의 믿음에 뒤따르는 결과다.[223]

---

221 같은 곳, III. 1-4.
222 설교, "믿음으로 얻는 의", III. 1-5.
223 같은 곳, II. 6; III. 5.

c. 은혜 언약 아래의 세 율법

웨슬리는 은혜 언약 아래에서의 율법을 시대에 따라 자연법(자연의 법), 모세의 법, 그리스도의 법, 세 가지로 구분했다. 첫째, 자연법에 관해 웨슬리는 하나님의 은혜가 없이도 인간 본성에 자연적으로 율법이 내재해 있다고 주장하는 자연신학에 분명한 반대를 표했다. 웨슬리가 "자연"이라는 말로 의미한 것은, 하나님께서 율법을 "외적인 형태나 기록된 형태 없이" 모든 사람 마음에 새기셨다는 것이다.[224] "자연의 법"이란 선행은총을 통해,[225] 또는 데쉬너가 말한 "율법의 선행적 재각인 (prevenient re-inscription of the law)"[226]을 통해 율법이 모든 사람의 마음에 "어느 정도" 객관적으로 새겨진 것을 가리킨다.[227] 웨슬리는 죄인을 구원으로 인도하기 위한 모든 은혜는 그리스도의 사역에 기초하므로, 하나님께서 인간의 마음에 율법을 재각인하신 이 보편적 은혜 역시 "그의 사랑하시는 아들"의 대속을 통해 하나님께서 "인간과 화해하심"에 토대를 두고 있다고 설명했다. 하나님께서 선행은총으로 사람의 마음에 율법을 재각인하신 목적은 "선행은총에 신실하게 반응하는 이들을 구원의 은혜로 이끄시기 위한 것"[228]이다.

선행은총에 의한 율법의 빛은 "기록된 율법 없이도" 모든 사람이 자신이 죄를 범했다는 사실을 깨닫게 할 수 있을 만큼은 밝다(롬 2:14-15 참조).[229] 그러나 웨슬리는 거의 모든 죄인이 선행은총을 질식시켜 버린다고 보았다. 따라서 죄인이 죄를 짓는 것은 그들 속에 율법이 없어서가 아니라, 이미 주어진 율법에 대항하고 위반해 결국 마음에서 지워버리기 때문이다. 죄인은 결국 율법에 무지한 상태를 자초한다. 따라서 그들은 성령께서 성경 말씀의 선포를 통해 기록된 율법을 계시하시는 은총을 더하실 때라야 다시금 하나님의 법에 대한 바른 이해로 나아갈 수 있다.[230]

224 Collins, "John Wesley's Theology of Law," 95; Deschner, *Wesley's Christology*, 96.
225 ENNT Rom 2:12-14.
226 Deschner, *Wesley's Christology*, 97.
227 설교, "율법의 기원, 본성, 속성 및 용법", I. 4.
228 Tae Hyoung Kwon, *John Wesley's Doctrine of Prevenient Grace: Its Impact on Contemporary Missiological Dialogue* (Ph.D. Dissertation, Temple University, 1996), 26; 설교, "율법의 기원, 본성, 속성 및 용법", I. 4.
229 설교, "우리 자신의 구원을 성취함에 있어서", II. 1.
230 같은 곳, III. 4. 칼빈 역시 『기독교강요』에서 일반은총의 한계를 유사하게 설명한다. "사람의 부패하고 타락한 본성에 어느 정도 희미한 빛이 번득인다. … 그러나 짙은 무지가 이 빛을 질식시키므로 … 사람의 지성은 여러 오류 사이를 헤매며 어둠 속을 더듬는 것같이 자꾸 넘어지다가 종내 길을 잃고 사라져버린다. 이같이 인간의 지성은 진리를 추구하며 발견할 능력이 없다는 것을 폭로한다"(Institutes, 2. 2. 12).

둘째, 기록된 율법인 모세의 법은 "하나님의 율법에 대한 더 완벽한 지식" 즉 선행은총에 의해 마음에 새겨진 율법보다 더 정확하고 분명한 율법 지식을 주기 위해 선포되었다. 자연의 법은 타락한 인간의 마음에서 죄로 방해와 저항을 받아 모호해지고 왜곡될 수 있는 반면, 모세의 법은 기록되었기에 죄인에 의해 마음대로 변경될 수 없는 형태로 하나님의 뜻에 대한 더 "정확한 지식"을 전달한다.[231]

셋째, 그리스도의 법은 내용에서는 새롭지 않다. 웨슬리는 그리스도께서 가르치신 종교는 "창조와 같이 오래"[232]되었으며, "처음 하나님께서 주셨고, 모든 시대에 걸쳐 보존해오신" 율법과 동일한 내용을 가지고 있다고 설명한다. 그 내용은 하나님께 대한 예배와 이웃 사랑이다.[233] 그리스도의 법이 자연법, 모세의 법보다 뛰어난 점은 그 깊이다. 웨슬리는 "거룩함의 개요"로서 십계명으로 대표되는 모세의 율법과 그리스도의 산상수훈은 "하늘과 땅 차이"가 있다고 주장했다. "영광되었던 것이 더 큰 영광으로 말미암아 이에 영광될 것이 없으나"(고후 3:10)라는 성경구절을 율법에 적용해, 그리스도의 법의 높이와 깊이와 넓이, 그 영광스러움 앞에서 모세의 법은 빛을 잃고 만다고 설명한다.[234]

d. 하나님의 섭리의 두 시대

웨슬리는 은혜 언약 아래에서 하나님의 서로 다른 섭리 시대(dispensations)에 주어진 모세의 율법과 그리스도의 법의 차이를 "유대교와 기독교의 큰 차이"로 설명했다.[235] 그는 "유대교와 기독교의 큰 차이를 면밀히 관찰하되 일반적으로 아는 것보다 훨씬 신중하게 접근해야"[236] 하며, 기독교 시대는 유대교 시대보다 "훨씬 완전한 시대"로,[237] "그리스도인의 특권은 유대교 시대, 즉 구약의 기록과는 비교조차 불가능합니다"[238]라고 주장했다.

웨슬리는, 루터가 구약시대가 높은 영성의 시대였음을 입증하기 위해 다윗을

---

231 설교, "율법의 기원, 본성, 속성 및 용법", I. 5; ENNT Rom 2:14, 20; 3:9.
232 설교, "산상설교 (5)", I. 4.
233 설교, "율법의 기원, 본성, 속성 및 용법", III. 11.
234 설교, "산상설교 (1)", 서론. 8.
235 설교, "그리스도인의 완전", II. 8; ENNT 1 John 2:8; ENNT Heb 8:7-8.
236 설교, "그리스도인의 완전", II. 11.
237 Letters 7:252.
238 설교, "그리스도인의 완전", II. 13.

예로 든 것처럼, 일반적으로 다윗을 유대인 중 가장 거룩한 사람으로 여겨온 것에 동의한다.[239] 그러나 베드로전서 1:10("이 구원에 대하여는 너희에게 임할 은혜를 예언하던 선지자들이 연구하고 부지런히 살펴서")을 주해하면서, 유대교 시대의 선지자들은 예언을 통해 앞으로 도래할 기독교 시대에 "하나님의 은혜가 신자에게 넘치도록 풍성하게 부어질" 것을 내다보았다고 설명한다.[240] 웨슬리는 다윗이 비록 구약 인물 중 성령의 은혜를 크게 누린 사람임에 틀림없더라도, 그 역시 앞으로 기독교 시대에 부어질 "하나님의 은혜와 예수 그리스도를 아는 지식"에서는 그리스도인이 누리는 특권에 미치지 못했다고 가르친다.[241]

웨슬리는 마태복음 11:11("내가 진실로 너희에게 말하노니 여자가 낳은 자 중에 세례 요한보다 큰 이가 일어남이 없도다 그러나 천국에서는 극히 작은 자라도 그보다 크니라")에서 삼단논법을 이끌어냈다. (1) 그리스도께서 오시기 전에는 사람의 자녀 중 세례 요한보다 큰 사람이 없었다. 아브라함이나 다윗, 그외 어떤 유대인도 요한보다 크지 않았다. (2) 그리스도께서 세상에 세우신 하나님 나라에서는 가장 작은 자라도 세례 요한보다 크다. (3) 비록 유대교 시대가 나름의 영광을 가졌더라도, 기독교 시대는 그와 비교할 수 없이 뛰어난 영광의 시대다.[242]

나아가 웨슬리는 히브리서 8:7-8("저 첫 언약이 무흠하였더라면 둘째 것을 요구할 일이 없었으려니와 … 주께서 이르시되 볼지어다 날이 이르리니 내가 이스라엘 집과 유다 집과 더불어 새 언약을 맺으리라") 주해에서 기독교 시대의 우월성을 다음과 같이 열거했다. "이 시대는 여러 면에서 새롭다. (1) 그리스도의 죽음으로 승인되었다. (2) 감당하기 힘든 의식과 제사에서 해방되었다. (3) 영적인 기독교를 더 온전하고 분명하게 드러낸다. (4) 성령께서 더 강력히 역사하신다. (5) 모든 신자가 그 은혜를 누린다. (6) 결코 폐해지지 않을 것이다."[243]

요약하면, 웨슬리에게서 기독교 시대의 우월성은 과거에는 희미하게 계시되었던 율법과 복음의 온전한 의미가 그리스도의 사역과 성령의 계시를 통해 밝히 드러났다는 사실과, 이를 바탕으로 신자는 하나님을 더 깊이 사랑할 수 있게 되었을 뿐

---

239 같은 곳, II. 7.
240 ENNT I Peter 1:10-11.
241 ENOT Psalm 51; 설교, "그리스도인의 완전", II. 8.
242 설교, "그리스도인의 완전", II. 8.
243 ENNT Heb 8:7-8.

아니라 성령의 능력 부으심으로 인해 죄를 이기고 하나님의 율법에 순종할 수 있게 되었다는 사실, 두 가지로 정리할 수 있다. 이를 더 자세히 살펴보자.

첫째로, 유대교 시대와 비교하면 기독교 시대는 율법과 복음의 더 온전한 계시를 특징으로 한다. 웨슬리는 신앙을 단계에 따라 이교도의 신앙, 마귀의 신앙, "거의 그리스도인"(almost Christian)의 신앙, "온전한 그리스도인"(altogether Christian)의 신앙으로 구별했다. 이교도의 신앙은 신의 존재와 미래에 있을 상벌, 도덕적 책임을 믿는 신앙이다(롬 1:19-20; 2:14-15 참조).[244] 이보다 뛰어난 단계인 마귀의 신앙은 "하나님은 은혜가 많으셔서 보상하시고, 의로우셔서 죄를 벌하시는 지혜와 능력의 하나님이심을 믿을 뿐 아니라, 예수님께서 하나님의 아들 그리스도이심을 믿는"[245] 신앙이다(눅 4:34; 행 16:17; 약 2:19 참조). 웨슬리는 마귀의 신앙은 성경적·교리적 지식은 가졌으나 "회개, 사랑, 모든 선행을 낳지 않는 신앙으로 … 바르고 살아있는 신앙이 아니요 죽은 악마적 신앙입니다. 마귀도 … 우리의 신조와 신구약 성경에 기록된 모든 것을 믿습니다. 그럼에도 그들이 악마에 불과한 것은, 참된 기독교 신앙을 결여해 여전히 지옥에 떨어져야 할 상태에 머물러 있기 때문입니다"[246]라고 설명했다. 이보다 뛰어난 '거의 그리스도인'의 신앙은 복음의 규정대로 행하되 진지함과 성실로 행하고, 모든 죄를 피하고자 노력하며, 은혜의 방편을 열심히 활용하는 사람이다. 위선으로가 아니라 모든 정성을 다해 하나님을 기쁘시게 하려는 순전한 열망을 가지고 모든 일을 하려 한다. 그럼에도 이 단계의 신앙은 참된 그리스도인의 외모, 즉 경건의 능력이 아닌 모양만 가진 신앙(딤후 3:5)이다.[247] 온전한 그리스도인의 신앙은 지금까지의 신앙이 가진 특징을 포함하면서 그것을 뛰어넘는다. 웨슬리는 다음과 같이 설명한다.

이 신앙은 예수님의 죽으심의 필요성과 그 공로, 예수님의 부활의 능력을 깨닫는 신앙입니다. 예수님의 죽으심이 인간을 영원한 죽음에서 구속하시는 유일하고 충분한 방법임을 깨닫고, 예수님의 부활이 우리를 생명과 불멸로 회복시키심을 깨닫는 것입니다. … 예수님의 삶과 죽음과 부활의 공로를 신뢰하고, 자신을 우리의 대속과 생명으로 주시고 우리 안에 사시는 그분을 의존하는 것입니다. "우리에게 지혜와 의로움과 거룩함과 구원함"(고전 1:30), 한

244 설교, "믿음으로 말미암는 구원", I. 1.
245 같은 곳, I. 2.
246 설교, "명목상의 그리스도인", II. 4.
247 같은 곳, I. 1-13.

마디로 우리의 구원이 되시는 그분을 가까이하고 굳게 붙드는 것입니다.[248]

웨슬리는 참 신앙의 결과를 "마음에서 하나님을 사랑함으로 그의 명령에 순종"[249]하는 것으로 설명했다. 거의 그리스도인과 온전한 그리스도인의 차이는 외적 의무의 실천이 아니라 하나님과 이웃에 대한 사랑의 유무로 구별된다는 것이다.

신앙의 단계에 대한 웨슬리의 설명은 온전한 그리스도인의 신앙에서 정점을 이룬다. 그러나 웨슬리는 구원 받았으나 온전한 그리스도인의 신앙에는 미치지 못하는 또 하나의 신앙의 단계를 설명한다.[250] 그것은 "예수님께서 이 세상에 계실 때 제자들이 가졌던 신앙"인데, 이는 참 믿음과 의심이 공존하고, 주님을 위한 헌신과 죄 된 야망이 공존하는 과도기적 단계의 신앙이다. 웨슬리가 유대교 시대와 대조되는 기독교 시대 신자의 특권으로 특징지은 신앙은, 그러한 과도기적 신앙이 아니라, 그리스도께서 승천해 영광을 받으신 후 성령을 통해 "진리를 계시하고 증거하며 변호하심으로" 갖게 된 믿음, 즉 "성령의 열매가 충만한 분량으로 신자에게 주어진" 오순절 이후의 신앙이다.[251] 오순절 성령 강림 이후 율법과 복음은 이전 시대에 없었던 온전함과 충만함 속에서 계시되었다.

웨슬리에 의하면, 기독교 시대는 유대교 시대와 전혀 다른 토대 위에 서 있다. 어떤 점에서 그런가? 첫째, 기독교 시대의 신자는 성령의 충만함 가운데서 복음을 깨달아 율법의 정죄와 속박에서 해방되었음에도 하나님을 사랑하기에 자발적으로 율법을 행한다. 즉 "영의 새로운 것 안에서, 즉 새로운 영적 섭리를 따라 우리를 위해 죽으시고 부활하신 분을 사랑함으로 섬기는 것이지, 율법 조문의 묵은 것 즉 모세 시대의 율법 조문 때문에 외면적으로만 섬기는 것이 아니다"[252](롬 7:1-6 참조). 웨슬리는 기독교 시대의 특징은 성령에 의해 신자의 마음이 변화를 받아 외적 변화의 열매를 맺는다는 점에서, "모세 시대의 영광은 주로 눈에 보이는 외적인 것이었다면, 기독교 시대의 영광은 눈에 보이지 않는 영적인 것"이라고 가르쳤다.[253]

기독교 시대의 두 번째 특징은 성령의 능력 부으심이다. 웨슬리는 기독교 시대

---

248 설교, "믿음으로 말미암는 구원", I. 5.

249 설교, "명목상의 그리스도인", II. 1-5.

250 ENNT Luke 10:20.

251 설교, "믿음으로 말미암는 구원", I. 1-5; "신생의 표적", I. 1-3; ENNT John 14:12-17.

252 설교, "율법의 기원, 본성, 속성 및 용법", 서론. 2-3.

253 WW 11: 472; Scott J. Jones, *John Wesley's Conception and Use of Scripture* (Nashville: Kingwood Books, 1995), 105.

신자의 특별한 은혜를, 하나님께서 "명령하신 것을 실현하시기 위해 직접 우리 속에서 일하심"[254]으로 설명했다. 신자가 믿음으로 하나님을 신뢰하고 사랑으로 율법을 지킬 수 있는 원천은, 그리스도께서 신자의 죄를 용서하시는 데 그치지 않고, 그들로 능히 "죄를 이기는 자"가 되도록 성령의 능력을 부으시기 때문이다.[255] 성령은 "우리의 머리 되신 주님의 능력이 그리스도의 산 지체로 흘러 들어가 그들로 주님의 율법이 명하시는 것을 행할 수 있게"[256] 하시는 분이시다. 웨슬리는 요한일서 3:9("하나님께로부터 난 자마다 죄를 짓지 아니하나니 이는 하나님의 씨가 그의 속에 거함이요 저도 범죄하지 못하는 것은 하나님께로부터 났음이라")은 그리스도인이 성령을 통해 실제로 경험하는 죄를 이기는 능력에 관한 말씀임을 강조했다. 그는 "하나님의 씨"를 "하나님을 사랑하는 믿음"(loving faith)으로 설명한다. 이 믿음이 신자 속에서 약동하는 동안에는 신자는 성경의 표현 그대로 "범죄하지 않을"(요일 3:9) 뿐 아니라 "범죄할 수 없게"(요일 3:9) 된다. "하나님의 아들이 나타나신 것은 마귀의 일을 멸하시기 위해서다. 그는 자기를 신뢰하는 자 속에서 마귀의 일을 멸하신다. … 그 속에 사랑과 믿음이라는 하나님의 씨가 있는 사람은 범죄할 수 없다. 그는 내적으로 새롭게 거듭나 변화되었기 때문이다."[257]

웨슬리는 "하나님의 아들이 나타나신 것은 마귀의 일을 멸하려 하심이라"(요일 3:8)는 말씀은, 지은 죄에 대한 용서만이 아니라 죄를 이기는 능력 자체를 의미함을 분명히 했다.[258] 웨슬리에게 모든 그리스도인이 성령의 능력을 통해 누릴 수 있는 특권은, 범죄하지 않을 수 없는 상태(죄의 필연성)나 죄에 빠지는 것이 불가능한 상태(죄의 불가능성)가 아니라, 죄를 이기는 능력 즉 하나님을 사랑함으로 하나님의 법에 순종하는 능력이다.[259] '범죄하지 않을 수 없음'은 구원 이전의 상태라면, '죄에 빠지는 것이 불가능함'은 영화의 은혜를 통해 내세에서나 가능하다. 그러나 죄를 이기는 성화의 은혜와 능력은 거듭난 신자라면 누구나 누릴 수 있다.

우리가 사도 요한의 교리나 신약성경의 전체 취지와 일치하도록 결론 내릴 수 있는 것은, 그리스도인은 죄를 짓지 않을 수 있을 만큼은 완전하다는 것입니다. 이것이야말로 모든 그리스

---

254 설교, "산상설교 (9)", 5.
255 설교, "그리스도인의 완전", II. 11.
256 설교, "율법의 기원, 본성, 속성 및 용법", IV. 4.
257 ENNT I John 3:8-9.
258 ENNT I John 1:8-9.
259 설교, "그리스도인의 완전", I. 1 - II. 30.

도인의 특권입니다. 심지어 그가 그리스도 안에서 어린아이에 불과할지라도 그러합니다.[260]

웨슬리의 특징적 교리로서 마음과 삶이 죄에서 깨끗해지는 완전성화는 그리스도인이 성령을 통해 이 세상에서 누릴 수 있는 은혜다. 그러나 완전성화에 이르지 못했더라도, 성령께서 그 마음에 내주하시는 거듭난 신자라면 누구나 성령의 능력으로 죄를 이길 수 있다는 사실은 웨슬리가 동일하게 강조한 것이다.

iv. 율법의 형태

a. 도덕법

웨슬리는 영국 국교회 신조와 루터, 칼빈 등의 종교개혁자를 따라 율법을 "시민법, 도덕법, 의식법" 세 가지로 구분했다.[261] 때로 시민법을 별도의 항목으로 두지 않고 도덕법에 포함시켜, 율법을 도덕법과 의식법으로 구분하기도 했다.[262] 웨슬리는 바울이 로마서에서 복음과 대조해 "율법"으로 지칭한 것은 도덕법이라고 단언했다. 이를 입증하기 위해 "율법으로 말미암는 죄의 정욕이 우리 지체 중에 역사하여"(롬 7:5)라는 말씀에서 죄는 도덕적 죄이지 의식법을 어긴 죄가 아니며, "율법이 탐내지 말라 하지 아니하였더라면 내가 탐심을 알지 못하였으리라 그러나 죄가 기회를 타서 계명으로 말미암아 내 속에서 온갖 탐심을 이루었나니 이는 율법이 없으면 죄가 죽은 것임이라"(롬 7:7-8)는 말씀에서 예를 든 죄도 도덕적 죄인 탐심이라는 근거를 제시했다.[263] 웨슬리는 성경이 구원의 교리를 다룰 때 언급하는 근본적인 율법은 도덕법이라고 보면서, 자신이 부가적 설명 없이 율법을 말할 때는 도덕법을 의미한다고 밝힌다.[264]

웨슬리에게 도덕법은 하나님, 인간, 다른 피조물 사이의 적절한 관계의 지침으로, 이 모든 관계에서 하나님의 뜻이 거룩한 사랑의 실현임을 가르치고 또 요구한다. 의식법은 구약에서 일시적으로 사용되다 신약에서 폐지된 것에 비해, 도덕법은 영원한 유효성을 가진다. 이는 도덕법이 창조주에 의해 모든 사람의 마음에 기록되

---

260 같은 곳, II. 20-21.
261 Plain Account, 83.
262 ENNT Acts 13:39; Deshner, *Christology*, 93.
263 설교, "율법의 기원, 본성, 속성 및 용법", 서론. 1-3.
264 같은 곳, II. 6.

었을 뿐 아니라, 더 근본적으로는 변할 수 없는 하나님의 본성에서 나왔기 때문이다. 웨슬리는 도덕법이 모든 사람과 시대에 영원히 유효함을 강조했다.[265]

b. 시민법

웨슬리가 시민법을 다룬 것은 주로 정치 권력자의 책임을 설교할 때였다.[266] 그는 설교 "대심판"(1758)에서 정치 권력자를 "하나님의 대리자"로 묘사하면서 그들의 권위는 세상적 권위라 할지라도 하나님께서 부여하신 권위임을 강조했다. 그 책임은 범죄자를 처벌하고, 공공의 평화를 보전하며, 시민의 현세적 행복을 지키고, 순결과 덕을 장려해 사람들의 영적·현세적 복지 모두를 위해 봉사하는 것이다.[267]

웨슬리는 다른 설교 "생활방식의 개혁"(1763)에서 시민법에는 도덕법과 구별되는 역할이 있음을 가르친다. 영적 사역자는 하나님 말씀으로 사람의 마음을 변화시키지만, 정치가는 시민법으로 사람의 외적 삶의 안정을 위해 일한다는 것이다.

> 하나님께서 죄인의 마음과 삶을 변화시키시기 위해 사용하시는 일반적이고 주된 수단이 하나님의 말씀인 것은 사실입니다. 하나님은 주로 복음을 전하는 사역자를 통해 말씀으로 사역하십니다. 그러나 재판관 역시 '하나님의 사역자'입니다. 그가 인간의 법을 죄인에게 집행함으로 악을 행하는 자들에게 두려움의 대상이 되는 것은 하나님의 계획에 의한 것입니다. 그것이 사람의 마음을 바꿀 수는 없더라도 최소한 외적인 죄는 막을 수 있는데, 이는 가치 있는 일입니다. 그만큼 하나님을 모욕하는 일이 덜 일어날 것이고, 거룩한 종교에 수치스런 일이 덜 일어날 것이고, 나라를 저주하고 비난하는 일, 다른 사람을 시험에 들게 하는 일이 줄어들 것이며, 진노의 날에 죄인을 향한 하나님의 진노도 덜 쌓게 될 것이기 때문입니다.[268]

웨슬리는 도덕법과 구별되는 시민법만의 역할이 있기 때문에, 때로 도덕법에 해당되는 이웃에 대한 용서와 사랑의 실천이 이웃의 재산과 생명을 지켜야 하는 상황과 충돌할 때는, 개인적 관계에서의 도덕법을 "제쳐두고" 공적 시민법을 우선시하는 것이 신자가 "반드시 지켜야 할 의무"이자 "적법한 일"임을 주장했다. 시민법이 끼치는 영향력이 사회 구성원 전체에 미치는 광범위한 것이기 때문이다. 그리

---

265 설교, "산상설교 (5)", I. 1-2.
266 설교, "대심판", IV. 1-2; "생활방식의 개혁", I-II; "최근 북미에서의 하나님의 사역", II; "하나님의 포도원", IV. 2-4.
267 설교, "대심판", IV. 1-3.
268 설교, "생활방식의 개혁", II. 8.

스도인은 공적 시민법이 바르게 준수되고 사회적 공의가 실현되고 있는지에 관심을 가져야 하는데, 이는 시민법 준수가 인간 세상의 일만이 아니라, 공의로우신 하나님께서 명령하시고 바라시는 영적 성격을 지닌 것이기 때문이다.

> 모든 죄는 하나님을 공공연히 무시함으로 우리와 하나님 사이의 평화를 파괴하는 동시에, 우리 마음에서 평화를 내쫓고 각 사람의 칼이 이웃에게 향하게 만듭니다. 반대로 죄를 막거나 제한하는 일은 그 죄의 크기와 상응하는 평화–사람의 영혼의 평화, 그들과 하나님 사이의 평화, 그리고 사람 상호 간의 평화–를 촉진합니다. … 그 이익은 사회 전체에 미칩니다. "공의는 나라를 영화롭게 하고"(잠 14:34)라는 말씀은 틀림없는 사실 아닙니까? "죄는 백성을 욕되게 하느니라"(잠 14:34)는 말씀도 확실하지 않습니까? 죄는 백성에게 하나님의 저주를 가져옵니다. 따라서 어떤 곳에서 의가 촉진되면 그만큼 국민의 이익은 커집니다. 죄, 특별히 공적으로 행해지는 죄가 억제되면 그만큼 저주와 형벌이 우리에게서 제거됩니다. 그렇기에 이를 위해 수고하는 사람은 누구나 사회 전체의 은인입니다. … 그들의 계획이 실현되는 정도에 비례해 하나님께서 국민 전체에 번영을 주실 것이라는 점은 의심의 여지가 없습니다.[269]

웨슬리가 도덕법보다 시민법을 우선시해야 함을 주장했다고 시민법이 도덕법과 항상 반대되는 것은 아니다. 시민법과 도덕법은 대부분의 경우 상호보완적·협력적이다. 웨슬리는 주로 인간의 행동만 다루는 시민법이 사회의 문제를 푸는 데 한계를 보일 때, 인간의 마음을 다루는 도덕법이 문제 해결에 더 효과적인 도움이 될 수 있다고 보았다. 실제로 인간 사회를 의롭고 선한 방향으로 변화시키는 일은 그 사회의 구성원이 하나님의 뜻인 도덕법을 성취하는 일에 적극적일 때 훨씬 효과적이다. "하나님을 경외하고 인간을 사랑하며 자신의 나라와 통치자를 위하는 사람이라면 외적 직무를 위한 공무원이 전혀 존재하지 않는 상황에서도 큰 열정을 가지고 선한 일을 이루려 노력할 것"[270]이기 때문이다. 웨슬리의 이러한 언급은, 그리스도인은 일반인에 비해 더 높은 사회윤리적 기준을 가져야 한다는 의무의 표현일 뿐 아니라, 참된 신앙인은 그럴 수밖에 없다는 당위성의 표현이기도 하다.

c. 의식법

웨슬리는 의식법을 "하나님께서 목이 뻣뻣하고 불순종하는 인간을 일시적으로 제어하기 위해 만드신 의식과 제도에 관한 법"으로서, 하나님께서 모세를 통해 이스라엘 자손에게 명령하신 정결함에 대한 규례, 즉 "무엇을 먹거나 먹지 말아야 하며, 어떤 생물은 만져도 되고 어떤 것은 만지지 말아야 하는지에 관한 모든 규정"[271] 및 "옛 희생제사 및 성전 봉사"에 관한 "명령과 규례"로 정의했다.[272] 의식법의 수행은 단지 명령된 행위의 수행 그 이상을 의미한다. "그들은 이러한 규례를 열심히 지켜나감으로 모든 도덕적 타락을 피하는 일에 더 큰 주의를 기울이는 것과 자신을 지켜 육과 영의 모든 더러움을 멀리하는 것, 심각한 죄인과 친밀해지지 않도록 유의하기를 배울 수 있었다."[273] 나아가 의식법은 백성이 잘못된 실천을 통해 예배를 우상숭배로 변질시키는 것을 제어해 하나님을 바르게 예배하도록 하기 위한 것일 뿐 아니라, "예언적 성격을 가진 그리스도의 모형"인 다양한 의식을 통해 그리스도를 드러내는 것이 그 목적이었다.[274] 따라서 비록 "영적이고 복음적인 예배의 대상이자 영원한 영광의 실체"이신 그리스도께서 오시자 "우리에게 그리스도를 가리키던" 모형과 그림자로서 의식법(히 8:5)이 영원히 철폐되었더라도,[275] 구약 당시에 의식법이 가졌던 영적 목적과 효력이 경시되어서는 안 될 것이다.

II. 율법의 본성, 결과, 용법

i. 율법의 본성

웨슬리는 "율법이 흘러나온 원천"을 하나님의 본성으로 가르쳤다.[276] 하나님에게서 나온 율법은 하나님의 본성을 반영해 거룩하고 의로우며 선하다(롬 7:12).

첫째, 율법은 거룩하다. 웨슬리는 율법이 거룩함을 다음과 같이 강조했다.

---

271 ENOT Lev. 11:44.
272 설교, "산상설교 (5)", I. 1.
273 ENOT Lev. 11:44.
274 ENNT Gal. 3:19; I Tim 1:8.
275 설교, "산상설교 (5)", I. 2; ENNT Heb. 8:5.
276 설교, "율법의 기원, 본성, 속성 및 용법", III. 10.

율법은 모든 죄에서 순결하며 어떤 악도 근접할 수 없도록 깨끗하고 흠이 없습니다. 율법은 정결한 동정녀같이 더럽혀질 수 없고, 깨끗하거나 거룩하지 않은 것과 섞일 수 없습니다. 율법은 어떤 죄와도 교제를 갖지 않습니다. 어떻게 빛이 어두움과 사귀겠습니까?(고후 6:14) 죄가 본성적으로 하나님과 원수이듯, 하나님의 율법은 본성적으로 죄의 원수가 됩니다.[277]

웨슬리는 율법이 거룩한 본성을 가졌기에 "율법을 우리 영혼과 삶에 기록하면 사도 야고보가 야고보서 1:27에서 말한 것같이 순결하고 더러움이 없는 종교, 곧 하나님께 드리는 순결하고 깨끗하며 더럽혀지지 않은 예배가 된다"[278]고 가르쳤다. 또 율법은 거룩한 본성을 가졌기에 죄를 조금도 허용하지 않는 엄격성을 지닌다고 설명했다. 야고보서 2:10("누구든지 온 율법을 지키다가 그 하나를 범하면 모두 범한 자가 되나니")과 같이, 율법은 율법 전체에 대한 완벽한 순종이 아니면 죄의 책임을 물으며, 그 책임은 다름 아닌 죽음과 지옥의 형벌이라는 것이다.[279]

둘째, 율법은 하나님의 의로움을 본성으로 갖는다. 의로움은 "모두에게 마땅히 돌아가야 할 것을 돌려주는 것"이다. 웨슬리는 율법이 모든 관계에서 "무엇이 옳으며, 무엇을 마땅히 행하고 말하고 생각해야 하는지 정확히 규정해주며 … 모든 환경과 대상의 상호 관계와 … 적합성에 정확히 일치하므로 어느 것과도 충돌하지 않습니다"[280]라고 설명한다. 율법이 모든 관계에서 적합성과 의로움을 갖는 토대는, 창조주께서 율법에 모든 "사물의 본성과 관계성"을 반영하셨기 때문이다.[281]

셋째, 율법의 근원은 하나님의 선하심이기에 율법 역시 선하다. 먼저 웨슬리는 하나님의 선하심이 어떻게 율법의 원천이 되었는지 다음과 같이 말한다.

하나님의 부드러운 사랑이 아니라면 타락한 인간에게 하나님의 뜻을 새롭게 드러내신 동기가 무엇이겠습니까? 인간의 총명이 어두워진 후 율법을 선포하시도록 하나님을 움직인 것은 오직 사랑 아니겠습니까? … "어둠이 땅을 덮고 캄캄함이 만민을 가리울 때"(사 60:2) … 그가 택하신 백성에게 율법을 주신 것은 오직 선하심 때문이었습니다. … 하나님께서는 "율법을 폐하려 함이 아니요 완전케 하시기 위해"(마 5:17) 마침내 당신의 독생자를 보내셨습니다. 그는 하나님 자녀의 마음에 율법을 기록하고, 모든 원수를 정복하심으로 … "하나님만이 만유 안에서 만유의 주가 되시도록"(고전 15:28) 하셨습니다.[282]

---

277 같은 곳, III. 2.
278 같은 곳, III. 2.
279 Letters 3:373.
280 설교, "율법의 기원, 본성, 속성 및 용법", III. 5.
281 같은 곳, III. 6-8.
282 같은 곳, III. 10.

웨슬리는 율법은 하나님에게서 비롯되었기에 선함으로 가득하다고 설명했다. "율법은 마치 샘물의 근원처럼 선과 자비로 가득하고 부드러우며 온유합니다. … 하나님의 지혜와 지식, 사랑의 모든 보화가 모두 이 율법에 숨겨져 있습니다."[283] 웨슬리는 율법이 "거룩하고 의로우며 선하다"고 설명할 때, 언제나 율법을 그 원천이신 하나님과 연결해 율법이 하나님의 본성을 그대로 반영함을 강조했다.[284]

ii. 율법의 결과

웨슬리는 율법은 하나님의 본성에서 비롯되었기에 그 내용과 본성이 영원히 변하지 않음을 강조했다. 율법은 인간의 타락 전이든 후든 외부적 조건과 상황에 의해 본성이 변하지 않는다는 것이다. 타락으로 변한 것은 오직 율법이 그 적용 대상에게 미치는 효과다.[285] 인간의 타락 전 율법은 인간이 "하나님께 드리는 순수하고 깨끗하고 오염되지 않은 예배"[286]의 수단이었다. 인간의 타락 후 율법은 과거에는 없었던 효과인 인간의 "죄를 드러내며" "죄를 심히 죄 되게 만드는"(롬 7:13) 효과를 갖게 되었다. 이는 율법이 선하고 순결하고 거룩하기에, 죄인에게 적용될 경우 그의 죄를 드러내고 부각시키기 때문이다.[287] 죄는 이미 존재했으나 율법이 없을 때는 그 모습을 드러내지 않고 숨어서 활동했다. 그랬던 죄를 노출시켜 "하나님과 인간 앞에 훨씬 가증스러운 것"이 되게 하는 것이 거룩한 율법이다.[288]

웨슬리는 율법은 언제나 선하고 순결하며 거룩함에도 죄가 율법을 오용해 죽음을 일으킴을 인정했다. 율법이 숨어서 활동하던 죄를 드러내 폭로하면, 죄는 전보다 사납게 날뛰기 때문이다. 죄는 억누르면 맹렬히 폭발한다.[289] 그러나 죄가 율법을 오용한다고 율법 자체가 더럽혀지는 것은 아니다. 웨슬리는 "인간의 마음은 몹시 악합니다. 그럴지라도 하나님의 율법은 여전히 거룩합니다"[290]라고 말한다.

---

283 같은 곳, III. 11.
284 같은 곳, III. 1-2.
285 같은 곳, III. 2.
286 같은 곳, III. 2.
287 같은 곳, III. 4.
288 같은 곳, III. 4.
289 같은 곳, III. 4.
290 같은 곳, III. 4.

웨슬리는 바울이 율법의 거룩함을 말할 때 "율법의 결과가 아닌 본성"[291]을 지칭했음을 강조했다. 웨슬리는 율법의 거룩한 본성과 율법이 죄인에게 적용되었을 때 죄를 찾아내고 죄를 더하게 하는 결과를 혼동하지 않게 하기 위해, 비록 율법이 인간의 죄와 관련된 것은 사실이더라도, 율법 자체는 언제나 하나님 본성의 관점에서 이해해야 함을 가르친 것이다. "율법은 어떤 죄와도 관계가 없습니다. … 죄가 그 본성상 하나님과 원수이듯, 하나님의 율법은 죄와 원수가 됩니다."[292] 따라서 웨슬리는 로마서 7:7-8("율법이 죄냐 그럴 수 없느니라 … 죄가 기회를 타서 계명으로 말미암아 내 속에서 온갖 탐심을 이루었나니")을 설명하면서 "하나님의 율법이 죄 그 자체라든가 죄의 원인이 된다"고 말하는 것은 매우 불경스런 주장으로, "사도 바울이 그렇게도 몹시 혐오해 거부한" 잘못된 태도임을 역설했다.[293]

iii. 율법의 세 용법

웨슬리는 설교 "율법의 기원, 본성, 속성 및 용법"(1750)에서 율법의 용법을 세 가지로 제시한다. 첫 번째 용법은 "죄를 깨닫게 하는 일", 즉 정죄를 통해 "죄인을 죽이는 일"이다. 율법은 죄인이 "범법함과 죄로 죽어 영적 생명을 잃었기" 때문에 단지 "사형선고만 받은 것이 아니라, 하나님에 대해 실제로 죽은 자"임을 알게 해 죄인이 신뢰해온 "생명과 힘"을 파괴한다.[294] 이 죽임은 더 중요한 목적을 위해 봉사한다. 율법의 두 번째 용법은 "죄인이 살 수 있도록 그리스도께로, 생명으로 이끄는 것이다." 첫 번째와 두 번째 용법에서 율법은 회초리를 드는 "엄격한 교사의 역할"과 같다. 죄인에게 율법은 사랑이 아닌 힘과 완력으로 다가오는 것처럼 느껴진다. 이에 대해 웨슬리는 "그럼에도 사랑이 모든 것의 샘"이라고 일관되게 주장했다.[295]

율법의 세 번째 용법은, 율법의 첫 번째와 두 번째 용법을 통해 주님께 나아간 자가 하나님 앞에서 "지속적으로 살아있게 만드는 것"이다. 율법은 죄인이 회개하고 그리스도를 믿게 만든다는 점에서 "성령께서 신자로 하나님과 생명의 교통을 위해 준비시키는 위대한 수단"이다. 그러나 율법은 여기서 그치지 않고, 예수 그리

---

291 같은 곳, III. 2.
292 같은 곳, III. 3; 서론. 3.
293 같은 곳, III. 4.
294 같은 곳, IV. 1-2.
295 같은 곳, IV. 2.

스도를 믿는 신자가 하나님과의 교제를 지속하게 하는 위대한 수단이 된다.[296] 이는 율법이 두 가지 면에서 지속적으로 신자를 돕기 때문이다. 먼저 율법은 "신자가 날마다 신성한 거울을 통해 점점 더 자신의 죄 많음을 보게" 함으로 매 순간 그리스도께로 나아가게 만든다. 그들은 그리스도를 믿기 전 그리스도께로 이끌어주는 도움을 받았듯, 그리스도를 믿은 후 자신의 부족함을 알게 해 "계속 그리스도께 가까이 있도록 돕는" 율법의 도움을 받는 것이다.[297] 다음으로, 적극적인 면에서 율법은 하나님의 은혜로 성령의 능력을 통해 신자의 삶에서 실제로 성취된다. 웨슬리는 "율법과 그리스도는 우리를 서로에게 보냅니다. 율법은 그리스도에게, 그리스도는 율법에게 우리를 보냅니다. 율법의 높이와 깊이가 우리를 그리스도 안에 계신 하나님의 사랑으로 날아가게 하고 … 하나님의 사랑은 우리에게 율법이 금이나 보석보다 더 귀한 것이 되게 하십니다"[298]라고 설명함으로, 율법이 신자로 죄를 떠나게 할 뿐 아니라 성령의 계시와 능력 부음을 통해 신자에게서 성취될 것임을 가르쳤다.

율법의 세 용법은 불신자의 구원 과정에서 선행은총과 죄를 깨닫게 하는 은총, 칭의와 중생의 은혜에 대한 웨슬리의 설명과 조화를 이룬다. 율법은 구원 이후에도 신자의 회개와 그리스도를 의지하는 믿음, 성결의 은혜로 나아가는 과정에서 여전히 중요한 역할을 한다. 신자가 성화의 은혜에서 성장하는 과정에서 율법은 신자로 자신 안에 있는 죄를 발견하게 하고, 생명 되신 그리스도를 더 간절히 붙들게 하며, 성령의 능력을 하나님에게서 충만히 받아 더 깊은 은혜 속에서 신앙과 순종의 삶을 살아가도록 신자를 일깨우고 재촉하며 더 큰 은혜를 소망하게 한다.[299]

III. 율법과 복음의 관계

i. 율법과 복음의 연결

웨슬리는 여러 방법으로 율법을 하나님의 거룩한 사랑과 연결 지어 설명했다. 그 방법은 첫째, 율법의 정죄조차 그 목적은 구원을 위한 것이므로 하나님의 사랑과

---

296 같은 곳, IV. 3.
297 같은 곳, IV. 4-7.
298 같은 곳, IV. 7.
299 Collins, "John Wesley's Theology of Law," 205.

연결되어 있음을 밝히는 것이다. "우리를 사랑으로 끌어주기보다 폭력으로 강압
하는" 율법의 첫 번째 용법도 하나님의 사랑에서, 그리스도께로 인도하는 두 번째
용법도 모두 하나님의 사랑에서 비롯되었다는 것이다. "하나님의 사랑이 모든 것
의 원천입니다. 율법이라는 고통스러운 수단으로 우리에게서 육체에 대한 신뢰를
제거하신 후, 영혼의 쓰라림 속에서 죄인이 '저주받은 자는 저입니다. 그런데 당신
이 죽으셨습니다'라며 울부짖게 만드시는 그분은 바로 사랑의 영이십니다."[300] 따
라서 웨슬리는 히브리서 12:5-6("내 아들아 주의 징계하심을 경히 여기지 말며 그
에게 꾸지람을 받을 때에 낙심하지 말라 주께서 그 사랑하시는 자를 징계하시고
그가 받아들이시는 아들마다 채찍질하심이라")을 설명할 때도, 하나님의 징계와
꾸지람을 "가볍게 여기거나 경시하지 말며, 고통의 원인을 우연이나 다른 데로 돌
리지 말고 그 가운데서 하나님의 손길을 존중하십시오. … 모든 것이 하나님의 사
랑에서 비롯되었기 때문입니다"[301]라고 설명한다. 비록 하나님께서 정죄라는 부정
적 방법을 사용하시더라도, 죄인을 깨뜨리는 율법 속에서 복음의 은혜는 이미 작
용하고 있는 것이다.

웨슬리는 율법이 정죄를 통해 죄인을 구원으로 인도할 뿐 아니라 구원 받은 신
자에게 남아있는 죄를 근절시킬 것을 요구하는 것은 모두 하나님의 사랑에서 비롯
되었기 때문에, 하나님의 사랑을 아는 사람에게는 율법이 단지 두려움의 원인만이
아니라 오히려 하나님의 위로의 원천이 될 수 있다고 생각했다.[302] 이는 하나님의
율법이 선포되는 자리에서 실제로 이루어지는 일이다. 예를 들어, 웨슬리는 자신
의 일지에 1761년 4월에 드린 한 심야예배에 관해 "설교를 시작할 때부터 마칠 때
까지 나는 율법에 대해 말씀을 증거했다. 그럼에도 많은 사람이 매우 큰 위로를 받
았다. 하나님께서는 자신이 기뻐하는 어떤 수단을 통해서든 사람의 마음을 두렵게
하실 수도 있고 위로하실 수도 있음이 분명하다"[303]고 기록했다. 하나님의 사랑과
은혜가 율법의 정죄를 통해서도 활동한다면, 웨슬리는 율법을 선포하지 않는 것은
결국 하나님의 은혜를 감소시키거나 무효화하게 된다고 경고한다.

그리스도를 모르거나, 산 믿음에 관해 전혀 생소한 사람, 적어도 그리스도 안에서 젖먹이로

---

300 설교, "율법의 기원, 본성, 속성 및 용법", IV. 2.
301 ENNT Heb. 12: 5-6.
302 콜린스, 『성경적 구원의 길』, 93, 각주 27.
303 BE 21:301

서 "의의 말씀에 미숙한 사람"은…그리스도의 고난과 공로만 말해야 율법의 모든 목적을 달성할 수 있다고 주장합니다. 그러나 우리는 그런 주장에 전적으로 반대합니다. … 성경 어디를 보아도 율법 없이 복음만 말하는 경우는 없습니다. 또 그런 식의 설교가 효과적이라고 생각할 근거도 없습니다. … 사도 바울은 모든 사도 중 으뜸갈 만큼 온전히 그리스도를 전했지만 그는 누구보다 율법을 많이 전하지 않았습니까? … 여러분도 그의 발자취를 따라 의와 절제와 장차 올 심판에 관해 말하면서 방심한 상태에 있는 죄인에게 그리스도를 전하십시오(행 24:24-25). … 바울이 의미한 그리스도를 전하며 설교하는 것이란 그리스도의 사랑만이 아니라 그가 불꽃을 타고 하늘로부터 오실 것을 선포하는 것 … 그분의 약속과 경고와 명령 모두를 전하며 설교하는 것, 그분의 책인 성경에 기록된 모든 것을 전하며 설교하는 것입니다. … 그리스도의 공로와 고난에 관한 설교가 언제나 가장 큰 복이 되지는 않습니다. 때로 내 마음을 예리하게 찌르는 이야기나 나를 가장 낮추게 만드는 이야기를 통해 훨씬 큰 은혜를 받을 수도 있습니다. … 그리스도의 고난에 관해서만 끊임없이 되풀이하다 보면, 그 이야기는 힘을 잃고 점점 평범해지다 못해 무기력한 이야기가 되어 결국 영도, 생명도, 덕도 없이 그저 맥빠진 말의 반복으로 끝나고 말 것입니다. 그런 식으로 그리스도를 전하며 설교하는 것은 결국 율법만이 아니라 복음도 무용하게 만드는 것입니다.[304]

웨슬리가 율법과 하나님의 사랑을 연결한 두 번째 방법은, 복음과 율법 성취를 연결하는 것이다. 웨슬리는 "명령 속에 감추어진 약속"(covered promise)[305] 개념을 통해 하나님의 모든 명령은 그의 은혜로 성취될 수 있음을 가르쳤다.

율법은 우리에게 하나님과 이웃을 사랑하며, 온유하고 겸손하고 거룩할 것을 요구합니다. 우리는 이것이 사람에게는 불가능하다고 느낍니다. 그러나 하나님은 우리가 사랑할 수 있게 하시고 온유하고 겸손하며 거룩하게 하시겠다고 약속하십니다. 우리가 믿음으로 이 복음을 붙잡으면 … 믿은 대로 이루어집니다. 그리스도를 믿는 믿음을 통해 율법의 의는 우리 안에서 성취됩니다. … 성경에 있는 모든 명령은 감추어진 약속입니다. 하나님께서는 "내 … 언약은 이러하니 … 곧 내가 나의 법을 그들의 속에 두며 그들의 마음에 기록하리라"(렘 31:33)고 하신 엄숙한 선언을 통해, 자신이 명령한 것은 무엇이든 주실 것이라 약속하셨습니다. … "쉬지 않고 기도하고 항상 기뻐하는 것?" "그의 거룩하심처럼 거룩하게 되는 것?" … 하나님은 이 모든 것을 우리에게 이루실 것입니다.[306]

웨슬리는 "명령 속에 감추어진 약속" 개념을 성경의 다양한 사례를 들어 설명했다. (1) 설교 "완전에 관하여"(1784)에서, 하나님은 신명기 6:5("너는 마음을 다하고 뜻을 다하고 힘을 다하여 네 하나님 여호와를 사랑하라")과 10:16("그러므로

---

304 설교, "믿음으로 세워지는 율법 (1)", I. 1-12.
305 설교, "산상설교 (5)", II. 3.
306 설교, "산상설교 (5)", II. 3.

너희는 마음에 할례를 행하고 다시는 목을 곧게 하지 말라")에서 명령하신 것을, 30:6("네 하나님 여호와께서 네 마음과 네 자손의 마음에 할례를 베푸사 너로 마음을 다하며 뜻을 다하여 네 하나님 여호와를 사랑하게 하사 너로 생명을 얻게 하실 것이며")에서는 당신께서 그것을 성취하게 하실 것이라는 약속으로 바꾸신다. 이에 대해 웨슬리는 쉐마와 마음의 할례에 관한 말씀은 비록 "명령의 형식으로 되어 있을지라도 약속과 다름 없기에 명령으로서의 약속"[307]이라고 설명했다.

(2) 웨슬리는 빌립보서 2:5("너희 안에 이 마음을 품으라 곧 그리스도 예수의 마음이니")에서 명령하신 것이, 예레미야 31:33("그날 후에 내가 이스라엘 집과 맺을 언약은 이러하니 곧 내가 나의 법을 그들의 속에 두며 그들의 마음에 기록하여 나는 그들의 하나님이 되고 그들은 내 백성이 될 것이라")에서는 약속으로 주어져 있음을 관찰한다. 우리에게 명령하신 율법임에도, 하나님께서 직접 우리 마음에 새겨 이루게 하신다는 약속은, 사실상 하나님의 "모든 명령을 약속으로" 바꾸어놓는 "복음 시대의 일반적·무조건적 약속"이라고 설명한다. 웨슬리는 하나님의 명령과 약속을 연결하는 성경 구절을 토대로 "명령은 약속과도 같아서 하나님께서 요구하신 것은 당신께서 이루실 것을 기대할 충분한 이유가 됩니다"[308]라고 설명했다.

(3) 웨슬리는 성령의 열매를 맺으라는 명령 역시 성령을 주신다는 약속과 연결 지었다. 신자가 성령의 열매를 맺는 것은 오직 성령께서 거룩한 성품을 일으키는 원천이 되실 때 가능하기 때문이다. 예를 들어, 갈라디아서 5:16("너희는 성령을 따라 행하라")과 "성령으로 행하여"(갈 5:25) "사랑과 희락과 화평과 오래 참음과 자비와 양선과 충성과 온유와 절제"의 열매를 맺으라는 명령(갈 5:22-23) 역시 우리가 성령을 받아 "성령의 인도하심을 따를 때 이루어질 약속"으로 설명한다.[309]

(4) 그 외에도 웨슬리는 시편 130:8("그가 이스라엘을 그의 모든 죄악에서 속량하시리로다"), 히브리서 7:25("그러므로 자기를 힘입어 하나님께 나아가는 자들을 온전히 구원하실 수 있으니 이는 그가 항상 살아계셔서 그들을 위하여 간구하심이라"), 에스겔 36:25-27("맑은 물을 너희에게 뿌려서 너희로 정결하게 하되 곧 너희 모든 더러운 것에서와 모든 우상숭배에서 너희를 정결하게 할 것이며 또 새 영을

---

307 설교, "완전에 대하여", II. 1.
308 같은 곳, II. 2.
309 같은 곳, II. 3.

너희 속에 두고 새 마음을 너희에게 주되 너희 육신에서 굳은 마음을 제거하고 부드러운 마음을 줄 것이며 또 내 영을 너희 속에 두어 너희로 내 율례를 행하게 하리니 너희가 내 규례를 지켜 행할지라"), 누가복음 1:73-75("곧 우리 조상 아브라함에게 하신 맹세라 우리가 원수의 손에서 건지심을 받고 종신토록 주의 앞에서 성결과 의로 두려움이 없이 섬기게 하리라"), 베드로전서 1:15("오직 너희를 부르신 거룩한 이처럼 너희도 모든 행실에 거룩한 자가 되라") 등의 말씀을 그리스도인이 율법을 성취할 수 있도록 은혜와 능력을 부으신다는 하나님의 약속의 예들, 즉 "감추어진 약속"의 목록에 포함시켰다.[310] 웨슬리는 하나님께서 율법을 주실 뿐 아니라, 은혜로 율법의 성취까지도 가능케 해주신다는 약속에 기초해 율법과 복음의 조화를 다음과 같이 주장했다.

> 율법과 복음은 서로 어떤 모순도 없습니다. 복음을 확립하기 위해 율법이 폐기되어야 한다든지, 둘 중 하나가 다른 것을 대체해야 할 필요가 없습니다. 율법과 복음은 서로 잘 조화됩니다. 그렇습니다. 같은 말이 이렇게 보면 율법, 저렇게 보면 복음이 됩니다. 명령으로 보면 율법이지만, 약속으로 보면 복음입니다. 예를 들어, "네 마음을 다하여 주 너의 하나님을 사랑하라"(신 6:5; 마 22:37)는 말씀은 계명으로 보면 율법이지만, 약속으로 보면 복음의 핵심입니다. … 복음은 약속의 형식으로 표시된 율법의 명령 외의 다른 것이 아닙니다. 따라서 심령의 가난함이나 마음의 순결, 그외에 거룩한 하나님의 율법으로 명령된 어떤 것도, 복음의 빛에서 보면 위대하고 보배로운 약속입니다.[311]

웨슬리는 하나님께서 율법으로 죄를 깨닫게 하심을 인정하지만, 율법의 정죄를 통해 그리스도께로 나아가 믿음으로 구원을 얻은 신자라도 율법을 성취할 수는 없다는 주장, 더 나아가 하나님께서는 신자가 성취할 수 없는 율법을 통해 그들을 겸손케 하신다는 주장에는 반대했다. 신자도 어쩔 수 없이 죄를 지을 수밖에 없다는 논리에 반대해 웨슬리는 "누가 어떤 주장을 하든 사람이 죄를 지을 수밖에 없다고 주장해서는 안 됩니다. 그럴 수 없습니다. 하나님께서는 우리가 그런 말 하는 것을 금하십니다. 죄를 지을 수밖에 없는 필연성이란 절대로 있을 수 없습니다. 확실히 오늘 우리를 위한 하나님의 은혜는 충분합니다"[312]라고 단언한다. 하나님께서 구원 받은 신자를 겸손케 만들어 계속해서 하나님을 의지하게 하시는 방법은,

---

310 같은 곳, II. 4-7.
311 설교, "산상설교 (5)", II. 2.
312 설교, "그리스도인의 완전", II. 14.

신자가 성취할 수 없는 율법으로 그들을 죄 속에 가두는 방법이 아니라, 이 세상에 사는 동안 그들의 연약성을 제거하지 않으시는 방법을 통해서다.[313]

　　웨슬리는 율법이 하나님의 은혜로 성취될 수 있다는 사실을, 하나님의 의지와 능력 두 가지 면에서 설명했다. 하나님은 우리의 거룩함을 원하실 뿐 아니라 우리를 거룩하게 할 능력이 있으시다는 것이다.

> 우리를 성결로 부르신 분은 하나님이시므로, 그가 우리의 성결을 원하신다는 것은 확실합니다. 또 하나님은 우리를 성결케 할 능력이 있으십니다. 하나님은 우리에게 주지도 않을 것을 받으라고 말씀해 당신의 무력한 피조물을 조롱하지 않으십니다. 하나님은 우리에게 거룩함을 요구하십니다. … 우리가 불순종하지만 않으면 하나님은 그것을 이루어 주실 것입니다.[314]

　　구약신학자 존 오스왈트(John N. Oswalt)는 이사야 6장의 이사야의 체험을 사례로 들어 죄 용서만이 아니라 마음을 정결케 해 율법을 성취할 수 있게 하는 것이 어떻게 신자에게 더 깊은 복음의 은혜일 수 있는지 다음과 같이 설명한다.

> 성령으로 나는 것이 무엇인지 알면서도 여전히 죄에 매여있는 신자는 자신이 하나님의 참된 자녀가 되지 못했다는 느낌으로 계속 고통당한다(갈 4:21-31 참조). 그는 자신의 자연적 능력으로 죄를 이기는 초자연적인 일을 해내기 위해 분투하려 하지만, 어리석음의 결과는 언제나 슬픔으로 끝난다(사 31:1-3 참조). 그랬던 사람이 성결의 영으로 충만해져 자신 속에서 죄의 사슬이 끊어지고 거룩하신 하나님의 초자연적인 성품과 사역이 이루어지는 것을 볼 때, 과거의 슬픔을 대신해 그 기쁨이 얼마나 클 것인가(갈 5:22-26 참조). 그들은 그제서야 자신이 하나님의 참된 자녀, 하나님께서 약속하신 그 자녀가 되었음을 안다.[315]

　　율법의 모든 명령은 하나님의 은혜로 신자에게 성취될 복된 상태를 약속하고 예시한다면, 복음의 능력과 영광은 하나님께 반역하던 죄인을 하나님을 사랑함으로 순종하는 데까지 변화시키는 것을 포함한다. 그래서 율법에 대한 바른 가르침은 복음에 빛을 던져주고, 복음은 용서에서 그치지 않고 율법을 성취하도록 성령의 변화시키는 능력을 부어주심을 통해 그 의미가 더 풍부해지고 온전해진다.

313　설교, "그리스도의 오신 목적", III. 3; "질그릇에 담긴 하늘의 보배", II. 5.
314　설교, "완전에 대하여", II. 5.
315　존 N. 오스왈트, "이사야서에 나타난 성결", 서울신학대학교 제11회 카우만 기념강좌 자료집 (2013), 5-6, 13-14.

ii. 율법의 폐지

웨슬리는 "복음의 최고 원수는 율법을 공개적으로 비난하고 나쁘게 말하는"[316] 사람이라고 말한다. 1744년 6월 25일 자 메소디스트 첫 번째 연회록에서는 율법무용론을 "믿음으로 율법을 쓸모없는 것으로 만드는 교리"로 정의하면서 율법무용론을 떠받치는 주장을 다음과 같이 요약했다.

> (1) 그리스도는 도덕법을 폐지하셨다. (2) 따라서 그리스도인은 도덕법을 지킬 의무가 없다. (3) 그리스도인이 누리는 자유는 하나님의 계명을 순종할 의무에서 해방되는 것이다. (4) 어떤 일이 명령되었기에 행하거나, 금지되었기에 삼간다면 그것은 하나의 속박이다. (5) 신자는 하나님께서 정하신 규례를 지키거나 선행을 행해야 할 의무가 없다. (6) 설교자는 선행을 권고하지 말아야 한다. 불신자에게 권고하지 말아야 하는 것은 그들이 상처를 받을 것이기 때문이다. 신자에게 권고하지 말아야 하는 것은 그런 권고가 필요 없기 때문이다.[317]

율법무용론의 오류는 율법의 일시적 요소와 영원한 요소를 구분하지 않고 "폐지"라는 말을 율법 전체에 적용하는 데서 기인한다. 웨슬리에 의하면, 그리스도에 의해 폐지된 율법은 첫째, 행위 언약 아래에서 의로운 아담에게 요구되었던 완벽한 행위의 법이다.[318]

둘째로 폐지된 율법은 모세의 율법에 속한 의식법이다. 그리스도는 "자신의 피로" 신자의 "가장 깊은 영혼"을 깨끗케 하는 "더 나은 의"를 주시기 때문이다(히 9:14 참조).[319] "율법을 좇아 거의 모든 물건이 피로써 정결하게(히 9:22) 됩니다. … 그러나 그리스도의 피가 뿌려지자 과거의 다른 모든 피의 제사는 철폐되었습니다."[320] 웨슬리는 유대인이 그리스도의 복음을 핍박한 주된 이유는 "복음이 그들의 의식법 철폐를 의미했기 때문"[321]이라고 말한다.

마지막으로 그리스도에 의해 폐지된 율법은 도덕법이다. 여기서 도덕법이 폐지되었다는 의미는, "율법의 성취, 즉 모든 계명을 지키는 것"이 "칭의의 조건"으

---

316 설교, "산상설교 (5)", III. 7; WW 8:278.
317 WW 8:278.
318 설교, "믿음으로 얻는 의", I. 1-3.
319 설교, "산상설교 (9)", 21; "율법의 기원, 본성, 속성 및 용법", 서론. 2; ENOT Gen. 17:10; ENNT Matt. 27:62; Gal. 2:15; Eph. 2:15; Heb. 8:8; Rev. 7:7; WW 8:278.
320 ENOT Gen. 17:10.
321 ENNT Gal. 5:11.

로 요구되지 않는다는 것이다.[322] "칭의를 얻기 위한 수단으로서 도덕법은 끝났습니다. 우리는 '그리스도 예수 안에 있는 속량으로 말미암아 하나님의 은혜로 값없이 의롭다 하심을'(롬 3:24) 얻었기 때문입니다."[323]

그러나 웨슬리는 이 모든 폐지에도 불구하고 율법에는 여전히 폐지되지 않은 요소가 있다고 확언한다. 율법은 구원 이전의 불신자를 그리스도께로 이끌었던 것과 마찬가지로, 구원은 받았으나 아직 성결의 은혜를 받지 못한 신자를 여전히 그리스도께로 인도하는 역할을 한다.[324] 웨슬리는 다음과 같이 설명한다.

> 우리는 아직 율법[도덕법]에서 자유로운 것이 아닙니다. 율법은 아직 말로 다 할 수 없이 유용합니다. 첫째, 율법은 아직 우리 마음과 삶에 남아있는 죄를 깨닫게 함으로, 우리가 그리스도를 가까이 해 그의 피가 우리를 매 순간 깨끗이 씻어주시도록 합니다. 둘째, 율법은 우리의 머리 되시는 주님에게서 나오는 능력이 살아있는 그리스도의 각 지체로 들어가 그들로 주님의 율법이 명하시는 것을 행할 수 있게 합니다. 셋째, 율법은 우리가 아직은 이루지 못한 일이더라도 율법이 명하는 것이면 무엇이든, 하나님이 약속하신 것을 충만히 받아 실제로 소유하게 될 때까지, 하나님의 은혜 위에 은혜로 더 받게 될 것이라는 소망을 우리에게 확인시켜 줍니다.[325]

따라서 율법의 폐지라는 말을 도덕법과 연결하면, 그 정확한 의미는 도덕법이 예전과는 전혀 "다른 토대 위에서" 필요하게 되었음을 의미한다.[326] 하나님의 율법은 정죄를 통해 죄인을 그리스도께로 인도할 뿐 아니라, 복음으로 인해 정죄가 사라진 상황에서도 여전히 신자가 성령의 능력을 받고 그 속에 거하게 함으로 거룩한 길을 걷도록 인도하는 소중한 은혜의 통로가 된다.

---

322 설교, "믿음으로 세워지는 율법 (2)", 서론. 2.
323 설교, "율법의 기원, 본성, 속성 및 용법", Ⅳ. 4.
324 같은 곳, Ⅳ. 2-3.
325 같은 곳, Ⅳ. 4.
326 같은 곳, 서론. 3.

C. 관찰과 분석

I. 율법은 정죄한다 vs. 율법은 정죄하고 지도한다

루터와 웨슬리 사이에는 율법을 정의하고 그 개념을 설명함에서 근본적 일치가 있다. 루터와 웨슬리는 모두 율법이 인간 마음에 있는 도덕적·영적 감각, 성경에 기록된 분명한 명령과 금령, 선행이나 악행의 사례 및 그에 따르는 보상이나 형벌, 하나님의 경고와 진노를 나타내는 섭리적 사건, 그리스도의 삶과 가르침과 죽음을 포괄하는 다양한 형태를 지닌 것으로 가르쳤다. 성문법으로서 율법이 구약의 모세와 선지자, 신약의 그리스도와 사도들에 의해 선포되고 적용되었다고 설명한 점에서도 두 신학자의 가르침은 다르지 않다. 루터와 웨슬리는 모두 율법이 하나님의 거룩하심처럼 거룩하고, 하나님께서 영이시듯 사람의 내면을 다루는 영적 성격을 지니며, 하나님의 선하심을 닮아 선한 일을 명령한다고 가르쳤다. 또한 율법은 하나님의 명령 전체에 대한 완벽한 순종이 아니면 지옥 형벌을 선언하는 엄격성을 지닌다. 율법은 하나님의 거룩한 본성과 일치하는 영성과 엄격성으로 인간의 행동뿐 아니라 깊은 내면의 모든 것을 선악 간 판단하며, 사람의 말과 행동, 생각의 가장 미묘하고 섬세한 부분까지 하나님께 순응하는지 여부를 판단한다. 두 신학자는 모두 율법이 하나님께서 죄인을 정죄하시면서도 그 정죄를 통해 죄인을 구원자 그리스도께로 인도하시는 도구가 됨을 가르쳤다.

    그러나 두 신학자의 율법관은 근본적 유사성과 함께 많은 차이점을 보인다. 첫째, 루터와 웨슬리는 율법의 본성 및 죄인에게 적용된 결과를 설명하는 방법에서 차이를 보인다. 루터가 율법의 본성을 설명할 때는 죄인은 율법을 성취할 수 없다는 데 초점을 맞춘다. 율법은 거룩한 본성을 가지고 있다. 따라서 타락한 인간에게 적용되면 죄인이 하나님의 거룩함에서 얼마나 멀어졌는지를 드러내는 결과를 피할 수 없다는 것이다. "율법은 죄를 밝히 드러냄으로 사람이 얼마나 하나님을 대항해왔는지를 깨닫는 통찰을 준다."[327] 루터에게 원죄 교리가 의미한 것은, 타락한 인간은 시내산에서 선포된 율법이 인간의 죄인 됨을 명확히 드러내어 폭로하기 전

---

327 Elert, *Law and Gospel*, 11.

에도 이미 죄인이었다는 것이다. 율법은 "범법하므로 더하여진 것"(갈 3:19)이라는 말씀에서 알 수 있듯, 죄는 시내산에서 율법이 주어지기 전에도 존재했으나 율법이 주어지자 그 정체가 분명히 드러났다. 율법이 주어지자 타락한 인간은 정죄를 피할 수 없게 되었다. 죄를 드러내고 정죄하는 것이 율법이 주어진 목적이기 때문이다.

물론 루터는 구원 받은 신자는 근본적인 변화를 받아 믿음으로 하나님께 순종하고, 또 성령의 인도를 받아 율법에 순종하게 된다는 것을 부인하지 않았다. 이는 율법으로는 죄인이 정죄받을 수밖에 없음을 주장한 『바울의 로마서에 붙인 서문』에서도 분명히 드러난다.

> 율법에 대한 즐거움과 사랑은 … 성령에 의해 주어진다. 그런데 성령은 … 예수 그리스도를 믿는 신앙 안에서, 신앙으로, 신앙에 의해 주어진다. … 그러므로 신앙만이 사람을 의롭게 하며 율법을 성취하게 한다. … 신앙은 성령을 임하시게 한다. 실로 이 신앙은 살아있고 부지런하고 활동적이며 힘찬 것이다. 신앙은 끊임없이 선행을 행하지 않을 수 없다. 신앙은 선을 행해야 하는가? 라고 묻지 않고, 묻기 전에 이미 선을 행하며 부단히 행한다. … 인간은 신앙으로 인해 자신에게 은총을 주신 하나님께 대한 사랑과 찬양의 마음으로 모든 사람에게 자발적으로 아무 때고 기꺼이 선을 행하고 도와주며 모든 것을 참는다. 따라서 신앙과 행위는 분리할 수 없다. 이는 마치 열과 빛을 불에서 분리할 수 없는 것과도 같다. … 하나님께서 여러분 가운데서 신앙의 역사를 일으켜 주시도록 기도하라.[328]

루터는 성령께서 신앙을 통해 신자를 주관하시므로 신자가 율법을 행하게 되는 것이, "우리가 믿음으로 말미암아 율법을 파기하느냐 그럴 수 없느니라 도리어 율법을 굳게 세우느니라"(롬 3:31)고 하신 말씀의 참된 의미임을 강조했다. "바울은 율법의 행위를 거부한 후 마치 신앙으로 율법을 타도하려는 것처럼 보인다. 그러나 그는 말한다. '그렇지 않다. 우리는 신앙으로 율법을 떠받든다.' 곧 신앙으로 율법을 성취한다는 것이다."[329]

그러나 루터가 신앙으로 율법을 성취한다고 할 때, 그것은 신자가 지속적으로 율법에 순종할 수 있다는 의미인가? 루터는 그런 이해에 분명하게 제한을 두었다. 루터는 하나님의 선물로 주어진 믿음이 신자에게 적극적 변화를 일으키고, 또 성령께서 신자 속에서 죄를 이기게 하심을 분명히 가르친다. 하지만 동시에 루터는 적극적인 변화를 일으키는 믿음의 소유자로서 신자 자신이 죄인이기에, 매우 능력

---

328 LW 35:365-371.
329 LW 35:368-369.

있고 적극적인 믿음이라도 죄인인 신자 속에서는 죄의 방해를 받을 수밖에 없으며, 또한 신자가 성령의 선물을 받았더라도 죄인인 신자는 육체의 방해를 받아 지속적이고 온전하게 성령을 좇을 수는 없다고 주장한다. 다시 말해, 이 세상에서 신자는 믿음이 완전할 수 없으며, 성령을 받아도 백 퍼센트 충만하게 받지 못하므로 율법 성취에 한계가 있다는 것이다. 루터는, 신자는 믿음과 성령의 인도하심의 결과로 율법에 순종한다는 근본적·적극적 변화를 말하면서도, 동시에 그 변화가 온전하지 못해 여전히 율법에 대한 불순종을 벗어날 수 없고, 성령의 인도하심을 받으면서도 동시에 육체와 세상을 좇는 죄의 속박을 벗어날 수 없다고 주장하는 것이다(이 책 5, 6장 참고). 이 점에서 루터는 구원 받기 전 불신자든, 구원 받은 신자든 율법의 정죄에서 제외될 수 없고, 율법은 죄인을 정죄할 수밖에 없는 필연성을 가진다고 가르쳤다.

베르너 엘러트는 루터의 이런 율법관을 울타리 비유로 설명한다. 율법을 인간에게 허용된 영역과 허용되지 않는 영역을 구분하는 울타리라고 해보자. 그리고 죄를 허용된 영역에서만 살아야 할 인간이 울타리를 넘어 금지된 영역으로 넘어가는 것이라고 해보자. 만약 율법이라는 울타리를 기준으로 판단한다면, 사람은 자신에게 허용된 영역과 허용되지 않은 영역 중 어디서 살아가는 존재인가? 루터는 타락 후 모든 사람은 어떤 예외도 없이, 심지어 가장 거룩한 신자라도, 넘지 말아야 울타리를 넘어 금지된 영역에서 살고 있는 죄인이라고 가르쳤다. 이로 인해 율법은 "삶의 모든 여정이 처음부터 끝까지 울타리 저편 금지된 쪽에서 이루어지는" 죄인과만 관계한다. 율법이 적용되는 사람 중에는 타락 전과 같이 의로운 사람이 아무도 없고, 오직 타락한 죄인밖에 없기 때문이다.[330] 비록 신자가 때때로 믿음 안에서 하나님과 이웃을 사랑하고 마음에서부터 율법을 존중하고 순종할 때가 있더라도, 그 사랑과 순종은 불완전할 뿐 아니라 온전히 지속되지도 않는다. 따라서 정죄는 언제나 신자를 뒤따른다. 엘러트는 율법에 관한 루터의 가르침의 정수는 "율법은 항상 정죄한다"(Lex semper accusat)라는 문구에 담겨있다고 통찰력 있게 주장한다.[331] 루터에게 인간의 타락 이후 율법이 의로운 사람과 관계를 맺는 것, 즉 정죄 없이 인간의 행동을 지시한다는 것은 단지 가상적으로나 복된 미래의 희망으

---

330 Elert, *Law and Gospel*, 10-11.
331 같은 책, 10-11; BC 112, 125, 130, 135, 150.

로서만 가능할 뿐이다.

웨슬리는 루터와 유사하게 율법의 본성과 결과를 구분했다. 그러나 이 구분은 루터와 정반대되는 목적을 위한 것이다. 즉, 웨슬리는 죄를 드러내고 일으키며 더 하게 하는 것이 율법의 역할의 모든 것이라는 루터의 부정적 율법관을 바로잡기 위해 율법의 거룩한 본성과 율법이 죄인에게 적용된 결과를 구분한 후, 율법 논의의 초점을 율법의 결과에서 본성으로 옮긴 것이다. 율법의 목적을 죄의 정죄로 보는 견해는, 율법을 죄인에게 적용한 '결과'에 초점을 둔다. 그러나 이러한 부정적 관점이, 율법이 가진 유용성을 모두 포괄하지는 못한다. 만약 죄인이 하나님의 은혜로 구원 받은 사실, 즉 구원이 인간과 하나님의 관계를 불순종과 반역의 관계에서 사랑과 순종의 관계로 바꾸어 놓은 사실이 없다면, 율법을 오직 정죄와만 연결 짓는 것이 정당화될 수 있을 것이다. 그러나 하나님의 은혜가 신자의 마음과 삶의 광범위한 변화를 가져온 전인격적 구원 사건을 일으켰다면, 구원이 발생하기 전 율법과 발생 후 율법은 동일한 인간을 상대하는 것일 수 없다. 하나님의 은혜와 구원을 결여한 타락한 인간과, 하나님의 구원하시는 은혜로 존재의 변화를 받은 하나님 자녀를 상대하는 율법에 아무런 차이 없이, 오직 정죄만이 율법의 역할의 전부라고 주장하는 것은 구원이 일으키는 신자의 질적 변화를 지나치게 경시한 오류다.

창조와 타락, 그리고 재창조로 이어지는 하나님의 더 넓은 구속사를 고려하면, 구원이라는 근본적 변화는 죄인에 대한 정죄를 율법의 역할의 전부가 아니라 단지 일부가 되게 한다. 웨슬리에 의하면, 율법은 타락한 죄인은 정죄하지만, 구원의 결과 "마음을 새롭게 함으로 변화를 받아 하나님의 선하시고 기뻐하시고 온전하신 뜻이 무엇인지 분별"(롬 12:2)하는 신자에게는, 하나님께서 기뻐하시는 새로운 삶이 어떤 것인지를 구체적으로 지시한다. 이런 이유로 웨슬리는 율법의 효과에 루터가 주장한 죄인의 정죄라는 부정적 효과만이 아니라, 신자를 거룩함으로 인도하는 긍정적 효과를 포함시켰다. "율법은 그 본성은 물론 그 효력도 선합니다. … 마음에 기록된 하나님의 율법의 열매는 '의와 평강과 영원한 확신'입니다. 율법은 그 자체가 의로서, 모든 지각을 초월한 하나님의 평강으로 영혼을 가득히 채우며 … 하나님을 향한 선한 양심을 증거해 우리를 큰 기쁨으로 이끌어줍니다."[332] 웨슬리는 구원으로 인도하기 위해 죄인을 정죄할 뿐 아니라, 구원 받은 신자에게 구원의

---

332 설교, "율법의 기원, 본성, 속성 및 용법", III. 12.

지향점이 하나님을 닮는 거룩함(벧후 1:4 참조)임을 알려주는 것 또한 하나님께서 율법을 주신 중요한 목적임을 강조했다. 율법은 예수 그리스도를 믿고 구원 받은 이가 마음과 행실 모두에서 하나님께 순종해 내적·외적 성결을 이루는 것이 구원의 목표임을 가르친다.

율법이 내적·외적 성결을 구원의 지향점으로 가리킬 수 있는 것은, 비록 인간은 타락했지만 율법은 여전히 순결해 하나님의 거룩한 사랑의 본성을 지니고 있기 때문이다. 따라서 율법은, 타락해 원의를 상실한 죄인에게 하나님의 거룩한 사랑을 계시함과 동시에, 하나님의 본성을 닮은 인간의 본래 상태가 어떤 것인지를 계시한다. 만약 죄인이 죄를 용서받은 데서 그치지 않고 믿음과 사랑으로 하나님의 율법에 순종한다면, 이는 율법에 담긴 하나님의 본성으로 인간의 타락한 본성을 새롭게 갱신하는 수단이 된다. 즉 율법은 사람이 거룩한 사랑의 하나님을 닮아가는 수단이자, 인간이 본래 가졌던 하나님의 형상을 회복하는 수단이 된다.

웨슬리가 하나님 자녀의 거룩한 성품과 삶을 지도하는 율법의 역할을 강조한 것은, 율법 자체가 죄이거나 죄를 조장하는 원인이 된다고 주장하는 편협하고 부정적인 시각만으로는 성경적 율법관을 온전하게 제시할 수 없기 때문이다.[333] 웨슬리는 율법을 그리스도인의 내적·외적 삶에 관한 포괄적 기준으로 제시했다. 이는 아우구스티누스 시대의 펠라기우스나 루터 시대의 로마 가톨릭교회의 주장처럼 인간 본성이 타락하지 않았거나 인간 스스로 율법을 행할 능력이 있다고 생각했기 때문이 아니다. 삼위일체 하나님의 구원의 은혜가 죄를 용서하실 뿐 아니라 순종의 능력도 부여한다고 믿었기 때문이다. 따라서 웨슬리가 성화를 위한 율법의 긍정적 역할을 주장한 것은, 구원 받은 신자가 어떤 도덕적 능력을 가졌는지를 말하는 것이기 전에, 삼위일체 하나님의 은혜가 하나님께 순종하는 일에 무능했던 죄인을 어떻게 하나님을 믿고 순종하는 새로운 피조물로 바꾸어놓는지를 설명한 것이다. 다시 말해, 웨슬리에게 성화를 위한 율법의 긍정적 역할은 인간론적 주제이기 전에 삼위일체 하나님의 은총에 관한 주제다. 하나님의 은혜가 없다면 오직 죄인을 심판하는 하나님의 진노의 도구였을 율법이, 하나님의 은혜로 구원 받은 신자에게는 정죄와 심판의 도구이기를 멈추고, 하나님께서 뜻하시는 "거룩하고 의롭고 선함"의 기준을 제시함으로 성령의 능력으로 그 기준을 성취하도록 돕는 긍정

---

333 ENNT Rom. 7:7.

적·적극적 도구가 된다는 것이다.[334]

둘째, 루터와 웨슬리의 율법관의 차이는 율법과 하나님의 관계에 관한 설명에서도 드러난다. 루터는 율법을 기능적으로 이해했을 뿐 아니라, 하나님께서 다양한 율법의 형태 속에서 직접 죄인을 상대하신다고 가르쳤다. 루터에게 하나님의 율법은 단순히 명령이나 모범, 사건이 아니라, 그 모든 것을 통해 죄인에게 말씀하고 죄인을 다루시는 하나님 자신이기 때문이다. 율법은 단지 말로 전달되는 무엇이 아니라, 하나님 자신이 죄인에게 행하시는 그 무엇이다. 루터 학자들은 루터의 율법 개념을 "우리의 죄를 깨닫게 하고 우리의 양심을 정죄하며 두렵게 하는 모든 것"으로 설명하는 점에서 대체로 일치한다. 그렇게 정의할 때 율법은 "그리스도 안에서든, 모세 안에서든,"[335] 하나님의 창조에서든, 역사적 사건에서든,[336] 모세의 성문법에서든, 사람의 양심의 소리에서든,[337] 그 모든 곳에서 들려올 수 있다. 다시 말해, 율법은 죄인의 안과 밖, 이 세상 무엇과 어디에서든 들려올 수 있는 하나님의 살아있는 메시지다. 이 모든 것에서 신자는 죽은 문자로서 율법을 대하는 것이 아니라, 죄에 진노하시고 죄인을 징벌하시는 하나님 자신을 마주하는 것이다.

구원의 복음이 "나를 위해" 일하는 것과 반대로, 율법은 매 순간 나를 둘러싼 모든 것을 통해, 심지어 나 자신을 통해서도 "나를 대적해" 일한다.[338] 루터가 율법의 메시지를 인간의 의식 및 존재의 모든 영역으로 확대한 이유는, 죄인이 결코 하나님을 떠나 도피할 수 없음을 가르치기 위한 것이다. 루터는 죄인이 율법에 저항하거나 율법을 자기 방어와 자기 의를 주장하기 위한 수단으로 오용함에도, 율법을 인간의 교만과 자기 중심성, 배은망덕을 제어하시기에 충분한 하나님 자신의 말씀과 사역으로 해석함으로 하나님은 효과적으로 죄인을 찾아내 결국 그들을 철저히 부수실 수 있음을 가르친 것이다. 말하자면 루터는 율법에 매우 "실존적" 성격을 부여했다. 이로써 루터 신학에서 율법은 단지 "신학 체계를 다루는" 지식이 아니라 심판하시는 하나님 앞에서 죄인의 실존을 다루고, 단지 형이상학적인 지식을 말하

---

334 ENNT Rom. 4:15, 8:1-4.

335 Althaus, *The Theology of Martin Luther*, 261.

336 Brian A. Gerrish, "To the Unknown God," in *The Old Protestantism and the New* (Chicago: The University of Chicago Press, 1982), 132-149.

337 Bornkamm, *Luther and the Old Testament*, 128-129; Forde, *Where God Meets Man*, 13-16.

338 Siggins, *Martin Luther's Doctrine of Christ*, 110-113.

는 것이 아니라 죄인의 실제적 경험을 말하는 특징을 지니게 되었다.[339]

율법의 이러한 실존적 특성은 인간과 하나님의 관계를 특징짓는다. 루터에게 죄인이 회개할 가능성은 오직 하나님의 능력에 의존해 있다. 하나님만이 성령을 통해 율법의 영적인 의미를 계시하신다. 하나님만이, 죄인이 뻔뻔하게 자기 의와 만족의 수단, 하나님의 회개의 요구를 회피하는 수단으로 왜곡해 악용한 복음을 참된 율법으로 바꾸신다. 죄로 인한 인간의 저항과 왜곡으로 자연법이나 성문법이 죄인에게 죄를 깨닫게 하지 못할 때조차, 하나님은 실존적 율법으로 찾아오셔서 죄인 앞에 서 계시고, 죄인을 둘러싸 계신다. 하나님은 어떤 방법으로든 진노와 형벌로 다가와 죄인을 마주하신다.

루터가 가르친 율법의 실존적 성격을 바르게 이해하는 것은 그가 복음을 어떻게 가르쳤는지 이해하는 데 매우 중요하다. 루터에게 신자는 "단 한 번 믿고 나면 영원히 그 효력을 보는" 방식으로 신앙을 가질 수 없다. 달리 표현하면, "어제 가졌던 신앙으로 오늘을 살 수 없다." 모든 사람, 모든 신자가 죄인인 이상, 율법은 누구도 피할 수 없는 방식으로 언제, 어디서, 무엇에 의해서든 그들에게 다가온다. 그럴 때 "문제를 해결하는 유일한 길은 … 날마다 십자가로 나아가 새롭게 시작하는 것이다." 포드가 정확히 표현한 대로, 루터에게서 "복음에 대한 신앙은 날마다 새로워져야 한다. 우리는 그리스도께서 율법의 마침이 되시며 우리를 위한 새 생명의 선물이시라는 사실을 날마다 새롭게 들어야 한다."[340] 죄인이 자신의 실존에 위협을 가하는 그 어떤 것이라도 하나님의 율법의 메시지임을 깨달을 때, 문제를 극복하는 길은 오직 하나님의 은혜를 의지하는 신앙을 새롭게 해 바로 지금, 이곳에서 하나님을 믿는 실존적 신앙을 갖는 데 있다.

루터의 실존적 율법관과 비교해 볼 때 웨슬리의 율법관은 어떤 특징을 갖는가? 웨슬리는 율법의 실존적 성격을 인정하면서도, 율법이 하나님과의 관계에서 "준(準)독립적 역할(semi-independent role)"을 갖는다는 사실에 더 초점을 둔다. 율법은 창조주 하나님에 의해 "한 번 주어진 후로는 율법을 주신 하나님께 대해 그 스스로의 고유한 위치를 갖기 때문이다." 부연하면, 창조 시 하나님께서는 당신의 절대적 자유에 따라 행동하셨고, 또 자유로운 결정에 의해 율법을 주셨다. 그러나 웨

---

339 Forell, *Faith Active in Love*, 47.
340 Forde, *Where God Meets Man*, 40.

슬리는 하나님께서 창조를 완료하신 후 모든 일을 행하실 때는 창조 이전처럼 당신의 절대적 자유만으로 행동하시는 것이 아니라, "당신께서 이미 행하신 창조를 고려하셔서 창조 시 제정하신 모든 것과 조화를 이루도록 당신의 명령을 조정하신다"고 말한다. 하나님께서 스스로 행하신 일을 존중하시는 것에는, 창조 시 선포하신 율법을 무효로 만들지 않는 일도 포함된다. 하나님께서 당신이 행하신 일을 무효화하거나 경시하지 않으신다는 것은, 이미 주신 율법 역시 무효화하시지 않고 하나님의 뜻을 알리는 "고정되고 영원하며 변하지 않는" 수단으로서 지위를 확보하게 하신다는 것이다. 그렇다면 율법은 처음 주어질 때뿐 아니라 그 후로도 하나님의 변하지 않는 뜻에 의해 "보다 이론적이고 정형화된 거룩함"의 수단이 됨을 의미한다. 이처럼 웨슬리는 결코 무효화될 수 없는 하나님의 본성과 의지를 율법의 유효성을 확인하는 최종적 권위로 삼았기에, 율법은 하나님의 뜻을 표현하는 일에서 언제나 "표준적" 특성을 갖는다.[341]

웨슬리의 표준적 율법관은 루터의 실존적 율법관과 달리, 율법 논의에서 성경 밖 사건이나 현상같이 성경 이외의 하나님의 활동보다 성경에 계시된 율법에 더 초점을 맞춘다. 이에 관해 데쉬너는 "웨슬리는 율법을 성경에서 이끌어내는 강한 경향을 보여준다"[342]고 바르게 지적한다. 웨슬리는 루터와 유사하게 율법이 성경에 매이지 않은 하나님의 직접적 활동일 수 있음을 인정했다. 또 하나님은 율법을 통하든 그렇지 않든 죄인으로 죄를 깨닫게 하실 수 있다고 확언한다. 하나님께서는 사람이 은혜의 방편을 활용하는 중에 죄를 드러내실 수도 있지만, "무시무시한 섭리"로 죄인을 직접 마주하셔서 아무런 도구 없이 사람의 마음에 "즉각적인 죄의 자각"이 일어나게 하실 수도 있다.[343] 하나님은 기뻐하시는 어떤 수단을 통해서도, 또 아무런 수단을 사용하지 않고도 그렇게 하실 수 있다. "어떤 사람은 건강하든 병중에 있든, 뚜렷한 원인이나 어떤 외적인 이유도 없이 순간적으로 마음이 천 갈래 만 갈래 갈라져버리기도 한다." 또 루터가 우리에게 구원의 복음이 되는 그리스도의 십자가도 하나님의 진노를 알려주는 율법으로 작용할 수 있다고 한 것과 유사하게, 웨슬리도 죄인은 "하나님이 그리스도 안에서 세상을 자신과 화해시키신다는

---

341 Deschner, *Wesley's Christology*, 102-106.
342 같은 책, 93-94.
343 설교, "율법의 기원, 본성, 속성 및 용법", IV. 1; "은총의 수단", V. 1; "종의 영과 양자의 영", II. 1.

말씀을 듣고서도 자신 위에 하나님의 진노가 머물러 있음을 깨닫기도 합니다"[344]라고 주장한다. 나아가 웨슬리는 하나님의 은혜와 성령의 조명 없이 자연법만으로는 죄인이 회개로 나아가기에 충분치 못하다는 주장에서도 루터와 일치한다. 죄인은 하나님의 선행은총을 질식시켜 버리기 때문이다.

그러나 동시에 웨슬리는, 성령께서는 하나님의 뜻에 대한 정확한 계시를 담은 성경 속 율법을 죄인을 깨우치시는 주된 수단으로 사용하시기에, 성령에 의해 조명된 율법은 죄인의 회개를 방해하는 어떤 방해물도 충분히 제거하고 그 목적을 이루는, 진노하시는 하나님의 무시무시한 능력이 된다고 가르쳤다. 웨슬리는 하나님께서 직접 죄인을 다루시는 루터의 실존적 율법 개념을 포괄적으로 인정해 성경 속 율법 외에도 모든 사건과 상황, 사물이 율법으로 작용할 수 있음을 가르치면서도, 하나님께서 그렇게 죄를 깨닫게 하시는 경우가 실제로는 매우 드물다고 주장한다. 즉, 그런 방법으로는 "천 명 중 한 명 정도는 … 깨우칠 수도 있을 것입니다. 그러나 이것이 일반적인 법칙이나 예가 될 수는 없습니다"라고 말한다. 그런 후 웨슬리는 성령께서 죄인으로 죄를 깨닫게 하시기 위해 사용하시는 일반적 수단이 성경 속 율법임을 루터보다 더 강하게 강조했다. "하나님의 일반적인 방법은 율법으로, 오직 율법을 통해 사람이 죄인임을 깨닫게 하시는 것입니다."[345]

> 하나님의 성령이 죄인으로 죄를 깨닫게 하시는 일반적인 방법은 율법을 사용하시는 것입니다. 양심에 자리 잡기만 하면 바위라도 산산조각으로 부수는 것이 바로 율법입니다. 살아있는 능력의 하나님의 말씀 곧 양쪽에 날 선 검보다 더 예리한 것이 율법입니다. 하나님의 손 안에 있는 율법은 속임수로 가득한 인간의 마음을 꿰뚫고 … 심령과 골수를 갈라놓습니다. 죄인은 자신을 발견합니다. 무성한 무화과 잎사귀는 떨어져버리고, 그는 자신이 '비참하고 가난하고 불쌍하고 벌거벗었음'을 봅니다. … 그는 자신이 죄인임을 느낍니다. 무엇으로도 갚을 길이 없습니다. 그의 입은 다물어지고 그는 하나님 앞에 죄인으로 섭니다.[346]

웨슬리에 의하면, 성령의 조명으로 깨달아진 성경 속 율법은 그 외의 어떤 사건이나 메시지보다 하나님의 뜻을 분명히 가르쳐주는 거룩함의 표준이므로, 교회의 사역은 언제나 성경 속 율법을 분명하게 제시하고 철저히 교육하는 것을 포함해야 한다.

---

344 설교, "율법의 기원, 본성, 속성 및 용법", IV. 1; "믿음으로 세워지는 율법 (1)", I. 2.
345 설교, "율법의 기원, 본성, 속성 및 용법", IV. 1; "믿음으로 세워지는 율법 (1)", I. 2.
346 설교, "율법의 기원, 본성, 속성 및 용법", IV. 1.

셋째, 루터와 웨슬리의 율법관의 근본적 차이는, 신단동설과 복음적 신인협동설의 차이로도 설명이 가능하다. 이 주제는 뒤에서 더 자세히 다룰 것이므로, 여기서는 간단히 언급하고자 한다. 루터의 신단동설에서 율법의 실제적 기능은 오직 하나님께서 하시는 일이 된다. 모든 사람, 모든 신자가 율법의 정죄 속에 있다는 루터의 주장은 종교개혁 모토인 '오직 은혜'(*sola gratia*)라는 가르침과 필연적으로 신학적 짝을 이룬다.

그러나 웨슬리의 표준적 율법관에서는 하나님의 직접적 계시의 사역과 그 사역을 토대로 인간이 율법을 바르게 사용할 책임 사이의 역동적 관계가 존재한다. 먼저 하나님의 사역의 측면을 살펴보면, 하나님께서 선행은총을 통해 인간의 마음에 다시 도덕법을 새기신 것은 하나님의 직접적·절대적 사역이다. 이 은혜는 인간의 요청이나 의지에 의한 것이 아니기에 신인협력적 은혜가 아닌 하나님의 주권적·무조건적·"불가항력적" 은혜다.[347] 그러나 하나님의 사역은 인간을 대상으로 삼으며 인간에게 변화를 가져온다. 하나님께서 인간에게 변화를 가져오는 첫 번째 사역으로서 타락한 인간에게 선행은총을 주시는 것은, 루터나 칼빈의 이중예정론과 노예의지론의 주장처럼 하나님께서 인간의 반응을 원하시거나 가능하게 하시지도 않은 채 인간의 운명을 단독적으로 결정짓는 방식으로 인간을 구원하기를 원하지 않으시기 때문이다. 인격적인 하나님은 인간과의 인격적인 관계 속에서 은혜를 베푸실 때는 적합하게 반응하기를 원하셨기에, 선행은총을 통해 인간에게 하나님의 은혜에 반응할 책임과 의무를 부여하시는 것이다.

인간에게 변화를 가져오는 하나님의 두 번째 사역은, 하나님께서 인간에게 부여하신 인격적 반응 능력과 의무에 상응하는 조치로서, 당신의 뜻에 대한 객관적 통지인 성경 속 율법이 선포될 때 성령을 통해 그 의미를 계시하시는 것이다. 그런데 이 율법의 계시와 인간의 회개 사이에는 하나님의 주권과 인간의 반응 사이의 역동적 관계가 존재한다. 먼저 하나님께서 성경 속 율법이 선포될 때 주시는 '죄를 깨닫게 하시는 은혜'는 하나님의 주권적·절대적·불가항력적 사역이다. 다음으로, '죄를 깨닫게 하시는 은혜'는 인간에게 그 깨달음에 바르게 반응함으로 회개해 죄에서 돌이키고 회개에 합당한 열매를 맺을 가능성과 의무를 부여한다. 죄를 깨닫게 하시는 하나님의 은혜에 긍정적으로 반응해 회개하고 그에 합당한 열매를 맺는

347 콜린스, 『성경적 구원의 길』, 70-83.

것은, 하나님께서 더 진전된 하나님과의 관계로서 칭의와 중생, 성화의 은혜를 주시기를 바라며 스스로를 준비하는 인간 측에서의 바른 태도와 과정이 된다.[348] 하나님의 은혜가 깨달음과 동기, 능력을 부여하고, 인간은 바른 자세로 그 은혜를 받아 하나님의 뜻에 순응하는 관계에서, 율법은 정죄와 지시 모두를 통해 우리의 구원을 위해 일하기에, 우리는 율법의 정죄에 대해서도, 지시에 대해서도 올바른 태도로 반응해야 한다. 하나님의 주권적 은혜와 인간이 바르게 반응해야 할 책임성 사이에서 율법은 성취될 가능성과 그렇지 못할 가능성이 모두 열려 있다.

II. 율법과 복음의 변증법 vs. 율법과 복음의 상관법

루터는 율법의 역할을 정죄로 제한한 후 율법과 복음을 변증법적(dialectic) 관계로 설명했다. 즉, 율법의 정죄와 복음의 용서, 인간의 죄와 하나님의 사랑, 구원을 위한 인간 공로의 불가능성과 그리스도 공로의 충분성, 인간 행위의 불완전성과 하나님 은총의 완전성 사이의 변증법적 관계를 가르쳤다. 루터는 이 변증법적 관계에서 율법과 복음을 바르게 구분해야 함을 강조했다. 루터가 "성경과 신학 전체의 이해는 사실 율법과 복음을 바르게 이해하는 데 달려 있다"[349]라고 말할 때 율법과 복음의 바른 이해란 사실상 율법과 복음의 구분을 의미한다.

> 최고도로 필요한 것은 율법과 복음의 구분이다. 그 구분에 모든 기독교 교리가 응축되어 있기 때문이다. 모든 사람은 성경 말씀만이 아니라 자신의 느낌과 경험에서도 어떻게 율법과 복음을 구분해야 하는지 열심히 배워야 한다. … 성경에서 율법과 복음을 구분하는 것은 쉽다. 그러나 경험에서는 복음이라는 손님이 여러분의 마음을 찾아오는 경우는 매우 드물지만, 율법이라는 손님은 여러분의 양심에 죽치고 머물러 있다. 여러분의 양심은 율법과 죄의식에 길들여져 있고, 여러분의 이성도 죄의식을 돕기 때문이다.[350]

루터가 율법과 복음을 구분한 것은, 율법의 행위가 뒤섞이지 않게 해 복음의

---

348 http://www.kmctimes.com/news/articleView.html?idxno=9190 이선희는 "웨슬리 신학은 소위 '복음적 신인협동설'이 아니다"라는 글에서 "순종은 이치상 하나님이 역사해 주시기를 진정으로 힘써 간구하는 것일 수밖에 없다. 진정한 간구라면 힘써 악을 버리며, 선을 행하며 은혜의 수단을 다 활용하며 간구하는 것이다"라는 말로, 순종이 구원에서 갖는 의미를 바르게 설명했다.

349 WA 7:502, 34-35. Ebeling, *Luther: An Introduction to his Thought*, 111에서 재인용.

350 LW 26:117.

순수성을 지켜내기 위해서였다. 루터는 "율법에서 복음을 선명히 구분하지 않으면 기독교 교리는 건전하게 유지될 수 없다. 우리는 율법과 복음의 구분을 통해서만 칭의의 참된 의미를 깨달을 수 있다"[351]고 강조하면서, "율법과 복음을 뒤섞지 말라! 그런 일이 생기면 여러분은 율법과 복음 중 반드시 하나를 잃거나 심지어 둘 모두를 잃어버릴 것이다"[352]라고 경고한다. 루터에 의하면, 중세 가톨릭 신학의 주된 오류는 율법과 복음을 바르게 구분하지 않았기 때문에 발생한 것이다. 루터는 복음의 자리는 하늘인 반면 율법의 자리는 땅, 복음의 의는 신적인 의인 반면 율법의 의는 인간적 의, 복음은 낮의 해인 반면 율법은 밤의 등불로 대조하면서 "율법으로부터 복음을 잘 구분할 줄 아는 사람은 누구나 하나님께 감사해야 하며, 그가 진정한 신학자"라고 말한다.[353]

　　루터는 율법과 복음을 내용상 구분하는 데서 그치지 않고 가치의 우열로도 구분했다. 비록 율법은 죄인이 그리스도를 필요로 한다는 사실을 깨닫게 함으로 복음을 돕지만, 정죄할 뿐 해결책을 주지 않는다. 따라서 율법의 역할은 부정적이라면, 구원을 위한 긍정적 역할은 언제나 복음의 것이다. 이러한 긍정적·부정적 역할의 구분이 가치의 우열로 연결된다. 루터는 구약과 신약의 관계를 그리스도에 대한 약속과 성취의 관계로 보아, 구약의 가치를 "신약의 복음의 토대와 증거"가 된다는 사실에서 발견했다.[354] 그리고 "그리스도에 관한 하나님의 약속"을 구약성경이 가르치는 "최고의 것", "가장 중요한 것", 연약한 신앙을 북돋우는 가장 "탁월한" 내용으로 묘사했다.[355] 반면 율법에 관해서는 심지어 신약성경에 있는 것이라도 가치를 낮게 평가했다. 그 예로, 루터는 "신약성경에 붙이는 서문"(1522)에서 요한복음과 바울 서신 특히 로마서, 갈라디아서, 에베소서 및 베드로전서를 "복음의 진정한 성격"을 가진 "성경의 모든 책 중 가장 중요한 핵심과 골수"로 평가했다. 반면 "야고보서는 참으로 지푸라기 서신에 불과하다. … 거기에는 복음의 성격이 전혀 들어있지 않기 때문이다"[356]라고 말하며 평가절하했다. 같은 해에 쓴 "야고보서 서문"에서는 야고보서가 행위 구원을 가르친다는 이유로 그 정경성을 부인했다.

---

351 LW 26:313.
352 WA 36;9, 6-8; 10,2-5. Ebeling, *Luther: An Introduction to his Thought*, 111에서 재인용.
353 LW 26:115-116.
354 LW 35:236-237.
355 LW 35:168-169.
356 LW 35:360-362.

나는 야고보서를 사도가 썼다고 생각하지 않는다. 첫째, 야고보서는 칭의의 원인을 행위로 돌려, 사도 바울이나 성경의 다른 책과 반대되는 내용을 가르치기 때문이다. 야고보는 아브라함이 아들 이삭을 바친 행위 때문에 의롭게 되었다고 주장하지만(약 2:21), 사도 바울은 반대로 아브라함이 아들을 바치기 전에 행위와 관계없이 믿음으로 이미 의롭게 되었다고 가르쳤다(창 15:6). … 이런 오류는 야고보서의 저자가 사도일 수 없음을 증명한다. 둘째, 야고보서는 … 그리스도의 고난과 부활, 그리스도의 영을 언급하지 않는다. 그리스도의 이름을 언급할 때조차도 그리스도에 관해 아무것도 가르치지 않고, 하나님을 믿는 일반적인 신앙만 언급한다. … 참된 사도의 직분은 그리스도의 고난과 부활, 직분을 설교해 그를 믿는 신앙의 기초를 놓는 것이다(요 15:27). … 모든 책의 사도성을 판별하는 참된 기준은 그리스도를 가르치는지 아닌지의 여부다. … 사도 바울은 그리스도 외에 어떤 것도 알려고 하지 않았다(고전 2:2). … 그런데 야고보서는 사람을 율법과 행위로 몰아갈 뿐이다. … 따라서 나는 야고보서를 성경에 포함시킬 수 없다. 그 속에 많은 좋은 가르침이 있기 때문에 비록 다른 사람이 성경에 포함시키거나 극찬하더라도 그것을 막지는 않겠지만 말이다.[357]

혹자는 루터가 1522년 "야고보서 서문" 이후 "지푸라기"라는 표현을 다시 사용하지 않았다는 이유로, 그가 야고보서에 관해 의견을 바꾸었다고 주장한다. 그러나 요한 마이클 루(Johann Michael Reu)는 그런 주장이 잘못임을 입증했다.[358] 루터는 1532년 『탁상담화』에서 "많은 사람이 야고보서와 바울 서신을 조화시키려 많은 노력을 기울였다. … 그러나 신앙이 의롭게 한다는 것과 의롭게 하지 않는다는 것은 조화를 이룰 수 없다. 이 둘을 조화시킬 수 있는 사람이 있다면 나는 그에게 내 박사모를 내어주고, 나는 기꺼이 바보로 불릴 것이다"[359]라고 말했다. 1540년에는 "오직 교황주의자만 행위로 의롭게 된다고 주장한 야고보서를 받아들인다. 그러나 내 의견은 야고보서가 사도의 글일 수 없다는 것이다. 야고보서는 신앙을 육체로, 행위를 영혼으로 부르기 때문이다. 언젠가 나는 야고보서를 불쏘시개로 사용할 것이다"[360]라는 극단적 평가를 내린다. 1542년에도 다음과 같이 주장했다.

우리 비텐베르크 대학은 야고보서를 추방해버려야 한다. … 야고보서는 시작 부분[약 1:1; 2:1] 외에는 그리스도를 전혀 언급하지 않는다. 야고보서는 아마 그리스도인에 대해 들었으나 만나보지 못한 어떤 유대인이, 그리스도인은 신앙을 대단히 강조한다는 말을 듣고 '잠깐,

---

357 LW 35:395-397.

358 Johann Michael Reu, *Luther and the Scriptures* (Columbus, OH: The Wartburg Press, 1944, [Reprint: St. Louis: Concordia Publishing House, 1980]), 38-48.

359 W. *Tischreden*, 3292 a. Reu, *Luther and the Scriptures*, 42에서 재인용.

360 W. *Tischreden*, 5854. Reu, *Luther and the Scriptures*, 43에서 재인용.

내가 그들을 반대해 행위를 강조해야겠다'고 생각해 썼을 것이다. 야고보서 저자는 … 사도
들의 설교의 초점이었던 그리스도의 고난과 부활에 관해서는 한마디도 쓰지 않았다. … "영
혼 없는 몸이 죽은 것같이 행함이 없는 믿음은 죽은 것이니라"(약 2:26). … 이 얼마나 끔찍한
대조인가! 믿음을 영혼에 비유했어야 마땅함에도 몸에 비유하다니![361]

루터는 1543년에 "우리 비텐베르크 대학에서는 야고보서를 거의 성경에서 빼
버렸다"[362]고 말했고, 실제로도 그 전인 1534년에 야고보서를 성경 목록에서 제외
해 구약 외경 목록에 포함시키기도 했다.[363] 루터의 야고보서 폄하가 스스로의 정
경 판단 기준에 따라 야고보서의 정경성을 신뢰하지 못한 결과이고, "야고보서를
요한복음, 바울 서신, 베드로전서와 비교하는" 문맥에서 제한적으로 이루어졌음을
감안해야 한다는 루의 주장[364]을 십분 인정하더라도, 루터가 복음의 가치는 높게,
율법의 가치는 낮게 평가했다는 사실 자체는 부인하기 힘들다. 루터는 "참된 복음"
즉 "그리스도를 믿는 신앙이 어떻게 죄와 죽음과 지옥을 이기고 생명과 의와 구원
을 주는지"를 설명했는지 그렇지 않았는지에 따라 사도, 심지어 그리스도의 사역,
선행, 율법에 대한 가르침도 가치를 평가절하했다.[365] 루터가 율법과 복음의 변증법
적 관계에서 율법을 폄하한 것은, 율법은 신자가 내적 의로움에서 진전하도록 돕지
못하고 단지 죄인이 그리스도를 찾도록 돕는다는 점에서, 율법의 가치와 효용은 언
제나 복음을 의존하며 복음에 부수적이기 때문이라는 것이다.

율법은 그 기능을 통해 칭의에 기여한다. 이는 율법이 의롭게 만들기 때문이 아니라, 사람을
은혜의 약속으로 몰아가 은혜의 약속이 달콤하고 열망할 만한 것이 되게 하기 때문이다. 따
라서 우리는 율법을 폐하지 않는다. 우리는 율법의 진정한 기능과 용법을 가르친다. 즉, 율법
은 우리를 그리스도께로 몰아가는 가장 쓸모있는 종이다. 율법이 당신을 겸손하고 두렵게
하며 완전히 부수어 당신이 절망 직전에 이르면, 당신은 어떻게 율법을 사용해야 할지 바르
게 알아야 한다. 율법의 기능과 용법은 죄와 하나님의 진노만 드러내는 것이 아니라, 우리를
그리스도께 몰아가기도 하기 때문이다.[366]

361 LW 54:424-425.
362 W. Tischreden, 5974. Reu, Luther and the Scriptures, 44에서 재인용.
363 Reu, Luther and the Scriptures, 44-45.
364 같은 책, 44-48. 루터가 개인적으로 야고보서의 정경성을 신뢰하지 않았음에도 공적으로는 서방 교회가
지켜온 성서일과에 따라 야고보서를 설교했고, 야고보서 설교 역시 복음에 초점을 맞추었음에 관해서는
Timothy J. Wengert, "Buindling on the One Foundation with Straw: Martin Luther and the Epistle of
James," Word & World 35, no. 3 (2015), 251-261를 참조하라.
365 LW 35:360-362.
366 LW 26:315.

율법은 베른하르트 로제(Bernhard Lohse)가 지적한 것처럼, 칭의의 "효과적 원인"은 아니더라도 칭의를 일으키는 "실질적 촉매제"가 되기에,[367] 루터는 율법 자체를 결코 폐기하지 않는다. 복음이 참으로 값없이 주시는 구원의 선물이 되게 하기 위해서는, 죄인이 그리스도를 받아들이도록 돕는 필수적 요소, 율법과 복음의 변증법이 제거되어서는 안 되기 때문이다.

루터가 종교개혁 진영 내부에서 일어난 율법무용론자를 반대한 것은 그들이 복음의 자유를 지나치게 강조한 나머지 율법의 필요성을 부인해 율법과 복음의 변증법을 제거해 버렸기 때문이다. 루터가 특히 종교개혁 초기 복음과 하나님의 은혜를 강조하면서 율법의 필요성을 부인하는 발언을 한 것은 사실이다.[368] 예를 들어 "그리스도인의 자유"(1520)에서 "그리스도인은 구원 받기 위해 어떤 행위나 율법도 필요로 하지 않는다. 신앙을 통해 그는 모든 율법에서 자유롭게 되어 모든 것을 전적으로 자유로이 행하기 때문이다"[369]라고 주장했다. "그리스도인은 모세를 어떻게 생각해야 하는가?"(1525)라는 설교에서는 "우리는 모세의 명령을 따르거나 받아들이지 않는다. 모세는 죽었다. 그리스도께서 오셨을 때 그의 다스림은 끝났다. 그는 이제 아무런 도움이 되지 않는다. … 심지어 십계명도 우리와 아무 관계가 없다"[370]고도 주장했다. 루터의 이런 발언은 그의 추종자 요한 아그리콜라(Johann Agricola)를 포함해 많은 사람에게 율법무용론적 오해를 불러일으켰다. 이에 필립 멜랑히톤은 1527년 "오늘날 많은 사람이 신앙과 죄 용서는 가르치면서도 회개를 가르치지 않는다. 그러나 회개 없는 신앙은 한낱 몽상에 불과하다"[371]는 말로, 아그리콜라를 포함해 루터의 가르침을 왜곡한 사람들의 문제를 지적했다.[372]

아그리콜라는 루터의 초기 가르침에 기초해 구원에서 인간 행위의 역할을 전적으로 부정하고 하나님의 은혜에 모든 것을 돌리고자 했다. 하지만 그는 죄인이

---

367 WA 39 I, 469, 13-19. Bernhard Lohse, *Martin Luther's Theology: Its Historical and Systematic Development*, tr. and ed. Roy A. Harrisville (Deinburgh: T&T Clark,1999), 181에서 재인용.

368 Jeffrey K. Mann, "Shall We Sin?': The Influence of the Antinomian Question in Lutheran Theology (Ph.D. Dissertation, Vanderbilt University, 2001), 33-34.

369 LW 31:361.

370 LW 35:165.

371 Philip Melanchthon, *Melanchthons Werke in Auswahl* [*Studienausgabe*], ed. by Robert Stupperich. 7 vols. (Gütersloh: Gerd Mohn, 1951-75), 4:212.29-31. Timothy J. Wengert, *Law and Gospel: Philip Melanchthon's Debate with John Agricola of Eisleben over Poenitentia* (Grand Rapids, MI: Baker Books, 1997), 23에서 재인용.

372 Wengert, *Law and Gospel*, 23.

율법에 기초해 회개한 후 믿음으로 구원을 받는다고 가르치면, 회개하는 인간의 역할이 구원에 영향을 끼치는 것이 된다고 보았다.[373] 이에 "아그리콜라는 구원을 위한 관심이 오직 그리스도와 그의 은혜에 초점을 두도록 하기 위해 신앙에서 모든 부차적인 것을 제거하기로 결정했다. 즉 행위가 아닌 신앙만이 구원하고, 행위가 아닌 불신앙만이 멸망하게 한다는 것이다."[374] 아그리콜라는 심지어 "여러분이 신앙을 가지고 있다면, 죄 속에서도 거룩하다"[375] "죄를 짓더라도 행복해하라. 죄는 아무런 영향을 끼치지 못한다"[376] "만약 여러분이 매춘부, 불량배, 간음자 같은 죄인이라도 믿음만 있으면 구원을 받는다" "여러분이 죄에 깊이 빠져 있어도, 여러분이 믿는다면 여전히 축복 속에 있다"[377] 등의 극단적 표현을 서슴지 않았다. 제프리만(Jeffrey K. Mann)은 아그리콜라의 주장을 다음과 같이 요약한다. "율법은 죄인의 회심에 아무 역할도 할 수 없고 … 잔인한 심판자로 보이는 하나님에게서 죄인을 더 멀어지게 만들 뿐이다. … 설교자의 임무는 율법이 아닌 복음을 선포하는 것이다. 신앙을 갖는 데는 십자가에 달리신 그리스도를 설교하는 것만으로 충분하며, 율법은 필요하지 않다. … 기독교는 복음의 메시지로만 이루어지고, 율법은 전적으로 배제되어야 한다."[378]

루터는 이러한 율법무용론을 바로잡기 위해 1538년에 "우리는 종교개혁 초기, 복음을 강하게 주장하면서 오늘날 율법무용론자들이 인용하는 말을 사용하곤 했다. 그러나 그때 상황은 오늘날과 상당히 달랐다"며 자신을 변호했다. 즉, 중세 가톨릭의 율법주의를 바로잡기 위해 자신이 종교개혁 초기에 강조한 극단적 표현은 그럴 수밖에 없었던 부득이함과 상황적 정당성이 있었음에도, 율법무용론자들은 당시의 문맥과 루터가 바로잡으려 했던 오류가 무엇이었는지는 생각하지 않고, 루터의 말을 잘못 인용해 그 의도를 왜곡했다는 것이다.[379] 루터는 자신이 종교개혁 초기에 율법을 강하게 반대한 이유는 교황주의자들이 율법주의로 그리스도의 복

---

373 Mann, "Shall We Sin?," 31.

374 Wengert, *Law and Gospel*, 87.

375 John Agricola, *Die Epistel and die Colosser, S. Pauls, Zu Speier gepredigt auff dem reychstage* (Wittenberg: S. Reinhart, 1527), J. vii. r. Wengert, *Law and Gospel*, 87에서 재인용.

376 *Colosser*, J. vii. v. Wengert, *Law and Gospel*, 87에서 재인용.

377 Weimar Edition of Luther's Works, IV, 517, 36ff. Mark U. Edwards Jr., *Luther and the False Brethren* (Stanford, CA: Stanford University Press, 1975), 163에서 재인용.

378 Mann, "Shall We Sin?," 31-32.

379 LW 47:104.

음을 모호하게 만들었기 때문이지만, 그렇다고 자신이 율법의 필요성 자체를 부인한 적은 없었다고 항변했다.[380] 또한 "마귀는 율법이나 죄에 주의를 기울이지 말라고 가르쳐 거짓되이 구원을 보장하는 일에 열심을 다한다. … 거짓된 구원 보장의 달콤함 속에서 속수무책으로 지옥에 빠지게 하기 위해서다"[381]라는 말로, 율법무용론에 빠진 사람이 처한 위험을 경고했다. 루터는 "율법무용론자들에 대한 반대"(1539)라는 논문에서 다음과 같이 율법무용론을 반박했다.

> 율법과 양심이 없다면 죄가 무엇인지 어떻게 알 수 있겠는가? … 죄와 율법을 알지 못하고서 그리스도께서 우리를 위해 어떤 고난을 왜 받으셨는지 누가 알겠는가? 그러므로 그리스도를 설교하는 곳이면 어디서든 율법도 설교해야 한다. 심지어 '율법'이라는 말을 사용하지 않아도, 그리스도께서 엄청난 값을 지불하시고 우리를 위해 율법을 성취하셔야 했다는 사실을 들을 때 우리 양심은 공포로 얼어붙을 수밖에 없다. 그런데도 어떤 이는 결코 폐기할 수 없고, 폐기하려 하면 더 강력해지는 율법을 왜 폐기하려 하는가? 그리스도께서 당하신 엄청난 고통에 침묵하면서 위협하는 것보다, 성자 그리스도께서 나를 위해 십자가를 감내하시면서도 율법을 성취하셔야 했다는 사실을 들을 때 율법은 더 나를 두렵게 한다. 하나님의 율법은 그저 말씀으로 하나님의 진노를 알려주지만, 하나님의 아들의 고난에서 나는 하나님의 진노가 활동하는 모습을 생생히 지켜본다.[382]

이 주장은 다양한 의미를 함축하고 있다. 첫째, 율법이라는 기준이 있어야만 죄가 무엇인지 알 수 있기에, 율법은 죄 용서로서의 복음의 의미를 명확하게 한다. 둘째, 그리스도의 생애가 율법에 대한 순종이었을 뿐 아니라, 그의 죽음이 율법의 형벌을 담당한 것이었다는 점에서, 율법은 그리스도의 생애와 사역의 복음적 의미를 드러낸다. 셋째, 율법은 말씀의 형태로든, 그리스도의 십자가의 형태로든 하나님의 진노를 드러내어 이를 해결하는 복음을 두드러지게 한다. 넷째, 율법은 불신자만이 아니라 신자에게도 복음의 의미를 지속적으로 밝혀준다.[383] 마크 에드워즈(Mark U. Edwards Jr.)는 아그리콜라와 루터의 주된 논점을 다음과 같이 정리했다.

> 아그리콜라는 복음의 용서를 통해 회개가 가능하다고 주장한 데 반해, 루터는 복음을 통한 죄 용서 이전에 율법을 통한 회개가 있어야 한다고 가르쳤다. 아그리콜라는 복음만으로 하나

380 Edwards, *Luther and the False Brethren*, 164.
381 LW 47:111.
382 LW 47:113.
383 M. Hopson Boutot, "How Did Luther Preach? A Plea for Gospel-Dominated Preaching," *CTQ* 81 (2017), 114-115.

님의 진노와 은혜 모두를 충분히 가르칠 수 있다고 주장한 데 반해, 루터는 하나님의 진노를 드러내는 것은 율법, 하나님의 은혜를 드러내는 것은 복음이라고 반박했다. 아그리콜라는 그리스도께서 자기 죄를 위해 죽으셨다는 말로도 사람은 충분히 두려움에 빠지므로 율법 설교는 불필요할 뿐 아니라 해롭기까지 하다고 주장했으나, 루터는 그리스도께서 당하신 가혹한 고통이 인간의 죄가 얼마나 중대한지를 드러내는 것이 사실이더라도, 설교자는 여전히 율법을 단호히 설교해야 하고 죄인은 여전히 율법을 통해 자기 죄를 깨달아야 한다고 역설했다.[384]

루터는 신자라도 죄인인 이상 율법을 통해 자신의 죄를 깨달아 그리스도의 속죄의 피를 의지하는 것이 필요하기에, 구원 전이든 후든 율법이 결코 폐기될 수 없음을 강조했다.[385] M. 홉슨 부토트(M. Hopson Boutot)는 "루터는 어떻게 설교했나?"(How Did Luther Preach?)라는 논문에서, 루터는 설교자가 율법을 설교할 때 "성경 본문의 의미에 충실하게" 설교할 뿐 아니라, "죄인을 두렵게 할 만큼 단호하게", 청중이 누구인가에 따라 "신중하게" "일관되게 자주" "때때로 모범을 제시하거나, 특정한 행동 방식을 지시하고 권면하는 등 … 다양한 방법으로" "율법의 뜻을 매우 분명하게 밝히면서" "분명한 의지를 가지고" "담대하게" 설교해야 함을 가르쳤고, 실제로 루터 자신도 그렇게 설교했음을 밝힌다.[386]

그럼에도 부토트는 그렇게 율법을 설교할 때조차 루터는 언제나 "복음이 지배적 중심이 되게 했다"는 사실을 독자에게 주지시킨다.[387] 에드워드 엥겔브레히트(Edward A. Engelbrecht)는 루터의 설교에서 복음이 지배적 중심이 된다는 말은, "율법이 복음, 즉 그리스도 안에서의 죄 용서와 생명 구원을 가리키도록" 설교했음을 의미한다고 그 뜻을 명확히 한다.[388] 제프리 만 역시 2,300편이 넘는 설교에서 루터의 주된 관심은 "하나님의 은혜에 무관심했던 로마 가톨릭 신학"을 바로잡기 위해 구원과 선행에서 인간의 영적·도덕적 무능력과 "그리스도의 복음의 충분성을 강조"하는 데 있었다고 지적한다.

> 루터는 언제나 율법과 복음 모두를 설교해야 함을 강조했음에도 그의 실제 설교는 우리가 예상한 것처럼 율법과 복음의 적절한 균형을 보여주지 못했다. … 그가 언제나 우선순위에

---

384 Edwards, *Luther and the False Brethren*, 161-162.

385 LW 32:226-229.

386 Boutot, "How Did Luther Preach?", 95-117.

387 같은 곳, 115-116.

388 Edward A. Engelbrecht, *Frends of the Law: Luther's Use of the Law for Christian Life* (St. Louis: Concordia Publishing House, 2011), 244-245. Boutot, "How Did Luther Preach?", 116에서 재인용.

둔 것은 로마 가톨릭의 율법주의 오류를 바로잡는 것이었다. 루터가 생각하기에 지난 수세기 동안 가톨릭의 율법 강조는 이미 사회에 깊이 뿌리내리고 있었기에, 교회에 율법과 복음의 균형을 회복하기 위해 반드시 필요한 것은 복음을 훨씬 더 강하게 처방하는 것이었다.[389]

이러한 연구가 보여주는 공통점은 다음과 같다. 첫째, 율법무용론자들의 오해와 달리 루터는 율법의 필요성을 결코 부인한 적이 없다. 둘째, 그럼에도 율법무용론 논쟁이 있기 전 루터는 은총과 복음에 대한 강한 강조로 인해 율법무용론 주장으로 오해받을 표현을 사용한 것이 사실이다. 율법무용론자와의 논쟁은 제프리 만이 지적한 것처럼, "루터로 하여금 자신이 과거에 사용한 표현을 재확인하고 그 뜻을 명확히 해 오해를 바로잡지 않을 수 없게 만들었다." 율법무용론자와의 논쟁은 루터로 율법무용론적 표현 사용에 주의를 기울이도록 기여한 점에서 "하나의 변장한 축복"과도 같았다.[390] 그러나 제프리 만의 주장처럼, 루터가 과연 종교개혁 초기에만 율법무용론적 표현을 사용하고 이후에는 그러지 않았는가? 꼭 그렇지만은 않다. 루터의 무르익은 종교개혁 사상이 표현된 1535년의 『갈라디아서 강해』에서도 유사한 표현과 강조가 등장하기 때문이다.[391] 셋째, 루터가 율법과 복음의 균형을 강조했더라도 당시의 시대적 상황을 고려하지 않을 수 없었기에 실제 사역에서 그의 메시지는 언제나 가톨릭의 율법주의를 바로잡기 위해 복음을 지배적으로 강조하는 데 초점이 맞추어졌다. 넷째, 율법과 복음의 변증법과 관련해, 루터는 아그리콜라와의 율법무용론 논쟁에서 구원 이전과 이후 모두에서 율법의 유효성을 확고하게 주장했지만, 그가 가르친 율법의 역할은 신학적 용법, 즉 죄를 정죄하는 역할에 국한되었다. 루터의 율법관은 언제나 율법의 정죄와 복음의 용서라는 변증법을 벗어나지 않았다.

웨슬리는 율법과 복음의 관계에 관해 루터와 공통점과 차이점 모두를 나타낸다. 먼저 웨슬리는, 루터가 율법과 복음의 변증법을 통해 가르친 진리를 충분히 이해했고 그 의도를 전적으로 수용했다. 따라서 루터가 가르친 율법과 복음, 인간의 죄와 하나님의 사랑, 구원을 위한 인간 공로의 가능성과 그리스도 공로의 충분성, 인간 행위의 불완전성과 하나님 은총의 완전성 사이의 변증법, 신자라도 율법의

---

389 Mann, "Shall We Sin?," 36-37.
390 같은 곳, 36.
391 LW 27:96.

정죄를 통해 계속적으로 그리스도의 은혜를 의지하게 된다는 가르침은 웨슬리 신학에서 일관되게 발견된다. 예를 들어, 웨슬리는 설교 "율법의 기원, 본성, 속성 및 용법"에서 다음과 같이 말한다.

> 신자는 날마다 신성한 거울인 율법에서 점점 더 자신의 죄 많음을 보게 됩니다. 자신이 모든 면에서 아직 죄인임을 점점 더 분명히 알게 되며, 마음이나 삶의 방식이 하나님 앞에서 옳지 못함을 보게 됩니다. 그로 인해 매 순간 그리스도께 나아갑니다. … 예를 들어, 율법은 "살인하지 말라"는 명령을 통해 외적 행위뿐 아니라 모든 불친절한 말과 생각을 금지합니다. 이 완전한 법을 들여다보면 볼수록 나는 자신이 얼마나 부족한지를 느낍니다. 또 그럴수록 주님의 피가 내 죄를 대속하시고, 성령께서 내 마음을 정결케 하셔서 나를 "온전하고 구비하여 조금도 부족함이 없게"(약 1:4) 해주셔야 할 필요를 더욱 느낍니다. 그러므로 나는 그리스도 없이 단 한순간도 지낼 수 없듯이 율법 없이는 잠시도 지낼 수 없습니다. 율법이 과거에 나를 그리스도께로 인도해주었듯, 그 후로도 내가 언제나 그리스도와 함께해야 할 필요를 일깨워주기 때문입니다.[392]

그럼에도 웨슬리 신학에는 루터 신학과 두드러지게 대조되는 요소가 있는데, 그것은 율법과 복음의 상관성(correlation)이다. 웨슬리는, 율법과 복음을 양분한 후 복음은 우월하게 묘사하면서 율법은 "죄, 사탄, 죽음과 동일시해 율법을 판단하고 폄하"하는 루터식 태도에 반대했다. 그는 율법을 "하나님께서 축복하신 은혜의 도구"로 가르치면서, 율법은 그리스도께로 말미암고 또 사람을 그리스도께로 인도하기에 "여러분은 율법을 그리스도의 십자가 다음가는 영광과 기쁨으로 삼고, 율법을 찬양하며, 만인 앞에 영예로운 것이 되게 만드십시오."[393]라고 권면한다. 또 "그리스도를 가까이하려거든 율법을 가까이하십시오. 율법이 여러분을 계속 그리스도의 속죄의 보혈로 인도하게 하고, '율법의 모든 의가 여러분 안에서 이루어져'(롬 8:4) '하나님의 모든 충만하신 것으로 충만하게'(엡 3:19) 하시기까지 계속 여러분의 소망을 확증하게 하십시오."[394]라고 권면한다.

웨슬리의 두 편의 설교 "믿음으로 세워지는 율법 (1), (2)"는 웨슬리가 율법과 복음의 변증법과 상관법 모두를 중요하게 가르쳤음을 보여준다. 이 설교에서 웨슬리가 개신교에서 율법이 평가절하되고 그 선포가 약화된 원인을 분석하고 해

---

392 설교, "율법의 기원, 본성, 속성 및 용법", IV. 5-7.
393 같은 곳, IV. 8.
394 같은 곳, IV. 9.

결책으로 제시한 내용은 웨슬리와 루터의 율법관의 차이를 잘 드러낸다. 웨슬리는 이 설교에서 먼저 개신교 내에 율법무용론이 만연하게 된 첫째 원인을, 많은 개신교 설교자가 "오직 그리스도의 고난과 공로만 말하면 율법의 모든 목적을 충족할 수 있다"고 믿으면서 "율법을 전혀 설교하지 않으려는" 경향 때문이라고 분석한다.[395] 웨슬리의 이러한 지적은, 루터가 아그리콜라를 비롯해 자신의 추종자 중에서 복음을 편협하게 해석해 율법무용론에 빠진 사람을 비판한 내용과 일맥상통한다. 따라서 개신교 설교자가 복음을 오직 십자가를 전하는 것만으로 제한하는 편협성은 루터에게서 기인한 것이 아니라, 루터의 은총론을 왜곡한 율법무용론자들의 잘못이다. 그러므로 웨슬리가 지적한 "오직 그리스도의 고난과 공로만 말하면 율법의 모든 목적을 충족할 수 있다"고 믿는 오류를 루터와 직접적으로 연결하는 것은 잘못이다.

그러나 "율법을 설교하지 않으려는 경향"에 대한 웨슬리의 지적에서 루터는 자유롭지 못하다. 웨슬리는 이 표현에서 율법의 정죄적 용법만을 인정해 율법의 가치를 평가절하하는 태도는 율법의 온전한 가치와 효용성을 드러내지 못하기에, 성경이 가르치는 율법의 정죄와 지시, 율법과 복음의 변증법과 상관법 모두를 가르쳐야 한다는 의미를 드러내고 있다. 웨슬리에 의하면, "하나님의 모든 말씀은 제각각 다른 유용성을 가지고 있어서" 어떤 말씀은 "잠자는 자를 일깨우고" "무지한 자를 지도하며", 다른 말씀은 "심약한 자를 위로하고", 또 다른 말씀은 "성도를 일으켜 세우고 완전케" 한다.[396] 성경 속 율법은 신자의 삶을 전반적으로 지도하는 말씀으로 가득하며, 그 모든 것이 신자에게 유익하다는 것이다. 따라서 개신교인은 아그리콜라처럼 "그리스도를 전하며 설교하는 것"의 의미를 축소해 그리스도의 십자가를 전하는 것으로 한정 지어서는 안 될 뿐 아니라, 루터처럼 율법의 역할을 정죄라는 부정적인 것으로 축소해 그 가치를 폄하하면서 복음만 높여서도 안 된다. 웨슬리는 이 모든 의미를 담아, 설교자는 "신구약성경 전체를 통해 하나님이 계시하신 모든 것을 … 전하며 설교할 때"라야 그리스도를 바르게 전하고 설교할 수 있다고 지적한다.[397]

---

395 설교, "믿음으로 세워지는 율법 (1)", I. 1-3.
396 설교, "믿음으로 세워지는 율법 (2)", I. 5.
397 설교, "믿음으로 세워지는 율법 (1)", I. 10-12.

웨슬리의 이런 생각은 그가 설교에서 어떤 성경 본문을 많이 사용했는지에 잘 녹아들어 있다. 아우틀러의 분석에 따르면, "웨슬리가 설교 본문으로 가장 많이 사용한 성경은 마태복음(1,362회), 그다음은 히브리서(965회), 요한복음(870회), 누가복음(853회), 고린도전서(779회)"[398] 등이다. 이 분석은 웨슬리의 생애 전체에서의 "설교 횟수 52,400회를 모두 다루지는 못했지만, 웨슬리가 어떤 성경 본문에 더 애착을 가졌는지를 보여주기"에는 충분하다.[399] 웨슬리가 마태복음을 자주 설교한 이유는 추측하기 어렵지 않다. 그가 처음 출판한 네 권의 『표준설교집』총 44편의 설교 중 13편, 전체의 약 3분의 1 분량이 그리스도의 산상설교에 할애되어 있다.[400] 이선희에 의하면, 이 산상설교 시리즈는 단지 "그리스도인의 윤리"가 아니라 "진정한 기독교의 설계도 전체"를 보여주어 성경적 구원의 길을 "정밀하고도 상세"하게 설명하기 위한 것이다. 이 설교에서 웨슬리는 구원을 신자가 회개와 칭의, 중생을 거쳐 성결로 나아가는 것으로 설명하되, 구원의 열매는 신자가 "영혼의 거룩한 기질"을 소유해 그 "외적 표현"으로 율법을 준행하는 것임을 강조한다.[401] 웨슬리는 칭의와 성화, 신앙과 순종, 구원과 그 열매 사이의 관계를 균형 있게 가르치는 일에 산상설교가 매우 중요하다고 본 것이다.

더 나아가 웨슬리는, 신약은 구약의 율법을 폐지하지 않고, 하나님의 은혜로 율법이 성취될 수 있음을 보여준다는 의미에서, 마태복음을 "예수님을 구약성경과 연결"[402]하는 중요한 본문으로 보았다. 쉐마(신 6:4-5)를 포함해 구약의 "모든 도덕적 명령"은 신약 시대에 부어진 은혜의 관점에서 보면 "'감추어진 약속'(covered promise), 즉 하나님의 은혜로 성취될 약속"과도 같다.[403] 웨슬리에게 마태복음은 하나님의 구원의 은혜가 칭의와 성화, 죄 용서와 율법에 대한 순종, 율법과 복음의 변증법과 상관법 모두를 포괄함을 보여주는 최적의 본문인 것이다.

율법과 복음의 관계에 대한 루터와 웨슬리의 견해 차이는 소위 '정경 속 정경'

398 BE 1:69.
399 Mark L. Weeter, *John Wesley's View and Use of Scripture* (Eugene, OR: Wipf & Stock, 2007), 122.
400 Randy Maddox, "The Rule of Christian Faith, Practice, and Hope: John Wesley on the Bible," *Methodist Review* 3 (2011), 24.
401 이선희, "John Wesley의 산상수훈 설교에 관한 연구", 한국조직신학논총 제37집 (2013), 249-282.
402 프레드 샌더스, 『웨슬리가 말하는 그리스도인의 삶: 사랑으로 새로워진 마음』, 이근수 역 (서울: 아바서원, 2015), 160.
403 Maddox, "The Rule of Christian Faith, Practice, and Hope: John Wesley on the Bible," 16-17.

개념에서도 나타난다. 우리가 이미 살펴보았듯, 루터는 복음에 가치를 두어 요한복음, 바울 서신, 베드로전서 등을 순수한 복음을 전한다는 이유로 가장 소중히 여겼다. 특히 루터는 『탁상담화』에서 "갈라디아서는 내가 사랑하는 서신이다. … 갈라디아서는 내게 카티 폰 보라[루터의 아내]다"[404]라고 말할 정도로 갈라디아서를 특별히 여겼다. 그러나 프레드 샌더스(Fred Sanders)가 지적한 것처럼, 루터의 '정경 속 정경' 개념은 "성경의 한두 책을 나머지 책들보다 우위에 둔다"는 점에서 다음과 같은 위험을 내포하고 있다. "만약 그리스도인이 성경의 어느 책이나 저자를 권장해 항상 성경의 그 부분에서 해답을 찾고 다른 부분을 소홀히 다루는 습관에 빠지면 … [그 결과는] 진짜 성경이 마음대로 취사선택 가능한 미니 성경으로 대치되고 만다. 진정한 정경이 개인적인 정경에 종속되어 버린다."[405] 복음에 대한 선호와 율법에 대한 폄하로 인해 루터에게서 실제로 일어난 일이 바로 그것이었다. 웨슬리가 성경 말씀 전체를 선포해야 함을 강조한 것은 루터식 '정경 속 정경'의 취사선택에 내포된 위험, 즉 하나님의 다른 말씀을 배제할 위험성을 명확히 인식했기 때문이다.

웨슬리가 '정경 속 정경' 개념 자체를 전적으로 반대한 것은 아니다. 로버트 월(Robert Wall)에 따르면, 웨슬리가 정경 속의 정경으로 여긴 성경은 요한일서다.[406] 그러나 이는 루터가 복음을 강조해 야고보서를 배제하는 태도를 가진 것처럼, 요한일서의 특정한 주장을 강조해 다른 성경의 내용을 배제하기 위해서가 아니라, 요한일서가 "성경의 모든 책을 요약해놓은 대요"[407]로서 "성경의 나머지 책을 이해하는 신학적 규준이 되어 성경 전체를 보는 시각을 열어준다"[408]고 여겼기 때문이다. 웨슬리는 사도 요한은 "성령의 영감을 받아 성경을 기록한 마지막 사도"로서 당시 기독교가 충분히 이해하지 못해 혼동 속에 있던 문제를 해결해 주기에 적격자였을 뿐 아니라,[409] "세상의 시작부터 오늘날까지 하나님의 자녀 중 누구도 … 요한일서를 썼을 시기의 성숙한 사도 요한만큼 하나님의 은혜와 우리 구주 예수 그

---

404 LW 54:20.
405 샌더스, 『웨슬리가 말하는 그리스도인의 삶』, 158-160.
406 Randy Maddox and Jason E. Vickers eds., *The Cambridge Companion to John Wesley* (Cambridge: Cambridge University Press, 2010), 116-122.
407 BE 22:352.
408 같은 책, 116-117.
409 설교, "그리스도인의 완전", II. 20.

리스도를 아는 지식에서 진전을 이룬 사람은 없었다"[410]고 생각했다. 웨슬리가 요한일서를 통해 드러내고자 한 성경 전체의 대요와 취지는, 루터가 강조한 율법과 복음의 변증법만이 아니라 율법과 복음의 상관성을 포함한다.[411] 즉 성경 전체의 대요와 취지는, 개신교인이 대체로 잘 아는 하나님의 은혜로 믿음을 통해 얻는 죄에서의 구원과, 신자라도 죄에 빠질 수 있기에 여전히 그리스도의 복음을 필요로 한다는 가르침(요일 1:8-2:2)만이 아니라, 많은 개신교인이 루터 신학의 영향 아래 신자라도 죄는 어쩔 수 없다는 영적 패배주의에 빠져 쉽게 부인해온 진리, 즉 온전한 사랑을 통해 거룩한 삶이 가능함을 가르친다.

요한일서에서 율법과 복음의 관계가 정죄와 용서에 그치지 않고, 복음으로 인해 율법을 성취하는 데까지 나아감을 분명히 드러내는 본문은 3:9("하나님께로부터 난 자마다 죄를 짓지 아니하나니 이는 하나님의 씨가 그의 속에 거함이요 그도 범죄하지 못하는 것은 하나님께로부터 났음이라")과 5:18("하나님께로부터 난 자는 다 범죄하지 아니하는 줄을 우리가 아노라 하나님께로부터 나신 자가 그를 지키시매 악한 자가 그를 만지지도 못하느니라")이다. 웨슬리는 온전한 사랑의 실현과 죄에 대한 승리를 가르치는 요한일서를 성경 전체를 이해하는 통로로 삼아, "요한일서와 신약성경 전체의 취지"는 "그리스도인이라면 누구나 죄를 짓지 않을 수 있을 만큼은 완전하다"[412]는 것임을 강조했다. 웨슬리는 요한일서를 "고귀함과 단순함을 함께 가지고 있으며, 가장 강한 의미와 분명한 언어로 쓰인 … 성경에서 가장 깊이 있는 말씀"[413]으로 묘사하면서, "만약 설교자가 하나님 말씀 중 어느 한 책을 다른 어떤 책보다 설교의 모범으로 삼고자 한다면, 그것은 요한일서가 되어야 합니다"[414]라고 역설한다.

웨슬리에 의하면, 온전한 그리스도인을 양성하려는 개신교 설교자는 아그리콜라식 율법무용론, 루터식 율법의 평가절하 모두를 경계해야 한다. 개신교 설교자는 하나님의 은혜는 신자로 율법을 성취하는 데까지 나아가게 할 수 있음을 믿고 율법을 다음과 같이 설교해야 한다.

---

410 BE 1:272.
411 Maddox and Vickers eds., *The Cambridge Companion to John Wesley*, 116-122.
412 설교, "그리스도인의 완전", II. 20.
413 BE 22:13.
414 BE 2:357.

우리는 위대한 선생님이신 예수님께서 이 땅에 계실 동안 그랬던 것같이 율법을 전반적으로 가르치고, 그 모든 부분을 상세히 설명하며, 애써 강조함으로 ··· 하나님의 온전하신 가르침을 어떤 제한이나 유보도 없이 선포함으로 율법을 세웁니다. ··· 모든 사람에게 공개적으로 율법을 선포할 때 ··· 주님과 사도들이 전한 그 충만함 가운데서 넓고 높고 깊고 길게 ··· 문자적 의미만이 아니라 영적인 의미로 ··· 외적 행위만이 아니라 내적 원리와 마음속 생각, 욕구, 의도에 유의해 선포할 때 비로소 율법을 세웁니다. ··· 하나님께서 계시하신 것은 무엇이든 선포해 그리스도를 전파하는 것이 우리의 임무입니다. ··· "하나님의 사람"은 하나님께서 자신의 영혼 속에서 역사해 "온전하게 하며 모든 선한 일을 행할 능력을 갖추게"(딤후 3:17) 하시는 과정에서 그 모든 말씀을 필요로 합니다.[415]

웨슬리는 개신교에서 율법이 경시되고 약화된 두 번째 원인을, 개신교 설교자가 "믿음이 성결의 필요성을 대신한다"고 가르쳐왔기 때문이라고 분석한다. "그리스도를 믿는 믿음이 율법을 지킬 필요를 전적으로 배제한다고는 생각하지 않는 사람도 샛길로 빠져 다음과 같이 상상합니다. (1) 그리스도께서 오신 후에는 오시기 전만큼 성결이 필요하지는 않다. (2) 성결이 필요하더라도 그 정도가 낮아졌다. (3) 신자는 불신자들만큼 성결을 필요로 하지는 않는다."[416] 웨슬리는, 이런 주장은 그리스도인의 자유를 죄에서의 자유가 아니라 "순종과 성결에서의 자유"로 여기는 어불성설로 "믿음으로 율법을 무용하게 하는 죄"에 해당한다고 경고했다.[417] 웨슬리는 율법무용론자가 자주 오용하는 논리가 "은혜 언약 아래에서는 율법의 행위에 묶일 필요가 없다"는 주장임을 관찰하고, 이를 반박했다.

모든 선행은 과거와 마찬가지로 지금도 필요하지만, 우리가 하나님께 용납되기 전이 아니라 용납된 후에 필요합니다. ··· 율법의 행위는 칭의를 얻게 하는 믿음에 즉시 뒤따르는 열매입니다. ··· 그러므로 우리가 행위 없이 믿음으로 의롭다 함을 얻는다는 사실이, 믿음으로 율법을 무용하게 만들 근거, 즉 믿음만 있으면 어떤 종류, 어떤 정도의 성결도 필요하지 않다고 주장할 근거가 될 수 없습니다. ··· 은혜 언약의 본질은 순종과 성결에 대한 필요성을 조금이라도 폐기하거나, 필요성의 정도를 조금이라도 감소시키지 않습니다.[418]

웨슬리는 은혜 언약 아래에서 율법 순종은 구원의 조건은 아니더라도 여전히 신자를 향한 하나님의 뜻이며 그리스도인의 삶의 핵심요소임을 가르쳤다. 웨

---

415 설교, "믿음으로 세워지는 율법 (2)", I. 1-6.
416 설교, "믿음으로 세워지는 율법 (1)", II. 1-2.
417 같은 곳, II. 1-2.
418 같은 곳, II. 3-6.

슬리의 논리를 따라가 보자. 그에 의하면, 기독교 신앙의 원천은 "사랑의 대양"
(the great ocean of love)이신 하나님이시다. 사랑이신 하나님께서 정하신 구원
의 조건은, "자신의 사랑하는 아들을 통해 베푸시는 하나님 아버지의 사랑"을 믿
는 것이다.[419] 죄인이 하나님의 사랑을 믿으면, 그 믿음은 신자에게 하나님과 이
웃을 사랑할 강력한 동기와 능력을 제공한다.[420] 그 결과 인간의 타락 후 하나님
께서 요구하시는 것은 오직 믿음이지만,[421] 믿음의 시작과 끝, 뿌리와 열매 모두
는 사랑에서 시작되고 사랑으로 연결되기에, 은혜 언약 아래에서 구원의 조건인
믿음은 곧 사랑에 의해 생겨나고 사랑을 일으키며 "사랑으로써 역사하는 믿음"
(갈 5:6)이다. 이런 의미로 웨슬리는 "하나님께서 지금 우리에게 요구하시는 모든
것"은 사랑을 배제한 믿음이 아닌 "사랑으로 역사하는 믿음, 사랑을 통해 생기가
넘치는 믿음"이라고 역설했다.[422] 또한 믿음이 이같이 사랑을 일으킨다면, 사랑이
충만한 신자에게 "죄가 자리할 곳은 도대체 어디인가?"라고 묻는다.[423] 사랑은 모든
사람에게 악을 행치 않고 선을 행함으로 율법을 성취하기 때문이다.[424]

> "율법의 완성"(마 5:17)이자 그리스도인의 … 모든 내적 의로움의 총체는 사랑 아닙니까? 사
> 랑은 교만하지 않기에(고전 13:4) 필연적으로 자비로운 마음과 겸손을 의미하며, 성내지 않
> 고(고전 13:5) 모든 것을 믿고 바라고 견디기에(고전 13:7) 유순함과 온유함, 인내를 뜻하기 때
> 문입니다(골 3:12). 사랑은 모든 외적 의로움의 총체이기도 합니다. 사랑은 말이나 행동으로
> "이웃에게 악을 행하지 않기"(롬 13:10) 때문입니다. 사랑은 고의로 타인을 상하게 하거나 마
> 음을 아프게 하지 않습니다. 선을 행하는 일에 열심을 냅니다. 타인을 사랑하는 사람은 편견
> 이나 위선이 없이 "긍휼과 선한 열매로 가득해"(약 3:17) 기회 있는 대로 "모든 사람을 향하여
> 선을 도모"(롬 12:17)합니다.[425]

따라서 믿음과 율법의 관계를 요약하면, 율법이 하나님의 불변하시는 뜻을 담
고 있더라도 죄인은 그것을 행할 능력이 없기에, 하나님께서는 율법의 완전한 성
취가 아닌 믿음만을 구원의 조건으로 요구하신다. 그러나 하나님의 사랑을 믿는
신자는 하나님을 사랑하게 되어 자발적으로 하나님의 율법을 성취한다. 그렇다면

---

419 설교, "믿음으로 말미암는 구원", III. 3; "믿음으로 세워지는 율법 (2)", II. 3-6; "성경적인 기독교", I. 2
420 Plain Account, 85; 설교, "인내에 대하여", 10; Letters 4:155.
421 설교, "인내에 대하여", 10.
422 Plain Account, 85; 설교, "인내에 대하여", 10; Letters 4:155.
423 설교, "성경적 구원의 길", III. 14.
424 설교, "믿음으로 세워지는 율법 (2)", III. 3.
425 설교, "하나님 나라로 가는 길", I. 9.

믿음은 성결을 낳지, 성결의 필요성을 대신하지 않는다.

웨슬리의 설명에는 루터 신학과의 근본적 일치점과 차이점이 모두 공존한다. 먼저 믿음이 성화를 낳으며, 거룩함은 구원의 조건이 아니라 열매라는 주장에서 웨슬리는 루터와 일치한다. 그러나 믿음이 성결의 필요성을 대신하지 않는다는 웨슬리의 주장은 루터 신학에 대한 의미심장한 비판을 담고 있다. 비판의 핵심은 우리가 그리스도를 믿으면 그리스도의 완전한 순종이 신자의 불완전한 순종을 대체해 신자가 온전한 순종을 한 것으로 여김 받는다는 주장에 관한 것이다. 예를 들면, 루터는 "두 종류의 의"(Two Kinds of Righteousness, 1519)에서 다음과 같이 말한다.

> 그리스도인의 의에는 두 종류가 있다. … 첫째는 외적인 의, 즉 외부에서 주어지는 타인의 의다. 이는 그리스도의 의로서, 그리스도께서는 믿음을 통해 이 의로 죄인을 의롭게 하신다. … 이 의를 가진 사람은 그리스도 안에서 확신을 가지고 "그리스도의 삶, 그가 행하신 것과 말씀하신 것, 그의 고난과 죽음은 마치 내가 그 삶을 살았고, 그것을 행하고 말했으며, 고난당하고 죽은 것처럼 나의 것"으로 자랑할 수 있다. 이는 마치 결혼한 신랑 신부가 한 몸이 되어 모든 것을 공유하므로 신랑이 신부의 모든 것을 소유하고, 신부가 신랑의 모든 것을 소유하는 것과 같다. … 이같이 그리스도의 것은 무엇이든 우리의 것이다. … 그리스도는 아버지의 가장 거룩한 뜻을 행하러 오셨고(요 6:38) 하나님께 순종하셨다. 그리스도께서는 우리를 위해 그 모든 순종을 하셨으며, 자신의 순종을 마치 우리가 순종한 것같이 우리에게 주시기 원하셨다.[426]

루터에 의하면, 인간은 전적으로 타락한 죄인이며, 구원 받은 신자도 의인인 동시에 죄인이기에, 자신의 의로는 구원 받을 가능성이 없다. 구원의 가능성은 오직 외부에서 주어지는 의, 즉 그리스도의 온전한 율법 성취가 신자의 율법 성취로 여겨질 때 가능하다. 신자의 죄는 그리스도의 죄가 되고, 그리스도의 온전한 거룩함은 신자의 불완전한 거룩함을 대체한다. 따라서 그리스도의 순종은 신자에게 칭의만이 아니라 성화의 비결도 되신다. 웨슬리는 그리스도의 대리적 순종에 관한 루터의 이러한 가르침이 결국 개신교인에게 "믿음이 성결의 필요성을 대신한다"는 잘못된 믿음을 심어준 것으로 보았다. 웨슬리는 루터의 가르침이 개신교 신자에게 "만약 내가 믿는 순간 그리스도의 모든 개인적 순종이 나의 것이 되어버린다면, 거기에 무엇을 더할 것이 있겠는가? 내가 하나님께 순종하는 것이 그리스도의 완벽

---

426 LW 31:297-298.

한 순종 위에 어떤 가치를 더할 수 있겠는가?"[427]라는 생각을 불러일으킨 것으로 분석한다. 믿음으로 그리스도의 온전한 순종이 '내 것'이 된다는 것은 곧 "믿음이 나 자신이 성결해야 할 필요성을 대신한다"는 것과 무엇이 다른가?

루터는 믿음의 열매로서 성화를 가르쳤기에 그의 '오직 믿음' 강조를 율법무용론과 동일시해서는 안 된다는 것은 분명한 사실이다. 그럼에도 외부에서 신자에게 주어지는 타자적 의, 그리스도의 대리적 순종, 그리스도의 의의 전가에 관한 루터의 주장은, 루터의 의도와는 관계없이 사람의 죄성을 자극해 율법무용론의 문을 활짝 열어놓을 가능성을 가진 것이 사실이며, 이 가능성은 실제로 현실이 되고 말았다. 최주훈은 다음과 같이 설명한다.

> 부패한 교회를 개혁하려고 일어선 종교개혁 진영은 엉뚱한 복병을 만나게 된다. 개혁의 목소리가 높아질수록 개신교 진영 내부에서는 밑도 끝도 없는 방종과 무식함이 난무하기 시작했다. 개혁자들의 구호인 '복음의 자유'를 빌미로 집 안에서 곰팡이가 피기 시작한 것이다. … 개혁자들은 복음의 자유, 해방, 모든 신자의 평등한 만인사제직을 핵심 가치로 주장했지만, 현장에서는 교리의 오해와 오용으로 이어졌고, 왜곡된 '복음의 자유'로 인해 율법 기능은 철폐되어 세상 권위와 질서는 무시해도 되는 것처럼 여겨졌다. 그로 인해 개신교 성직자들의 부패와 게으름, 교리에 대한 무지가 만연했고, 도저히 성직자라고 할 수 없을 만큼 도덕적 해이와 방종의 사태가 이만저만이 아니었다. 목사들의 사정이 이러한데 일반 신자들은 오죽했을까? 목회자든 일반 신자든 가릴 것 없이 신앙과 삶의 규칙은 엉망이 되어 가기 시작했다. … 성직자와 일반 신자들은 모든 제약에서 고삐 풀린 망아지 꼴이 되어 하나님을 두려워하지도 교회의 징계를 무서워하지도 않았다.[428]

제프리 만에 의하면, 종교개혁 진영에 이런 현상이 발생하게 된 것은 루터의 가르침 자체가 다음의 문제를 안고 있었기 때문이다. 자신을 비평적으로 분석하는 특별한 재능을 가졌던 루터는 복음을 깨달은 후, 자신이 수세기 동안 중세 사회 전체에 깊이 뿌리내려온 가톨릭의 율법주의에 깊이 영향을 받았을 뿐 아니라, 아우구스티누스 수도회 수도사로서 철저한 신학 연구와 경건한 삶을 노력하는 가운데 "율법으로 인한 정죄, 죄책, 수치, 고투, 영적 시련"으로 짓눌려왔음을 자각하게 되었다. 그래서 이를 극복하는 방법으로 아주 철저히 복음을 강조하게 되었다. 그러나 루터가 간과한 점은 "모든 사람이 자신과 똑같지는 않다는 사실"이었다.[429]

427 WW 10:315.
428 마르틴 루터, 『대교리문답』, 최주훈 역 (서울: 복 있는 사람, 2017), 10-13 ("해설의 글").
429 Mann, "Shall We Sin?," 40-41.

루터의 영적 전쟁은 … 자기 의로 구원 받아야 한다는 가르침을 극복하는 것이었다. 그에게는 세상의 부도덕한 죄가 큰 유혹이 된 적은 결코 없었다. 그러나 다른 사람들의 문제는 정반대였다. … 그들은 자기 노력으로 구원을 얻을 수 없다는 자포자기, 또는 면죄부나 고해성사로 쉽게 죄 용서를 받겠다는 태만한 믿음에 빠져 있었다. 루터는 율법이 중세 전체를 다스렸고 사람들은 율법의 저주에 짓눌려 있었기에 그들이 복음을 들으면 기뻐 뛰면서 죄를 용서해주신 하나님께 감사함으로 자기 삶을 바칠 것이라고 생각했다. 그러나 이런 낙관적인 기대는… 그의 예상대로 작동하지 않았다. … 비텐베르크에 만연한 도덕적 방종은, 모든 사람이 루터와 같지는 않았음을 입증했다. … 신자도 죄인인 동시에 의인이라는 루터의 가르침은 신자들에게 큰 위안을 주었다. … 신자는 이제 남아있는 죄가 두려워 거룩함을 추구하다 다시 율법의 노예가 되지 않아도 되었다. 신자에게 항상 죄가 남아있다는 루터의 가르침은, 더는 그 때문에 절망하거나 염려하지 않고 신앙 생활을 할 자유가 있음을 의미했다. … 신자에게 죄가 있다는 것은 구원이 우리 노력이 아니라 그리스도께서 값없이 주심으로 가능함을 되새기게 해준다. … 그러나 '새 사람'은 이런 메시지에 감사로 반응하지만, '옛 사람'은 이 교리에서 도덕적 방종을 합리화할 구멍을 발견할 뿐이다.[430]

구원에서 하나님의 은혜를 강조한 결과가 많은 사람에게서 루터가 의도한 긍정적 효과인 성화가 아니라 의도하지 않은 율법무용론으로 나타난 것은, 웨슬리가 분석한 대로 개신교인 중 루터의 가르침에서 "믿음이 성결을 가져온다"는 결론보다 "믿음이 성결의 필요성을 대신한다"는 결론을 도출한 사람이 훨씬 많았음을 의미한다. 그리스도의 의의 전가에 관한 주장은 루터의 의도와 달리 결과적으로 개신교 타락의 이론적 토대가 되고 말았다. 웨슬리는 이러한 현상을 바로잡아 하나님의 은혜 선포가 율법 폄하로 이어지지 않게 하기 위해 "그리스도를 믿는 믿음은 성결을 대치하는 것이 아니라 성결을 가져온다"고 선포해야 함을 강조했다.[431] 여기서 믿음의 결과로 맺히는 성결은, 그리스도에게서 전가된 의나 성결이 아니라 신자 자신의 변화로서의 성결이다(그리스도의 의의 전가 교리에 관한 더 깊은 논의는 4장 참고).

한 가지 주지할 사항은, 웨슬리가 "믿음이 성결의 필요성을 대신한다"는 주장에 반대해, "믿음이 성결을 낳는다" 즉 신자 자신의 실제적 변화를 가져온다고 주장함으로, 은혜 언약 시대도 행위 언약 시대와 다를 바 없이 율법에 온전히 순종해야만 구원 받을 수 있다는 주장으로 회귀했는가 하는 것이다. 그렇게 오해해서는

---

430 같은 곳, 40-41, 44-45.
431 설교, "믿음으로 세워지는 율법 (2)", II. 1.

안 된다. 은혜 언약 시대의 구원의 조건이 오직 믿음이라는 사실은 변하지 않기 때문이다. 단지 성결의 열매를 맺었는지 아닌지의 여부는, 구원의 유일한 조건인 믿음이 참된지 아닌지를 입증할 뿐이다.

루터에게서 율법과 복음의 변증법은 믿음과 율법의 관계 설명에서도 유지된다. 비록 믿음이 성결을 낳더라도 신자는 여전히 죄인인 동시에 의인이기에 율법의 정죄를 피할 수 없다. 해결책은 오직 자신에게 전가된 그리스도의 의를 의존하는 것이다. 이에 반해 웨슬리의 언약 신학은 율법과 복음의 변증법과 상관법 모두를 함축한다. 즉, 은혜 언약에서 구원의 방법으로서 '오직 믿음'은 율법과 복음의 변증법에 대한 강조라면, 하나님의 사랑이 믿음을 통해 율법에 대한 순종을 일으킨다는 주장은 율법과 복음의 상관법을 강조한다.

웨슬리는 개신교 내에서 율법이 경시되고 약화된 세 번째 원인은, "앞에서 지적한 어느 것보다 더 보편적인" 것으로서 "실천적으로 율법을 무용하게 만드는 태도"임을 지목한다. 즉 "믿음이 있기 때문에 성결하게 살지 않아도 되는 것처럼 생활해, 이론적인 면이 아니라 실질적인 면에서 율법을 무용하게 하는 태도"다(롬 6:1, 15). 이는 자신은 이미 믿고 구원 받았다는 안일한 마음으로 "스스로에게 더 넓은 자유를 허용해 … 율법 아래에서 죄를 깨달을 때는 감히 하지 않던 일"을 행함으로 점점 더 육신의 정욕, 안목의 정욕, 이생의 자랑을 탐닉하고, 하나님의 은혜를 가볍게 여기는 삶을 사는 것을 말한다. 이에 반대해 웨슬리는 믿음으로 의롭다 하심을 받은 사람이 "감사함으로 기꺼이 하나님께 순종하며 … 하나님의 은혜가 그 마음을 지배해 사랑으로 모든 일에서 하나님께 순종하는 복음적 순종의 원리가 노예로서의 공포로 인해 순종하는 율법적 순종의 원리보다 힘이 없습니까?"[432]라고 반문한다. 그리고 실천적 율법무용론에 대한 바른 해결책은 회개와 거룩한 삶밖에 없음을 강조했다.[433]

루터가 신자 개인과 교회의 순결을 위해 많은 실천적 노력을 기울였다는 점에서 루터와 웨슬리는 상당히 일치를 이룬다. 예를 들어, 루터는 강력한 교회 시찰을 통해 부패한 성직자를 일벌백계함으로 기강을 바로잡고,『대교리문답』(1529),『소교리문답』(1529) 등의 집필과 보급을 통해 신자들의 신앙의 토대를 확고히 함

432　설교, "믿음으로 세워지는 율법 (1)", III. 1-8.
433　같은 곳.

과 동시에, 십계명과 신자의 의무에 대한 교육 등 율법 교육에 힘썼다.[434] 루터는
『소교리문답』에서 신자의 삶을 바로잡기 위한 율법 교육의 필요성을 다음과 같
이 강조한다.

> 매 계명과 기원(祈願) 및 여러 부분을 상세히 설명해 그 가운데 명한 의무를 가르치며 또한
> 그 이득과 축복, 또는 의무를 태만히 여김으로 따르는 위험과 손실을 가르치라. … 사람들이
> 특별히 주의해야 할 계명이나 기타 부분은 특히 주의를 기울여 강조하라. 예를 들어, 노동자
> 와 상인, 농부, 고용인들을 가르칠 때는 도둑질을 금하는 제7계명을 특히 강조하라. 그들 중
> 많은 사람이 부정직하거나 도둑질을 하고 있기 때문이다. 아이들과 일반 대중을 가르칠 때
> 는 특히 제4계명을 강조해 그들로 질서 있고 신실하며 순종적이고 온화하도록 격려하라.
> 언제나 성경의 많은 사례로 하나님께서 어떤 사람을 벌하시고 또 복 주시는지를 예증하라.

> 다스리는 자와 부모는 지혜롭게 통치하고 자녀 교육에 힘써야 함을 애써 강조하라. 그것이
> 그들의 의무임과 그것을 하지 않는 것이 얼마나 중대한 죄인지 가르치라. 의무를 태만히 하
> 는 사람은 하나님 나라와 세상 나라 모두를 좀먹게 하고 황폐하게 하므로, 하나님과 사람의
> 최대의 원수다. 그들이 자녀를 목사와 설교자, 공증인, 그외 직업인이 되도록 양육하지 않는
> 것은 큰 죄임을 분명히 가르치고, 하나님께서 무서운 형벌을 내리실 것이라고 말하라. 이런
> 설교는 반드시 필요하다.[435]

교회사가 필립 샤프는 루터의 종교개혁에 "반(反)율법주의적 경향과 공중 도덕
의 퇴보가 수반되었다는 것은 부정할 수 없는 사실"이라고 말한다. 그리고 "이 사실
은 로마주의자들과 분리주의자들의 적대적인 증언뿐 아니라, 루터와 멜랑히톤 스
스로가 후년에 복음의 자유의 오용 및 비텐베르크와 작센 지방 전체에 걸친 개탄할
만한 도덕적 상태에 관해 종종 쓰라린 불만을 터뜨렸다는 사실에서 알 수 있다"[436]
는 설명을 덧붙인다. 그러면서도 샤프는 루터의 종교개혁 진영의 방종의 원인이
꼭 루터 신학에만 있었던 것이 아님을 다음의 다섯 가지 이유를 들어 설명했다.

> 도덕의 퇴보 특히 방종이 늘어나고 사치와 악덕이 증가한 것은 가톨릭교회 시절에 이미 시
> 작되었음을 먼저 기억해야 한다. 그것은 여러 발견과 발명, 상업과 부의 증대의 결과였다. …
> 두 번째로, 도덕적 퇴보는 어떤 특별한 교리보다, 교회의 질서와 규율이 붕괴된 데 필연적으
> 로 따르는 혼란과 루터파 개혁자들이 교회의 지배권을 너무 쉽게 주교의 손에서 세속 지배
> 자에게 넘어가도록 허락한 사실에 기인한다. 세 번째로, 이런 퇴보는 옛 질서가 무너지고 새

---

434 마르틴 루터, 『대교리문답』, 10-15.

435 BC 340.

436 필립 샤프, 『교회사 전집 7: 독일 종교개혁』, 박종숙 역 (서울: 크리스찬다이제스트, 2010), 33.

로운 질서가 세워지는 과도기의 단지 한시적 현상이었다. 네 번째로, 이러한 무질서는 독일
에만 국한되었다. 스위스 개혁자들은 처음부터 루터파 개혁자들에 비해 규율을 더 강조했
으며 … 칼빈은 그 전에는 기독교 교회에 결코 알려진 적이 없었던 도덕적 순결과 엄격주의
를 제네바에 도입했다.[437]

샤프의 분석처럼 루터파 종교개혁 진영의 도덕적 퇴보에는 루터 신학 외적인
요인이 있었던 것이 사실이다. 그리고 칼빈 등 스위스 종교개혁자들이 교회의 규율
과 치리를 강조한 것은, 종교개혁 이후 루터가 예상하지 못한 가운데 발생했던 과
도기적 현상을 바로잡기 위한 상당한 노력이 개신교 내에 있었음을 보여준다. 종교
개혁으로부터 2세기가 지난 뒤 웨슬리는 루터와 칼빈이 강조했던 개인과 가정에서
의 경건훈련, 교회적 권징, 그리고 종교개혁 이후 루터란 경건주의 및 청교도 전통
이 강조한 소그룹 영성 훈련과 사랑의 실천 등 다양한 은혜의 방편과 공동체적 훈
련의 방법을 메소디스트 운동에 접목해, 신자로 종교개혁 시대보다 다양하고 풍성
하게 은혜의 방편 사용의 혜택을 누릴 수 있게 했다. 웨슬리는 루터와 칼빈의 혜택
을 입어 앞선 시대보다 나은 방법으로 구원론을 교회론과 접목시킨 것이다. 그러
나 앞선 시대의 한계에도 불구하고 신자 개인과 교회의 거룩함을 위해 개인적·공
동체적 노력을 기울인 점에서 루터는 웨슬리와 크게 다르지 않았다. 그 점에서 루
터와 웨슬리 신학의 차이점 분석은 루터와 웨슬리의 마음속 의도나 그들이 신자와
교회의 순결을 위해 얼마나 분투했는지만이 아니라, 그들의 의도와 노력이 적절하
게 표현되었는지도 고려해야 한다. 루터의 의도가 아닌 루터 신학에 근거해 평가를
내린다면, 루터 신학에는 육적인 사람이 율법무용론으로 변질시키기 쉬운 표현과
가르침이 실제로 내재했고, 웨슬리는 그것을 교정하고자 한 것이다.

웨슬리는 루터의 율법과 복음의 변증법을 받아들이면서도, 루터가 가르치지
않았고 심지어 반대하기까지 했던, 신자의 현재적인 의와 그리스도인의 완전이라
는 목표 사이의 긴장을 기독교 신앙의 핵심요소로 매우 중시했다. 웨슬리에게 그
리스도인의 사랑의 실현은 마치 "절대 완전히 갚을 수 없는 영원한 빚"과 같은 것
이다. 사랑은 언제나 더 많은 사랑을 추구하는 특성이 있기 때문이다. 그리스도인
의 완전이라는 목적론적 지향점은 항상 더 큰 열심으로 추구해야 할, 계속 뒤로 물

---

[437] 같은 곳.

러나는 과녁 같은 것이다.[438] 바울이 자신을 "우리 온전히 이룬 자들"(빌 3:15)로 묘사해 목표에 도달했음을 표현하면서도 동시에 "내가 이미 얻었다 함도 아니요 온전히 이루었다 함도 아니라 오직 내가 그리스도 예수께 잡힌 바 된 그것을 잡으려고 달려가노라"(빌 3:12)는 말로 여전히 이후의 목표를 지향하고 있음을 고백한 것과도 같다. 이런 점에서 클라렌스 벤스(Clarence L. Bence)는, 웨슬리의 구원론에는 "구원의 순서 전체에서 현재적 성취와 미래의 기대 사이의 변증법적 긴장"이 존재한다고 바르게 지적한다.[439]

긍정적으로 보면 이 긴장은 신자가 은혜에서 계속 성장하도록 재촉하는 좋은 자극제가 된다. 그러나 부정적인 면에서는 웨슬리 시대의 많은 신비주의 작가와 일반 신자에게서처럼, 신자의 마음에 큰 낙심을 일으키는 원인이 될 수 있다. "우리가 칭의의 믿음을 가졌는데도 하나님을 전혀 닮지 않았다"는 생각은, 우리를 은혜 안에서 성장시키기보다 오히려 자신이 은혜를 받지 못했기 때문인지 의심해 받은 은혜조차 부인하게 할 정도로 우리를 억누르는 짐이 될 수 있기 때문이다.[440] 웨슬리는 설교 "사탄의 계략"(1750)에서, 사탄은 신자가 성화의 은혜에서 더 성장할 가능성이 있다는 "자연적 경향"을, 기대했던 것과는 반대로 위선이나 낙심에 빠질 수도 있다는 "부수적 오용"과 뒤섞어버림으로, 칭의와 성결 사이의 긴장이 줄 수 있는 긍정적인 효과를 파괴하기 위해 모든 노력을 다한다고 경고했다. 사탄은 성결이라는 높은 기준에 미치지 못하는 자신의 모습을 통해 신자가 이미 받은 칭의와 중생의 은혜조차 의심하도록 공격할 뿐 아니라, 우리가 "은총의 더 큰 역사를 기대하는 것"을 통해 오히려 성결의 증진을 방해하기도 한다.

> 사탄은 복음의 한 부분이 다른 부분을 무효화하도록 분투합니다. … 우리의 악함, 죄성, 무가치함을 강조해 우리가 주님 안에서 누리는 기쁨에 재를 뿌리려 합니다. … 마귀는 우리가 현 상태에 머물 필요가 없고 더 위대한 변화가 기다리고 있음을 상기시키면서 … 우리가 경험하지 못한 그것을 이룰 필요성을 왜곡되게 주장함으로 우리가 이미 얻은 기쁨을 감소시킵니다. … 하나님이 행하실 위대한 일이 많이 있다는 사실을 악용해, 그분이 이미 행하신 놀라운 일에서 그 선하심을 바르게 음미하지 못하게 하기 위해서입니다. … 그는 당신이 더 거룩해야 하며 하나님의 더 온전한 형상으로 회복되어야 한다고 생각하게 해 당신이 이미 얻은 거

---

438 ENNT Rom. 13:8-10.
439 Clarence L. Bence, "John Wesley's Teleological Hermeneutic" (Ph.D. thesis, Emory University, 1981), 19.
440 설교, "여러 가지 시험을 통한 괴로움", III. 8.

룩함을 흔들고 파괴하려 할 것입니다. ··· 사탄은 우리에게 온전한 사랑이 필요하다는 확신을 이용해 의심과 두려움으로 우리의 평안을 흔들고··· 하나님의 완전한 사역을 기대하게 함으로 하나님께서 우리 영혼에 이미 시작하신 사역을 파괴합니다.[441]

웨슬리가 언급한 그리스도인의 완전 추구의 부정적 효과는, 루터가 신자의 내적 변화로서의 성결 교리를 비판한 주된 이유였다. 신자를 용서받은 죄인으로 가르친 루터에게, 신자의 내재적 의에 대한 주장은 배은망덕한 태도이자 자기 주제를 모르는 뻔뻔한 태도다. 신자는 여전히 죄가 많기 때문에, 자신의 내재적 의의 토대 위에서는 필연적으로 위선 또는 낙심에 빠질 수밖에 없다. 루터에게 신자가 내재적 의를 가져야 한다는 신인협력 사상이 초래하는 문제의 해결은, 칭의를 가능케 하시는 그리스도의 속죄 또는 하나님의 은혜로 신자를 온전케 하실 종말론적 희망을 통해 신단동설적으로만 가능하다. 신자가 항상 죄인으로 머무는 현세에서 신자를 묘사하는 최선의 방법은 율법의 정죄와 복음의 용서 사이의 변증법이다.

이러한 루터의 입장과 달리 웨슬리는 성결에 대한 강조가 일으킬 수 있는 부정적 효과를 경계하면서도, 부정적인 결과를 지나치게 과장해서는 안 된다는 것도 함께 강조했다. 칭의 이후의 신자는 "칭의 전보다 자신 속에 남아있는 죄에 대해 훨씬 더 깊고 분명하고 충분한 지식"을 갖게 된다. 그러나 웨슬리는 그것을 아는 것이 꼭 "영혼에 어두움을 일으키는" 원인이 되지는 않는다고 강조했다.[442] 성결의 추구가 루터의 주장처럼 낙심이나 위선으로 연결되지 않을 수 있는 비결은 하나님의 은혜를 신뢰하는 신앙에 있다.

하나님의 은혜로 여러분이 자신의 악함을 느낄수록 그 악함이 모두 사라질 것이라는 소망을 확신하는 가운데 더욱 즐거워하면서 사탄의 화살을 그 머리로 되돌려보낼 수 있습니다. ··· 내가 그의 사랑하시는 자 안에서 용납된 것은 나 자신의 의로움이 아니라 예수 그리스도를 믿음으로 말미암는 의 때문입니다. ··· 이것을 당신의 목에 매고, 마음판에 새기며, 손목의 기호와 미간의 표로 삼으십시오. ··· 그렇게 하면 죄를 느끼면서도 성결을 기대하는 그 마음이 당신에게 평안을 주고 그 평안이 강같이 흐르게 할 것입니다. ··· 하나님이 위에서 부르신 부르심의 상을, 사탄이 제시하는 지긋지긋하고 무서운 것이 아니라 참되고 본래적인 아름다움으로 볼 수 있게 해주시기를 간절히 구하십시오. ··· 하나님은 용서와 거룩함과 천국을 결합하셨습니다. ··· 그 한 부분도 끊어지지 않게 하십시오. ··· 그 구원의 때가 오지 않았다고 해서 자신을 쓸데없이 괴롭히는 대신 여러분은 조용히 그 은혜를 기다리게 될 것입니

---

441 설교, "사탄의 계략들", I. 1-14.
442 설교, "여러 가지 시험을 통한 괴로움", III. 9.

다. … 죄의 짐이 항상 남아있을 것이 아니므로 현재 남아있는 죄의 고통을 기쁨으로 인내할 수 있을 것입니다. … 모든 약속을 성취하시는 하나님의 신실하심의 증거를 가진 것을 즐거워하십시오.[443]

만약 성결의 은혜를 고대하는 신자가 사탄이 주는 낙심에 빠지지 않고 믿음과 순종, 인내로 하나님의 역사를 기다리면 어떤 결과가 일어나는가? 신자는 자신의 죄를 발견하는 정도만큼 그 죄를 용서하시는 하나님의 은혜와 십자가에서 우리 대신 형벌 받으신 그리스도의 희생적 사랑의 가치를 더 크게 발견할 것이다. "하나님께서는 우리가 우리 자신을 아는 정도와 비례해 하나님 자신에 대한 지식과 그의 사랑에 대한 경험을 더 크게 증가시켜주실 것입니다."[444] 더 나아가 웨슬리는 하나님께서 성결의 은혜를 주심으로 "여러분의 악함은 사라질 것입니다. 마치 초가 불에 녹듯, 여러분이 느끼는 악함은 그 앞에서 녹아 없어질 것입니다. … 이미 여러분을 위해 위대한 일들을 행하신 구원의 하나님은 이보다 훨씬 위대한 많은 일을 행하실 것입니다"[445]라고 역설했다. 따라서 위선이나 낙심은, 루터가 주장한 것처럼 성결을 추구할 때 필연적으로 뒤따르는 결과가 아니다. 신자가 자신의 죄로 인해 경험하는 낙심은 죄를 용서하시는 하나님의 칭의의 은혜를 더 소중히 여기게 하는 촉매제가 되고, 위선에 대한 유혹 역시 하나님의 뜻을 성취할 능력 즉 신자에게 참 의로움을 부여하는 하나님의 성결의 은혜로 극복될 것이다. 루터 신학에서는 해결 불가능한, 신자에게 남아있는 죄의 고통이 웨슬리 신학에서는 칭의와 중생, 더 나아가 성결의 은혜로 해결되는 것이다.

웨슬리는 위선이나 낙심의 원인이 되는 신자의 죄 된 상태를 "용서와 거룩함과 천국" 즉 선행은총에서 칭의, 성결, 영화의 은혜까지 하나의 "은혜의 황금사슬"을 이루는 구원의 전체 과정에서 따로 분리해 다루어서는 안 된다는 점을 강조한다. 구원의 과정에서 어느 한 단계를 전체에서 분리해 다루는 것은 하나님 은혜의 매우 능력 있고 포괄적인 사역을 왜곡할 수 있기 때문이다. 그래서 웨슬리는 더 큰 은혜에 대한 갈망은 반드시 이미 받은 은혜를 굳게 지켜내는 가운데 이루어져야 한다고 강조했다. 성결의 은혜는 과거에 주신 칭의와 중생의 은혜를 간직하면서 그

---

443 설교, "사탄의 계략들", II. 1-8.
444 설교, "여러 가지 시험을 통한 괴로움", III. 9.
445 설교, "사탄의 계략들", II. 1.

은혜 안에서 점차적으로 자라가는 가운데, 또한 반드시 주실 더 큰 은혜를 소망하며 인내하는 가운데 추구되어야 한다. 하나님 은혜의 '황금사슬'은 끊어져서도 안 되고, 각 은혜의 순서가 뒤바뀌어도 안 된다.[446]

웨슬리 신학에서 신자의 현재적 의와 그리스도인의 완전이라는 더 큰 목표 사이의 긴장은, 루터 신학의 정죄하는 율법과 용서하는 복음의 변증법으로는 결코 해결되지 않는다. 신자라도 죄에서 벗어날 수 없음을 가르치는 루터의 변증법은 성경이 말씀하는 하나님의 은혜의 전모를 온전히 드러내고 드높일 수 없다. 레온 힌슨(Leon O. Hynson)은 루터가 변증법으로 묘사한 많은 주제에서 "최고의 신학적 은사를 받은 사람인 웨슬리는 시종일관 신앙과 이성의 종합, 신학과 인간학의 종합, 자연과 은총의 종합, 신앙과 윤리의 종합, 하나님의 주도권과 인간의 응답의 종합, 자유와 책임의 종합, 율법과 복음의 종합, 칭의와 성결의 종합을 이루어내었다"[447]고 바르게 평가한다. 그리스도인의 완전 추구의 부정적 효과를 해결하는 것은 바로 율법과 복음의 연결, 하나님의 명령과 이를 행할 성령의 능력 부으심의 연결, 계속 뒤로 물러나는 그리스도인의 완전이라는 목표와 신자가 그 목표에 도달할 수 있게 하시는 하나님의 성결의 은혜 사이의 연결이다. 웨슬리는 그리스도인의 완전 교리를 가르쳐 추구하게 하는 것이 문제가 아니라, 오히려 이 소중한 교리를 부인하거나 가르치지 않는 것이 신자의 영적 성장을 멈추게 하고, 신자로 죄에 머물러 있게 함으로 낙심이나 위선에 빠지게 만든다고 보았다. 그는 다음과 같이 단언한다. "만약 당신이 모든 신자가 완전을 향해 나아가도록, 그리고 매 순간 죄로부터의 구원을 기대하도록 가르친다면, 그들은 은혜 안에서 점점 자랄 것입니다. 그러나 그들이 그 기대를 잃어버린다면, 그들은 점점 활기를 잃고 냉랭하게 되고 말 것입니다."[448]

446 같은 곳, II. 2-8.
447 Leon O. Hynson, *To Reform the Nation: Theological Foundations of Wesley's Ethics* (Grand Rapids: Francis Asbury Press), 23-24; Wilson, "The Correlation of Love and Law in the Theology of John Wesley," 110-115.
448 Letters 6:66; Letters 6:54, 59, 74, 97, 103, 137, 240; Allan Coppedge, *John Wesley in Theological Debate* (Wilmore, KY: Wesley Heritage Press, 1987), 268.

III. 두 왕국과 율법의 두 용법 vs. 선행은총과 율법의 세 용법

율법의 형태에 관해, 루터와 웨슬리는 성경 속 율법을 시민법, 의식법, 도덕법의 세 형태로 구분하는 것과 그 내용을 설명하는 데 있어 큰 유사성 안에서 어느 정도 차이를 보인다. 루터는 율법의 세 형태가 그리스도인의 신앙과 삶의 유효한 틀을 형성한다고 가르쳤다. 시민법은 하나님께서 세상 나라 역시 다스리심을 드러낸다. 의식법은 비록 그 의미는 바뀌었으나 여전히 하나님을 예배하는 중요한 요소로 남아 있다. 도덕법은 하나님 뜻의 표현으로, 여전히 죄인과 신자가 끊임없이 하나님의 구원의 은혜를 의지하게 만드는 도구가 된다.

웨슬리 역시 율법의 세 형태를 유사하게 가르치지만, 그는 때때로 시민법과 도덕법을 구분해 개인을 위한 도덕법과 사회의 질서를 위한 시민법으로 나누기보다, 선행은총과 자연법 개념을 통해 사회적 질서와 윤리 문제를 도덕법 논의에 포함시켰다. 이는 실정법으로서 시민법이 근본적으로 자연법 형태의 도덕법을 토대로 하며, 정치적 질서나 권위와 책임에 관한 성경의 가르침이 배타적으로 시민법과만 관련되는 것이 아니라 도덕법과도 긴밀한 관계가 있기 때문이다. 도덕법은 자체 내에 이미 하나님과 사람 사이의 관계만이 아니라 사람 상호 간의 관계에 관한 풍부한 가르침을 포함하기에,[449] 도덕법의 원리가 공적인 관계에 적용될 때 도덕법이 시민법의 형태를 띠게 되는 것이다.[450] 이처럼 도덕법이 시민법을 포괄한다는 웨슬리의 이해는, 왜 그가 때때로 시민법 또는 율법의 '정치적 용법'을 루터처럼 도덕법과 별도로 다루지 않고 도덕법의 범주에 포함시켰는지에 대한 설명이 될 수 있다. 웨슬리는 그리스도의 속죄를 미리 예표하는 구약의 의식법은 그리스도께서 오셔서 그 실체를 실현하심으로 "완전히" 철폐된 것으로 설명했다. 이로 인해 웨슬리의 율법 논의는 주로 도덕법에 초점이 맞추어진다.[451]

루터는 율법의 용법을 '시민적 용법'(*usus politicus*)과 '신학적 용법'(*usus theologicus*) 두 가지로 구분했으나, 웨슬리는 세 용법 즉 "죄인을 죽이고" "그리스도께로 인도하며" "늘 그리스도와 함께 있게 하는" 용법을 가르쳤다. 웨슬리의 세 용법에는 루

---

449 설교, "율법의 기원, 본성, 속성 및 용법", I. 1.
450 설교, "대심판" "가정의 신앙생활에 대하여" "자녀교육에 대하여" "부모에게 순종함에 대하여" "목사에게 순종함에 대하여" "국가적 죄와 비극들".
451 설교, "산상설교 (5)", I. 1.

터가 가르친 정치적(시민적) 용법이 없고, 세 용법 모두가 '신학적' 용법에 해당한다. 웨슬리의 첫 두 용법인 죄를 깨닫게 하고 그리스도께로 인도하는 용법은 루터가 가르친 신학적 용법에 해당한다. 웨슬리가 말하는 세 번째 용법은 루터에게는 없는 용법으로, 멜랑히톤과 칼빈이 가르친 율법의 제3용법, 즉 신자의 성화를 돕는 율법의 용법과 유사하다.[452]

　　루터의 율법의 두 용법과 웨슬리의 율법의 세 용법에 관한 설명은 동일하게 인간의 타락을 전제한다. 그럼에도 루터와 웨슬리의 설명은 타락과 구원에 관해 서로 다른 시각을 드러낸다. 루터에게는, 타락 전 아담이 죄 없는 상태에서 율법을 성취했던 원의(原義)의 상태는 이 세상에서 회복될 수 없기에, 세상에서 신자의 삶이란 반복적으로 죄를 짓고 계속해서 용서를 받는 삶일 뿐이다. 신자에게 온전한 의의 회복은 불가능하다. 신자에게 율법의 요구를 충족시킬 수 있는 의로움이란 외부에서 선물로 주어지는 의, 즉 그리스도의 전가된 의를 통하지 않고는 있을 수 없다. 신자 자신이 실제로 변화되어 이루는 의의 상태는 이 세상에서는 매우 불완전하기에, 신자의 온전한 거룩함은 오직 내세에 주어질 소망으로서만 가능하다. 하나님께서 신자에게 미래의 축복으로 완전한 의를 주실 때까지, 율법의 두 용법과 세 형태는 인간의 사회적 삶과 하나님 앞에서의 영적 삶이라는 서로 다른 삶의 영역에서 계속해서 인간의 죄와 관계할 수밖에 없다. 루터에게서 율법의 정죄하는 역할은 인간의 영적·시민적 삶 모두에서 언제나 계속된다.

　　웨슬리는 인간이 원의를 잃어버렸다는 주장에서 루터와 입장을 같이한다. 그러나 웨슬리는 하나님께서 중생의 은혜로 죄의 능력을 깨뜨리시고, 더 나아가 성결의 은혜로 신자의 내적인 의를 온전히 회복시키신다고 주장한 점에서, 중생한 신자라도 여전히 죄인으로 남는다고 가르친 루터와 다르다. 웨슬리는 (1) 은혜 언약 개념을 통해 은혜로우신 하나님께서는 그리스도의 구원 사역에 기초해 복음의 토대 위에서 신자의 순종을 의로운 행위로 받아주심을 가르쳤다.[453] (2) 그러나 비록 은혜 언약이 신자의 행위가 의로 여김 받을 수 있는 가능성을 열어놓았더라도, 은혜 언약 자체를 신자의 의와 동일시할 수는 없다. 신자가 의로울 수 있는 가능성을 실제적 의로 열매 맺게 하시는 것은, 율법의 의미를 깨닫게 하시는 성령의 조

452　Collins, "John Wesley's Theology of Law," 183.
453　Wilson, "The Correlation of Love and Law in the Theology of John Wesley," 100-101; WW 8:289.

명하심과 율법 순종을 가능케 하시는 성령의 능력 부으심이다. 이를 종합하면 웨슬리는 은혜 언약 및 성령의 계시와 능력 부으심을 토대로, 율법은 정죄만 하는 것이 아니라 하나님께서 신자를 실제적 의로 회복시키기 위해 사용하시는 도구임을 가르쳤다.

율법의 두 용법(신학적, 정치적)과 세 형태(시민법, 의식법, 도덕법)를 가르친 루터의 율법관은 그의 신학의 개요라 할 수 있는 이신칭의와 두 왕국 교리의 틀을 형성한다. 하나님의 영적 나라에서 구약의 의식법과 도덕법은 인간의 죄를 드러내고, 신약의 그리스도의 법과 그리스도께서 제정한 새로운 의식은 복음을 계시한다. 하나님의 또 다른 통치영역인 이 세상 나라에서는 자연법과 시민법이 중요한 역할을 한다. 신자는 이 세상 나라와 두 가지 관계를 맺는다. 한편으로, 자연법과 시민법은 모두 인간의 이성에 토대를 두기 때문에, 두 법은 불신자를 포함해 모든 사람의 개인 윤리와 사회 윤리의 기초가 된다. 이 세상 나라에서 신자와 비신자는 모두 자신의 이성의 판단을 따라 자연법을 개인 윤리의 기준으로 삼고, 공적으로는 세속 권력자가 자연법에서 유래된 실정법인 시민법을 따라 통치함으로 사회의 질서를 유지한다.[454] 인간의 이성이 자연법을 해석해 사회에 적용한 것이 시민법이라는 점에서 세상 나라의 윤리의 기준은 자연법과 시민법이다. 이 점에서 루터는 이 세상 나라에서는 우리가 "우리 자신의 선생님"[455] 또는 "우리 자신의 성경이자 선생이자 신학자이자 설교자"[456]라고 주장했다. 이 세상 나라에서는 신자든 비신자든 동일하게 자신의 신분과 직업에서 "이루어내야 할" 각각의 의가 있는데, "이 의는 그리스도와 아무 상관이 없이 사람이 가진 내적인 능력을 기초로 독립적으로 활동한다."[457] 다른 한편으로, 하나님의 영적 나라의 백성이 되어 그리스도의 법에 따라 사는 참된 신자는 "신앙적 토대" 위에서 이웃을 특별한 방법으로 사랑한다.[458] 불신자는 자연법과 시민법에서 사람 사이의 윤리적 의미만 발견하는 데 비해, 신자는 자연법과 시민법의 요구를 하나님이 통치하시는 세상에서 그리스도인의 소명을 성취하는 방법으로 여긴다(율법과 그리스도인의 소명의 관계는 8장 참고).

454 Meistad, *Martin Luther and John Wesley on the Sermon on the Mount*, 60-61, 147.
455 LW 21:235.
456 LW 21:236-237.
457 Meistad, *Martin Luther and John Wesley on the Sermon on the Mount*, 110; LW 21:26.
458 같은 책, 61-63, 147.

웨슬리에게 모두 신학적 용법에 해당되는 율법의 세 가지 용법으로는 율법의 일을 모두 포괄하지는 못한다. 웨슬리의 가르침에서 루터의 자연법과 시민법에 해당하는 것은 선행은총이다. 루터에게서 자연법과 시민법처럼, 웨슬리에게 선행은총은 "도덕적으로 선한 것과 악한 것을 구분하는" 원리로서, "동료 인간에게 도덕적으로 비난받을 만한 행동을 정죄"하는 역할을 한다.[459] 찰스 윌슨은 웨슬리가 선행은총론을 기초로, 루터의 두 왕국론과 유사하게 하나님께서 다스리시는 역사의 두 영역을 구분했다고 설명한다. 즉 "선행은총이 작용하는 영역"인 "일반적이고 보편적인 역사"와 율법의 세 가지 영적 용법이 죄인의 구원과 하나님 형상의 회복을 위해 일하는 "특별한 구원의 역사"로 구분했다는 것이다.[460] 따라서 웨슬리의 선행은총과 율법의 세 용법은, 하나님께서 세상과 신자를 통치하시는 방법 이해에서 루터의 두 왕국 및 율법의 두 용법과 상당한 유사성을 나타낸다.

그럼에도 루터는 인간의 행위가 아닌 믿음으로 구원을 얻는다는 교리를 보호하기 위해 세속적 삶과 영적 문제를 구분해 "구원의 문제를 창조 안에서의 삶과 그리스도인의 일상의 책임 문제에서" 제외했다면, 웨슬리는 구원의 논의에서 세속적인 삶과 영적 삶을 연결해 "하나님의 구원 사역을 … 그의 창조 사역과의 연관성 속에서" 바라보았다.[461] 웨슬리에게 구원은 "창조된 자연과 인간 개인, 사회를 포함하는 전 우주의 재창조"[462]를 의미했다. 일반 역사는 하나님의 구원사의 배경만이 아니라 목적으로도 이해할 수 있기에, 하나님의 구원은 창조 질서에도 "개선과 실제적 변화"를 가져온다.[463] 웨슬리에게 율법은 죄인을 구원하고 성화로 인도함으로 하나님과의 관계를 도울 뿐 아니라, 세상 속 관계를 바르게 세워나가는 실질적 관계의 법이다. 따라서 하나님께서 죄를 깨닫게 하는 은총, 칭의와 성화의 은혜를 주시기 위해 사용하시는 율법의 세 용법, 세상에서 선을 장려하고 악을 제어하는 선행은총에 대한 웨슬리는 견해는, "인간뿐 아니라 전체 우주의 재창조"로서 그의 포괄적 구원관을 형성한다.[464]

---

459 Manfred Marquardt, *John Wesley's Social Ethics: Praxis and Principles*, trs. John E. Steely & W. Stephen Gunter (Nashville: Abingdon Press, 1992)93.

460 Wilson, "The Correlation of Love and Law in the Theology of John Wesley," 103.

461 Meistad, *Martin Luther and John Wesley on the Sermon on the Mount*, 95, 99.

462 같은 책, 110.

463 같은 책, 99.

464 같은 책, 93.

3장

성부 하나님

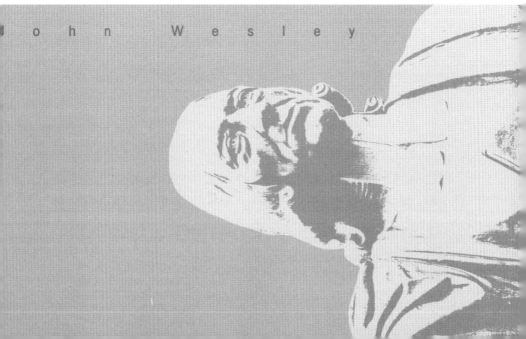

3장 성부 하나님

A. 마르틴 루터

사람들은 루터에게 개신교도, 종교개혁자, 예언자, 영웅 등 다양한 별명을 붙여주었다. 많은 별명 중 특히 데일 존슨(Dale A. Johnson)이 붙인 "하나님 생각에 중독된 사상가"[1]라는 별명은 루터 개인 및 그의 신학의 특징을 매우 잘 표현한다. 루터는 "라틴어 저작 전집 서문"(1545)에서 로마 가톨릭교회 아래에 있을 때 자신이 "율법을 통해 모든 종류의 불행으로" 죄인을 부수어 버리는 하나님의 의에 대한 두려움에 사로잡혀 있었다고 고백했다.[2] 그는 이렇게 무서운 하나님 이미지에 반해 자신의 종교개혁적 깨달음은 성경을 통해 자신의 의를 우리에게 선물로 주시는 은혜로우신 하나님을 만남으로 찾아오게 되었다고 고백한다.[3] 이처럼 루터 신학은 율법의 하나님뿐 아니라 복음의 하나님에 대한 새로운 통찰력의 결과로 형성된 것이다. 루터 신학의 특징은 "하나님의 하나님 되심"을 드러내는 신학이라고 말할 수 있다. 그렇다면 루터는 하나님을 어떤 분으로 가르쳤는가?

I. 창조하시는 하나님

루터에게 하나님의 하나님 되심은 무엇보다 하나님께서 창조주 되심을 의미한다.[4] 루터는 창조주 하나님께서 "모든 것 안에서 모든 일을 행하신다"[5]고 가르쳤다. 하나님은 "무(無)에서 모든 것을" 만들어내셨을 뿐 아니라,[6] 그와 유사한 방식으로 모

---

1   Johnson, "Luther's Understanding of God," 59.

2   LW 34:336-337.

3   같은 곳.

4   Althaus, *The Theology of Martin Luther*, 105; Oswald Bayer, "I Believe That God Has Created Me With All That Exists: An Example of Catechetical-Systematics," *LQ* (Summer 1994), 129-161.

5   LW 9:8, 205; 11:458; 14:301; 15:73; 19:112; 21:328; 33:140, 175, 189, 242; Althaus, *The Theology of Martin Luther*, 105-115.

6   LW 26:66; 1:17-18; 6:58-59, 102-103, 350-357; 7:105, 210-211; 8:37, 380; 18:376; 20:4-5, 49, 84; 46:250.

든 반대된 것에서 그와 정반대되는 무엇인가를 창조해내신다.[7]

> 하나님께서는 창조 시 무에서 세상을 만드심으로 창조주와 전능자로 불리신다. 하나님이 일하시는 방법은 바뀌지 않았다. 지금과 세상의 끝까지 그가 행하시는 모든 일은 아무것도 아닌 것, 가치 없는 것, 멸시당하고 가련하며 죽은 것에서 가치 있고 귀중하며 존경할 만하고 축복할 만하며 살아있는 것을 만드시는 일이다. 다른 한편, 그는 무엇이든 가치 있고 귀중하며 존경할 만하고 축복할 만하며 살아있는 것을 아무것도 아닌 것, 가치 없고 멸시당하며 가련하고 죽어가는 것으로 만드신다.[8]

하나님께서 행하시는 '모든 일'에는 물질 세상의 창조와 보존 및 하나님의 모든 영적 섭리와 구원 사역이 포함된다. 죄인의 칭의 역시 "하나님의 역설적 창조 활동"의 특별한 예가 된다. "하나님께서는 어둠에서 빛을 만드시고 무에서 사물 만드시기를 즐겨하신다. 그래서 그는 모든 것을 창조하셨으며, 버려진 자를 도우시고, 죄인을 의롭게 하시고, 죽은 자에게 생명을 주시고, 저주받은 자를 구원하신다."[9]

루터는 이미 존재하는 사물을 지칭하는 "명칭 언어"(Call-Word)와 말이 의미하는 바를 이루게 하는 "행위 언어"(Deed-Word)를 구별해, 하나님의 말씀을 행위 언어로 설명했다.[10] 루터는 "하나님의 행위는 곧 그의 말씀이다. 하나님께서 말씀하시면 이루어진다. 하나님의 말씀은 곧 행위와 같은 것이기 때문이다"[11]라고 말한다. 루터의 설명은 다음과 같다.

> 성경은 하나님께서 말씀하시면 말씀이 실제 사건이나 행위와 연결되어 있음을 이해하고 있다. 하나님께서 말씀하시면… 온 세상은 정말 움직인다. … 해가 뜰 때와 질 때 하나님은 말씀하신다. 열매의 크기가 커져갈 때, 사람이 새로 태어날 때 하나님은 말씀하신다. 하나님의 말씀은 텅 빈 공기가 아니라, 우리 눈으로 보고 손으로 느낄 수 있는 대단하고 놀라운 것이다.[12]

행위 언어 개념은 하나님께서 태초뿐 아니라 지금도 여전히 창조하고 보존하며 다스리신다는 "계속적 창조" 개념과 연결되어 있다. 루터의 말을 들어보자.

7   Althaus, *The Theology of Martin Luther*, 119; LW 21:297-358.
8   LW 21:299.
9   WA 40, III, 154. Althaus, *The Theology of Martin Luther*, 120에서 재인용; LW 8:39.
10   David C. Steinmetz, *Luther in Context*, 2nd ed. (Grand Rapids: Baker Book House, 2002), 115-116; LW 1:21-22; Johannes Schwanke, "Luther on Creation," in *Harvesting Martin Luther's Reflections on Theology, Ethics, and the Church*, ed. Timohy J. Wengert (Grand Rapids: Wm. B. Eerdmans, 2004), 78-98.
11   WA 3.152.7. Gerhard O. Forde, *The Preached God: Proclamation in Word and Sacrament*, eds. Mark C. Mattes & Steven D. Paulson (Grand Rapids: Wm. B. Eerdmans, 2007), 64에서 재인용.
12   LW 12: 32.

하나님은 집이나 배를 만들어 집주인이나 선주에게 넘긴 후 더 이상 관여하지 않는 목수나 건축가가 아니다. 장인은 자기 일을 마치면 더 이상 자신이 만든 것에 관심을 갖거나 유지보수에 신경 쓰지 않고 떠나버리곤 한다. 그러나 하나님은 그렇게 일하지 않으신다. 성부 하나님은 태초에 말씀으로 모든 것을 창조하셨듯, 지금도 말씀으로 그것들을 보존하시며, 앞으로도 그렇게 하실 것이다. 자신의 작품을 없애기 전까지는 그 작품과 함께 계신다. …

만약 창조주 하나님께서 날마다 운행하지 않으시면 해와 달과 온 하늘이 수천 년간 지속해 온 궤도를 벗어나지 않을 수 있겠는가? 또 태양이 언제나 같은 장소에서 뜨고 질 수 있겠는가? 하나님의 능력이 아니라면 사람이나 짐승이 자신을 닮은 후손을 낳거나, 땅이 매년 새로워져 많은 열매를 맺고, 바다가 물고기를 공급할 수 있겠는가? … 하나님이 그 손을 거두시면 세상과 그 속의 모든 것은 소멸되고 말 것이다. 모든 천사와 사람의 능력과 지혜로는 단 한 순간도 그것을 보존할 수 없다. 하나님께서 일하지 않으시면, 해는 하늘에서 빛나지 못할 것이고, 한 아기도 태어나지 못할 것이며, 땅에서는 풀과 곡식, 어떤 것도 자라지 못할 것이다.

그러므로 하나님은 단지 창조만 하시는 것이 아니라 … 창조하신 모든 것을 보존하신다. … 우리는 창조에 관해 이 믿음을 고수해야 한다. … 창조의 교리에 관해 가장 중요한 것은 하나님은 자신의 피조물을 지탱하시는 일을 멈추지 않으심을 우리가 알고 믿는 것이다. 요한이 말씀으로 모든 것이 창조되었다고 선언할 때, 우리는 그가 창조된 모든 것이 말씀으로 보존된다는 사실 역시 가르쳤음을 깨달아야 한다.[13]

"하나님께서 모든 사람이 언제 태어나고 죽을지, 어떤 이름을 가질지, 어떤 직업을 갖게 될지 결정하시고 예정하셨다."[14] 하나님은 "나라와 통치자"를 세우시고 그들의 한계를 정하시며,[15] 다윗이나 한니발, 알렉산더 같은 사람을 위인으로 만드신다.[16] 또 하나님께서 개인에게 영예와 복, 치욕과 저주를 주신다.[17]

루터는 하나님의 주요 속성인 전능하심이나 편재하심을 그의 창조주 되심과 연결해 설명했다. "만약 하나님이 모든 곳에서 모든 것을 만드시고 보존하려 하신다면, 하나님의 오른손과 신적 본성 및 위엄 역시 모든 곳에 계셔야 한다. 하나님께서 그것들을 만드시고 보존하신다면, 하나님은 그 모든 곳에 현존해 계심이 틀림없다."[18]

---

13 LW 22:26-29.
14 LW 15:102.
15 LW 17:36.
16 LW 13:160-164.
17 LW 21:299.
18 LW 37:59-60.

나아가 루터는 다양한 가면 뒤에서 일하시는 하나님의 사역의 직접성을 가르친다.[19] 하나님은 모든 사람과 천사와 자연이라는 도구를 당신의 가면으로 사용하신다. 불신자가 단지 가면만 보는 곳에서, 신자는 그 가면을 통해 하나님께서 일하고 계심을 안다.[20] 따라서 좋은 신앙을 가진 사람은 하나님의 피조물에서 무엇을 얻든 "그 피조물을 통해 하나님에게서" 모든 것을 받는다.[21]

하나님의 전능하심, 그의 계속적인 창조, 그리고 가면 뒤에서 일하시는 하나님의 직접적 사역을 가르침으로 루터가 신자 속에 함양하고자 한 것은, 창조와 구원 모두에서[22] "나는 너의 하나님이라"[23] 말씀하시는 하나님의 말씀을 듣고 믿어 "저는 하나님의 피조물입니다"라고 고백하는 신앙이다.[24]

> "나는 하나님의 피조물입니다." 이 말은 하나님께서 내 몸과 영혼과 생명, 내 몸의 크고 작은 모든 기관, 내 마음의 모든 기능, 내 이성과 이해력 … 내 먹을 것과 마실 것, 입을 것, 살아갈 수단, 아내와 자녀, 집과 종들, 이 모든 것을 주셨고 유지시켜 주심을 의미한다. … 하나님께서는 당신의 모든 창조물이 서로를 조력해 삶의 필요를 공급하게 하신다. 하늘에서 밤과 낮을 비추는 해와 달과 별, 공기와 불과 물, 땅과 땅이 내는 모든 소산, 새와 물고기와 짐승, 곡식과 모든 종류의 양식 등이 그것이다. 더 나아가, 하나님께서는 훌륭한 정부와 평화와 안전 같은 물질적이고 세상적인 복도 주신다. 이러한 사실에서 우리가 알 수 있는 것은, 우리 중 누구도 스스로 자기 생명을 취하거나, 이 모든 복을 유지할 수 없다는 것이다. … 하나님께서 "창조자"시라는 말에는 이 모든 의미가 포함되어 있다.[25]

루터는 이러한 하나님 이해를 율법 설명에 반영해 율법을 통해 하나님과 인간 삶에 관한 이해를 선명하게 표현한다. 즉, 창조주 하나님이 사람의 모든 것의 원천이시므로, 하나님과의 관계에서 율법은 모든 찬양과 감사와 영광을 한 분 하나님께 돌리는 것이 사람의 마땅한 태도임을 가르친다는 것이다.[26]

루터는 인간이 하나님과 맺는 올바른 관계를 십계명의 제1계명을 통해 설명했

19 LW 21:299; 22:26-29.
20 LW 3:166, 220; 6:257; 9:40; 35:162-163; Jaroslav Pelikan, *Luther the Expositor* (St. Louis: Concordia, 1959), 103-105.
21 BC 368.
22 LW 4:119-121; 5:233; 6:102, 359-365; 8:12, 37; 13:81-82; 14:87; 17:166; 21:291.
23 BC 254; 5:233; 8:12; 14:87; 51:138-139; Charles P. Arand, "Luther on the God Behind the First Commandment," *LQ* 8 (1994), 400.
24 BC 412, 514; LW 1:3; 40:96-98.
25 BC 412.
26 LW 6:257; 14:114; 52:276; 21:297-358; Johnson, "Luther's Understanding of God," 68.

다. 제1계명이 말씀하는 하나님은 모든 것 속에서 모든 일을 행하시는 분이시다.[27] 신자는 제1계명에서 "창조주시며 은혜를 베풀고 약속하며 구원하시는 분", 우리가 모든 것에서 은혜를 입고 사는 바로 그 하나님을 만난다.[28] 제1계명의 하나님은 "힘 있고, 모든 것을 스스로 행하고, 모든 것을 다스리며, 누구의 도움도 필요로 하지 않고 모든 것에게 모든 것을 주실 수 있는 분이시다."[29] 따라서 제1계명은 우리에게 "하나님께 대한 경외와 신앙과 사랑"[30] "모든 축복에 관해 마음으로부터의 의존"[31]을 요구하며, "곤경에서는 그를 부르고 … 구원해주신 데 대해서는 감사드릴 것"[32]을 요구한다. '신앙'이라는 말로 루터는 사랑, 찬양, 감사, 순종, 영광을 돌리는 것 등 하나님을 향한 모든 올바른 태도를 포괄적으로 종합했다. 신자가 고백하는 신앙의 핵심 "사도신경도 다름 아닌 제1계명에 기초해 그리스도인이 하나님께 응답하고 고백하는 것"[33]이다. 신앙이란 "우리는 … 아무것도 아니며 티끌에 불과합니다" "그가 우리의 하나님이십니다"[34]라는 고백이며, 이런 신앙은 죄인의 자기 중심성을 죽이고 하나님의 전능하신 주권을 인정하는 새로운 삶을 시작하게 한다.[35]

신앙은 이러한 근본적인 변화를 일으키므로 루터에게서 제1계명이 다른 계명에 대해 가지는 관계는 우월성(superiority), 우선성(priority), 근본성(foundationality), 통일성(unifying essence)이라는 말로 설명이 가능하다.[36] 첫째, 우월성의 의미는 "하나님께 대한 예배로서 신앙보다 더 탁월한 것을 가르치는 것은 불가능하다"[37]는 것이다. "어느 누구도 십계명, 특히 제1계명처럼 가장 높고 위대한 일을 명령하는 최고의 율법을 입안한 모세보다 더 위대하거나 탁월한 것을 가르칠 수는 없기"[38] 때문이다. 둘째, 우선성의 의미는 제1계명이 다른 어떤 계명보다 더 우선시해야 할

---

27 Bayer, "I Believe That God Has Created Me With All That Exists," 131.

28 LW 3:116; 4:121; 6:102; 13:81-82; 47:89-90; 12:44; Arand, "Luther on the God Behind the First Commandment," 397-423.

29 LW 3:80.

30 BC 102; LW 51:138-139.

31 BC 365, 371

32 LW 3:116; BC 365-368, 412.

33 BC 102; 254; 412.

34 LW 4:68.

35 LW 6:102-103, 350-357.

36 Arand, "Luther on the God Behind the First Commandment," 397-423.

37 LW 21:69.

38 LW 26:293.

계명이라는 것이다. 부모에 대한 순종, 나라에 대한 순종 등 다른 의무가 제1계명
과 충돌하지 않을 때는, 그 의무는 제1계명을 실천하는 수단이 된다. 그러나 다른
의무의 이행이 제1계명의 이행과 충돌하는 예외적인 경우, 우선권은 언제나 제1계
명의 준수에 두어야 한다.[39] 셋째, 근본성은 제1계명이 다른 모든 계명 준수의 바탕
이 되는 근본적 계명임을 의미한다. "다른 모든 계명과 모세의 율법 전체는 십계명
에서 흘러나오고 십계명을 의존한다. … 하나님께서는 십계명 외에도 많은 의식과
예배 행위를 제정하셨다. 그러나 이 모든 것을 통해 하나님께서 하신 일은 제1계명
을 해석하는 일이었고, 제1계명이 어떻게 준수되어야 하는지를 가르치시는 일이었
다."[40] 마지막으로, 통일성은 제1계명이 "다른 모든 계명의 주된 원천과 출처"로서
다른 모든 계명에 전제되고 포함되며, 다른 모든 계명을 하나로 묶는다는 것이다.
루터는 이를 "마치 화관의 테가 시작과 끝을 연결하고 모든 것을 하나로 묶는 것처
럼 … 제1계명은 다른 모든 계명을 조명하고 그 빛을 전달한다. … 다른 모든 계명
은 제1계명에서 나와 제1계명으로 돌아가며, 제1계명을 의존한다. 모든 계명은 제
1계명을 시작과 끝으로 삼아 모두 연결되고 하나로 묶인다"[41]는 말로 설명했다. 제
1계명이 요구하는 하나님을 경외하고 사랑하며 신뢰하는 신앙은 "다른 모든 계명
을 꿰뚫고 지나며 다른 모든 계명에 스며들어" 다른 계명을 다스린다면, 다른 모든
계명은 제1계명을 실현할 구체적 형태를 제공한다.[42]

　　루터에게 제1계명이라는 최상의 명령이 요구하는 신앙은, 인간이 하나님 앞에
서 행하는 모든 일과 관련해 유일한 유효성(unique validity)을 가진 것이다. "제
1계명은 … 우리가 신뢰와 확신과 소망과 사랑을 가지고 참 하나님이신 하나님 한
분만을 확고하게 믿어야 함을 의미한다. 이는 사람이 하나님 한 분만 소유하고 영
화롭게 하고 붙드는 유일한 길이다." 그러나 다른 계명을 지키고 어떤 예배 행위를
하더라도 "신앙으로 하나님의 은혜를 확신하는 가운데 마음으로부터 행하지 않으
면, 그것은 위선적 겉치레와 거짓에 불과하다."[43] "마음이 하나님과 바른 관계에 있

39　LW 5:115, 124-125; 52:252.
40　LW 40:93; 43:176.
41　BC 409-410; Bernd Wannenwetsch, "Luther's Moral Theology," in McKim ed., *The Cambridge Companion to Martin Luther*, 121.
42　BC 408.
43　LW 44:40; Althaus, *The Theology of Martin Luther*, 131.

어 제1계명이 지켜질 때라야, 다른 모든 계명의 준행이 자연히 뒤따르게 된다."[44]
"제1계명은 그 속에 다른 모든 계명을 포함하고 있다. 제1계명을 지키는 자는 누구
든 다른 모든 계명을 지키지만, 제1계명을 지키지 않는 자는 다른 모든 계명을 지
키지 않는다."[45] 이는 신앙만이 넉넉히 신자가 하나님의 뜻에 순종하게 하기 때문
이다.[46] 루터는 이 모든 주장을 다음의 말로 확언했다. "제1계명은 가장 먼저고, 가
장 높으며, 최선인 명령으로, 거기서 다른 모든 계명이 나오고, 그 안에 다른 모든
계명이 존재하며, 그것에 의해 다른 모든 계명은 판단을 받고 가치가 매겨진다."[47]

루터는 하나님의 보상을 바라는 마음으로 선행을 행하는 태도에 부정적인 입
장을 나타냈다. 하나님의 은혜로 모든 복을 받았음을 인정하는 하나님의 자녀는
"보상이 아니라 하나님의 영광과 뜻을 구하고, 물론 불가능한 가정이긴 하지만 심
지어 천국이나 지옥이 없더라도 선을 행할 준비가 되어 있을 정도로, 사심 없는 마
음으로 선을 행한다"[48]는 것이다. 그러나 구원이 오직 하나님께 속한 것임에도 자
신이 하나님께 의존해 있음을 부인하고 자신의 노력으로 구원에 이르려는 사람은,
자신을 하나님의 자리에 두는 잘못을 범하는 것이다. "누구든지 신앙을 떠나 행위
로 의롭게 되고자 하는 자는 하나님을 부인하고 자기 자신을 하나님으로 삼는 자
다. 그는 자신이 죄와 죽음과 마귀, 하나님의 진노와 지옥을 이기는 승리자가 되어
영생을 얻을 것이라고 생각한다. 그러나 이런 일은 오직 하나님께 속한 일이다."[49]
그러므로 "자기 행위를 신뢰하는 것은 하나님에게서 영광을 빼앗아 자신에게로 돌
리는 것이며, 이는 자신을 우상으로 섬기는 것이다."[50] 루터는 제1계명을 거스리는
우상숭배의 사례로 많은 것을 열거한다. 즉 하나님께 대한 예배의 핵심인 진정한
신앙 없이 예배의 외형만 모방하는 것,[51] 하나님이 지시하시지 않은 예배 방식을 만
들어내는 것,[52] 하나님보다 하나님의 선물들을 탐욕스럽게 원하는 것,[53] "하나님 안

---

44   BC 371.
45   WA 1, 438, 7. Wannenwetsch, "Luther's Moral Theology," 122에서 재인용.
46   LW 31:350; 40:86.
47   LW 44:30; 51:141, 147.
48   LW 33:153.
49   WA 40, 405, 15. Anders Nygren, *Agape and Eros*, tr. Philip S. Watson (London: S.P.C.K., 1953), 702에서 재인용.
50   LW 31:46; 26:257-259.
51   LW 44:33; 4:327; 40:94-95.
52   LW 9:85; 44:243-400.
53   LW 11:69; 16:61.

에서만 추구하고 발견해야 할 것을 위해" 다른 무엇이나 타인을 의존하는 것[54] 등이다. 제1계명은 이런 우상숭배자를 하나님의 영광을 도둑질하는 자로 판결한다.[55]

루터의 제1계명 개념은 구원론에서 '오직 믿음'(*sola fide*)의 강조를 하나님께 대한 논의의 맥락으로 옮겨놓은 것이다. "기독교 신앙의 간결한 요약"인 제1계명은 "하나님께 대한 확고한 지식, 하나님께 대한 경외, 하나님께 대한 신뢰" 즉 참된 기독교 신앙뿐 아니라,[56] "선한 의지, 공로, 보상 등 모든 것이 오직 하나님의 은혜에서 오는 것"[57]임을 고백하면서 "그 은혜에 전적으로 순복"할 것을 가르친다.[58] 이러한 의미로 루터는, 종교개혁은 다른 무엇이 아닌 "제1계명에 기초해 … 하나님께 대한 진실하고도 확실한 교리"를 확립함으로 달성할 수 있다고 믿었다.[59]

II. 구원하시는 하나님

루터는 모든 것 속에서 모든 일을 행하시는 하나님은 죄인의 공로에 반응해 구원하시지 않고, 그들을 구원할 이유를 자신 안에 가지고 계신다고 가르쳤다. 그 이유는 하나님의 사랑이다. 사랑은 루터의 하나님 이해에서 매우 중요한데, 루터는 하나님의 본성을 "사랑의 불과 열정"으로 묘사할 뿐 아니라, 사랑은 오직 하나님께만 가능한 것이라고 보았다. "만약 하나님을 그림으로 그린다면, 나는 하나님을 그 깊은 신적 본성 속에 사랑이라 불리는 불과 열정 외에는 다른 어떤 것도 찾아볼 수 없는 분으로 그릴 것이다. … 사랑은 인간이나 천사가 아닌 오직 하나님의 것이다. 실로 그러하다, 사랑은 하나님 자신이다."[60] 루터는 사랑의 신적 속성을 강조해 사랑은 "오직 하나의 영원한, 말로 표현할 수 없도록 선하고 가장 소중한 보배이신 하나님 자신이다. … 사랑 안에 거하는 자는 하나님 안에 거하고 하나님은 그의 안에 거

---

54 LW 44:48; 6:49; 9:71; 10:395; 12:167; 14:240; 17:132; 20:276; 21:186-195; BC 365.
55 BC 365-368; LW 13:364-365; Althaus, *The Theology of Martin Luther*, 145.
56 BC 102; LW 43:24-25.
57 LW 33:152.
58 LW 52:252.
59 LW 6:228-231; Lohse, *Martin Luther's Theology*, 209.
60 WA 36, 424. Althaus, *The Theology of Martin Luther*, 115-116 에서 재인용.

하신다. 사랑 안에서 그는 하나님과 하나가 된다"[61]고 설명했다.

　　루터가 오직 하나님께만 돌린 사랑은 인간의 사랑과 너무나 다르다. 인간의 사랑은 "자신을 만족시키는 대상에 의해 생겨난다"면, 하나님의 사랑은 "그 기뻐하는 대상을 발견하지 않고 창조한다." 따라서 "죄인은 자신에게 사랑받을 만한 것이 있어 사랑을 받는 것"이 아니라, 하나님께서 "사랑하시기 때문에 사랑받는 존재가 되는 것이다."[62] 하나님께서는 주도적이고 다른 동기에 이끌리지 않는 창조적인 사랑으로 죄인과 어리석은 자, 연약한 자를 의롭고 지혜로우며 강하게 만드신다.

　　루터가 볼 때, 중세 가톨릭교회는 하나님의 사랑의 본성을 알지 못해 인간이 하나님께 다가가기 위한 잘못된 방법 세 가지를 고안해냈다. 즉, 대중적 가톨릭의 도덕주의적 경건, 스콜라주의의 이성적 신학, 신비주의의 자아도취적 종교성이다.[63] 루터는 첫 번째 대중적 가톨릭의 도덕주의가 주장하는 인간의 행위의 공로에 반대해, 타락한 인간은 최선을 다하더라도 필연적으로 죽을 죄를 지을 수밖에 없다고 단언했다.[64] 두 번째, 세 번째 방법인 스콜라적인 사색이나 신비주의적 명상 역시 하나님께 도달하는 방법이 될 수 없는 것은, 피조물인 인간의 한계는 창조주 하나님을 감당할 수 없을 뿐 아니라,[65] 더 심각한 것은 타락한 인간은 거룩하신 하나님의 영광 앞에 설 수조차 없다는 사실 때문이다.[66] 루터는 사람이 하나님의 신비에 도달하려 노력하는 가운데 피조물로서 자신의 위치를 망각하고 자신을 하나님의 위치로 높이려는 것을 보면서, 인간이 하나님께로 올라가려는 시도는 불가능할 뿐 아니라 해로운 것이라고 여기게 되었다.

　　루터는 인간이 스스로 고안한 방법으로 하나님께 접근하려는 이러한 시도에 반대해, 하나님은 인간이 당신의 계시에 의존하기를 바라신다고 가르쳤다. 또한 그리스도는 하나님 사랑의 통로, 즉 우리가 그를 통해서만 하나님께 자유로이 나아갈 수 있는 유일한 하늘 사닥다리가 되심을 가르쳤다.[67] "우리는 성육신 하신 하나님의 아들에 대해 묵상해야 한다. 거기에서 우리는 진정으로 하나님을 볼 것이며, 하

61　WA 36, 423, 22 이하. Nygren, *Agape and Eros*, 719-720 에서 재인용.

62　LW 31:57.

63　Nygren, *Agape and Eros*, 681-682.

64　LW 31:39-40 (논제 1, 13).

65　Lohse, *Martin Luther's Theology*, 197; LW 1:10-11.

66　LW 1:11.

67　Nygren, *Agape and Eros*, 705-709.

나님의 마음을 들여다보게 될 것이다."[68] 하나님의 사랑에 대한 루터의 생각은 제 1계명에 대한 자신의 가르침과 일치한다. 하나님께서 죄인에게 원하시는 것은 오직 신앙을 통해 그리스도 안에서 계시된 하나님의 사랑을 받아들이는 것뿐이다.[69]

그러나 루터처럼 하나님과 인간의 관계를 죄인이 오직 신앙을 통해 하나님의 은혜와 사랑을 받는 것으로 묘사한다면, 이러한 강조가 성경이 중시하는 다른 요소를 약화시킬 가능성은 없는가? 실제로 루터에 대한 비난 중에는, 사람이 믿음으로만 의롭게 된다면 이는 율법의 외적 행위뿐 아니라 율법의 성취인 사랑까지 평가 절하하는 결과를 가져오기에, 루터는 오직 믿음을 강조함으로 그리스도인의 사랑에 대한 강조를 약화시켰다는 비난이 있어왔다. 하지만 이러한 비판은 적절한가?

안더스 니그렌(Anders Nygren)은 그 대답으로, 루터에게는 신앙이 사랑과 경쟁하는 관계가 아님을 지적한다. 니그렌에 따르면, 루터는 신앙이 오직 하나님의 사랑에 의해서만 생겨날 수 있다고 본 점에서 사랑이 신앙보다 먼저임을 인정했다.[70] 루터는 하나님의 본성이 사랑이라는 점에서, 신앙은 우리를 하나님의 자녀로 만들지만, 사랑은 우리를 "신들"로 만든다고도 주장했다. "우리는 신앙을 통해서는 하나님의 자녀들이다. … 그러나 우리는 이웃에 유익한 존재가 되게 하는 사랑을 통해서는 신들이다. 하나님의 본성이란 인간을 향한 순수한 자비와 사랑이며, 그 사랑은 모든 피조물 위에 날마다 아낌없이 축복을 쏟아붓기 때문이다."[71] 이는 루터 역시 믿음에 비해 사랑의 우월성을 믿고 가르쳤다는 확실한 증거가 된다.

루터의 관심은, 신앙과 사랑을 경쟁 관계로 삼아 양자택일하는 데 있지 않고, 근본적으로 다른 두 사랑인 하나님의 사랑 즉 성경적인 무조건적 사랑(Agape)과, 인간적 사랑 즉 헬라적인 획득적 사랑(Eros)이나 히브리적인 공로적 사랑(Nomos)을 대조하는 데 있었다. 니그렌은 그리스도인의 사랑의 특징을 하나님의 사랑과 연결한 루터의 생각을 다음과 같이 설명한다.

> 그리스도인의 사랑은 행복해지려는 동기로 행하는 다른 모든 활동과 달리 자발적이다. …
> 우리를 향한 하나님의 사랑은 값없이 주시는 것이고 사랑 자체 외에 다른 동기가 없다. 이
> 처럼 우리가 이웃을 사랑하는 사랑 역시 값없이 주는 사랑이며, 이기적 동기가 없는 사랑임

---

68 LW 2:276.
69 Althaus, *The Theology of Martin Luther*, 127-129.
70 LW 44:30.
71 WA 10, I, I, 100, 17 이하. Nygren, *Agape and Eros*, 719-720에서 재인용.

은 당연하다. 또 그리스도인의 사랑은 모든 율법주의와 달리 자발적이다. … 사람은 마음으로 이끌려 자발적으로 선을 행하고, 율법이 명령하지 않아도 그것을 행하고자 할 때 완전히 선하다 할 수 있다. … 그리스도인의 사랑은 본성상 … 낭비되는 사랑(lost love)이다. … "배신을 감수하는 것이 사랑의 본성이기 때문이다."[72] … 하나님의 사랑은 … 최고로 낭비되는 사랑이다.[73]

루터는 칭의의 맥락에서 인간의 사랑을 배제했다. 인간의 사랑을 칭의와 연결하는 것은 두 가지 면에서 문제를 일으키기 때문이다. 첫째, 그것은 다른 동기가 없고 자발적인 하나님의 사랑을 부인한다. 둘째, 목적에 의해 지배되는 사랑은 획득적 사랑이나 공로적 사랑과 뒤섞여 그리스도인의 사랑의 순수성도 타락시킨다.

오직 칭의를 통해 하나님의 무조건적 사랑을 받는 사람만, "어떻게 충분히 많은 선행으로 하나님께 영향을 끼칠 수 있을까?"라는 의심과 두려움 없이, 또한 "보상에 대한 생각도 없이 … 유쾌하고 평화로우며 확신에 찬 마음으로" 사랑할 수 있게 된다.[74] 그런 그리스도인은 하나님과 이웃 사이에 위치해 신앙으로 하나님의 사랑을 받은 후 그 사랑을 이웃에게 전해주는 사랑의 전달자가 된다. 하나님의 사랑에 의해 "모든 율법을 초월하고, 율법이 명령하는 것 이상을 행하는" 그리스도인은 그리스도의 사랑의 법을 성취한다.[75] 이는 사랑의 하나님께서 이웃을 사랑하는 그리스도인 속에서 살아 역사하시기 때문이다. 루터는 이렇게 사랑의 원천 되시는 하나님으로 말미암아 그리스도인 역시 이웃에게 무조건적인 사랑을 베풀기에, 그들은 이웃에게 또 하나의 그리스도가 된다고 단언했다.[76] 이처럼 루터는 비록 사랑을 오직 하나님께만 돌렸지만, 그것이 그리스도인의 사랑의 가치를 경시하기 위한 것이 아니라는 니그렌의 분석은 옳다. 루터에게 하나님의 사랑은 그리스도인의 사랑의 원천일 뿐 아니라, 하나님의 사랑이 가진 특성은 그리스도인의 사랑의 특성을 결정짓는 요소가 된다.

---

72 WA 18, 652, 4 이하.
73 Nygren, *Agape and Eros*, 726-733.
74 LW 44:26-28.
75 LW 9:144.
76 Nygren, *Agape and Eros*, 733-737.

III. 숨어계신 하나님

하나님의 하나님 되심에 대한 루터의 급진적 주장은 숨어계신 하나님 주장에서 나타난다. 노년의 루터는 자신의 작품 중 최고로 꼽은 『노예의지론』(1525)에서 다음을 주장했다.

> 위엄 속에 계신 하나님은 죽음을 슬퍼하지도 제거하지도 않고, 삶과 죽음, 모든 것 안에서 모든 것을 행하신다. 하나님은 자신의 말씀에 얽매여 계시지 않고 모든 것에서 자유하시다. … 그의 말씀에 의하면 하나님은 죄인의 죽음을 원하시지 않지만, 스스로의 측량할 수 없는 뜻 안에서는 그것을 원하신다.[77]

감추어진 하나님의 활동 영역은 삼중적이다. 첫째, 말씀을 떠나 자연을 보면 우리는 무서운 하나님을 만난다.[78] 하나님은 창조의 능력만이 아니라 무시무시한 파괴의 능력을 드러내시는 분으로, 생명과 죽음을 일으키고 모든 일을 행하신다. 우리는 이런 하나님을 도무지 이해할 수 없는 분으로 여길 수밖에 없다.[79] 둘째, 관심을 역사로 향하더라도 루터는 하나님께서 사랑으로 우리를 위해 섭리하고 계신다고 명백히 주장할 수 없었다. 선한 노력이 항상 좋은 결말을 맺지 않으며 악은 자주 승리해왔다. 만약 인간이 이성으로 판단한다면, 하나님은 계시지 않거나 계시더라도 불의한 분이라고 말할 수밖에 없을 정도다. 역사의 하나님은 자연의 하나님처럼 우리가 이해할 수 없는 분이시다.[80] 셋째, 우리는 무엇보다 이중예정에서 감추어진 하나님을 만난다.[81] 하나님은 바로의 마음을 완악하게 해 진노의 그릇으로 사용하셨고, 에서가 태어나기도 전 영원한 멸망으로 유기하셨다. 감추어진 하나님에 의해 인간이 영벌에 처해짐을 보고 그리스도는 그저 눈물만 흘릴 수밖에 없었다. 루터는 하나님의 행하심에 대해 이유를 따져 물어서는 안 된다고 주장하지만,[82] 아무리 신실한 신자라도 이런 하나님을 도무지 이해할 수 없다.[83]

루터의 숨어계신 하나님 주장의 문제는 단지 하나님의 계시하시지 않은 뜻이

---

77 LW 33:140.
78 Gerrish, "To the Unknown God," 138-140.
79 McGrath, *Luther's Theology of the Cross*, 166.
80 Gerrish, "To the Unknown God," 138-140.
81 같은 곳, 134.
82 LW 33:146.
83 LW 33:290.

있다는 것이 아니라, 계시된 말씀과 계시하지 않은 뜻이 명백히 모순되어 보인다는 데 있다.[84] 만약 하나님의 말씀이 그와 다른 감추어진 하나님의 뜻에 의해 반박될 수 있다면, 이는 신학을 부적절한 것으로 만들어 버린다. 그런 이유로 앨리스터 맥그래스(Alister McGrath)는 숨어계신 하나님에 대한 루터의 주장을 반대한다.[85]

논쟁의 여지가 많은 루터의 숨어계신 하나님에 대한 주장을 어떻게 이해해야 적절할까? 필립 왓슨은 루터가, 적대자들이 자신의 저작에 많은 모순이 있다며 줄기차게 공격해온 사실을 잘 알았음에도, 논란이 많았던 초기 작품을 이후에도 수정하지 않고 재출판한 사실을 상기시킨다.[86] 루터는 왜 그렇게 했을까? 왓슨은 먼저 루터의 성경 해석 원리를 다음과 같이 인용한다. "성경이 언급하는 내용을 바르게 이해하려는 사람은 어떤 이유와 목적으로 그것을 언급했는지에 주의해야 한다. 성경에는 문자적으로는 모순되는 많은 말씀이 있다. 그러나 그 말씀을 주신 이유에 집중하면 모든 문제는 해결된다."[87] 그 후 왓슨은 이러한 루터의 성경 해석 원리는 루터 자신을 해석하는 것에도 하나의 좋은 모범이 된다고 제안한다. 즉, 루터에게서 발견되는 많은 모순된 주장은 그 주장을 하게 된 동기가 무엇이었는지의 관점에서 보면 이해할 수 있다는 것이다.[88]

숨어계신 하나님에 대한 주장은 필연적으로 루터 신학 전반의 동기가 무엇인지와 연결된다. 루터는 『노예의지론』(1525)에서 인간이 구원을 위해 하나님과 협력할 수 있는지 없는지의 질문이 "기독교 전체의 반쪽"과도 같이 중요한 질문이며, 또한 모든 일이 필연적으로 일어나는지 우연히 일어날 수 있는지의 질문이 "기독교 전체 가르침의 다른 반쪽"과도 같이 중요한 질문이라고 설명했다.[89] 각각 기독교의 반쪽을 형성할 정도로 중요한 두 질문에 대한 루터의 대답은, 인간의 어떤 협력도 없이 하나님의 은혜만이 구원의 유일한 원천이며,[90] 모든 일은 하나님의 예정에 의해 일어난다는 것이었다. 루터는 만약 우리가 하나님의 약속을 믿으려면, 하나님은 자신이 말씀하시는 것을 아셔야 하고, 그것을 지킬 능력과 지키려는 의지

---

84 Gerrish, "To the Unknown God," 138; McGrath, Luther's Theology of the Cross, 172.
85 McGrath, Luther's Theology of the Cross, 166-167; LW 33:190; 5:42; Gerrish, "To the Unknown God," 140.
86 Watson, Let God Be God, 7-8.
87 W.M.L. V. 174. Watson, Let God Be God, 7에서 재인용.
88 Watson, Let God Be God, 7-8.
89 LW 33:35-36.
90 LW 33:35.

모두가 있으셔야 한다. 그렇다면 모든 일의 순서는, 먼저 하나님은 모든 것을 예정하셔야 하고, 다음으로 그 예정하신 뜻에 따라 모든 것을 아셔야 한다. 그리고 최종적으로, 일어나는 모든 일은 그 지식에 일치해 일어나야 한다. 루터는 오직 이 순서만이 복음의 신뢰성을 보장할 수 있다고 가르쳤다.[91] 만약 하나님께서 먼저 예정하시고 그에 따라 실행하신다는 사실을 인정하지 않는다면 그것은 무엇을 의미하는가? 구원이 인간의 자유의지 사용에 달려있다는 의미가 되고 만다. 이에 대한 루터의 반박은 다음과 같다.

> 만약 구원이 인간의 자유의지에 달려있다면 하나님께서는 어느 누구도 택하려 하시지 않거나, 선택의 여지를 갖지 못하신 것이 될 것이다. 만약 하나님이 선택의 능력과 지혜를 빼앗긴다면, 하나님은 거짓된 우상이거나 턱짓을 까딱하면 모든 일이 제멋대로 벌어지는 우연적 원인 외에 무엇이겠는가? 그런 하나님은 누가 구원 받고 누가 저주받을지 자신의 선택으로 결정하지 않고, 관용을 베풀거나 완악하게 할 권리를 사람에게 양도하고, 사람을 바로잡고 벌하는 자비까지도 사람 몫으로 넘겨 그들이 자신의 구원과 저주를 결정하게 하는 하나님이다. 그렇다면 하나님이 에티오피아인들의 연회에 놀러 가버렸다는 호메로스(Homeros)의 말처럼, 인간은 하나님이 알지도 못하는 가운데 구원이나 저주를 받는다는 것이 된다.[92]

구원과 멸망이 하나님의 예정이 아니라 인간의 선택에 달려있다는 주장에 대해 루터가 강하게 반박할 수밖에 없었던 이유를 포드는 다음과 같이 요약한다.

> 세상에서 일어나는 일에 대한 하나님의 실제적이고 초월적인 다스리심에 의문을 품는 것은, 세상에 현재 일어나고 있는 일이 꼭 하나님 뜻의 표현이 아닐 수 있다는 의미가 된다. 그렇다면, 그리스도께서 예루살렘에서 나쁜 결말로 끝나셨다는 사실, 우리가 세례를 받았고 성찬을 받았으며 하나님 말씀의 선포를 들었다는 사실 역시 우연일 수 있다. 하나님의 궁극적 다스리심을 의심하면, 세상에서 일어나는 일은 아무런 실제적 의미를 갖지 못하게 된다. … 복음의 신뢰성을 확고히 하기 위해서는 하나님께서 궁극적으로 다스리심을 인식하는 것이 필수적이다. 그럴 때라야 그리스도의 죽음과 부활은 하나님 뜻의 계시로 확정되고, 우발적인 일이 되지 않는다. 하나님께서 당신을 위해 뜻하시는 바가 무엇인지에 대한 질문은, 그가 실제로 행하시는 것이 무엇인지를 통해 답을 얻을 수 있게 된다. … 루터는 오직 하나님께서 모든 것을 다스리신다는 토대 위에서만 복음의 확실성이 보장될 수 있다고 믿었다.[93]

왓슨의 제안대로 루터 신학을 그 동기라는 측면에서 살펴본다면, 예정론을 주

---

91 LW 33:42-43.
92 LW 33:171.
93 Forde, *Where God Meets Man*, 26-27.

장한 루터의 동기 및 관심의 초점은 복음의 확실성의 토대를 확고히 하려는 것과 관련된다. 즉, 복음과 구원을 확고한 하나님의 뜻에 토대를 두게 하기 위해 루터는, 첫째로 예정과 십자가를 연결해 오직 하나님의 예정하심에 의해 그리스도의 십자가 사건이 일어났음을 주장했고, 둘째로는 하나님의 주권과 은총을 연결해 하나님께서는 주권적으로 예정하신 자에게만 구원의 은총을 주신다고 주장한 것이다. 루터에게 이러한 급진적 주장의 근본적 동기는 오직 하나, 하나님의 주권에 속한 구원의 결정에 인간의 행위나 우연이 개입할 여지를 조금도 인정하지 않으려 한 사실에 있었다. 복음을 하나님의 주권과 신뢰성이라는 확고한 바탕 위에 확립하는 것이 숨어계신 하나님을 가르친 루터의 목적이었기에, 그는 예정의 하나님을 가르친 후 하나님께서 성경에 계시된 하나님과 다른 분처럼 느껴지는 모든 예상치 못하고 이해할 수도 없으며 모순된 상황을 겪을 때라도 신자는 오직 하나님을 신뢰해야 함을 주장할 수 있었다. 예정에 대한 가르침과 복음의 확실성 주장은 표면적으로는 모순된 것으로 보일 수 있지만, 루터는 오히려 예정론을 통해 복음에 대한 성도의 신앙을 강화해 그들에게 예정을 토대로 확고한 신앙을 가지라고 도전했다.[94] 신자가 이 세상을 살면서 어떤 일이 발생하더라도 그리스도의 복음에 대해 흔들리지 않아야 한다는 루터의 가장 강한 도전은, "비록 하나님이 모든 인간을 지옥으로 보낼지라도 하나님은 선하심을 믿어야 한다"는 신앙의 패러독스 속에 나타난다.[95] 이러한 확고한 신앙의 기반은, 우연과 인간의 자유의지가 인간의 운명을 결정짓는 데서가 아니라, 하나님의 예정에 따라 십자가 사건이 일어났으며, 그 예수님을 내가 믿는 신앙의 사건도 일어났다는 확신 속에서만 놓여질 수 있다는 것이다.

로이스 말콤(Lois Malcom)의 관찰에 따르면, 루터의 숨어계신 하나님 주장은 "기술적(descriptive)이지 않고 수행적(performative)이어서 그의 설교를 듣거나 글을 읽는 이들에게 … 그가 말하는 변화 자체를 일으키는" 효과를 가지고 있다.[96] 루터는 자연재해의 파괴력에서든, 역사에서 발생하는 불의하고 악한 일에서든, 혹은 이중예정에서든, 모든 신자가 숨어계신 하나님과 마주할 수 있다는 사실을 전제함으로 신자로 하여금 하나님의 은혜에 대해 가장 급진적인 형태의 신앙을

---

94 LW 33:62.
95 LW 33:174.
96 Lois Malcom, "A Hidden God Revisited: Desecularization, the Depths, and God's Sort of Seeing," *Dialog* 40 (Sept. 2001), 185.

갖게 만들었다는 것이다.[97] "최고의 신앙은 이러한 것, 즉 하나님께서 극소수의 사람만 구원하시고 수많은 사람을 저주하시더라도 그를 자비로운 분으로 믿으며, 하나님께서 자신의 뜻으로 우리를 지옥을 피할 수 없게 만드시더라도 그는 의로우시다고 믿는 것이다."[98] 숨어계신 하나님에 대한 루터의 가르침은 제1계명에 대한 가장 확고한 주장인 것이다.

　루터의 숨어계신 하나님에 대한 주장은 제1계명에 대한 부정적인 적용이기도 하다.[99] 사람들은 하나님께서 은혜 받을 가치가 없는 죄인을 구원하신다고 할 때는 불평을 하지 않으면서, 하나님께서 그 외의 사람들을 유기하신다고 하면 잔인하고 불의한 하나님이라며 비난한다. 루터는 이러한 인간의 태도를, "우리는 다른 모든 일에서는 하나님께 주권이 있다고 생각한다. 그럼에도 심판과 관련한 문제에서만큼은 언제든 그의 주권을 부인하려 한다"[100]는 말로 고발했다. 루터의 하나님 중심적 관점에서 평가해 본다면, 우리의 이런 태도는 하나님을 높이는 것이 아니라 우리 자신을 하나님과 동격으로 놓고 하나님을 판단하는 태도다. 더 나아가 그런 태도는 하나님이라면 모든 사람을 구원하시는 것이 마땅하다고 다그치면서, 하나님이 은혜 베푸시는 것을 당연한 일로 치부해 버리는 것이다. 그러나 루터에게 하나님을 신뢰하는 태도는, 복음을 믿는다는 것을 구실로 감히 하나님은 어떤 분이셔야 하고, 어떤 일을 하셔야 마땅하다며 하나님께 훈수를 두는 것과 전혀 다르다. 루터는, 숨어계신 하나님은 인간의 이런 오만한 태도를 허용하지 않으시고 그런 태도에서 돌이키게 하시기 위해 인간의 모든 예상과 판단에서 벗어나 자신의 위엄과 자유를 보유하시므로, 죄인은 그의 은혜를 당연시할 수 없다고 보았다. 루터는 "바울이 하나님의 영원한 예정을 가르친 것은 … 구원을 우리의 손에서 완전히 빼앗아 오직 하나님의 손에만 두기 위한 것이었다"[101]고 단언했다. 숨어계신 하나님은 신자에게 빚 지신 것이 전혀 없으시고, 신자는 오만과 배은망덕 속에서 하나님을 자기 통제 아래 두려 해서는 안 된다는 것이다.[102] 이런 이유로 헤이코 오버만(Heiko Oberman)은 루터의 작품 『노예의지론』은 제목을 차라리 『하나님의 위엄』으로

97　Gerrish, "To the Unknown God," 138-140.
98　LW 33:62.
99　Althaus, *The Theology of Martin Luther*, 283-285.
100　LW 33:290.
101　LW 35:378.
102　Althaus, *The Theology of Martin Luther*, 283-285.

붙였으면 더 나았을 것이라고 설득력 있게 주장한다.[103] 숨어계신 하나님의 자유는 신자로 하여금 하나님의 위엄을 자신이 원하는 우상으로 타락시키지 못하게 한다.

숨어계신 하나님은 율법을 매우 실존적인 것으로 바꾼다. 게르하르트 에벨링(Gerhard Ebeling)과 게르하르트 포드의 관찰에 따르면, 루터에게 율법이란 단지 이상적인 요구를 모아놓은 집합체가 아니라, 우리와 하나님의 관계에 따라 끊임없이 그 내용이 변하면서 지금 여기서 하나님께서 우리에게 원하시는 바를 명령하는 것이다.[104] 율법은 어떤 정보를 담고 있는지보다는 우리에게 무엇을 하는지, 어떻게 기능하는지로 정의될 수 있다. 포드는 다음과 같이 주장한다.

> 루터는 율법에 대해 이야기하는 것은 그것에 관해 "기술적, 유형적 … 문법적으로" 말하는 것이 아니라고 말한다. "율법은 당신의 마음에 존재하고 당신의 마음에서 말하고 충고하며, 마음과 양심을 꿰뚫기를 당신이 어디로 피해야 할지 알지 못할 때까지 한다." … 율법이란 … 율법이 당신에게 행하는 그것이다. 율법은 정죄하고 위협하는 것으로서, 실제적인 의미에서 그런 기능을 행하는 모든 것이 율법이다. … 나뭇잎의 떨림에서부터 십자가의 고뇌에 이르기까지, 율법은 이 세대의 인간 존재의 표상이다. 율법은 죄인에게 결코 끝나지 않는 음성이다.[105]

끔찍한 자연재해가 존재한다는 사실, 역사에서 일어난 악한 일에 대한 경험, 또는 예정하시는 하나님은 죄인 속에 있는 자만과 자기 신뢰, 자기 안위(self-security)를 분쇄해 버리므로 죄인에게 무시무시한 위협으로 작용할 수 있다.[106] 구스타프 아울렌(Gustaf Aulén)은, 하나님의 진노는 그런 일을 통해 언제나 "하나님의 사랑 주변에 잠재적으로 남아있다"고 주장한다.[107] 그리스도인도 죄인인 이상, 복음을 믿는다는 거짓된 가면을 쓰고 자기 의를 기만적으로 확신하는 가운데, 여전히 다양한 죄와 교만, 자기 안위의 위험에 거할 수 있다. 루터는 이런 그리스도인을 향해 숨어계신 하나님을 가르침으로 신자 속에 숨어있는 죄성과 하나님에 대한 두려움을 동시에 일깨운 것이다.[108] 숨어계신 하나님께서 우리 삶의 토대를 심각하

---

103 Heiko Oberman, *Luther: Man Between God and the Devil*, tr. Eileen Walliser-Schwarzbart (New York: Image Books, 1992), 212.

104 Gerhard Ebeling, *Word and Faith* (Philadelphia: Fortress, 1963), 277-278; Gerhard O. Forde, *The Law-Gospel Debate: An Interpretation of Its Historical Development* (Minneapolis: Augsburg Publishing House, 1969), 176-177.

105 Forde, *Where God Meets Man*, 13-16; *The Preached God*, 217-219; LW 6:399.

106 Althaus, *The Theology of Martin Luther*, 283-284.

107 Gustaf Aulén, *Christus Victor*, 115.

108 LW 31:45-48.

게 위협하실 때라야 우리 마음속 우상은 깨지고, 죄인과 우상숭배자, 심지어 참된 신자도 보호와 구원과 모든 참된 축복을 위해 오직 참 하나님을 찾고자 노력하게 된다. 숨어계신 하나님께서 율법으로 작용하실 때, 우리는 복음이 되시는 계시하신 하나님께 진실한 마음으로 매달리게 된다.[109]

루터의 숨어계신 하나님에 대한 가르침은 "비이론적이고 목회적인 관심"에서 형성된 것으로, 그리스도인의 신앙을 모든 자의적 주장과 자기 만족에서 정화시킨다.[110] 숨어계신 하나님이라는 율법이 죄인의 양심을 위협하고 괴롭혀 그들 속에 있던 자기 안위, 오만, 인간 중심적 판단을 제거한 후에야, 루터는 계시하신 하나님을 율법에 대한 실천적 해결책, 즉 복음으로 제시했다.[111] 숨어계신 하나님과 계시하신 하나님은 겉으로 보기에는 모순되지만, 최종적인 분석을 내리자면, 하나님의 두 측면은 율법과 복음의 변증법을 가르친 루터 신학 전체의 전망과 전적으로 일치한다.

---

109 Forde, *Where God Meets Man*, 27-29; *The Preached God*, 48-55.
110 Althaus, *The Theology of Martin Luther*, 286.
111 Gerrish, "To the Unknown God," 138-149; LW 24:64-73.

B. 존 웨슬리

웨슬리는 신학의 각 주제를 주로 인간 영혼의 구원과 연결 지어 설명했다. 하나님의 존재와 속성, 성품, 사역도 관념적·철학적 방법으로가 아니라, 사랑으로 인간을 창조하시고, 인간이 타락하자 잃어버린 사랑의 관계를 회복하기 위해 칭의와 성결로 인도하시는 실제적·관계적·동적인 하나님으로 설명한다.[112] 웨슬리 신학의 초점이 구원론에 있다는 것이 다른 주제를 소홀히 다루었다는 의미는 아니다. 웨슬리는 신자들로 성경적으로 균형 잡힌 신앙을 갖게 하기 위해 구원론과 신학의 다른 주제를 적절히 연결 지을 필요를 점점 더 깨달았는데, 노년의 웨슬리가 특히 관심을 쏟은 주제는 하나님에 관한 교리였다. 신자 사이에 가장 많은 견해차가 존재하는 지점이 하나님께 대한 교리임을 깊이 절감했기 때문이다. 매덕스는, 웨슬리가 신자의 견해 차이의 핵심에 "인간에게 어느 정도 의지의 자유가 있는지, 특정 성경 구절을 어떻게 해석해야 하는지에 관한 것이 아니라, 하나님 본성 이해의 불일치가 있음을 확신했다"고 바르게 지적한다.[113]

　웨슬리가 성경적 신관 정립을 위해 1770년 이후 출판한 설교로는 "예정에 대하여"(1773) "삼위일체에 대하여"(1775) "영적 예배"(1780) "하나님이 시인하신 일들"(1782) "타락한 인류를 향한 하나님의 사랑"(1782) "하나님의 사려 깊은 지혜"(1784) "영원에 대하여"(1786) "하나님의 섭리에 대하여"(1786) "하나님의 편재하심에 대하여"(1788) "하나님의 일체성"(1789) 등이 있다. 1770년대 이후 하나님에 관한 설교는 그 이전 설교같이 "도덕적·영적인 어조"를 유지하면서도 "사변적" "철학적" 내용도 중요하게 다루는데,[114] 이는 성경의 계시와 인간의 사변을 부적절하게 뒤섞어놓은 결과가 이중예정같이 하나님의 주권을 그릇되이 왜곡한 교리라고 보아, 그 오류를 지적하고 수정하지 않을 수 없었기 때문이다.[115]

　웨슬리는 처음부터 조직신학서 저술을 목적한 칼빈과 달리, 주로 자신이 일으

112　Robert W. Burtner and Robert E. Chiles eds., *A Compend of Wesley's Theology* (Nashville TN: Abingdon Press, 1954), 43.
113　Randy L. Maddox, "Seeking a Response-able God: The Wesleyan Tradition and Process Theology" in *Thy Nature and Thy Name is Love: Process and Wesleyan Theologies in Dialogue*, eds. Bryan Stone and Thomas Oord (Nashville TN: Kingswood Books, 2001), 111.
114　Collins, *A Faithful Witness*, 15.
115　Maddox, "Seeking a Response-able God," 111-142.

킨 영적 운동의 "상황적 필요에 부응해" 저술한 신학자라는 점에서 루터와 유사했다.[116] 그는 초대교회로부터 중세, 종교개혁기를 거쳐 기독교 전통 내에 충분히 확립되어온 교리를 굳이 새롭게 다루어 "자신만의 독창적 기여"를 하고자 하거나,[117] "더 발전된 교리를 창작하려는 의도를 갖지 않았다."[118] 영국 국교회 성직자인 웨슬리의 신론은 큰 틀에서 "영국 국교회 복음주의의 토대가 된 … 초기 기독교 저술가들과 가장 이른 시기 에큐메니컬 공의회"의 가르침을 수용한다. 그중 내재적 삼위일체론, 특히 "하나님에 관한 지식, 하나님의 속성에 관해서는 루터와 아우크스부르크 신앙고백, 칼빈과 하이델베르크 신앙고백 등 전통적 개신교 신학의 원천과 유사한 입장을 취했다."[119] 웨슬리가 영국 국교회 전통과 초대 기독교 전통의 입장에서 종교개혁 신학을 바로잡으려 한 내용은 주로 경륜적 삼위일체론, 즉 삼위일체 하나님의 구원 계획 및 활동에 관한 것이다. 전반적으로 웨슬리 신론은 내재적 삼위일체론에 관해서는 "성경 및 성경적 진리의 표현"으로 초기 기독교의 "신뢰할 만한 신앙고백들 … 사도신경, 니케아-콘스탄티노플 신경, 아다나시우스 신경"과 종교개혁 이후의 신앙고백을 두루 수용하면서도,[120] 경륜적 삼위일체론에 관해서는 종교개혁 신학의 극단성을 바로잡으려는 특징을 드러낸다.

I. 하나님의 속성

웨슬리는 노년에 출판한 설교 "기독교의 무능함의 원인들"(1788)에서 "기독교의 가장 근본적인 교리"로 가장 먼저 하나님의 자연적 속성과 도덕성 속성을 언급한다.[121] 그다음 해에 출판한 설교 "하나님의 일체성"(1789)에서는 하나님의 속성을 영원, 편재, 전지, 전능, 영이심, 거룩함, 사랑으로 설명한다.[122] 콜린스는 고대와 현

---

116 Collins, *A Faithful Witness*, 15.
117 Thomas Oden, *John Wesley's Teachings 1: God and Providence* (Grand Rapids, MI: Zondervan, 2012), 60.
118 같은 책, 54.
119 같은 책, 35.
120 같은 책, 54.
121 설교, "기독교의 무능함의 원인들", 7. 웨슬리는 다음으로 "하나님의 특별 섭리, 인간의 구원, 그리스도의 직분들, 성령의 역사, 칭의, 신생, 내적이고 외적인 성화" 등을 언급한다. 그 각각은 모두 이 책의 각 장이 다루는 중요한 내용이다.
122 설교, "하나님의 일체성". 이 설교에서 웨슬리는 사랑을 구별된 속성으로 다루지는 않으나 암시되어 있다.

대 많은 신학자의 하나님 속성 해설이 "이론과 추상, 사변"에 그치는 데 비해, 웨슬리의 가르침은 논리적·철학적 설명을 덧붙이더라도 그 후에는 언제나 신자를 위한 실천적 교훈을 이끌어냈다고 설명한다.[123]

i. 도덕적 속성

하나님의 도덕적 속성은 하나님의 인격적 특성을 이해하는 기초다. 매덕스가 예를 든 것처럼, 사람들은 신이 영원하고 편재하며 전지전능하더라도 "인간에게 무관심하거나 심지어 해를 끼치는" 존재라고 생각할 수도 있지 않은가? 기독교의 계시는 그런 우려와 달리 하나님의 인격적 특징을 "돌보심, 순결하심, 용서하심, 거룩하심, 은혜로우심" 등으로 묘사한다. 웨슬리는 "오랜 기독교 전통을 따라" 하나님의 다양한 속성을 성결(거룩하심)과 사랑이라는 두 가지 핵심으로 축약했다.[124]

a. 성결(거룩하심)

하나님은 "거룩하다" 찬송 받으시는 삼위일체로, 거룩하심은 그의 "영광 … 능력, 지혜, 선하심" 모두를 포괄한다.[125] 웨슬리는, "거룩함"(holy)은 히브리어와 헬라어 모두에서 "구별됨"(separated)을 뜻하는데, 이 용어가 하나님께 사용되면 "오직 하나님께만 해당되는 탁월성 및 하나님의 모든 속성의 총합의 결과로 그가 가지시는 영광"을 지칭한다고 설명했다. 이 영광은 "하나님의 모든 사역에서 빛을 발할 뿐 아니라, 다른 모든 것의 영광을 퇴색시켜 우리가 가늠할 수 없는 방식으로 모든 불결한 것과 창조된 모든 것에서 하나님을 확연히 구별되게" 하는 영광이다.[126] 웨슬리는 하나님의 거룩하심은 (1) "창조된 모든 것으로부터의 구별"이자 (2) "모든 불결한 것으로부터의 구별"임을 분명히 한다.

첫째, "창조된 모든 것으로부터의 구별"로서 하나님의 거룩하심은 "하나님 자신이나 그의 신성을 의미"한다. 하나님의 거룩하심은, 그가 "다른 모든 것과 구별된" 자존자로 "전능하고, 전지하며, 지혜롭고, 진실되며, 공의롭고, 신실하며, 은혜

123 Collins, *A Faithful Witness*, 17.
124 Randy L. Maddox, *Responsible Grace: John Wesley's Practical Theology* (Nashville: Kingswood Books, 1994), 53.
125 ENOT Isa. 6:3.
126 ENNT Rev. 4:8.

롭고, 자비로운" 분이심을 의미한다.[127] 웨슬리는 레위기 10:3과 이사야 6:3이 거룩
함과 영광을 짝으로 언급함을 관찰하면서 "하나님의 거룩함과 영광은 자주 함께
찬양을 받는다. … 거룩함은 감추어진 영광이라면, 영광은 드러난 거룩함이다"[128]
라고 설명한다. "거룩함은 그가 행하시고 자신을 계시하심으로 인해 전능하신 창
조주께 올려지는 모든 찬양의 총합을 의미합니다."[129] 양정은 웨슬리가 이러한 의
미를 담아 거룩하심으로 하나님의 "존재와 속성, 활동 모두에서 영광스러운 탁월
함을 가지신 하나님 자신"을 의미했음을 바르게 지적한다.[130]

둘째, "모든 불결한 것으로부터의 구별"은 하나님의 도덕적 탁월성을 의미한
다. 하나님은 "어둠이 조금도 섞이지 않은 순결한 빛"[131]이시다. 이 거룩함은 소극
적으로 "악의 모든 접촉에서 무한히 멀리 떨어져 계심"뿐 아니라, 적극적으로 "흠
없는 정의와 진리, 사랑이 되심"을 의미한다(출 34:6-7).[132]

주의해야 할 것은, 하나님의 거룩하심이 사랑과 동일하지 않다는 점이다. 콜린
스는 웨슬리에게서 사랑은 관계의 형성과 유지에 관한 것이라면, 거룩함은 사랑의
관계의 질(quality)을 의미한다고 설명해 사랑과 거룩함을 구분한다. 구분의 목적
은 사랑의 관계에 질적 차원을 부여하는 거룩함이 없다면 사랑은 감상적 자기 추
구로 전락할 수밖에 없음을 지적하기 위한 것이다.[133] 우리가 하나님의 거룩하심을
가르치지 않은 채 사랑만 강조하면, '죄를 짓는 것이 하나님 은혜를 두드러지게 한
다'(롬 6:1), 또는 '우리가 은혜 안에 있기에 죄는 지장을 주지 않는다'(롬 6:15)는
사고방식에 빠지는 것을 피할 수 없다. 웨슬리는 이러한 은혜의 오용을 경계하면
서 하나님의 거룩하심이 심판을 의미할 수 있음을 엄중히 경고했다. 하나님은 "공
의와 자비를 함께" 가진 분이시며,[134] 진노는 그의 거룩함이 죄에 표출되는 것이다.
"하나님의 진노하심을 부인하는 것은 그의 의로우심을 부인하는 것이다."[135] "하나

127 같은 곳.
128 같은 곳.
129 같은 곳.
130 Jung Yang, "The Doctrine of God in the Theology of John Wesley" (Ph.D. thesis, University of Aberdeen, 2003), 125.
131 ENNT 1 John 1:5.
132 설교, "하나님의 일체성", 7.
133 Collins, *The Theology of John Wesley*, 7-8.
134 WW 9:485.
135 WW 9:481.

님은 엄격한 공의와 순결한 거룩하심으로 인해 소멸하는 불도 되신다."[136]

웨슬리에 의하면 하나님의 거룩하심에 대한 교훈은, 죄인의 심판이나 죄 용서의 가르침에서 그쳐서는 안 된다. 하나님은 거룩함을 명령하시기에 하나님의 거룩하심이 그리스도인에게 가지는 실천적 함의는 매우 중요하기 때문이다. 웨슬리는 대제사장 이마의 패에 "여호와께 성결"이라는 문구를 새겼던 것처럼, 하나님의 백성은 "거룩함으로 자신을 주님께 드리며 모든 일을 하나님의 영광을 위해 해야 합니다. 이 거룩함은 하나님과의 관계를 부끄러워하지 않고 공개적으로 드러냄과 그 관계에 부합하는 삶을 통해 그들의 전면에서 나타나야 합니다"라고 강조했다.[137]

b. 사랑

웨슬리는 "하나님의 진정한 형상이자 영광의 광채는 사랑"[138]인데, 이는 하나님의 속성이 "사랑 그 자체"이며,[139] "삼위일체 하나님의 세 위격이 가지시는 상호 관계 역시 사랑"이기 때문이라고 설명한다.[140] 하나님은 "사랑의 대양"(the great ocean of love)이시다.[141] 기독교 신앙의 근본적인 내용은 "자신의 사랑하는 아들을 통해 베푸시는 하나님 아버지의 사랑"이다.[142] 웨슬리는 "하나님께서 먼저 우리를 사랑하셨기에 우리가 그를 사랑하는 것이 기독교의 전부이자 진정한 모형입니다"[143]라고 설명한다. 그는 올더스게이트 체험 직후 1738년 6월에 행한 옥스포드 대학 채플 설교 "믿음으로 말미암는 구원"에서 "하나님께서 사람에게 베푸시는 모든 복은 … 우리가 받을 자격이 없음에도 값없이 거저 주시는 사랑"일 뿐 아니라, 그 사랑이 구원 받은 신자의 변화의 원천임을 가르쳤다. "'우리가 행한 모든 일도 주께서 우리를 위해 이루신 것입니다'(사 26:12). … 사람 속에서 어떤 의라도 발견된다면 이 또한 하나님의 선물입니다."[144] 사랑은 "하나님 안에 … 영원 전부터 존

136 ENNT Heb. 12:29.
137 ENOT Ex. 28:36.
138 설교, "한 가지만으로도 족하니라", II. 2.
139 설교, "하나님의 형상", I. 2.
140 삼위일체 하나님의 내재적 사랑의 관계에 관해서는 Yang, "The Doctrine of God in the Theology of John Wesley," 118 참고.
141 설교, "믿음으로 세워지는 율법 (2)", II. 3-6.
142 설교, "믿음으로 말미암는 구원", III. 3; "성경적인 기독교", I. 2
143 ENNT 1 John 4:19.
144 설교, "믿음으로 말미암는 구원", 서론. 1.

재"했고, 앞으로도 영원할 것인데,[145] 하나님의 사랑은 "한계가 없는 완전함"을 그 특징으로 한다.[146] 사랑은 하나님의 많은 속성 중 하나 정도로 가벼이 다룰 수 있는 것이 아닌데, 이는 성경이 하나님의 사랑을 무엇보다 중요시하기 때문이다.[147]

> 하나님이 거룩하시고 의로우시며 지혜로우시다는 말씀은 자주 나옵니다. 그러나 "하나님은 사랑"(요일 4:8, 16)이시라는 말씀과 동일하게 그가 성결, 의로움, 지혜이시라고 말씀하지는 않습니다. "하나님은 사랑이시니라"는 말씀은 사랑이 다른 모든 완전함을 소중하고 영광스럽게 만드는 하나님의 가장 중요하고 지배적인 속성임을 의미합니다.[148]

하나님의 사랑은 "모든 피조물이 하나님을 기뻐할 수 있는 영원한 토대"가 된다.[149] "먼저 우리를 사랑하셔서 사랑이신 자신께로 용납해주신 성부 하나님, 우리를 사랑하사 자기 피로 우리의 죄를 씻어주신 성자 하나님, 우리 마음에 하나님의 사랑을 쏟아부어 주시는 성령 하나님"의 사랑은, 우리가 "지금부터 영원까지 모든 사랑과 모든 영광을" 하나님께만 돌려드릴 충분한 이유가 된다.[150]

ii. 자연적 속성

a. 영원

웨슬리는 설교 "영원에 대하여"(1785)에서 하나님의 시간을 "끝없는 지속" 즉 시간적 무한성이라는 의미에서 "영원"으로 설명한다. 그는 "과거로의 영원"과 "미래로의 영원" 사이를 구분했는데, 구분의 목적은 모든 피조물은 무에서 창조되어 과거로의 영원을 결여한 반면, 창조주 하나님은 과거와 미래 모두에서 영원하심을 강조하기 위해서다. 피조물의 시간은 "영원 전과 후 사이에 놓인 부분적 지속", "양 끝이 잘려나간 영원의 한 토막"일 뿐으로 "세상의 시작과 함께 시작되고 세상이 지속되는 동안 지속"되며, 그리스도의 마지막 심판과 함께 "영원의 대양 속으로 영원히 사라져" 존재하지 않을 것이다.[151] 웨슬리는, 하나님은 무에서 만물을 이끌어내

---

145 설교, "믿음으로 세워지는 율법 (2)", II. 3-6.
146 설교, "하나님에 대한 사랑", I. 3.
147 WW 10:227.
148 ENNT 1 John 4:8.
149 설교, "하나님에 대한 사랑", I. 3.
150 같은 곳, III. 8.
151 설교, "영원에 대하여", 1-4, 7. 웨슬리가 하나님의 능력에 의한 피조물의 소멸 가능성을 언급 했더라도,

신 창조주이심과 또 모든 피조물에서 구분된 초월자이심을 강조함으로, 무신론이
나 범신론, 궤변가들의 주장처럼 물질이 본래 영원하다거나 물질 자체를 신적 존
재로 믿거나 여러 신을 가정하는 철학적 논리를 모두 부인한다.[152]

피조물 중 인간과 천사는 하나님께서 과거로의 영원성은 주시지 않았지만 미
래로의 영원성을 주신 특별한 존재다.[153] 웨슬리는 하나님께서 인간에게 영원성을
부여하신 사실에서 두 가지 실천적 교훈을 이끌어낸다. 첫째, 인간의 미래는 "행복
한 영원이나 불행한 영원"으로 구별될 것이기에, 사람은 영원을 결정짓는 현재라
는 시간 속에서 신앙과 순종으로 하나님과 바른 관계를 맺어야 한다. 둘째, 사람은
영원하신 하나님께서 하루살이와 같은 인생에게 모든 관심을 쏟아주시는 것이 그
의 사랑에서 비롯되었음을 믿는 올바른 성경적 신관을 확립해야 한다.[154]

b. 편재

같은 설교에서 웨슬리는 "위대하신 창조주는 영원한 시간뿐 아니라 무한한 공
간 속에 존재해 계십니다"라는 말로 하나님의 편재하심(omnipresence)을 설명
한다.[155] 3년 후 설교 "하나님의 편재하심에 대하여"(1788)에서는 "하나님은 창조
의 안과 밖 어디든 … 자신의 통치 영역 모든 곳에 계십니다"라고 가르쳤다.[156] 하
나님의 편재하심은 하나님의 다른 속성 및 통치, 섭리와 밀접하게 연결되어 있다.

> 우리가 하나님의 편재하심을 믿지 않으면, 하나님의 전능하심도 믿을 수 없습니다. 존재하지
> 않는 곳에서는 행동할 수 없으므로, 만약 하나님이 계시지 않은 곳이 있다면 그는 거기서 아
> 무것도 하실 수 없기 때문입니다. 따라서 하나님의 편재하심을 부정하는 것은 그의 전능하
> 심도 부정하는 것입니다. 하나님의 한 속성에 한계를 두는 것은 다른 속성에도 한계를 두는
> 것입니다. 우리가 하나님이 계시지 않는다고 생각하는 곳이 있다면, 그곳에서 하나님의 정의
> 나 자비, 능력이나 지혜 등 … 모든 속성이 아무 소용이 없다고 생각하는 것입니다. … 그곳은
> 창조자의 능력이 닿는 범위를 벗어난 것입니다. 이런 생각은 불경스럽고 터무니없습니다.[157]

실제로 소멸시키실 것으로 생각하지는 않았다. 하나님은 한번 창조하신 물질을 소멸시키시기보다 변형된
형태로 영원히 존재하게 하실 것이라고 믿었다.

152 Collins, *A Faithful Witness*, 16.
153 설교, "영원에 대하여", 6.
154 같은 곳, 12-20.
155 같은 곳, 5.
156 설교, "하나님의 편재하심에 대하여", I. 1-2.
157 같은 곳, II. 6-7.

웨슬리는 하나님의 편재하심을 신자가 "겸손과 … 경의, 경건한 두려움으로 하나님의 현존을 인정"해 말과 행동과 생각을 조심하며, 하나님의 보호를 믿고 믿음의 선한 싸움을 싸워야 할 실천적 함의와 연결한다.[158]

c. 전지

하나님의 또 다른 속성은 전지하심(omniscience)이다. 웨슬리는 삼위일체 하나님은 내재적 관계에서 전지하심(마 11:27; 고전 2:11)을 가르친다.[159] 또한 피조물을 아는 지식에 관해서도 "하나님의 전지하심은 그의 편재하심의 분명하고도 필연적인 결과입니다. 그가 우주의 모든 부분에 계신다면 그는 무엇이 있고 무슨 일이 일어났는지 알 수밖에 없습니다"라고 설명한다. 웨슬리는 "피조물의 모든 일은 … '영원부터' 하나님께 알려져 있습니다(행 15:18)"라는 설명으로 하나님의 전지하심을 편재하심뿐 아니라 그의 영원하심과도 연결한다.[160] 설교 "예정에 대하여"(1773)에서는 "적절히 말하면 하나님께 예지(foreknowledge)나 후지(afterknowledge) 같은 것은 없습니다. 하나님은 영원부터 영원까지 모든 일을 한 번에 하나씩 시간 순서대로 파악하시는 것이 아니라, 모든 시간과 영원 전체를 동시에 아십니다. … 과거와 현재와 미래의 일을 하나의 영원한 현재(one eternal now)로 보시고 아십니다"[161]라고 말한다. 설교 "하나님의 섭리에 대하여"(1786)에서는 하나님의 전지하심에 다음을 포함시킨다.

> 모든 곳에 편재해 계시는 하나님은 자신이 만드신 모든 존재의 모든 속성을 보시고 아십니다. 그들의 모든 연결 고리와 의존 관계, 상호 관계를 아십니다. 그중 하나가 다른 것에 어떻게 영향을 끼치는지 아십니다. … 천사와 마귀, 인간이 생각하고 말하며 행동하는 모든 것 … 느끼는 모든 것 … 그들의 모든 환경과 고통을 아십니다."[162]

그 외에도 웨슬리는 하나님의 지식의 대상에 천체와 자연의 모든 움직임, 자연과 인간 및 인간과 영적 존재의 모든 관계를 포괄하면서 "결론적으로 하나님은 세상의 모든 생물에게 일어나는 일에 매 순간 관심이 있으십니다. 사람에게 일어나

---

158 같은 곳, III. 1-6.
159 설교, "원죄", II. 3; ENNT 1 Cor. 11.
160 설교, "하나님의 일체성", 6; Collins, *A Faithful Witness*, 18.
161 설교, "예정에 대하여", 5, 15.
162 설교, "하나님의 섭리에 대하여", 11-12.

는 모든 일은 특별히 그러하십니다"라고 말한다.[163] 그는 하나님의 전지하심에서 신자를 위한 실천적 교훈을 끌어내 우리의 모든 것을 세밀히 알고 섭리하시는 하나님께 대한 전적 신뢰와 감사와 겸손함으로 하나님과 동행할 것을 권고한다.[164]

d. 전능

영원성, 편재하심, 전지하심과 연결된 또 다른 속성은 하나님의 전능하심 (omnipotence)이다.[165] 양정에 따르면, 웨슬리는 다른 어떤 속성보다 전능하심을 설명할 때 매우 주의를 기울였는데, 그 이유는 많은 사람에 의해 오해·왜곡되어 왔기에 그것을 바로잡기 위해서다.[166]

웨슬리는 설교 "산상설교 (6)"(1748)에서 하나님을 "전능자이자 물질 세계의 유일한 동인(mover)"으로 설명한다. "모든 물질은 본질적으로 무감각하며 비활동적이므로, 그 움직임은 오직 하나님의 손에 의해" 가능하기 때문이다. 또 웨슬리는 세계가 지속적으로 그 존재와 활동을 하나님께 의존하고 있음을 강조해, "만약 하나님의 전능하신 능력의 지속적 유입과 작용이 없다면 보이거나 보이지 않는 모든 피조물은 활동하거나 존재할 수 없습니다"라고 말한다.[167] 설교 "영적 예배"(1780)에서는 "물질은 자동력이 없고 … 외부의 무언가에 의해 움직이기에" 아이작 뉴턴 (Isaac Newton)이 주창한 만유인력 같은 자연 법칙은 "하나님께서 우주를 움직이시는 주된 방법"에 불과함을 주장한다.[168] 그러므로 "하나님의 능력 및 의지와 관계 없는 자연의 힘"을 말하는 것은 "하나님의 전능하심을 부인"하는 것이다.[169]

웨슬리는 하나님을 세상의 창조자, 첫 번째 동인으로만 여기고 그 후의 섭리적 돌보심을 부인해 하나님의 전능하심을 축소한 이신론에 반대해, 그런 "이성의 종교"는 "그리스도와 관련 없는 종교"일 뿐 아니라 "하나님과도 관련 없는 종교"라고 비판한다. 그는 윌리엄 월라스턴(William Wollaston, 1660~1724), 프란

---

163 같은 곳, 11-13.
164 같은 곳, 19-29.
165 Collins, *A Faithful Witness*, 18-19.
166 Yang, "The Doctrine of God in the Theology of John Wesley," 168.
167 설교, "산상설교 (IV)", III. 7.
168 설교, "영적 예배", I. 5-6.
169 WW 9:478.

시스 허치슨(Francis Hutcheson, 1694-1745), 장 자크 벌라마키(Jean-Jacques Burlamaqui, 1694~1750) 등 당대의 유명한 이신론자, 또 "3인의 거두 루소(Jean-Jacques Rousseau), 볼테르(Voltaire), 데이비드 흄(David Hume)" 같은 철학자와 그 저서를 언급하면서, 그들은 "계시에 의존하지 않고 하나님의 존재도 부정하면서 하나님에게서 독립된 스스로의 토대를 가진 종교를 만들어" 성경의 계명 중 하나님 사랑을 배제하고 이웃 사랑만 남겨 놓거나, 심지어 둘 모두를 배제해 또 다른 덕의 근거를 세우려 한다고 비판했다. 그들의 목적은 "하나님과의 관계를 계획적, 의도적으로 부인해 … 하나님을 그가 만드신 세상에서 밀어내려는 것"이기에, 그들의 주장은 "어떤 이름을 붙이든 무신론과 정확히 같습니다"라고 단언했다.[170] 하나님의 전능하심에 대한 웨슬리의 주장은 분명하다. "하나님은 존재가 무한하시듯 능력도 무한하십니다. … 그가 하고자 하시면 모든 것이 그대로 됩니다."[171]

웨슬리는 하나님께서 영적 존재에게는 "스스로 움직일 수 있는 능력을 다소 주셨습니다"라고 언급해, 하나님께서 물질을 다루시는 방법과 구분했다.[172] 또한 하나님은 사람의 인격적 책임성을 배제하는 방식으로 일하지 않으심을 중요하게 가르쳤다. 그 결과 전능하신 하나님도 하실 수 없는 일 두 가지가 있다고 가르쳤는데, 양정은 그것을 다음과 같이 정리한다. 첫째, 전능하신 하나님이시라도 스스로 모순된 일은 행할 수 없으시기에, 언제나 자신의 속성과 일치하도록 활동하신다.[173]

> 의로우신 하나님은 불의한 일을 행하지 못하신다. 선하신 하나님은 악한 일을 행하지 못하시며, 죄를 미워하시는 하나님은 누군가로 죄를 짓게 만들지 못하신다. 공의로우신 하나님은 공의롭지 못하도록 사람이 태어나기도 전에 그들이 하나님과 사랑과 은혜에 바르게 반응할 것인지의 여부를 전혀 고려함 없이 어떤 사람은 영생으로, 다른 사람은 영벌로 예정하실 수 없다. 거룩하신 하나님은 스스로 죄 지으려는 의도가 없는 사람을 죄를 지을 수밖에 없게 강제하심으로 죄의 앞잡이가 되실 수 없다.[174] "하나님은 악에게 시험을 받지도 아니하시고 친히 아무도 시험하지 아니하신다"(약 1:13 참조).[175] 하나님은 신실하시므로 약속을 깨뜨리는 신실하지 못한 일을 행하실 수 없다. 하나님은 "자신을 부인하실 수 없다."[176]

---

170 설교, "하나님의 일체성", 18-20; "참 이스라엘 사람", 서론. 1-5.
171 설교, "하나님의 일체성", 5, 21.
172 설교, "영적 예배", I. 5.
173 Yang, "The Doctrine of God in the Theology of John Wesley," 169-170.
174 참고. WW 10:263, 463.
175 설교, "산상설교 (VI)", III. 15.
176 ENNT 2 Tim. 2:13.

둘째, 전능하신 하나님이시라도 전능하심을 과도히 사용해 자신의 다른 속성을 희생시키지 않으신다. 양정이 표현한 대로, "웨슬리는 하나님의 전능하심을 경시하지 않으면서, 동시에 전능하심이라는 일부 속성을 하나님 자신과 동일시할 정도로 지나친 주장에까지 나아가지 않았다."[177] 웨슬리에 의하면, 하나님을 아는 일에서 주의해야 할 점은 하나님의 다양한 속성을 조화롭게 이해하는 것이다.

> 하나님은 능력뿐 아니라 지혜도 무한하십니다. 하나님은 피조물의 유익을 위해 창조세계를 돌보시는 일에 그 무한한 지혜를 지속적으로 활용하십니다. 하나님의 지혜는 선하심과도 함께 협력합니다. 그 두 속성은 서로 분리될 수 없도록 연결되어 모든 피조물의 참된 유익을 위해 하나님의 전능하신 능력과 함께 활동합니다. 하나님의 능력은 그의 지혜 및 선하심과 동등한 정도로 조화를 이루어 함께 협력합니다. 그 결과 그에게는 모든 것이 가능하게 되어 기뻐하시는 어떤 일도 행하십니다.[178]

하나님이 자신을 부인할 수 없으심과 하나님의 속성의 조화에 대한 웨슬리의 강조는 하나님의 전능하심을 지나치게 강조해 다른 속성을 희생시키거나, 반대로 인간의 자유의지의 역할이나 세상에서 악의 영향력을 지나치게 확대해 하나님의 전능하심이나 선하심을 축소하는 양극단 모두를 경계하기 위한 것이다.

e. 영(Spirit)

웨슬리는 영원하심, 편재하심, 전지하심, 전능하심과 밀접한 속성으로 하나님은 영이심을 설명한다. 하나님은 "사람과 같이 육체나 신체기관, 정욕을 가지고 계시지 않으며 … 물질과 전적으로 분리되어 계신다."[179] 사람의 영은 몸과 결합되어 있어 영혼의 작용이 몸을 매개로 하며 몸의 영향을 받는다. 따라서 사람은 타락 전에도 육체의 생명 유지를 위해 음식을 의존했고,[180] 타락 후에는 죽음의 저주를 받은 몸의 영향으로 지식의 한계, 판단력의 오류, 감정과 의지의 불안정 등 각종 기능의 저하를 피할 수 없다.[181] 그러나 하나님은 홀로 "순수한 영"이시므로 육체로 인한 한계, 물리적 한계를 초월해 영원·편재·전지·전능하시다. 인간이 갖지 못

---

177 Yang, "The Doctrine of God in the Theology of John Wesley," 170.
178 설교, "하나님의 섭리에 대하여", 14.
179 설교, "하나님의 일체성", 8.
180 ENOT Gen. 1:29-30.
181 이 책의 7장 웨슬리의 인간론 참고.

한, 하나님만 가지신 초월적·비공유적·절대적 속성은 그가 영이심과 관련된다.

하나님이 영이심을 강조한 웨슬리의 실천적 의도는, 하나님께서 사람에게 "불멸의 영"을 불어넣어 "하나님의 영원성을 반영한 존재"로 만드셨음을 강조하기 위해서다. 영이신 하나님은 "우리 영의 아버지 … 육체를 가진 모든 영혼의 아버지"시다.[182] 따라서 우리는 "하나님께 영광을 돌리고 영원히 그를 즐거워해야" 하며, 우리의 진정한 행복은 오직 "하나님 안에서" 가능하다. 웨슬리는 많은 그리스도인이 내세에 가서는 행복할 것이라고 생각하면서도 현세에서 행복을 누리지 못하는 것은, 하나님이 아닌 피조물에게서 행복을 구하면서 하나님께 마음을 드리지 않는 거짓 종교(머리만의 종교, 경건의 모양만 있는 종교, 무신론 등)에 빠져 있기 때문임을 경고한다.[183] 하나님은 모든 영혼이 그에게서 나와, 그의 안에서 살다, 그에게로 돌아가는 생명과 안식의 원천이시며, 참된 기독교는 이를 깨달아 "영과 진리 안에서"(요 4:24) 하나님께 마음을 온전히 드려 하나님 안에서 행복을 누리는 것이다.[184]

iii. 하나님의 계시로서의 율법

웨슬리는 하나님의 속성을 계시하는 중요한 원천이 복음만이 아니라, 성경의 많은 부분을 차지하는 율법이라고 보았다. 하나님의 거룩한 사랑의 속성은 "율법이 흘러나온 근원"이다.[185] 따라서 율법은 하나님의 속성과 불일치하거나 하나님께 낯선 어떤 것이 아니라, 하나님의 속성을 반영한 하나님의 말씀이다. 하나님의 속성과의 일치로 인해 율법은, 마치 하나님의 아들이 하나님을 계시하듯 하나님의 성품과 뜻을 계시한다. 웨슬리는 "그렇습니다. 어떤 의미에서 우리는 사도가 하나님의 아들에 대해 '하나님의 영광의 광채시요 그 본체의 형상'(히 1:3)이라고 말한 것을 율법에도 적용할 수 있습니다"[186]라고 말한다.

웨슬리는 설교 "율법의 기원, 본성, 속성 및 용법"(1750)에서 하나님의 도덕적 속성과 율법의 요구가 서로 일치함을 다양한 표현으로 설명했다. 즉 율법은 "하나

---

182 설교, "하나님의 일체성", 8.
183 같은 곳, 9-15.
184 같은 곳, 16-17; Yang, "The Doctrine of God in the Theology of John Wesley," 167.
185 설교, "율법의 기원, 본성, 속성 및 용법", III. 5; III. 10.
186 설교, "산상설교 (4)", 서론. 1.

님의 복사본" "하나님의 본성을 글로 옮겨 적은 것" "영원 속에 거하시는 높고 거룩하신 분에 대한 불멸의 묘사" "베일을 벗은 하나님의 얼굴" "인간에게 나타내신 하나님의 마음" "거룩하신 하나님의 직접적 소산"이자 "하나님의 정확한 초상화"와도 같은 것이다. 율법은 우리가 눈으로 볼 수 없고 손으로 만질 수 없는 하나님의 불가해한 본성을 마치 눈으로 보고 손으로 만지는 것같이 인식할 수 있게 해준다.

웨슬리는 율법은 전적으로 하나님의 본성과 뜻에 의존하기에, 하나님을 "율법의 원인" 또는 심지어 "하나님 자신"이라고까지 표현한다.[187] 설교 "양심에 대하여"(1788)에서는 인간의 양심에 새겨진 자연법을 마치 그리스도와 유사하게 "세상에 와서 각 사람에게 비추는 빛"(요 1:9)이자 "하나님의 아들"에 비유했다.[188] 웨슬리가 율법을 "하나님 자신"이나 "하나님의 아들"로 표현한 것은 하나님의 뜻과 성품이 온전히 율법에 반영되어 있음을 강조한 것이지, 율법이 신성을 가졌다는 의미는 아니다. 콜린스는 웨슬리의 생각을 다음과 같이 구분했다. 그리스도는 영원 전부터 나신 하나님의 아들이시지만, 율법은 "영원 전부터 계신 창조되지 않은 지성"에서 비롯되었더라도 "창조 질서 안에 근거하고 있기 때문에 시간의 시작과 함께 생겨났다."[189] 율법 자체는 창조와 함께 "특별한 형태"로 존재하게 된 것이다.[190]

웨슬리는 율법을 하나님의 도덕적 속성을 반영한 하나님의 요구로 이해했기에, 율법에 대한 순종을 타락한 인간 본성을 하나님의 형상으로 회복시키는 중요한 은혜의 방편으로 보았다. 종교의 목적이 "하나님의 본성, 즉 인간의 영혼 속에 있는 하나님의 생명에 참여하는 것"이라면,[191] 율법의 각 부분에 대한 순종은 우리 자신을 율법에 반영된 하나님의 본성에 순응시키는 방법이 된다. 율법은 "하나님의 인격의 분명한 형상"이기에[192] 우리가 바라봄으로 하나님을 닮도록 "하나님을 보여주는 그림"과도 같다.[193] 그리스도는 하나님 형상을 보여주는 살아있는 모형이시라

---

187 설교, "율법의 기원, 본성, 속성 및 용법", III. 3-10.
188 설교, "양심에 대하여", I. 5.
189 설교, "율법의 기원, 본성, 속성 및 용법", II. 4.
190 Collins, *The Theology of John Wesley*, 97-98.
191 설교, "잠자는 자여 일어나라", II. 10; Joseph W. Cunningham, "Perceptible Inspiration: A Model for John Wesley's Pneumatology" [Ph.D. thesis, The University of Manchester (Nazarene Theological College), 2010], 103-104.
192 설교, "율법의 기원, 본성, 속성 및 용법", II. 6.
193 설교, "산상설교 (3)", IV.

면, 율법은 동일한 하나님 형상을 말과 글로 표현한 모형이다.[194]

웨슬리는 율법의 정죄와 지시 모두로 인해 죄인이 그리스도의 필요성을 인정하고 믿음으로 나아갈 뿐 아니라 신자가 율법을 통해 하나님의 성품을 닮아 거룩성을 회복하게 된다는 의미로, 율법을 하늘과 영생에 이르는 "참된 길"로 설명했다.[195] 율법의 정죄를 칭의의 수단, 율법의 지시를 성화의 수단으로 제시한 것은, 율법이 하나님과 인간 관계의 기초는 아니더라도 그 관계의 기준과 목적으로서 유효하다는 의미다. 이는 성화를 구원의 조건이 아닌 열매로 가르치는 개신교 신학의 대의와 일치한다.[196] 웨슬리는 하나님의 거룩한 사랑을 인간이 순응해야 할 율법의 원천으로 가르침으로 하나님의 속성을 사변적·철학적으로 논의하는 데서 그치지 않고 인간의 구원 및 하나님과 인간의 질적 관계 성숙의 실질적 지침으로 삼는다.

II. 하나님의 사역

웨슬리는 하나님의 속성을 하나님 사역의 토대와 방법, 목적을 설명하는 기초로 삼았다. 웨슬리 신학에서 하나님께서 일하시는 "궁극적 토대"는 바로 "하나님의 본성과 특징 그 자체"라는 윌리엄 캐논(William R. Cannon)의 지적은 적절하다.[197] 웨슬리는 주기도문의 대상인 "하늘에 계신 우리 아버지"를 "모두에게 선하고 은혜로우신 우리의 창조자요 보존자 … 주님 안에 있는 우리의 아버지"[198]로 주해해 하나님의 사역을 창조와 섭리, 구원으로 구분한다. 그 각각을 더 자세히 살펴보자.

---

194 설교, "산상설교 (2)", II. 2; "산상설교 (4)", 서론. 1; ENNT John 10:4.
195 설교, "산상설교 (1)", 서론. 3.
196 Collins, *The Theology of John Wesley*, 56-57.
197 William R. Cannon, *The Theology of John Wesley* (New York: Abingdon-Cokesbury Press, 1946), 153.
198 ENNT Matt. 6:9.

i. 창조

웨슬리는 천지 창조를 성부 하나님의 사역[199]이자 삼위일체 하나님의 공동 사역[200]으로 설명했다.[201] 성부 하나님의 사역으로 보면, "성부께서는 영원 전부터 낳으신 … 시작 없이 존재하시는 말씀을 통해 모든 것을 창조하셨다."[202] 하나님의 영(성령)은 "암탉이 날개 아래 새끼를 품어 … 온기를 주고 양육하듯 수면 위로 운행하시면서 창조의 첫 번째 운동자"가 되셨다.[203] 창조를 삼위일체 하나님의 사역으로 보면, 하나님의 말씀이신 성자는 "스스로의 주권을 가지신 영원하시며 독립된 하나님"[204]으로서 "그 자신이 창조주"시다.[205] "성부 하나님과 동등한 영광을 가진 독생하신 성자"는 "빛이 있으라" 말씀함으로 빛을 존재하게 하셨다.[206] 마찬가지로 "영원하시고 편재하시며 전능하시고 지혜로우신 성령은 모든 것을 창조하시고 … 감독하신다."[207]

웨슬리는 "하나님의 주권에 관한 생각"(Thoughts upon God's Sovereignty, 1777)에서 창조주 하나님의 사역의 특징을 "자신의 주권적 의지로 모든 일을 행하심"으로 설명한다. 창조주는 자연과 만물을 창조하셨을 뿐 아니라, 각 개인과 인류의 운명을 주권적으로 결정하셨다.[208] 영원의 어느 시점에 세상을 창조하실지, 우주의 지속 기간이 얼마일지, 무한한 공간 속 어디에 우주를 위치시킬지, 별의 수, 각각의 원자·행성·항성·혜성의 크기, 지구에 어떤 생물과 무생물을 두실지를 오직 "자신의 주권적 뜻"에 따라 결정하셨다. 나아가 창조주는 사람을 창조하실 때 자신의 주권적 의지에 따라 영적 본성과 함께 "이해와 의지와 자유"를 부여하셨다. 또 나라의 연대와 경계, 각 사람이 태어날 특별한 환경과 시간, 개인의 신체와 건강에 관한 특징을 결정하신다. 그러나 웨슬리는 이러한 창조주의 주권적 결정을 지나치

---

199 WW 11:266; ENOT Gen. 1:1.
200 설교, "산상설교 (VI)", III. 7; ENOT Gen. 1:1.
201 Collins, *The Theology of John Wesley*, 34; Yang, "The Doctrine of God in the Theology of John Wesley," 191-193.
202 ENNT John 1:1.
203 ENOT Gen. 1:2.
204 ENNT John 1:1.
205 ENNT Heb. 1:7-8.
206 설교, "그리스도의 오신 목적", II. 1-3.
207 설교, "하나님의 일체성", 21.
208 WW 10:361-363.

게 확대해 어떤 사람은 영원한 영광, 다른 사람은 영원한 지옥으로 결정해 놓으셨다는 이중예정론에는 반대했다. 이중예정론은 창조주 하나님의 주권을 극단적으로 강조한 결과, 창조 후 세상을 다스리고 섭리하며 주도하는 사역에는 어떤 실질적 역할도 부여하지 않는 오류로 나아간다.[209]

하나님의 창조 사역의 또 다른 특징은 "무(無)에서의 창조"다. 하나님께서는 "이전에는 어떤 물질도 존재하지 않던 상태에서" 온 세상을 만드셨다.[210] 웨슬리는 "하나님뿐 아니라 자연도 모든 피조물보다 먼저 존재했다" "자연에게도 하나님과 같은 영원성과 편재성, 무한성이 있다"고 주장한 윌리엄 로(William Law)에게 "그렇다면 자연이 하나님이란 말입니까? 영원하고 전 우주적이며 무한한 존재가 둘이란 말입니까?"[211]라고 반문했다. 무에서의 창조를 부인하는 것은 하나님의 활동이 이미 존재하던 물질을 의존한다는 주장이므로, "불행하게도 당신은 철학에 빠져 하나님의 전능하심을 부인합니다"[212]라고 비판했다. 모든 것은 우연히 존재했거나 "불변의 필연"에 의해 존재하는 것이 아니라, 무한한 선과 지혜의 하나님께서 목적을 가지고 창조하신 것이다.[213]

웨슬리는 하나님의 창조 사역을 "점진적 창조"로도 설명한다.[214] "하나님은 세상을 한순간에 만드실 수 있었지만 6일에 걸쳐 창조하셨고,"[215] 창조는 "매일 탁월한 피조물을 만들어 나가는" 방식으로 진행되었다.[216] 점진적 창조는 "하나님께서 섭리와 은혜로 역사하시는 일반적 방식"일 뿐 아니라,[217] 하나님께서 "당신의 방식대로, 당신의 시간에 일하시는 자유로운 행위자"이심을 드러낸다.[218] 웨슬리는 창조 사역을 주로 하나님의 지혜 및 선하심과 연결해,[219] "만물을 선하게 창조하시도록 한 것은 하나님의 선하심이며, 그 선하신 뜻을 실행할 수 있게 한 것은 하나님의

---

209 WW 10:361-363.
210 Collins, *The Theology of John Wesley*, 34.
211 Letters 3:333.
212 Letters 3:345.
213 WW 10:70; Collins, *The Theology of John Wesley*, 34.
214 Yang, "The Doctrine of God in the Theology of John Wesley," 198-199.
215 ENOT Gen. 1:31.
216 ENOT Gen. 1:20-23.
217 ENOT Gen. 1:2.
218 ENOT Gen. 1:31.
219 Collins, *A Faithful Witness*, 23-24.

능력과 지혜였습니다,"[220] "하나님의 능력과 지혜는 그의 창조 및 하늘과 땅에서 이루고 계획하시는 모든 사역에서 풍부하게 드러납니다"[221]라고 강조했다. 피조물 중 마지막으로 지음 받은 인간은 눈을 뜨자마자 "하나님의 섭리와 은혜 사역의 영광과 선함과 아름다움"을 드러내는 만물을 통해 "하나님의 지혜와 능력과 선하심"을 느끼고 생각하며 유추할 수 있었다.[222]

웨슬리는 하나님의 창조세계에는 영적 세계와 영적 존재, 물질적·육체적 존재가 있고, 그 둘 사이에 영적이자 물질적 존재인 인간이 위치해, 세상이 하나의 통일성 있는 위계질서를 이룬다고 보았다. 그는 18세기에 눈부시게 발전하던 과학 기술의 발견을 참고하면서, 플라톤이 주장한 "존재의 사슬"(chain of beings) 개념을 빌려 하나님의 창조세계를 다음과 같이 설명했다. "창조의 모든 부분은 감탄스러울 정도로 함께 연결되어 전체가 하나의 우주를 이룹니다. … 무기물인 흙에서부터 광물과 다양한 계통의 식물, 곤충과 파충류, 조류, 짐승, 인간, 천사에 이르기까지 … 하나의 존재의 사슬이 있습니다."[223] 설교 "하나님이 시인하신 일들"(1782)에서는 하나님의 모든 피조물이 존재의 사슬 안에서 각각 특별한 가치와 위치를 지닐 뿐 아니라, "모든 존재가 서로 긴밀히 연결되고 … 다른 부분과 완벽하게 조화를 이루어 전체의 유익을 위해 이바지합니다"라고 가르쳤다.[224] 웨슬리는 "하나님이 지으신 모든 것"이 "보시기에 심히 좋았더라"(창 1:31)고 말씀하신 것은 창조세계가 "창조주의 마음에 들었기 때문"이기도 하고, "사람에게 유익하게 지어졌기 때문"이기도 하며, "하나님의 작품의 영광스러움과 선함, 아름다움, 조화로움이 더할 나위 없이 … 하나님의 존재와 완전함을 반영해 사람 속에 창조주께 대한 신뢰를 일으키기에 충분했기 때문"이라고 설명한다.[225]

웨슬리가 하나님의 지혜와 선하심에 근거해 세상의 질서와 조화를 설명한 것은, 하나님의 창조세계를 단지 "물질적이고 물리적인" 세계로 본 것이 아니라 "도덕적이고 윤리적인" 질서를 가진 세계로 이해했음을 의미한다. 웨슬리는 "하나님

220　설교, "하나님이 시인하신 일들", II. 2.
221　설교, "하나님의 사려 깊은 지혜", 2.
222　ENOT Gen. 1:31.
223　설교, "악한 천사들에 대하여", 서론. 1-2.
224　설교, "하나님이 시인하신 일들", I. 11-14; Barry E. Bryant, "John Wesley's Doctrine of Sin" (Ph.D. thesis, The University of London, 1992), 92-98.
225　ENOT Gen. 1:31.

께서 처음부터 세우신 창조세계의 도덕적 질서의 구조를 드러낼" 뿐 아니라 "모든 사물의 본성" 및 모든 관계의 적합성을 드러내는 것이 하나님의 율법이라고 보았다.[226] 웨슬리가 가르친 하나님의 속성, 창조세계의 질서, 율법의 관계는 "율법이 드러내는 창조세계의 질서와 조화가 독단적이지 않으며, 성과 남녀 관계, 가족 관계, 인간의 자연 사용과 개발 및 그 외 많은 것에서 율법은 모든 피조물이 따라야 할 외적·객관적 기준이 된다"는 사실을 의미한다. 그렇다면 "피조물 인간에게는 웨슬리가 말한 '이미 창조되었거나 새롭게 창조되는 모든 사물의 영원한 적합성[즉 율법]'[227]을 무시하거나 거부할 자유는 없다."[228]

ii. 섭리

웨슬리가 가르친 하나님의 또 다른 사역은 섭리를 통한 통치하심이다. 섭리는 웨슬리의 신론에서 가장 중요한 주제 중 하나로 설교, 일기, 논문, 성서주해 등 저작 전체에서 광범위하게 해설했을 뿐 아니라, 자주(기록에 따르면 1744~1785년 사이에 최소 45회 이상) 설교했다.[229] 하워드 스나이더(Howard A. Snyder)의 분석에 따르면, 웨슬리는 『구약성경 주해』(1765~1766)에서 하나님의 섭리를 225회 이상 다루는데, 그중 많은 내용이 저술을 위해 참고했던 매튜 헨리(Matthew Henry)의 『신구약 주석』(*Exposition of the Old and New Testament*)이나 매튜 풀(Matthew Poole)의 『성서 주석』(*Annotations Upon the Holy Bible*) 등에서 가져온 것이 아니라 웨슬리의 고유한 설명이다. 이는 웨슬리가 성경 주해의 자료로 삼은 학자보다 섭리를 더 중요하게 여겼음을 보여준다.[230] 스나이더는 웨슬리가 섭리로 의미한 것은 "하나님의 창조세계와 역사 … 모든 피조물에 대한 하나님의 보편적이고 적극적인 통치"라고 정의한다.[231]

웨슬리는 설교 "하나님의 섭리에 대하여"(1785)에서 "계시 전체에서 이보다

---

226 Collins, *A Faithful Witness*, 24.
227 설교, "율법의 기원, 본성, 속성 및 용법", II. 5.
228 Collins, *A Faithful Witness*, 24.
229 BE 2:534; 하워드 A. 스나이더, "웨슬리 신학에서 섭리와 고통", 서울신학대학교 제14회 카우만 기념강좌 자료집 (2016), 41, 46.
230 같은 곳, 45, 특히 각주 22번을 참고하라.
231 같은 곳, 45-46.

더 중요한 교리는 거의 없음에도, 이만큼 경시되고 이해가 부족한 교리도 거의 없습니다"라고 문제를 제기한다. 섭리 신앙은 기독교 신앙의 본질적 내용임에도 많은 오해와 불신으로 방해를 받기 때문이다.[232] 또 웨슬리는 많은 이교도와 철학자가 일반적으로 "신이 만물과 만사를 관리하신다"며 섭리를 인정하지만, 계시에 기초하지 않은 생각은 어둠과 혼돈, 불완전함, 모순이 가득해 확신에 이를 수 없음을 지적한다.[233] "하나님께서 세상을 통치하는 방식에 관한 분명하고 일관성 있으며 완전한 설명은 오직 하나님 자신만이 주실 수 있는데 … 하나님은 그 설명을 기록된 말씀, 신구약 성경에서 주셨습니다"[234]라고 강조한다. 섭리 신앙을 방해하는 요소에는 당대 철학자들의 무신론적·회의론적 주장이 포함된다. 아우틀러는 당대의 철학자 데이비드 흄(1711~1776)이 『인간 지성에 관한 탐구』(An Enquiry Concerning Human Understanding, 1748)에 수록한 "기적에 관하여"(Of Miracles)에서 성경의 기적을 강하게 부인한 것이 웨슬리로 이 설교를 쓰도록 자극했다고 설명한다.[235] 1769년 3월에 흄의 주장을 접한 웨슬리는 이후 1772년 5월 일지에 흄을 "역사상 진리와 덕을 가장 무례한 태도로 경멸한 사람"으로 묘사한다. 웨슬리의 설교는 이신론, 무신론, 회의론을 유포하는 사람이 점점 많아지는 가운데, 그들의 사상이 기독교에 끼칠 파괴적 영향을 예기했기에 그에 대항해 하나님의 섭리의 교리를 확증하려 한 것이다.[236]

동시에 하나님의 섭리에 대한 웨슬리의 설명은, 스나이더가 바르게 지적한 것처럼, 하나님의 구원 계획과 그 계획을 성취하는 섭리를 균형 있게 이해하지 못하고 창조 이전에 피조물의 운명을 모두 결정해 놓았다는 이중예정에 하나님의 다른 모든 활동을 종속시켜 개신교 신학 체계를 왜곡한 칼빈주의의 오류를 교정하기 위한 것이기도 하다.[237] 웨슬리는 세상의 일이 "전적인 우연의 결과 또는 불변의 필연에 의한 결과"[238]라고 주장하는 다른 극단에도 반대해, "하나님께서 은혜로 인

---

232 설교, "하나님의 섭리에 대하여", 7.
233 같은 곳, 1-3.
234 같은 곳, 4.
235 BE 2:534; 22:172, 321.
236 BE 2:534.
237 스나이더, "웨슬리 신학에서 섭리와 고통", 43-81
238 Letters 2:379.

간 삶에 개입해 모두의 행복을 위해 일하심"을 가르쳤다.[239] 1781년 안 볼튼(Anne Bolton)에게 보낸 편지에서는 "세상에 우연이란 없습니다. 행운이란 오직 섭리의 다른 이름이므로, 그것은 단지 감추어진 섭리(covered providence)일 따름입니다. 원인이 명확히 드러나지 않는 일을 우리는 '우연히 일어났다'고 말하지만 그렇지 않습니다. 그 일은 실수가 없으신 손길의 이끄심을 받아 일어난, 무한한 지혜와 선의 결과입니다"라고 말한다.[240]

웨슬리가 성경적 섭리론으로 가르친 내용은 첫째, 하나님은 창조주이실 뿐 아니라 "그가 만드신 만물의 유지자와 … 보존자"도 되신다는 사실이다. "만물의 유지자로서 하나님은 무에서 만물을 이끌어낸 그 능력의 말씀으로 모든 피조물을 지탱하고 붙들며 떠받치신다."[241] 나아가 하나님께서는 피조물의 행복을 위해 일하신다. "만물의 보존자로서 하나님은 그 피조물을 각각의 수준에 적합한 행복 속에서 저들을 보존하십니다. 이를 위해 하나님은 그들을 다양한 관계와 연결점, 의존 관계 속에서 하나의 체계를 가진 우주가 되게 하십니다."[242] 웨슬리는 하나님께서 창조세계를 유지하고, 피조물을 행복하게 하며, 서로 연결된 체계 안에서 보존하시게 만드는 원천을 하나님의 사랑으로 가르쳤다. 하나님은 "땅에 사는 가련한 존재들에 아무 관심 없이 하늘 위에 앉아 편히 향락만 즐기는 신"이 아니라,[243] "그 눈으로 자신의 손으로 만드신 작품 전체를 살피시고, 모든 별의 수를 헤아려 그 이름을 부르시며 … 그 자비는 하늘보다 더하고 신실하심은 구름보다 더해 모든 사람을 사랑하고, 모든 피조물에게 자비를 베푸시는" 하나님이시다.[244] 하나님은 이 사랑으로 "지금도 쉬지 않고 만물을 보호"하고 계신다.[245] 창조세계는 스스로 존재의 능력을 가지고 있지 않기에,[246] "하나님께서 전능하신 능력을 철회하시면 … 세계는 즉시 무로 되돌아가고 말 것"이다.[247]

둘째, 웨슬리는 성경적 섭리론을 통해 하나님의 역사 개입과 기적을 부인하는

---

239 Collins, *A Faithful Witness*, 25-26.
240 Letters 7:45-46.
241 설교, "영적 예배", I. 3.
242 같은 곳, I. 4.
243 설교, "하나님의 섭리에 대하여", 13.
244 WW 11:10.
245 설교, "하나님의 섭리에 대하여", 9-10.
246 같은 곳, 9.
247 설교, "영적 예배", I. 3;

논리의 오류를 교정한다. 웨슬리는 "우주는 부분적 법칙이 아닌 일반적 법칙에 의해 움직인다"는 주장은 사실상 "성경 전체의 기조"을 부인하는, "세상에는 기적이 결코 없다"는 주장임을 간파했다. 이에 웨슬리는 "전능자께서 홍해를 가르시고 물이 높이 쌓이게 해 그 사이로 자기 백성을 건너가게 하셨을 때 일반 법칙에 자신을 가두셨습니까? 해가 온종일 멈춰 서있게 하신 것도 일반 법칙을 따른 것입니까?"라고 반문하면서 "그렇지 않습니다. 신구약 성경에 기록된 어떤 기적도 일반 법칙에 따른 것이 아닙니다"라고 단언한다.[248] 웨슬리는 하나님께서 자연으로 일반 법칙을 따라 움직이게 하심을 인정하더라도, "하나님께서 뜻하시면 언제나 예외를 허용해 그 사랑하시는 자를 위해 일반 법칙을 중지시키거나 권세 있는 천사를 사용해 자신을 의지하는 사람을 모든 위험에서 구하실 수 있습니다"라고 역설한다.[249]

특히 웨슬리는 특별 섭리를 부인하기 위해 일반 섭리와 특별 섭리를 구분하는 사람들의 논리를 반박하면서, 특별 섭리를 배제하는 것이 일반 섭리가 아니라 특별 섭리의 총합이 일반 섭리임을 주장했다. 그는 "당신은 일반 섭리를 허용하지만 특별 섭리는 부인한다고 합니다. 그러나 그 종류가 무엇이든 특별한 것을 포함하지 않는 일반적인 것이 있습니까? 모든 일반은 특수한 것으로 이루어지지 않습니까? 그렇지 않은 예를 들 수 있습니까?"라고 되묻는다. 예를 들어 "어떤 종(species)도 포함하지 않는 속(genus)", "부분을 포함하지 않는 전체"가 있을 수 있는가? 해·달·별을 말하면서 지구를 배제하거나, 지구를 말하면서 그 안의 생명체를 배제하는 것이 온당한가? 웨슬리는 특별 섭리를 배제하는 일반 섭리 주장은 "어리석고 모순될" 수밖에 없다고 단언한다.[250]

웨슬리는 특별 섭리를 배제한 일반 섭리 주장이 얼마나 근거 없는지를 드러내기 위해 "하나님의 관심의 대상이 될 수 있는 것과 될 수 없는 것 사이의 경계선을 당신은 어디에 긋습니까?"라고 묻는다. "그분이 관심을 갖는 곳은 … 태양계 바깥입니까, 안입니까? … 사막지대 사람이나 북극지방 사람은 제외됩니까? … 제국의 흥망같이 크고 단일한 사건에는 하나님의 섭리가 미치지만 각 개인의 작은 관심사는 전능자가 알지 못하실 것이라 생각하십니까?"[251] 웨슬리는 만약 사건의 크고 작

---

248 설교, "하나님의 섭리에 대하여", 20.
249 같은 곳, 21-22.
250 같은 곳, 23-24.
251 같은 곳, 25-26.

음이라는 기준으로 하나님과 세상의 관계의 실상을 말한다면, 온 우주보다 크신 하나님 앞에서 너무나 하찮고 작은 "인간과 인간사 전체가 아무것도 아니며" 아무 가치를 논할 수 없다고 못 박는다.[252] 따라서 인간이 바라보는 크고 작음, 중요하고 하찮음은 하나님께서 인간에게 가지시는 관심과 섭리를 설명할 어떤 근거도 될 수 없다. 웨슬리는 하나님의 섭리를 설명할 수 있는 유일한 근거는 아무리 작고 하찮은 피조물도 배제하지 않으시는 하나님의 사랑과 자비라고 설명했다. "너희의 머리털까지 세신 바 되었다"(눅 12:7)는 말씀은 "하나님께서 문자 그대로 모든 피조물의 머리털을 세신다는 의미가 아니라, 일종의 관용적 표현으로 사람이 보기에 아무리 작고 하찮은 것도 하나님의 돌보심과 섭리의 대상이 아닌 것이 없고, 피조물의 행복에 관한 것이라면 하나님께는 그 어떤 것도 결코 작지 않다"는 의미다.[253] 웨슬리는 "하나님을 경외하고 의를 행하는 자의 행복에 조금이라도 영향을 끼치는 것이라면 하나님 보시기에 그 어떤 것도 작은 것이 아닙니다. 그런데도 특별 섭리를 배제한 일반 섭리가 가능하겠습니까? 모든 이성적인 사람은 그런 터무니없고 자기 모순적인 어리석은 주장을 영원히 거부해야 합니다"[254]라고 역설한다.

셋째, 웨슬리는 섭리론을 통해 창조자와 통치자로서 하나님 사역의 연속성과 차이점을 분명히 했다. "창조주와 통치자라는 하나님의 두 역할은 서로 모순되지 않지만 전혀 다르다"[255]는 것이다. 웨슬리가 창조주 하나님과 통치자 하나님의 사역 간 연속성으로 설명한 내용은 무엇인가? 그것은 창조주 하나님께서 사람에게 하나님의 형상, 즉 "이해력과 의지, 감정, 선택의 자유를 부여"하셔서, 나무나 돌 같은 수동적 피조물이 아닌 선이나 악을 택할 수 있는 "도덕적 행위자"로 만드신 사건을 포함한다. 웨슬리는 이에 관해 "모든 것을 하실 수 있는 하나님도 자기 자신을 부인하실 수 없습니다. 그는 자기 자신과 반대로 행동하거나, 자신이 행한 일에 반대하실 수 없습니다"라고 설명한다. 창조주로서 인간에게 자유를 부여하신 하나님께서, 통치자로서 그 자유를 거두어 가심으로 스스로 모순된 일을 행하지 않으신다는 것이다. 따라서 웨슬리의 말은 '통치자 하나님은 자신이 창조자로서 행하신 일

---

252 같은 곳, 26.
253 같은 곳, 6.
254 같은 곳, 26.
255 WW 10:361-363.

을 반대하거나 번복하시지 않습니다'라는 의미가 된다.[256] 통치자 하나님은 자신이
창조주로서 인간에게 부여하신 자유 및 율법의 역할을 위한 자리를 남겨두신다.[257]

> 하나님은 당신의 이해력을 가져가시지 않고, 오히려 밝히고 강화해 주십니다. 당신의 감정을
> 파괴하시지 않고, 오히려 전보다 더 활기 있게 하십니다. 무엇보다 하나님은 선이나 악을 선
> 택하는 능력인 당신의 자유를 제거하시지 않고, 당신을 강제하지 않으십니다. 하나님께서는
> 그의 은혜로 당신이 … 더 나은 편을 선택할 수 있도록 당신을 도우십니다. 하나님께서 당신
> 을 도우실 때는 도덕적 존재에게 필수적인 자유를 박탈하지 않고 … 도우십니다.[258]

창조주와 통치자의 차이에 관해 웨슬리는, 창조주 하나님은 "자신의 주권적 의
지로 모든 일을 행하셨음"에 비해, 통치자 하나님은 "공의와 자비라는 불변의 법칙
에 의거해" 일하심을 강조했다. 하나님의 창조 사역은 "절대적 의미에서 자신의 뜻
대로만 행하신" 사역인데, 그것은 창조 전에는 하나님 외에 어떤 것도 존재하지 않
았기 때문이다. 그러나 창조 후 상황은 다르다. 통치자 하나님은 자신의 주권만으
로 행하시지 않고, 자신의 성품과도 일치하며, 사람에게 요구하신 "공의와 자비라
는 두 가지 불변의 법칙"과도 일치하도록 행하신다.[259] "공의와 자비"에 의한 통치
는 인간에게 주신 선택의 자유와도 조화를 이룬다.

> 하나님께서는 자신을 부지런히 찾는 자에게 상 주시는 분이십니다. 그러나 태양이 빛을 낸
> 다고 상을 주시지는 않는데, 태양에게는 선택의 자유가 없기 때문입니다. … 모든 상벌은 행
> 위자에게 선택의 자유가 있음을 전제로 합니다. … 하나님께서 통치자로서 상벌을 주시는 것
> 은 단지 주권만으로 행하시지 않고, 공정한 심판자로서 변치 않는 공의에 따라 그렇게 하시
> 는 것입니다. … 그렇지 않다면 상벌은 불공평한 일이 되고, 통치자 하나님의 성품과도 불일
> 치합니다. 우리는 하나님을 주권적 창조주와 공정한 통치자로 항상 구별하되 최대한 주의를
> 기울여 구별해야 합니다. 하나님의 침범할 수 없는 공의를 제거하지 않으면서 그의 주권적
> 은혜에 온전한 영광을 돌려야 합니다.[260]

넷째, 하나님은 모든 일을 스스로 행하시기보다 자신의 섭리의 도구로 천사와
사람을 사용하신다. 웨슬리는 하나님의 창조와 섭리 모두에서 인간과 천사를 설명

256 설교, "하나님의 섭리에 대하여", 15.
257 WW 10:361-363; 설교, "믿음에 의한 칭의", IV. 8; "하나님의 섭리에 대하여", 14; "율법의 기원, 본성, 속성
    및 용법", I. 2; "여러 가지 시험을 통한 괴로움", III. 7.
258 설교, "복음의 보편적 전파", 11.
259 WW 10:361-363.
260 WW 10:361-363.

하는 데 많은 주의를 기울였다.[261]

먼저 천사에 관한 웨슬리의 가르침을 살펴보자. 하나님의 모든 천사는 "순수하게 영적 피조물로서 단순하고 부패하지 않으며", "이해와 감정, 자유, 자기 결정력"을 부여받았을 뿐 아니라, 지식과 지혜, 그 수와 힘과 능력, 넓은 활동 영역에서 필적할 다른 피조물이 없을 정도로 탁월해 "하나님의 피조물 중 최고의 위치"에 속한다.[262] 악한 천사는 본래 선한 천사와 "같은 본성"을 지녔으나 반역함으로 "하나님을 저버린 후 모든 선에서 떠나 … 하나님의 본성과 반대되는 교만과 오만, 거만함, 한없는 자기 숭배 … 자신이 잃어버린 천국을 향유하는 하나님의 천사 및 '하나님 나라를 상속'하도록 부르심을 받은 벌레같이 하찮은 인간들에 대한 질투 … 잔인함과 분노로 가득"하게 되었다. 그 결과 한때 "가장 거룩했던 이가 가장 더러운 존재"가 되고 말았다.[263] 악한 천사는 "이 세상의 신"(고후 4:4) "이 세상 임금"(요 16:11) "옛 뱀 … 마귀 … 사탄"(계 12:9)으로 불리는 "한 대장 아래 서로 연결"되어 "각각의 계급과 파견지와 … 업무를 할당"받아 지칠 줄 모르고 일한다.[264]

웨슬리는 마귀와 그 수하 귀신이 하는 다양한 일을 다음과 같이 설명한다. 그들은 "사람의 모든 무지와 오류, 어리석음, 특히 악을 조장해 하나님 나라를 방해하고 어둠의 나라를 진척시킨다."[265] "사람의 내외적 환경, 성공과 실패, 건강과 질병, 친구와 대적, 젊음과 늙음, 지식과 무지, 몽매함과 게으름, 기쁨과 슬픔 등을 항상 주시해 … 우리가 조금만 미끄러져도 그것을 즉시 알아채 … 우리를 미혹한다."[266] "우리의 이해력을 가리고 진리의 빛을 모호하게 함으로 … 우리의 믿음 즉 보이지 않는 것들의 증거(히 11:1)를 공격해 … 우리가 구원의 하나님 안에서 누리는 기쁨을 파괴하고, 특히 하나님께 대한 사랑을 약화시킨다."[267] "이웃에 대한 사랑을 방해하고 파괴하기 위해 개인적이거나 공적인 의혹과 적의, 분노와 다툼을 조장하고, 가정과 국가의 평화를 깨뜨리며, 세상에서 일치와 화합을 추방한다."[268] "성령의 열매

---

261 참고. 설교, "수호천사에 대하여"; "선한 천사들에 대하여"; "악한 천사들에 대하여"; Oden, *John Wesley's Teachings 1*, 139-147.
262 설교, "악한 천사들에 대하여", I. 1-2.
263 같은 곳, I. 2-4.
264 같은 곳, I. 5-6.
265 같은 곳, II. 1.
266 같은 곳, II. 3.
267 같은 곳, II. 4.
268 같은 곳, II. 5.

를 파괴할 수 없다면 약화시키고 … 그와 반대되는 정욕과 기질을 불어넣는다."[269] 나아가 웨슬리는 악한 천사가 물리적 영향력을 가진 것과 인간의 질병에도 관여함을 다음의 여러 사례를 들어 설명한다.

> 악한 천사는 사람의 많은 고통의 직간접적 원인이 됩니다. … 말이 이유 없이 놀라거나 넘어지는 일, 마차의 전복, 뼈의 골절과 탈구, 집의 붕괴나 화재·바람·눈·비·우박·번개·지진으로 인한 상해 등 사람이 사고로 부르는 무수히 많은 일을 행합니다. 이 교활한 영은 고통 당하는 자가 그 원인을 알아 더 강하신 분께 도움을 구하지 못하도록 … 수만 가지 일을 사고로 보이게 합니다. 그 외에도 특별한 이유 없이 순간적으로 생긴 질병이나 백약이 무효인 많은 급성과 만성 질병… 정신병이 악한 천사에 의해 발병하고 악화될 수 있습니다. … 그가 욥에게 그랬던 것처럼 우리에게도 정수리부터 발끝까지 악창이 나게 하고, 내적·외적 질병이 생기게 하며 … 간질이나 중풍으로 거품을 물고 쓰러지게 할 수 없겠습니까? 그는 쉽게 한 사람이나 한 도시와 국가의 모든 사람을 악성 고열이나 역병으로 쳐 아무도 도울 수 없게 만들 수 있습니다.[270]

악한 천사와 달리 "하나님께 계속 충성"하기를 선택한 선한 천사는 하나님의 섭리와 구원 사역을 위해 사람을 "보호하고 돌보며 친절을 베푸는" 섬기는 영(히 1:14)이다.[271] 그들은 "각 나라와 정치와 경제 질서, 문화의 과정 등 매우 폭넓은 활동 영역"에서 악한 영적 세력의 파괴적 사역에 응수해 … 눈에 띄지 않는 수많은 방법으로 악의 의도와 영향력을 전복시킨다."[272] 선한 천사는 창조 시 탁월한 "이성, 의지, 감정 … 자유"를 부여받았고, 그 후 오랜 시간 동안 "세대를 거듭해 인간의 마음과 삶을 살필 뿐 아니라 하나님의 창조와 섭리, 은혜의 사역을 관찰하고, 특히 '하늘에 계신 그들의 아버지의 얼굴을 항상 뵈오면서'(마 18:10) 그 지혜를 대단히 증가시켜 왔다." 따라서 그들의 지식은 매우 넓어 "하나님의 속성 및 창조와 섭리의 사역, 사람의 환경과 활동, 말, 기질, 생각"을 알고, 비록 하나님처럼 전지하지는 않아도 "우리가 얼굴을 보아 사람의 마음을 읽는 것보다 더 쉽고 온전하게 … 자신이 돕는 이들의 마음"을 관찰함으로 읽을 수 있다.[273] 그들의 능력은 비상해서 "그 시력은 창조세계 전체를 단번에 볼 수 있을" 정도고,[274] 하룻밤에 앗수르 군사 18만

---

269 같은 곳, II. 6-8.
270 같은 곳, II. 11-14.
271 같은 곳, I. 1-4; ENNT Heb. 1:14.
272 Oden, *John Wesley's Teachings 1*, 141.
273 설교, "선한 천사들에 대하여", I. 1-4.
274 같은 곳, I. 2.

5천 명을 죽이거나(왕하 19:35), 출애굽 때 애굽 사람과 가축 수백만을 죽인 것을 능가하는 탁월한 능력을 가졌다.[275] 다니엘서에 나오는 "바사 왕국의 군주"(단 10:13)처럼 "넓은 활동 영역"을 가져 한 나라 전체에 영향을 끼칠 수도 있다.[276] 또한 인간의 몸이라는 "신기한 기계의 모든 원천"을 알아 몸에 "고통과 질병을 일으키거나 제거하는 능력, 죽이거나 치료할 능력"을 가진다.[277] 웨슬리는 그들의 우선적 임무를 사람의 영혼을 위한 사역으로 설명하면서, 그들은 "우리가 진리를 찾도록 돕고, 많은 의심과 이의를 제거하며, 어둠과 모호한 것에 빛을 비추어 경건에 속한 진리에 확고히 서게 합니다. … 우리 의지로 악을 떠나 선을 붙들도록 부드럽게 설득하며, 우리의 무딘 감정을 자극하고 거룩한 소망과 자녀로서 경외하는 마음을 증대시켜 먼저 우리를 사랑해주신 분을 더 간절히 사랑하게 돕습니다"[278]라고 설명한다. 또 천사는 "우리가 이해할 수 없는 수만 가지 방법으로 우리 육체에도 사역"한다면서 그 사례를 설명한다.

> 천사들은 우리가 모르는 위험에 빠지는 것을 막아주고, 누가 지켜주었는지 모를 때도 우리를 지켜줍니다. 우리가 갑작스럽게 떨어져 다칠 위험에서 신기하고 설명할 수 없도록 보호를 받은 적이 얼마나 많았습니까! 우리는 이런 보호를 우연이나 자신의 지혜와 능력 탓으로 돌리지 말아야 합니다. 우리를 돕는 천사를 보내 그들의 손으로 우리를 지키시는 분은 하나님이십니다. 세상 사람은 그런 보호를 언제나 우연이나 2차 원인으로 돌립니다. 그들은 사자굴에서 다니엘이 보존된 원인 역시 요행으로 돌렸을 것입니다. 그러나 다니엘 자신은 "나의 하나님이 이미 그의 천사를 보내어 사자들의 입을 봉하셨습니다"(단 6:22)라는 말로 그 정확한 원인을 지목했습니다.[279]

그 외에도 웨슬리는 치료 불가능한 중병의 치료, 하나님의 뜻을 알려주는 꿈, 신자를 파멸시키려는 악한 자의 모략을 미리 방지하는 일, 악한 천사의 영혼과 육체에 대한 공격을 막아내는 일 등 셀 수 없이 많은 일을 천사의 사역으로 설명했다.[280] 웨슬리가 천사의 사역을 자세히 설명한 것은 그 모든 일이 하나님의 섭리 사역의 일부이기 때문이다.

---

275 같은 곳, I. 5.
276 같은 곳, I. 6.
277 같은 곳, I. 7.
278 같은 곳, II. 2.
279 같은 곳, II. 3.
280 같은 곳, II. 4-7.

웨슬리는 하나님께서 사람을 통해 섭리하심 역시 중요하게 가르쳤다. 그는 "전 우주에 미치는 하나님 섭리의 삼중원"을 가르쳤는데, 가장 바깥쪽 원은 이교도와 불신자를 포함해 모든 인류가 해당된다.[281] 중간 원은 "그리스도인으로 불리는 모든 사람, 예수님을 믿고 고백하는 모든 사람"이 포함된다. 웨슬리는 하나님께서 이 중간 원의 그리스도인을 바깥 원의 이교도와 불신자보다 더 존중하시고 더 친밀한 관심을 나타내시기에 "이 세상 임금인 어둠의 영이 이교도를 지배하듯 그들을 다스리지는 못한다"고 설명한다.[282] 가장 안쪽 원은 "진정한 그리스도인, 형식적으로가 아니라 신령과 진정으로 예배하며 … 그리스도의 마음을 가지고, 그리스도의 길을 걷는" 성결한 그리스도인이 해당된다. 웨슬리는 "머리털까지 세신 바 되었다"는 말씀은 특히 이들에게 해당되는 말씀으로, 하나님께서 그들의 "영과 몸, 그들의 현재의 행복 및 영원한 행복과 관련된 내적 · 외적 상태와 환경에서 눈을 떼지 않으신다"고 설명한다.[283] 웨슬리는 이들을 단지 하나님께서 섭리하시는 대상으로만 설명하지 않고, 하나님께서 천사를 사용하시듯 성결한 신자를 통해 다른 사람을 돕고 인도하신다고 가르쳤다. 이는 웨슬리가 하나님은 사랑이시기에 피조물도 서로 사랑하기를 원하신다는 점을 매우 중시했기 때문이다.[284] 콜린스는 이러한 웨슬리의 가르침을 "하나님의 은혜는 흔히 인간의 모습을 하고 찾아온다"는 말로 훌륭하게 요약했다.[285]

다섯째, 웨슬리는 세상의 근본 구조를 설명할 때도 창조주 하나님과 통치자 하나님의 사역의 조화를 가르쳤다. 하나님은 인간을 하나님의 정치적 형상으로 창조해 천상의 존재와 지상적 존재 사이에 두셨다.[286] 이는 사람을, 다른 피조물을 다스리고 다른 사람을 섬기는 하나님의 동역자, 하나님의 섭리 사역의 통로, 하나님 은혜의 매개자가 되게 하시기 위한 것이다. 웨슬리는 "하나님께서는 어떤 수단 없이 자신의 힘만으로 하늘과 땅의 모든 피조물의 필요를 공급하실 수 있습니다. 그럼에도 세상의 시작부터 … 주로 당신의 도구를 사용해 역사해오셨습니다"[287]라고 말

---

281 설교, "하나님의 섭리에 대하여", 16.
282 같은 곳, 17.
283 같은 곳, 18.
284 설교, "하나님에 대한 사랑", I. 6.
285 콜린스, 『성경적 구원의 길』, 40; 설교, "자녀 교육에 대하여", 4.
286 John Wesley, *Natural Philosophy* (1777), IV:110; Bryant, "John Wesley's Doctrine of Sin," 97-98.
287 설교, "믿음에 대하여", 11-13.

한다. 이는 사랑의 하나님은 스스로 모든 일을 행하시기보다 "사람을 통해 사람을 돕기"를 기뻐하시기 때문인데, 그 목적은 "우리가 서로에게 선한 일을 함으로 서로를 사랑하게" 하셔서 "시간과 영원 속에서 우리의 행복을 증진"시키시기 위함이라고 보았다.[288] 웨슬리는 이 땅에서 사랑을 주고받은 사람들이 천국에서 만날 때 "우리에게 은혜를 베푼 은인에 대한 감사는 영원히 남을 것"이며, 또 "이 모든 일을 상호 관계 속에서 조율하신 하나님의 지혜"와 선하심으로 인해 우리가 하나님을 찬양하게 될 것이라고 설명한다.[289]

웨슬리가 하나님의 창조세계에서의 삶을 사람이 상호 돌봄과 사랑을 통해 서로를 책임지는 삶으로 설명한 것은 하나님의 율법 이해에도 중요하다. "모든 사물의 가장 깊은 본질"과 "그것들이 어떻게 연결되고, 서로 의존하고 있는지, 모든 관계"를 아시는 하나님께서는[290] "사물의 본성과 적합성 … 서로 간의 본질적 관계"를 자신의 율법에 반영해[291] "우리 존재의 창조자에 대해, 우리 자신에 대해, 그리고 그 외 모든 피조물에 대해 … 정확히 무엇이 옳으며, 무엇을 행해야 하는지" 규정해놓으셨다. 율법은 하나님의 모든 피조물 및 모든 상황과 조화를 이루기에,[292] 웨슬리는 율법을 "존재하거나 창조된 모든 사물의 영원한 적합성"이라고 표현했다.[293] 하나님께서 피조물에게 원하시는 적합한 관계가 율법에 표현되어 있는 것이다. 그 점에서 아우틀러는, 웨슬리의 메시지가 "그리스도인의 삶이라는 비전의 재천명"임을 깨닫지 못한다면 웨슬리를 바르게 이해한 것이 아니라고 지적한다.[294] 웨슬리는 하나님의 율법을 실제적 지침으로 삼아 그리스도인의 삶을 "모든 사물의 영원한 적합성" 즉 하나님을 경외하는 가운데 타인과의 관계에서 서로를 사랑하고 도우며, 하나님의 다른 피조물을 돌보는 창조질서로 다시 회복시키려 한 것이다.

따라서 율법 순종은 신자가 맺는 개인적 관계를 뛰어넘어 하나님께서 창조세계의 질서를 새롭게 확립하시는 통로가 된다. 율법은 본래 하나님과 율법, 하나님

288 설교, "선한 천사들에 대하여", II. 9-10; "우주적 구원", I. 3, II. 1; Deschner, *Wesley's Christology*, 126; Collins, *The Theology of John Wesley*, 54.
289 설교, "믿음에 대하여", 11-13.
290 설교, "하나님의 섭리에 대하여", 10-11; "율법의 기원, 본성, 속성 및 용법", III. 7.
291 설교, "율법의 기원, 본성, 속성 및 용법", III. 8.
292 같은 곳, III. 5.
293 같은 곳, II. 5.
294 Clapper, *John Wesley on Religious Affections*, 100에서 재인용.

이 만드신 세상 사이에 있었던 완벽한 일치가 어떠했을지를 간접적으로 보여주는 거울과도 같다.[295] 율법은 만약 사람이 율법을 지키면 세상이 어떠할지를 명령 속에서 기술할 뿐 아니라, 율법을 지켜 세상이 어떻게 되어야 하는지를 명령의 형식으로 제시한다. 데쉬너는 웨슬리의 가르침에서 율법과 세상의 올바른 관계를 다음과 같이 주장한다.

> 우리는 하나님의 명령이 현재 세상의 모습을 옳은 것으로 인정해준다고 믿지 않는다. 우리는 하나님의 명령은 우리가 지금은 잃어버려 볼 수 없게 된 그 세상을 재천명하고 그 세상을 다시 세우라는 명령이라고 믿는다. 하나님의 명령에 기초해 세상을 이해해야만 세상은 감탄할 만큼 훌륭한 것이 된다. 타락한 세상에 대한 지식을 기초로 삼아 하나님의 명령을 이해해보려고 하면 제대로 이해할 수 있는 방법이 없다.[296]

III. 하나님의 은혜

i. "오직 은혜로"

웨슬리는 1765년 5월 14일에 칼빈주의자 존 뉴턴(John Newton)에게 쓴 편지에서 자신의 구원론, 특히 칭의 이해는 "칼빈과 머리카락 하나 차이"밖에 없다고 밝힌 적이 있다.[297] 웨슬리 학자들은 그 머리카락 한 가닥이 "기대한 것만큼 가늘지 않았음"을 지적하지만,[298] 그럼에도 두 신학은 오직 하나님의 주권적 은혜가 구원의 원천임을 강조하는 점에서 본질적 동질성이 있다. 이 점은 웨슬리의 직간접 저술 전체에서 분명히 드러난다.

예를 들어, 웨슬리 표준설교집의 첫 설교 "믿음으로 말미암는 구원"(1738)은 웨슬리가 모라비아 교도에게서 전수 받은 루터 신학의 정수를 그대로 담고있다. 웨슬리는 에베소서 2:8("너희는 그 은혜에 의하여 믿음으로 말미암아 구원을 받았으니")을 본문으로 삼아 "하나님께서 사람에게 베푸시는 모든 복은 오직 하나님의 은혜와 부요하심, 우리는 전혀 자격이 없음에도 그가 값없이 베풀어주시는 사랑에서

295 설교, "하나님이 시인하신 일들", 서론. 1-2; II. 1-2; "우주적 구원", III. 8-12.
296 Deschner, *Wesley's Christology*, 104.
297 WW 3:212.
298 박창훈, 『존 웨슬리, 역사비평으로 읽기』(서울 대한기독교서회 2007), 91-99.

비롯된 것입니다"라는 말로 설교를 시작한다. 나아가 사람의 인격과 행위에서 나타나는 어떤 선도 "하나님이 우리 안에서 행하신" 결과이기에 "이 또한 하나님의 선물입니다"라고 설명한다.[299] 설교 전체에서 웨슬리는 인간의 전적타락과 이신칭의, 성화 등 개신교 신앙의 핵심을 선포한 후, 루터를 통해 이런 진리를 다시 회복하신 하나님을 찬양함으로 설교를 마무리한다.[300] 웨슬리는 칭의에 초점을 둔 설교 "믿음에 의한 칭의"(1746)에서도 칭의란 "하나님께서 그 아들의 피로 드린 화목제물을 통해 우리가 과거에 지은 죄를 사해 주시는" 은혜(롬 3:25 참조)임을 강조하면서,[301] 성화가 칭의의 조건이라는 로마 가톨릭의 주장을 부정하고, 칭의의 열매가 성화라는 개신교의 원리를 분명히 했다.[302] "메소디스트의 원리"(The Principles of a Methodist, 1740)에서는 칭의에 필요한 세 요소를 "하나님 편에서는 그의 크신 자비와 은혜, 그리스도 편에서는 그가 몸을 바치고 피를 흘리심으로 가능케 된 하나님의 공의의 만족, 우리 편에서는 예수 그리스도의 공로에 대한 참되고 살아 있는 신앙"으로 가르치면서, 이 세 가지는 "인간의 의, 곧 우리 행위의 의를 제거한다"는 말로 하나님의 값없이 주시는 은혜를 강조한다.[303] 우리가 2장에서 살펴본 대로, 웨슬리가 수용한 개혁주의 언약 신학의 구조는 인간의 타락 이후 행위 언약의 폐기와 은혜 언약의 수립을 통해 오직 하나님의 값없이 주시는 은혜가 인간 구원의 원천임을 강조한다. 콜린스는 이 모든 요소를 포괄해 "웨슬리가 가르친 다양한 교리를 하나로 묶어줄 뿐 아니라 그 배후에서 모든 교리의 원천과 맥락을 제공해 주는 웨슬리 신학의 핵심 주제는 하나님의 은혜의 교리"[304]임을 명확히 지적한다.

웨슬리는 하나님의 은혜에 의한 구원을 가르칠 때 칼빈주의의 주장에 가까울 정도로 하나님의 은혜가 불가항력적으로 역사함을 강조했다. 먼저 구원의 준비를 위해 주시는 선행은총이 불가항력적 은혜다. 웨슬리에 의하면, 인간은 전적으로 타락해 자신을 구원하는 일에 전적으로 무능하다.[305] 따라서 하나님께서 말씀과 성령으로 죄인을 구원으로 초청하실 때 사람이 하나님의 초청에 반응할 수 있으려면,

---

299 설교, "믿음으로 말미암는 구원", 서론. 1.
300 같은 곳, III. 9.
301 설교, "믿음에 의한 칭의", II. 1-5.
302 같은 곳, III. 1.
303 WW 8:54.
304 콜린스, 『성경적 구원의 길』, 31.
305 같은 책, 46-70.

"구원의 길 중 적어도 어느 지점에서는 불가항력적 은총이" 외부에서 임해 그들을 하나님의 은혜에 인격적으로 반응할 수 있는 상태로 끌어올려야 한다. 이를 위해 하나님께서 "사람이 원하기도 전에", 심지어 그들이 인식조차 하지 못하더라도, 모든 사람에게 이미 은혜를 베풀어[306] 하나님의 구원의 초청에 인격적인 반응을 할 수 있는 상태로 회복시켜 주신 것이 선행은총이다.[307] 웨슬리는 선행은총 외에도 본격적인 구원의 은혜라 할 수 있는 죄를 깨닫게 하는 은혜, 칭의, 중생, 성결, 영화 등 구원 과정의 결정적 사건 역시 불가항력적 은혜로 가르쳤다.

> 불가항력적 은혜에 관해 말하자면, 나는 믿음을 주시며 그 믿음을 통해 우리 영혼에 구원을 주시는 하나님의 은혜는 그것이 주어지는 순간에는 불가항력적이라고 믿습니다. 대부분의 신자는 하나님께서 자신에게 불가항력적으로 죄를 깨닫게 하신 순간을 기억하며, 하나님께서 또 다른 여러 순간 자신의 영혼에 불가항력적으로 역사하심을 발견한다고 믿습니다. 나는 그 순간들 전후에는 하나님의 은혜가 저항받을 수 있고, 실제로 저항받아 왔다고 믿습니다.[308]

웨슬리는 "신중하게 숙고한 예정"(Predestination Calmly Considered, 1752)에서 칼빈주의자들에게 다음과 같이 말한다.

> 나는 "사랑으로써 역사하는 믿음"(갈 5:6)을 향유하는 많은 사람이, 과거 어느 때 지존자의 능력이 강하게 자신에게 역사해 … 하나님의 사랑이 강력히 쏟아부어진 때를 기억할 것이라고 믿습니다. 그런 때 사람은 하나님의 은혜에 전혀 저항할 수 없습니다. 모든 것을 휩쓸어가는 은혜의 급류에 저항하는 것은 손으로 바다의 파도를 막거나 태양을 중천에 멈춰 세우는 것만큼이나 불가능합니다.[309]

> 만약 여러분이 "우리는 구원에 대해 모든 영광을 오직 하나님께만 돌립니다"라고 말한다면, 나는 우리도 그렇다고 대답합니다. 만약 여러분이 "그러나 우리는 사람의 활동 없이 오직 하나님만이 모든 일을 하신다고 주장합니다"라고 덧붙인다면, 어떤 의미에서 우리도 이를 인정합니다. 우리는 칭의를 주시고, 성결하게 하시며, 영화를 주시는 것, 즉 구원 전체를 포괄하는 이 세 가지 은혜가 오직 하나님만이 행하시는 사역임을 인정합니다.[310]

칼빈주의자들이 흔히 웨슬리를 비난해온 내용은, 루터와 칼빈은 하나님의 주권적 은혜로 구원 받음을 가르쳤지만, 웨슬리는 인간의 행위로 구원 받음을 가르

---

306 설교, "우리 자신의 구원을 성취함에 있어서", III. 4.
307 콜린스, 『성경적 구원의 길』, 70-83.
308 BE 19:332.
309 WW 10:204.
310 WW 10:230

쳤다는 것이다. 그런 비난은 근거가 없다. 웨슬리가 언급한 종교개혁 신학과 "머리카락 하나 차이"는, 구원이 오직 하나님의 은혜로 이루어지는가 그렇지 않은가의 문제에 관한 이견이 아니기 때문이다. 구원이 '오직 은혜로' 가능하다는 가르침에서 웨슬리는 루터나 칼빈과 차이가 없다. "머리카락 하나 차이"가 무엇을 의미하는지는 웨슬리의 설교 "값없이 주시는 은총"(Free Grace, 1739)이 잘 보여준다. 이 설교에서 웨슬리는 로마서 8:32("자기 아들을 아끼지 아니하시고 우리 모든 사람을 위하여 내주신 이가 어찌 그 아들과 함께 모든 것을 우리에게 주시지 아니하겠느냐")을 본문으로 삼아 "우리가 아직 죄인 되었을 때"(롬 5:8) "경건하지 않은"(롬 5:6) 우리를 "아무 대가 없이" 사랑해주신 하나님의 은혜가 "구원의 모든 것"임을 강조한다.[311]

　　루터나 칼빈 신학과 웨슬리 신학의 차이는 '값없다'는 표현이 한 가지 의미로 쓰이지 않는 데서 발생한다. 웨슬리는 하나님의 은혜가 '값없다'(free)라는 의미를 두 가지로 구분해, 하나님의 은혜는 "모든 사람 안에서 값없을"(free in all) 뿐 아니라 "모든 사람을 위해 값없다"(free for all)는 두 가지 핵심 개념으로 설명한다.[312] 이 중 전자인 'free in all' 즉 하나님의 값없이 주시는 은혜로 구원이 이루어진다는 가르침에서는 루터, 칼빈, 웨슬리가 아무 차이가 없다. 그러나 후자인 'free for all'은 그리스도께서 온 세상 사람을 위해 피 흘리셨으나 믿음으로 그리스도를 영접한 자만 구원을 받는다는 보편 속죄론 주장으로, 특히 칼빈주의자가 강조하는 제한 속죄론, 즉 예수님은 예정 받은 소수의 사람만을 위해 피 흘리셨다는 주장과 대조된다.[313] 그렇다면 웨슬리가 말한 "칼빈과 머리카락 하나 차이"는 인간의 행위가 아닌 하나님의 은혜로만 구원 받을 수 있다는 'free in all'의 주장에서 발생하는 것이 아니라, 예수님의 피 흘리심이 모든 사람을 위해서라는 'free for all'의 주장에서 발생한다. 칼빈주의자의 비난과 달리, 웨슬리는 하나님의 은혜가 "모든 사람 안에서 값없다"(free in all)는 주장에서 종교개혁 신학과 동질성을 지닌다.

---

311 설교, "값없이 주시는 은총", 1.
312 같은 곳, 2.
313 보편 속죄론을 보편 구원론과 혼동하지 말아야 한다. 보편 속죄론은 그리스도께서 모든 사람의 죄를 속량하기 위해 피 흘리셨으나 믿는 자에게만 그 효력이 적용된다는 성경적 교리다. 그러나 보편 구원론은 구원 받지 못할 자가 아무도 없다는 비성경적 주장이다. 칼빈주의의 제한 속죄론은 그리스도께서 오직 구원으로 예정된 사람을 위해서만 십자가에서 피 흘리셨다는 주장이다.

하나님의 은혜는 모든 사람에게 값없이 주어집니다. 전체로든, 부분으로든, 어느 정도로든 은혜는 사람의 어떤 능력과 공로에도 달려있지 않습니다. 은혜를 받는 사람의 선행이나 의로움, 그가 이룬 것이나 사람됨 … 좋은 성품이나 선한 바람, 선한 목적과 의도에도 달려있지 않습니다. 이 모든 것은 하나님의 값없이 주시는 은혜에서 흘러나오는 것이지 은혜의 원천이 아닙니다. 은혜의 열매이지 뿌리가 아니며, 결과이지 원인이 아닙니다. 사람에게 무슨 선한 것이 있거나 선을 행한 것이 있다면 그렇게 만들고 행하신 분이 하나님이십니다. 은혜는 모든 사람에게 값없는 것입니다. 사람의 어떤 능력이나 공로에도 달려있지 않고, 우리에게 자기 아들을 값없이 주시고 아들과 함께 모든 것을 값없이 주시는 하나님께만 달려있습니다.[314]

이처럼 웨슬리 신학은 구원이 오직 하나님의 은혜로 가능하다는 'free in all' 주장에서 종교개혁적 '오직 은혜만으로'의 교리를 온전히 계승한다. 그럼에도 그리스도의 피가 소수만을 위한 것인가, 온 세상 사람을 위한 것인가, 즉 그리스도의 속죄의 범위에 관한 'free for all' 주장에서 종교개혁 신학과 다르다는 이유로, 웨슬리가 마치 'free in all' 주장마저 부인한 것으로 주장한다면, 이는 웨슬리에 관한 무지나 의도적인 왜곡에서 비롯된 것이다. 콜린스는 제자이자 동료인 크리스틴 존슨(Christine Johnson)과 함께 쓴 논문에서 "값없이 주시는 은혜와 협력적 은혜"라는 은혜의 두 가지 요소 중 전자인 "값없이 주시는 은혜"는 웨슬리 신학의 근본적 토대로, 웨슬리는 이 은혜를 더 자주 가르쳤을 뿐 아니라, 그의 신학이 성숙할수록 더 크게 강조했음을 밝힌다.[315] 콜린스와 존슨은 "웨슬리 신학 전체를 신인 협력적 은총 개념 아래 종속시키는 오류"의 원인은 많은 사람이 "웨슬리 신학에서 '오직 믿음으로'와 '값없이 의롭다 하심을 얻음', 그리고 값없이 주시는 은혜 사이의 연관성을 명확히 이해하지 못하기 때문"임을 정확히 지적한다.[316] '오직 믿음'과 '값없이 주시는 은혜', '값없이 얻는 구원'은 웨슬리의 가르침에서 정확히 발견된다. 즉 웨슬리는 구원이 오직 믿음을 통해 순간적으로 주어질 뿐 아니라 믿음 역시 은총에 의해 순간적으로 주어진다고 가르침으로 구원의 신앙 자체가 인간이 만들어내는 행위가 아니라 하나님이 값없이 주시는 선물임을 분명히 했다.[317]

---

314 설교, "값없이 주시는 은총", 3.

315 Kenneth J. Collins and Christine L. Johnson, "From The Garden to the Gallows: The Significance of Free Grace in the Theology of John Wesley," *WTJ* 48, no. 2 (2013), 7.

316 Collins and Johnson, "From the Garden to the Gallows," 8-10.

317 설교, "믿음으로 말미암는 구원", III. 3.

ii. "기준을 가진 은혜"(normed grace)

하나님의 은혜는 죄인을 하나님의 자녀로 변화시키는 원천과 동기, 능력이 되지만 은혜를 오용하는 죄인에게는 태만과 방종의 핑계거리가 된다. 실제로 많은 사람이 스스로 치를 능력이 없는 값비싼 대가를 하나님께서 대신 지불해 주셨음에도 자신이 아무런 값을 지불하지 않았기에 은혜를 값싸게 여기는 어리석음을 드러낸다. 사도 바울이 로마서 6:1("그런즉 우리가 무슨 말을 하리요 은혜를 더하게 하려고 죄에 거하겠느냐")과 6:15("그런즉 어찌하리요 우리가 법 아래에 있지 아니하고 은혜 아래에 있으니 죄를 지으리요 그럴 수 없느니라")에서 경계한 신앙의 방종은 시대를 거듭해 은혜를 오용하는 자에게서 반복된다. 웨슬리는 이러한 오용을 방지하기 위해 하나님의 은혜의 성격을 분명히 규정하고자 했다.

웨슬리에게서 은혜란 하나님의 거룩한 사랑이 죄인에게 경험되는 것이다. 이 경험에서 하나님의 사랑은 "자기 수여와 소통"을 통해 죄인과 관계를 형성하고 그 삶에 참여해 그들과 연합하신다. 그러나 하나님은 사랑이실 뿐 아니라 거룩한 분이시기도 하다. 성경에서 하나님은 "내가 거룩하니 너희도 거룩할지어다"(레 11:45; 벧전 1:16)라고 명령하셨을 뿐 아니라, "거룩함 … 없이는 아무도 주를 보지 못하리라"(히 12:14)고 엄중히 경고하셨다. 이 거룩함은 "사랑의 관계가 갖추어야 할 온전함과 아름다움이라는 질적 요소"다. 따라서 죄인에게 하나님의 사랑은 "직접적 관계" 형성의 원천으로 작용한다면, 하나님의 거룩하심의 자각은 그 "관계의 질"이 어떠해야 하는지에 대한 깨달음을 준다. 그렇기에 그리스도인이 하나님의 사랑을 말하더라도 "사랑의 특징이 어떤 것인지 알려주고, 잘못된 사랑의 방식에 제한을 가하며, 하나님의 신비를 인지하게 만드는 거룩함"을 함께 말하지 않는다면, 그는 "그리스도 안에서, 특히 그의 십자가에서 가장 겸비한 모습으로 나타난 하나님의 사랑을 전혀 이해하지 못한" 것이다. 콜린스는 "웨슬리가 이해한 바, 거룩함이라는 질적 특징을 갖지 못한 사랑은 죄인의 자기 추구, 감정에 치우친 사랑, 하나님의 기준이 아닌 인간의 이성이 선하다고 주장하는 … 탐욕적이고 방종적인 믿지 못할 사랑이다"라고 바르게 폭로한다. 웨슬리에 의하면, 하나님 은혜의 바른 이해는 하나님의 거룩하심과 사랑 중 "어느 것도 무시해서는 안 되고 둘 모두를 긴장 속에

서 함께 붙드는 것"이어야 한다.[318]

웨슬리가 "복음 설교가"(gospel preachers)라는 냉소적 별명을 붙인 많은 설교자는, 하나님의 거룩하심은 말하지 않고 "율법이 가진 계시적 성격과 신자를 인도하는 능력을 폄하하면서 성경적 균형을 상실한 열광적 · 율법무용론적 방식으로" 오직 하나님 사랑만 선포했다. 그 결과 그들이 주장하는 은혜는 하나님의 창조질서 및 피조물을 향한 거룩함의 요구[319]를 포함하지 못하고, 신자의 삶에서 구원의 목적인 질적 사랑의 관계를 제거해버린 "무정형의"(amorphous) 은혜로 전락하고 말았다. 이에 반대해 웨슬리가 하나님의 거룩하심과 사랑 모두에 기초해 가르친 은혜는 "기준을 가진"(normed) 은혜다. 콜린스는 웨슬리에게 "하나님의 은혜란 옳고 그름에 대한 가치판단과 규범이 존재하는 가운데 발생하고 증가하며, 인간의 뜻과 욕망에 좌우되지 않는 기준인 하나님의 율법에 의해 그 본질이 드러난다. … 거룩함과 사랑의 종합을 제거해버린 은혜는 죄인의 억측과 고집, 감상주의, 무엇보다 웨슬리가 통탄해 마지않았던 율법무용론으로 전락하고 만다"는 말로 웨슬리가 가르친 "기준을 가진" 은혜를 통찰력 있게 설명했다.[320] 율법에 계시된 거룩함의 기준, 즉 하나님의 창조질서를 따르는 삶과 거스르는 삶, 하나님의 뜻에 순응하는 삶과 반역하는 삶, 선과 악 사이를 선명히 구별 짓는 성경적 기준이 불확실한 채로는 죄인이 죄를 그치고 하나님께 순복하는 진정한 회개도 일어날 수 없고, 신자 역시 거룩한 삶을 살 수 없다.

웨슬리는 하나님의 은혜란 거룩함의 "기준을 가진" 은혜이기에, 그 은혜는 루터나 칼빈이 더 초점을 둔 "자격 없는 자에게 값없이 베푸시는 하나님의 호의"[321]로 끝나지 않고 영국 국교회, 동방 정교회, 로마 교회 등 폭넓은 가톨릭 전통이 강조한 "하나님의 길로 행할 수 있도록 사람에게 부어주시는 '성령의 능력'[322]"을 포함함을 강하게 역설했다.[323] 그 결과 "웨슬리에게 은혜란 하나님께서 풍성한 호의를 베푸셔서 죄인을 의롭다고 선언하시는 것만이 아니라, 동일한 은혜로 그들의 마음을

---

318 Collins, *The Theology of John Wesley*, 6-8.
319 설교, "율법의 기원, 본성, 속성 및 용법", II. 5.
320 Collins, *The Theology of John Wesley*, 10.
321 설교, "믿음으로 말미암는 구원", 서론. 1.
322 설교, "종의 영과 양자의 영", III. 1.
323 콜린스, 『성경적 구원의 길』, 31-33; Collins, *The Theology of John Wesley*, 13.

실제로 변화시키고 도우며 갱신해 거룩하게 만드시는 것을 포함한다."[324] 기독교의 은혜에 관한 선포가 칭의라는 법정적 주제에 그쳐서는 안 되고, 중생이나 온전한 성화와 같은 치유적이고 참여적인 주제를 반드시 포괄해야 하는 이유는, 하나님의 은혜는 거룩함이라는 기준을 통해서만 바르게 이해될 수 있을 뿐 아니라, 거룩함으로의 실제적 변화를 가져오는 은혜이기 때문이다.[325]

찰스 윌슨(Charles Wilson)은 그의 박사학위 논문에서 웨슬리가 율법 순종을 어떻게 하나님의 은혜와 연결했는지 다섯 가지로 분석했다. 첫째, 그리스도 안에서 죄인을 구원하시는 하나님의 사랑과 율법은 "하나님의 본성 안에서 서로 반대되지 않는다." 즉, 하나님의 사랑과 하나님의 율법은 "내적 통일성"을 가지고 있다. 율법은 동일한 하나님의 본성에서 유래되었기 때문에 하나님의 사랑을 그 본질로 내포하고 있다.

둘째, 죄인을 사랑하시는 하나님 은혜의 경험이 신자가 율법에 순종하는 원천이 되므로, 복음을 통해 하나님의 사랑과 율법의 성취는 서로 연결된다. 사랑의 하나님은 죄인을 용서하실 뿐 아니라 우리의 변화 자체를 이루어주신다. 복음의 은혜는 율법의 성취인 그리스도인의 사랑을 가능케 한다.

셋째, 윌슨은 한 성령께서 율법도 계시하시고 하나님의 사랑도 계시하시므로, 성령 안에서 율법과 하나님의 사랑은 연결되어 있다고 설명한다. 윌슨의 설명에서 아쉬운 점은, 이러한 언급 외에 성령을 통해 율법과 하나님의 사랑이 "어떻게" 연결되는지 더 이상 언급하지 않는다는 것이다. 5장에서 더 자세히 살펴보겠지만, 웨슬리에 의하면, 성령께서는 하나님의 사랑을 우리 마음에 계시하심과 동시에 우리로 율법의 진정한 의미와 하나님께서 율법을 주신 의도, 그리고 율법에 순종했을 때의 결과 모두를 함께 이해할 수 있게 해주신다. 나아가 성령의 오순절적 능력부음의 본질은 죄에서의 정결과 충만한 사랑의 능력인 성결의 은혜(행 15:8-9)로, 신자 속에 남아있는 죄의 뿌리를 제거하고 온 마음을 다해 하나님과 이웃을 사랑함으로 율법을 성취하게 한다.

넷째로, 율법과 하나님의 사랑은 구원의 신앙 안에서 서로 연결된다. 신앙은 먼저 하나님의 사랑을 받은 후에, 다음으로 우리 속에 응답적 사랑을 일으켜 순종하

---

324 Collins, *The Theology of John Wesley*, 13.
325 같은 책, 13-14.

고자 하는 마음을 통해 율법을 세운다. 신앙은 율법이 사랑이신 하나님에게서 나왔음을 밝혀주어 순종의 동기를 부여하기 때문이다.

마지막으로, 율법과 하나님의 사랑은 그리스도인의 자유 개념에서 서로 연결되어 있다. 그리스도인의 자유는 죄책과 죄의 능력에서의 자유일 뿐 아니라, 하나님의 법을 사랑하고 순종하는 자유이기도 하다.[326]

결론적으로 웨슬리가 가르친 하나님의 은혜는, 복음으로 율법을 배제하거나 그리스도인의 삶이 태만과 방종에 빠져도 구원에는 문제가 없다는, 거룩함이라는 기준을 결여한("무정형의") 은혜가 아니라, 하나님께서 요구하시는 거룩함의 기준을 명확히 세우고, 하나님의 사랑이 원천과 동기와 능력이 되어 그 기준을 그리스도인의 삶의 실체가 되게 하시는 "기준을 가진" 은혜다.

iii. 악에서 선을 이끌어내시는 하나님

웨슬리는 하나님의 속성과 사역, 은혜 모두에서 일관되게 하나님의 거룩한 사랑을 강조했지만, 그와 동시에 해결하기 힘든 신학적 난제로서 이 세상에 존재하는 "자연적 악과 도덕적 악"[327]의 문제를 심각하게 인식하고 있었다.

> 우리는 왜 하나님께서 그의 창조하신 세상 가운데 악이 자리를 틀도록 두고 보시는지 알 수 없습니다. 당신 자신이 무한한 선이시고, 모든 것을 "심히 좋게" 창조하신 분이시며, 또한 그의 창조물이 선했기에 기뻐하셨던 하나님이 왜 자신의 본성과 완전히 반대될 뿐 아니라 그의 가장 고귀한 작품을 파괴하는 것들을 허락하셨을까요? "왜 세상에 죄가 존재해 그로 인해 고통이 따르는가?" 하는 질문은 세상이 시작된 이후로 줄곧 있어왔습니다.[328]

세상에 존재하는 자연적·도덕적 악의 문제의 심각성은 그것이 하나님의 진리를 공격해 "하나님의 사랑이 모든 사람, 심지어 그리스도인에게조차 명백히 드러나지 않는" 결과를 초래할 수 있다는 데 있다.[329] 사람이 세상의 악의 문제에 부적절하게 몰두하거나 악과 실제로 마주하게 되면, 하나님의 지혜와 선하심과 능력에 관

---

326 Wilson, "The Correlation of Love and Law in the Theology of John Wesley," 110-115.

327 설교, "타락한 인류를 향한 하나님의 사랑", I. 8.

328 설교, "인간 지식의 불완전함", II. 1.

329 Collins, *A Faithful Witness*, 29.

한 계시를 불신한 나머지 "하나님의 존재마저 부인"하는 무신론에 빠질 수 있다.[330] 자연의 잔혹함과 역사 속 악을 통해 직면하는, 이 세상과 하나님의 사랑을 조화시키기 힘든 현실은, 하나님의 계시의 진실성과 하나님의 존재 자체를 부정하는 파괴적 결과를 가져올 수 있다. 그 점에서 웨슬리는 이 모든 것에도 하나님은 지혜와 선하심과 능력의 하나님이시라는 사실에 관해 변증을 시도했다.

웨슬리는 첫째 '자연적 악'의 문제를 다룬다. 그는 당대의 불가지론자들과 무신론자들이 창조세계에 존재하는 끔찍한 자연 현상을 이유로 "창조세계는 하나님의 선하심도, 지혜나 능력도 드러내지 못한다"고 주장하면서 기독교 신앙에 반대한 사실을 잘 알고 있었다.[331] 그는 자연 세계에는 "지구 내부의 동요나 격렬한 진동, 지진 … 화산폭발 … 번개나 천둥 같은 무시무시한 대기 현상 … 폭풍우나 폭설 … 극지방의 혹한이나 영원한 추위 … 혹독한 겨울이나 무더운 여름 … 잡초나 유해한 식물, 독성 있는 식물 … 생물 간 서로 해를 입히고 탐식하는 관계와 … 피조물이 서로를 파괴하거나 괴롭히는 일" 등 잔혹함과 파괴적인 능력이 존재하는데, 이러한 일은 사람이 성경을 통해 배우고 신뢰하는 하나님의 지혜와 선하심, 능력과 조화시키기 힘든 요소임을 인정한다.[332] 그럼에도 웨슬리는 창조 세계의 잔혹함과 파괴적 능력을 동일하게 목도하거나 경험하더라도, 모든 사람이 반드시 하나님의 선하심과 지혜, 능력을 부인하는 무신론에 빠지지는 않는다는 사실 역시 강조한다.

동일한 현상을 대하면서도 하나님의 지혜와 선하심과 능력을 여전히 찬양하는 참된 그리스도인과, 하나님을 부인하는 불가지론자나 무신론자의 차이는 어디서 비롯되는가? 웨슬리는 후자의 무리가 신앙에서 파선하는 원인은, 그들이 하나님의 계시의 말씀에 주의를 기울이지 않기 때문임을 지적한다. 그들은 하나님께서 성경에서 계시하신 말씀, 즉 "인간의 죄와 악이 하나님의 작품을 손상시키기 전" 창조세계의 "첫 상태"가 "현재 상태"와 같지 않았음을 인정하지 않는다. 그러나 웨슬리에 의하면 창조세계의 첫 상태와 현재의 타락한 상태는 철저히 구분되어야 한다.[333] 웨슬리는 하나님의 계시의 말씀에 입각해 하나님께서 창조하신 본래의 세계는 지금과 달리 지구 내부의 동요와 지진, 폭발, 무시무시한 대기 현상,

330 설교, "인간 지식의 불완전함", III. 2.
331 설교, "하나님이 시인하신 일들", I. 2-13.
332 같은 곳, I. 2-13.
333 Collins, *A Faithful Witness*, 24.

혹한과 혹서, 유해한 식물, 동물계의 약육강식 등 생물과 무생물 전체를 포함해 "피조물이 서로를 파괴하거나 괴롭히는 일"이 없이 모든 피조물이 안전하고 평화로운 환경에서 서로에게 유익을 끼치며 공존했다고 설명한다.

따라서 우리가 하나님을 알고 우리를 향한 마음을 발견해 하나님의 바른 이미지를 형성할 수 있는 것은, 성경에 계시된 하나님께서 창조하신 본래의 세계를 통해서다.[334] 웨슬리는 현재 세계의 잔혹함과 파괴적 능력은 인간의 죄와 타락의 결과라는 점에서, 인간의 죄의 결과로 변형된 현재의 세계를 근거로 창조주의 지혜와 선하심과 능력을 의심하고 거기서 더 나아가 하나님을 정죄하고 심판하는 태도는, 하나님의 계시를 믿는 신자가 반드시 경계하고 버려야 할 매우 잘못된 태도임을 강하게 역설했다. 신자는 창조 시 하나님께서 만드신 본래의 세상은 하나님의 지혜와 선하심과 능력이 반영된 "심히 좋은"(창 1:31) 세상이었음을 확고히 믿어야 한다. 세상이 타락해 죄와 고통이 만연하게 된 것은 인류의 첫 조상 아담과 그 후손이 하나님을 반역하고 대적한 결과이기 때문이다. 죽음과 고통이 존재하는 현재의 세상은 인간이 변질시킨 세상이지 창조주께서 주신 본래의 세상이 아니다.[335]

웨슬리가 다룬 두 번째 문제는 '도덕적 악'의 문제다. 웨슬리는 자신의 직접적 경험과 독서, 많은 사람과의 만남에서 귀를 열고 들었던 세상의 소식을 통해, 하나님의 사랑과 섭리에도 세상에는 이해할 수 없도록 많은 사람이 처참한 전쟁과 살육, 빈곤, 질병 속에서 비참하게 살아감을 잘 알고 있었다. 그가 설교 "인간 지식의 불완전함"(1784)에서 열거한 18세기 당시 세상의 처참한 일의 실례를 직접 들어보자.

> 오늘날 세상 대부분에 어둠과 잔혹함이 있지 않습니까? … 인도에서는 얼마나 많은 가난하고 힘없는 사람들이 살육을 당해 시체가 분뇨처럼 내버려졌습니까? 태평양의 많은 섬 사람들은 짐승처럼 살지 않습니까? … 비참한 아프리카 사람들 … 그 가엾은 양들은 끊임없이 가축처럼 팔려 죽음 외에는 비극에서 벗어날 소망이 없는 비참한 노예가 됩니다. 호텐토트 (Hottentot)족은 … 아들이 어머니를 죽도록 때리지 않으면 남자로 인정하지 않고, 늙은 아버지를 오두막에 묶어 굶어 죽게 합니다! 오! 자비의 아버지, 이들도 아버지의 작품이며 당신의 아들의 피로 값 주고 사신 자들입니까?
>
> 가련한 아메리카 인디언은 … 여러 곳에서 멸절되었습니다. 히스파니올라(Hispaniola)섬은

---

334 설교, "하나님이 시인하신 일들", I. 2-13.
335 설교, "타락한 인류를 향한 하나님의 사랑", 서론. 1.

인구가 300만 명에 달했으나 지금은 1만 2천 명도 안 됩니다. 남북 아메리카 인디언 전체는
… 한두 세기 후 완전히 사라질지도 모릅니다. … 유럽 최북단 여러 족속은 얼마나 야만적인
지 짐승보다 못하지 않습니까? … 시베리아 동토의 미개한 사람들, 타타르(Tartary) 사막의
배회자들, 천만이 넘는 극지방과 모스크바 사람들(Muscovites), 터키의 그리스도인들 … 하
나님은 그들을 "사랑하셔서 독생자를 주어 멸망치 않고 영생을 얻게 하셨습니다"(요 3:16).
그런데 왜 그들은 그런 처지에 있습니까? 이해할 수 없는 일 중 이해할 수 없는 일입니다![336]

큰 대륙과 민족에게 발생하는 거시적인 악이 세상에 존재하는 악의 전부는 아
닙니다. 범위를 좁혀 특정 가족이나 개인사를 살펴보아도 이해할 수 없는 일이 많다.

특정 가족에 대한 하나님의 섭리 역시 이해할 수 없습니다. 우리는 하나님께서 왜 어떤 사람
은 부와 명예와 권력을 주어 높이시고 다른 사람은 가난과 고통을 주어 낮추시는지, 왜 어
떤 사람은 하는 일마다 놀랄 만큼 잘 되어 세상의 재물이 쏟아져 들어오고 다른 사람은 아무
리 수고하고 고생해도 하루 끼니를 해결하기 힘든지, 왜 전자는 번영과 박수갈채가 죽을 때
까지 계속되고 후자는 생애 끝날까지 괴로움의 잔을 마시는지 … 그 이유를 알 수 없습니다.

개인에 대한 섭리 역시 … 우리는 왜 어떤 사람은 유럽에서, 다른 사람은 … 황무지에서 태어
나는지, 왜 어떤 사람은 부유하고 고귀하게, 다른 사람은 가난하게 태어나는지, 왜 어떤 사람
은 튼튼하고 건강한 부모에게서, 다른 사람은 약하고 병든 부모에게서 태어나 일평생 벗어
날 수 없는 궁핍과 고통, 수천 가지 유혹 속에서 비참해지는지 모릅니다. 왜 많은 사람이 태어
나면서부터 그런 상황에 갇혀 타인에게 유익한 존재가 될 기회와 가능성조차 갖지 못하며,
자신이 택하지 않았는데 그런 굴레에 얽매이는지 … 알 수 없습니다.[337]

웨슬리는 많은 사람에게서 이러한 문제가 하나님께 대한 불신으로 이어짐을
관찰했다. 그는 설교 "타락한 인류를 향한 하나님의 사랑"(1782)에서 많은 불경건
한 사람, 심지어 그리스도인도 세상의 죄와 고통을 이유로 "창조주의 유일한 명령
을 어기고 자기 뜻대로 행함으로 세상에 죽음과 온갖 재앙을 초래한 첫 조상"을 원
망하는 데서 그치지 않고, 결국 모든 것을 미리 알고도 막지 않은 하나님께 원망과
비난의 화살을 돌린다는 사실을 고발한다.[338]

그리스도인으로 불리는 많은 사람이 하나님의 공의로우심을 의심하거나 … 하나님의 사랑
에 의문을 제기합니다. 어떤 사람은 완곡하고 간접적으로 조심스레 표현하지만, 다른 사람은
속마음을 감추지 않고 "하나님은 아담이 자유를 남용할 것을 미리 알지 못하셨단 말인가? 그

336 설교, "인간 지식의 불완전함", II. 4-7.
337 같은 곳, II. 9-10.
338 설교, "타락한 인류를 향한 하나님의 사랑", 서론. 2-3.

일이 그 모든 후손에게 당연히 끼칠 해로운 결과를 모르셨단 말인가? 그런데도 왜 그는 불순
종을 허용하셨는가? 전능자에게 그런 일쯤 막으시는 것은 쉬운 일 아닌가?"라고 말합니다.[339]

웨슬리는 세상에 존재하는 죄와 고통이 하나님의 지혜와 선하심과 능력을 불
신하고 원망과 비난을 하나님께 돌리는 이유가 될 수 없음을 다음과 같이 설명한
다. 먼저 하나님께서는 분명히 일어날 모든 일을 아셨으며, 또한 모든 불행 역시 미
리 막을 수 있는 분이시다. 따라서 아담의 범죄는 하나님께서 미리 알지 못하셨거
나 막을 능력이 없으셨기 때문에 발생한 것이 아니라, "그 일을 막지 않는 것이 최
선임을 아신" 하나님의 허용 속에서 일어난 사건이다.[340] 하나님은 어떤 의미에서
아담의 범죄를 막지 않으심으로 인류를 위해 "최선"의 결과를 이루실 수 있는가?

첫째, 아담의 범죄 가능성은 하나님께서 사람을 하나님의 형상으로 고귀하게
만드신 일에 동반되는 피할 수 없는 상태다. 아담은 하나님의 형상으로 지음 받음
으로 인해 범죄할 가능성(able to sin)과 범죄하지 않을 가능성(able not to sin) 모
두를 갖게 되었기 때문이다. 웨슬리는 "하나님께서 사람을 자신의 형상, 즉 자신과
같은 영적 존재로 만드셔서 그들에게 이성과 의지와 감정뿐 아니라 선택의 자유를
부여하셨습니다. 만약 선택의 자유가 없다면 사람의 이성과 감정은 아무런 역할을
하지 못했을 것이고, 의지 역시 선악 간 선택하는 일을 할 수 없을 것입니다"라고
말한다. 또한 "모든 것을 하실 수 있는 하나님이시라도 한 가지 하실 수 없는 일은
자기 자신을 부인하는 일입니다. 하나님은 자신과 반대되게 행하실 수 없고, 자신
이 이미 행하신 일에도 반대하실 수 없습니다"[341]라고 주장했다.

하나님께서 사람에게 하나님의 형상을 부여하신 사실과 하나님께서 자신을 부
인하지 않으신다는 주장은 어떻게 연결되는가? 하나님께서는 인간을 자신의 형상
으로 만드심으로 "모든 덕과 의로움, 참된 거룩함" 속에서 하나님과 교제하는 고귀
한 특권을 주셨다.[342] 그런데 인간이 은혜로 부여받은 자유를 악용한다면 창조주께
반역할 뿐 아니라, 자신의 본성을 "교만과 적의, 다른 모든 악한 성품 속에서 사탄

---

339 같은 곳, 서론. 3.
340 같은 곳.
341 설교, "하나님의 섭리에 대하여", 15.
342 BE 2:441. "사람과 짐승 사이의 큰 차이, 결코 넘지 못하는 한계선은 무엇입니까? 이성이 아닙니다 … 사람은
    하나님과 교제할 수 있으나, 열등한 다른 피조물들은 그럴 수 없다는 것입니다 … 이것이 사람과 짐승의
    분명한 차이, 도저히 뛰어넘을 수 없는 큰 간격입니다."

의 형상으로, 또 동물적 욕구과 저급한 욕망 속에서 짐승의 형상으로" 변질시키고, 하나님께서 "심히 좋게"(창 1:31) 만드신 세상마저 죽음과 악과 고통이 가득한 곳으로 타락시킬 수 있었다.[343] 그럼에도 하나님께서는 인간의 자유의 오용이 이 모든 나쁜 결과를 가져올 가능성을 이유로, 또는 이미 그런 일을 저질렀음을 이유로, 창조 시 이미 부여하신 선택의 자유를 다시 빼앗아 영적·도덕적 자질을 상실시킴으로 인간을 "나무 조각이나 돌덩어리와 같은" 무능한 존재로 만들지 않으신다. 만약 하나님께서 범죄를 막기 위해 사람에게 부여하신 선택의 자유를 다시 빼앗으신다면, "온 세상의 모든 죄와 그로 인한 고통을 일거에 파괴하실 수 있다. 창조세계 전체에서 악을 완전히 철폐하시고 아무 흔적도 남기지 않으실 수 있다." 그러나 만약 "그런 일을 하신다면 하나님은 자신과 반대되게 행하시고, 자신이 이미 행하신 일을 완전히 전복하시며, 사람을 창조하신 이후로 세상에서 행해오신 모든 사역도 취소하시는 것이 되고 만다."[344]

> 만약 하나님께서 그런 방식을 사용하신다면, 확실히 세상에는 악이 더 이상 존재하지 않을 것입니다. 그러나 또 하나 확실한 것은, 세상에는 이제 선도 존재하지 않을 것이라는 점입니다. 만약 하나님께서 인간의 선택의 자유를 빼앗아 버리신다면, 인간은 돌처럼 아무런 선도 행할 수 없게 됩니다. 그래서 전능하신 하나님도 그런 일을 하시지 않습니다. 하나님께서는 그런 방식으로 자신과 반대되게 행하시거나 스스로 행하신 일을 취소하시지 않습니다. 하나님은 사람의 영혼에 불어넣은 자신의 형상을 파괴하시지 않습니다. 그리고 그것을 파괴하시지 않는 한, 세상의 죄와 고통을 제거하실 수 없습니다. 만약 하나님 형상을 파괴하는 일을 하신다면, 그것은 하나님이 전혀 지혜가 없으며 단지 일말의 전능함만 가졌음을 의미합니다. 그러나 하나님의 (능력과 선하심뿐 아니라) 많은 지혜는 사람을 나무 조각이나 돌덩이가 아니라 선악 간 선택할 수 있는 지성과 자유를 가진 영으로 다스리심에서 드러납니다. 하나님의 깊은 지혜는 사람의 이성과 의지, 선택의 자유를 파괴하지 않고서도 그들을 다스리시는 하나님의 경탄할 만한 섭리에서 드러납니다. 하나님께서는 하늘과 땅의 모든 것을 명령해 사람으로 자신의 존재의 목적을 이루고 또 구원을 성취하도록 도우시지만, 그 모든 일은 결코 사람의 자유를 억압하거나 무효화하지 않는 가운데서 이루어집니다. 하나님의 섭리의 전(全) 체계는 사람이 선을 행하고 악을 버리도록 가능한 모든 도움을 제공하지만, 그 모든 일은 사람을 선과 악을 행하거나 상벌을 받을 수 없는 기계로 만들지 않고도 충분히 이루어지고 있음을 주의 깊은 탐구자라면 누구라도 쉽게 알 수 있을 것입니다.[345]

---

343 설교, "타락한 인류를 향한 하나님의 사랑", 서론. 1.
344 설교, "하나님의 섭리에 대하여", 15.
345 같은 곳.

둘째, 웨슬리는 하나님께서 사람의 타락을 "막지 않는 것을 최선"이라고 여기신 또 다른 이유를, 하나님께서 거기에서 이끌어내실 더 큰 은혜의 관점에서도 설명했다. "하나님께서는 값없이 주시는 선물을 통해 사람의 범죄로 세상에 초래될 악과는 비교조차 할 수 없도록 더 큰 선을 이루실" 것을 계획하셨기 때문이라는 것이다. 하나님은 아담의 타락이 온 세상의 고통과 심판이라는 최악의 결과로 끝나지 않게 하시기 위해 "죄가 더한 곳에 은혜를 더욱 넘치게"(롬 5:20) 하셔서 "타락이 아담과 그 후손에게 가져올 악보다 훨씬 크고 풍부한 선을 이루시기로 작정하셨기에, 첫 사람 아담의 타락을 내버려두는 것이 인류 전체에 더 좋은 일이 될 것임을 알고 계셨습니다."[346] 하나님께서는 아담의 타락이 세상에 초래한 악보다 어떤 더 큰 선을 이루고자 하셨는가? 이 질문에 웨슬리는 (1) 아담의 타락 자체에서 이끌어내시는 선, (2) 타락의 결과로 주어진 고통에서 이끌어내시는 선, (3) 타락한 인류를 구원하시는 방법에서 드러나는 은혜의 풍성함이라는 세 가지 측면에서 답한다.

(1) 웨슬리는, 하나님의 은혜는 "인류 전체가 아담의 타락을 통해 그가 타락하지 않았을 경우 누렸을 거룩함과 행복 그 이상의 것을 누릴 수 있게 하셨습니다"라고 설명한다. 아담의 범죄 그 자체는 매우 불행한 일임에 틀림없지만, 하나님은 문제 해결을 위해 그 아들 예수 그리스도를 "말씀이 육신이 되어"(요 1:14) 우리 가운데 오게 하셨고, 그리스도는 죄인의 구원을 위해 죽기까지 복종하셔서 십자가를 지심으로 죄인을 향한 놀라운 사랑을 드러내셨다.[347] 그 결과 인간의 죄악보다 더 큰 하나님의 은혜는 다음의 열매를 맺게 되었다.

첫 열매는 "세상을 사랑하셔서 우리의 구원을 위해 독생자를 아낌없이 주신 하나님께 대한 믿음 … 우리를 사랑하셔서 우리를 위해 자기 몸을 버리신 하나님의 아들을 믿는 믿음 … 우리의 심령에 하나님의 형상을 새롭게 하시며 우리를 죄와 사망에서 의와 생명으로 소생시키시는 성령님께 대한 믿음"이다.[348] 두 번째 열매는, 이 믿음의 결과로서 우리가 "하나님을 단지 우리의 창조주와 보존자로서만이 아니라 … 우리 모든 사람을 위해 '자기 아들을 아끼지 않고 내어주신 분'(롬 8:32)으로서 사랑함과 … 예수 그리스도를 단지 '아버지의 영광의 광채시요 그 본체의 형상'

---

346 설교, "타락한 인류를 향한 하나님의 사랑", 서론. 3.
347 같은 곳, [I]. 1.
348 같은 곳, [I]. 2.

(히 1:3)으로서만이 아니라 … '친히 나무에 달려 그 몸으로 우리 죄를 담당하신 분'
(벧전 2:24), '자신을 단번에 드리심으로 온 세상의 죄를 위해 온전한 봉헌과 희생
과 배상이 되신'[349] 분으로서 사랑함 … 그리고 우리의 마음 눈을 열어(눅 24:45; 엡
1:18) 성부와 성자를 계시하시고, '우리를 어두운 데서 불러내어 그의 기이한 빛
에 들어가게 하시고'(벧전 2:9), 우리 영혼을 하나님의 형상으로 새롭게 하시며(골
3:10), 우리를 구원의 날까지 인치시는(엡 4:30) 성령님께 대한 사랑"이다.[350]

인간의 타락보다 더 큰 은혜의 세 번째 열매는, "하나님께 대한 믿음 및 사
랑과 비례로 자라나는 이웃에 대한 사랑과 인류애"다. 웨슬리는 "하나님이 이같
이 우리를 사랑하셨은즉 우리도 서로 사랑하는 것이 마땅하도다"(요일 4:11)라
는 말씀이 보여주듯, 우리가 스스로 지은 죄보다 더 큰 하나님의 사랑을 덧입는
은혜를 받지 못했다면 우리는 지금과 같이 이웃을 사랑할 충분한 동기와 능력
을 부여받지 못할 뿐 아니라, "'내가 너희를 사랑한 것같이 너희도 서로 사랑하라'
(요 13:34)고 하신 말씀에 담긴 높이와 깊이를 전혀 헤아릴 수 없었을 것"이라고
설명한다.[351]

(2) 하나님께서 아담의 범죄에서 이끌어내시는 선은 세상에 초래될 고난을 통
해 빚어내시는 은혜로운 결과와도 관련된다. 고난은 단지 "하나님의 공의로우심
뿐 아니라 말로 다 할 수 없는 선하심을 드러낼"[352] 것인데, 이는 하나님께서 그 고
난조차 우리에게 "수동적 은혜를 부여하시는 통로"로 선용하실 것이기 때문이다.
예를 들어, 하나님을 의지하는 신앙은 그 자체가 고난을 통해 주어지는 수동적 은
혜다. 웨슬리는 "만약 세상에 고통이나 위험이 없다면 과연 우리가 하나님을 의지
하겠습니까?"라고 질문하면서, "우리의 믿음을 연단하고 우리로 하나님을 가까이
하게 만드는 것은 고난입니다"라고 설명한다. 따라서 "고난이 없다면 … 믿음이란
존재하지 않을 것입니다"[353]라고 단언한다.

나아가 웨슬리는 고난을 통한 수동적 은혜에 "인내, 온유, 관용, 오래 참음" 등
의 거룩한 성품을 포함시킨다. 이러한 성품은 세상에 존재하는 "악을 배경으로 삼

---

349 *The Book of Common Prayer*, Communion, Consecration. BE 2:427에서 재인용.
350 설교, "타락한 인류를 향한 하나님의 사랑", [I]. 3.
351 같은 곳, [I]. 5.
352 같은 곳, [I]. 6.
353 같은 곳, [I]. 7.

아" 성숙할 수 있기 때문이다. 예를 들어, "만약 악이 없다면 어떻게 선으로 악을 이기는 일(롬 12:21)이 가능하겠는가?" 악을 경험하는 것은 고통스럽지만 그 고난 속에서 하나님을 바라보며 끝까지 선을 행한 이에게는, 그런 일을 겪지 않고서는 성숙할 수 없는 거룩함이 함양된다. 웨슬리는 창조 시 사람 속에 그런 성품의 가능성이 내재해 있더라도, 삶에서 실제로 고난을 겪지 않고는 그것을 발전시킬 수 없다고 말한다. 하나님은 죄와 고통이 가득한 이 세상을 활용해 "우리가 하나님을 신뢰하고 의탁하는 믿음, 인내와 용기, 온유함과 관대함, 오래 참음, 하나님과 이웃을 향한 사랑을 더 성숙시켜, 그와 비례해 더 큰 행복을 누리게" 하신다.[354] 따라서 고난은 "하나님께서 우리를 기뻐하시지 않음을 보여주는 징표"가 아니다. 신자는 오히려 자신의 고난을 "하나님 아버지의 사랑의 증거"로 여겨야 한다. 하나님은 고난과 환난을 통해 그 자녀로 "더 큰 행복을 누릴 준비를 하게 하시기" 때문이다.[355] 세상의 죄와 고통은 이웃을 위해서도 "사랑과 긍휼, 자비와 같은 덕을 더 많이 발휘할" 기회를 제공한다. "우리가 가난한 자를 먹이고, 헐벗은 자를 입히고, 나그네를 대접하며, 병자와 옥에 갇힌 자를 돌아보는 등 인간 삶의 많은 악으로 인해 신음하는 사람에게 더 많은 선을 행할 때 하나님께서는 우리로 이 죄와 고통의 세상에서 더 큰 위로를 받게 하신다."[356]

(3) 하나님께서 아담의 범죄에서 이끌어내시는 더 큰 선은, 특별히 하나님께서 죄인을 구원하시는 더 탁월한 방법과도 관계된다. 웨슬리는 많은 사람이, "한 사람의 범죄를 인하여 많은 사람이 죽었다"(롬 5:15), "한 사람이 순종하지 아니함으로 많은 사람이 죄인이 되었다"(롬 5:19)는 말씀처럼, 인류의 첫 조상 아담의 죄로 인해 공동의 책임을 지는 것이 부당하다고 생각하면서 그로 인해 하나님을 비난하는 경향을 목격했다. 웨슬리는 이런 태도를 교정하기 위해 그 구절에 즉시 뒤따르는 "더욱 하나님의 은혜와 또한 한 사람 예수 그리스도의 은혜로 말미암은 선물은 많은 사람에게 넘쳤느니라"(롬 5:15) "한 사람이 순종하심으로 많은 사람이 의인이 되리라"(롬 5:19) "죄가 더한 곳에 은혜가 더욱 넘쳤나니"(롬 5:20) 등의 말씀에도 주의를 기울일 것을 촉구한다. 웨슬리는 아담의 죄를 선용

---

354 같은 곳, [I]. 8.
355 ENNT Rom. 5:3.
356 설교, "타락한 인류를 향한 하나님의 사랑", [I]. 9.

해 하나님께서 베푸시는 은혜가 더 크다는 사실을 드러내기 위해, 서로 다른 두 가지 구원의 방법을 제시하면서 어떤 것이 우리에게 더 유익한지 설명한다. 그중 한 가지는 인류가 아담 안에서 공동의 책임을 지지 않고 "각 사람이 하나님 앞에서 각각 자신의 행위에 책임을 지는" 방법이다. 이는 타락에서도 연대 책임을 지지 않을 뿐 아니라, 구원에서도 타인의 의로 연대적 유익을 누리지 않는 방법이다. 즉 세상의 모든 사람이 타락에서든 구원에서든 스스로가 모든 책임을 지는 것이다. 웨슬리는 "만일 이 방법을 따른다면 그 필연적 결과는, 만약 누군가가 하나님의 명령을 한 번이라도 어겨 타락한다면 다시 소생할 방법이 없습니다. 그는 외부의 어떤 도움도 받지 못한 채 아무런 해결책 없이 멸망할 수밖에 없습니다. '범죄하는 그 영혼은 죽으리라'(겔 18:4)는 말씀처럼 하나님의 언약은 죄에 대해서는 자비를 베풀지 않기 때문입니다"라고 설명한다.[357]

이와 대조되는 다른 구원의 방법은, "[아담의] 한 범죄로 많은 사람이 정죄에 이른 것같이 [예수 그리스도의] 한 의로운 행위로 말미암아 많은 사람이 의롭다 하심을 받아 생명에 이르는"(롬 5: 18) 방법이다. 이 방법은 누군가가 "자신의 선택으로 예수 그리스도를 거부함으로 하나님의 은혜를 거부하지 않고" 믿음으로 그리스도를 수용하면 그리스도의 의의 혜택을 공동으로 받는 방법이다.[358] 웨슬리는 모든 사람이 각자의 운명을 책임지게 해 죄인을 구원에서 배제하는 방법이 아니라, 그리스도 안에 있는 모든 사람이 그리스도의 혜택을 누리게 하시는 이 구원의 방법은 하나님의 사랑과 자비에서 비롯된 것으로 우리에게 비교할 수 없이 더 유익한 구원의 방법임을 분명히 한다. "사실이 이럴진대 지금 하나님께서 자비의 언약 아래에서 주시는 이 구원의 방법을 마다할 사람이 누가 있겠습니까? 한 번 죄에 얽매임으로 영원 전체를 잃어버릴 위험에 처하는 것을 누가 원하겠습니까? … 그런 절망적 위험을 무릅쓰기보다 우리가 타락했지만 다시 소생할 수 있는 이 방법이 무한히 더 바람직하지 않습니까?"[359] 따라서 웨슬리에 의하면 "우리가 더 주의를 집중해야 할 중심 주제"는 단지 아담의 타락이 아니라 "아담의 타락이 그리스도의 죽으심을 가져왔다"는 더 큰 그림이다.[360]

---

357 같은 곳, [II]. 12.
358 같은 곳, 서론. 3.
359 같은 곳, [II]. 12.
360 같은 곳, [II]. 13.

전체적인 시각에서 생각해봅시다. 우리는 현세와 영원 모두에서 말할 수 없는 유익을 얻었으므로 우리 첫 조상의 타락을 불평할 이유가 없습니다. 심판과는 비교할 수 없도록 자비가 넘쳤음을 생각한다면, 하나님께서 아담의 범죄를 허용하신 것을 이유로 그의 자비를 문제 삼으려는 것은 얼마나 하찮은 구실에 불과합니까! 진실을 안다면 하나님께서 아담의 죄를 막지 않았다는 이유로 비난할 사람이 어디 있겠습니까? 오히려 우리는 하나님께서 그 사건을 선용해 인류 구원의 거대한 계획을 이루시고, 당신의 지혜와 거룩함, 공의, 자비를 영광스럽게 나타내심에 대해 마음으로부터 하나님을 찬양해야 하지 않습니까? 만약 하나님께서 참으로 세상을 창조하시기도 전에 오래전 아담이 지은 죄 때문에 수많은 사람을 영원한 지옥에 가도록 예정하셨다면, 마귀와 그 졸개가 아니라면 누가 그것을 하나님께 감사할 수 있겠습니까? 만약 하나님께서 그렇게 예정하셨다면 수없이 많은 불행한 영혼이 아담의 범죄로 인해 유익은커녕 지옥에 떨어질 것이기 때문입니다. 그러나 찬양 받으실 하나님은 그렇게 하지 않으십니다. 아담의 범죄로 수없이 많은 사람이 지옥에 빠지게 하는 그런 식의 예정이란 결코 존재하지 않습니다. 하나님께서는 아담의 타락으로 인해 오히려 모든 사람이 수혜자가 되게 하셨습니다. 하나님께서는 스스로의 선택으로 그 혜택을 거부하지만 않는다면, 과거의 어느 누구도 손해를 보지 않게 하셨고, 또 지금도 그런 일은 있을 수 없습니다 … "깊도다 하나님의 지혜와 지식의 풍성함이여!" 비록 많은 일에서 그의 특별한 "판단과 그의 길은 우리가 헤아릴 수도 없고" 찾을 수도 없지만(롬 11:33), 우리는 현세에서 영원에까지 연결되는 하나님의 일반적인 계획은 알 수 있습니다. 하나님께서는 "그의 뜻의 결정대로"(엡 1:11) 창세 전에 세우신 계획을 따라 온 인류의 조상을 자신의 형상으로 창조하셨습니다. 그리고 그 한 사람의 순종치 않음에 의해 모든 사람이 죄인이 되는 것뿐 아니라, 한 사람의 순종하심에 의해 하나님이 값없이 주시는 선물을 받아들이는 모든 사람으로 영원토록 더 거룩하고 복된 존재가 되는 길을 허용하셨습니다.[361]

셋째, 웨슬리는 자연적·역사적 악의 문제보다 더 풀기 힘든 난제, 사실상 기독교 신학의 가장 큰 난제로, 하나님의 은혜와 조화시킬 수 없는 또 다른 문제가 남아 있다고 보았다. 이는 개인과 세상의 구원에 관한 것이다.[362]

웨슬리는 설교 "기독교의 무능함의 원인들"(1789)에서 본문으로 삼은 예레미야 8:22("길르앗에는 유향이 있지 아니한가 그곳에는 의사가 있지 아니한가 딸 내 백성이 치료를 받지 못함은 어찌 됨인고")의 질문을 이스라엘에서 "인류 전체"로 확장해, "위대한 의사이신 하나님은 인간의 영적 건강을 회복시키기 위해 이미 치료약을 주셨습니다. … 그것은 인간 본성의 깊고 보편적인 타락을 고치시려고 지혜

---

361 같은 곳, [II]. 14-16.
362 설교, "인간 지식의 불완전함", III. 1-5.

롭고 전능하신 창조주께서 주신 보편적 치료약이 아닙니까? 그런데도 목적을 이룬 적이 과거에도 없었고 현재에도 그렇습니다. 질병은 아직도 강하게 남아있어, 모든 내적이고 외적인 악이 여전히 온 세상을 뒤덮고 있습니다"라는 말로 문제를 제기한다.[363] 하나님께서 주신 복음이라는 치료약에도 아직 해결되지 않는 문제에는 1. 세상의 깊고 보편적인 타락이 치료되지 않는 문제와 2. 여전히 많은 사람이 복음을 들어볼 기회조차 갖지 못한 채 죽음을 맞이하는 문제가 모두 포함된다.

1. 웨슬리는 우선 하나님께서 "우리의 질병을 고칠 치료약을 주셨음에도, 죄와 세상의 타락이 해결되지 못한 채 남아있는"[364] 모순의 원인을 다각도로 분석했다.

웨슬리 당시 기독교가 전파되지 않은 지역은 여전히 많았다. 웨슬리는 당시 기독교가 전파된 지역은 전 세계의 6분의 1 정도에 불과하며, 이를 제외한 세계의 6분의 5는 모두 이교 지역이라고 보았다.[365]

그러나 이교 지역에 비해 "기독교 세계"에 사는 "그리스도인들의 형편은 더 낫다고 볼 수 있는가?" 웨슬리는 기독교화된 유럽 국가를 비롯해 동방정교회와 로마가톨릭 국가의 이름을 열거하면서 그 대부분의 나라에서 그리스도인의 도덕적 상태는 이슬람교도나 다른 이교도에 비해 나은 점이 없는 원인에 대해, "그들은 적절한 의미의 그리스도인이 아닙니다. 그들 대부분은 명목상 그리스도인일 뿐 참된 기독교를 모르기 때문입니다"라는 말로 지적한다.[366] "그들 대부분은 기독교 교리와 실천 모두에 대해 전적으로 무지합니다. … 그들이 기독교의 가장 근본적인 원리인 하나님의 자연적이고 도덕적인 속성, 그의 특별 섭리, 죄인의 구원, 그리스도의 직분, 성령의 사역, 칭의와 신생, 내적·외적 성화에 대해 알고 있습니까? … 그런 그들에게 기독교가 무슨 유익이 될 수 있습니까?"[367]

웨슬리는 심지어 참된 기독교가 알려지고 하나님의 치료약이 전파되어 하나님 말씀을 계속 들을 수 있는 곳조차도 사람들이 그리스도인으로서의 적절한 훈련과 규율의 부족으로 참 그리스도인이 되지 못하는 현실,[368] 특히 메소디스트들은 교리 및 규율과 훈련 모두의 도움을 충분히 받고 있음에도 세속적 욕망에 빠져 자

---

363 설교, "기독교의 무능함의 원인들", 1.
364 같은 곳, 2.
365 같은 곳, 3.
366 같은 곳, 4.
367 같은 곳, 5-6.
368 같은 곳, 7.

신을 부인하지 못하거나 재물의 선한 청지기가 되지 못해 참된 그리스도인이 되지 못하는 현실을 지적했다.[369] 하나님이 주신 치료약에도 사람이 고침받지 못하는 원인으로 웨슬리가 열거한 것은 모두 하나님의 치료법을 제대로 따르지 않는 인간의 책임에 관한 것이다.

2. 웨슬리가 기독교 신학이 풀 수 없는 가장 큰 난제로 본 것은 인간의 책임만으로 설명할 수 없는 부분에 관한 것이다. 설교 "인간 지식의 불완전함"에서 그는 다음과 같이 말한다.

> 왜 그토록 많은 사람이 어머니 태중에서부터 거룩해질 모든 수단과 가능성에서 차단되어 있을까요? … 어떤 사람은 세상에 태어나자마자 야만적 부모의 절대적인 힘 아래 … 무지와 무신론, 야만성을 물려받기에 더 나은 교육의 기회와 가능성은 원천적으로 차단됩니다. … 그는 세상에 태어나면서부터 죽을 때까지 불결건과 불의 속에 살아갈 수밖에 없는 끔찍한 필연성에 매입니다. 하나님께서 만드신 수없이 많은 사람에게 왜 이런 일이 닥칩니까? 주님은 "땅의 모든 끝과 먼 바다에 있는 자가 의지할"(시 65:5) 하나님이 아니십니까?[370]

그리스도인은 성경에 계시된 하나님께 대한 신앙에도 불구하고 그런 하나님과 조화시키기 힘든 세상의 현실을 지켜보거나 경험할 수 있다. 그럴 때 신자가 갖게 되는 영적 번뇌를 웨슬리는 다음과 같이 표현했다. "우리는 하나님은 모든 사람을 사랑하시며, 그의 자비는 그의 모든 피조물에 미친다는 사실을 알고 있습니다. 그러나 우리는 이 사실을 어떻게 그가 섭리하고 계신 이 세상의 현실과 조화시킬 수 있을지 알 수가 없습니다."[371] 하나님의 계시와 현실 사이의 이 같은 괴리 중 이 마지막 문제에 대해서는 어떤 합리적 해답을 찾는 것도 불가능하다.

---

369 같은 곳, 9-12.
370 설교, "인간 지식의 불완전함", III. 1.
371 같은 곳, II. 4.

C. 관찰과 분석

루터와 웨슬리 모두에게 하나님의 존재와 속성, 창조, 통치, 구원을 포함해 하나님께 대한 생각은 기독교 신학의 기초였다. '하나님이 어떤 분이신가?' 하는 것은 '하나님께서 피조물인 인간과 어떤 관계를 맺기 원하시는가?' '인간에게 바라시는 것이 무엇인가?'를 포함해 기독교 신앙의 전반에 대한 이해를 함축하고 있다. 따라서 하나님 이해는 신학의 다른 주제 이해와 매우 밀접한 연관이 있고, 전자가 후자를 결정짓는다고 해도 과언이 아니다. 율법과 복음의 관계 이해 역시 마찬가지다. 두 신학자의 하나님 이해는 율법과 복음 이해에 결정적 영향을 끼쳤고, 반대로 율법과 복음에 대한 이해는 또다시 하나님 이해를 더욱 선명하게 해준다.

I. 하나님을 의지하라 vs. 하나님을 닮으라

베른하르트 로제에 의하면, 루터의 신관의 특징은 "하나님의 여러 속성을 모두 동등하게 다루기보다, 다른 속성에 비해 하나님의 전능하심을 훨씬 더 강조했다는 사실에 있다."[372] 그가 그렇게 한 이유는, 전능하신 창조주 하나님과 수동적·의존적인 피조물인 인간 사이에는 뛰어넘을 수 없는 거대한 존재론적 차이가 있음을 드러내기 위해서였다.

　루터는 주권과 전능하심, 지혜, 능력, 사랑, 진노 등 하나님의 모든 속성을 함축하는 포괄적인 의미로 하나님을 창조주 하나님으로 가르쳤다.[373] 창조주 하나님은 "무(無)에서 세상 모든 것을" 창조하셨을 뿐 아니라,[374] "정반대되는 성질의 것에서" 상반된 것을 창조해 내신다.[375] 이러한 창조 개념은 물질 세계의 창조와 보존, 파괴만이 아니라, 죄인의 구원과 심판의 사역을 포함한다.[376] 죄인의 칭의와 성

372　Lohse, *Martin Luther's Theology*, 211-212.
373　Althaus, *The Theology of Martin Luther*, 105; Bayer, "I Believe That God Has Created Me With All That Exists," 129-161.
374　LW 26:66.
375　Althaus, *The Theology of Martin Luther*, 119; LW 21:297-358.
376　같은 책, 120.

화는 창조주 하나님의 창조행위의 중요한 사례인 것이다.

이러한 하나님에 대한 가르침과 일관되게 루터는, 하나님의 율법이 우리에게 요구하는 것은 우리가 하나님께 가져야 할 근본적인 자세로서 하나님께 대한 완전한 신뢰와 전적 의존이라고 가르쳤다. 인간이 매 순간 하나님을 마주해 그를 힘입어 살고 그를 통해 구원 받고 날마다 새롭게 창조되고 있음을 자각하는 "신앙"이 바로 율법의 대요(大要)인 것이다. 율법은 하나님에 대한 전적 신뢰와 의존을 명령함으로 인간에 관해서는 죄인이 구원 받을 수 있는 방법이 율법의 행위가 아님을 알려주면서도, 하나님에 관해서는 사람이 어떻게 하나님을 높이고 영화롭게 할 수 있는지를 드러낸다.[377] 우리가 누군가를 "믿을 수 있고 의롭다고 판단하는 것만큼 그에게 영예를 주는 것은 없다." 그런데 신앙은 "하나님을 진리가 가득하시고 믿을 수 있는 분으로 여긴다"는 점에서 "최고의 경외와 가장 높은 존경으로 하나님을 높인다." 루터는 "신앙"이라는 용어로 사랑, 찬양, 감사, 순종, 영광 돌림 등 인간이 하나님께 취해야 할 모든 올바른 태도를 포괄하면서, 신앙을 율법이 명령하는 "하나님께 대한 최고의 예배"로 이해했다.[378] 신앙이란 "우리는 … 아무것도 아니며" "그가 우리의 하나님이십니다"라는 근원적인 자각과 고백, 선포다.[379] 이 신앙을 갖는 순간부터 신앙은 죄인의 자기 중심성을 죽이고 신자로 하여금 하나님의 전능하신 주권 아래에서의 새로운 삶을 시작하게 한다.[380]

루터에 의하면 율법이 가장 중요하게 요구하는 것은 하나님께 대한 우리의 신뢰와 의존인 데 반해, 인간의 타락한 상태란 다름 아닌 불신앙 그 자체다.[381] 신앙은 모든 것을 하나님의 선물로 받고 모든 영광을 하나님께 돌리는 데 반해, 불신앙은 사람을 하나님의 영광을 "도둑질하고 강도질하는 자"[382] 또는 자신이 바라고 의지하는 것으로 참 하나님을 대체해버리는 우상숭배자로 만든다.[383] 따라서 전능하신 하나님을 하나님으로 인정하고, 하나님께 적합한 태도를 취하는 것과 관련된 가장 근본적이고 중요한 율법의 요구는 바로 신앙이다.

---

377 같은 책, 44-46.
378 LW 31:350.
379 LW 4:68-69.
380 LW 6:102-103, 350-357.
381 LW 1:163.
382 LW 13:358, 364-365.
383 Bornkamm, *Luther and the Old Testament*, 45-64.

이러한 신앙의 강조가 거룩한 삶에 대한 경시나 폄하로 이해되어서는 안 된다. 루터에게 신앙은 하나님을 대하는 태도에서 근본적이고 전인적인 변화를 일으키므로, 신자의 삶의 다른 모든 영역에서도 변화를 가져올 수밖에 없다. 루터는 이를 십계명의 제1계명과 다른 모든 계명의 관계로 설명했다. 루터에게서 하나님의 주권적 은혜에 대한 신앙은 하나님의 계명에 대한 순종으로 연결되는 것이지, 인간의 책임 경시와 율법무용론으로 연결되지 않는다. 하나님의 주권적 은혜에 대한 자각은 신자에게 하나님께 대한 참된 경외심을 가르친다. 그 결과 "기독교 신앙의 요약"으로서 제1계명에의 순종은 하나님께 대한 "전적 순복"을 가져온다.[384] 루터의 종교개혁은 제1계명에서 거룩한 삶을 세우려 한 개혁운동이었던 것이다.[385]

웨슬리는 루터와 마찬가지로 창조주 하나님과 피조물인 인간의 존재론적 차이를 인식했다.[386] 따라서 하나님을 향한 우리의 태도는 사랑과 더불어 신뢰와 경외여야 함을 가르쳤다.[387] 웨슬리는 루터와 마찬가지로 십계명 중 제1계명은 "다른 모든 율법의 토대이며, 모든 순종의 근거"라고 가르쳤다.[388] 그러나 동시에 웨슬리는 하나님과 인간의 관계를 존재론적 차이가 아닌 본성적 유사성의 관점에서도 바라보았다. 이 본성적 유사성은 하나님과 인간 사이의 인격적 교제를 가능케 하는 근본적인 요소로, 이는 하나님께서 인간에게 주신 기능적 탁월성(자연적 형상과 정치적 형상)뿐 아니라, 그 본성에 새겨주신 하나님의 도덕적 형상에 기초해 있다.[389] 인간이 가진 하나님의 형상에서 가장 중요한 요소는 하나님의 거룩한 사랑을 닮은 인간 본성이다. 하나님 편에서 보면 거룩한 사랑은 하나님께서 죄인을 구원하시고 다시금 하나님의 형상으로 회복하시기 위한 원천과 수단이다. 인간 편에서 보면 거룩한 사랑은 하나님께서 구원을 통해 우리 속에 회복시키려는 구원의 열매이자 목적이기도 하다. 다시 말해, 거룩한 사랑은 인간 구원의 원천과 목적 모두인 것이다.

하나님의 거룩한 사랑은 "자신의 위엄과 완전한 거룩하심"과 유한하고 연약하

---

384 LW 52:252.

385 Lohse, *Martin Luther's Theology*, 209; LW 6:228-231.

386 설교, "영원에 대하여", 20; "꿈과 같은 인생", 1; "산상설교 (4)", III. 7; "하나님의 편재하심에 대하여", I. 1-II. 8; "하나님의 일체성", 2-7.

387 ENNT 2 Cor 7:1; 설교, "하나님에 대한 사랑", I. 3.

388 ENNT 1 Tim. 1:9.

389 설교, "믿음에 의한 칭의", I. 1-4.

며 타락한 인간 사이의 "무한한 거리"를 메우신다.[390] 죄인을 향한 하나님의 거룩한 사랑은 그리스도께서 그 삶과 교훈으로 계시하신 내용의 본질로,[391] 우리의 부패한 본성을 치료하는 치료약이다.[392] 또한 하나님의 거룩한 사랑의 결과로 신자 속에 함양된 거룩한 사랑은 우리의 거듭남의 목적이자,[393] 하나님께서 신자에게 바라시는 의로움 그 자체다.[394] 거룩한 사랑은 기독교의 "정신"과 "정수"와 "근본원리"인 것이다.[395] 나아가 거룩한 사랑은 하나님께서 신자를 통해 일하시는 섭리의 도구이기도 하다. 하나님께서는 신자에게 하나님 형상을 회복시키시는 데서 그치지 않고, 먼저 은혜를 받은 신자에게 새겨진 거룩한 사랑이라는 하나님의 형상을 통해 또 다른 영혼에게 구원의 필요성을 깨우치고, 그들의 영혼과 육을 돌보며, 그들을 은혜 안에서 성장시키는 섭리적 사역을 행하신다.[396]

따라서 하나님에 관한 웨슬리의 가르침에는 양면적 강조점이 언제나 함께 나타난다. 즉 한편으로 하나님과 인간의 존재론적 차이에 초점을 둘 때는 우리가 하나님을 신뢰하고 의존해야 함을 강조한다. 다른 한편, 가르침의 초점을 하나님과 인간의 본성적 유사성에 두었을 때는, 인간을 향한 율법의 가장 중요한 명령이 하나님의 성품을 닮는 것, 그리스도를 본받는 것, 성령을 충만히 받아 성령의 열매를 맺는 것으로 강조했다. 웨슬리의 양면적 강조점을 종합하면, 기독교 신앙은 단지 삼위일체 하나님을 믿고 의지하는 것만이 아니라, 하나님을 닮아 하나님과 이웃을 향해 거룩한 사랑을 품는 변화를 포함한다. 웨슬리는 하나님의 비공유적 속성으로서 신성과 동의어로 거룩하심을 설명할 때는 하나님과 인간의 존재론적 차이를 강조한 데 비해,[397] 하나님의 공유적 속성으로서 도덕적인 면에서의 거룩하심을 설명할 때는 하나님과 인간의 본성적 유사성을 강조한 것이다.[398] 웨슬리에게 하나

---

390 ENOT Gen. 1:8; 한영태, "삼위일체 하나님의 성결에 관한 연구" (Ph.D. 논문, 서울신학대학교, 1990), 46-106; Collins, *The Theology of John Wesley*, 20-22; Yang, "The Doctrine of God in the Theology of John Wesley," 124-129.

391 설교, "산상설교 (4)", 서론. I; "그리스도의 오신 목적", III. 5.

392 설교, "원죄", III. 5.

393 설교, "신생", I. 1-4.

394 설교, "산상설교 (2)", II. 2.

395 설교, "산상설교 (3)", IV.

396 설교, "하나님의 섭리에 대하여", 18.

397 ENNT Rev 4:8.

398 설교, "하나님의 일체성", 7.

님께 대한 예배는 양면적 강조점으로 주권자로서 모든 은혜를 주시는 하나님께 대한 신앙뿐 아니라, 순종으로 하나님의 거룩한 사랑에 온전히 순응함을 포함한다.

> "영이신 하나님을 영과 진리로 예배한다는 것은 무엇을 뜻합니까?" 영으로 예배하는 것은 영으로가 아니면 드릴 수 없는 방식으로 예배하는 것입니다. 그것은 하나님을 지혜롭고 의로우며 거룩하신 분, 눈이 정결하시므로 패역을 차마 보지 못하시고, 자비롭고, 은혜롭고, 노하기를 더디 하시며, 죄악과 허물을 사하시고, 우리의 모든 죄를 주의 등 뒤로 내던지시고, 그의 사랑하시는 자 안에서 우리를 받으시는 분으로 믿는 것입니다. 또한 우리의 마음과 목숨과 뜻과 힘을 다해 하나님을 사랑하고 기뻐하며 바라고(막 12:30), 우리가 사랑하는 분을 본받아 그의 순결하심과 같이 우리 자신을 정결케 하며, 우리가 사랑하고 믿는 분을 생각과 말과 행동으로 순종함을 뜻합니다.[399]

웨슬리는 신앙이 하나님의 사랑에 대한 감사로 하나님과 이웃에 대한 사랑을 낳는 것이 일반적이더라도,[400] 동시에 신앙은 하나님의 은혜로 율법의 저주에서 벗어났다는 안도감을 주기에 율법의 요구에 훨씬 느슨한 태도를 가질 가능성 역시 농후함을 알았다. 따라서 기독교의 메시지가 오직 신앙만을 강조해 신앙이 목적하는 사랑과 거룩함의 필요성을 충분히 가르치지 않으면, 신앙이 주는 평안함은 즉시 태만과 방종으로 변질될 위험을 내포한다. 웨슬리가 강조한 것처럼 참된 믿음은 "사랑으로써 역사하는 믿음"(갈 5:6)임을 가르치면, 믿음에 기초한 거룩한 사랑은 하나님과 이웃에 대해 언제나 의욕적으로 성실하게 선을 행하려는 열심을 벗어나지 않는다.[401]

부정적인 면에서 웨슬리는, 율법에 반영되어 있는 하나님의 거룩한 사랑의 함양과 실천이 마귀와 짐승의 형상인 악한 성품을 대항하는 대응책임을 강조했다.[402]

> 사탄은 '성령의 열매'와 정반대의 성품을 불어넣기 위해 최선을 다합니다. 즉, 불신앙, 무신론, 악한 의지, 신랄함, 미움, 적의, 시기 같은 신앙과 사랑에 반대된 기질, 슬픔과 근심, 세상적 관심같이 희락과 화평에 반대된 기질, 조급함과 불친절한 마음, 분노, 원한같이 오래 참음과 관용과 온유에 반대된 기질, 거짓과 기만과 위선같이 충성에 반대된 기질, 세상에 대한 사랑과 무절제한 성정, 어리석은 욕망같이 하나님을 향한 사랑과 반대된 기질입니다.[403]

---

399 설교, "산상설교 (4)", III. 4.
400 설교, "하나님의 일체성", 16-17.
401 Cobb, *Grace and Responsibility*, 61
402 설교, "그리스도의 오신 목적", III. 2; "산상설교 (2)", II. 1; "산상설교 (5)", I. 3-4; "신자 안에 있는 죄", II. 2.
403 설교, "악한 천사들에 대하여", II. 8.

거룩한 사랑의 하나님께서 내리신 율법의 핵심적 명령은 거룩한 사랑의 하나님을 닮으라는 것이다. 그의 거룩하심과 같이 거룩하고(레 19:2), 그가 사랑이심과 같이 우리도 서로 사랑해야 한다(요일 4:8, 16). 그 내면과 삶에 거룩한 사랑이 없는 자는 하나님과 아무런 관계가 없는 자라고 강조하는 것은 웨슬리의 율법적 가르침이 아니라, 성경 속 하나님의 말씀이다["모든 사람과 더불어 화평함과 거룩함을 따르라 이것이 없이는 아무도 주를 보지 못하리라"(히 12:14), "사랑하지 아니하는 자는 하나님을 알지 못하나니 이는 하나님은 사랑이심이라"(요일 4:8), "하나님은 사랑이시라 사랑 안에 거하는 자는 하나님 안에 거하고 하나님도 그의 안에 거하시느니라"(요일 4:16)]. 이러한 의미에서 웨슬리는 "하나님께서 가장 받으실 만한 예배는 그를 닮는 것입니다"라고 역설했다.[404] 믿음이 목적하는 하나님과의 인격적 관계의 성숙은 결여한 채 믿음 자체만 목적 삼아서는 안 된다는 것이다.

II. 숨어계신 하나님 vs. 하나님의 불가해성

루터는 하나님의 전능하심과 절대적 자유를 철저하게 주장해 숨어계신 하나님을 가르쳤다.[405] 숨어계신 하나님에 대한 루터의 가르침은 하나님께서 끔찍한 자연재해나 역사 속 불의한 사건의 원인이 되신다는 주장을 포함한다. 따라서 숨어계신 하나님과의 조우는 많은 사람의 신앙을 흔들어 그들 속에서 하나님을 우상으로 만들어버렸던 거짓된 신앙을 무너뜨릴 수 있다. 그러나 이런 일이 하나님께 자신을 전적으로 의탁하는 신자마저 넘어뜨리지는 못한다. 참된 신자는 하나님께서 시련으로 신앙을 연단하시지만 자신을 절망과 좌절에까지 몰고 가지는 않으실 것을 믿기 때문이다. 또한 비록 악인이 세상에서 번성하고 의인이 고난을 당하더라도, 악인의 영혼은 결국 멸망을 당하며, 내세에서 모든 것이 바로잡힐 것임을 믿기 때문이다.[406] 심지어 극심한 고통을 당하더라도 주님께서 나를 위해 십자가의 고통 속에서 감추어진 하나님의 진노를 직면하셨다는 사실은, 감추어진 하나님의 진의를 알

404 WW 10:68.
405 Lohse, *Martin Luther's Theology*, 211-212.
406 Gerrish, "To the Unknown God," 139-140.

지 못한 채 고통받는 신자에게 심오한 영적 위로의 원천이 된다.[407]

그러나 예정하시는 하나님께서 여전히 사랑의 하나님이시라는 루터의 주장은 루터를 연구하는 학자들도 이해하기 난해한 매우 급진적 주장이다.[408] 브라이언 게리쉬는 "루터에게서 숨어계신 하나님과 계시하신 하나님의 관계가 모순적인가?"라는 질문에 어떻게 답하는지에 따라 루터 학자를 세 부류로 구분했다. (1) 모순적이라고 여기는 학자로는 "데오도시우스 하르낙(Theodosius Harnack)과 두 리츨(two Ritschls), 라인홀드 제베르그(Reinhold Seeberg), 히르쉬(Hirsch), 베르너 엘러트, 칼 홀(Karl Holl)"이 있다. (2) 숨어계신 하나님과 계시하신 하나님이 서로 모순되지 않는 한 분이라고 보는 학자로는 "카텐부쉬(Kattenbusch), 에릭 제베르그(Erich Seeberg)"가 있다. (3) 비록 모순되어 보이더라도 루터가 숨어계신 하나님을 가르친 동기를 이해한다면 문제가 되지 않는다고 보아 둘 모두를 주장하는 학자로는 "알트하우스와 하임(Heim), 폰 뢰뵈니히(Walther von Loewenich)"가 있다.[409] 루터의 가르침에 관해 해석이 다양한 것은, 루터가 가르친 이중예정의 내용에 초점을 둘 것인지 아니면 그 동기에 초점을 둘 것인지 뿐 아니라, 루터의 사고가 성숙해감에 따라 이중예정에 대한 어조가 어떻게 변화되었는지 등 고려할 요소가 많기 때문이다. 나는 위 세 가지 중 세 번째 입장을 취하는데, 그 이유는 다음과 같다.

첫째, 루터의 설명에서 숨어계신 하나님과 계시하신 하나님의 관계는 분명히 모순을 포함함을 인정하지 않을 수 없다(위의 1번 입장). 루터의 숨어계신 하나님 주장은 단지 하나님께서 계시하시지 않은 뜻이 있다는 것만이 아니라, 숨어계신 하나님의 뜻이 계시하신 말씀과 반대될 수 있음을 말하기 때문이다.[410] 숨어계신 하나님은 죄인을 구원하시는 하나님과 달리 죄인을 유기하시고, 영원 전부터 그것을 예정한 분이시다.[411] 왜 어떤 사람은 복음을 수용하고 어떤 사람은 거부하는가? 이 질문에 대해 루터는, 자신의 뜻에 따라 그들을 그렇게 만드신 분은 하나님이시며, 우리는 그 이유를 알 수 없다고 대답한다.

---

407 같은 곳, 148.
408 같은 곳, 134-140.
409 같은 곳, 133.
410 같은 곳, 138; McGrath, *Luther's Theology of the Cross*, 172.
411 Steinmetz, *Luther in Context*, 26.

왜 하나님은 전능함을 동원해 사악한 마음이 계속 악해지는 것을 중단시키시지 않는가? …
왜 하나님은 그가 움직이는 악한 마음을 변화시키시지 않는가? 이것은 신적 권능의 비밀에
속하는 일로, 그분의 판단은 헤아릴 수 없는 것이다(롬 11:33). 우리가 할 일은 그따위 질문을
하는 것이 아니라, 다만 하나님의 신비를 경배하는 것이다.[412]

신학사적 관점에서 보면, 이중예정론은 아우구스티누스가 펠라기우스에 대항
하기 위해 고안해낸 신학적 장치로, 기독교 교리에 끼친 철학의 영향이 지대함을
보여주는 대표적 사례다. 철학이 기독교 사상과 교리 정립에 도움을 주었다고 생
각하는 사람이 많지만, 어떤 경우에는 철학의 영향으로 기독교 신학이 비성경적으
로 왜곡되기도 했다. 그중 가장 대표적인 것이 아우구스티누스가 만들어낸 이중예
정론이다. 아우구스티누스 연구의 대가 피터 브라운(Peter Brown)은 『아우구스
티누스』(Augustine of Hippo, 새물결플러스)에서 아우구스티누스의 신론에는 성경
적 요소와 신플라톤주의적 요소가 뒤섞여 있음을 밝힌다.

『고백록』을 판정하는 것은 쉬운 일이다. 그것은 명백히 신플라톤 철학자의 작품이다.[413]

플로티노스의 진정한 추종자인 아우구스티누스 … 플로티노스가 로마의 선택된 교실에서
전달하고자 했던 것을 … 아우구스티누스의 설교에서 들을 수 있다. … 아우구스티누스의 설
교에 담긴 사상의 윤곽은 신플라톤주의에 대한 깊은 애정 속에서 형성되었기 때문이다.[414]

아우구스티누스는 늘 '아브라함, 이삭, 야곱의 하나님'과 '철학자들의 하나님'을 결합시키려
고 했다. … 이 오래된 전통은 아우구스티누스의 웅대한 예정론의 여러 뿌리 중 일부에 거
처를 마련해 준다. … 그렇게 소박한 뿌리는 주로 의식되지 않기 때문에 더욱 강력했다.[415]

아우구스티누스의 이중예정론을 받아들인 칼빈은 이중예정론이 특히 스토아
철학의 운명론에 깊이 영향을 받았음을 간접적으로 드러냈다.

스토아 철학(Stoicism)적 필연성은 많은 사람에게 배척받았다. 이 교리가 거짓임을 주장할
수 없는 사람도 이 교리를 혐오한다. 이런 비방은 오랫동안 계속되어 왔다. 아우구스티누스
는 자신이 받은 부당한 비난을 한탄했다. 그러나 … 온전하게 훈련된 정직하고 지혜 있는 사
람에게 그런 것은 문제 되지 않는다. 스토아 철학의 가설은 이미 알려졌다. 그들은 복잡한 문
제의 원인에서부터 자신의 운명을 엮어나갔다. 운명의 직조물에는 황금으로 엮어낸 하나님
이 짜여 있으며, 각 씨줄과 날줄이 하나님을 엮고 있다. 하나님은 아주 보잘것없는 일에도 원

412 LW 33:180.
413 피터 브라운, 『아우구스티누스』, 정기문 역 (서울: 새물결플러스, 2012), 238.
414 같은 책, 348-349.
415 같은 책, 251-252.

인이 되신다. … 스토아 철학의 운명론은 타당한 것이다.[416]

『기독교철학: 종교철학과 철학적 신학』(*Philosophical Foundations for a Christian Worldview*, CLC)의 공동 저자 제임스 모어랜드(James P. Moreland)와 윌리엄 크레이그(William L. Craig) 역시 "고대 그리스 사상은 운명론에 영향을 받았고 … 이 운명론이 신학에도 영향을 끼쳤다"고 명확히 언급해 이중예정론의 비성경적 기초가 고대 그리스 운명론임을 명확히 지적한다. 그들은 초기 기독교 교부들은 철학적 운명론이 성경적 가르침을 왜곡함을 분별해 "그것에 저항해야 한다는 단호한 책임감"으로 그 영향력을 차단하려 노력했으나, 종교개혁자와 그 추종자, "마르틴 루터와 조너선 에드워즈와 같은 몇몇 사람은 그것을 지지했다"는 말로, 종교개혁 신학의 이중예정론에 끼친 그리스 운명론의 영향을 분명히 언급한다.[417]

아우구스티누스가 이중예정을 주장하기 위해 빌려온 헬라 철학 사상에는 하나님의 이미지를 매우 비성경적으로 왜곡한 신의 무감성(impassibility) 개념도 포함된다. 헬라 철학의 일반적 개념에 의하면 무엇인가 변화된다는 것은 완전하지 않음을 의미하고, 완전한 것은 불변한다. 완전자는 외부의 사물로부터 영향을 받거나 변하지 않는다. 초기 기독교가 헬라 문화권에 정착하는 과정에서 헬라 철학은 다양한 면에서 기독교 신학에 영향을 끼쳤는데, 특히 아우구스티누스는 이중예정론을 주장하기 위해, 소수의 사람을 구원하시고 대다수의 사람을 영원한 멸망으로 예정하고도 아무런 고통도 당하지 않고 후회도 하지 않는 헬라 철학의 신 개념을 빌려온 것이다. 이중예정론은 인간의 상태를 염려하시고, 인간 창조를 후회하기도 하시며, 인간의 죄로 고통을 당하시는 히브리적·성경적 하나님 이해를 부정해버리는 정도까지 헬라 철학의 신의 무감성 개념을 절대화한 것이다.

성경이 말씀하는 하나님의 불변하심은 근본적으로 자신의 언약을 지키시는 하나님의 신실하심을 의미한다. 그러나 시간이 흐르자 플라톤과 아리스토텔레스 철학이 주장하는 완전과 변화 개념의 영향으로 하나님의 불변하심에 다른 의미가 덧붙여졌다. 대체로 사람들은 변화한다는 것은 더 나빠지는 것을 의미하거나, 혹 더 좋아지더라도 그렇다면 하나님이 과거에 더 완벽하지 못했음을 의미하기에, 하나님께는 어떤 변화도 있을 수 없다고 여기게

416 존 칼빈, 『칼빈의 예정론』, 한국칼빈주의연구원 편역 (서울: 기독교문화사, 1986), 238-240.
417 J. P. 모어랜드, W. L. 크레이그, 『기독교철학: 종교철학과 철학적 신학』, 이경직, 이성흠 공역 (서울: 기독교문서선교회, 2013), 184.

되었다. 그들은 스스로 바라지 않음에도 외부의 존재에 의해 어쩔 수 없이 억지로 변화를 "겪는"(suffer)는 일은 하나님께 있을 수 없음을 강조하게 되었다. 하나님이 다양한 감정 변화를 "겪으신다"는 것조차 부정해 하나님은 아무런 감정도 없다고 주장하게 되었다. [418]

어떤 사람은 루터와 칼빈이 구원으로의 예정만 가르쳤지, 멸망으로의 예정은 가르치지 않았다고 오해한다. 그러나 루터는 『노예의지론』에서 "하나님께서는 위엄 있는 의지에 따라 많은 사람을 유기하고 배척하신다"[419]고 말하고, 칼빈 역시 "하나님께서는 어떤 사람은 구원에, 또 어떤 사람은 멸망에 처하도록 예정하셨다"[420]고 밝혀 그런 생각이 잘못된 것임을 여지없이 주장한다. 칼빈은 "구원으로의 선택은 있어도 멸망으로의 유기는 없는가?"라는 질문을 던진 후 "유기는 선택에 동반되며, 하나님의 뜻으로 하시는 일이다"라고 분명히 말한다. 선택이라는 말은 그 자체가 이미 유기와 대조를 이룬다는 것이다. 칼빈은 단지 구원으로 예정을 받지 못한 사람이 구원 받을 가능성은 없기 때문에 구원만으로의 예정이 결과적으로 이중예정과 다르지 않다는 식으로 소극적으로 설명하지 않고, 하나님께서 선택하지 않은 자를 정죄하고 멸망시키시는 것도 "하나님의 뜻으로 하시는 일이다"라고 분명히 못 박는다.[421] 이중예정의 하나님은 성경의 구원의 하나님과 모순된다.

숨어계신 하나님 개념의 또 다른 모순은 삼위일체 하나님의 구원 사역에서 발생한다. 루터와 칼빈은 내재적 삼위일체론을 설명할 때는 그리스도와 성령을 성부 하나님과 동등한 신성과 능력, 지위, 영광을 가진 하나님으로 바르게 설명한다. 그러나 이중예정 주장에서 성자와 성령은 성부 하나님의 주권 아래에 종속된 존재, 그의 결정에 부속된 수단으로 전락한다. 성부 아래에 종속되어 있기에 성부께서 유기하신 자를 구원하지 못하는 무능한 그리스도, 그저 주어진 상황을 안타까워할 뿐 바꿀 수 없어 애통해하는 그리스도의 모습은 루터의 주장에서 분명하게 드러난다.

> 하나님의 숨겨진 비밀에 의해 버려진 자들과 그 비밀에 의해 완악해진 자들은 그리스도를 영접하지 않았다. 성육신 하신 하나님은 그들을 여러 번 나무라셨다. 그러나 하나님께서는 위엄 있는 의지에 따라 많은 사람을 유기하고 배척하실 때, 성육신 하신 하나님은 그 죄 많은 사람의 멸망 때문에 울고 비탄해하며 번민하신다.[422]

---

418 Maddox, "Seeking a Response-able God," 114-115.
419 LW 33:145-146.
420 Institutes, III. 21. 1.
421 Institutes, III. 23. 1.
422 LW 33:146.

예정하시는 성부에 대한 종속은 성령론에서도 동일하게 나타난다. 루터는 성령께서 신앙으로 인도하시는 사람은 오직 하나님께서 선택하신 사람들뿐이며, 그 외의 사람들은 "불신앙과 분노와 신성모독 속에서 멸망"할 것이라고 주장한다.[423] 칼빈 역시 그리스도께서 예정된 자를 위해서만 피 흘리셨다는 제한 속죄론뿐 아니라, 성령은 예정된 자들만 유효한 부르심으로 부르신다고 주장한다.[424] 즉, 구원으로 예정된 자에게는 복음이 전파되는 순간이 구원이 이루어지는 과정이라면, 영원한 멸망으로 예정된 자에게는 동일한 복음 전파의 순간이 역사에서 유기가 발생하는 구체적인 순간이 되는 것이다.

칼빈 신학자 에밀 두메르그(Emile Doumergue)가 솔직히 인정한 것처럼, 이중예정을 주장하는 신학 체계에는 그 내부에 "모순" "이율배반" "상반대립"이 존재한다.[425] 비록 두메르그는 이를 "표면상의 모순"일 뿐이라고 설명하면서 서로 모순되어 보임에도 성경이 가르치는 이상 그 모순을 함께 끌어안은 것이 칼빈 신학의 장점이라고 얼버무리지만, 이 문제는 그렇게 간단하지 않다. 아우구스티누스, 루터, 칼빈의 이중예정 사상에 내재하는 신학적 모순은 사실상 성경 전체 메시지의 균형을 깨뜨려 일부 성경 구절을 다른 성경 구절과, 하나님의 일부 속성을 하나님의 다른 속성과, 하나님의 사역을 그리스도 및 성령의 사역과 충돌하게 하는 모순과 이율배반과 상반대립을 가져오기 때문이다.

따라서 숨어계신 하나님과 계시하신 하나님의 관계에 관해 앞에서 살펴본 세 가지 중 두 번째 입장은 동의하기 힘들다. 숨어계신 하나님과 계시하신 하나님은 서로 모순된다고 본 첫 번째 입장이, 모순되지 않는다고 주장하는 두 번째 입장보다 설득력이 있다. 루터가 가르친 이중예정 자체는, 역사적으로 후대의 사람이 루터보다 칼빈을 대표자로 내세워 극단적 칼빈주의(hyper-Calvinism)라는 이름을 붙인 신학적 입장과 크게 다르지 않다. 후대의 사람이 비록 칼빈을 예정론의 대표자로 내세우지만, 그의 예정론은 사실상 루터에게서 전수 받은 것이며, 그 이전으로는 아우구스티누스에게까지 거슬러 올라간다.

루터는 이중예정에 근거하지 않은 성경의 어떤 해석도 "구원이 우리의 의지와

---

423 LW 33:60-61.
424 Institutes, III. 24. 8.
425 에밀 두메르그, 『칼빈 사상의 성격과 구조』, 이오갑 역 (서울: 대한기독교서회, 1995), 70-74.

행위에 의존"함을 의미할 수밖에 없다고 보았다. 그리고 이는 우리의 구원이 신뢰
할 만한 토대 없이 그저 "우연에 좌우"될 수밖에 없음을 의미하는 것이라고 보았
다. 이러한 해석에 반대해 루터는 "택하신 자를 저주로 끌어내리려는 많은 약탈자
를 만나더라도 … 모든 역경 속에서 우리가 구원 받을 수 있는 이유는 우리의 공로
가 아니라 오직 그의 선택하심과 불변하는 뜻에 의해서"라고 단언했다.[426] 루터는
다음의 성경 속 사건과 구절로 자신의 주장을 뒷받침했다.

1. 야곱의 선택과 에서의 유기 사건이다. 바울은 구약에서 하나님께서 "큰 자가
어린 자를 섬기리라"(창 25:23)고 말씀하신 시점이 "그 자식들이 아직 나지도 아니
하고 무슨 선이나 악을 행하지 아니한 때"(롬 9:11)였음을 강조했다. 루터는 바울의
이러한 언급은 이 모든 일의 결정이 "야곱과 에서의 행적에 의해서가 아니라 부르
시는 분에 의해 이루어졌음을 증명한다"고 설명했다. 나아가, 에서가 야곱을 섬길
것이라는 창세기 25:23의 예언은 겉으로 보기에는 "현세적인 굴레"에 관한 말씀처
럼 보이지만, 이 구절을 이후 이삭이 야곱을 축복한 내용과 말라기에서 에돔의 멸
망과 이스라엘의 보존을 대조하는 말씀과 연결하면, 이 예언이 구원에 관한 이중
예정을 의미함을 알 수 있다고 주장했다.

> 야곱과 에서가 태어나지도 않았고 어떤 일을 행하기도 전에 … 오직 하나님의 의지에 의해
> 하나는 주인이 되고 다른 하나는 노예가 될 운명이었다(창 25:23). … 동생은 장래 하나님의
> 백성이므로, 이 구절은 단순히 외형적인 지배나 복종이 아니라 하나님의 백성에 속하는 모
> 든 것 즉 축복, 복음, 성령, 그리스도의 약속, 영원한 왕국에 관한 것이다. 야곱이 약속과 하나
> 님 나라를 어떻게 축복으로 받았는지에 대한 기록에서 이 사실은 더 분명하게 확인된다. …
>
> 예언자 말라기는 하나님께서 두 족장의 후손인 두 민족 중 하나는 받아들여 보존하고 다른
> 하나는 포기해 마침내 멸망시키실 것을 분명한 말로 선포했는데, 어떻게 말라기가 현세적
> 불행을 말한다고 주장할 수 있는가? 하나님의 백성으로 받아들이는지의 여부는 일시적 선이
> 나 악에 영향을 받는 것이 아니라, 하나님께서 만사를 좌우하시는 것이다. 하나님은 단지 현
> 세적인 것만이 아니라 … 현세와 내세 모두에서 하나님이 되신다.[427]

2. 바로의 마음을 하나님께서 완악하게 하신 사건도 중요하다. 루터에 의하면
바로의 마음을 완악하게 만든 분은 하나님이시다(출 4:21; 7:13, 22; 8:19, 21; 9:12,
35; 10:20, 27; 11:10). 따라서 바로 왕이 하나님께 완악하게 할 이유를 제공했다고

426 LW 25:371.
427 LW 33:195-202.

주장하는 것은, 모든 일이 있게 만든 주체를 바꾸어버리는 오류다. 루터는 이런 오류는 사실상 인간이 완악함으로 인해 성경의 해석을 의도적으로 부인하려는 데서 기인한다고 주장했다.

> "내가 그[바로]의 마음을 완악하게 한즉"(출 4:21)이라는 하나님의 말씀 … "하나님께서 하고자 하시는 자를 긍휼히 여기시고 하고자 하시는 자를 완악하게 하시느니라"(롬 9:18)는 바울의 말 … "여호와여 어찌하여 우리로 주의 길에서 떠나게 하시며 우리의 마음을 완고하게 하사 주를 경외하지 않게 하시나이까"(사 63:17)라는 이사야의 말을 생각해보자. … 아전인수격인 해석은 이전에 없던 새로운 문법으로 모든 내용을 뒤죽박죽으로 만든다. 하나님께서 "내가 바로의 마음을 완악하게 하리라" 말씀하셨음에도, 주어를 바꿔치기 해 "바로가 나의 관용을 오용해 스스로를 완악하게 한다"는 뜻으로 해석한다. … 그러나 하나님은 원하지 않는 것을 허용하실 리가 없고 … 하나님이 의지하지 않는 한 어떤 일도 발생하지 않는다. … 만약 하나님이 선택의 권능과 지혜를 가지고 있지 않다면, 세상의 모든 일이 제멋대로 이루어지도록 방임해 두는 거짓된 우상이나 우연적 원인과 다를 바가 무엇인가? … 모세와 바울의 말을 문자 그대로 받아들이지 않는 주된 이유는 … 이성이 하나님의 모든 말씀과 사역에 눈이 멀고 무지하고 불경해 … 하나님의 말씀과 사역에 대한 재판관이 되어버렸기 때문이다.[428]

3. 토기장이와 진흙 비유다. 루터는 "진흙이 토기장이에게 너는 무엇을 만드느냐 … 말할 수 있겠느냐"(사 45:9), "이스라엘 족속아 진흙이 토기장이의 손에 있음 같이 너희가 내 손에 있느니라"(렘 18:6) 등의 구절, 그리고 무엇보다 로마서 9:20 이하에서 바울이 사용한 토기장이와 그릇의 비유를 설명하면서 이 구절들은 "가정법이 아니라 직설법"을 사용하기에 예정론을 뒷받침한다고 강조했다.

> 선택받은 자와 버림받는 자는 이미 존재한다. 귀히 쓰이거나 천히 쓰일 그릇은 이미 존재한다. … 토기장이는 이미 있던 진흙으로 그릇을 빚기만 하는 토기장이가 아니라 진흙 자체를 창조한 토기장이며, 모든 결과는 그릇이 아닌 토기장이의 결정에 달려있다. … 바울의 비유는 우리 자신이라 할 수 있는 그릇의 종류가 우리 자신에 의해 결정되지 않음을 밝혀준다.[429]

루터는 관련 구절을 모두 포함하고 있는 로마서 8-11장 중 바울의 예정과 견인 교리 전체를 함축하는 구절이 "우리가 알거니와 하나님을 사랑하는 자 곧 그의 뜻대로 부르심을 입은 자들에게는 모든 것이 합력하여 선을 이루느니라"(롬 8:28)라는 말씀이라고 가르쳤다. 그는 이 구절에서 "그의 뜻"을 예정으로 해석한다. "바울은 여기서 그의 뜻대로 부르심을 받은 자들을 말하며, 이는 명백히 다

---

428 LW 33:164-175.
429 LW 33:203-212.

른 사람은 그 부르심을 받지 않았다는 것을 의미한다. 그러므로 이 문맥에서 하나님의 '뜻'은 하나님의 예정을 의미한다."[430] 또 "합력하여 선을 이루게 하신다"는 말씀을 성도의 견인으로 해석한다. 예정된 자에게는 견인의 은혜가 주어진다.[431] "하나님께서는 자신의 성도를 많은 불행에 노출시키시지만, 그럼에도 결코 그들을 잃지 않으신다. 이로써 하나님은 당신의 선택이 얼마나 견고한지 충분히, 명백히 나타내신다. … 세상의 모든 것이 그가 선택하신 사실에 역행하는 듯 보일지라도, 하나님의 선택은 어떤 것에도 방해받지 않는다."[432]

이같이 루터는 하나님의 전적 주권과 인간의 전적 무능을 주장해, 하나님은 죄인의 구원에 관한 모든 것을 결정하시고, 그 결정 방법은 이중예정을 통해서이며, 선택받은 사람은 누구나 견인된다고 가르쳤다. 하나님께서 주권적으로 결정하신 구원 문제에 인간의 의지가 개입될 여지는 전혀 없고, 믿음이든 선행이든 단지 하나님의 예정을 성취하는 과정만이 절대적 · 필연적 · 배타적으로 일어난다는 것이다. 루터와 칼빈은, 사람이 행위로 하나님을 좌지우지하는 것처럼 가르친 로마 가톨릭교회의 인간 중심적 신학을 분명히 거부하기 위한 신학적 장치로서 하나님의 절대적 주권과 전적 충족성을 이중예정으로 귀결시킨 것이다.[433]

지금까지 살펴본 것처럼 숨어계신 하나님과 계시하신 하나님의 관계가 비록 모순되어 보이더라도 루터의 동기를 이해하면 문제가 해결된다(앞의 3번 주장)고 해석하는 두 번째 이유는, 루터의 이중예정(숨어계신 하나님)에 관한 주장은, 신자로 그리스도의 십자가에서 계시된 하나님의 마음(계시하신 하나님)에 집중하라는 강한 권고로 이어지기 때문이다. 다시 말해, 루터의 하나님의 절대적 주권(숨어계신 하나님) 강조는 그리스도 복음의 확실성(계시하신 하나님)을 드러내는 더 중요한 목적을 위해 봉사한다. 우리가 포드의 주장을 통해 살펴본 대로 "루터는 하나님께서 모든 것을 다스리신다는 토대 위에서만 복음의 확실성이 보장될 수 있다고 믿었기에"[434] 예정과 십자가를 연결해 오직 하나님의 예정하심에 의해 그리스도의 십자가 사건이 일어났음을 주장했고, 하나님의 주권과 은총을 연결해 하나님

430 LW 25:371-373.
431 LW 25:371.
432 LW 25:374.
433 Coppedge, *John Wesley in Theological Debate*, 37-40.
434 Forde, *Where God Meets Man*, 26-27.

께서는 주권적으로 예정하신 자에게만 구원의 은총을 주신다고 주장했다. 루터는 예정론을 토대로 삼아 그리스도의 십자가가 죄인을 구원하시려는 하나님의 확고한 의지와 사랑의 표현임을 가르친 것이다.[435] 의미 없는 우발적 사건이나 믿을 가치가 없는 인간의 자유의지가 아니라 하나님의 확고한 뜻에 의해 그리스도의 역사적 십자가 사건 및 내가 예수님을 믿는 신앙의 사건이 일어났다는 루터의 가르침의 초점은, 그리스도의 십자가 사건 및 개인 신앙의 사건 모두가 결코 흔들릴 수 없는 하나님의 뜻에 의한 것임을 강조하는 데 있었다. 따라서 루터에게서 이중예정의 교리와 그리스도의 복음의 관계는 서로 충돌하기보다, 전자가 후자를 위해 봉사하는 관계다. 율법과 복음의 변증법이 이중예정(숨어계신 하나님)과 그리스도의 복음(계시하신 하나님)의 관계에서 반복되는 것이다. 루터의 초점이 복음의 확실성을 드러내는 데 있다는 증거는 다양한 요소에서 드러난다.

1. 루터는 숨어계신 하나님에 대한 생각, 특히 예정의 교리는 매우 난해하고 위험하기까지 하므로, 그 부적절한 이해는 복음을 파괴하고 신앙을 잃게 만들 가능성이 있음을 인정했다.[436] 루터는 과거 자신이 숨어계신 하나님에 대한 생각으로 인해 겪은 고통을 마치 고해성사와도 같이 이렇게 고백한다.

> 하나님이 자비롭고 선한 분으로 설교되면서도, 인간의 영원한 고통과 죄를 즐기기나 하는 것처럼 자신의 절대적 의지로 인간을 유기하고 고통을 주며 저주한다는 것은 상식과 자연 이성에 완전히 배치된 것이다. 하나님께 대해 이런 생각을 품는 것은 부당하고 잔인하며 참을 수 없는 것으로 여겨져왔다. 그리고 이 생각은 수세기에 걸쳐 수없이 많은 사람의 기분을 상하게 한 것이기도 하다. 어떤 사람에게 거슬리지 않을 수 있겠는가? 나 자신도 여러 번 기분이 상해 절망의 깊은 심연에 빠져든 나머지, 이 절망이 얼마나 유익하고 또 얼마나 은혜에 가까이 있는 것인지를 깨닫기 전에는 내가 사람으로 지음을 받지 말았었다면 하고 바랐었다.[437]

공포는 누구에게든 찾아올 수 있다. 루터는, 신자는 "하나님의 진노에 대한 두려움, 예정 받지 못했으면 어쩌나 하는 공포나 불신앙"[438] 등 다양한 방법으로 숨어계신 하나님께 대한 공포를 직면할 수 있다고 말한다. 특히 영적 시련을 겪을 때 사탄은 공포를 악용해 신자로 하나님께 대한 신앙마저 포기하도록 유혹한다.[439]

---

435 LW 33:62.
436 LW 5:42; Gerrish, "To the Unknown God," 140.
437 LW 33:190.
438 LW 6:148.
439 LW 5:46.

루터는 계시하신 하나님과 숨어계신 하나님 사이의 역설은 우리의 이성으로는 도무지 이해할 수 없다고 보았다. "오직 한 분이신 참 하나님은 인간의 이성으로는 전적으로 이해 불가능하고 접근 불가능한 분이시다."[440] 이는 하나님과 인간 사이에 뛰어넘을 수 없는 존재론적 차이가 있기 때문이다. 루터는 우리가 예정에 관해 "가장 완전하고 분명한 의의 하나님"을 발견하는 길은 이 세상에서는 불가능하고, 오직 하나님께서 내세에 우리에게 비추어주실 "영광의 빛"을 통한 방법 외에는 없다고 못 박는다. 그럼에도 만약 그 이전에 우리가 숨어계신 하나님을 이해하고자 한다면, 그 유일한 길은 계시하신 하나님을 통해 추측하는 방법밖에 없다고 말한다.

> 일반적이고 효과적인 구분으로 자연의 빛, 은총의 빛, 영광의 빛이라는 세 개의 빛이 있다고 해보자. 자연의 빛으로는 선한 사람이 고난당하고 나쁜 사람이 잘 되는데도 정의가 있다는 사실은 해결할 수 없는 문제가 된다. 은총의 빛으로는 어떻게 하나님께서 자신의 힘으로는 죄 짓는 것밖에 할 수 없는 사람을 벌하실 수 있는지가 해결할 수 없는 문제가 된다. 이 점에서 자연의 빛과 은총의 빛 모두는 우리에게 그러한 문제들은 불행한 사람의 잘못이 아닌 불공평한 하나님의 잘못 때문이라고 말한다. … 그러나 영광의 빛은 우리에게 다르게 말한다. 영광의 빛은 내세에 가서야 우리가 이 세상에서 이해할 수 없는 판단을 내리셨던 하나님께서 가장 완전하시고 가장 명백히 의로우신 분이시라는 사실을 우리에게 분명히 보여줄 것이다. 그때가 올 때까지 우리는 자연의 빛에 관해 경이로움을 드러내는 은총의 빛의 사례를 통해 교훈을 받고 확증을 얻어, 단지 그 사실을 믿는 것 외에는 다른 방법이 없다.[441]

그리스도 안에서 드러난 하나님의 마음은 우리가 세상에서 하나님의 속뜻을 알 수 있는 유일한 근거다. 하나님의 마음을 알 수 있는 다른 수단은 전혀 없다.

2. 루터가 숨어계신 하나님에 대한 공포를 해결하기 위해 제시한 방법은, 이성적 해결이 아닌 실천적 해결이다. 루터는 예정론 논의가 신앙을 무너뜨릴 위험성이 있음을 충분히 인식했기에, 그것을 극복할 신앙의 깊이를 갖추지 못한 사람은 예정론 논의를 피해야 한다고 경고한다.

> 선택과 관계된 신비에 대해 생각하지 마십시오. 예정에 관한 논의는 완전히 회피해야 합니다. … 만일 여러분이 여기에 대해 계속 논의하면 여러분은 그리스도, 말씀, 성례전 등 모든 것을 상실할 것입니다. 결국 하나님은 사기꾼이라고 상상하는 데까지 이르러 그리스도와 하나님께 대한 모든 것을 잃게 됩니다. 우리는 하나님께서 우리에게 계시해 주시고, 또한 우리가 믿으면 구원이 주어지는 말씀에 머물러야 합니다. 그러나 예정을 생각하는 곳에서는 하

---

440 LW 33:290.
441 LW 33:292.

나님을 잊어버리게 됩니다. 찬양은 그치게 되고, 모독이 시작됩니다. 그러나 그리스도 안에
는 모든 보물이 숨겨져 있습니다(골 2:3). 따라서 모든 것이 정리됩니다. 우리는 선택에 관해
논의하는 것을 딱 잘라 거부해야 합니다.[442]

루터는 만약 내세에서 전모가 충분히 밝혀지기 전인 이 세상에서 하나님의 예
정을 생각하려 한다면, 그 전에 반드시 신자가 거쳐야 할 몇 가지 신앙의 단계가 있
음을 역설했다. (1) 가장 먼저 있어야 할 신앙의 단계는, 그리스도인이 자신을 계시
하신 하나님께 매달리는 단계다. 이는 신자가 자신에게는 영원한 죽음이 마땅했음
을 인정하고, 하나님께서 값없이 은혜를 주신 것을 믿음으로 받아들여 그 은혜에
감사하는 단계다. (2) 다음 단계는, 계시하신 하나님의 은혜를 의지하게 된 신자가
자신 속에 있는 죄인의 오만과 인간 중심적 판단, 하나님의 신실하심에 대한 모든
의심을 내려놓고, 철저히 자기 십자가를 짐으로 자신의 죄를 죽이는 단계다. (3) 마
지막 단계는, 자기 십자가를 통해 모든 인간적 판단을 내려놓고 하나님의 신실하
심에 모든 것을 맡기는 성숙한 신자가 되는 단계로, 이 단계에서야 신자는 하나님
의 예정을 생각하더라도 아무 해를 입지 않고 오히려 주권자 하나님을 더욱 경외
할 수 있게 된다.[443] 신앙의 성숙 과정에서 이 세 단계를 모두 거치지 않은 신자는
예정의 교리를 접하고도 아무 해를 입지 않거나, 예정하시는 하나님을 모욕하며 비
난하지 않을 방법이 도무지 없다.

루터는 신자가 숨어계신 하나님의 공포를 실제로 직면할 때는 우리에게 하나
님의 참뜻을 보여주시는 유일한 계시자 그리스도께 도피해야 한다고 조언했다. 숨
어계신 하나님이 자신을 위협하고 시련을 가져다 줄 때, 신자는 하나님의 마음을
들여다볼 거울과도 같은 그리스도를 묵상함으로 그러한 시련을 자신의 신앙을 새
롭게 하는 결정적 계기로 삼아야 한다는 것이다.[444] 루터는 그리스도를 믿는 자를
구원하신다고 약속하신 하나님은 결코 거짓말하지 않으신다는 사실을 무엇보다
강조했다.[445] 그뿐 아니라 신자가 구원에 관한 공포를 해결하기 위해서는 궁극적으
로 하나님께서 모든 것을 다스리신다는 사실을 굳게 믿을 것과 그 믿음을 토대로
하나님께서 자신에게 실제로 무엇을 행하셨는지를 통해 그의 뜻하신 바를 확인하

442 루터선집 12:202 (루터의 "탁상담화", 6. 623).
443 Althaus, *The Theology of Martin Luther*, 285-286.
444 Gerrish, "To the Unknown God," 138.
445 LW 33:43, 185; Johnson, "Luther's Understanding of God," 64.

라고 조언한다. "나는 그리스도인이다" "그리스도께서 나를 위해 죽으셨다" "나는 세례를 받았다" "나는 성찬식에서 그의 살과 피를 먹고 마셨다"라고 선언함을 통해 자신에게 이미 일어난 사건에서 하나님의 예정하신 뜻이 무엇인지를 확인하는 것이 신자가 극심한 영적 시련을 해결하는 방법이라는 것이다.[446]

신자가 하나님의 선택을 받지 못했을지 모른다는 두려움에 직면했을 때, 객관적으로는 그리스도께서 십자가에서 행하신 일을 묵상하고, 주관적으로는 하나님께서 자신에게 행하신 구원의 사건을 되새겨보라는 루터의 조언은 매우 훌륭한 실천적 해결책일 수 있다. 영적 위기와 시련을 겪을 때 우리는 많은 경우 왜 이런 문제가 생겼는지 이성적으로 도무지 이해할 수 없고, 또 그 문제를 해결할 수 없는 경우가 허다하다. 그러나 어떤 경우라도 하나님을 향한 절대적 의존과 위탁이라는 바른 태도를 유지하는 것은, 신앙의 파선을 막고 시련을 극복하는 훌륭한 비결이 된다. 우리 삶에 찾아온 영적 위기와 시련이 심각할수록 우리에게 필요한 것은 이성적 해결 자체보다 하나님을 향한 신실한 태도를 지속하는 것이기 때문이다. 숨어 계신 하나님에 대한 루터의 가르침은 인간의 연약함과 한계, 하나님의 주권적 능력을 기억하게 함과 동시에, 숨어계신 하나님에 의해 일어나는 모든 시련을 마주하고 극복하기 위해서는 언제나 그리스도를 믿는 복음적 신앙으로 준비하는 일이 얼마나 중요한지 깨닫게 한다는 점에서 매우 큰 유익을 가져다준다.

3. 루터는 말년의 『창세기 강해』(1535~1545)에서 예정론과 그리스도의 복음의 관계에 관해 신학적 유언과 같은 말을 남겨, 자신이 예정론이 아닌 그리스도의 십자가에 계시된 하나님의 사랑을 가르친 사람으로 기억되기를 바란다는 마음의 소원을 표현했다.

> 하나님께서는 그리스도와 복음을 통해 자신의 뜻을 계시하셨다. 그러나 우리는 계시로 만족하지 않고, 아담이 했던 것처럼 다른 모든 것을 제쳐 두고 금지된 나무에서 기쁨을 찾으려 한다. 이런 잘못은 우리 본성에 깊이 뿌리내리고 있다. 낙원과 하늘이 닫히고 천사가 그곳을 지키는데도(창 3:24) 우리는 헛되이 들어가기를 시도한다. 그리스도는 "아무도 하나님을 본 사람이 없다"(요 1:18)고 말씀하셨다. 그럼에도 하나님은 한량없는 선하심으로 자신을 계시해 우리의 바람을 만족시키셨다. 그는 우리에게 눈으로 볼 수 있는 형상을 보이셨다. "보라. 너희는 내 아들을 가졌다. 그의 말씀을 듣고 세례를 받는 자는 생명책에 이름이 기록될 것이다. 나는 너희가 손으로 만지고 눈으로 볼 수 있는 내 아들을 통해 이를 계시할 것이다."

446 LW 5:48-49; Forde, *Where God Meets Man*, 26-27.

나는 이런 진리를 공들여 정확히 가르치고자 노력해왔다. 내가 죽은 후 많은 사람이 내 책을 출판해 그 속에 있는 모든 오류를 드러내 자신들의 망상으로 왜곡하려 할 것이기 때문이다. 무엇보다 나는 내 책에 세상의 모든 일은 절대적이고 피할 수 없도록 발생한다고 기록했다. 동시에 나는 "예수 그리스도만이 만군의 여호와시니 다른 신이 없도다"라는 찬송가 가사처럼 … 우리가 계시되신 하나님만 바라보아야 한다는 말을 덧붙였다. 그러니 내 말을 들은 여러분은 내가 숨어계신 하나님의 예정에 대해 캐묻지 말고, 오직 하나님께서 말씀의 사역을 통해 계시하신 것으로 만족하라고 가르쳤음을 기억하기 바란다. 그럴 때라야 여러분은 여러분의 신앙과 구원에 관한 확신 속에서 "나는 하나님의 아들을 믿습니다. 그는 '아들을 믿는 자에게는 영생이 있다'(요 3:36)고 하셨습니다"라고 말하게 될 것이기 때문이다. 그는 어떤 정죄나 진노도 자신에게 임하지 않을 것을 알기에 하나님 아버지의 기쁨으로 즐거워한다. 나는 이 같은 내용을 내 책 어디서든 공개적으로 가르쳐왔고, 지금도 같은 내용으로 설교하고 있다. 그러니 앞으로 더 이상 이 문제로 나를 비난하려 들지 말라.[447]

종합적으로 평가하면, 루터에게서 숨어계신 하나님과 계시하신 하나님의 관계는 첫째, 루터의 숨어계신 하나님에 대한 설명은 칼빈과 유사하게 그리스도의 구원의 복음과 충돌하는 방식으로 제시된다. 숨어계신 하나님과 계시하신 하나님은 모순적인 관계. 이중예정에 대한 주장은 구원하시는 하나님의 사랑에 대한 성경의 계시 중 많은 요소를 희생시킨다. 둘째, 그러나 예정을 강조한 의도와 목적이라는 관점에서 고찰해 보면, 루터의 논의는 칼빈보다 온건해 숨어계신 하나님의 논의가 그리스도의 복음을 강조하려는 목적을 위해 봉사한다. 즉 숨어계신 하나님이 가져오는 불안과 공포를 성경의 계시, 즉 그리스도 안에서 죄인을 구원하시는 하나님의 사랑에 관심을 집중하게 하는 계기로 삼았다.

하나님의 비밀한 뜻을 캐묻는 것은 여러분의 일이 아닙니다. 여러분은 계시된 말씀을 벗어나려 해서는 안 됩니다. 여러분을 속이는 신을 스스로 만들 필요가 없습니다. 하나님은 진실하십니다. 그는 우리가 확신할 수 있도록 확실한 성경을 주셨습니다. … 그 이상의 것에 대해서는 일고의 여지도 없어야 합니다. … 하나님의 말씀 없이는 예정을 받았는지 안 받았는지 알 수 없음에도, 이성은 그 방법으로 하나님을 추구하려 하기 때문에 하나님을 찾지 못합니다. 우리는 자신을 산산이 부수기까지 추구하더라도 그 방법으로는 예정을 알 수 없습니다. 모세는 "주여 나에게 당신의 얼굴을 보여 주옵소서"라고 말했을 때 견책을 받았습니다. 하나님은 "내가 내 등을 네게 보이리라"고만 대답하셨습니다(출 33:23). 이 문제는 하나님에 의해 금지되어 있습니다. 사도들도 그리스도께서 어느 때 이스라엘 왕국을 회복하시는지 여쭈었을 때 같은 답을 받았습니다. "너희가 알 바 아니요"(행 1:7). 이 문제에 대해 하나님은 보이거

---

447 LW 5:48-49.

나 파악되지 않게 머물러 계시기를 원하며, 감추어 있게 하라고 말씀하십니다. 그렇지 않으면 "존엄하심을 가까이 보는 자는 그것으로 압도당한다"는 말대로 우리는 모든 악의 이름으로 넘어집니다. 하나님은 이렇게 말씀하십니다. "거기서 나는 간섭을 받지 않을 것이다. 거기서 육체의 지혜는 잠잠하게 될 것이다. 나는 나타나지 않고 있으려고 한다. 나는 다른 방법으로 너의 예정을 나타낼 것이며, 나는 계시되지 않은 데서부터 계시된 자가 될 것이다. 나는 내 아들을 잉태케 해 너에게 네가 예정되었는지 알 수 있게 하리라. 이렇게 하라. 내 말씀 없이 갖게 된 생각을 버리고 철저히 없애 지옥에 있는 악마에게 보내라. 여기 내 사랑하는 아들이 있다. 그의 말을 듣고 그의 죽음과 십자가와 고난을 바라보라. 어머니 품에 누워 있는 그와 십자가에 달린 그를 보라. 너는 그가 말하고 행하는 것을 확실히 알 것이다. '나로 말미암지 않고는 아버지께로 올 자가 없느니라'(요 14:6), '나를 본 자는 아버지를 보았노라'(요 14:9)고 그가 말씀한다. 거기서 너는 나를 가지며 볼 것이다." 그의 아들을 받아들이고 세례를 받으며 그의 말씀을 믿는 자는 누구나 구원을 받을 것입니다.[448]

만일 당신이 예정에 관해 논의하려면 그리스도의 상처를 바라보십시오. 그러면 곧 예정에 관한 모든 논의가 그칠 것입니다.[449]

예정보다 그리스도의 복음을 더 강조하는지(루터), 예정론에 그리스도의 복음을 종속시키는지(칼빈)의 차이는, 개신교 신학의 역사에서 루터의 후계자(필립 멜랑히톤과 루터란 교회)와 칼빈의 후계자(테오도르 베자와 개혁주의 교회)가 루터와 칼빈의 예정론을 수용하는 정도에 큰 차이를 가져왔다. 루터와 칼빈의 예정론 주장 자체는 큰 차이가 없었으나, 예정을 가르친 목적과 예정을 복음과 연결한 방법에서는 근본적인 차이가 존재했기에 그 후계자들이 이를 분명히 감지했고, 루터란과 칼빈주의 신학을 루터와 칼빈이 의도한 방향으로 나아가게 한 것으로 보아도 잘못된 해석은 아닐 것이다.

루터와 칼빈은 동일하게 로마 가톨릭교회의 펠라기우스주의를 대항했음에도 루터는 칼빈보다 성경적으로 균형 잡힌 방법으로 그리스도의 복음을 확증하기 위해 예정론을 강조했고, 루터의 후계자인 멜랑히톤과 루터란 교회는 루터의 의도에 따라 루터 사후 이중예정론의 극단성을 완화해 그리스도의 복음을 강조하는 방향으로 루터 신학을 발전시켰다. 이에 비해 칼빈의 후계자인 베자는 칼빈 신학의 극단성을 강화했고, 그들의 후계자인 오늘의 칼빈주의자들은 칼빈과 베자를 극복하기보다 칼빈 신학을 화석화해 개신교 내부의 타 신학 전통에서 이루어진 그 후

448 루터선집 12:203-204 (루터의 "탁상담화", 6. 624).
449 같은 책, 12:204-205 (루터의 "탁상담화", 7. 626).

신학의 발전을 수용하지 못하고 배타적·공격적인 자세를 견지하는 경향을 강하게 나타낸다.

루터가 가르쳤고 칼빈이 물려받은 이중예정론에 웨슬리는 어떻게 반응했는가? 우선 웨슬리는 인간이 하나님을 온전히 이해할 수 없다고 주장한 점에서 루터와 일치한다. 웨슬리의 생각은 "인간은 창조주 하나님과 그분의 피조물에 대해 어찌 그리 적은 분량만 알고 있는지요!"라는 한 문장에 잘 표현되어 있다.[450] 하나님께서는 당신의 일부만 우리에게 계시하셨기 때문이다. 인간은 하나님의 사역과 피조물을 이해하는 데 매우 제한된 지식을 가지고 있다. 웨슬리에 따르면, 우리는 매일의 삶에서 우리에게 일어나는 일도 제대로 이해하지 못할 뿐 아니라, 우리 속에서 일어나는 영혼과 육체의 상호작용, 우리와 성령의 상호작용, 기도 같은 영적 실천이 현실 세계에 영향을 끼치는 방법도 이해할 수 없다.

> 우리는 하나님께서 많은 일을 매일 우리 눈앞에서 어떻게 역사하시는지 알 수 없습니다. 어떻게 현재 상태로 이 세계를 지탱하시는지 … 어떻게 지구를 허공에 매달아놓으셨는지 … 어떻게 별들이 균형을 맞추고 자기 자리를 지키며 궤도를 돌게 하시는지 모릅니다. … 우주의 모든 부분이 그렇게도 강하고 견고하게 연결되어 … 서로를 향해 끌리는지 … 하나님께서 어떻게 영혼을 물질 안에 두셨는지 … 전혀 다른 두 본성을 어떻게 엮어놓으셨는지 … 내면의 영혼이 어떻게 외적인 육체를, 외적인 육체가 어떻게 내면의 영혼을 움직이게 하시는지 … 하나님께서 놀랍게 역사하셨지만, 우리는 그 방법을 모릅니다. … 우리의 영적 삶의 근원은 … 거룩하신 성령이십니다. 그러나 그분이 역사하시는 방법을 누가 말할 수 있겠습니까? … 우리가 믿을 수 있는 충분한 근거를 하나님께서는 성경 여러 곳에서 주셨습니다. … 그러나 어떻게 그렇게 되는지는 … 우리가 알 수 없습니다.[451]

피조물보다 이해하기 힘든 것은 하나님 자신이다. 웨슬리는 설교 "하나님의 일체성"(1789)에서 성경의 계시에 기초해 하나님의 다양한 속성을 설명하면서도, 동시에 "누가 이러한 하나님을 완전히 알 수 있겠습니까? 그가 만드신 피조물 중 어느 것도 그렇게 할 수 없습니다"라는 말로 인간이 가진 하나님 지식의 한계를 고백한다. 그리고 그 한계의 원인에 관해서는 "하나님께서는 당신의 속성 중 오직 일부만을 말씀을 통해 우리에게 계시하기를 원하셨습니다"라는 말로, 인간이 가진

---

450 설교, "인간 지식의 불완전함", 서론. 4.
451 설교, "이해에 대한 약속", I. 1-4.

하나님 지식에 제한을 두신 분이 하나님이심을 주장했다.[452] 웨슬리는 인간의 이성은 심지어 하나님께서 계시하신 진리, 예를 들어 하나님의 속성, 창조와 섭리와 은혜의 사역, 삼위일체의 신비 등 많은 것을 도무지 이해할 능력이 없다고 주장했다.[453] 양정의 표현을 빌리면, "하나님에 대해 계시되지 않은 것은 우리에게 계시된 사실보다 무한히 크다"는 것이다.[454] 웨슬리 자신의 표현은 숨어계신 하나님을 가르친 루터와 유사한 어조를 띤다. "하나님의 측량할 수 없는 지혜의 깊이는 … 우리가 알 수 있는 것보다 훨씬 위대합니다. 하나님의 비밀스러운 지혜는, 하나님의 말씀과 사역을 통해 우리에게 계시된 것보다 무한하게 크십니다. 우리가 하나님에 대해 가장 잘 아는 부분마저도, 하나님 안에 있는 완전함의 가장 작은 것에도 미치지 못합니다."[455]

그러나 하나님이 자신의 말씀보다 더 크시다는 웨슬리의 주장은 일견 루터의 주장과 유사해 보이더라도 두 주장에는 큰 차이가 존재한다. 하나님은 계시보다 크시다고 주장할 때 웨슬리의 초점은 광대하신 하나님과 하나님의 일을 인간이 완벽하게 이해할 수 없다고 하는 사실에 있지, 하나님과 성경 속 계시의 불일치를 주장한 것이 아니기 때문이다. 웨슬리는 하나님의 존재와 사역 및 성경 속 계시의 관계는 서로 정확히 일치한다고 보았다. 그러나 루터는, 하나님은 계시보다 더 크시다는 말의 의미에 성경에 계시된 하나님과 숨어계신 하나님이 서로 다를 가능성을 포함시켰다. 웨슬리는 루터의 입장에 명확히 반대를 표했다. 계시보다 크신 하나님이란 우리의 이해가 미치지 못하는 하나님이시지, 성경의 계시와 다른 분, 성경에 계시되지 않은 일을 행하시는 분이 아니다. 즉, 웨슬리에게 하나님은 불가해한 분이시지, 계시와 반대되는 일을 행하시는 분이 아니다.

웨슬리는 인간의 이해가 미치지 못하는 하나님의 일에, 루터가 숨어계신 하나님께 원인을 돌린 많은 일을 포함시켰다. 예를 들어, 한 나라가 끔찍한 파멸을 당한 후 그보다 훨씬 악한 나라가 들어서는 일, 가난으로 비참하게 살아가는 수없이 많은 사람의 불행, 비참한 속박 아래 살아가는 아프리카 노예, 매우 잔인한 풍습을 지속하는 야만인, 미국 원주민 인디언이 당한 불행, 기독교화된 유럽 이외 나라에

---

452 설교, "하나님의 일체성", 2.
453 설교, "이해에 대한 약속", I. 1 - II. 3; "인간 지식의 불완전함", I.1 - III. 5.
454 Yang, "The Doctrine of God in the Theology of John Wesley," 13.
455 ENOT Job 11:6.

서 살아가는 사람들의 통탄할 만한 영적 상태, 기독교 세계에 존재하는 사악함, 특정 가정과 개인의 불운, 지구상의 많은 사람이 복음을 들을 기회조차 가지지 못하는 상황 등이다.[456] 이런 일의 원인을 인간이 찾을 수 있을까? 웨슬리는 "이런 질문은 세상이 시작된 이후로 줄곧 있어왔지만, 아마도 인간이 확실한 대답을 발견하기 전에 세상이 끝나고 말 것입니다"라고 말한다.[457]

웨슬리는 하나님의 불가해성을 하나님과 인간 두 측면 모두에서 설명했다.[458] 인간 측에서 설명하면, 무한하신 창조주와 유한한 피조물인 인간 사이에는 무한한 존재론적 차이가 있다. 이 차이로 인해 "유한은 무한을 이해할 수 없다"는 한계를 갖는다.[459] 이 상황을 더욱 심화시킨 것은, 죄로 인한 하나님과의 관계 단절로 하나님께 대한 우리의 지식을 손상하고 "너무나 좁은 범위로" 축소한 인간의 타락 사건이다.[460]

하나님 측면에서 설명하면, 하나님의 불가해성은 하나님께서 의도적으로 "자신을 인간에게서 숨기신" 결과다.[461] 웨슬리는, 하나님께서는 "결코 우리가 하나님께 훈수를 두려는 자, 하나님 행동의 비밀한 원인에 관여하는 자가 되는 것을 허락하지 않으시고"[462] 하나님께 대한 우리의 지식을 제한하심으로, 모든 것을 아는 것보다 더 중요한 신앙적 태도를 우리에게 함양하고자 하신다고 가르쳤다. 주님께서 자신을 감추심으로 우리에게 함양하시려는 신앙적 태도 중 첫 번째는, 우리로 교만에 빠지는 것을 막아주고 하나님께로 좀 더 확실하게 안내해주는 태도인 "겸손"이다.[463] 두 번째는, "하나님께서 일하시는 방식이나 이유"를 정확히 "이해하지" 못하더라도, 그가 지혜로우시고 선하시며 은혜로우시다는 "사실"(fact)을 의지하게 하는 "신앙"이다.[464] 세 번째는, 인간이 이해할 수 있든 없든 모든 일에서 오직 하나님께 의탁하는 태도다.[465]

---

456 설교, "인간 지식의 불완전함", II. 1 - III. 1.
457 같은 곳, II. 1.
458 Yang, "The Doctrine of God in the Theology of John Wesley," 14-15.
459 Letters 5:284.
460 설교, "인간 지식의 불완전함", 서론. 2.
461 설교, "이해에 대한 약속", III. 2.
462 같은 곳, II. 3.
463 같은 곳, III. 1; 설교, "인간 지식의 불완전함", 서론. 3.
464 설교, "이해에 대한 약속", III. 1-2; "삼위일체에 대하여", 15-16.
465 설교, "인간 지식의 불완전함", IV.

사람이 세상에 머무는 동안 하나님의 아들은… 육신의 연약함, 질병, 환난, 사람에게서 흔히 볼 수 있는 수많은 약점을 아직 멸하지 않으십니다. 그분은 타락하기 쉬운 육신에 거하는 영혼이 갖는 당연한 결과인 우둔함을 전적으로 멸하지 않으시기에, 무지와 과오는 인성에 포함될 수밖에 없습니다. 그는 우리에게 아주 적은 지식만 허락하셨는데, 이는 지식 때문에 우리가 겸손해지는 데 방해받지 않고 또다시 하나님처럼 행세하려 들지 못하게 하기 위해서입니다. "너는 흙이니 흙으로 돌아갈지니라"(창 3:19)는 말씀이 성취되는 날까지 그가 우리를 연약함, 특히 우둔함에 둘러싸여 있게 하신 것은 우리에게서 모든 교만의 유혹과, 자유라는 미명하에 많은 이가 간절히 추구하는 독립에 관한 생각을 없애시기 위함입니다.[466]

요약하면, 웨슬리는 우리가 하나님을 온전히 이해할 수 없는 원인을 하나님의 능력과 주권 및 우리와의 존재론적 차이 때문만이 아니라, 우리를 향한 하나님의 지혜와 선하심과 은혜로우심의 결과로 보았다.

그러나 웨슬리는 우리가 이해할 수 없는 일의 원인을 전적으로 하나님께 돌리는 루터식 신적 결정론에는 반대했다.[467] 웨슬리가 볼 때, 이중예정론의 주창자인 아우구스티누스, 루터, 칼빈은 하나님의 사랑에 대한 성경의 가르침과, 많은 사람이 불행을 겪고 하나님께 버림받는 세상의 현실이 양립될 수 없어 보이는 딜레마를 해결하기 위해, 이해할 수 없는 하나님의 일을 기어이 인간의 이성으로 설명해 내려다가 이중예정론에 빠지고 말았다.[468] 웨슬리는 이중예정론을, 하나님의 전능하심과 선하심 모두를 성경적으로 균형 있게 이해하려다 결국 "매듭을 풀 수 없다고 판단해 매듭을 잘라버린 것"에 비유하면서, 인간이 풀 수 없는 하나님의 불가해성은 불가해성으로 남겨두어야 함을 강조했다. 그렇지 않고 인간의 이성으로 억지로 해결방법을 내놓으려 한다면 "하나님의 말씀을 제쳐놓는 방식으로" 인간이 만들어낸 이론을 성경적 해답이라며 제시할 수밖에 없게 된다고 경고했다. 그런 잘못된 태도의 결과가 이중예정론이다.[469]

웨슬리가 이중예정론을 반박한 근거는 첫째, 하나님의 속성과 관련해 하나님의 계시로서 성경은 하나님을 거룩한 사랑의 하나님으로 계시한다는 사실에 있었다. 웨슬리에 따르면, 하나님을 이해하고 설명하려는 모든 신학자는 하나님의 거룩한 사랑에 대한 성경의 가르침과 일치하는 방식으로 이해하고 가르쳐야지, 하나

---

466 설교, "그리스도의 오신 목적", III. 3.
467 설교, "이해에 대한 약속", III. 2.
468 설교, "인간 지식의 불완전함", III. 2.
469 설교, "우주적 구원", 서론. 2.

님의 일부 속성이 그의 거룩한 사랑과 충돌하도록 이해하고 설명해서는 안 된다. 그런데 만약 이중예정이나 성도의 견인 교리가 사실이라면 "하나님은 자기 자신을 대항해 내부에서 분열을 일으키신 것이 된다." 하나님의 절대적 주권을 하나님의 거룩한 사랑과 충돌하게 하는 방법으로 설명한 것이기 때문이다. 웨슬리는 하나님은 그 본성과 속성 간에 아무런 충돌이 없고 서로 조화를 이루는 분이심을 강조했다.[470] "하나님의 모든 속성은 서로 나눌 수 없도록 연결되어 있습니다. 따라서 우리는 단 한순간도 그 속성들을 인위적으로 나누어서는 안 됩니다."[471]

웨슬리의 이중예정 반박은 둘째, 인간의 속성에 관해서도 성경은 구원에서 하나님의 주권적 은혜에 대한 신앙을 통해 하나님의 은혜에 바르게 반응해야 할 인간의 인격적 책임성을 함께 강조한 사실에 근거한다. 다시 말해, 웨슬리는 성경이 믿음으로 하나님의 은혜를 수용할 것과 믿음의 결과이자 열매인 순종을 통해 하나님과의 바른 관계에 거하는 일 모두에서 인간의 인격적 책임성을 가르친다는 명백한 사실에 기초해, 신앙과 거룩한 삶에 관해 인간의 책임성을 약화시키는 아우구스티누스, 루터, 칼빈식의 이중예정론과 노예의지론을 반대했다. 웨슬리는 복음만이 아니라 율법을 주신 분, 하나님의 주권을 대하는 인간의 바른 태도와 책임성을 가르치신 분은 어느 누구도 아닌 하나님 자신이심을 강조한 것이다.

웨슬리가 제시한 두 가지 논점을 더 자세히 살펴보자. 웨슬리의 첫 번째 논점은, 이중예정론이 삼위일체 하나님의 속성을 심각하게 왜곡하는 문제를 폭로한다.

1. 웨슬리에 따르면, 이중예정을 주장하는 것은 인간의 멸망에 뜻을 두고 거기서 기쁨을 찾는 악한 성부 하나님을 주장하는 것 외에 다름 아니다.

> 은총은 하나님께서 영생을 얻도록 예정하신 사람에게만 값없이 주어지며, 그런 사람은 적은 양 무리에 불과합니다. 인류의 대다수는 하나님께서 사망으로 예정하셨으며, 그들에게 은총은 값없이 주어지지 않습니다. 하나님은 그들을 미워하시며, 그래서 태어나기도 전에 영원한 사망으로 예정하셨습니다. … 그것이 하나님께서 기뻐하시는 일이며, 하나님의 지고하신 뜻이기 때문입니다. 그들은 그 육신과 영혼이 함께 지옥에서 멸망당하도록 태어났습니다. 그들은 어떤 구원의 가능성도 없이 하나님의 저주 아래에서 자라납니다. 이 경우 하나님께서 주시는 은총이란, 그들의 멸망당함을 막아주는 것이 아니라 오히려 확대하는 것입니다.[472]

---

470 설교, "값없이 주시는 은총", 11.
471 WW 10:217.
472 설교, "값없이 주시는 은총", 4.

웨슬리는 이 주장이 "주 여호와의 말씀이니라 죽을 자가 죽는 것도 내가 기뻐하지 아니하노니 너희는 스스로 돌이키고 살지니라"(겔 18:32), "주께서는 … 아무도 멸망하지 아니하고 다 회개하기에 이르기를 원하시느니라"(벧후 3:9), "하나님은 모든 사람이 구원 받기를 … 원하시느니라"(딤전2:4), "그러나 너희가 영생을 얻기 위하여 내게 오기를 원하지 아니하는도다"(요 5:40), "내가 네 자녀를 모으려 한 일이 몇 번이더냐 그러나 너희가 원하지 아니하였도다"(마 23:37) 등의 말씀에서 명백히 제시된 하나님의 인간 구원의 의지에 관한 말씀을 정면으로 부인한다는 사실을 문제시했다.[473] 그런 해석은 성경의 몇몇 본문에 초점을 맞추어 그보다 넓은 "성경 전체의 내용 및 논지"를 훼손하는 해석 방법으로, 그 심각성은 단지 "기독교의 계시가 자체적으로 상충되게" 만든다는 데서 끝나지 않고, "기독교의 계시 전체를 전복시키는 경향"마저 가진다는 것이 웨슬리의 주장이다.[474] 웨슬리가 "성경 전체의 내용 및 논지", "기독교의 계시 전체"라는 말로 지칭하는 것은, 앞에서 인용한 성경 말씀이 제시하는 그대로 하나님은 모든 사람의 구원을 원하신다는 사실에서 추론될 뿐 아니라, 성경이 명백한 말로 계시한 "하나님은 사랑"(요일 4:8, 16)이시라는 진리다.[475]

웨슬리에 의하면, 창조주 하나님의 주권은 이중예정에서가 아니라, 하나님께서 그리스도를 구원자로 보내기로 예정하셨으며 그를 믿는 자는 누구나 구원하기로 예정하신 데서 드러난다. 그뿐 아니라 성경은 하나님께서 섭리적 통치자로서 공의와 사랑으로 세상을 다스리심을 가르치는데, 하나님의 공의와 사랑은 이중예정이라는 주장 아래에서 포기될 수 없는 것이다.[476] 우리를 위해 그리스도를 십자가 위에서 희생시키신 하나님의 사랑의 관점에서 보면, 이중예정론은 온 세상을 구원하시려는 하나님의 사랑도, 그리스도께서 우리를 불쌍히 여겨 한 사람이라도 더 구원하려 애쓰셨던 마음도 모독하는 것이 된다.[477] 비록 이 세상에 존재하는 "악과 불행"이 하나님의 "지혜와 선하심"을 이해하거나 믿기 어렵게 만드는 방해 요소가 되는 것이 사실이더라도,[478] 이를 지나치게 확대한 나머지 하나님의 계시를 부정하면

473 같은 곳, 22.
474 같은 곳, 23.
475 같은 곳, 20.
476 Coppedge, John Wesley in Theological Debate, 132.
477 설교, "값없이 주시는 은총", 19-28.
478 설교, "복음의 보편적 전파", 1-8.

서 "하나님은 사랑이 아니다"라거나, "악인과 선인 … 의로운 자와 불의한 자" 모두에게 미치는 하나님의 사랑의 범위(마 5:43-48 참조)를 축소해 "그의 자비가 그의 모든 피조물에 미치는 것은 아니다"라고 주장하는 것은 매우 잘못된 것이다.[479] 우리가 하나님에 관해 무엇인가를 이해할 수 없다는 이유로 성경과 상반되는 주장에까지 나아가 "하나님을 거짓말하는 자로 만들" 수는 없다.[480] 웨슬리는 예정론은 말할 것도 없고, 심지어 우리 영혼이 "방황하는 상태"나 "낙담"까지도 그것이 "전적이고 독단적이며 주권적인 하나님의 뜻"에 의해 강요된 것일 수 없다고 주장했다. 그 모든 억측은 "하나님의 공의와도, 하나님의 사랑과도 부합하지 않기" 때문이다.[481]

인류의 대다수를 영원한 멸망으로 유기한다는 이중예정론은 하나님의 사랑의 본성에 부합하지 않는 반면, 성도의 견인 교리는 하나님의 거룩하신 본성에 부합하지 않는다.[482] 웨슬리는 예정과 견인의 교리 모두를 "메소디즘, 즉 마음에서부터의 성결의 교리를 반대하는 교리"라고 말한다.[483] 하나님께서는 자신의 주권으로 누군가로 하여금 죄를 짓게 하거나, 자신의 사랑 때문에 우리의 죄를 묵살하시지는 않는다.[484] 웨슬리는 하나님은 언제나 거룩하신 분이시므로, 하나님을 배반하고 신앙을 버려 그리스도의 피를 다시금 모독한 사람은 구원을 상실할 수 있음을 강조한다.[485] 한 번 구원 받은 신자라도 하나님의 은혜를 다시금 무효화하지 않기 위한 전제 조건으로 신앙과 사랑, 순종은 언제나 필요하다.[486]

2. 웨슬리는 기독론에 관해서도 이중예정론은 그리스도를 하나님의 주권 아래 종속된 무능한 존재나 심각한 위선자로 만드는 신성모독적 교리라고 설명한다. 그리스도께서 모든 죄인을 구원으로 초대하셨음에도 속으로는 초청한 모든 사람의 구원을 원하지 않고 그중 예정된 소수만 구원하기 원했다면 그것은 백성을 속이는 일이자, 그리스도는 "가련한 피조물을 조롱하는 자" "주지 않을 것을 줄 것처럼 말하는 자" "겉으로 하는 말과 속이 다른 자" "사랑이 없는 자" "거짓이 가득하고 성

---

479 설교, "값없이 주시는 은총", 26.
480 설교, "하나님의 섭리에 대하여", 13; "삼위일체에 대하여", 16.
481 설교, "여러 가지 시험을 통한 괴로움", III. 7; "광야의 상태", II. 1.
482 Letters 3:96; WW 10:250-252; 10:297-299; Yang, "The Doctrine of God in the Theology of John Wesley," 184
483 WW 8:336; Yang, "The Doctrine of God in the Theology of John Wesley," 184
484 Yang, "The Doctrine of God in the Theology of John Wesley," 187-188.
485 WW 10:242-251.
486 ENNT John 10:27-29.

실함이 결여된 자"라는 의미가 되기 때문이다. 웨슬리는 "그렇다면 예수님께서 흘리신 눈물은 악어의 눈물, 즉 자신이 멸망으로 정해 놓은 먹잇감 앞에서 흘리는 눈물"이 될 수밖에 없다고 말한다.[487]

웨슬리에 따르면, "성경 전체의 내용과 논지", "기독교의 계시 전체"는 이중예정론이 만들어낸 무능하거나 위선적인 그리스도의 이미지를 정확히 반대한다. "그[그리스도]가 세상의 구주시요"(요 4:42), "세상 죄를 지고 가는 하나님의 어린 양이로다"(요 1:29), "그는 우리 죄를 위한 화목 제물이니 우리만 위할 뿐 아니요 온 세상의 죄를 위하심이라"(요일 2:2), "그가 모든 사람을 위하여 자기를 대속물로 주셨으니"(딤전 2:6), "예수를 보니 … 모든 사람을 위하여 죽음을 맛보려 하심이라"(히 2:9), "그리스도께서 대신하여 죽으신 형제를 네 음식으로 망하게 하지 말라"(롬 14:15) 등의 말씀이 보여주듯, 사랑의 그리스도는 이중예정론의 주장처럼 예정받은 소수의 사람이나 "구원 받는 이들만을 위해 죽으신 것이 아니라, 멸망당할 이들을 위해서도 죽으셨다고 웨슬리는 강조한다.[488] 칼빈주의자들은 이러한 성경 본문의 명백한 의미를 받아들이지 않는다. 그들은 그리스도께서 모든 사람을 위해 피흘리셨음에도 모든 사람이 구원 받지 못한다면, 그리스도의 피가 능력이나 가치가 없다는 주장이 된다며, 그리스도의 피는 그렇게 무능할 수 없다는 논리로 제한 속죄를 주장한다. 그러나 칼빈주의자들의 주장에서 가장 문제가 되는 것이 바로 그들이 말하는 그리스도의 피의 능력이나 가치다. 제한 속죄론은 사실상 그리스도의 피가 온 세상 사람을 구할 능력이나 가치가 없다는 주장이기 때문이다. 이러한 비판에 직면하면 칼빈주의자들은 그리스도의 피의 능력과 가치 자체는 무한하더라도 선택된 자에게만 적용된다고 말을 바꾸기도 한다. 그러나 그 역시 비성경적 주장에 담긴 논리적 모순을 해결하지 못한다. 하나님의 선택의 제한에 의해서든 그리스도의 속죄의 제한에 의해서든 결국 인류 중 소수의 택자 외에는 구원 받을 가능성이 없음을 주장하는 순환 논리이기 때문이다.

이중예정론이 그리스도를 하나님 아래 종속된 무능한 존재로 만들거나, 구원하지도 않을 사람을 구원할 것처럼 조롱하는 위선자로 만드는 결과를 피할 수 없다는 점은 사실상 이중예정론을 주장한 이들 자신도 알고 있었다. 그래서 칼빈은

487 설교, "값없이 주시는 은혜", 23-24.
488 같은 곳, 21.

이중예정론에 대해 문제를 제기하려는 사람을 "하나님과 싸우려는 태도"를 가진 자로 몰아붙이면서, 우리는 단지 "하나님이 모든 일을 현명하고 공정하게 처리하셨다는 것을 의심하지 말아야 한다. 왜 그렇게 되었는지 모르더라도 경건한 사람은 단지 믿어야 한다"는 말로 얼버무린다.[489] 또 "하나님의 의지 자체는 모순을 지닌 것이 아니고 … 하나님의 의지는 하나이며 단일하지만, 우리에게는 그것이 여러 모양으로 보인다. 우리는 우리의 정신적 무능력으로 인해 하나님께서 다양한 방법으로 … 행하시는 바를 깨닫지 못하기 때문이다"[490]라고 주장함으로, 자신의 예정론에는 문제가 없으나 이해하지 못하는 인간의 이성이 문제라며 더 이상의 논의를 회피한다.

웨슬리가 제기한 두 번째 논점은, 이중예정론이 하나님께서 인간에게 부여하신 고귀한 속성조차 인정하지 않음으로 인간을 하나님의 은혜에 인격적으로 반응할 능력조차 없는 존재로 격하하는 것에 문제를 제기한다. 웨슬리는, 만약 사람이 자유의지를 조금이라도 가졌다면 "하나님께서 모든 일 전체를 행하시지 않은 것이 되고", 그 결과 "모든 영광을 홀로 받으실 수 없게 된다"는 주장을 잘 알고 있었다.[491] 그러나 구원에서 웨슬리가 염두에 둔 것은 인간론이 아니라 신론, 즉 하나님께서 참으로 인간의 어떠한 반응도 고려하지 않고 구원하시는지, 성경이 참으로 인간은 하나님의 은혜에 아무 반응도 할 수 없으며 반응하더라도 구원과 관계 없다고 가르치는지의 문제였다. 이러한 웨슬리의 관심은 사람이 하나님의 은혜를 핑계로 인간의 책임성을 경시하거나, 반대로 인간의 책임은 더 중요하게 다루면서 하나님의 은혜를 소홀히 다루는 양극단에 빠져드는 것을 흔히 보아왔기 때문이었다.

윌리엄 캐논은, 웨슬리 신학에서 하나님께서 일하시는 "궁극적 토대"는 "하나님의 본성과 특징 그 자체"라고 바르게 주장한다.[492] 웨슬리는 하나님의 거룩한 사랑에서 우리와 함께, 우리를 통해 일하기 원하시는 하나님 사역의 방법을 이해할 수 있었다. 하나님은 피조물을 사랑하실 뿐 아니라, 피조물에게서 사랑받기 원하시며, 피조물이 서로 사랑하기를 원하신다. 이처럼 웨슬리는 인간의 능력이라는 관점이 아니라, 하나님께서 인간에게 원하시고 능력을 부여하셔서 가능케 하신 하

---

489 Institutes, II. 11. 14. 이 점은 루터도 동일하다. 루터선집 12:202 (루터의 "탁상담화", 6. 623).
490 Institutes, I. 18. 3.
491 WW 10:229-230.
492 William R. Cannon, *The Theology of John Wesley* (New York: Abingdon-Cokesbury Press, 1946), 153.

나님과 이웃, 세상과의 관계가 어떤 것인가 하는 관점, 즉 하나님 주권의 입장에서 인간의 책임성을 이해한 것이다.[493] 클라크 피녹(Clark H. Pinnock) 역시 다음과 같이 설명한다.

> 웨슬리는 사람들이 성경을 이해해온 일반적인 관례보다 더 나은 이해 방법을 제공하는데, 즉 하나님을 절대주의적(철학적)이 아닌 인격적(성경적)인 관점에서 바라보는 것이다. 웨슬리에게 하나님은 절대적 통치와 불변성을 중시하는 창조주, 심판자, 왕만이 아니라 관계성과 책임성을 중시하는 구원자, 사랑의 대상, 친구와 같은 분이시기도 하다. 그는 하나님을 어떤 위험도 감수하지 않는 일방적(unilateral) 권세자가 아닌 그 피조물에게도 일정한 역할을 부여해 상호교감을 나누는(bilateral) 권세자로 생각했다. 그는 구원의 이야기를 하나님이 모든 일을 결정짓는 독백이 아닌 진정한 대화로 읽었다. 웨슬리에게 기도는 변경 불가능한 계획이나 지식에 얽매여 계시지 않은 하나님의 마음을 움직일 수 있기에 중요한 의미를 지닌다. 웨슬리는 하나님께서 우리에게 제공하시는 개방적이고 개별적인 사랑의 관계라는 인격적 특징을 통해 성경을 이해했다.[494]

웨슬리는 아우구스티누스, 루터, 칼빈식 이중예정론과 노예의지론을 성경적 균형을 상실한 과도한 주장으로 보았다. 그들이 만들어낸 이론이 인간을 과도하게 무능하고 수동적인 존재로, 인간의 운명을 과도하게 숙명론적인 것으로, 하나님의 전능하심은 하나님의 사랑을 희생시킬 정도로 과도하게 독단적이며 무감성적인 능력으로 왜곡하는 경향이 있다는 것이다. 웨슬리는 이런 왜곡에 반대해 개신교 신학을 다시금 성경적 균형으로 되돌려 "구원을 위해 충분한 하나님의 사랑과, 구원을 지속하기 위해 순종을 요구하는 하나님의 요구" 사이의 긴장 중 어느 것도 희생시키지 않는다.[495] 웨슬리 신학은 성경이 말씀하는 인간이 하나님의 은혜를 무효화하지 않아야 할 책임은 물론 율법과 복음의 선포, 교육, 훈련, 양육이라는 교회 사역의 긴급성과 필연성을 보존한다.[496]

---

493 설교, "율법의 기원, 본성, 속성 및 용법", I. 2-3.
494 Clark H. Pinnock, "The Beauty of God: John Wesley's Reform and Its Aftermath," *WTJ* 38:2 (2003), 58.
495 Wilson, "The Correlation of Love and Law in the Theology of John Wesley," 100-101; WW 8:289.
496 James Gregory Crofford, "Streams of Mercy: Prevenient grace in the Theology of John and Charles Wesley" (Ph.D. thesis, University of Manchester, 2008), 131.

웨슬리안 예정론

칼빈 학자 슈티켈버거(Emanuel Stickelberger)는 개신교 교리 중 가장 논란이 되는 주장이 이중예정론임을 솔직히 인정한다.[497] 이중예정론은 아우구스티누스가 창작해낸 5세기에 시작해, 루터와 칼빈이 다시 강조한 16세기 종교개혁 시기를 거쳐 현대에까지 기독교에 가장 많은 문제를 일으켜왔고 기독교 공동체에서 가장 반대를 받아온 교리로, 성경이 말씀하는 예정의 의미를 심각하게 왜곡한 인간의 창작물이다. 그렇다면 아우구스티누스, 루터, 칼빈과 그 추종자를 제외한 초기 기독교의 모든 교부, 빈켄티우스, 오랑주 공의회, 제임스 아르미니우스, 존 웨슬리로 대표되는 기독교 신학의 또 다른 흐름은 성경 속 예정론의 대표적 근거 구절인 에베소서 1:3-12과 로마서 9-11장을 어떻게 서로 다르게 해석하는가?

에베소서 1:3-12에 대한 해석

"찬송하리로다 하나님 곧 우리 주 예수 그리스도의 아버지께서 그리스도 안에서 하늘에 속한 모든 신령한 복을 우리에게 주시되 곧 창세 전에 그리스도 안에서 우리를 택하사 우리로 사랑 안에서 그 앞에 거룩하고 흠이 없게 하시려고 그 기쁘신 뜻대로 우리를 예정하사 예수 그리스도로 말미암아 자기의 아들들이 되게 하셨으니 이는 그가 사랑하시는 자 안에서 우리에게 거저 주시는 바 그의 은혜의 영광을 찬송하게 하려는 것이라 우리는 그리스도 안에서 그의 은혜의 풍성함을 따라 그의 피로 말미암아 속량 곧 죄 사함을 받았느니라 이는 그가 모든 지혜와 총명을 우리에게 넘치게 하사 그 뜻의 비밀을 우리에게 알리신 것이요 그의 기뻐하심을 따라 그리스도 안에서 때가 찬 경륜을 위하여 예정하신 것이니 하늘에 있는 것이나 땅에 있는 것이 다 그리스도 안에서 통일되게 하려 하심이라 모든 일을 그의 뜻의 결정대로 일하시는 이의 계획을 따라 우리가 예정을 입어 그 안에서 기업이 되었으니 이는 우리가 그리스도 안에서 전부터 바라던 그의 영광의 찬송이 되게 하려 하심이라"

아우구스티누스, 루터, 칼빈을 따르는 이중예정론자들은 이 구절에서 "예정"이라는 단어에 초점을 맞춘다. 즉, (1) "창세 전에 … 우리를 택하사" (2) "그 기쁘신 뜻대로 우리를 예정하사" (3) "그의 기뻐하심을 따라 … 예정하신 것이니" (4) "모든 일을 그의 뜻의 결정대로 일하시는 이의 계획을 따라 우리가 예정을 입어"라는 네 가지 표현이다. 그들은 이 구절을 근거로 이중예정이 이루어진 시점은 "천지

497 정성욱 편,『칼빈과 복음주의 신학』, 김찬영 역 (서울: 부흥과개혁사, 2011), 314.

를 창조하시기 전"이며, 예정과 유기의 근거는 어떤 것도 아닌 "그 기쁘신 뜻대로" "그의 기뻐하심을 따라" "모든 일을 그의 뜻의 결정대로" 행하시는 하나님의 주권적 의지임을 강조한다.

이에 비해 아우구스티누스를 제외한 초기 기독교의 모든 교부, 빈켄티우스, 오랑주 공의회, 제임스 아르미니우스, 존 웨슬리를 따르는 사람들은 이 구절에 단지 4회만 언급된 "예정"보다 전체 문맥에서 훨씬 많이 9회나 반복되어 가장 중요하게 다루어지는 문구가 "그리스도 안에서"라고 주장한다. "그리스도 안에서"라는 말이 문맥에서 가지는 의미를 살펴보자. (1) 하나님께서는 "그리스도 안에서" 하늘에 속한 모든 신령한 복을 우리에게 주시기 원하신다. (2) 창세 전 "그리스도 안에서" 우리를 택하셨다. (3) 그 기쁘신 뜻대로 우리를 예정하사 "그리스도로 말미암아" 자기의 아들들이 되게 하셨다. (4) "그리스도 안에서" 하나님의 은혜는 풍성하시다. (5) 우리는 "그의 피로 말미암아" 속량 곧 죄 사함을 받았다. (6) 우리는 하나님의 기뻐하심을 따라 "그리스도 안에서" 예정하심을 입었다. (7) 하나님께서는 하늘에 있는 것과 땅에 있는 것이 다 "그리스도 안에서" 통일되게 하려 하신다. (8) 우리는 모든 일을 그의 뜻의 결정대로 일하시는 이의 계획을 따라 예정을 입어 "그리스도 안에서" 하나님의 기업이 되었다. (9) 하나님께서는 "그리스도 안에서" 전부터 소망을 갖게 된 우리로 그의 영광의 찬송이 되게 하려 하셨다.[498]

이 구절에서 "그리스도 안에서"의 용법을 주의 깊게 들여다보면, (1) 하나님은 신자에게 주시는 모든 신령한 복을 "그리스도 안에" 모두 담아놓으셨기에 우리가 그 모든 복을 받는 비결은 그저 "그리스도 안에" 있는 것이다. (2) 하나님이 창세 전에 우리를 택하신 것은 "그리스도 안에서" 하신 것이다. 달리 말해, 그리스도를 구원자로 세상에 보내기로 결정하심으로 "그리스도 안에" 있는 자는 누구나 택하신 것이다. (3) 하나님께서 자신의 기뻐하시는 주권적 의지대로 예정하심의 본질적 내용은 "그리스도로 말미암아" 우리로 자신의 아들들이 되게 하시는 것이다. 즉 예정이란 그리스도를 구원자로 보내 그의 삶과 사역과 죽음의 결과로 우리를 하나님의 자녀 삼으시겠다는 결정 그 자체다. (4) 하나님의 은혜의 풍성하심은 모두 "그리스도 안에서" 주어진다. (5) 우리는 "그의 피로 말미암아" 속량 곧 죄 사함을 받는다.

498 데일 M. 요컴, 『기독교 신조 대조: 칼빈신학과 알미니안신학의 비교연구』, 손택구 역 (서울: 예수교대한성결교회 출판부, 1988), 106-107.

즉, 그리스도의 피를 자신의 속죄를 위한 것으로 믿고 의지하는 자는 누구나 죄 사함을 받는다. (6) 하나님께서 주권적·절대적으로 예정하신 것은 사람이 "그리스도 안에서" 구원 받는 것이다. 즉, 그리스도를 믿는 자를 구원하시겠다는 결정이 하나님의 예정이다. (7) 하나님께서 한때 원수 되었던 하늘에 있는 것과 땅에 있는 것을 다시 화목하게 만드는 방법으로 택하신 것은 오직 "그리스도 안에서"라는 방법이다. 하나님께서는 자신과 원수 되었던 우리와 "그리스도 안에서" 화해하시기로 결정하셨다. (8) 모든 일을 자신의 뜻의 결정대로 일하시는 하나님의 주권적 의지에 따라 이루어진 예정이란, 우리가 "그리스도 안에서" 하나님의 기업이 되는 것이다. (9) "그리스도 안에서" 소망을 갖게 된 우리가 그의 영광을 찬송하며 살게 하시는 것이 하나님의 뜻이다.

이 모든 내용을 종합하면, 에베소서 1:3-12이 가르치는 예정이란, 하나님께서 창세 전에 이미 그리스도를 구원자로 보내 "그리스도 안에" 있는 사람, 즉 그를 믿는 모든 사람은 누구나 구원하시기로 결정하셨고, 하나님께서 인간에게 주실 모든 복을 "그리스도 안에서" 주시기로 예정하셨으며, 하나님의 은혜의 풍성하심을 "그리스도 안에서" 누리게 하시기로 결정하셨다는 것이다. 이러한 예정론에 의하면 성경이 우리에게 말씀해주시는 구원의 역사(구속사)란, 창세 전부터 구원 받을 자의 범위가 이미 결정되어 있기에 구원으로 결정된 소수의 사람을 구원하기 위한 부속 과정으로 필요한 역사(이중예정론의 관점)가 아니다. 하나님께서 창세 전부터 구원자 그리스도를 보내 할 수 있는 한 많은 사람을 구원하기로 작정하셨기에, 그리스도의 지상 사역과 성령의 지속적인 사역을 통해 할 수 있는 한 많은 사람을 구원으로 인도하시는 삼위일체의 사역의 역사(웨슬리안 예정론 관점)가 구속사다. 성자 그리스도와 성령은 이미 결정되어 있는 예정을 성취하는 부차적·종속적 도구로 세상에 보내진 것(이중예정론의 관점)이 아니라, 할 수 있는 한 많은 사람을 적극적으로 "그리스도 안에" 있는 구원으로 초대하시고, 그 초대에 믿음으로 반응한 사람은 누구나 구원을 받는다(웨슬리안 예정론 관점). 따라서 성경적 예정은 개개인이 구원으로 결정되었는지 영원한 멸망으로 유기되었는지를 말하는 개인적인 예정(이중예정론 관점)이 아니라, 구원자 그리스도를 통해 최대한 많은 사람을 구원하시겠다는, 하나님의 구원 방법의 결정이다. 성경적 예정론을 이해하기 위한 키워드는 하나님께서 구원의 방법으로 결정하신 "그리스도 안에서"라는 말이다.

로마서 9-11장에 대한 해석

로마서 9-11장의 여러 비유와 설명은 흔히 이중예정론을 뒷받침하는 구절로 해석되곤 한다. 루터의 해석을 이미 살펴본 대로, 그렇게 오해되기 쉬운 내용이 있기 때문이다.

(1) 바울은 야곱과 에서가 태어나기 전 하나님께서 "큰 자가 어린 자를 섬기리라 … 내가 야곱은 사랑하고 에서는 미워하였다"(9:12-13)라고 하신 말씀을 언급하면서, 이 사건은 "그 자식들이 아직 나지도 아니하고 무슨 선이나 악을 행하지도 아니한 때에 택하심을 따라 되는 하나님의 뜻"(9:11), 즉 하나님의 주권을 보여준다고 설명한다. 그 후 "그런즉 우리가 무슨 말을 하리요 하나님께 불의가 있느냐 그럴 수 없느니라"(9:14)고 말씀하면서 하나님께서는 "긍휼히 여길 자를 긍휼히 여기고 불쌍히 여길 자를 불쌍히 여기리라"(9:15)고 말씀하시는 주권자시라고 설명한다.

(2) 바울은 하나님께서 바로를 진노의 그릇으로 삼으셨다면서 "하나님께서 하고자 하시는 자를 긍휼히 여기시고 하고자 하시는 자를 완악하게 하시느니라"(9:17-18)라고 설명한다. 그 후 하나님이 그렇게 하셨다면 바로에게 무슨 잘못이 있냐면서 "그러면 하나님이 어찌하여 허물하시느냐 누가 그 뜻을 대적하느냐"(9:19), 하나님께 화살을 돌리는 사람을 "이 사람아 네가 누구이기에 감히 하나님께 반문하느냐 지음을 받은 물건이 지은 자에게 어찌 나를 이같이 만들었느냐 말하겠느냐"(9:20)는 말로 꾸짖는다.

(3) 바울은 죄인에게 은혜를 베푸시거나 심판하시는 하나님의 주권을 강조하기 위해 토기장이와 진흙 비유를 사용한다. "토기장이가 진흙 한 덩이로 하나는 귀히 쓸 그릇을, 하나는 천히 쓸 그릇을 만들 권한이 없느냐"(9:21).

(4) 바울은 돌감람나무였으나 참감람나무에 접붙임을 받은 가지와 원래는 참감람나무 가지였으나 거기서 잘려나간 가지를 대조적으로 언급한다(11:17-24).

아우구스티누스, 루터, 칼빈은 모두 로마서 9-11장에서 바울이 강조한 것은 죄인을 구원하실 수도 있고 영원한 멸망으로 유기하실 수도 있는 하나님의 주권이라고 해석하면서, 야곱과 에서는 개인의 선택과 유기를 보여주는 사례, 바로는 유기의 사례, 토기장이와 감람나무 비유 역시 선택하시거나 유기하시는 하나님의 주권에 대한 강조라고 주장한다. 그러나 이런 해석은 바울이 로마서를 쓴 목적과 로마서 9-11장의 문맥을 철저히 무시한 것이다. 성경적인 예정론을 설명함에서 초기 기독교 교부, 빈켄티우스, 오랑주 공의회, 아르미니우스, 웨슬리 등의 해석은 로마서 9-11장이 하나님의 구원의 주권을 강조한다는 사실에 대해서는 전적으로 아우구스티누스, 루터, 칼빈과 의견을 같이한다. 그러나 하나님의 주권을 강조하는 목적에 관해서는 전적으로 의견을 달리한다. 로마서 9-11장을 문맥에서 살펴보자.[499]

첫째, 로마서 9-11장의 문맥을 잘 살펴보면, 바울은 하나님께 민족적 선택을 받고 율법을 받았다는 이유로 '선민사상'을 가진 이스라엘이 예수 그리스도를 믿지 않았기 때문에 구원에서 제외된 반면, 이스라엘이 경멸한 이방인은 그리스도를 영접하고 믿어 구원 받았음을 설명한다. 바울이 토기장이 비유를 통해 "네가 누구이기에 감히 하나님께 반문하느냐", 즉 왜 사람이 하나님의 주권적 결정에 관해 따지고 왈가왈부하는 태도를 보여서는 안 된다고 했는지는, "이 그릇은 우리니 곧 유대인 중에서뿐 아니라 이방인 중에서도 부르신 자니라"(9:24)라는 말씀에서 드러난다. 즉 바울은 하나님께서 주권적 은혜로 천한 그릇이었던 이방인을 귀히 여기는 그릇으로 삼고, 돌감람나무 가지에서 옮겨 참감람나무에 접붙이셨다면서, 하나님의 이러한 결정에 사람이 부당하다며 왈가왈부할 수 없다는 것이다.

따라서 로마서 9-11장이 말씀하는 하나님의 주권은 인류의 소수는 구원하면서 다수는 멸망시키는 주권이 아니다. 그와 정반대로 이방인을 포함해 온 인류를 향해 구원의 문을 활짝 여시는 주권이다. 바울은 인간 스스로가 고집하는 알량한 선택 사상으로 하나님의 구원의 확장을 반대하면서, 자신들만 선민이니 이방인은 구원의 자격이 없다며 고집을 굽히지 않는 이스라엘 사람을 향해, '너희가 어떤 권리와 자격으로 주권자이신 하나님을 대항하고 대적하느냐'며 꾸짖은 것이다. 바울은 하나님께서 구원의 복음을 이스라엘 사람으로 제한하시지 않고, 이방인과 온 인류에게 활짝 열어놓으신 사실을 로마서 9:25-26에서 다음과 같이 확증한다. "호세아의 글에도 이르기를 내가 내 백성 아닌 자를 내 백성이라, 사랑하지 아니한 자를 사랑한 자라 부르리라 너희는 내 백성이 아니라 한 그곳에서 그들이 살아계신 하나님의 아들이라 일컬음을 받으리라 함과 같으니라."

둘째, 따라서 로마서 9-11장은 아우구스티누스, 루터, 칼빈의 주장같이 하나님께서 인류의 극소수만 구원하시고 나머지를 버리신다는 인간적 주장을 교정하는 성경 본문이다. 이중예정을 지지하는 성경 구절이 아니라, 정반대로 예정을 믿는

---

499 요컴, 『기독교 신조 대조』, 23-24, 31, 217-241.

선민사상이 구원을 보장하지 않고, 오직 예수 그리스도를 믿는 믿음이 구원의 조건임을 설명하는 구절이다. 이 사실은 "옳도다 그들은 믿지 아니하므로 꺾이고 너는 믿으므로 섰느니라"(11:20)는 말씀에 분명히 표현되어 있다. 이스라엘이든 이방인이든 구원의 조건은 그들이 선민 이스라엘에 속했는지 아닌지에 있지 않고, 예수 그리스도를 믿는지 아닌지에 달려있음을 바울은 분명히 말한다. 바울의 설명에서 선민사상 또는 이중예정론은 예수 그리스도를 믿어 구원 받는 복음과 극적인 대조를 이룬다. 바울이 전자의 왜곡을 철저히 바로잡아 오직 후자의 구원의 방법을 강조하고자 한 것이 로마서 9-11장의 목적인 것이다.

셋째, 로마서 9-11장에서 바울은 "무조건적 국가적 선택과 조건부 개인적 선택"을 구분한다. 하나님께서 이스라엘 민족을 선택하신 것은 무조건적 국가적 선택이지, 그중 어떤 개인이 구원을 받고 구원을 받지 못할 것인지에 대한 예정이 아니라는 것이다. 개인의 구원과 멸망은 언제나 조건부 개인적 선택에 의한 것이지, 무조건적 국가적 선택에 따른 것이 아니다. 따라서 하나님께서 무조건적 국가적 선택을 하신 이스라엘 중에도 불신앙으로 구원 받지 못할 개인이 있는 반면, 국가적 선택을 받지 못한 이방인 중에도 예수 그리스도를 믿는 개인은 구원 받은 하나님의 백성이 된다. 국가적 선택을 받은 유대인이든 국가적 선택을 받지 못한 이방인이든 개인의 구원의 결정은 오직 그리스도를 믿는 믿음을 통해 개별적으로 이루어진다.

넷째, 성경은 하나님의 예정을 아우구스티누스, 루터, 칼빈이 주장한 것처럼 개인의 구원이나 유기로 해석하기보다, 하나님께서 원대한 구원의 계획을 실행하시기 위해 결정하신 다양한 종류의 선택을 포괄적으로 다룬다. 웨슬리는 예정론 논쟁 중에 휫필드에게 쓴 1743년 8월 24일 자 편지에서 다음과 같이 주장한다.

> 나는 하나님께서 세상을 창조하시기 전 바울을 복음 전도자로 택정하신 것같이, 어떤 사람을 특정한 일을 위해 무조건적으로 예정하셨음을 믿습니다. 또 이스라엘과 같은 어떤 나라는 하나님과 특별한 관계를 누리도록, 어떤 나라는 복음을 듣도록 무조건적으로 예정하셨음을 믿습니다. … 어떤 개인은 특별한 세상적·영적 유익을 얻도록 무조건적으로 예정하셨음을 믿습니다. 또 (그것이 옳음을 증명할 수는 없지만) 하나님께서 어떤 사람이 영원한 영광을 누리도록 무조건적으로 예정하셨음을 부인하지 않습니다. 그러나 나는 영광으로 예정 받지 못한 사람은 누구나 영원히 멸망한다거나, 누구도 영원한 저주를 벗어날 가능성이 없다는 주장은 믿을 수 없습니다.[500]

---

500 Journals 3:85.

데일 요컴(Dale M. Yocum)에 의하면, 이러한 웨슬리의 주장에 기초해 있는 웨슬리안 예정론의 포괄적 개념은 다음의 네 가지를 포함한다.

a. 성자 그리스도를 온 인류의 구원자로 선택하심[501]

성경적 예정론의 핵심이자 본질적 내용은 하나님께서 창세 전 그리스도를 구원자로 보내기로 결정하신 바로 그것이다. 성부 하나님께서 성자 그리스도를 구원자로 정하신 것은, 그를 통해 죄인을 구원하시겠다는 주권적 결정으로, 하나님은 구원자 그리스도가 이루실 사역과 죄인이 그리스도와 맺는 신앙의 관계를 통해 "그리스도 안에" 있는 모든 사람을 구원하기로 결정하신 것이다. 이에 대해 이사야 42:1은 "내가 붙드는 나의 종, 내 마음에 기뻐하는 자 곧 내가 택한 사람을 보라 내가 나의 영을 그에게 주었은즉 그가 이방에 정의를 베풀리라"는 말씀으로 설명한다. 또 베드로전서 2:6-7은 "경에 기록되었으되 보라 내가 택한 보배로운 모퉁잇돌을 시온에 두노니 그를 믿는 자는 부끄러움을 당하지 아니하리라 하였으니 그러므로 믿는 너희에게는 보배이나 믿지 아니하는 자에게는 건축자들이 버린 그 돌이 모퉁이의 머릿돌이 되고"라는 말씀으로 설명한다. 에베소서 1:3-12에서 바울은 "그리스도 안에" 복도, 택함도, 예정도, 은혜도, 속량도, 연합도, 기업도, 찬송도 있다고 설명한다.

b. 그리스도를 통한 구원 계획을 이루어갈 집단을 선택하심[502]

바울이 로마서 9-11장에서 야곱과 에서의 선택을 언급한 이유는 아우구스티누스, 루터, 칼빈의 해석처럼 야곱과 에서 개인의 선택과 유기가 아니라, 그리스도를 보낼 통로로 삼아 하나님의 구원 계획을 성취해나갈 민족이나 국가의 선택을 설명하기 위해서다. 이는 창세기 25:23, "여호와께서 그에게 이르시되 두 국민이 네 태중에 있구나 두 민족이 네 복중에서부터 나누이리라 이 족속이 저 족속보다 강하겠고 큰 자가 어린 자를 섬기리라 하셨더라"는 말씀에 이미 나타난다.

그러나 선택받은 국가나 집단에 있더라도 구원은 믿음에 의한 개별적인 것이

---

501 요컴, 『기독교 신조 대조』, 106-107.
502 같은 책, 107-108.

다. 이에 대해 누가복음 3:8은 "그러므로 회개에 합당한 열매를 맺고 속으로 아브라함이 우리 조상이라 말하지 말라 내가 너희에게 이르노니 하나님이 능히 이 돌들로도 아브라함의 자손이 되게 하시리라"고 말씀하고, 갈라디아서 3:7-9은 "그런즉 믿음으로 말미암은 자들은 아브라함의 자손인 줄 알지어다 또 하나님이 이방을 믿음으로 말미암아 의로 정하실 것을 성경이 미리 알고 먼저 아브라함에게 복음을 전하되 모든 이방인이 너로 말미암아 복을 받으리라 하였느니라"고 말씀한다. 로마서 2:28-29 역시 "표면적 유대인이 유대인이 아니요 표면적 육신의 할례가 할례가 아니니라 오직 이면적 유대인이 유대인이며 할례는 마음에 할지니"라고 말씀한다. 이 모든 구절은 하나님께서 구원의 계획을 이루어갈 민족과 국가를 선택하셨더라도 그 속에서 개인의 구원의 결정은 오직 그리스도를 믿느냐 아니냐에 달려있음을 말씀한다.

c. 특별한 목적을 이룰 개인을 선택하심[503]

하나님께서는 구원 계획을 이루어가시기 위해 아브라함, 이삭, 야곱 같은 개인을 선택하셨다["주는 하나님 여호와시라 옛적에 아브람을 택하시고 갈대아 우르에서 인도하여 내시고 아브라함이라는 이름을 주시고"(느 9:7), "아브라함의 씨가 다 그의 자녀가 아니라 오직 이삭으로부터 난 자라야 네 씨라 칭하리라 하셨으니 … 리브가에게 이르시되 큰 자가 어린 자를 섬기리라 하셨나니"(롬 9:7-14)]. 또 모세나 다윗, 고레스 같은 특별한 지도자를 선택하셨다["여호와께서 저희를 멸하리라 하셨으나 그가 택하신 모세가 … 그의 앞에 서서 그의 노를 돌이켜 멸하시지 아니하게 하였도다"(시 106:23), "그의 종 다윗을 택하시되 양의 우리에서 취하시며"(시 78:70), "여호와께서 그의 기름 부음을 받은 고레스에게 내가 그의 오른손을 붙들고 그 앞에 열국을 항복하게 하며"(사 45:1)]. 무엇보다 복음의 직접적 사역자인 베드로나 바울과 같은 사도를 그들이 태어나기도 전에 계획하시고 선택하셨다["예수 그리스도의 종 바울은 사도로 부르심을 받아 하나님의 복음을 위하여 택정함을 입었으니"(롬 1:1), "베드로에게 역사하사 그를 할례자의 사도로 삼으신 이가 또한 내게 역사하사 나를 이방인의 사도로 삼으셨느니라"(갈 2:8)].

---

503 같은 책, 109.

d. 확장된 하나님의 백성의 공동체로서 교회를 선택하심[504]

교회는 하나님의 새로운 영적 이스라엘과도 같다["너희는 … 육체로는 이방인이요 손으로 육체에 행한 할례를 받은 무리라 칭하는 자들로부터 할례를 받지 않은 무리라 칭함을 받는 자들이라 그때에 너희는 그리스도 밖에 있었고 이스라엘 나라 밖의 사람이라 약속의 언약들에 대하여는 외인이요 세상에서 소망이 없고 하나님도 없는 자이더니 이제는 전에 멀리 있던 너희가 그리스도 예수 안에서 그리스도의 피로 가까워졌느니라"(엡 2:11-13), "그들은 믿지 아니하므로 꺾이고 너는 믿으므로 섰느니라 높은 마음을 품지 말고 도리어 두려워하라"(롬 11:20)].

이러한 포괄적 예정 이해를 바탕으로 웨슬리는 설교 "예정에 대하여"에서 로마서 8:29-30("하나님이 미리 아신 자들을 또한 그 아들의 형상을 본받게 하기 위하여 미리 정하셨으니 이는 그로 많은 형제 중에서 맏아들이 되게 하려 하심이니라 또 미리 정하신 그들을 또한 부르시고 부르신 그들을 또한 의롭다 하시고 의롭다 하신 그들을 또한 영화롭게 하셨느니라")은 예정의 인과관계의 고리를 묘사하는 것이 아니라, 구원에서 하나님께서 역사하시는 순서를 묘사한 것이라고 설명한다. 그 순서는 다음과 같다. (1) 예지: 전지전능하신 하나님은 "창조에서 시작해 완성 때까지 모든 세대를 하나의 순간같이 보시며, 모든 인류의 마음에 있는 그 무엇이든 단 한 번에 보시면서 각 세대와 나라에서 믿는 사람과 믿지 않는 사람 가릴 것 없이 모두를 단번에 아신다." (2) 예정하심: 이 예정은 "믿는 자는 구원을 받을 것이며 믿지 않는 자는 영벌에 처할 것"이라는 "변할 수 없고 파기할 수 없으며 저항할 수 없는 … 하나님께서 미리 정하신 결정"을 의미한다. (3) 부르심: 외적으로는 은혜의 말씀, 내적으로는 성령을 통해 부르신다. 그리스도의 대속으로 인해 그들을 용납하시고 의롭다 하시고 자녀라 부르신다. (4) 의롭게 하심: 실제로 의롭게 변화시키신다. "하나님의 아들의 형상에 적합하도록" 거룩케 하신다. (5) 영화롭게 하심: 마지막 단계로 골로새서 1:12에서처럼 "우리로 하여금 빛 가운데서 성도의 기업의 부분을 얻기에 합당하게" 하심을 말한다. 이는 마태복음 25:34처럼 "창세로부터 그들을 위하여 예비된 나라를 그들에게 주심"을 포함한다.

웨슬리는 이를 다음과 같이 역순으로 설명한다. (1) 영화 되기 전 거룩함이 필

---

504 같은 책, 109-111.

요하다. 히브리서 12:14에서 "모든 사람과 더불어 화평함과 거룩함을 따르라 이것이 없이는 아무도 주를 보지 못하리라"고 하신 말씀과 같다. (2) 그러나 의롭다 하심을 받기 전에는 거룩할(성화될) 수 없다. 오직 죄인을 용서하시고 자녀 삼으시는 하나님의 사랑만이 우리를 사랑할 수 있도록 변화시킨다. (3) 하나님께 부르심을 받은 자만이 하나님께 나아가 의롭다 하심을 받을 수 있다. (4) 하나님의 부르심보다 시간적으로 앞선 것이, 믿는 자를 구원하시겠다는 하나님의 결정(예정)이다. (5) 하나님은 모든 일과 모든 사람을 미리 아신다. 웨슬리는 이 순서를 다음과 같이 요약한다. "누가 영화롭게 된 사람입니까? 먼저 성화 된 사람입니다. 성화 된 사람은 누구입니까? 먼저 의롭다 하심을 받은 사람입니다. 의롭다 하심을 받은 사람은 누구입니까? 먼저 예정된 사람입니다. 예정된 사람은 누구입니까? 하나님께서 믿을 것을 먼저 아신 자입니다." 이처럼 웨슬리는 아우구스티누스, 루터, 칼빈식 예정론은 이미 결정된 예정 아래에 이후의 모든 일을 부속시키지만, 바울이 로마서 8:29-30에서 설명한 예정론은 하나님과의 인격적 관계, 즉 신앙이라는 인격적 결단을 통해 하나님께서 은혜를 주실 때 그것을 수용하거나 거부하는 인간의 인격적 책임성을 훼손하지 않는다고 본 것이다.

이제까지 우리는 웨슬리안 예정론을 뒷받침하는 몇 개의 성경 구절에 관해 살펴보았다. 비록 예정 논쟁에서 가장 핵심이 되는 구절이더라도 이 구절만으로는 성경적 예정론의 토대를 확고히 하는 것이 불가능하다. 웨슬리안 예정론에 관해서는 이미 많은 자료가 있지만, 특히 웨슬리 예정론은 토머스 오든(Thomas C. Oden)이 『존 웨슬리의 기독교해설』(John Wesley's Teachings) 제2권[505]에서, 그리고 웨슬리안 예정론을 뒷받침하는 성경 구절 전반에 관한 해설은 로버트 생크(Robert Shank)가 『그리스도 안에서의 선택』(Elect in the Son)[506]에서 상세하고도 설득력 있게 다루었다. 그러나 이 책들을 비롯해 조직신학, 성서신학, 역사신학, 실천신학 등 신학의 분야를 막론하고 해외에서 신학과 목회의 기본 교과서로 사용되는 웨슬리(안) 신학 명저 대부분이 아직 우리말로 번역되지 않았다.

예정에 관해 루터와 웨슬리의 관점 비교를 마무리하기 전 꼭 언급해야 할 중요한 사항이 하나 더 남아있다. 이제까지 우리는 루터와 칼빈의 이중예정론에 성경

---

505 Thomas C. Oden, John Wesley's Teachings 2: Christ and Salvation (Grand Rapids, MI: Zondervan, 2012), 157-190.
506 Robert Shank, Elect in the Son: A Study of the Doctrine of Election (Springfield, MO: Westcott, 1970).

해석에서 균형을 상실한 극단적인 요소가 있음을 살펴보았다. 그렇더라도 우리는 그들의 이중예정론이 역사적인 면에서 16세기 당시 종교적 상황에서 감당했던 긍정적 역할마저 부인해서는 안 된다. 당시 중세 가톨릭교회는 종교개혁을 저지하기 위해 가톨릭교회를 떠난 자에게는 구원이 없다며 신자들을 위협했다. 그럴 때 하나님께서 구원으로 예정하신 사람은 복음에 순종할 것이며 복음에 순종하는 자만이 구원으로 예정된 자라는 루터와 칼빈의 선언은, 더 이상 가톨릭교회의 속박에 매이지 않고 오직 그리스도의 복음만을 믿고 따르기로 결정한 개신교 신자에게 구원 상실에 관한 공포에서의 진정한 해방과 참된 구원의 메시지가 되었다. 루터와 칼빈이 선포한 "예정의 교리는 하나의 천둥과도 같은 충격"으로 온 세상에 울려퍼졌고, 그로 인해 가톨릭교회가 중세 시대 전체를 통해 비성경적 교리와 실천 위에서 높이 쌓아올렸던 "인간의 권력이 무너지고, 체제가 붕괴되었으며, 예전과 공적들이 아무런 소용이 없게 되었다"는 에밀 두메르그의 분석은, 루터와 칼빈의 이중예정론이 가톨릭의 위협과 공격에서 종교개혁을 지켜내고 성공시키는 일에 얼마나 중요한 역할을 했는지를 매우 통찰력 있게 제시한다.[507]

그러나 이중예정론이 로마 가톨릭주의를 대항하기 위해 종교개혁자들이 사용한 효과적인 무기가 되었다는 역사적 사실과 그것이 과연 성경적인지는 엄밀히 구분되어야 한다. 또 그것이 16세기 개신교 신자에게 끼친 긍정적 영향처럼 오늘날에도 동일한 유익을 끼치는지 주의 깊게 관찰해 보아야 한다. 이러한 문제 제기에 웨슬리는 이중예정론이 성경적이지 않을 뿐 아니라 신자에게 끼치는 해악 역시 광범위하다고 보았다. 성경적 예정론은 신자로 하나님의 주권적 은혜에 감사함으로 신앙과 순종의 열매를 맺게 한다. 그러나 비성경적 이중예정론은 일부 신자에게는 종교개혁자들이 의도했던 긍정적 효과를 일으키더라도, 그 외 다수의 개신교인에게는 선택받지 못했을지 모른다는 두려움에 매이게 하거나, 예정되었기에 죄를 짓더라도 구원에 문제가 없다고 믿어 율법무용론적 방종에 빠지게 하는 원인이 된다.

507 두메르그, 『칼빈 사상의 성격과 구조』, 101-106.

III. 율법은 하나님을 움직이지 못함 vs. 율법은 하나님 섭리의 도구

하나님에 대한 루터의 가르침에서 두드러지는 특징은 하나님의 '자족성'(all-sufficiency) 강조에 있다. 하나님의 자족성이란 하나님은 모든 일을 결정짓는 원리를 그 자신 안에 가지고 계시므로, 우리의 구원을 결정지으심에서 우리의 죄 때문에 악영향을 받거나 우리의 선행에 영향을 받지 않으신다는 것이다.

루터는 이 세상의 삶과 윤리의 영역에서는 제한된 방식으로 인간이 하나님과 협력한다는 사실을 인정했다. 루터는 하나님께서 당신의 사역을 위해 인간을 가면과 도구로 사용하신다고 가르치면서도, 하나님께서 모든 것을 하시므로 우리는 아무것도 하지 말아야 한다는 생각을 반대하고 경계했다. 하나님의 도구와 가면인 우리는 각각 하나님께서 부여하신 역할을 올바로 수행하기 위해 성실과 책임감을 가져야 한다는 것이다.[508] 루터는 다음과 같이 말한다.

> 하나님께서 모든 좋은 선물을 주신다. 그러나 당신은 열심히 일함으로 하나님께 좋은 원인과 가면을 드려야 한다. … 문과 빗장을 만들라, 그래서 하나님께서 빗장을 채우실 수 있도록 해드리라. 일하라, 그래서 하나님께서 그 열매를 주실 수 있도록 해드리라. 다스리라, 그래서 하나님께서 복을 주실 수 있게 해드리라. 싸워라, 그래서 하나님께서 승리를 주실 수 있도록 해드리라. 설교하라, 그래서 하나님께서 듣는 자의 마음을 얻으시도록 해드리라. 남편과 아내를 취하라, 그래서 하나님께서 자녀를 주실 수 있게 해드리라. 먹고 마셔라, 그래서 하나님께서 당신에게 양분을 주시고 당신을 강하게 만드시도록 해드리라. … 우리가 하는 모든 일에서 하나님은 우리를 통해 일하신다. 그러므로 그 일에서 하나님만이 영광을 받으셔야 한다. … 이 모든 것을 말하는 이유는 근면과 성실함 없이 아무 일도 하지 않으면서 하나님을 시험해 하나님께서 자신이 원하는 모든 것을 주실 것이라고 생각하는 자를 반박하기 위해서다. … 하나님은 게을러빠진 게으름뱅이를 원하지 않으신다. 사람은 누구나 자신의 소명과 직업을 따라 근면하고 성실하게 일해야 한다. 그럴 때 하나님은 복과 성공을 주실 것이다.[509]

그러나 루터는 윤리가 아닌 구원 문제에서는 하나님과 인간의 협력이라는 생각을 철저히 거부했다.[510] 하나님은 다양한 가면을 사용해 그 배후에서 모든 일을 행하시므로,[511] 심지어 이 세상의 일에서도 하나님의 사역과 사람이 하는 일의 관

---

508 LW 6:128; 33:155.

509 LW 14:114.

510 Lohse, *Martin Luther's Theology*, 213.

511 LW 6:257; Pelikan, *Luther the Expositor*, 103-105; Johnson, "Luther's Understanding of God," 67-68.

계는, 사람의 일은 단지 도구적일 뿐이고 모든 일의 실제적 효력은 하나님에 의한 것이다. 루터는 어린이의 공연을 비유로 들어 사람이 일을 하더라도 배후에서 모든 것을 감독하시는 분은 하나님이시라고 가르쳤다.[512] 하나님께서는 도구를 사용하시더라도 모든 일에서 직접적으로 역사하신다. 따라서 모든 일과 사건에서 하나님의 사역은 "중재를 통한 직접성"을 가진다.[513] 하나님께서 어떤 가면을 쓰시든 모든 일에 대한 절대적 지배자는 하나님이시라는 강조점은 루터의 신 중심적 신학의 가장 중요한 핵심이라 할 수 있다.[514]

루터에 의하면, 하나님께서 모든 일을 철저하게 감독하신다는 사실이 전적으로 받아들여질 때, 신자는 이 세상과 영적 세상, 즉 자신이 살고 일하는 모든 영역에서 하나님을 진정으로 인정해 모든 일에서 하나님의 신적 권위를 확립하게 된다.

> 우리가 복음을 전하고, 세례를 주며, 사람을 말씀 사역으로 초청하고, 사역자를 안수하더라도, 우리 자신이 설교하는 것이 아니다. 우리가 세례를 주거나 안수하는 것이 아니다. 오직 하나님께서 우리를 통해 하시는 것이다. 그래서 그것은 하나님의 말씀, 하나님의 성례전, 하나님의 사역으로 불린다. 그것은 옳은 일이다. 하나님께서 당신의 사역자를 통해 그 일을 하실 때도, 그 모든 일의 원인은 진실로 하나님이시므로, 우리는 "하나님께서 말씀하신다, 하나님께서 세례를 주신다"고 말하게 되며, 그렇게 하는 것이 옳다.[515]

루터에게서 이러한 하나님 이해와 필연적으로 짝을 이루는 요소는 인간의 자유의지에 대한 부정이다. 루터는 자기 충족적으로 일하시는 하나님 사역의 방법과 인간의 자유의지는 결코 양립할 수 없다고 가르쳤다. 인간의 의지가 비록 겉으로는 자유로워 보이더라도 그것은 진짜 자유가 아니다. 하나님의 전능하신 사역에서 인간은 하나님의 뜻을 이루는 수동적 도구이기 때문이다. 루터는 다음과 같이 말한다.

> 하나님의 미리 아심과 전능하심은 우리의 자유의지를 정면으로 반박한다. 하나님께서 미래를 잘못 알거나 일을 할 때 실수를 하시든지(그것은 불가능하다), 만약 그렇지 않다면 우리가 활동하는 모든 것이 그의 미리 아심과 전능하신 활동에 의하든지, 둘 중 하나만 가능하기 때문이다. … 하나님의 전능하심과 미리 아심은 자유의지의 교리를 완전히 파괴한다.[516]

---

512 LW 14:114.
513 Watson, *Let God Be God*, 79-80.
514 Johnson, "Luther's Understanding of God," 68.
515 LW 6:257; 35:162.
516 LW 33:189.

하나님의 자유와 인간의 자유는 양립할 수 없다. 모든 일이 전적으로 하나님의 뜻대로 이루어진다면 인간의 의지는 하나님의 의지 아래에 종속되어 있을 수밖에 없다. 특히 구원은 전적으로 하나님의 주권에 달려있기에, 구원에 인간의 자유의지를 개입시키는 것은 하나님의 주권을 부정하는 것이다. 루터는 구원 문제에서 인간이 전적으로 무능함을 주장하기 위해 인간의 의지는 죄와 사탄 또는 하나님의 노예가 되어 있다는 '노예의지론'을 가르쳤다. 루터의 '말과 기수' 비유는 다음과 같다.

> 인간의 의지는 하나님과 사탄 사이에 서있는 말과 같다. 만약 하나님이 그 위에 올라타시면 인간의 의지는 하나님이 원하시는 바를 원하고 행할 것이다. 그러나 사탄이 올라타면 인간의 의지는 사탄이 원하는 바를 원하고 행할 것이다. 누가 올라탈지를 인간이 선택할 수는 없다. 오히려 하나님과 사탄이 인간의 의지를 지배하기 위해 싸운다.[517]

루터가 노예의지론을 가르친 의도는 인간의 오랜 고질병 같은 습성, 즉 나쁜 일은 하나님께 화살을 돌리면서 좋은 일은 아무리 작은 것이라도 자신에게 공로를 돌리는 교만과 배은망덕, 간사함을 꺾으려는 것이다. 그는 회개도, 믿음도, 거룩한 삶도 인간의 의지가 아닌 하나님의 의지에 의해서만 가능하다고 못 박을 때, 어떤 일에서든 하나님의 영광을 도둑질하려는 인간의 시도는 좌절되고, 영광이 고스란히 하나님께 돌아간다고 보았다. 인간의 자유의지를 부인해 인간이 스스로 선택한 듯 보이는 믿음이나 선행도 사실은 하나님께서 하신 일임을 깨달을 때, 인간은 하나님께 영광을 돌릴 수 있다고 본 것이다. 펠라기우스주의 이단 및 로마 가톨릭주의의 공로사상의 이론적 토대가 되어온 인간의 자유의지 자체를 부정해버리는 전략은, 인간의 죄 된 자부심과 자기 우상화, 공로사상을 방지하기 위해 루터가 사용한 무기였던 셈이다.

믿음도, 순종도, 구원으로의 어떤 결정도 하나님에 의한 것이지 타락한 인간의 의지에 의한 것이 아니라는 노예의지론은 죄인으로 하여금 '오직' 하나님의 은혜를 의지하게 하는 목적에서는 탁월한 방법일 수 있었다. 그러나 문제는 구원의 영광만 하나님께 돌리는 것이 아니라, 죄인이 구원 받지 못하는 원인 및 불신앙과 죄악과 영원한 멸망의 원인까지 하나님께 돌린다는 데 있었다. 예를 들어, 예수님을 믿어 구원 받은 사람은 하나님의 주권적 결정에 따라 예수님을 믿고 구원을 받았기에

517 LW 33:65-66. 아우구스티누스의 동일한 비유는 Pseudo-Augustine, *Hypomnesticon II*. xi. 20 (MPL45.1632), 칼빈의 동일한 비유는 Institutes, II. 4. 1 참고.

참으로 은혜롭고 감사한 일이다. 그러나 예수님을 믿지 않아 지옥에서 영원히 고통받는 죄인은 왜 그렇게 되었는가? 노예의지론에 따르면, 그 역시 하나님의 결정에 의한 것이다. 하나님께서 그들을 회개와 믿음으로 인도하시지 않았기에 자신의 힘으로는 도저히 죄와 불신 상태를 벗어날 길이 없었던 것이다. 또 예수님을 믿은 후 죄를 이기고 거룩한 삶을 사는 성도는, 하나님께서 주권적 은혜로 죄를 이기게 하신 것이기에 참으로 은혜롭고 감사한 일이다. 그러나 예수님을 믿으면서도 반복해서 죄를 짓는 신자는 왜 그런가? 노예의지론에 따르면, 이 역시 기수이신 하나님께서 죄를 이기게 하시는 데까지 그를 이끌지 않으셨기 때문이다.

이처럼 인간의 자유의지 부정과 노예의지 주장에 동전의 양면같이 필연적으로 따라오는 논리적 귀결이, 불신자 및 죄를 반복하는 신자는 하나님께서 그들에게 구원과 거룩한 삶을 가능케 하시지 않았기 때문에, 그들은 자신이 원해서가 아니라 원하지 않아도 필연적으로 그렇게 될 수밖에 없다는 것이다. 노예의지론은 결국 구원과 거룩한 삶만 하나님께 돌리는 것이 아니라, 불신자의 불신앙과 신자의 고질적인 죄까지 모두 하나님께 책임을 전가하는 결과를 가져온다. '말과 기수' 비유에서는 신앙과 순종뿐 아니라, 불신앙과 불순종의 책임까지 하나님께 돌아간다.

루터가 노예의지론의 이러한 결점을 보완하기 위해 부득이 추가한 논리는 '저는 말과 기수' 비유로 대표된다.

> 기수가 한 다리나 두 다리를 저는 말을 타고 간다고 해보자. 그의 말타기는 말의 상태에 좌우된다. 저는 말을 탄 기수는 서툴게 갈 수밖에 없다. 달리 무엇을 할 수 있단 말인가? 만일 기수가 절름발이 말을 타고 정상적인 말 옆에서 나란히 간다고 해보자. 다른 말은 잘 가더라도, 자신의 말은 제대로 가지 못할 것이다. 말이 치유되지 않는 한 형편은 달라질 수 없다. 이 비유에서 알 수 있는 것은 … 설사 악한 사람이 악한 일을 저지르더라도, 악한 일의 원인이 하나님은 아니시라는 사실이다.[518]

'말과 기수' 비유는 모든 일의 원인을 하나님께 돌렸던 것과 달리, '저는 말과 기수' 비유는 모든 일 중 나쁜 일의 책임은 '저는 말'과 같은 죄인에게 돌리기 위한 것이다. 루터는 모든 좋은 일의 원인은 하나님께 돌리면서도, 나쁜 일의 책임은 면하도록 하기 위해 "불변"과 "강제"를 구분하기도 했다. 그 논리는 다음과 같다. (1) 최초의 타락은 인간이 자초했지 하나님께서 강제하시지 않았으므로, 멸망과 심판의

---

518 LW 33:176.

책임은 인간에게 있지 하나님께 있는 것이 아니다. (2) 타락 후에도 인간은 스스로의 능력으로는 죄 된 상태에서 선한 상태로 변화될 수 없기 때문에(불변), 하나님께서 그냥 내버려두시면 자동적으로 계속 죄에 거하다 멸망하는 것이지 하나님께서 강제로 멸망시키시는 것이 아니다(강제).[519] 그러나 사람이 스스로 멸망을 자초하기에 하나님은 책임이 없다는 주장은, 노예의지론이 가르치듯 하나님께서 모든 일을 완벽히 통제하시는 "절대적 주권자"이심을 부정하는 것일 수밖에 없다. 결국 구원 문제에서 하나님이 모든 것을 결정하시고, 인간은 어떤 것도 결정할 권한이 없다고 가르친 노예의지론은, 인간의 죄와 멸망에 관한 책임까지 하나님께 전가하는 일을 피하기 위해, 하나님이 모든 것의 원인이시라는 주장을 스스로 부정하는 모순을 피할 수 없었다. 따라서 에밀 두메그르가 칼빈 신학에 내재된 것으로 평가한 "모순" "이율배반" "상반대립"은 하나님의 전적 주권과 노예의지론을 가르친 루터 신학에서도 동일하게 발견된다.

루터는 하나님께서 신자가 신실하게 하나님을 섬긴 것을 보상하시며, 불순종은 벌하심을 부인하지 않았다. 그러나 그것이 사람이 자신의 행위나 기도, 심지어 신앙을 가지고 하나님의 은혜를 흥정할 자격이 있다는 것은 아니다.[520] 우리가 하나님의 충족성을 바르게 깨달아 하나님의 자비에 전적으로 의존하며 모든 영광을 하나님께 돌린다면, 그러한 신앙에 바탕을 둔 행위가 그 자체로는 아무리 작고 사소한 일, "심지어 지푸라기 한 가닥을 줍는 것같이 작은 일이더라도" 그것은 하나님을 기쁘시게 할 수 있다.[521] 그러나 루터는 그 모든 일의 동기가 자신의 복과 행복을 목적 삼는 인간 중심적인 것이라면, 사람이 행하는 일이 아무리 크고 대단하게 보이더라도, 실상은 죄 된 것이고 우상숭배적인 것이라고 보았다.[522] 루터는 어떤 경우에도 인간의 의지에 토대를 두는 율법의 행위가 하나님의 마음을 움직이는 공로적 원인이 될 수는 없음을 못 박는다.

웨슬리는 루터처럼 하나님께서 세상의 모든 일에 전적 주권을 가지셨음을 가르쳤다. 하나님은 창조와 보존,[523] 구원[524]을 이루시는 분, 즉 "모든 것 속에서 모든

---

519 LW 33:64-70; Institutes, II. 2. 7.
520 Watson, *Let God Be God*, 33-70.
521 LW 44:25.
522 LW 44:26.
523 설교, "산상설교 (6)", III. 7.
524 WW 8:49.

것"을 행하시는 분이시다.[525] 하나님은 "모든 일의 유일한 원인이자 모든 것을 창조해내시는 유일한 창조자" "모든 사물을 붙들어 …그 존재를 지속시키시는 분" "모든 것을 보존하며" "그 행복을 위해 온 우주를 결합시키시는 분" "우주 속 모든 운동을 일으키시는 참 원인자" "모든 사람의 구원자" "모든 일의 통치자"이시자 "모든 것의 궁극적 목적"이시다.[526] 웨슬리는 우연론(casualism)에 반대해 "모든 것은 하나님의 섭리에 의해 다스려진다"고 보았기에,[527] 심지어 하나님께서 우리를 통해 일하실 때도 모든 영광은 하나님께 돌려야 함을 가르쳤다. "하나님께서는 언제나 당신께서 기뻐하시는 도구를 사용해 일해오셨습니다. 그럼에도 일하시는 분은 여전히 하나님 자신이십니다. 그러므로 우리가 천사를 통해 도움을 받든, 사람을 통해 도움을 받든, 또 어떤 도움을 받든 모든 도움에 대해, 마치 하나님께서 어떤 수단도 전혀 사용하지 않으신 것같이 동일한 영광이 하나님께 돌아갑니다."[528]

그러나 웨슬리는 인간의 책임성을 부인하는 노예의지론은 반대했다. 그는 설교 "하나님의 섭리에 대하여"(1786)에서 하나님께서는 자기 자신을 부인하거나 반박하거나 적대시하실 수 없다면서, 인간에게 자유의지와 율법을 주신 하나님은 이 세상의 죄와 고통을 없애기 위해 인간에게서 자유를 빼앗지는 않으신다고 가르쳤다. 만약 하나님께서 그렇게 하신다면, 하나님은 전능하실 수는 있지만, 지혜롭거나 선하지는 않으신 분이 되고 만다. 그러나 하나님의 지혜와 선하심은 사람을 자유로운 도덕적 행위자로 다루시면서도 그들을 죄에서 구원하시는 데서 드러난다.[529]

웨슬리는 만약 사람이 자유의지를 조금이라도 가졌다면, "하나님께서 모든 일 전체를 행하지 않은 것이 되고", 따라서 "모든 영광을 홀로 받으실 수 없게 된다"는 주장을 잘 알고 있었다.[530] 따라서 그는 하나님의 은혜와 인간의 책임이라는 주제를 다룰 때 언제나 하나님의 의지나 은혜에서 분리된 독립적인 인간의 의지를 주장한 것이 아니라, 존 콥이 바르게 지적한 것처럼, 언제나 "인간의 책임이 하나님

525 ENOT 1 Chron 11:10; ENNT 1 Cor 3:7; 13:8; 15:28; Eph 4:13; 1 Pet 1:5; Rev 21:22; Journals 4:117; 5:23; 설교, "은총의 수단", II. 6; V. 4; "산상설교 (3)", I. 6; II. 6; WW 8:198, 469; 11:489.
526 설교, "영적 예배", I.1-10
527 설교, "인간 지식의 불완전함", II. 1.
528 설교, "선한 천사들에 대하여", II. 3, 9.
529 설교, "하나님의 섭리에 대하여", 15.
530 WW 10:229-230.

의 은혜와 어떤 관계에 있는가?" 즉 둘 사이의 상호작용을 바르게 해설하는 데 주
의를 기울였다. 거룩한 사랑의 하나님은 인간을 한없이 수동적이고 무능한 존재
가 아닌 하나님의 형상을 지닌 인격적 존재로 창조하셨고, 죄인의 구원 역시 사람
이 하나님의 은혜에 인격적으로 반응하는 가운데 이루어지기를 원하신다. 웨슬리
는 하나님께서 원하시는 이러한 관계를, "우리 없이 우리를 창조하신 하나님께서
는 우리 없이 우리를 구원하기를 원하지 않으십니다"라는 아우구스티누스의 말을
인용해 설명했다.[531] 웨슬리는 "사람은 스스로를 구원할 능력이 없다"는 점에서 "구
원은 명백히 하나님의 선물"이지만, 이 선물이 "우리의 응답을 요구하고 또 책임
성을 부여한다"는 점에서 "하나님은 우리 없이 우리를 구원하기를 원하지 않으신
다"고 가르친 것이다.[532]

극단적 칼빈주의자들은 사람의 신앙의 유무 및 성화에서의 진전 등 개인의 구
원과 인류 역사의 모든 것이 절대적으로 예정되어 있다는 이중예정론에 동의하지
않으면, 그 어떤 주장도 인간의 도덕적 능력이나 결정을 구원의 최종 근거로 삼는
펠라기우스주의라는 흑백논리로 웨슬리를 비판하곤 한다. 그러나 웨슬리가 구원
에서 인간의 책임성을 가르친 이유는, 구원의 최종 근거를 인간의 결정에 두었기
때문이 아니라, 하나님께서 사람과 맺으시는 관계의 "궁극적 토대"를 "하나님의
본성과 특징 그 자체"에 두었기 때문이다.[533] 따라서 웨슬리가 그들에게 반문한 것
은, 과연 하나님은 구원의 과정에서 인간이 신앙적 결단으로 하나님의 은혜에 반
응하기를 원하시는가, 아니면 인간의 어떤 반응도 고려하지 않고, 심지어 그가 신
앙을 갖게 될지 아닌지도 고려하지 않고, 오직 당신의 절대적 주권만으로 구원과
멸망을 결정짓기를 원하시는가라는 것이다.

이 질문에 대한 웨슬리의 응답은, 하나님은 인간의 인격적 응답을 구원의 '조건'
으로 요구하시기에 그 조건을 충족시켜야 하지만, 그럼에도 그것이 구원의 '공로'
가 될 수는 없다는, 구원의 '조건'과 '공로'의 구분이었다. 예를 들어, 웨슬리는 칼빈
주의자들이 자신을 행위구원론자로 비난한 근거가 된 1770년 감리교 연회록에서
다음과 같이 설명한다. "질문: 이것이 행위에 의한 구원이 아닙니까?, 대답: 행위의

---

531 설교, "우리 자신의 구원을 성취함에 있어서", III. 7.

532 Randy L. Maddox, "Responsible Grace: The Systematic Perspective of Wesleyan Theology," *WTJ* 19:2 (1984), 7.

533 Cannon, *The Theology of John Wesley*, 153.

공로에 의한 것이 아니라, 조건으로 제시된 행위에 의한 것입니다."[534] 여기서 웨슬리가 말하는 구원의 '조건'이란 하나님께서 사람에게 요구하시는 인격적 응답, 즉 신앙으로 하나님의 뜻에 순종하는 것이다. 만약 그렇게 하지 않는다면, 이는 그가 하나님께 반역하는 가운데 하나님께 적합하지 않은 태도로 일관하고 있음을 의미하기 때문이다. 그러나 인간이 믿음과 순종으로 하나님의 뜻에 순응한다 해서 그것이 구원의 '공로'가 되는 것은 아니다. 구원은 오직 하나님의 은혜로 가능하기 때문이다.[535] 웨슬리는 사람이 하나님께서 요구하시는 구원의 '조건'을 충족시켜야 하지만, 그것이 구원의 '공로'가 될 수는 없다는 주장을 많은 성경 본문으로 뒷받침했는데, 몇 가지 사례를 들면 다음과 같다.

첫째, 요한계시록 3:20("볼지어다 내가 문 밖에 서서 두드리노니 누구든지 내 음성을 듣고 문을 열면 내가 그에게로 들어가 그와 더불어 먹고 그는 나와 더불어 먹으리라") 주해다. 웨슬리는 이 구절을 "네가 이같이 미지근하여 뜨겁지도 아니하고 차지도 아니하니 내 입에서 너를 토하여 버리리라"(계 3:16)는 말씀과 연결해, 하나님은 죄 된 상태를 지속하며 회개하지 않는 신자는 버리시지만, 회개하면 그리스도와 함께하는 영생을 계속 누리게 하실 것이라는 의미로 해석한다. "만약 회개하지 않는다면 나는 너를 완전히 내던져버릴 것이다. … 그러나 너희가 기쁜 마음으로 나를 받아들이면 나는 은혜와 은사로 너희를 새롭게 하고, 너희에게 은혜와 은사 주었음을 즐거워할 것이며, 너희는 영원한 생명 안에서 나와 함께할 것이다."[536] 한 번 구원 받은 신자라도 태만과 방종 속에서 그 "기질과 행위가 … 하나님의 일에 철저한 문외한이 되어 아무런 관심도 없고 생각도 하지 않는" 상태로 되돌아간 경우, 그 역시 회개하지 않으면 주님께서 내치신다는 것이다.[537] 따라서 이 구절은 빌립보서 2:12("두렵고 떨림으로 너희 구원을 이루라")과 같이, 구원 받은 신자라도 언제나 "'불로 연단한 금' 즉 고통 속에서 정제된 참되고 산 믿음과, '흰옷' 즉 참된 성결과, '안약' 즉 성령의 신령한 조명하심"을 통해 그리스도와의 인격적 관계를 지속해야 함을 강조하는 구절이라 할 수 있다.[538] 웨슬리는 이 말씀에서, 신

534 WW 8:337.
535 콜린스, 『성경적 구원의 길』, 117-125.
536 ENNT Rev. 3:16, 20.
537 같은 곳, 3:15.
538 같은 곳, 3:18.

자의 마음 문을 강제로 열고 들어오시지 않고, 신자 자신의 책임성 있는 태도를 요
구하시는 분은 주님 자신이심을 매우 강조한다. 특히 요한계시록 3:15의 "네가 차
든지 뜨겁든지 하기를 원하노라"는 주님의 말씀에 관해 "이러한 주님의 바람은, 주
님께서 우리의 인격적 결단 없이 불가항력적으로 일하기를 원하지 않으심을 의미
한다"[539]고 단언한다. 요한계시록 3:20의 "누구든지 내 음성을 듣고 문을 열면"이라
는 말씀 역시 주님은 은혜를 주실 때 신자의 인격적 책임성과 결단을 촉구하신다
는 의미로 해석한다.[540]

둘째, 로마서 11:22("하나님의 인자하심과 준엄하심을 보라 넘어지는 자들에
게는 준엄하심이 있으니 너희가 만일 하나님의 인자하심에 머물러 있으면 그 인자
가 너희에게 있으리라 그렇지 않으면 너도 찍히는 바 되리라") 주해다. 이 구절이
포함된 로마서 11:20-23은, 하나님의 백성이 변하지 않는 믿음으로 하나님의 인자
하심에 머물러 있는지 아닌지를 하나님의 구원의 나무에 접붙임된 것을 유지하는
지 찍혀 버려지는지를 결정짓는 조건으로 말씀한다. 웨슬리는 "그렇지 않으면 너
도 찍히는 바 되리라"(22절)는 말씀을, "현재 믿음에 굳게 서 있는 자라도 후에 믿
음을 저버리면 완전히 그리고 최종적으로 잘려나가게 될 것이다"라는 말로 설명
한다.[541]

웨슬리는 신앙이라는 구원의 조건을 구원의 유지뿐 아니라 구원 자체에도 적
용했다. 로마서 11:23은 이방인도 "믿지 아니하는 데 머무르지 아니하면", 즉 신앙
을 가지면 구원의 가지에 접붙임을 받는다고 말씀한다. 구원이 하나님 은혜의 선
물이라도 신앙을 조건으로 그 선물을 주신다는 것이다. 웨슬리는 로마서 11:20
("그들은 믿지 아니하므로 꺾이고 너는 믿으므로 섰느니라")이나 11:22("그렇지 아
니하면[믿음으로 하나님의 인자하심에 머무르지 않으면] 너도 찍히는 바 되리라")
이 모두 "조건적이지"(즉 구원을 위한 조건으로 요구되는 것이지) "절대적인 것은
아니다"(즉 신앙으로 구원의 조건을 충족시켰다 해서 믿음 자체가 구원을 위해 충
분하고 완전한 공로가 된다는 의미가 아니다)라고 설명한다. "만약 믿음이 구원을
위한 절대적 충족 요소라면, 사람이 자랑할 수 있을 것이지만" 믿음은 그런 공로가

---

539 같은 곳, 3:15.
540 같은 곳, 3:20.
541 ENNT Rom. 11:22.

될 수 없다는 것이다.[542] 웨슬리는 11:23("그들을 접붙이실 능력이 하나님께 있음이라")에서 드러나듯, 하나님께서 신앙을 구원의 조건으로 요구하시고 또 인간이 신앙으로 그 조건을 성취하더라도, 그를 구원하실 자유와 능력과 공로는 오직 하나님께만 있음을 분명히 언급한다. 웨슬리가 여기서 "절대적"이라고 쓴 용어는 1770년 연회에서 "공로"라고 쓴 말과 유사한 의미를 지닌다. 즉, 믿음은 하나님께서 요구하시는 조건이지, 그 자체가 공로적이지는 않다는 것이다.

셋째, 출애굽기 14:15-16("너는 어찌하여 내게 부르짖느냐 이스라엘 자손에게 명령하여 앞으로 나아가게 하고 지팡이를 들고 손을 바다 위로 내밀어 그것이 갈라지게 하라") 주해다. 웨슬리는 출애굽기 14:13-14("모세가 백성에게 이르되 너희는 두려워하지 말고 가만히 서서 여호와께서 오늘 너희를 위하여 행하시는 구원을 보라 … 여호와께서 너희를 위하여 싸우시리니 너희는 가만히 있을지니라")은, 구원과 거룩한 삶이 오직 하나님의 은혜로만 가능함을 말씀하는 구절이라고 해석한다. 구약에서 하나님의 구원을 가시적으로 보여준 가장 위대한 사건인, 이스라엘 백성 앞에 홍해가 갈라진 사건에서 누가 감히 인간의 노력과 공로를 말할 수 있겠는가! 구원의 영광은 오직 하나님께만 돌림이 마땅하다. 그러나 하나님만 영광 받으시기에 합당한 이 사건에서조차도 하나님은 인간이 전적으로 수동적이기만 바라지는 않으셨다. 하나님은 이스라엘 자손에게는 "앞으로 나아가라"고 명령하셨고, 모세에게는 "지팡이를 들고 손을 바다 위로 내밀어 그것이 갈라지게 하라"고 명령하셨다(출 14:15-16). 그들이 하나님의 명령에 순종할 때 그것을 통해 구원이 이루어지게 하는 것이 하나님의 뜻임을 드러내신 것이다. 따라서 웨슬리는 하나님만 주실 수 있는 구원을 받아 하나님께만 모든 영광을 돌리는 것과 하나님께서 구원을 위해 요구하시는 조건을 충족시키는 일 사이에는 어떤 모순도 없음을 역설했다.[543] 하나님의 명령을 따라 이스라엘 백성이 홍해로 전진한 것과 모세가 지팡이를 바다 위로 내민 것이, 위대한 구원 사건을 성취한 '공로'인가? 그렇지 않다. 그럼에도 하나님께서는 구원 사건에서 그들의 인격적 응답을 원하셨기에 그들에게 '조건'을 제시하신 것이다.

웨슬리가 구원의 조건과 공로를 구분한 사례를 종합하면, 그는 출애굽기

---

542 같은 곳, 11:20.
543 설교, "은총의 수단", IV. 4-5.

14:13-16과 요한계시록 3:20은 구원 받은 신자라도 믿음과 순종을 지속해야 할 책임을 가르치는 구절로 설명한다. 이에 비해 로마서 11:20-23은 신앙을 불신자의 구원과 신자의 구원 유지 모두의 조건으로 가르친다고 설명한다. 그리고 이 모든 구절은, 하나님께서 구원을 베푸시기 위해 사람에게 신앙이나 순종을 '조건'으로 요구하시더라도, 그것이 구원의 공로가 될 수 없음을 가르친다고 설명한다. 웨슬리를 비난한 칼빈주의자들은 '만약 사람이 신앙을 결단해야 한다면 그것은 구원이 인간의 결정에 달려있다는 의미가 아닌가?'라는 흑백논리로 웨슬리 신학을 인간이 구원을 결정짓는다고 주장하는 신학이라고 공격하곤 한다. 그러나 웨슬리는 우리가 하나님께서 요구하시는 뜻에 인격적으로 순응해야 함을 가르쳤을 뿐, 구원의 공로와 영광을 인간에게 돌리지 않았다. 웨슬리가 하나님께서 요구하시는 신앙의 결단과 순종조차 구원을 위한 "절대적" 또는 "공로적" 가치가 될 수 없다고 가르친 것은, 그가 인간의 행위와 율법을 구원의 수단으로 여기지 않았음을 의미한다. 웨슬리는 회개와 율법에 대한 순종, 심지어 신앙의 결단마저도 인간의 도덕적 능력이나 구원의 공로의 관점에서가 아니라, 하나님의 은혜의 관점에서 이해했다. 웨슬리의 '공로'와 '조건' 사이의 구분은, 하나님께서 구원을 위해 인간의 신앙적 결단과 순종을 조건적으로 요구하심에도 그것이 구원의 공로가 될 수 없음에 대한 탁월한 설명이 되므로, 성경적 구원론의 많은 난제를 푸는 중요한 열쇠가 된다.

웨슬리는 하나님께서 전능하시기에 홀로 일하실 수 있음에도 인간을 파트너와 도구로 삼아 섭리하시는 이유 역시 "하나님의 본성과 특징"인 거룩한 사랑의 관점에서 이해했다.[544] 하나님의 거룩하신 사랑이 인간의 창조와 구원, 섭리 사역 모두의 원천이라는 것이다.[545] 하나님은 당신의 피조물을 사랑하실 뿐 아니라, 피조물도 서로 사랑하기를 원하신다.[546] 그래서 거룩하게 사랑하는 방법을 "언제나 옳으며, 모든 대상에게 적합하고, 그 대상 간 모든 관계와 조화를 이루는" 율법에 제시하셨다.[547] 율법은 사람이 상대하는 대상의 상대적 가치에 걸맞은 적합한 사랑의 방

544 Cannon, *The Theology of John Wesley*, 153.
545 설교, "믿음으로 세워지는 율법 (2)", II.3; "율법의 기원, 본성, 속성 및 용법", I.1-III.12.
546 설교, "하나님에 대한 사랑", I. 6.
547 설교, "율법의 기원, 본성, 속성 및 용법", III. 7-9.

법을 가르친다.[548] 하나님에 대해서는 순결한 예배를 가르친다.[549] 정치 지도자와 영적 지도자, 부모를 대하는 태도로는 존경과 순복을 가르치고, 그들에게는 책임과 특권의 균형을 가르친다.[550] 율법은 이웃과 교회, 국가에서의 평화로운 관계와[551] 타인의 영혼과 삶을 돌아보는 섬김을 가르친다.[552] 이처럼 율법은 하나님과 인간 및 인간 상호 간 거룩한 사랑의 관계를 원하셔서 그 관계를 실현하게 하시려는 하나님의 의지가 담긴 명령이다.[553]

그러므로 구원은 율법의 성취, 즉 하나님께서 뜻하시는 거룩한 사랑의 관계의 실현을 포함한다. 구원에서 우리는 먼저 신앙으로 하나님의 사랑을 받아들인다.[554] 웨슬리는 우리가 하나님의 거룩한 사랑을 깨달음으로 하나님과 사랑의 관계를 회복하는 것으로 구원을 정의한다.[555] 이 구원은 우리로 하나님께 대한 감사로 인해 하나님을 사랑하게 만들며, 또 이웃을 향해서도 자애로운 사랑을 할 수 있게 만든다.[556] 따라서 웨슬리는 하나님께서 사람을 구원하시고, 사회를 변화시키시며, 세상을 복음화하시는 사역이 인간을 배제한 채 배타적으로 하나님의 주권으로만 이루어지지 않고, 하나님과 사랑의 관계가 회복된 사람이 율법에 담긴 하나님의 사랑의 요구를 깨닫고 순종하는 능동적 과정을 통해서도 이루어진다고 확언했다.[557]

하나님께서 구원의 은혜에 사람의 인격적 반응을 원하실 뿐 아니라, 하나님의 사랑을 깨달은 신자가 섭리 사역의 파트너가 되기를 원하신다는 가르침은 웨슬리

---

548 설교, "돈의 사용" "선한 청지기" "부에 대하여" "부의 위험성" "재물 축적의 위험성에 대하여" "의복에 대하여" "아픈 자들을 심방하는 일에 대하여" "부자와 나사로" "기독교의 무능함의 원인들" "더 좋은 길" "세상의 어리석음에 대하여" "꿈과 같은 인생" 참고.

549 설교, "율법의 기원, 본성, 속성 및 용법", I. 1.

550 설교, "대심판" "가정의 신앙생활에 대하여" "자녀교육에 대하여" "부모에게 순종함에 대하여" "목사에게 순종함에 대하여" "국가적 죄와 비극들" 참고.

551 설교, "편협한 믿음에 대한 경고" "관용의 정신" "험담의 치료" "조지 횟필드의 서거에 대하여" "모든 사람을 기쁘게 하는 일" "사랑에 대하여" "분열에 대하여" 참고.

552 설교, "은총의 수단" "생활방식의 개혁" "이웃에 대한 책망의 의무" "세상과 벗된 것에 대하여" "세상과 분리된다는 것은 무엇을 의미하나" "타락한 자들을 부르심" "성찬을 규칙적으로 시행해야 할 의무" 참고.

553 설교, "율법의 기원, 본성, 속성 및 용법", I. 2-3.

554 Collins, The Theology of John Wesley, 20-22.

555 WW 8:47-48.

556 설교, "산상설교 (4)", I. 1-9; Thomas C. Oden, John Wesley's Scriptural Christianity: A Plain Exposition of His Teaching on Christian Doctrine (Grand Rapids, Michigan: Zondervan Publishing House, 1994), 41.

557 설교, "복음의 보편적 전파", 1-27; "생활방식의 개혁", 서론. 1-V. 7; "중요한 질문", III. 5; "모든 사람을 기쁘게 하는 일", 서론. 1-II. 8; "아픈 자들을 심방하는 일에 대하여", 서론. 1-III. 9; "기독교의 무능함의 원인들", 1-19; "산상설교 (3)", II. 5-6; "산상설교 (7)", IV. 7; "성경적 구원의 길", III. 9-10; "의에 대한 보상", I. 5.

의 다양한 글에서 나타난다.[558] 특히 하나님 섭리의 세 가지 원의 개념, 즉 하나님은 중간 원에 속하는 그리스도인과 가장 안쪽 원에 속하는 거룩한 그리스도인을 사용해 가장 바깥 원, 즉 그의 모든 피조물을 돌보신다는 주장에서 두드러진다.[559] 하나님은 창조와 구원, 섭리 모두에서 사람이 하나님의 거룩한 사랑을 수동적으로 받기만 하는 존재가 아니라, 하나님과의 사랑의 관계에 적극적으로 참여하고 또 그 관계를 확장해 나가는 능동적 존재가 되기를 원하신다는 것이다.

루터는 하나님의 가면 개념을 통해 모든 사람은 모든 대상과 사건에서 모든 일을 주관하시는 하나님과 직접적으로 마주하고 있음을 가르친 반면, 사람이 다른 사람과 관련되는 방식은 각 사람이 하나님의 가면으로 사용됨을 통해 간접적으로 연관됨을 강조했다. 즉 모든 일을 하나님의 역사하심으로 여기라는 것이다. 그러나 웨슬리의 가르침에서 하나님은 직접적 · 결정적 · 일방적인 방식으로만 일하시지 않고, 사람을 통해 간접적 · 허용적 · 종합적인 방법으로도 일하신다. 후자의 방법으로 일하실 때 하나님께서는 사람이 더 능동적인 자세로 이웃과 더 직접적인 관계에서 거룩한 사랑을 나누게 하신다고 보았다.[560]

웨슬리는 하나님의 주권적 섭리와 신자의 책임적 참여의 관계가 어떤 성격의 것인지 이해하는 데 율법이 중요한 역할을 한다고 보았다. 쉬운 예로, 18세기 영국의 산업혁명기에 막대한 부를 축적한 칼빈주의자들은 소수에게 부가 집중되고 대다수의 사람이 빈곤에 떨어진 원인을 하나님의 예정으로 돌렸다. 16세기 종교개혁자들이 예정과 하나님의 주권을 강조한 의도와 전혀 다르게, 후대의 개신교인은 사회의 부익부 빈익빈의 원인을 하나님의 뜻으로 돌려 경제적 불평등에 관한 자신의 도덕적 책임을 모면하는 도구로 예정론을 악용한 것이다. 그러나 웨슬리는 하나님의 주권에 대한 성경의 가르침을 신자가 자신의 불의를 막는 방패막이로 사용할 가능성을 차단했다. 웨슬리에 의하면, 부자의 경우 하나님께서는 그들이 필요로 하는 정도보다 더 많은 돈을 그들에게 맡기시면서, 이와 함께 여분의 돈을 어떻게 사용해야 하는지에 대한 지침으로 율법을 주셨다. "하나님께서는 우리 손에 맡기신 재산의 분량과 함께, 우리에게 맡기신 것을 무엇을 위해 사용해야 하는지에

---

558 설교, "산상설교 (3)", III. 5; "산상설교 (6)", III. 4-6; "광신의 본성", 29; "인간 지식의 불완전함", IV; "시험에 대하여", II. 1-III. 10; "하나님의 섭리에 대하여" 참고.
559 설교, "하나님의 섭리에 대하여", 1-29; "믿음에 대하여", 13; "영적 예배", I. 9; ENNT Matt 5:45, Col 1:24 참고.
560 설교, "선한 천사들에 대하여", II. 10.

대해 명령을 주셨습니다."[561] 다시 말해, 하나님은 부자에게 많은 재물만 주신 것이 아니라, "가난한 자를 먹이라"는 율법의 명령을 함께 부여하셨다.[562] 맡기신 돈과 내리신 명령으로 인해 부자는 하나님의 청지기와 동역자로서 빈궁한 자를 돌볼 책임과 의무를 갖게 된다. 그러나 하나님께서 빈궁한 자를 돌볼 책임을 부유한 자에게 맡기심으로 인해, 빈궁한 자가 부요한 자의 순종을 통해 하나님의 공급하심을 경험할 가능성과, 부자의 불순종으로 가난한 자의 몫을 도둑질할 위험이 함께 존재한다.[563] 이 세상에서 사람이 겪게 되는 많은 고통과 불행에 대해, 과거 루터는 그 모든 것을 숨어계신 하나님께서 행하시는 일로 돌린 반면, 웨슬리는 우리가 고통과 불행의 원인을 철저하게 완전히 파악할 수는 없지만, 그중 많은 경우가 사람의 죄악 때문이라고 설명한 것이다. 사람이 하나님의 명령에 순종하면 충분히 해결 가능한 고통과 불행임에도 하나님의 것을 맡은 청지기들이 태만과 불성실로 불순종할 때는 그들의 죄악으로 인해 세상의 고통과 불행은 가중될 수 있다.[564] 루터는 하나님께서 언제나 모든 일의 유일한 원인이심을 강조한 반면, 웨슬리는 하나님께서 율법을 통치의 도구로 사용하셔서 순종하는 사람을 통해 간접적으로도 세상을 다스리고 돌보신다는 것이다. 루터는 하나님의 가면 개념을 사용해 하나님의 충족성에 더 초점을 두었으나, 웨슬리는 인간을 파트너로 삼아 일하시는 하나님께 책임 있게 반응할 것을 강조함으로 율법을 통한 하나님의 통치 개념을 가르친 것이다. 그럼에도 웨슬리는 우리가 "하나님의 뜻을 행할 모든 능력"은 이미 하나님에게서 받았으므로, 그 모든 일에서 "오직 하나님만 모든 영광을 받으셔야 합니다"라고 강조했다.[565]

---

561 설교, "부의 위험성", I. 5.
562 설교, "재물 축적의 위험성에 대하여", I. 12.
563 설교, "의복에 대하여", 15.
564 설교, "기독교의 무능함의 원인들", 1-19; "우리의 의가 되신 주", 서론. 12; "산상설교 (2)", III. 18; "산상설교 (8)", 22-28; "믿음으로 세워지는 율법 (2)", I. 4-5; "열심에 대하여", 서론. 1; "더 좋은 길", 서론. 2; "불법의 신비", 1-36; "하나님의 사려 깊은 지혜", 14-20; "복음의 보편적 전파", 1-7 참고.
565 WW 10:229-230.

4장

성자 그리스도

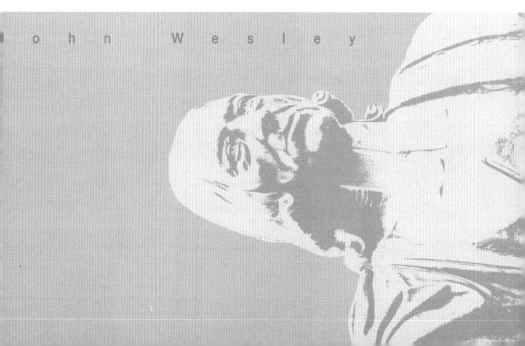

4장 성자 그리스도

A. 마르틴 루터

루터 연구의 역사에서 루터의 기독론은 그의 구원론에 비해 덜 관심의 대상이 되어 왔다.[1] 그러나 루터의 구원론은 그의 기독론에 기초해 있고, 기독론과 조화를 이룬다. 루터는 그리스도에 관한 교리가 기독교 신앙 전체의 핵심이자 기초임을 매우 강조했다. "만약 성경에서 그리스도를 없애면, 무엇이 그 속에 남아있겠는가?"[2] 루터는 1535년판 『갈라디아서 강해』의 서문에서 "내 마음은 오직 한 가지 교리, 즉 그리스도께 대한 신앙의 교리만이 다스린다. 내 모든 신학적 사고는 밤낮 거기에서 흘러나오고, 그것을 통과하며, 그것으로 되돌아간다"[3]고 했다. 알트하우스는, 루터에게 칭의의 교리란 다름 아닌 그리스도 교리를 구원이 필요한 인간에게 적용한 것이라고 바르게 설명했다.[4] 마르크 리엔하르트(Marc Lienhard)는 루터의 기독론에서 나타나는 변화와 일관성을 검토한 끝에 거기서 항구적으로 나타나는 근본적 주제는 그리스도와 이신칭의의 결합, 그리스도 안에서의 하나님의 계시, 그리고 십자가의 신학이라고 주장한다.[5]

루터 기독론의 이 세 주제는 그의 율법과 복음에 대한 이해와 밀접한 관계가 있다. 우리는 이 장에서 그리스도께서는 성육신, 특히 십자가 죽음을 통해 자신을 먼저 율법으로 계시하신 후 그다음은 복음으로 계시하신다는 사실을 루터의 십자가의 신학과 연결 지어 살펴볼 것이다. 또한 그리스도의 대속에 대한 루터의 설명을, 그리스도에게서 전가된 의와 신자의 본성적인 의의 관계 및 칭의와 성화의 관계와 연결 지어 검토해볼 것이다. 마지막으로 그리스도의 승리에 대한 루터의 이해를, 그리스도께서 하나님의 율법 및 진노와 싸워 이기셨다고 하는 이원론적 묘사에 초점을 두어 살펴볼 것이다.

---

1   Lienhard, *Luther: Witness to Jesus Christ*, 11-13.
2   LW 33:26.
3   LW 27:145.
4   Althaus, *The Theology of Martin Luther*, 225-226.
5   Lienhard, *Luther: Witness to Jesus Christ*, 254-255.

I. 그리스도의 인격

루터는 로마 가톨릭교회와 개신교회에는 하나님이자 인간이신 그리스도께 대한 신앙고백에서는 어떤 불일치도 존재하지 않는다고 생각했다. 1543년에 그는 삼위일체와 그리스도의 성육신에 관한 "신앙고백은 교황주의자와 스콜라 신학자 중에서 순수하게 보존되었고, 우리는 이 점에서는 그들과 다투지 않는다"고 평가했다.[6] 초기 기독교 첫 네 개의 에큐메니컬 신조가 그리스도에 관해 성경적 진리를 보존한 것에 대해 루터가 높이 평가한 내용은 『교회 회의들과 교회에 관하여』(*On the Councils and the Church*, 1539)에 잘 나타나 있다.[7]

루터는 구원의 능력은 오직 하나님께 속한다는 점에서 그리스도의 신성을 기독교의 토대로 보았다. "만약 그리스도가 당신과 나와 같이 단지 사람일 뿐이라면, 그의 고난과 죽음이 나에게 무슨 유익이 있을 것인가? 그렇다면 그는 마귀와 죽음과 죄를 극복하지 못했을 것이며, 그것들에 비해 너무나 약한 우리를 전혀 도울 수 없었을 것이다. 우리는 오직 죄와 죽음, 마귀, 지옥을 극복하신 참 하나님이자 주님이신 구원자를 필요로 한다."[8] "그리스도께서 다른 성도들같이 단지 사람이라면, 그는 우리를 하나의 죄에서도 구할 수 없을 것이며, 자신의 모든 거룩함과 피와 죽음을 가지고도 작은 한 방울만큼도 지옥불을 끌 수 없을 것이다."[9] "당신 안에서 세상의 죄와 죽음, 저주, 하나님의 진노를 정복하는 일은 어떤 피조물도 할 수 없는 신적 능력의 일, 오직 신적 능력만이 감당하실 수 있는 일이다."[10]

따라서 루터는 "그리스도의 신성을 부인하는 자는 기독교 전체를 잃고 이교도가 된다"[11]고 가르쳤다. 그리스도의 신성은 그를 "하나님"이나 또는 "하나님의 아들"로 칭하는 성경본문에 의해 직접적 지지를 받는다. 또 그리스도의 신성을 입증하는 다양한 간접적 증거가 존재하는데, 그리스도께서 신앙의 대상이 되심, 하나님과의 일체성을 가르치심, 신자의 기도에 응답하실 것을 약속하심, 신

---

6   LW 15:310.
7   LW 41:5, 53-142; Lienhard, *Luther: Witness to Jesus Christ*, 308, 350.
8   LW 22:21.
9   LW 24:108.
10 LW 26:282.
11 같은 곳.

실한 자에게 영생을 허락하심, 성령을 보내심 등의 말씀이다.[12] 루터는 내재적 삼위일체 안에서 삼위의 일치는 우리로 하여금 그리스도 안에서 하나님을 마주하게 하기에, 그리스도의 신성을 복음을 신뢰할 수 있는 기초로 보았다.[13] 그리스도는 성부 하나님과 비교할 때 그 영광과 능력에서 전적으로 동등하시므로 "가장 완전한 의미에서 … 하나님이시다."[14] 루터는 그리스도의 인성조차도 그의 신성에서 분리시키는 것에 반대해 그리스도의 탄생과 사역과 죽음, 즉 인간이 되신 그리스도의 비천함에서도 하나님의 능력은 역사하셨다고 가르쳤다.[15] 루터에게 "그리스도께서 감당하신 고난은 하나님 자신의 고난이기도 했다. 그리스도와 하나님은 하나이시기 때문이다."[16]

그리스도의 신성은 그의 계시나 구원의 능력과 관계된다면, 그리스도의 인성은 하나님께서 어떤 방법으로 계시하고 구원하시는지의 방법과 관계된다. 루터는 인간으로 오신 그리스도는 "언제나 상냥하고 유순하신 것이 아니라", "연약하셨고 피곤해하셨으며 두려워하셨고 위험에서 도망치기도 하셨으며", 비록 죄는 없으셨더라도 때때로 분노와 혐오, 슬픔, 화로 가득하기도 하셨음을 관찰했다.[17] 또한 하나님께서 그리스도 안에서 "당신의 능력을 약함 속에, 지혜를 어리석음 속에, 선하심을 준엄함 속에, 의를 죄 속에, 자비를 진노 속에" 숨겨 매우 역설적인 방법으로 자신을 계시하심을 보았다.[18] 루터는 이러한 역설에 담긴 하나님의 목적을 깨닫는 참된 기독교 신앙을 '십자가의 신학'이라고 명명하면서, 십자가의 신학은 '영광의 신학'과 정반대로 맞선다고 주장했다. 루터에게 '영광의 신학'은 하나님의 영광과 위엄, 통치의 방법을 꿰뚫어 이해해보려고 시도하는 스콜라주의의 이성주의와 인간 행위의 공로로 하나님의 호의를 사려고 노력하는 스콜라주의의 도덕주의 모두를 의미했다. 스콜라주의는 인간의 이성이 하나님의 영광을 파악할 수 있고, 인간의 행위가 하나님의 은총을 좌우할 수 있다고 가정하는 등 인간의 능력에 대한 신

---

12   LW 24:94-95; 41:105-106; Siggins, *Martin Luther's Doctrine of Christ*, 192-198.

13   Watson, *Let God Be God*, 102; Althaus, *The Theology of Martin Luther*, 181-185.

14   LW 23:365; Siggins, *Martin Luther's Doctrine of Christ*, 195-197.

15   Siggins, *Martin Luther's Doctrine of Christ*, 32-35; Lienhard, *Luther: Witness to Jesus Christ*, 250-255.

16   WA 39II, 121. Althaus, *The Theology of Martin Luther*, 197에서 재인용.

17   LW 3:355; 22:73; 52:147; Siggins, *Martin Luther's Doctrine of Christ*, 38-39, 198-205.

18   LW 25:370; 29:111; Lienhard, *Luther: Witness to Jesus Christ*, 45, 137, 141.

뢰에 바탕을 두고 있었다.[19]

루터는 이러한 영광의 신학이 인간을 하나님과 동등한 수준으로 높일 뿐 아니라,[20] "사실상 인간의 타락한 욕구를 충족시키는 데서 영광을 받는 그런 하나님"을 추구한다는 점에서 문제를 발견했다.[21] 영광의 신학에 빠진 자가 섬기는 대상은 참 하나님이 아니라 인간의 욕망과 교만을 투영해 숭배의 대상으로 삼은 우상일 뿐이다. 루터는 "이것이 가증스럽고 완악한 세상이 한번도 제대로 하나님께 돌이켜 감사하고 그를 주와 창조주로 인정하지는 않으면서, 단지 무분별함 속에서 하나님의 모든 복과 선물을 자신의 교만과 탐욕, 방종, 향락을 위해 악용하는 방식이다"[22]라고 폭로한다.

루터는 이러한 우상숭배적이고 인간 중심적인 종교에 대항해 종교개혁 신학을 '십자가의 신학'으로 명명했다. 여기서 '십자가'란 성육신을 통한 그리스도의 낮아지심, 그 삶으로 하나님께 전적으로 순종하심, 십자가에서 죄인을 대신해 죽으심 등 그리스도의 삶 전체를 포괄하는 개념이다. 십자가는 인간이 자신을 우상으로 삼아 하나님을 지적으로 파악하고 행위로 조종하려 시도하는 교만한 태도와 정반대로 맞서는 것이다. 그리스도의 성육신은 십자가를 목표로 하기에, 리엔하르트가 잘 표현한 것처럼, 그리스도께 "십자가는 단지 성육신의 최후를 장식한 것일 뿐이며, 성육신 자체가 이미 십자가였다."[23]

루터가 십자가의 신학을 통해 가르치고자 한 것은 다음과 같다. 첫째, 영광의 신학이 목표로 삼는 죄 된 욕망과 교만은 만족이 아닌 근절의 대상이다.

> 사람은 십자가의 유익을 알지 못하고 싫어하기 때문에, 십자가와 반대되는 것 즉 지혜와 영광과 권세 같은 것만 사랑한다. … 이러한 욕망을 치료할 수 있는 방법은 그것을 만족시키는 것이 아니라 근절시키는 것이다. … 정말로 지혜롭고자 하는 자는 더 지혜롭기를 구하는 것이 아니라, 어리석은 자가 되어 어리석은 것을 구해야 한다. 모든 일에서 더 큰 권세와 영예, 즐거움, 만족을 구하는 자는 오히려 모든 일에서 그것들을 피해 달아나야 한다. 이것은 세상이 보기에 참으로 어리석은 지혜다.[24]

19 Robert Kolb, "Luther on the Theology of the Cross," *LQ* 16:4 (Winter 2002), 446-447.
20 LW 31:47; Kolb, "Luther on the Theology of the Cross," 448; Forde, *On Being a Theologian of the Cross*, 72-73; Forde, *Where God Meets Man*, 32-35.
21 Kolb, "Luther on the Theology of the Cross," 446.
22 BC 412-413.
23 Lienhard, *Luther: Witness to Jesus Christ*, 141.
24 LW 31:53-54.

죄 된 욕망과 교만 추구하기를 근절하지 않고 하나님의 이름으로 추구해 하나님을 우상으로 변질시킨다면, 참 하나님은 그런 사람에게 자신을 감추실 것이다.[25]

둘째, 십자가는 영광의 신학을 정죄한다. 루터는 "그리스도의 고난에 대한 묵상"(1519)에서 그리스도의 고난을 바르게 묵상하는 사람이라면 누구든 십자가로 인해 공포에 사로잡힐 수밖에 없음을 강조했다. 죄인은 그리스도의 십자가에서 죄인에 대한 하나님의 진노의 준엄함을 깨닫기 때문이다. 죄인은 십자가에 달리신 그리스도께서 짊어지신 고통이 사실상 자신의 죄로 인한 형벌임을 보면서, 그리스도의 십자가를 통해 자신에게 마땅한 형벌이 어떤 것인지를 발견한다. "그리스도의 고난의 실제적이고 참된 사역은, 죄인과 그리스도의 동일시를 통해 그리스도께서 우리 죄로 인해 비참하게 몸과 영혼의 고통을 당하신 정도만큼이나 죄인의 양심이 죄로 인해 고통받게 되는 것이다."[26] 그리스도와의 동일시를 통해 십자가는 우리가 하나님 앞에서 어떤 상태인지를 드러내는 율법의 역할을 한다. "우리는 자신을 알지 못하고 … 우리가 얼마나 수치스런 상태에 있는지 모른다. … 그리스도께서 담당하신 모든 고난은 우리 자신에게 적용되어야 한다. 이를 통해 우리가 그리스도의 고난을 더 분명하게 알수록 우리는 자신의 저주받은 상태를 더 잘 알게 된다."[27] 영광의 신학에 빠진 자가 영광에 이르는 길이라고 여겨온 십자가는 그들에게 마땅한 심판을 계시하는 십자가다.

셋째, 십자가는 우리의 죄를 씻는 성례전일 뿐 아니라, 그것을 짊어질 때 우리 속에 있는 옛 아담을 죽이는 방법이 된다.[28] 포드가 잘 표현한 것처럼, 그리스도께서는 우리 "대신" 죽으셨을 뿐 아니라, 우리보다 "먼저" 죽으신 후 그 십자가를 우리에게 넘겨주셨다.[29] 리엔하르트 역시 그리스도의 십자가와 우리가 져야 할 십자가 사이의 관계를 유사하게 설명한다. "십자가는 먼저 그리스도의 십자가다. 이 십자가는 화해의 십자가라는 점에서 유일하다. 그다음으로 십자가는 우리의 십자가다. 우리가 그리스도의 십자가에 참여하기 때문이다."[30] 우리가 신자일지라도 여전히 죄인인

---

25 LW 10:444; 31:53-54.
26 LW 42:7-14.
27 WA 17I, 71. Althaus, *The Theology of Martin Luther*, 204에서 재인용.
28 Althaus, *The Theology of Martin Luther*, 214-215.
29 Forde, *Where God Meets Man*, 35-38.
30 Lienhard, *Luther: Witness to Jesus Christ*, 48; WA 2.141.501; WA 17I, 74. Althaus, *The Theology of Martin Luther*, 214 에서 재인용.

이상, 우리의 몫은 영광이 아닌 십자가다.[31] 하나님께서는 불행과 고통, 박해와 같은 십자가를 참된 그리스도인에게 지우심으로 그들의 육을 죽이신다.[32]

> 고난의 최종 목적은 … 육을 죽이고 죄를 제거해 … 정결하게 함으로 … 우리가 육신의 게으름과 나태함 속에서 영적 잠에 빠져 무뎌지지 않게 하기 위한 것이다. 우리는 평화와 안식이 있을 때는 기도하지 않고 하나님과의 관계가 매우 차가워져 결국 파멸적인 교만에 빠지게 된다. 그래서 우리는 영적 시련과 마음의 슬픔, 비통함, 고뇌를 통해 … 겸손하게 되어야 한다. 그렇지 않으면 죄 가운데서 멸망할 것이기 때문이다. 육은 모든 악독과 불결로 가득해 타락했으므로 십자가와 순교, 슬픔, 혼동, 수치를 수단 삼아 그 부패를 치료할 의사를 필요로 한다. 이러한 것들은 하나님께서 죄를 몰아내시기 위해 사용하시는 치료약이다.[33]

가혹한 고난은 죄에서 자유를 가지고 온다.[34] 시긴스(Ian D. Kingston Siggins)에 따르면, "삶의 풍파와 시련, 짊어져야 할 여러 십자가, 매일의 삶에서 지속적으로 감당해야 할 의무는, 하나님께서 우리가 그리스도께 순응할 수 있도록 만드시는 수단이다."[35]

루터가 종교개혁 신학을 십자가의 신학으로 제시한 목적은, 십자가가 우리 속에 있는 영광의 신학을 제거한 후에라야 그리스도의 영광스러운 신성이 인간의 죄로 왜곡되거나 우상화되지 않은 상태에서 참되고 바른 예배의 대상이 될 수 있음을 강조하려는 것이었다. 따라서 하나님께서는 그리스도의 영광을 계시하시기 전 먼저 십자가가 죄를 드러내고 정죄해 죄인을 죽이는 "율법의 클라이맥스"가 되게 하신다.[36] 죄인이 십자가라는 율법에 의해 죄의 죽음을 경험하면, 하나님께서는 그들에게 그리스도의 영광을 나타내신다. 그리스도의 십자가를 복음으로 계시하시고, 자격 없는 자에게 주시는 하나님의 사랑을 전적으로 의존하는 자를 구원하신다.[37]

신자가 십자가를 견뎌내고 모든 어려움을 감내할 힘은 오직 구원과 복을 주신다는 하나님의 약속에서 비롯된다.[38] 신자는 겸손해진 마음으로 자기 십자가를 짊어지는 가운데, 하나님께서 가난하고 무시당하고 고통당하고 불행하며 버림받아

---

31 LW 6:236; 21:298.
32 LW 6:146-152, 236.
33 LW 8:7; 30:117-118.
34 LW 7:174-177.
35 Siggins, *Martin Luther's Doctrine of Christ*, 163.
36 Forde, *Where God Meets Man*, 39.
37 LW 8:6; 21:299; 42:186; 51:26; Forde, *Where God Meets Man*, 40-44.
38 LW 6:154, 360.

아무것도 아닌 상태가 된 사람을 돌보신다는 사실을 깨닫는다. 그리고 자신이 이러한 하나님의 사랑을 경험할 수 있게 만든 것이 바로 십자가임을 알게 된다. 십자가가 그리스도인에게 인간의 죄 된 욕망으로 더럽혀지지 않은 순수한 복음의 이해와 참된 묵상, 신앙의 기회를 부여한 것이다.[39]

> 이러한 이유로 하나님께서는 우리 모두에게 죽음을 강요하시고, 그리스도의 십자가를 셀 수 없는 고통이나 역경과 함께 당신의 사랑하시는 자녀, 그리스도인에게 지우신다. 때로 하나님은 심지어 우리로 죄에 빠지게까지 하심으로 우리의 심연을 돌아보시고 우리를 도우셔서 많은 일을 행하시고, 당신께서 참된 창조주이심을 나타내시며, 당신을 알게 하셔서 우리의 사랑과 찬양을 받으신다.[40]

십자가를 바르게 받아들인 그리스도인은 "저는 하나님을 믿습니다"라고 바르게 고백하게 된다.[41] 나아가 십자가는 그리스도인이 타인의 죄를 견뎌내고 감내하도록 돕는다. 이런 점에서 루터는 십자가를 짊어지는 삶을 "최고이자 가장 소중한 삶"으로 제시했다.[42]

II. 그리스도의 가르침

시긴스에 따르면, 루터는 그리스도의 중보 사역을 설명하기 위해, 이후에 칼빈이 상세히 설명하고 널리 전파한 그리스도의 "삼중직분" 개념을 사용하지 않았다. 그리스도의 직분이라는 말로 루터는 "거의 언제나" 복음의 설교자로서 그리스도의 역할을 의미했다.[43] 이는 루터가 그리스도의 직분 중 다른 어떤 직분보다 제사장 직을 강조했음을 의미한다. "그리스도는 주로 복음을 선포하셨으며, 그것이 그리스도 직분의 최고 임무였다."[44] 루터는 그리스도께서 율법을 주신 분이 아니라, 신자를 율법에서 구원해내시는 분이심을 반복적으로 가르쳤다.[45] 그리스도의 복음의

---

39 LW 6:262.
40 LW 21:301.
41 LW 6:360-361.
42 LW 6:398.
43 Siggins, *Martin Luther's Doctrine of Christ*, 48-54.
44 LW 40:36.
45 LW 26:72, 132, 178, 367-374; 27:11, 17-18.

직분을 모세의 율법의 직분과 대조했을 뿐 아니라, 율법에 대한 그리스도의 가르침을 그의 비본질적·부차적 직분으로 묘사했다.[46] "복음은 진정 율법과 계명을 가르치는 책이 아니다. … 그리스도와 사도들이 율법을 설명하고 많은 좋은 가르침을 제공한 것은 약간의 도움이 되는 정도라고 생각해야 한다."[47] 루터는 그리스도께서 모세의 율법을 보완하셨다는 주장에 반대해, 그리스도께서 율법을 완성하셨다는 말씀은 오직 그가 모세의 율법을 "삶과 사역에서" 완벽히 수행하셨음을 의미하는 것이라고 확언했다.

> 모세의 율법은 너무나 훌륭하고 완벽하기에, 어느 누구도 거기에 새로운 무엇을 덧붙일 필요가 없다. 사도들은 복음과 그리스도의 가르침을 입증할 때 구약을 토대로 삼았다. 따라서 어느 누구도, 심지어 그리스도도, 구약의 율법을 더 발전시킬 수 없었다. 십계명의 제1계명이 가르치는 내용인 "네 마음을 다하여 하나님을 사랑하라"(신 6:5)는 것에 무엇을 더할 수 있으며, 그보다 높은 무엇을 가르칠 수 있다는 말인가? 그리스도께서는 당신의 은혜와 성령을 주셔서 우리로 율법이 요구하는 바를 행하고 지킬 수 있게 하심으로 율법과 교리보다 더 뛰어난 것을 행하셨다. 그것을 두고 율법을 "보완"한 것이라고 할 수는 없다.[48]

루터는 그리스도께서 새로운 율법을 더하시지 않았다는 주장과 대조적으로, 복음은 그 누구보다 분명하게 밝히셨다고 주장했다. "그리스도는 예전에는 마치 수수께끼처럼 계시되었던 복음을 명확하게 하셨고, 매우 쉬운 용어로 설교할 수 있게 만드셨다."[49]

루터가 그리스도의 복음 선포는 중시하면서도 율법을 설명하신 일은 평가절하했다는 사실은, 그가 구약과 신약의 관계를 율법과 복음의 관계, 또는 복음에 대한 약속과 성취의 관계로 설명한 데서도 드러난다.[50] 이는 2장에서 이미 살펴본 대로, 구약에는 율법만 있고 신약에는 복음만 있다는 의미가 아니라, 구약에 율법의 비중이 더 많고 신약에 복음이 비중이 더 많다는 의미다. 그렇더라도 루터는 구약의 "가장 중요한 내용"은 "그리스도께 대한 하나님의 약속과 보증"이라고 말한다.[51] 루터가 그리스도의 율법보다 복음을 중시한 사실은, 그가 모범으로서의 그리스도보

---

46 LW 12:41, 233; 17:230, 331; 22:145; 23:196.
47 LW 35:120.
48 LW 21:69.
49 LW 1:59.
50 LW 35:236-237.
51 LW 35:168.

다 선물로서의 그리스도를 더 중시해 "훨씬 자주" 언급한 데서도 나타난다.[52] "나는 환희의 때가 아니면 그리스도께서 내가 본받아야 할 모범이 되시는 것을 허용하지 않을 것이다. … 시련의 때가 오면 나는 선물로서의 그리스도가 아니면 그의 말을 듣지도, 그를 영접하지도 않을 것이다."[53] 루터는 먼저 신앙으로 그리스도를 선물로 받아들이지 않은 사람에게는 모범으로서의 그리스도가 아무런 유익이 될 수 없다고 말하는 이유를 다음과 같이 설명했다. "우리는 죄와 죽음의 노예가 되어 있기 때문에, 아무리 율법을 준수하고 선을 행해야 한다고 말해도 아무런 소용이 없다. 죄의 노예가 된 사람은 아무것도 행할 능력이 없기 때문이다."[54]

루터는 "복음서에서 무엇을 찾고 기대해야 하는지에 관한 간략한 지침"(*A Brief Instruction on What to Look for and Expect in the Gospels*, 1521)에서, 그리스도께서 우리에게 오시는 바른 순서를 가르쳐 사람들이 "그리스도를 모세로" 만들어 버리려는 경향을 바로잡고자 했다. 그리스도는 우리에게 먼저 구원의 선물로 오신다. 그리스도를 선물로 받아들인 다음에야 그리스도는 우리가 본받아야 할 모범이 되신다.

> 복음의 주된 내용 및 기초는 당신이 그리스도를 모범으로 삼기 전에 먼저 선물로 받아들이고 그렇게 인식해야 한다는 사실이다. 즉 당신은 그리스도를 하나님께서 당신에게 주신 선물, 당신의 것으로 받아들이고 그렇게 알아야 한다. 당신이 그리스도께서 행하신 일과 당하신 고난을 보거나 들으면, 당신은 그것을 행하고 겪으신 그리스도가 바로 당신의 것임을 결코 의심치 말아야 한다.[55]

> 만약 우리가 신앙을 통해 그리스도를 선물로 받았다면, 다음으로 우리는 더 전진해서 그가 우리를 위해 행하신 것처럼 행해야 하므로, 그리스도는 우리가 따라야 할 모범과 귀감으로 높이 들려져 우리에게 주어진다.[56]

시긴스는 루터가 복음 설교자로서의 그리스도를 더 중시했기에, 율법 설교자로서의 그리스도의 역할은 루터 신학에서 그다지 "교리적 중요성"을 갖지 못한다고 바르게 주장한다.[57] 그렇더라도 루터는 그리스도를 그리스도인의 삶의 모범으

---

52 Siggins, *Martin Luther's Doctrine of Christ*, 159-161.
53 LW 27:34; 26:352.
54 LW 29:66-67.
55 LW 35:119.
56 LW 30:117.
57 Siggins, *Martin Luther's Doctrine of Christ*, 66.

로 제시함을 통해, 그리스도인의 삶의 성격을 매우 구체적이고 눈에 보이는 형태로 표현했다. 인간의 자연적 감정으로서 사랑은 자기 중심적이며 매우 제한적이어서 "감정이 상하지 않을 때만 사랑하고 칭찬하고 선을 행하며 좋은 말을 한다." 그러나 감정이 상하면 "그런 사랑은 사라져버리고 미움과 고함, 원한으로 바뀐다." 인간의 사랑은 "이웃의 친구가 아니라, 이웃이 가진 물건과 재산의 친구"여서 "그것들이 얼마나 유용한지를 기초로 우정을 허락하며 … 자신에게 유익한 것 얻기를 목표로 한다."[58] 그리스도는 이런 사랑밖에 모르는 인간에게 참된 사랑이란 인간의 자연적 감정을 뛰어넘는 것으로 십자가를 지는 것임을 보여주셨다. 십자가를 지는 사랑이란 "친구뿐 아니라 원수까지 사랑하며 … 고통 가운데 인내하며 … 다른 사람의 유익을 구하고, 언제든 자신의 것을 내어줄 수 있는" 사랑이며, 그리스도인으로서 사랑을 하고 있는가 하는 "시금석"은 그러한 십자가를 지는 사랑을 하고 있는가 하는 것이다.[59] 비록 루터가 그리스도께서 설명하신 율법, 즉 복음의 법은 자연법이나 성문법과 동일하게 사랑을 명령한다고 설명했더라도,[60] 그리스도인의 사랑의 수준이 인간의 자연적 감정을 뛰어넘는다는 사실에 대해서는 그리스도의 가르침과 모범을 통해 가장 분명하게 예증했다.

> 그리스도로 옷 입는 것이란 … 율법(롬 13:14)에 의하면, "주 예수로 옷 입는 것, 그리스도의 모범과 그 덕을 본받는 것이다. 그가 행하신 것을 행하고, 그가 당하신 고난을 당하는 것이다." 또한 베드로전서 2:21은 "그리스도도 너희를 위하여 고난을 받으사 너희에게 본을 끼쳐 그 자취를 따라오게 하려 하셨느니라"라고 말씀한다. 그리스도 안에서 우리는 인내와 온유와 사랑, 그리고 모든 일에 절제함의 극치를 본다. 우리는 이러한 그리스도의 것으로 옷 입어야 한다. 다시 말해, 그의 이러한 덕을 본받아야 한다.[61]

루터가 그리스도를 복음의 교사로 가르친 것은 율법 자체를 경시해서가 아니다. 그는 그리스도의 율법에 대한 가르침이 그의 복음에 의존해 있음을 가르치고자 했다. 즉 오직 그리스도의 사랑을 선물로 받아들인 신자만이, 그의 사랑을 우리의 이웃 사랑의 모범으로 본받을 수 있게 된다는 것이다.[62]

---

58 LW 27:353-356.
59 같은 곳.
60 LW 27:354.
61 LW 26:352; 27:34.
62 LW 31:300.

우리가 그리스도를 믿는 신앙을 가진 후에라야 … 그리스도는 자신과 자신의 아버지를 우리 눈앞에 가장 고귀하고 완벽한 모범으로 제시하신다. … 그리스도는 다음과 같이 말씀하신 다. "나는 너희를 사랑한다. 나는 너희를 너희 죄와 죽음 가운데 내버려두지 않고, 내 목숨을 걸고 너희를 구원할 것이다. 그리고 나는 나의 순결과 거룩함, 죽음과 부활, 그리고 내가 할 수 있는 모든 것을 너희에게 줄 것이다. 그러므로 너희는 서로를 사랑함으로 너희를 위한 나의 사랑이 비추어질 수 있게 하여라."[63]

III. 그리스도의 속죄

중세 신학자 안셀무스(Anselm of Canterbury, 1033~1109)는 『왜 하나님은 인간이 되셨나?』(1098)에서, 인간이 죄를 지어 하나님의 영광을 손상시킨 것을 바로 잡기 위해 가능한 선택은 형벌이나 만족 중 하나인데, 하나님께서는 후자의 만족이라는 방법을 선택하셨다고 가르쳤다. 하나님으로서 인간이 되신 그리스도는 하나님의 영광을 만족시키기 위해 자신을 드리셨다는 것이다.[64] 그러나 루터는 안셀무스의 만족설이 그리스도 대속의 의미 중 일부를 밝힌 중요한 공헌은 인정했지만, 대속의 의미 전체를 충분히 드러내지는 못했다고 보았다. 루터는 안셀무스보다 더 포괄적인 입장에서 만족과 형벌 모두를 가르쳤다. 그리스도는 하나님의 율법에 완전하게 순종하심으로 하나님을 만족시키셨을 뿐 아니라, 죄인의 자리에서 형벌을 받으셨다는 것이다.[65] 나아가 루터는 아벨라르(Pierre Abélard, 1079~1142)의 도덕감화설의 관점 역시 수용했다.[66] 그리스도의 사역을 승리로 보았던 초기 동방 교회의 관점 역시 루터의 대속론을 형성하는 원천이 되었다.[67]

그러나 리엔하르트는 "서로 다른 특징적 주제가 루터에게서 발견되더라도, 루터의 대속론을 그 체계 중 하나로 특정할 수는 없다"고 주장한다. "루터는 단지 성

63 LW 24:246-247.
64 R. Larry Shelton, *Cross and Covenant: Interpreting the Atonement for 21ˢᵗ Century Mission* (Tyrone, GA: Paternoster, 2006), 176, 181; Forde, *Where God Meets Man*, 40-44; Althaus, *The Theology of Martin Luther*, 202-204; Siggins, *Martin Luther's Doctrine of Christ*, 130.
65 LW 31:297-298, 351; Althaus, *The Theology of Martin Luther*, 202-203; Shelton, *Cross and Covenant*, 181.
66 Lohse, *Martin Luther's Theology*, 227; Alister McGrath, "The Moral Theory of the Atonement: An Historical and Theological Critique," *Scottish Journal of Theology* 38 (1985), 205-220.
67 Aulén, *Christus Victor*.

경이 인간의 타락과 그리스도의 구원 사역을 해석하는 다양한 방법을 따르는 것에 만족했지, 서로 다른 설명과 강조점을 억지로 조화시키려 하지 않았다"[68]는 것이다. 시긴스 역시 유사하게 설명한다. 루터의 설교는 동방교부의 전통적이고 드라마틱한 그리스도의 승리로서의 대속론과 서방교회의 라틴적 형벌대속론, 객관적 대속설과 주관적 감화설 등 역사적 대속론을 다양하게 담아내고 있다. 이는 루터가 그 모든 입장을 가지고 있거나 여러 생각이 뒤섞여 어느 하나도 제대로 가르치지 못했기 때문이 아니라, 루터 신학의 구조가 그것들과 다르기에 루터의 대속론을 그중 일부 유형으로 특징지을 수 없기 때문이라는 것이다.[69]

역사상 다양한 대속론과 루터의 대속론의 차이는 무엇인가? 주된 차이는, 루터는 죄인에게 그들이 그리스도의 죽음에 책임이 있음을 단호하게 상기시켰다는 데 있다. 루터에 의하면, 만약 대속이 자신이 동참하는 실제적 사건으로 받아들여지지 않는다면, 대속의 교리는 죄인에게 고통도, 위로도 줄 수 없는 하나의 이론으로 쉽게 전락하고 만다. 이 관점에서 보면, 그리스도의 대속이 하나님의 영예를 회복하기 위한 것이라는 안셀무스의 가르침은, 대속을 하나님과 그리스도 사이의 일로 만들어 죄인이 어떻게 그 사건에 연루되는지를 감춤으로 "하나님이 아닌 우리가 화해의 장애물"임을 놓치게 만든다. 또 아벨라르의 가르침은, 하나님께서 그리스도의 십자가에서 자신의 사랑을 나타내셨기에 죄인이 마음을 활짝 열고 그 사랑을 받아들일 것이라고 예상함으로, 자기 삶을 자신의 능력 아래에 두어 자신이 주인 되기를 원하는 죄인이 은총 자체를 거부한다는 사실을 놓치고 있다. 그리고 승리로서의 속죄론은 그리스도께서 죄, 율법, 죽음, 마귀와 같이 악한 능력을 부수셨다고 가르침으로, 또다시 인간은 하나님과 마귀 사이의 일에서 그 역할이 배제되어 있다.[70]

루터는 이처럼 죄인을 그리스도의 죽음과 직접 연루시키지 않음으로 그리스도를 죽게 만든 책임에서 면제시키는 설명방식에 반대했다. 그리고 그리스도의 죽음을 하나님의 진노나 사랑과 연결하기 전에, 먼저 그리스도 당시의 유대인, 헬라인, 로마인만이 아닌 오늘의 우리 역시, 포드가 "자기 방어"라고 부르는 그 태도로 인해, 그리스도를 거부하고 죽이는 일에 동참하고 있음을 강조했다. 그리스도를 영

68 Lienhard, *Luther: Witness to Jesus Christ*, 177-179.
69 Siggins, *Martin Luther's Doctrine of Christ*, 109.
70 Gerhard O. Forde, *A More Radical Gospel*, 85-113; Lienhard, *Luther: Witness to Jesus Christ*, 176-179; Siggins, *Martin Luther's Doctrine of Christ*, 108-113.

접하는 것이 곧 자기 삶에 대한 통치권을 포기하고 하나님의 은혜에 굴복하는 것을 의미하기에, 그것을 원치 않는 죄인은 그리스도를 믿지 않는다는 것이다.[71] 따라서 그리스도는 단지 우리가 하나님의 율법을 깨뜨렸기 때문만이 아니라, 하나님의 은혜에 굴복하기를 거부하는 교만 때문에도 십자가를 지신 것이다. 우리가 하나님의 율법을 깨뜨린 것이 하나님의 통치를 인정하지 않고 하나님의 주권에서 벗어나고자 한 것이라면, 그리스도를 거부함으로 하나님의 구원을 거부하는 것은 하나님의 은혜를 인정하지 않고 그 은혜에 굴복하지 않으려는 태도라는 것이다. 하나님의 통치를 거부해 율법을 깨뜨린 죄를 통해서든, 하나님의 은혜의 통치를 거부해 복음을 믿기를 거부하는 죄를 통해서든, 죄인은 그 모든 통치를 거부해 하나님께 대한 의존관계에서 벗어나려 함으로 제1계명을 위반한다. 루터는 "그리스도께서 짊어지신 고난은 다름 아닌 우리의 죄다. '우리의' '우리에게' '우리를 위해'라는 말은 황금으로 기록해야 할 말이다. 이를 믿지 않는 자는 그리스도인이 아니다"[72]라고 강조했다. 자신이 하나님의 통치와 은혜를 거부해 그리스도의 십자가의 원인이 되었음을 깨달은 죄인에게는, 하나님의 형벌의 대상인 줄로만 알았던 그리스도께서 우리를 위해 스스로를 희생하신 구원자로 바뀌게 되며, 그리스도의 순종은 "우리를 위한" 구원의 공로로 바뀐다.[73]

　　루터 학계에서는 루터 신학에서 그리스도께서 어떤 방식으로 "우리를 위해" 일하시는지에 관해 뜨거운 논쟁이 있었다. 핀란드 루터 학파(the Finnish Luther school)의 수장 투오모 마네르마(Tuomo Mannermaa)는, 루터에게 칭의는 신자가 신앙으로 그리스도와 연합할 때 "속성의 교류"를 통해 가능케 되는 신화(神化, theosis)에 의한 칭의라고 주장했다.[74] 또 "의롭게 하는 신앙은 단지 그리스도의 공로로 인간에게 전가된 용서를 받아들이는 것만이 아니라, 그리스도 안에서 하나님의 본성에 참여하는 것"을 포함한다고 주장했다.[75] 또한 루터의 관점에서 그리스도가 하나님의 은혜이자 선물이더라도, 선물로서의 신앙과 의가 은혜의 "토대이자

71　Forde, *A More Radical Gospel*, 90-93.
72　LW 17:221.
73　LW 35:121; 26:176-179; Lienhard, *Luther: Witness to Jesus Christ*, 142.
74　Tuomo Mannermaa, *Christ Present in Faith: Luther's View of Justification*, ed. Kirsi. Stjerna (Minneapolis: Fortress Press, 2005), 8.
75　같은 책, 16-17.

선행조건"이 되어 은혜에 영향을 준다고 주장했다.[76]

그러나 마네르마의 해석은 일반적으로 받아들여지지 않는다. 루터는 1532년의 『탁상담화』에서 "내 신학은 단번에 깨우친 것이 아니라, 많은 묵상을 통해 점점 더 깊어진 것이다"라고 말한 적이 있다.[77] 스콧 클라크(R. Scott Clark)는 이러한 루터의 말을 상기시키면서, 칭의라는 주제에서는 루터의 젊은 시절과 노년의 이해에 큰 차이가 있음을 주장한다. 클라크는 루터의 칭의론 발전과정을 (1) 1513년 이전 젊은 루터가 중세 신학의 영향으로 주입된 의 사상을 가졌던 시기, (2) 1513년부터 1521년까지 점차 칭의에 대한 법적 이해를 갖게 된 시기, (3) 마지막으로 루터의 법적 칭의관이 완숙해진 1521년 이후로 구분했다. 클라크뿐 아니라 메이슨 비크로프트(Mason Beecroft), 스콧 호렐(J. Scott Horrel), 칼 브라텐(Carl E. Braaten), 로버트 젠슨(Robert W. Jenson), 테드 도르만(Ted Dorman) 등도 유사한 입장에서 젊은 루터와 노년의 루터의 칭의관 변화에 주목했다. 클라크의 적절한 분석에 따르면, 루터가 신화에 의한 칭의를 가르쳤다고 주장하는 학자들은 주로 1521년 이전의 루터 자료를 연구의 주된 원천으로 삼기 때문에, 초기 루터의 견해가 이후에 변화를 겪는다는 점을 간과하는 중대한 오류를 범한 것이다.[78]

루터는 전가된 그리스도의 의와 신자의 내재적 의를 구분하기 위해 다양한 이분법을 사용했다. 이미 살펴본 선물로서의 그리스도와 모범으로서의 그리스도 외에도, 은총으로서의 그리스도와 선물로서의 신앙, 은총으로서의 그리스도와 선물로서의 성령 등의 구별이다. 먼저 하나님의 은총으로서의 그리스도와 하나님의 선물로서의 신앙에 대해 살펴보면, 사람의 죄는 신앙이 얼마나 강한지에 비례해 추방된다. 그러나 신앙의 부족으로 인해 신자는 여전히 죄인으로 남는다. 그럴지라도 하나님께서 신자를 온전히 받아들여 의롭다 칭하시는 것은 그의 은혜가 온전하시기 때문이다. 비록 신앙이 신자의 인격 전체를 변화시키지 못하더라도, 모든

---

76 같은 책, 5.

77 LW 54:50.

78 R. Scott Clark, "*Iustitia Imputata Christi*: Alien or Proper to Luther's Doctrine of Justification," in *CTQ* 70 (2006), 269-310; Mason Beecroft and J. Scott Horrel, "Review of Union with Christ: The New Finnish Interpretation of Luther," *Bibliotheca Sacra* 157 (April-June 2000), 250-251; Ted Dorman, "Review of Union with Christ: The New Finnish Interpretation of Luther," *First Things* 98 (December, 1999), 49-53; Dennis Bielfeldt and Klaus Schwarzwaller, "Response to Sammeli Juntunen, Luther and Metaphysics," in *Union with Christ; The New Finnish Interpretation of Luther*, ed. Carl E. Braaten and Robert W. Jenson (Grand Rapids: Wm. B. Eerdmans, 1998), 161-166.

죄는 은총으로 용서받는다.[79] 루터는 또 은혜로서의 그리스도와 선물로서의 성령을 구분했다. 하나님의 은혜는 믿는 자에게 그리스도를 주시고, 그의 성령을 선물로 주신다. 선물로서의 성령은 비록 신자 안에서 점점 증가하더라도 완전히 충만해지지는 않는다. 그래서 신자에게는 여전히 죄가 남아있다. 그럴지라도 하나님께서 은혜로 주신 그리스도 때문에 신자는 하나님 앞에서 의롭다고 선언된다.[80]

지금까지 언급한 루터의 이분법에서 전자는 모두 그리스도의 의의 전가를 가리킨다면, 후자는 신자 자신의 의를 가리킨다. 전가된 의의 입장에서 보면, 신자는 완전히 의롭고 완전히 성화되었다. 하나님의 은혜와 그리스도께서 완전하시기 때문이다. 신자 자신의 의의 측면에서 보면, 그들은 부분적으로만 의롭다. 신자는 믿음이 부족할 뿐 아니라 성령으로 온전히 충만하지도 못하므로, 자신의 육체를 성령께 온전하게 굴복시키지 못하기 때문이다.[81]

루터에게 전자와 후자는, 전자가 후자의 토대가 되는 관계다. 즉 온전한 하나님의 은혜와 호의, 선물로서의 그리스도는 불완전한 신앙과 성령의 선물, 모범으로서의 그리스도의 토대가 된다. 티모 라토(Timo Laato)의 말로 표현하면, 먼저 하나님의 호의에 따라 십자가에서 죽으신 그리스도께서, 다음으로 신자의 마음에 내주하시는 그리스도가 되시는 것이지, 그 반대의 순서일 수 없다.[82] 그리스도인의 의는 그 자신의 내면의 갱신이라는 조건이 충족되어야 이루어지는 것이 아니라, 하나님께 온전히 순종하신 그리스도의 순종이 그리스도인에게 전가됨에 기초한다.[83] 루터는 심지어 하나님께서 주시는 은혜로서의 호의와, 신자가 받아들인 은혜로서의 신앙을 대조하면서, 신자가 자신의 신앙에 신뢰를 두는 것조차 자신을 신뢰하는 것으로 여겨 경계했다.

> 당신 자신을 신뢰하지 말고, 당신의 신앙마저도 신뢰하지 말라. 그리스도만 의지하고, 그의 날개 아래 숨으며, 그의 처소에만 머물라. 당신의 의가 아닌 그리스도의 의와 은혜만이 당신의 피난처가 되게 하라. 당신은 당신 자신이 깨달은 은혜가 아니라 바울이 말한 것처럼 오직 그리스도의 은혜로 영생의 상속자가 된다. … 참된 그리스도인의 신앙이란, 신앙 그 자체를

79 LW 32:226-229.
80 LW 35:369-370.
81 LW 27:63-75; 31:358-359; 32:226-229; 35:369-370.
82 Timo Laato, "Justification: The Stumbling Block of the Finnish Luther School," CTQ 72 (2008), 332, 337.
83 같은 곳, 338.

피난처로 여기지 않고 … 그리스도께로 피해 그 아래에서, 그 안에서만 보호받는 신앙이다.[84]

루터는 신자가 신앙 안에서 그리스도와 연합할 때 그리스도의 의의 전가가 일어난다고 가르쳤다.[85] "신앙과 그리스도와 의의 전가는 서로 연결되어 있다. 마치 반지의 금속발이 보석을 감싸고 붙드는 것처럼, 신앙은 그리스도를 붙들고 소유함으로 그가 현존하시도록 한다."[86] 루터는 신앙을 통해 그리스도와 신자는 "설명할 수 없는 방식으로" 하나가 된다고 가르쳤다.[87] 그 결과 "그리스도인은 모든 것을 그리스도와 함께 소유한다. 그의 죄는 이제 자신이 아닌, 그리스도의 것이 된다. … 그리스도의 의는 그리스도만이 아닌 그리스도인의 것이 된다."[88] "신자의 믿음이 온전하지 않기에 그들에게는 아직 죄의 잔재가 남아있다. 그럼에도 이러한 죄는 죽은 것이다. 그리스도를 믿는 신앙으로 인해 그것이 신자의 책임으로 돌아가지 않기 때문이다."[89] 하지만 그리스도인이 신앙 안에서 그리스도와 연합하더라도, 그 연합은 그들의 불완전한 신앙이 아니라 완전한 하나님의 은혜로 인한 것이다. 신자의 신앙이 불완전함에도 이 "불완전한" 신앙을 하나님께서 받아주시는 것은 그 자체가 순전히 하나님의 은혜. 그리고 바로 이 은혜 때문에 그리스도의 의의 전가가 이루어지는 것이다.[90] "하나님께서 당신을 용납하시고 의롭다고 여기시는 것은 오직 당신이 믿는 그리스도 때문이다."[91]

따라서 루터가 가르친, 신자가 그리스도와 연합할 때 일어나는 행복한 교환은, 부분적인 "속성의 교류"가 아니라, 그리스도의 완전한 의와 죄인의 전적으로 죄가 가득한 상태의 교환이다.[92] 다시 말해, 칭의란 그리스도를 조금씩 닮아감으로 이루어질 수 있는 것이 아니라, "그의 무죄하심과 의로우심, 지혜, 능력, 구원, 생명, 성령, 즉 그리스도 전체"를 온전히 덧입음으로 이루어지는 것이다.[93] 이는 법적·전체

---

84 WA 10.1.1:126,13-127,6. Laato, "Justification," 333-334에서 재인용.
85 LW 26:132-133, 166-170, 284, 356-357.
86 LW 26:132-133.
87 LW 26:284.
88 LW 27:241.
89 LW 26:286.
90 LW 26:229-236.
91 LW 26:132-133.
92 LW 27:219-222; 31:297-298, 351; Shelton, *Cross and Covenant*, 182; Althaus, *The Theology of Martin Luther*, 212-213.
93 LW 26:352-353.

적·객관적 변화이지 점진적·부분적·주관적 변화가 아니다.

루터의 성화에 대한 설명도 법적 칭의에 관한 설명과 크게 다르지 않다. 루터는 "우리가 아직 전적으로 의롭지 않은" 이상 그리스도의 의의 전가는 성화를 위해서도 "절대적으로 필요하다"고 논증한다.[94] 죄가 신자에게 들러붙어 있는 이상, 성화란 신자 자신의 의로는 불가능할 수밖에 없고, 오직 외부에서 "외적 순결"로 주어질 때만 가능하다.

> 죄의 잔재가 언제나 우리에게 들러붙어 있는데, 우리가 어떻게 '눈보다 더 희게' 될 수 있겠는가? … 우리는 어느 무엇보다 순결하신 것이 틀림없는 그리스도의 피를 믿음으로 소유했다. 이 순결함 때문에 … 그리스도인은 영과 육의 더러움이 들러붙어 있음에도, 눈보다 순결하고 해와 별보다 순결하다고 말할 수 있는 것이다. 그리스도인의 영과 육의 더러움은 그리스도의 깨끗하심과 순결하심으로 덮이고 감추어진다 … 그리스도는 당신의 의로 우리를 옷 입혀 장식해 주시므로, 우리는 이 순결이 '외부에서 주어진 순결'임을 부단히 강조해야 한다.[95]

그럴 때 그리스도의 전가된 의로 옷 입는 것은 신자에게 실제적 변화를 가져온다. 이는 우리가 신앙을 통해 상상이 아니라 실제로 우리 속에 내주해 일하시면서 그 임재와 능력을 나타내시는 그리스도와 연합되기 때문이다. 그 결과 신자에게는 "새로운 빛과 불꽃이 생겨난다. 새롭고 신실한 감정이 생겨난다. 하나님을 경외하며 신뢰하는 마음과 소망, 새로운 의지가 생겨난다."[96] 신자 안에서 "그리스도께서 말씀하시고, 역사하시며, 모든 변화를 일으키시는" 한, 육체는 소멸되는 과정을 겪게 된다.[97] 신자 자신의 의가 그리스도의 전가된 의를 뒤따르는 이상, 그리스도의 의를 전가 받는 것은 단지 신자 자신의 의가 시작되는 시점이 될 뿐 아니라, 그 이후로도 신자 자신의 의의 영원한 원천이 된다.[98]

그러나 루터는 이 세상에서 의의 완전한 성취가 가능하다는 주장에는 반대했다. 성령께서 점차 육체를 억제해 종속적 위치에 두기 "시작"하시므로 신자는 그 육적 성질을 성령께 굴복시키기 시작하지만, 그 일을 완벽하게 해내지는 못한다.[99] 신앙은 죄를 죽이기 "시작"하지만, "그 일은 아직 완벽하게 이루어지지 않는다."

---

94 LW 26:132-133.
95 LW 12:366-367.
96 LW 26:352-353, 357; 31:299-300.
97 LW 26:170-172.
98 Forde, A More Radical Gospel, 118-136.
99 LW 27:63-75; 31:358-359.

죄로 인한 인간의 상처는 현재 "싸매어지고 돌봄을 받고" 있지만 "아직" 완전히 치유받지는 못했다.[100] 율법의 용어로 표현하면, 신앙은 율법을 성취하기 시작하지만 온전히 성취하지는 못한다.[101]

Ⅳ. 그리스도의 승리

루터는 자주 그리스도의 사역을 죄와 죽음, 마귀, 지옥, 율법, 하나님의 진노에 대한 승리로 묘사하면서, 율법과 하나님의 진노를 악한 세력과 같은 범주에 포함시켰다.[102] 루터는 그리스도의 승리를 설명할 때 신자 속에서 한쪽에서는 그리스도와 하나님의 사랑이 한 편이 되고, 다른 쪽에서는 율법과 하나님의 진노가 한편이 되어 서로 싸우는 것으로 묘사한다. 따라서 이 묘사에서는 마치 하나님께서 당신 속에서 이원론적인 전투를 벌이는 것처럼 보인다. 그러나 이 전투가 벌어지는 장소는 하나님의 내부가 아니라 인간의 양심이다.[103] 시긴스는 이를 다음과 같이 설명한다.

> 이 전투는 인간 속에서의 전투다. '폭군'의 목록 자체가 루터의 설명이 비유적이라는 사실을 나타낸다. 만약 이 전투가 하나님과 그의 원수 사이에서 벌어지는 전투라면, 사람은 하나님의 적들 편인 죄, 마귀, 세상과 함께 그 이름이 올려져야 할 것이다. 인간은 하나님의 원수이기 때문이다. … 하나님의 원수의 목록에서 인간은 제외되고, 그 대신 하나님의 진노와 하나님의 율법이 포함되어 있다는 것은, 이 전투가 하나님 내부의 전투일 수 없다는 사실을 굳힌다. 인간의 죄 많고 매우 고집스러움이 여기서 굳이 다루어지지 않는 것은, 너무나 당연한 사실로 이미 전제되어 있기 때문이다.[104]

율법과 하나님의 진노를 하나님의 원수로 여기는 것은, 그런 것이 인간의 마음에서 하나님의 사랑이 온전히 실현되는 것을 가로막기 때문이다. 루터는 율법을 하나님의 원수 목록에 포함시키는 데서 그치지 않고, 그 모든 것의 우두머리라고 가르쳤다. 만약 그 목록이 율법과 관계가 없다면, 그 모든 것은 즉시 힘을 잃고 말

---

100 LW 30:118.
101 Forde, *A More Radical Gospel*, 123.
102 LW 26:10, 21, 26, 29, 48, 72, 147-150, 160-164, 167, 175, 287, 290, 293; 27:4; BC 345, 414.
103 Aulén, *Christus Victor*, 108-116.
104 Siggins, *Martin Luther's Doctrine of Christ*, 139.

기 때문이다.[105] 시긴스는 그 연관성을 다음과 같이 설명한다. "죄는 하나님의 진노와 영원한 저주를 선언하는 율법을 통해 압제력을 가져 사람을 죽음과 지옥의 속박 아래에 두고, 사망과 세상의 군주인 마귀의 노예가 되게 만든다. 그러나 죄를 용서받으면 그 순간 모든 폭군은 즉시 파멸하고 만다."[106]

그리스도는 어떤 방법으로 원수에게 승리를 얻으셨는가? 그리스도께서는 하나님의 뜻에 완벽하게 순종하심으로 죄를 정복하셨고, 이로써 원수에 대해 승리를 얻으셨다.[107] 마귀는 신적 능력을 나타내신 그리스도께 패배한 것이 아니라, 인간의 연약성 속에서도 끝까지 하나님께 순종하신 그리스도께 패배한 것이다.[108] 특별히 "십자가에서 그리스도는 전적으로 무력하셨다. 그럼에도 그리스도는 그곳에서 죄와 죽음, 세상, 지옥, 마귀, 모든 악을 정복하시면서 당신의 가장 능력 있는 사역을 수행하셨다."[109] 그리스도께서는 자신의 인격 속에서 그 "신적 능력과 의, 복, 은혜, 생명"으로 모든 죄와 죽음과 저주와 충돌해 전투를 벌이셨다. 이 전투에서 그리스도의 "영원하고 불멸하며 누구도 이길 수 없는" 의와 생명과 복은 모든 죄와 죽음과 저주를 "정복하고 죽이고 장사지내셨다." 루터는 이 승리의 비결을 그리스도의 신성의 능력으로 돌리면서, 악한 세력을 이기고 구원을 주시는 일은 오직 "하나님의 능력"에 속한 것이라고 설명했다.[110] 이 승리를 매우 극적으로 묘사하기 위해 루터는, 구스타프 아울렌이 지적한 것처럼 "매우 격렬한 표현과 강한 문체, 그리고 사실적 형상화의 표현법"을 사용했다.[111] 또한 하나님께서 그리스도의 인간성을 미끼 삼아 마귀를 속이셨다고 설명한 닛사의 그레고리와 같은 교부의 설명을 빌리기도 했다.[112]

> 그리스도는 육체를 입고 세상에 오셔서 낚싯바늘과도 같이 세상에 내던져지셨다. 마귀가 그를 덥석 물었을 때, 하나님께서는 마귀를 당장 물 밖으로 건져내셔서 마른 땅에 내던져 부수어버리셨다. 이 설명은 그리스도께서 당신의 연약한 인간성을 마귀에게 내어주셨지만, 그의 연약한 인간성에는 누구도 정복할 수 없는 영원한 신성이 감추어져 있었다는 것을 의미한다.

105 Watson, *Let God Be God*, 118-119.
106 Siggins, *Martin Luther's Doctrine of Christ*, 140.
107 WA 2, 691. Althaus, *The Theology of Martin Luther*, 209 에서 재인용.
108 Siggins, *Martin Luther's Doctrine of Christ*, 41-44.
109 WA 7, 586, 15. Siggins, *Martin Luther's Doctrine of Christ*, 44 에서 재인용.
110 LW 26:281-282.
111 Aulén, *Christus Victor*, 103-104.
112 LW 26:267, 각주 69번.

마귀는 그리스도의 신성이라는 낚싯바늘에 걸려들고 말았다. 그리스도의 신성에 의해 사망과 지옥뿐 아니라 마귀의 모든 권세는 굴복되었다.[113]

그리스도의 죽음이 승리의 죽음이었음을 증명하는 것이 그의 부활이다.[114] 악한 세력에 대한 신자 개인의 승리는 그리스도의 우주적 승리에 기초한다. 루터는 그리스도께서 죄와 죽음, 하나님의 진노와 저주에 대해 승리하셨음을 믿는 신앙을 "기독교 신앙 최고의 교리"라고 설명하면서, 악한 세력에 대한 승리는 그리스도의 능력으로 이루어졌지만, 그의 승리는 신앙 안에서 우리의 것이 되어야 함을 강조했다. 신앙으로 승리자이신 그리스도를 굳게 붙드는 그리스도인은 악한 세력에 대한 정복자가 된다. "그리스도께서 죄, 죽음, 지옥, 마귀를 정복하셨다. 이 사실을 붙들어 확고히 믿고 신뢰하는 자에게는 동일한 일이 일어난다. 그리스도 안에서 그 역시 죄와 죽음, 지옥, 마귀에 대한 승리자가 된다."[115] 그러므로 "그리스도인은 그리스도의 승리로 자신을 무장해 마귀를 격퇴해야 한다."[116] 그리스도는 믿는 자에게 그의 의가 되어 주심으로 자신의 승리를 그들에게 주신다.[117] 루터는 다음과 같이 말한다.

그리스도인은 모든 것을 온전히 이루신 그리스도의 승리에 깊이 집중할 수 있어야 한다. … 마귀와 맞서고 진압하는 것이든, 사망을 폐하는 것이든 우리가 할 것은 아무것도 없다. 그 일은 그리스도께서 이미 이루셨다. 우리의 고난과 싸움은 진짜 싸움이 아니라, 이 승리의 영광을 받아 누리는 것이다. … 우리가 위로와 평화를 누리려면, 그 전투는 이미 이긴 싸움이어야 하고 그 승리는 이미 성취된 승리여야 한다. 그리스도께서는 "내가 그것을 이미 이루었다. 단지 그 사실을 받아들이고 노래하며 기리고 나타냄으로 그 승리를 활용하라. 기쁨의 잔치를 벌이는 자가 되라"고 말씀하신다.[118]

그리스도께서 우리의 의가 되셔서 믿는 자에게 자신의 승리를 주신다는 설명과 그리스도인은 그리스도의 승리를 신앙으로 인정해 받아들인다는 언급은, 루터가 신앙을 통한 그리스도의 의의 전가와 죄 용서를 그리스도인의 승리의 방법으로 제시했음을 의미한다.

---

113 LW 5:150.
114 Forde, *Where God Meets Man*, 35-38.
115 LW 26:282; WA 10III, 356.
116 WA 36, 694 (Cruciger's edition). Althaus, *The Theology of Martin Luther*, 216 에서 재인용.
117 LW 26:21, 290.
118 WA 46, 110, 24. Siggins, *Martin Luther's Doctrine of Christ*, 138 에서 재인용.

  아울렌은 대속에 대한 다양한 설명을 고전적인 승리 유형, 라틴적인 법적 유형, 윤리적 유형의 세 범주로 나눈 후, 루터의 대속론은 승리의 개념과 마귀를 속이는 요소, 상상적이고 극적인 묘사가 나타난다는 점에서 고전적 승리 유형에 해당한다고 주장했다. 루터가 그리스도의 승리를 하나님의 진노와 율법에 대한 하나님의 사랑의 승리로 보았다는 아울렌의 지적은 옳다. 하지만 아울렌은 라틴적 법적 유형의 대속론을 도덕주의로 오해해, 루터가 그리스도께서 율법과 싸워 승리하셨음을 강조한 것은 그가 "라틴 기독교의 도덕주의에 대한 반대"를 나타낸 것이라고 주장하는 오류를 범한다.[119]

  하지만 라틴적 법적 유형을 바르게 이해한다면, 라틴 유형에서 하나님의 진노는 하나님의 적절한 사역인 은총의 사역을 돕는 하나님의 낯선 사역으로 여겨진다.[120] 그리스도의 사역이 하나님의 은혜를 창조해내는 것이 아니라, 그리스도의 사역이 이미 전제하고 있는 사실이 바로 은혜로우신 하나님인 것이다. 그리스도께서 율법을 성취하셨음에도 죄인으로 죽으신 것은, 자기 희생이라는 대가를 치르고 용서를 베푸시면서도 죄와 타협하지 않으시는 하나님의 거룩한 사랑을 보여준다. 하나님의 진노가 하나님의 사랑과 단절되지 않고, 하나님의 사랑이 율법주의와 대조를 이루는 이상, 라틴 유형에서 그리스도의 속죄는 오히려 율법주의와 정반대가 되는 것이다.[121] 승리라는 주제에 대한 루터의 가르침은 그리스도의 전적 충족성(all-sufficiency)을 강하게 나타낸다.[122] 따라서 알트하우스는, 루터에게는 승리 유형보다 라틴 유형이 더 근본적이라고 바르게 주장하는데, 이는 "그리스도께서 대적해 싸우셨던 세력은 그들의 힘과 권세를 오직 하나님의 진노를 통해 얻기 때문이다."[123] 사탄과 율법도 하나님께서 만드신 이상, 화해의 궁극적 대상은 다른 어떤 것도 아닌 하나님 자신이시다.[124] 시긴스 역시 루터의 가르침에서 "우리가 상대할 분은 오직 하나님 한 분"이심을 바르게 적시한다.[125]

  포드는, 다음과 같이 생각하면 루터 신학에 내포된 서로 다른 속죄의 관점이 충

---

119 Aulén, *Christus Victor*, 111-116.
120 Watson, *Let God Be God*, 124.
121 같은 곳.
122 Siggins, *Martin Luther's Doctrine of Christ*, 140.
123 Althaus, *The Theology of Martin Luther*, 220.
124 같은 책, 222.
125 Siggins, *Martin Luther's Doctrine of Christ*, 137.

돌하지 않는다고 제안한다. 첫째, 그리스도는 하나님의 진노를 만족시키셨고, 율법의 저주를 짊어져 형벌 받으셨다. 둘째, 그리스도는 동시에 율법과 죄와 죽음에 대해 승리하셨다. 형벌과 만족, 승리 모두가 그리스도의 사역을 구성하는 요소인 것이다. 마지막으로, 그리스도의 삶과 죽음과 부활은 우리의 삶과 죽음, 부활과 동일시되므로, 그는 우리의 모범도 되신다.[126]

---

126 Forde, *Where God Meets Man*, 40-44.

B. 존 웨슬리

I. 그리스도의 인격

웨슬리는 칼케돈 신조 및 영국 국교회 39개 신조를 따라 예수 그리스도를 "참 하나님이시며 참 인간"으로 가르쳤다.[127] 죄인의 구원을 위한 그리스도의 중재적 사역은 그가 삼위일체 안에서 가지시는 일치에 그 토대가 있다.[128] 그리스도의 신적 영광은 "그의 삶의 과정 전체를 통해", 즉 그의 기적과 변화산에서의 변모에서만이 아니라 그의 성품과 직무와 행동에서,[129] 심지어 그의 십자가 죽음에서도 드러났다. 십자가에서 그리스도는 "인류의 죄가 거룩하신 하나님의 영광에 해를 끼친 사실"을 슬퍼하시고, 또 죄인의 구원을 위한 염려로 당신의 고통과 번뇌는 잊어버리시고 "당신의 아버지의 의로우신 뜻에 끝까지 순종하실 것과 양들을 위해 자기 생명을 내려놓기를 갈망하셨다."[130] 웨슬리는 "이를 내게서 빼앗는 자가 있는 것이 아니라 내가 스스로 버리노라"(요 10:18)라는 말씀을 설명하면서, 그리스도는 십자가에서 즉시 육체를 버리고 떠나심으로 고통을 경감하거나 아무리 극심한 고통도 이겨내 죽지 않을 수 있으셨음에도 그렇게 하지 않고 스스로 충분히 고통을 겪으신 뒤 "이 세상 어떤 사람의 죽음도 보여주지 못한 권위와 위엄을 가지시고 육체에서 떠나" 죽음을 맞이하셨다고 설명했다.[131] 십자가 우편 강도의 회심 사건은 "가장 비천한 상태에서도" 그리스도께서 가지셨던 특별한 영광을 보여준다.[132]

학자들은 웨슬리가 대체로 그리스도의 인성보다 신성을 더 강조하는 경향을 나타냈다는 데 일반적으로 동의한다. 웨슬리는 메소디스트 신앙교육을 위한 『기독교 총서』(Christian Library) 시리즈에서 이그나티우스(Ignatius)의 서신을 편집할 때 그리스도께서 "육체를 따라 다윗의 후손으로" 태어나셨다는 언급을 삭제했

127 Charles R. Wilson, "Christology," in Charles W. Carter, ed., *A Contemporary Wesleyan Theology* (Grand Rapids: Francis Asbury Press, 1983), 1:346; WW 10:81; Deschner, *Wesley's Christology*, 5, 15; ENNT Phil 2:6; Heb 2:10; Luke 22:70.
128 설교, "산상설교 (1)", 서론. 2-3; Deschner, *Wesley's Christology*, 84-85, 108.
129 ENNT John 1:14.
130 ENNT Luke 23:34; Heb 5:7.
131 ENNT Matt 27:50.
132 ENNT Luke 23:40.

다. 또 영국 국교회의 39개 신조를 수정해 메소디스트 25개 신조를 작성할 때는 그리스도의 인성에 관한 내용에서 "마리아와 같은 특성을 가지셨다"는 문구를 삭제했고, 그리스도의 부활에 관한 내용 중 그리스도께서 "다시 육체와 뼈와 함께 당신의 몸을 취하셨고 당신의 온전한 인성에 적합한 모든 것을 취하셨다"는 문구에서 "육체와 뼈와 함께"를 삭제했다. 웨슬리가 동생 찰스의 찬송집을 위해 사랑에 대한 표현을 편집할 때는, 모라비아 교도들이 그리스도께 대한 사랑을 지나치게 인간의 사랑에 빗대어 표현한 것에 반대해 가사를 수정하기도 했다. 웨슬리는 그리스도의 인성에 반대했기 때문이 아니라, 많은 사람이 그리스도의 인성에 대한 가르침을 적절하지 못하게 이해한 결과 "그리스도를 육체대로 아는" 경향이 생겨난 것을 바로잡으려는 목적으로 이러한 노력을 기울였다.[133]

그렇더라도 그리스도의 인성은 웨슬리의 기독론에서 여전히 중요하다.[134] 그리스도의 성육신은 그가 "율법 아래"(갈 4:4) 나셨음을 의미한다.[135] 그리스도는 하나님의 율법을 완벽하게 성취하심으로 자신을 인류의 죄를 속하기 위한 흠 없는 희생제물로 준비하셨다.[136] 따라서 그리스도의 성육신은 "대속 사역을 위한 본질적이고 필수적인 부분"이다.[137] 나아가 웨슬리는 그리스도께서 인성을 취하실 필요가 있었음에 대해 그가 하나님의 율법에 온전히 순종하심으로 인간의 타락을 총괄갱신하셨다는 초기 기독교 교부의 관점에서도 설명했다.[138] 그리스도께서는 성육신을 통해 우리에게 하나님의 형상을 보여주는 거울이 되셨고, 또한 하나님의 율법을 설명하는 교사가 되셨다.[139] 그리스도의 성육신은 신자에게 하나님께 대한 더 나은 지식을 제공함으로 구원의 신앙의 토대를 형성하실 뿐 아니라, 하나님과의 더 깊은 사랑의 관계를 가능케 해 신자로 하나님의 율법을 자발적으로 순종하게 하

---

133 Collins, *The Theology of John Wesley*, 94-95; Maddox, *Responsible Grace*, 116; Deschner, *Wesley's Christology*, 41, n. 41; 설교, "육체를 따라 그리스도를 아는 것에 대하여", 1-16.

134 Collins, *A Faithful Witness*, 39-43; Deschner, *Wesley's Christology*, 24-28, 61-62; Richard M. Riss, "John Wesley's Christology in Recent Literature," *WTJ* 45:1 (Spring 2010), 108-129.

135 ENNT Gal 4:4; Luke 2:21.

136 ENNT Heb 10:5-7.

137 John R. Renshaw, "The Atonement in the Theology of John and Charles Wesley" (Ph.D. dissertation, Boston University, 1965), 225.

138 ENNT Heb 2:17.

139 설교, "우리의 의가 되신 주", I. 2; ENNT Heb 1:3; II Cor 4:4; Col 1:15; Deschner, *Wesley's Christology*, 27.

는 원천이 된다.[140]

따라서 웨슬리의 기독론은 그리스도의 인성을 경시하고 "예수 안에서 인간의 응답의 중요성에 적절하고 충분한 위치"를 부여하지 않기 때문에, 인간의 책임을 강조하는 그의 구원론과 충돌한다는 매튜 햄브릭(Matthew Hambrick)과 마이클 로달(Michael Lodahl)의 주장은 받아들이기 어렵다.[141] 웨슬리에게 그리스도의 속죄와 계시, 승리, 왕권 등 다양한 기독론적 주제는, 그리스도께서 하나님이시자 인간이시라는 사실을 기초로 삼으며, 그리스도 사역의 주된 내용을 형성한다.

웨슬리는 그리스도의 삼중직(예언자직, 제사장직, 왕직)에 대한 가르침을 칭의와 성화와 최종 칭의라는 구원의 과정과 연결했다. 그는 바울이 빌립보서 3:8에서 말씀한 가장 고상한 "주 그리스도 예수를 아는 지식"이란, 그리스도를 "나의 예언자, 제사장, 왕으로서 내게 지혜를 가르치시고, 내 죄를 속량하시며, 내 마음에서 다스리시는 분으로 아는 내적이고 체험적인 지식"으로 설명하면서, "이 지식을 칭의와만 연결 짓는 것은 말씀 전체를 심각하게 왜곡하는 것이다. 그리스도를 아는 지식은 성화와도 관계되며, 이것이 더 주된 목적이다"라고 강조했다.[142] 웨슬리는 그리스도의 삼중직을 가르침을 통해, 구원을 위해서는 그리스도의 제사장직만으로도 충분하다는 편협한 기독론이 신자에게 초래한 율법무용론적 경향을 바로잡아, 칭의와 함께 성결을 이루는 데 도움을 주는 성경적 기독론을 회복하고자 했다.

II. 예언자 그리스도

웨슬리는 예언을 "하늘의 비밀"을 선포하는 것과 미래의 일을 미리 말하는 것 두 가지로 설명했다.[143] 그가 그리스도를 예언자로 칭한 것은 주로 전자의 의미에서였다.[144] 예언자 그리스도는 "하나님께 대한 전적 어두움과 눈멂, 무지함"을 고쳐주

---

140 설교, "타락한 인류를 향한 하나님의 사랑", I. 1-16.

141 Matthew Hambrick and Michael Lodahl, "Responsible Grace in Christology? John Wesley's Rendering of Jesus in the Epistle to the Hebrews," *WTJ* 43 (Spring 2008), 95-96.

142 ENNT Phil 3:8.

143 ENNT Rom 12:6.

144 Deschner, *Wesley's Christology*, 84; ENNT Mark 9:7; Rev 1:1; Heb 3:1; Luke 4:24; Acts 3:22; 7:37; John 17:3.

시는 분이시다.[145] 웨슬리는 그리스도의 예언 사역의 근거를 그리스도께서 삼위일체 안에서 가지신 일치로 보았다. 이 일치로 인해 그리스도는 "하나님의 인격 … 그대로의 형상이자 그 특징과 각인, 살아있는 인상"이 되신다. 따라서 우리는 "그리스도 안에서 하나님을 볼 수 있게 된다."[146] 동일한 일치로 인해 그리스도는 하나님의 율법을 가르치심에서도 유일무이한 권위와 인간 교사와 비교할 수 없는 무한한 우월성을 가지신다.[147]

그리스도의 법은 어떤 점에서 모세의 법보다 뛰어난가? 첫째는 그리스도의 권위 면에서, 둘째는 그 가르치신 내용의 탁월함에서다. 첫 번째 설명을 들어보자.

> 주님은 언제나 그러셨지만 특히 산상수훈에서 '사람의 가르침과 완전히 다르게' 말씀하셨습니다. 주님의 가르침은 '성령의 감동하심으로' 말한 구약의 어떤 거룩한 사람의 가르침과도 달랐습니다. 베드로, 야고보, 요한, 바울 등의 가르침과도 달랐습니다. 그들은 참으로 교회를 세운 사람들이지만, 하늘의 지혜를 아는 정도에서는 종이 주인과 같을 수 없었습니다. 더욱이 주님은 … 산상수훈 외에 어디서도 한 번에 당신께서 세우신 종교 전체의 구상을 설명하시고, 기독교 전체를 온전히 조명해주시며, 사람이 주님을 뵙는 조건인 성결(히 12:14)의 특성을 … 확실한 의도를 가지고 전체적으로 진술해주신 적이 없습니다. 하나님께서 성결의 개요로 시내산에서 모세에게 주신 십계명을 제외하면, 산상수훈과 같은 가르침은 성경 어느 곳에도 없습니다. 그러나 십계명도 주님의 산상수훈에 비하면 하늘과 땅의 차이가 있습니다.[148]

둘째, 웨슬리는 율법의 내용 면에서도 그리스도께서 모세의 율법의 모든 모호한 점을 분명하게 하셨고, "율법 각 부분의 온전한 의미"를 드러내셨으며, 율법의 "길이와 넓이와 완전한 범위 … 그 높이와 깊이, 그리고 율법의 모든 부분에 담긴 놀랄 만큼 순결하고 영적인 특성"을 보여주심으로 율법을 "그 충만함" 속에 굳게 세우셨다고 설명한다. 다시 말해, 모세의 법과는 비교조차 할 수 없도록 그리스도의 법의 탁월성을 주장했다.[149] 모세의 율법은 그 실천 대상이 주로 외적 행위에 국한되었다면, 그리스도의 법은 율법의 내면적·영적 의미를 드러냈을 뿐 아니라, 율법의 본질인 사랑의 깊이에서도 새로운 "수준"을 요구하신다. 그리스도의 사랑의 계명은, 그리스도께서 우리에게 보여주신 사랑과 일치하는 "새로운 깊이의 사랑"

---

145 ENNT Matt 1:16.
146 설교, "산상설교 (4)", 서론. 1.
147 설교, "산상설교 (1)", 서론. 2, 7-9; Deschner, *Wesley's Christology*, 84-85, 108.
148 설교, "산상설교 (1)", 서론. 7.
149 설교, "산상설교 (5)", I. 3.

을 명령하신 점에서 새 계명으로 여겨진다(요 13:34 참조).[150]

웨슬리는 그리스도의 율법 성취를 두 가지 의미로 설명했다. 첫째, 그리스도께서 율법에 완벽하게 순종하셨다. 둘째, 그리스도는 율법의 내적 의미를 온전히 설명하셨다.[151] 웨슬리는 온전함, 순결함, 영적 성격 등의 용어로 그리스도께서 가르치신 내적 율법의 탁월성을 표현했다.[152]

웨슬리는 그리스도의 예언 사역에 사람이 반응할 책임을 다양한 방법으로 강조했다.[153] 그리스도와 율법은 모두 하나님의 형상을 반영하며, 그리스도께서 가르치신 율법과 그리스도의 인격 사이에는 완전한 일치가 존재한다. 그러므로 "그리스도를 본받아" "그리스도께서 가지셨던 마음을 가지며" "그리스도께서 행하셨던 것처럼 행하는 것"은 모두 율법의 본질적 요구라 할 수 있다. 웨슬리는 "하나님께서 가장 받으실 만한 예배란 그를 닮는 것"임을 단언하면서,[154] 신자의 "마음에 그리스도의 형상이 이루어지는 것"이 기독교가 존재하는 이유라고 역설했다.[155]

웨슬리는 그리스도의 예언적 사역을 무효화하지 않으려면, 우리가 그의 메시지를 들을 모든 기회를 붙들어야 함을 강조했다.[156] 나아가 그리스도께서 참 권위를 가지고 가르치신 "진실되고 확실한 교리"를 우리는 책임성 있는 적극적 해석자로서 받아들여야 한다.[157] 신자는 그리스도의 가르침의 살아있는 표본으로서 그리스도의 가르침의 전파자가 되어야 한다.[158]

150 ENNT John 13:34.
151 설교, "산상설교 (5)", I. 3-4; ENNT Matt 5:17.
152 WW 11:472.
153 Deschner, *Wesley's Christology*, 88-92.
154 WW 10:68.
155 설교, "잠자는 자여 일어나라", II. 10.
156 설교, "단순한 눈에 대하여", I. 3; ENNT Matt 13:13.
157 설교, "산상설교 (5)", I. 4; ENNT John 8:43; 9:3; 14:23; 17:7-8; 18:37; I Cor 3:11-12; 8:2; I Cor 8:2.
158 ENNT John 4:37; Acts 20:32; Heb 1:2

III. 제사장 그리스도

웨슬리는 제사장으로서 그리스도의 대속의 교리가 기독교와 모든 이교를 구분 짓는 기독교의 중심 교리라고 가르쳤다.[159] 그리스도의 제사장적 사역이 필요한 것은, 인간이 하나님의 율법을 위반한 죄에 대한 하나님의 진노 때문이다.[160] 1756년에 쓴 편지에서 윌리엄 로가 하나님의 진노를 부인한 것에 대해 웨슬리는 하나님은 "공의와 자비를 함께" 가지신 분이시라고 반박했다.[161] 하나님의 진노란 그의 의로우심이 죄에 대해 표출된 것이다. "그러므로 하나님께서 진노하신다는 사실을 부인하는 자마다 그의 의로우심 역시 부인하는 것이다."[162] 개신교의 핵심 교리인 이신칭의란 하나님의 자비의 결과이자, "그리스도의 대속의 교리를 죄인의 영혼에 적용한 결과"다.[163]

웨슬리는 그리스도의 대속을 설명할 때도 율법의 중요성을 강조했는데, 이는 그리스도께서 완벽하게 행하신 율법의 의가 신자에게 전가된다는 루터와 칼빈식 전가 교리에 대한 수정으로 나타났다. 웨슬리는 "우리의 의가 되신 주"(1765)라는 설교에서 그리스도의 의가 신자에게 전가된다는 교리의 바른 의미를 다음과 같이 설명했다.

> 그리스도의 의가 신자에게 전가된다는 말의 의미가 무엇입니까? 모든 신자가 하나님께 죄 용서를 받고 용납되는 것은, 현재 그들 속에 있는 무엇이나 과거에 그들 속에 있었던 무엇, 또는 그들이 미래에 할 수 있을 무엇 때문이 아니라, 전적으로 오직 그리스도께서 그들을 위해 행하신 일과 고난 받으신 일 때문이라는 사실입니다. … 이것이 우리가 하나님의 은혜를 얻는 방법일 뿐 아니라, 그 은혜 안에 머무는 방법입니다. 우리는 처음에만 이 방법으로 하나님께 나아가는 것이 아니라, 그 후에도 언제나 이 방법으로만 하나님께 나아갈 수 있습니다. 우리 영혼이 하나님께 돌아가기까지 우리는 이 유일하고 동일한 방법으로만 새 생명의 길을 걷습니다.[164]

159 설교, "원죄", III. 1; WW 13:34; Harald Lindström, *Wesley and Sanctification: A Study in the Doctrine of Salvation* (Nashville: Abingdon Press, 1946), 55.
160 ENNT Rom 3:25; Gal 3:13; Matt 27:46.
161 WW 9:485.
162 WW 9:481.
163 설교, "믿음으로 말미암는 구원", II. 7.
164 설교, "우리의 의가 되신 주", II. 5.

웨슬리는 그리스도께서 우리의 의가 되신다는 "이 진리야말로 기독교의 본질
이자, 기독교의 전체 구조를 지탱하는 토대이며 … 루터가 선포한 대로 '기독교 교
회의 흥망이 달린 진리'이자 … 구원 얻는 신앙의 기둥과 초석이며, 하나님의 모
든 자녀에게서 발견되는 정통적이고 보편적인 믿음이기에, 이 믿음을 온전하고 순
전하게 지켜내지 못하는 자는 반드시 영원한 멸망을 자초한다"는 사실을 강조했
다.[165] 웨슬리 자신이 "지난 28년 동안 초지일관 믿고 가르쳐왔고 … 1738년에 영
국 국교회 표준설교집에서 발췌한 내용을 책으로 출판해 12쇄를 거듭하기까지 전
파한 내용" 역시 "우리가 믿음으로 의롭다 함을 얻는다는 사실은, 확실히 우리의
행위로 인한 모든 공로를 배제하고, 우리의 모든 공로와 칭의 받을 자격을 오직 그
리스도께 돌리는 것이며, 우리의 칭의는 오직 하나님의 자비로 인해 값없이 주어
진다"는 진리였다고 주장했다.[166]

그리스도의 의의 전가 교리란, 칭의와 마찬가지로 '법률적 비유'를 통해 구원을
설명하는 하나의 방법이다. 그러나 웨슬리는 스스로 기독교의 핵심 진리임을 인정
하고 또 자신이 변함없이 주장해왔다고 말하는 그리스도의 의의 전가 교리를 설명
함에서 루터나 칼빈과 큰 차이를 보인다. 웨슬리는 칼빈주의자들과의 오랜 논쟁 끝
에 자신의 설교 "우리의 의가 되신 주"(1765)에서 그리스도의 의의 전가 교리를 인
정했다. 그러나 웨슬리가 인정한 그리스도의 의의 전가는, 토머스 오든(Thomas
C. Oden)의 설명처럼, "만약 판사가 법정에서 '당신은 죄가 없다'고 선언하고 쾅
쾅쾅 망치로 때리면, 그것이 바로 사람이 법을 위반한 죄에서 자유롭게 되었다고
선언하는 것이 됨과 같은 의미에서의 의의 전가다."[167]

웨슬리는 이처럼 제한된 의미의 그리스도의 의의 전가를 인정하기 전, 칼빈주
의자 제임스 허비(James Hervey, 1714~1758)와 오랜 논쟁 중에 있을 때, 루터와
칼빈이 가르친 방식의 그리스도의 의의 전가 교리에 강한 반대를 표출했다.[168] 허
비는 자신의 저작 『테론과 아스파시오』(Theron and Aspasio, 1755)[169]와 『열한 개

165 같은 곳, 서론. 4.
166 같은 곳, II. 6.
167 Oden, John Wesley's Scriptural Christianity, 207.
168 McGonigle, Sufficient Saving Grace, 236-239; Collins, The Theology of John Wesley, 174-176.
169 Theron and Aspasio "Or a Series of Dialogues and Letters upon the most Important and Interesting
Subjects," The Whole Works of the Late Rev James Hervey A. M.

의 편지』(*Eleven Letters*, 1765)[170]에서 대속이 그리스도의 능동적이고 수동적인 순종 모두에 기인한 것으로 설명했다. 그리스도의 능동적 순종이란 그리스도께서 온 마음을 다해 온전하게 율법에 순종하신 것을 의미하며, 그리스도의 수동적 순종이란 그의 죽음의 문제에 관해 성부 하나님의 뜻에 절대적으로 복종하셨음을 의미한다.[171] 허비는 성화 역시 "신자 자신에 의해서가 아니라 그리스도 안에서만" 가능하다고 주장했다.[172]

웨슬리는 1756년 10월 15일에 쓴 편지에서 다음의 논리로 허비를 반박했다. (1) "율법은 순종과 죽음 중 한 가지만을 요구한다." 즉 율법에 순종한 사람은 살 것이지만, 불순종한 사람은 죽을 것이다. (2) "율법은 사람에게 순종과 죽음을 동시에 요구하지 않는다. 만약 누군가가 율법을 완벽하게 순종했다면, 그는 죽지 않을 것이다." 즉 율법은 율법을 어긴 죄인에게 죽음의 형벌을 내리면서, 동시에 그들의 순종을 요구하지 않는다. 만약 그리스도 안에서 죄에 대한 형벌이 이미 집행되었다면, 율법은 그리스도가 죄인을 대신해 죽은 그 형벌에 의해 이미 성취되었다. (3) "그리스도는 오직 자신의 죽음으로 … 온 세상의 죄를 온전히 대속하셨다."[173]

나아가 웨슬리는『존 굳윈에게서 발췌한 칭의에 관한 논문』(*A Treatise on Justification, Extracted from John Goodwin*, 1765)에서 다섯 가지 논제를 주장했다.[174] 허버트 맥고니글(Herbert McGonigle)이 요약한 웨슬리의 논제는 다음과 같다. (1) "그리스도의 의, 즉 그가 하나님의 율법에 완벽히 순종하신 것은, 인간의 구원을 위해 대속자와 중재자가 될 수 있는 자격으로서의 의로움을 그리스도께 부여했다." 만약 그리스도께서 하나님의 율법을 온전히 준수하시지 않았다면, "흠 없는 자신을 하나님께 드려"(히 9:14) 대속 제물의 자격을 얻을 수 있으셨겠는가? 그러나 그리스도의 "의로움은 사람에게 옮겨질 수 있는 성질의 것이 아니다. 그리스도께 요구되었던 율법의 성취는, 사람에게 요구되는 율법의 성취와 같은 종류가 아니기 때문이다."

(2) "칭의는 본질상 죄 용서다. 따라서 전가된 의를 필요로 하지 않는다." 웨슬

---

170 McGonigle, *Sufficient Saving Grace*, 217-219.
171 같은 책, 221; Hervey, Works, 2:336-337. McGonigle, *Sufficient Saving Grace*, 222에서 재인용.
172 Hervey, Works, 2:163-164. McGonigle, *Sufficient Saving Grace*, 223에서 재인용.
173 Letters 3:373.
174 McGonigle, *Sufficient Saving Grace*, 233-234.

리는 설교 "믿음에 의한 칭의"(1746)에서 "칭의의 분명한 성경적 개념은 사면이요
죄 용서입니다. … 칭의에 관한 바울의 평이하고 자연스런 설명은 … '불법이 사함
을 받고 죄가 가리어짐을 받는 사람들은 복이 있고 주께서 그 죄를 인정하지 아니
하실 사람은 복이 있도다'(롬 4:7-8)라는 말씀에서 나타납니다. … 하나님의 사랑
하시는 아들이 그 죄인을 위해 고통당하셨기에, 하나님은 그가 받아 마땅한 고통
을 주지 않으시는 것입니다"라는 말로 칭의를 설명했다.[175]

(3) "의의 전가 교리는 신약성경이 매우 강조하는 회개의 필요성을 제거한다."
웨슬리는 "만약 사람이 그리스도의 완전한 의를 전가 받았다면, 무슨 이유로 그가
회개해야 한다는 것인가?"라는 질문으로 그의 논제를 뒷받침한다. 웨슬리는 비록
성결한 신자라도 하나님의 절대적인 율법 앞에서 정죄를 피할 수 없는 죄인임을 인
정했다.[176] 하물며 비록 칭의를 받았으나 아직 그 마음과 본성에 남아있는 죄를 정
결케 하시는 은혜를 받지 못한 칭의 된 죄인(성결하지 못한 그리스도인)이 회개 없
이 주님 안에 날마다 거하며 또한 그 은혜 속에서 성장하는 것이 가능하겠는가?[177]

(4) "그리스도의 의가 사람에게 전가되어 사람이 그리스도처럼 완전히 의롭게
된다는 주장은, 하나님께서 그 사람에게서 아무 죄도 발견하실 수 없다는 것인데,
이는 하나님께서 성경에서 말씀하신 타락한 인간의 상태와 반대된다." 웨슬리는
칭의가 하나님께서 우리의 상태를 그리스도의 상태와 혼동하시는 데서 이루어지
는 것이 아님을 다음과 같이 설명했다.

> 칭의는 결코 하나님께서 의롭다고 칭하신 사람들에게 속으신다는 것을 의미하지 않습니다.
> 하나님께서 그들을 실제와 다르게 생각하시는 일 … 우리를 실제보다 훨씬 좋게 평가하신다
> 든지, 우리가 불의함에도 의롭다고 믿으시는 것이 아닙니다. … 다른 사람이 의롭다는 이유
> 로 나를 무죄하다 … 의롭고 거룩하다고 판단하는 것은, 하나님의 그릇됨이 없는 지혜에 위
> 반됩니다. 하나님께서는 나를 다윗이나 아브라함과 혼동하시지 않는 것처럼, 그리스도와도
> 혼동하시지 않습니다.[178]

(5) "전가의 교리는 행위 언약과 은혜 언약을 혼동해 뒤섞어버린다. 그 결과,
복음을 단지 하나님께서 행위 언약의 성취를 가능하게 하시는 도움 정도로 전락시

---

175 설교, "믿음에 의한 칭의", II. 5.
176 Plain Account, 53, 55.
177 설교, "신자의 회개", I. 16; III. 3.
178 설교, "믿음에 의한 칭의", II. 4.

커 버린다. 이는 복음, 즉 회개하고 그리스도를 믿는 자에게는 누구나 생명과 구원을 주신다는 약속을 오해하는 것이다." 웨슬리에게 구원이란, 자신의 행위든 아니면 전가된 그리스도의 행위든 완전한 행위의 의를 하나님께서 인정함으로 그 대가로 얻는 것이 아니다. 정반대로 온전한 행위를 하지 못한 죄를 회개하고 그리스도를 의지하는 자에게 하나님께서 은혜로 주시는 것이다.

웨슬리는 『존 웨슬리에 관한 힐 씨의 논평에 덧붙이는 글』(*Mr. Hill's Review of All the Doctrines Taught by Mr. John Wesley*, 1772)에서도 같은 논지를 반복했다.[179]

웨슬리는 그리스도께서 하나님의 율법을 성취하신 것을 그가 죄인의 속죄를 위해 제물이 될 자격을 얻으신 사실과만 연결했지, 그리스도의 의를 신자에게 전가하는 것과 연결하지 않았다. 또 그는 칭의를 율법의 성취와 분리한 후, 그 대신 회개 및 신앙과는 연결했다. 이는 그리스도께서 율법에 완벽히 순종하신 것의 전가가 대속을 위해 필수적이지 않다는 것을 의미한다.[180] 달리 표현하면, 속죄는 오직 그리스도의 형벌 대속을 통해 성취되었다. 그리스도의 순종이 신자의 순종을 대신하는 것이 아니며, 그리스도의 의가 신자의 의를 대신하는 것이 아니다. 하나님께서는 그리스도께서 의로우시다는 이유 때문에 신자를 의롭다고 보시는 것이 아니다.[181]

웨슬리는 전가의 교리가 죄인을 겸손하게 만든다는 허비의 주장에 대해, 전가 교리는 사실상 그리스도인의 거룩한 삶을 저해한다는 이유로 반대했다. "만약 내가 믿는 순간 그리스도의 모든 개인적 순종이 나의 것이 된다면, 거기에 무엇을 더할 것이 있겠는가? 내가 하나님께 순종하는 것이 그리스도의 완벽한 순종 위에 어떤 가치를 더할 수 있겠는가?"[182] 허비가 주장한 것처럼, 만약 "실제로는 율법을 악명 높게 깨뜨린 죄인이라도, 그리스도 안에서는 전혀 죄가 없는 순종을 한 것이 된다면" 그것은 죄인으로 "거룩함이 전혀 없이도 흡족한 상태가 되게 한다. … 그것은 수없이 많은 사람으로 '율법 위반자'로 살다 죽는 것에 만족하게 만들어" 율법 무용론의 문을 활짝 열어놓는 것이 될 것이다.[183]

이후에 웨슬리는 "우리의 의가 되신 주"(1765)라는 설교에서, 그리스도의 의의

179 WW 10:386.
180 WW 10:312-315.
181 설교, "믿음에 의한 칭의", II. 4.
182 WW 10:315.
183 McGonigle, *Sufficient Saving Grace*, 226.

전가에 의한 구원을 믿는 루터란과 칼빈주의 그리스도인과의 화해를 위한 목적으로 전가의 교리에 관해 많은 부분을 양보하고 인정했다. 죄인이 그리스도의 대속을 믿는 순간 그리스도의 능동적이고 수동적인 의는 총체적으로 신자의 의를 이루는 근거가 되므로, 웨슬리는 바르게만 해석된다면 그리스도의 의의 전가라는 표현 자체는 인정할 수 있음을 말한다. 동시에 자신이 반대한 것은 전가의 개념 자체보다, 전가의 잘못된 적용이 초래할 율법무용론적 경향임을 설명했다.[184] 그러면서도 웨슬리는 그리스도의 의의 전가 교리가 율법무용론으로 타락하지 않도록 경계하기 위한 신학적 장치를 여전히 강조했다. 그리고 바로 이 점에서 웨슬리가 가르친 그리스도의 의의 전가는 여전히 허비의 가르침과 매우 달랐다.

첫째, 웨슬리는 그리스도의 대속으로 용서받는 신자의 죄를 "과거의 죄"로 한정하고,[185] 동시에 "죄를 자백"(요일 1:9)함으로 회개할 것과 '회개에 합당한 열매를 맺어야 함'(마 3:8; 눅 3:8)을 강조했다. 웨슬리는 회개의 열매를 다음과 같이 설명한다. "회개는 여러 요소로 이루어져 있습니다. (1) 죄로 인한 슬픔, (2) 하나님의 손 아래에서 겸손케 됨, (3) 죄를 미워함, (4) 죄의 고백, (5) 간절하게 하나님의 자비를 구함, (6) 하나님께 대한 사랑, (7) 죄를 멈춤, (8) 확고한 목표로서의 새로운 순종, (9) 부정한 방법으로 취한 소유를 되돌려 줌, (10) 우리에게 지은 이웃의 죄를 용서함, (11) 자선 행위 등입니다."[186]

웨슬리가 용서받는 죄를 '과거의 죄'로 한정한 것은 성경적 용례를 따른 것이다. 예를 들어, "이 예수를 하나님이 그의 피로써 믿음으로 말미암아 화목제물로 세우셨으니 이는 하나님께서 길이 참으시는 중에 전에 지은 죄를 간과하심으로 자기의 의로우심을 나타내려 하심이니"(롬 3:25)라는 성경적 표현을 그대로 사용한 것이다. 또 베드로 역시 회개와 구원의 열매를 언급한 후 "이런 것이 없는 자는 맹인이라 멀리 보지 못하고 그의 옛 죄가 깨끗하게 된 것을 잊었느니라"(벧후 1:9)라고 말씀한다. 그리고 "전에 지은 죄", "옛 죄"의 용서는, "만일 우리가 우리 죄를 자백하면"(요일 1:9)이라는 조건을 충족시키는 가운데 이루어진다. 하나님께서 죄를 용서해 주심은, 죄인이 하나님과의 인격적인 언약의 관계를 파괴한 구체적이고

---

184 설교, "우리의 의가 되신 주", II. 19-20; WW 10:315; McGonigle, *Sufficient Saving Grace*, 219.
185 설교, "믿음으로 말미암는 구원", II. 3; "믿음에 의한 칭의", II. 5.
186 설교, "옥스포드의 위선", I. 7.

분명한 잘못된 태도와 행위를 기억하고 자백하며 뉘우치는 가운데 이루어지는 것이지, "과거에 지은 죄에 대한 깊은 자각"(a deep sense of our past sins)과 "뉘우치는 마음"(a penitent heart)이라는 인격적인 요소도 없이 자동적으로 제거되는 물건 같은 것이 아니다.[187] 웨슬리에 의하면, "죄 용서는 죄인이라는 의식 속에서 이루어지는" 것이지, 죄에 대한 자각과 뉘우침, 자백 없이 자동적·기계적으로 이루어지는 것이 아니다.[188]

예수님을 믿는 순간 과거와 현재와 미래의 죄 모두가 용서된다는 주장은, 그리스도께서 단번에 이루신 객관적 속죄 사역과, 회개와 믿음을 통해 이루어지는 구원의 주관적인 적용을 구분하지 않는 신학적 오류에서 비롯된다. 즉, 그리스도께서 십자가에서 우리를 위해 자신을 제물로 드려 "단번에"(히 7:27; 9:12, 26, 28; 10:10; 벧전 3:18) 행하신 역사적이고 객관적인 속죄 사역을, 성경이 요구하는 회개와 믿음을 통한 주관적 수용 과정을 생략한 채 신자에게 바로 적용하는 오류다.

이것이 왜 잘못인지 예를 들어 설명하면 다음과 같다. 예수 그리스도의 속죄 사역과 죄인의 구원의 관계를 설명하는 신학적 표현으로 '보편 구원론'과 '보편 속죄론'이라는 용어가 있다. 전자인 '보편 구원론'은 예수 그리스도께서 모든 인류의 죄를 속하기 위해 십자가에서 피 흘리셨기 때문에, 복음을 들어 예수님을 아는 사람이든 그렇지 못한 사람이든 누구나 예수 그리스도의 피 흘리심의 혜택을 받는다는 주장이다. 비유를 들면, 한 마을 사람들 모두가 거액의 빚을 졌는데, 어떤 마음씨 좋은 부자가 그들을 딱하게 여겨 마을 사람들 빚 전부를 갚아 주었다면, 마을 사람이 그를 개인적으로 알든 모르든 그들의 부채는 사라진다는 것이다. 그리스도의 객관적 속죄 사역과 그 적용으로서 구원을 이런 관계로 생각하는 것이 '보편 구원론'이다. 죄인이 예수님을 개인적으로 알든 모르든 그리스도의 속죄의 효력이 자동적으로 적용된다는 주장은, 결국 그렇기 때문에 이 세상에서 구원 받지 못할 사람은 아무도 없다는 결론에 이른다. 이러한 '보편 구원론'은 성경적으로 매우 잘못된 것이다. 성경은 그리스도께서 십자가에서 객관적으로 이루신 속죄 사역은, 죄인이 회개하고 예수님을 영접하는 개인적 수용과 적용을 통해서만 실제로 구원을 이루게 된다고 가르치기 때문이다.

---

187 ENNT 1 John 1:9-10.
188 설교, "믿음에 의한 칭의", III. 1-4.

그리스도의 객관적 속죄 사역을 회개와 믿음을 생략한 채 모든 사람에게 적용한 '보편 구원론'의 오류를 바로잡은 것이 '보편 속죄론'이다. '보편 속죄론'은 그리스도의 속죄 사역은 객관적으로 성취되었지만, 그 효력은 회개와 믿음을 통해 주관적으로 수용하는 자에게만 적용된다고 가르친다. 성경이 중요하게 가르치는 회개와 믿음을 불필요한 것으로 만들지 않고, 그리스도의 사역을 수용하고 적용하는 중요한 요소로 가르쳐 성경적 관점을 바르게 표현한 것이 이 '보편 속죄론'이다.

우리가 구원 받을 때 '과거와 현재와 미래의 모든 죄'를 용서받는다는 주장은, 마치 '보편 구원론'과도 같이 그리스도의 객관적 속죄 사역을 회개와 믿음이라는 주관적 적용의 과정을 생략한 채 신자에게 적용해 용서를 남발하는 심각한 신학적 오류에 해당한다. 그럼에도 많은 사람이 그리스도의 객관적 속죄 사역을 신자에게 적용할 때, 한 번 예수님을 믿었으니 이미 지은 죄만이 아니라 앞으로 지을 죄까지, 심지어 회개를 하든 말든 관계없이 자동적으로 한꺼번에 용서를 다 받았다며 마치 '보편 구원론'과도 같은 주장을 하는데 이는 매우 잘못된 것이다. 이런 주장에서 신자는 하나님을 배반하고 하나님의 뜻에 반역하는 죄를 지은 후, 자신이 무슨 잘못을 저질렀는지 심각하게 생각하지도 않고, 죄를 죄라고 인정하지도 않으며, 회개할 생각조차 없으면서도 스스로를 용서할 수 있게 된다. 이런 태도로는 하나님의 위엄과 주권, 영광은 안중에도 없고, 하나님과 그리스도는 사람이 마음대로 부리는 잡신이나 귀신, 우상 같은 존재로 전락하고 만다.

죄란 사람이 하나님께 행하는 인격적인 잘못이고, 하나님은 그 죄과를 회개라는 인격적 자각과 뉘우침, 고백, 돌이킴을 통해 용서해주신다. 그럼에도 하나님과의 인격적 관계라는 요소를 경시한 채 죄와 용서를 비인격적 물건 다루듯, 은행에 예금된 돈 다루듯 하는 것은 사람에게 오해를 불러일으킬 수 있다. 물론 사람은 자신의 죄를 빠짐없이 기억해 자백하고 회개하지 못하기에, 하나님은 구약의 제사에서도 "부지 중에" 지은 죄를 위한 속죄 제도를 마련하셨다. 그러나 부지 중에 지은 죄를 용서해주시는 하나님의 은혜가 있다는 것이, 스스로 자각하면서 지은 죄에 대한 속죄의 의무를 면제하지 않는다. 부지 중에 지은 죄의 속죄 제사는, 스스로 자각하면서 지은 죄를 속하는 제사에 동반된 것이었지, 그것을 폐기한 것이 아니다. 신자가 지은 죄를 모두 기억해 남김없이 자백하지는 못한다는 사실이, 분명히 자각하고 기억하는 죄의 자백과 회개를 불필요한 것으로 만들 수는 없다. 하나님께서 그리스도의 속죄 사역을 적용해 "부지 중에 지은 죄"마저 씻어주시는 은혜가 있다는 사실이, 신자가 죄에 대해 민감해 철저히 회개해야 한다는 성경의 근본적인 가르침을 무효로 하지 못한다.

만일 루터와 칼빈의 행복한 교환이나 이중 전가의 교리에서처럼, 죄인이 신앙을 갖는 순간 과거와 현재와 미래의 죄가 영원히 사라졌기에 이제 자신에게 아무 죄가 없다고 주장하며, 죄를 짓고도 구체적으로 자백하고 뉘우치며 회개의 열매를 맺지 않는다면, 그에게는 "그는 미쁘시고 의로우사 우리 죄를 사하시며 우리를 모든 불의에서 깨끗하게 하실 것이요"(요일 1:9)라는 말씀이 아니라, "만일 우리가 죄가 없다고 말하면 스스로 속이고 또 진리가 우리 속에 있지 아니할 것이요"(요일 1:8)라는 말씀이 적용될 수밖에 없을 것이다.[189]

웨슬리가 그리스도의 대속으로 용서받는 죄를 '과거의 죄'로 한정한 것은, 하나님의 용서하시는 은혜의 무한하심을 제한한 것이 아니다. "만일 우리가 우리 죄를 자백"(요일 1:9)하고 회개하면 하나님께서는 "필요할 때마다 언제나(as often as there is occasion) 용서를 베푸시기에" 용서의 횟수에는 한계가 없을 것이기 때문이다.[190] 따라서 웨슬리가 용서받는 죄를 '과거의 죄'로 한정한 것은 하나님의 용서의 무한하심을 반대한 것이 아니라, 우리와 하나님의 관계는 과거에 한 번 믿은 것으로 모든 것이 해결되는 면죄부와 같은 것이 아닌, 늘 현재적 관계의 온전함이어야 함을 강조한 것이다. 하나님과 신자의 관계는, 신자가 범죄할 경우 철저한 자백과 회개, 회개에 합당한 열매를 통해 인격적 관계를 회복함으로 유지될 수 있다.

둘째, 웨슬리는 그리스도의 대속의 효력을 죄책의 용서에 한정 짓지 않았다. 그는 설교 "믿음으로 말미암는 구원"(1738)에서 구원을 "과거의 죄책의 용서"로서의 칭의와 "현재적 죄의 권세에서 건져냄"으로서의 성화 모두로 해석한다.[191]

> 그리스도는 그의 모든 백성(마 1:21), 또는 성경의 표현대로 "그를 믿는 모든 사람"(행 10:43)을 그들의 모든 죄, 즉 원죄와 자범죄, 과거의 죄와 현재의 죄를 포함해 "육과 영의" 모든 죄에서 구원하실 것입니다(고후 7:1). 그리스도를 믿음으로 그들은 죄책과 죄의 권세 모두에서 구원을 받았습니다. 과거의 모든 죄책에서의 구원이며 … 또한 죄의 권세에서의 구원입니다.[192]

---

189 ENNT 1 John 1:8.
190 ENNT Matt 18:22.
191 Ted M. Dorman, "Forgiveness of *Past* Sins: John Wesley on Justification: A Case Study Approach," *Pro Ecclesia* 10, no.3 (Summer 2001), 276.
192 설교, "믿음으로 말미암는 구원", II. 2.

웨슬리는 "하물며 영원하신 성령으로 말미암아 흠 없는 자기를 하나님께 드린 그리스도의 피가 어찌 너희 양심을 죽은 행실에서 깨끗하게 하고 살아계신 하나님을 섬기게 하지 못하겠느냐"(히 9:14)라는 말씀을 주해하면서, 그리스도의 대속의 보혈은 "죽은 행실, 즉 영혼의 죽음과 영원한 죽음을 가져오는 내적이고 외적인 마귀의 모든 일에서 우리의 양심, 우리의 가장 깊은 영혼을 정결하게 해, 신앙의 삶과 온전한 사랑, 흠 없는 거룩함 속에서 살아계신 하나님을 섬기게 함"을 가르쳤다.[193]

셋째, 웨슬리는 구원을 그리스도의 능동적 순종의 전가와 연결하는 것은, 하나님의 은혜를 강조하기 위한 수사적 방법이더라도 성경에 나오지 않을 뿐 아니라 많은 오해를 불러일으키기에 바람직하지 않다고 생각했다.[194] 그리스도의 능동적 순종의 전가 주장이 수사적 표현이나 주해의 문제일 뿐 성경이 명백히 가르치는 내용이 아니라는 웨슬리의 지적은 정확하다. 칼빈주의자 D. A. 카슨(D. A. Carson)은 "바울의 글에서 그리스도의 의가 그의 백성에게 전가된다고 명시적으로 말하는 본문은 하나도 없다"[195]고 주장한다. 신약신학자 브라이언 비커스(Brian J. Vickers) 역시 "바울의 본문 중 어느 한 부분도 전가의 모든 구성 요소를 포함하거나 논의하지 않는다"[196]고 인정한다. 칼빈주의자 유창형은 "죄 사함과 의의 전가를 중심으로 한 칼빈의 칭의론과 그 평가"라는 논문에서, 칼빈 및 루이스 벌코프나 헤르만 바빙크 등 대표적 칼빈주의 학자가 그리스도의 의의 전가 교리의 근거로 제시한 성경 구절(롬 4:6-7; 5:19; 고후 5:18-21; 갈 4:4-7 등)이 실제로는 전가 교리를 명확히 말하고 있지 않으나, 단지 그렇게 해석되어 왔음을 인정한다. 또한 그리스도의 의의 전가 교리를 주장한 칼빈 자신도 실제 성경 주해에서는 그리스도의 능동적 순종의 전가를 명백히 주장하기보다, 웨슬리가 가르친 것처럼 그리스도의 능동적 순종(온전한 율법 성취)과 수동적 순종(십자가의 대속의 죽음)이 함께 그리스도인을 의롭게 하는 원천이 된다는 의미로, "칼빈은 그리스도의 순종을 통합적으로 보았다"는 사실을 분명히 밝힌다.[197]

---

193   ENNT Heb. 9:14.

194   설교, "우리의 의가 되신 주", 17-20.

195   D. A. Carson, "The Vindication of Imputation: On Fields of Discourse and Semantic Fields," in *Justification: What's at Stake in the Current Debates*, ed. Mark Husbands and Daniel J. Treier (Downers Grove: InterVarsity Press, 2004), 50.

196   Brian J. Vickers, *Jesus' Blood and Righteousness: Paul's Theology of Imputation* (Wheaton, IL: Crossway, 2006), 18.

197   유창형, "죄사함과 의의 전가를 중심으로 한 칼빈의 칭의론과 그 평가", 「성경과 신학」 제52권 (2009), 1-35.

웨슬리는 설교 "우리의 의가 되신 주"(1765)에서 그리스도께서 가지셨던 의를
사람이 인위적으로 나눌 수 없기에, 그리스도의 온전한 삶과 사역 모두가 신자를
의롭게 한다는 의미에서 "그리스도의 의는 신자의 것이 된다"고 설명했다.[198] 즉 웨
슬리는 그리스도의 의의 전가 교리를, 루터나 칼빈의 설명처럼 그리스도의 의나
인간의 죄가 마치 물건처럼 주고받을 수 있는 것으로 설명하지 않았다. 그 대신, 신
자가 자신의 행위가 아니라 그리스도의 온전한 삶과 십자가의 죽음 때문에 하나님
께 용납되었음을 의미한다는 것으로 못 박았다.[199]

웨슬리는 순종은 전가 받을 수 있는 것이 아니며 신자 자신이 해야 하는 것
임을 강조하기 위해, 설교 "그리스도 우리의 의"에서 크랜머의 "구원에 관한 설
교"를 인용할 때 그리스도의 대리적 율법 성취에 대한 모든 언급을 의도적으로
삭제했다. 웨슬리가 삭제한 부분은 다음과 같다. "그리스도께서는 당신의 삶에
서 그들을 위해 율법을 성취하셨다. 그 결과 모든 그리스도인은 그리스도를 통
해 그리고 그리스도에 의해 율법을 성취한 자들로 여겨진다. 율법의 성취는 그리
스도인의 연약함으로 인해 불가능했던 것인데, 그리스도께서 이를 보완하신 것
이다."[200] 더 나아가 웨슬리는 설교 "그리스도 우리의 의"를 출판한 후에도 그리
스도의 능동적 순종보다 수동적 순종에 더 초점을 맞추었다. 또 자신의 글에서
전가라는 용어를 사용할 경우 그것을 오직 칭의와만 연결했지, 성화와는 연결하
지 않았고,[201] 전가된 의라는 표현을 사용할 때는 즉시 그 후에 뒤따르는 실제적
의의 중요성을 강조했다.[202] 웨슬리에게 성화란 근본적으로 그리스도의 의를 전
가 받거나 그리스도의 의에 참여하는 것이기보다, 신자의 기질과 성향과 감정
과 의도의 변화다.[203] 같은 맥락에서 웨슬리는, 의식법은 그리스도를 통해 성취될
"그리스도의 모형"이라고 가르친 데 비해, 도덕법은 그리스도를 통해 대리적으로
성취될 그리스도의 모형이라는 주장에 반대했다. "그러한 설명이 율법폐기론자들

198 BE 1:454.
199 BE 1:455.
200 Collins, *The Theology of John Wesley*, 112; Albert C. Outler ed., *John Wesley* (New York: Oxford University Press, 1964), 126.
201 설교, "우리의 의가 되신 주", II. 10, 19-20; Collins, *The Theology of John Wesley*, 175.
202 설교, "우리의 의가 되신 주", II. 12; Collins, *The Theology of John Wesley*, 176.
203 Deschner, *Wesley's Christology*, 105-106.

이 성결도 전가된다고 주장하는 것과 유사한 결과를 낳을 수 있기" 때문이었다.[204] 그리스도의 모형과 그림자였던 의식법이 그리스도께서 오심으로 폐기된 것과 달리, 도덕법은 그리스도께서 오심으로 폐기되지 않았고 신자 자신이 지켜야 한다.

그리스도께서는 하나님 우편에 오르신 이후에도 제사장적 중재를 계속하신다.[205] 웨슬리는 "하나님의 공의의 엄격하심"이라는 측면에서 보면 신자는 "여전히 죽어 마땅"하고 "여전히 형벌 받아 마땅"하기 때문에, 신자가 정죄에 처하지 않으려면 여전히 그리스도의 중재가 필요하다고 가르쳤다. 그리스도의 대속은 칭의 시만이 아니라 그 후로도 언제나 필요하다는 것이다.[206]

웨슬리는 우리가 그리스도의 제사장직에 바르게 반응하는 것의 중요성을 하나님 섭리의 삼중원이라는 개념을 통해 언급했다. 그리스도의 대속은 오직 하나님의 현세적 축복만을 받아온 가장 바깥쪽 원에 속하는 불신자들로 하나님의 영적 축복을 받아 누리는 중간 원 속으로 들어가게 한다. 그리스도의 대속은 그 후에도 신자로 하여금 은혜 안에서 지속적으로 자라 결국 하나님 섭리의 가장 중심 원 속으로 들어가게 한다. 하나님 섭리의 중심 원에 속한 그리스도인은 단지 하나님의 섭리의 대상에 머물지 않고 하나님의 섭리사역에 동참한다. 이처럼 그리스도의 대속은 사람을 가장 바깥쪽 원에서 가장 안쪽 원으로 끌어가는 힘을 갖는다. 그리스도의 제사장적 사역은 신자에게 그들의 의무를 면제해주기 위한 것이 아니다. 오히려 정반대로, 그리스도의 속죄로 드러난 하나님 사랑은 신자가 자발적으로 하나님과 이웃을 사랑하도록 그 마음속에 사랑을 창조해내며 그 마음을 사랑으로 채운다.[207]

전체적으로, 그리스도의 제사장직에 대한 웨슬리의 가르침은 두 가지 동기에 기초하고 있다. 한편으로, 웨슬리는 칭의에서 어떤 인간의 공로에 대한 주장도 배제했다. 다른 한편에서, 웨슬리는 신자 자신의 의가 경시될 때 나타날 수 있는 어떤 율법무용론도 반대했다. 웨슬리가 그리스도의 대리적 순종, 즉 그가 우리를 대신해 율법을 성취하셨다는 주장에 반대한 것은, 신자 자신이 하나님의 은혜로 능력을 부여받아 율법에 순종한다는 의미에서 성화의 자리를 마련하기 위한 것이었다.[208]

204 같은 책, 115.
205 설교, "신자의 회개", I. 16.
206 같은 곳, I. 16; III. 3.
207 설교, "영적 예배", I. 9; ENNT Matt 5:45; Col 1:24; Deschner, *Wesley's Christology*, 67-68.
208 Lindström, *Wesley and Sanctification*, 74-75.

IV. 왕 되신 그리스도

i. 율법 수여자로서 왕 되신 그리스도

존 데쉬너는 『웨슬리의 기독론』(*Wesley's Christology*)에서 웨슬리가 왕 되신 그리스도를 율법 수여자로 설명했음을 언급하면서, 이것은 그리스도의 왕직에 관한 웨슬리의 신뢰할 만한 설명이 아니라 실수였다는 대담한 주장을 한다. 웨슬리의 전반적 설명에서 그리스도께서 율법을 주신 것은 오직 그의 예언직과 관련되기 때문이라는 것이다. 데쉬너는, 웨슬리가 "믿음으로 세워지는 율법 (2)"이라는 설교에서 왕 되신 그리스도를 율법 수여자로 언급한 사실 자체는 인정하면서도,[209] 웨슬리에게서 율법은 창조 시부터 중요한 역할을 가지는 데 비해 그리스도의 왕직은 부활 이후에야 시작되므로, 율법을 그리스도의 왕직과 연결하는 것은 율법이 시작된 시점과 계속성을 왜곡할 수 있다고 본 것이다. 결국 데쉬너는, 웨슬리가 왕 되신 그리스도를 율법 수여자로 언급한 의도는 성화를 위한 율법의 제3용법을 강조하기 위한 것뿐이었다는 잘못된 결론을 내린다.[210]

데쉬너의 대담한 오류는, 웨슬리가 그리스도의 왕직을 율법 수여와 연결한 다른 설명을 간과한 데서 비롯되었다. 웨슬리는 마태복음 5:22 주해에서 예수 그리스도께서 율법 수여자이심을 명백히 주장한다. "'나는 너희에게 이르노니', 선지자들 중 누가 그렇게 말한 적이 있었는가? 그들은 '주님께서 이렇게 말씀하셨다'는 식으로 말할 수 있었을 뿐이다. 오직 한 분이신 율법 수여자로서, 사람을 구원하실 수도 있고 멸망시키실 수도 있는 그분 외에 누가 이러한 어법을 사용할 권세를 가지고 있겠는가?"[211] 마태복음 7:29 주해에서도 웨슬리는 다음과 같이 설명한다. "그리스도는 군중을 가르치실 때 다른 사람이 전해준 율법을 생명력 없이 무능하게 해설한 서기관들과 달리, 자신이 위대한 율법 수여자로서 오직 당신만이 가지신 위엄과 주권을 가지고 성령의 증거와 능력을 통해 권세 있는 분으로서 가르치셨다."[212] 디모데전서 1:9 주해에서는 "율법 수여자의 권위를 무시하는 사람은 제

209 설교, "믿음으로 세워지는 율법 (2)", I. 6.
210 Deschner, *Wesley's Christology*, 83.
211 ENNT Matt 5:22.
212 ENNT Matt 7:29.

1계명을 위반한 것이다. 제1계명은 다른 모든 율법의 토대이며 모든 순종의 근거다"[213]라는 말로 율법을 수여할 권위는 오직 하나님밖에 없다고 설명했다. 이처럼 웨슬리는 그리스도를 율법 수여자로 설명할 뿐 아니라, 율법 수여자로서 그리스도께서 신적 권위를 가지셨음을 분명히 주장했다.

웨슬리는 설교 "산상설교 (1)"에서 그리스도의 왕 되심의 의미를 포괄적으로 설명해 그가 창조주, 통치자, 위대하신 율법 수여자, 심판자 되심을 모두 가르쳤다.[214] 웨슬리에게 그리스도의 왕권은 이처럼 그리스도께서 성육신 하신 이후의 어느 시점, 더 정확히 말하면 승천하신 후 하나님 우편에 앉아 태초부터 가지셨던 영광을 회복하신 후에 시작된 것이 아니라 영원한 왕권이다.[215] "성부뿐 아니라 성자의 신적 통치 역시 영원에서 영원까지 이르는 것이다."[216] "하나님으로서 그리스도는 영원 전부터 모든 권세를 가지셨다."[217]

데쉬너가 웨슬리 기독론에서 그리스도의 왕권을 성화와 연결한 것은 옳다. 또한 그리스도의 역사를 세 단계로 나누어 (1) 그리스도의 영원한 영광, (2) 성육신 안에서의 일시적 비하, (3) 최종적으로 부활과 승천을 통한 재승귀로 설명한 것 역시 적절하다.[218] 그럼에도 데쉬너는 자신이 관찰한 그리스도의 역사의 첫 번째 단계, 즉 그 왕권이 우주적 차원을 지녔던 영원한 영광의 시기를 그리스도의 왕권과 연결하는 데 실패함으로, 웨슬리가 그리스도의 왕직을 율법 수여와 연결한 것을 오류로 평가하는 잘못을 저지른 것이다.

웨슬리는 창조주로서 율법을 수여하시고, 통치자로서 율법을 보존하시며, 심판자로서 율법의 유효성을 입증하시는 역할 모두를 그리스도의 왕직과 연결했다. 그리고 그리스도께서 이미 수여하신 율법을 재선언하고 해설해 전달한 역할은 그의 예언직으로 돌림으로 그리스도의 역할을 논리적으로 구분해 설명했다. 즉, 예언자 그리스도께서 하신 일은 왕 되신 그리스도께서 이미 제정해 창조 시에 인간의 마음에 새겨놓으신 율법을 재선포하시는 일로 설명한다.[219] 왕 되신 그리스도는

213 ENNT I Tim 1:9.
214 설교, "산상설교 (1)", 서론. 2.
215 같은 곳.
216 ENNT I Cor 15:24.
217 ENNT Matt 28:18.
218 Deschner, *Wesley's Christology*, 45-60, 116-118.
219 설교, "산상설교 (1)", 서론. 2.

그가 하나님의 율법을 선포하고 전달했다는 의미에서 율법 수여자가 아니시다. 그
것은 예언자 그리스도의 역할이다. 왕 되신 그리스도께서 율법 수여자시라는 주
장의 의미는, 성자 그리스도께서 직접 율법을 제정하셨을 뿐 아니라, 처음부터 인
간의 마음에 새겨주셨다는 의미다. 웨슬리는 율법의 기원과 권위, 적합성을 강조
할 때는 특히 그리스도의 신적 기원 및 그의 권위와 지혜의 탁월성을 강조했다.[220]

ii. 신자의 주님으로서 왕 되신 그리스도

그리스도의 왕권은 사탄과 죄, 죽음과 같은 원수에 대한 그리스도의 승리와도 관
련된다.[221] 비록 원수들은 반역적인 죄인에게 지배력을 행사하지만, 영원하고 합법
적 왕권을 가지신 그리스도께서는 "마귀의 일을 멸하신다"(요일 3:8).[222] "그리스
도께서는 먼저 당신의 죽음을 통해 사탄과 죄에 대해 승리하셨고, 마지막으로 당
신의 부활을 통해 죽음에 대해 승리하셨다. 그는 같은 순서로 신자도 사탄과 죄와
죽음에서 구원하시고, 그것들을 멸망시키신다."[223] 이러한 그리스도의 승리는 새
로운 영토를 정복한 것이라기보다 불법적 반역을 진압한 것으로 이해하는 것이 마
땅하다.[224] 신자는 비록 과거에 "원수의 지배 아래 있었지만, 이제는 합법적 주인께
로 되돌아간 것"이기 때문이다.[225]

그리스도께서 왕이 되신다는 것은, 신자가 "모든 성품과 생각과 말과 행실"로
그리스도께 복종함을 의미한다.[226] 죄인을 다스리는 것은 사탄이므로, 그리스도의
왕권을 받아들이는 사람은 오직 신자뿐이다. 이런 방식으로 웨슬리는 그리스도의
영원한 왕권과 실제적 왕권 사이를 구분했다. 비록 그리스도는 처음부터 "적법한
왕"이심에도 그의 왕권이 진정으로 실현되는 곳은 오직 그의 "중재적 왕국" 즉 하
나님의 율법에 순종하는 성화 된 신자 자신이다.[227] 성화 된 신자에게서 실현되는

220 같은 곳, 서론. 2-9.
221 설교, "신자 안에 있는 죄", III. 8.
222 설교, "그리스도의 오신 목적", III. 1-4; ENNT Rev 11:15; Eph 1:10; I John 3:8.
223 ENNT I Cor 15:26; Deschner, *Wesley's Christology*, 128.
224 Deschner, *Wesley's Christology*, 116.
225 ENNT Rev 11:15.
226 설교, "신자의 회개", III. 4.
227 ENNT I Cor 15:24; Rev 11:15.

그리스도의 왕권은, 그리스도께서 자신의 율법의 "참되고 온전하며 영적인 의미"
를 그들 마음 중심에 새겨주심과 그들 속에서 성령으로 역사하심을 통해 그들이 마
음에서부터 그리스도께 순종함으로 나타난다.[228]

　　그리스도의 승리는 속죄에서의 승리, 성화에서의 승리, 최후에 있을 승리라는
세 가지 단계를 거친다. 다시 말해, 그리스도께서는 사탄의 지배를 깨뜨리셨는데,
첫째는 칭의 시 죄인에게서 죄책을 제거해 주심으로, 둘째는 성화에서 신자에게 남
아있는 죄의 능력을 제거해주심으로, 마지막으로는 영화에서 죄의 존재 자체를 제
거하심으로다.[229] 비록 그리스도께서 이미 결정적 승리를 얻으셨더라도, 최후의 날
이전에는 그 승리가 완성된 것이 아니다.[230] 그리스도께서 승리하셨다는 사실이 곧
바로 우리의 구원을 보증하는 것은 아니다. 이러한 사실은 그리스도의 나라를 이
해함에서 "이미"와 "아직" 사이의 긴장을 가져온다. 성화 된 신자는 그리스도께서
우리를 위해, 그리고 우리 안에서 행하시는 사역을 토대로 삼아 성령의 능력으로
자기 자신의 영적 싸움을 싸워 승리를 얻어야 최종적 구원에 참여하게 된다. 웨슬
리는 그리스도의 승리라는 주제에서도 "이미"와 "아직" 사이의 긴장을 가르침으로
신자가 태만과 방종에 빠지는 것을 경계하고자 했다. 데쉬너가 잘 분석한 대로, 이
러한 웨슬리의 입장은 그리스도의 승리를 신자 자신의 승리와 동일시하는 루터나
칼빈의 관점과 대조되는 것이다.[231]

iii. 심판자로서 왕 되신 그리스도

왕 되신 그리스도는 세상의 마지막 날, 최후의 심판 때 모든 사람을 각각 영원한
생명이나 멸망으로 판결하실 것이다.[232] 웨슬리는, 그리스도는 이 심판에서 율법을
"세상을 심판하는 기준"으로 삼으실 것임을 반복적으로 강조했다.[233] 그는 설교
"결혼 예복에 대하여"(1789)에서 "그에게 빛나고 깨끗한 세마포 옷을 입도록 허락
하셨으니 이 세마포 옷은 성도들의 옳은 행실이로다 하더라"(계 19:8)라는 말씀을

228　ENNT Heb 8:10-12; 설교, "율법의 기원, 본성, 속성 및 용법", I. 6; "산상설교 (5)", II. 3.
229　ENNT John 14:30; I Cor 15:26; Col 1:14; Deschner, *Wesley's Christology*, 121-122.
230　설교, "그리스도의 오신 목적", III. 1-4; ENNT Eph 1:10; I Cor 15:26; I John 3:8.
231　Deschner, *Wesley's Christology*, 118-126.
232　설교, "대심판", II. 1.
233　설교, "율법의 기원, 본성, 속성 및 용법", IV. 8; ENNT Matt 12:37; Rom 2:11; Heb 10:37; Rev 22:12.

설명하면서, 신자가 최종적 구원을 위해 입어야 하는 혼인 예복은 그리스도의 대리적 순종이 아니라 신자 자신의 의의 예복이 될 것이라고 가르쳤다.[234] 즉, 그날에는 신자 자신이 하나님의 율법에 능동적으로 순종했는지의 여부가, 하나님께서 그들을 받아들이실 유일한 자격인 참된 믿음을 가졌는지를 입증할 것이다.[235]

그러나 웨슬리의 이러한 설명과 관련해 흔히 구원에 관한 근본적 질문이 제기된다. 즉 웨슬리가 강조한 '그리스도께서 율법이라는 기준에 따라 심판하신다는 가르침이 어떻게 오직 믿음으로 구원을 얻는다는 성경의 가르침과 조화를 이룰 수 있는가?'라는 질문이다. 이에 대한 응답으로 웨슬리는 현재적 칭의와 최종적 칭의(또는 현재적 구원과 최종적 구원)를 구분한 후, 전자에서는 오직 그리스도께 대한 믿음만이 요구되지만, 후자에서 그리스도는 그의 믿음이 참이었다고 입증하는 증거로 율법에 대한 순종 여부를 고려하실 것이라고 설명했다.[236] 다시 말해, 성화는 현재적 칭의(현재적 구원)의 조건은 아닐지라도, 최종적 칭의(최종적 구원)의 간접 조건이 된다는 것이다(직접 조건은 현재적 칭의와 마찬가지로 오직 믿음이다).[237] 웨슬리는 "한편에서는 사람들이 행위로 구원을 얻으려 노력하는 것을 경계하기 위해, 다른 한편에서는 사람들이 율법무용론에 빠지지 않도록 경계하기 위해" 썼다며 집필 목적을 설명한 소책자 『브리스톨 신자들에게 보내는 편지』(1758)에서, 성령의 내적·외적 열매가 있어야 칭의를 받는 것은 아니지만, 그 열매는 그들이 칭의 받을 참 믿음을 가졌음을 입증하게 될 것이라고 주장했다.[238] 웨슬리에 의하면, 신자가 하나님께서 주시는 온전한 성화의 은혜를 받을 수 있도록 준비하는 과정에서 참된 회개와 하나님의 모든 계명에 대한 순종이 필요했던 것처럼,[239] 최종 칭의에서도 율법에 대한 순종은 최종 칭의의 유일한 조건인 참 신앙을 가졌음을 입증함으로 하나님께서 그들을 받아들이실 수 있도록 스스로를 준비하는 것이 될 것이다.

---

234 설교, "결혼 예복에 대하여", 7-10.
235 설교, "우리의 의가 되신 주", II. 12.
236 ENNT Matt 12:37.
237 ENNT I Tim 6:19; Lindström, *Wesley and Sanctification*, 124-125.
238 WW 10:307.
239 WW 11:402-403.

C. 관찰과 분석

I. 율법이신 그리스도 vs. 율법의 교사 그리스도

루터는 그리스도의 율법의 가르침이 하나님의 율법을 가장 잘 제시한 십계명을 능가하지 못한다고 주장했다.[240]

> 무엇이 십계명보다 더 훌륭한 가르침일 수 있겠는가? 세상의 어떤 것도 제1계명보다 더 높은 가르침일 수 없다. 모세 이후에 더 탁월한 교리를 만들어내는 것은 불가능하다. 하나님을 예배하고 찬양하며 하나님께 감사하라는 것은 가장 높고도 탁월한 교리다. 그러므로 십계명은 최고의 교리다. … 하나님을 믿으라, 하나님을 자기 자신만큼 사랑하라, 이것은 예로부터의 교리다. 더 완전한 법은 없다.[241]

> 그리스도를 율법 수여자로 만들고 그리스도 안에서 다른 율법의 약속을 찾으려 하는 것은 터무니없는 것이다. 하늘과 땅에서 사람이 이해할 수 있는 것 중 모세의 법보다 더 높은 법은 아무것도 없기 때문에, 더 뛰어난 다른 법을 찾는 것은 불가능하다.[242]

율법의 내용에서 그리스도는 율법을 가장 탁월하게 설명한 모세의 설명에 새로운 것을 더하신 것이 전혀 없다. 이 주장에 내포된 의미는, 구약의 율법은 이미 매우 영적이고 내면적인 의미를 충분히 함축하고 있다는 것이다. 하인리히 보른캄 (Heinrich Bornkamm)은, 루터가 정치적 세계와 영적 세계 모두에서 구약의 신자에 대해 현재의 신자를 조명하는 거울로 보았음을 입증했다. 여기서 영적 세계는 신앙과 의심, 영적 시련과 관련된다면, 정치적 세계는 사회 문제와 노동, 가사, 결혼, 교육 등과 관련된다.[243] 루터는 특히 시편에서 최고의 영성의 표현을 발견했다.

> 찬양과 감사의 시편 외에 우리가 어디에서 가장 순수한 기쁨의 언어를 발견할 수 있겠는가? 시편에서 당신은 깨끗하고 아름다운 정원이나 천국 그 자체를 들여다보듯 모든 성도의 마음을 들여다본다. 시편에서 당신은 하나님께서 주신 복으로 인해 하나님께로 향하는 모든 올바르고 행복한 생각 속에서 얼마나 기쁘고 즐거운 마음의 꽃이 피어나는지 본다. 반대로, 시편의 탄식이 아니면 당신은 어디에서 더 깊은 불행과 가련하도록 슬픈 언어를 발견하겠는

240　LW 12:44.
241　WA 18, 81:26 이하. Bornkamm, *Luther and the Old Testament*, 132에서 재인용.
242　WA 40I, 15:25. Bornkamm, *Luther and the Old Testament*, 132에서 재인용.
243　Bornkamm, *Luther and the Old Testament*, 1-44.

가? 시편에서 당신은 마치 지옥 그 자체를 들여다보듯 모든 성도의 마음 깊은 곳을 들여다본다. 하나님의 진노를 미리 보여주는 모든 전조로 성도의 마음이 얼마나 음울하고 또 암흑 가운데 있는가! 시편에서 성도들이 두려움과 희망을 말할 때 그들은 키케로든 누구든, 세상의 어떤 웅변가도 표현할 수 없는 언어로 그것을 말했다.[244]

구약의 신자가 가혹한 영적 시련 가운데서 하나님의 진노를 경험했다는 사실은, 구약의 율법이 이미 풍부한 영적 의미를 전달하고 있었음을 반영한다. 이처럼 루터는 율법의 영적 특성을 가르칠 때 구약의 율법과 신약의 율법을 구분하지 않았다.[245] 구약의 율법의 영적 성격은 루터가 역사 속 다양한 율법의 내용적 동질성을 설명할 때도 드러난다.[246]

루터가 그리스도를 율법으로 제시할 때는, 초점이 율법의 내용보다 율법 선포의 방법에 맞추어져 있었다. 루터가 율법은 모세로 말미암아 주어진 것이라고 설명했다고 해서 율법이 사람들에게 바르게 수용되고 기능했음을 주장한 것은 아니다. 하나님께서 창조 시 율법을 인간에게 주시고, 그 후로도 모세와 선지자, 그리스도를 통해 율법을 재차 선포하신 것은, 인간이 율법을 무시하고 왜곡하는 죄를 범했기 때문이다. 따라서 죄인이 율법을 오용하는 것을 바로잡기 위해 필요한 것은, 율법의 동일한 내용을 반복해서 말하는 것이 아니라, 율법을 매우 충격적인 방법으로 선언하는 것이다. 즉, 겉으로는 신학과 하나님을 섬긴다는 경건한 구실을 내세우면서, 속으로는 온갖 교만과 악한 욕망이 가득한 죄인의 죄를 명백히 드러내어 그 죄를 직접적으로 다룰 수 있도록 율법을 제시하는 것이다. 그 방식이란 다름 아닌, 죄인이 자신의 신학 및 율법을 사용해온 방식을 옹호해줄 것이라고 주장해온 그리스도 자신을, 그들을 반박하는 자로 내세우는 것이다. 그리스도 자신이 하나님의 가장 무시무시한 율법이 되어 그들에게 다가가시도록 하는 것이다.

루터에게 십자가의 신학은 영광의 신학을 파괴한다. 스스로 자신을 낮추신 그리스도는 인간의 자기 우상화와 맞서 싸우신다. 십자가에서 죽으신 그리스도는 죄인의 자기 합리화를 꾸짖는다. 그리스도의 성육신과 죽음은 하나님 앞에서 자신을 낮추고 굴복시키는 자만 바르게 이해할 수 있다. 그런 점에서 십자가의 신학은 그

244 LW 35:255.
245 LW 35:365-380.
246 John M. Headley, *Luther's View of Church History* (New Haven: Yale University Press, 1963), 130-143; Bornkamm, *Luther and the Old Testament*, 124-135.

자체가 인간의 교만과 탐욕에 대한 심판의 요소를 지니고 있다. 웨슬리는 종교개
혁자들이 주로 자기 부인을 통해 그리스도를 따름으로 신자가 점진적으로 갱신될
수 있다고 가르쳤음을 인정했다.

> 모든 시대와 나라에서 특히 종교개혁 이후로 많은 그리스도의 사역자가 자기를 부인해야 할
> 중대한 의무에 관해 글을 쓰고 말을 해왔습니다. … 그들은 하나님의 말씀과 자신의 경험을
> 통해, 만약 우리가 자신을 부인하지 않는다면 우리 주님을 부인하지 않는 것이 불가능하게
> 된다는 사실과 우리가 자기 십자가를 날마다 지지 않는다면 십자가에 달리신 그분을 따르려
> 는 노력이 얼마나 헛된 것인지를 잘 알았습니다.[247]

루터는 비록 율법의 제3용법을 가르치지는 않았더라도, 신자가 죄에 대해 죽
는 과정을 통해 점진적으로 변화된다는 사실을 인정한 것이다. 그리스도는 신자
속에서 새사람이 됨(vivification)을 일으키시기보다 죄 죽임(mortification)의 과
정을 통해 율법으로 역사하신다. 그리스도는 모세가 전하지 않은 새로운 율법을
선포함으로가 아니라, 죄인을 죽이는 가장 과격한 방식의 율법의 적용을 통해 율
법으로 역사하신다.

율법으로 다가오시는 그리스도로 인해 죄인은 복음이신 그리스도를 찾고 의지
하게 된다. 그리스도께서 복음의 그리스도가 되신 후에는, 그가 우리를 위해 행하
신 일은 우리가 이웃과의 관계에서 따라야 할 모범이 되므로, 그리스도는 또다시
모범으로서의 그리스도가 되신다. 이때 그리스도는 우리에게 율법을 가르치시거
나 순종하는 모범을 보이심으로가 아니라, 자기 자신을 우리에게 복음으로 내어주
심으로 우리의 모범이 되신다. 따라서 루터의 기독론에서는 모든 것에서 모든 일
을 행하시는 분은 그리스도시다. 즉 그리스도께서 가장 강력한 율법이 되시고, 그
후에는 복음이 되시고, 또 그리스도인의 삶의 가장 아름다운 모범이 되신다. 루터
에게서 거룩하게 하는 역할은 율법의 제3용법이 아닌 사랑의 복음의 모범이신 그
리스도의 몫이다.

율법을 가르치신 그리스도에 대한 웨슬리의 설명은 루터의 설명과 큰 차이를
보인다. 웨슬리는 율법에 대한 완전한 가르침을 모세에게로 돌리지 않고, 모세의
율법을 보완하셨을 뿐 아니라 모세보다 훨씬 탁월하게 가르치신 그리스도께로 돌
린다. 루터의 주장처럼, 웨슬리도 여러 종류의 율법 사이에는 내용상 통일성이 있

---

247 설교, "자기 부인", 서론. 3.

다고 보았다. 하나님께서는 각 시대마다 다른 율법을 주신 것이 아니다. "하나님께서 처음으로 주셨고, 모든 시대를 통해 보존"하신 율법은 동일하다.[248] 하지만 웨슬리는, 유대인이 그리스도를 "새로운 것을 가르치는 자, 새로운 종교를 소개하는 자"로 비난하고 거부한 사실에 주목했다. 이 점은 그리스도께서 가르치신 율법과 유대인이 이해한 율법 사이에 큰 간격이 존재했음을 나타낸다. 웨슬리는 그리스도께서 율법을 가르치시기 전 유대인은 신약시대에 와서야 허락된 내적 종교와 경건의 능력을 알지 못했고, 오직 "외적 예배와 경건의 모양밖에" 몰랐다고 주장했다.[249] 웨슬리는 바로 이 간격에서 그리스도께서 율법을 보완해 가르치셔야 했던 필연성을 발견한다. 율법은 "위대하신 율법의 저자 그리스도께서 세상에 오셔서 율법의 모든 본질적인 내용을 권위 있게 가르쳐주시기까지는 온전히 설명되지도, 충분히 이해되지도 않았다"[250]는 것이다. 웨슬리는 그리스도께서 율법을 성취하셨다는 의미에, 그리스도께서 율법에 완벽하게 순종하신 것뿐 아니라, 율법의 의미를 완전하게 설명하신 것을 포함시킨다. 그는 예수님께서 "율법을 폐하러 온 것이 아니요 완전하게 하려 함이라"(마 5:17)고 선언하신 말씀을 다음과 같이 설명한다.

> 나는 율법을 그 온전함 가운데 완성시키러 왔다. … 어떤 알기 어렵거나 모호한 점도 남아있지 않도록 분명한 의미를 밝히고 … 율법의 모든 부분의 진실하고 충분한 의미를 선포하며, 율법에 포함되어 있는 모든 계명의 길이와 넓이와 완전한 범위, 그 높이와 깊이, 상상할 수 없을 정도의 순결함과 영적인 특성을 그 모든 파생적 의미와 함께 밝혀 드러내기 위해 왔다.[251]

웨슬리는 그리스도께서 창조만큼이나 오래된 종교를 소개하셨다는 사실과 그럼에도 당시까지 알려져온 율법에 결함이 있었기에 그것을 보완하셔야 했다는 사실을, 구속사 시대 구분 교리(dispensations)로 조화시켰다.[252] 콜린스는 웨슬리의 시대 구분 교리에서 구약의 율법과 신약의 율법은 모순이나 부조화가 아닌 발전적 관계임을 관찰한다.[253] 구약의 율법은 "단지 외적 순종"을 명령하는 데 비해, 신약에서는 내적 종교가 계시되었다는 점에서 그리스도인(신약) 시대는 유대인(구약) 시대보다 우월하다. "모세 시대 전체의 영광은 주로 눈에 보이고 외적인 것이

---

248 설교, "율법의 기원, 본성, 속성 및 용법", I. 1-4; III. 11; "산상설교 (5)", I. 2.
249 설교, "산상설교 (5)", 서론. 1 - I. 4.
250 같은 곳, I. 4.
251 같은 곳, I. 3.
252 설교, "그리스도인의 완전", II. 11; Jones, *John Wesley's Conception and Use of Scripture*, 53-58.
253 Collins, *The Scripture Way of Salvation*, 52.

었다면, 기독교 시대의 영광은 불가시적이고 영적인 것입니다."[254] 그리스도인은 하나님의 율법을 마음 중심에서부터 따름으로 신앙의 집을 세워나간다(마 7:25 참조).[255] 웨슬리는 서기관과 바리새인을 유대인(구약) 시대에 율법을 "성실하게" 준행한 자들로 여기면서도, 그리스도인이 그들보다 뛰어난 점은 그들이 외적으로 행했던 하나님의 율법을 마음으로부터 순종한다는 점이라고 주장했다.

> 그리스도인의 의는 율법의 문구를 행하는 데서 그치지 않고 율법의 정신을 성취하며, 외적 행위로만 지키지 않고 내적으로 지킨다는 점에서 서기관과 바리새인의 의를 능가합니다. … 바리새인은 "잔과 대접의 겉을 깨끗이 했습니다"(눅 11:39). 그러나 그리스도인은 속이 깨끗합니다. 바리새인은 선한 삶을 하나님께 드리려 노력했습니다. 그러나 그리스도인은 거룩한 마음을 드립니다. 바리새인은 나뭇잎, 말하자면 죄의 열매만 흔들어 떨어뜨리지만, 그리스도인은 "죄의 뿌리를 근절합니다." … 남을 해하지 않고 선한 일을 하며 하나님의 규례를 지키는 일(바리새인의 의)은 모두 외적인 것입니다. … 심령의 가난함, 애통함, 온유함, 의에 주리고 목마름, 이웃을 사랑함, 마음의 정결함(그리스도인의 의)은 모두 내적인 것입니다.[256]

루터처럼 웨슬리도 십계명의 제1계명이 "율법의 근본 토대이자 모든 순종의 기초"이기에 제1계명의 위반인 불신앙을 근본적인 죄로 보았다.[257] 그러나 그리스도께서 가르치신 율법은 교만이나 불신앙 같은 근본적인 죄만이 아니라 모든 "죄와 사탄의 속박"을 포괄적으로 다룬다.[258] "해야 할 것을 하지 않는 죄나 하지 말아야 할 것을 한 죄 … 내적이고 외적인 죄", "어떤 종류와 어떤 정도든 교만과 자기 의지, 세상에 대한 사랑, 육욕과 분노와 성냄과 같은 죄 된 성품, 정욕, 사랑, 더 나아가 그리스도께서 가지셨던 마음과 반대된 어떤 기질"도 모두 율법이 다루는 죄라는 것이다.[259]

따라서 그리스도의 성품과 행위, 죽음 등 모든 것은 율법으로서 심원한 의미를 지닌다. 그리스도께서 온전한 순종으로 율법을 성취하신 일은 그리스도인이 본받을 대상이 된다. 데쉬너는, "그리스도의 능동적 순종은 그 사실 자체가 우리에 대한 가르침의 사역으로서의 의미를 갖는다. 그리스도의 순종 자체가 그의 예언직과

---

254 설교, "율법의 기원, 본성, 속성 및 용법", 서론. 2; WW 11:472.
255 설교, "산상설교 (13)", II. 1-4.
256 설교, "산상설교 (5)", IV. 11.
257 ENNT 1 Tim 1:9.
258 설교, "광야의 상태", 서론. 1; II. (I.) 1-10.
259 설교, "신자 안에 있는 죄", II. 2.

연결되어 있는 것이다. 그리스도의 순종은 성화에서도, 최후의 심판에서도 율법의 권위를 강화한다"고 설명한다.[260] 웨슬리의 올더스게이트 체험 이전이든 이후든 우리가 본받아야 할 목표로서의 그리스도는 웨슬리 신학의 변하지 않는 요소로 남는다.[261] 그리스도께서 가르치신 율법에 순종하는 것과 율법에 순종하신 그리스도를 본받는 것 모두는 구원의 내용을 형성하는 본질적인 부분이다.

II. 의를 전가하시는 그리스도 vs. 신자를 변화시키시는 그리스도

그리스도의 대속과 관련해 루터와 웨슬리의 서로 다른 관점은, 비록 간접적이지만 니콜라우스 루트비히 친첸도르프(Nicolaus Ludwig von Zinzendorf, 1700~1760) 백작과 웨슬리 사이의 논쟁에서 잘 드러났다. 웨슬리는 모라비아 교도와의 만남을 통해 루터의 이신칭의에 대한 가르침을 받아들였다.[262] 웨슬리에게 끼친 모라비안 교도의 영향은 지대했기 때문에 프레더릭 드라이어(Frederick Dreyer)는 웨슬리의 두 번째 일기가 출판된 1740년까지만 해도, 메소디즘은 루터란 경건주의가 영국으로 확장된 것으로 여겨질 수 있었다고 말한다.[263] 이 말을 어느 정도 인정하더라도, 드라이어는 그 시기까지 모라비아 교도와 웨슬리 사이에서 아직 드러나지 않은 갈등의 요소, 즉 모라비아 교도의 루터란 전통과 웨슬리가 영향받은 더 넓은 기독교 전통 사이의 차이를 간과하고 있다.

웨슬리는 올더스게이트 체험 직후인 1738년 여름 모라비아 교도의 정착지인 독일의 헤른후트(Herrnhut)를 방문한 후 매우 마음이 무거워져 돌아오게 되는데, 처음에는 그 이유를 확실히 알지 못했다. 그러나 그는 점차 그것이, 칭의와 성화를 적절히 구분하지 않은 채 뒤섞고, 칭의 시에 완전한 구원의 확신을 얻게 된다고 가르친 모라비아 교도의 오류 때문임을 깨닫게 되었다.[264] 1741년 9월 3일 런던에서 만난 친첸도르프와 웨슬리 사이의 논쟁은 모라비아 교도와 웨슬리 사이에 어떤 신

260 Deschner, *Wesley's Christology*, 153.
261 Geordan Hammond, "John Wesley and 'Imitating' Christ," *WTJ* 45:1 (2010), 197-212.
262 Frederick Dreyer, "John Wesley: ein englischer Pietist," MH 15 (2001-02), 72-73; 설교, "우리의 의가 되신 주", 서론. 4.
263 Frederick Dreyer, "John Wesley: ein englischer Pietist," *MH* 15 (2001-02), 72-73.
264 Collins, *John Wesley: A Theological Journey*, 99-102.

학적 불일치가 있었는지 명확히 보여준다.

(1) 신자의 일반적 상태에 관해, 웨슬리는 "진정한 그리스도인은 매우 비참한 상태에 빠져 있는 죄인이 아닙니다"라고 말했지만, 친첸도르프는 이를 부인해 "최고로 거룩한 신자라도 죽는 순간까지 가장 비참한 죄인으로 살아갈 뿐입니다"라고 주장했다.

(2) 웨슬리는 성령께서 신자 속에 참된 의로움이 생겨나도록 일하시기에, 그리스도인은 하나님과 이웃을 사랑하게 되어 하나님을 닮은 형상을 갖게 된다고 주장해, 그리스도인의 완전을 신자가 실제로 의롭게 변화되는 것으로 설명했다.[265] 웨슬리에게 신자의 "내재적 의"(inherent righteousness)란, 신앙을 통해 하나님께 용납된 그리스도인에게서 이루어지는 신자 자신의 의로움 또는 거룩함을 의미했다.[266] 그러나 친첸도르프는, 신자는 의인인 동시에 죄인이라는 루터의 가르침을 통해 웨슬리의 주장을 반박해, 그리스도의 의가 전가됨으로 이루어지는 법적 성화만을 인정했다. "나는 이 세상에서 신자 자신이 변화되어 완전케 되는 그런 완전은 알지 못합니다. 그런 주장은 오류 중의 오류입니다. … 그리스도만이 우리의 유일한 완전입니다. 실제적 변화로서의 완전을 주장하는 자는 그리스도를 부인하는 것입니다. … 그리스도인의 완전이란 전적으로 전가된 완전이지, 실제적 변화가 아닙니다. … 신자에게 하나님의 형상이 주어진다는 말은 단지 법적으로 그렇게 인정받는다는 의미일 뿐입니다."[267]

(3) 웨슬리는 점진적인 성화를, 다양한 수준의 믿음과 사랑, 성령으로 충만케 되는 정도와 관련지어 설명했으나, 친첸도르프는 신앙의 정도와 성령으로 충만케 되는 정도에 차이가 있다는 사실을 부인했다. "성화와 칭의 사건은 한순간에 완성됩니다. 그 순간 이후로는 더 증가하거나 감소하지 않습니다." "그리스도 안에서 어린아이라도 장성한 자와 동일하게 순결합니다. 전혀 차이가 없습니다."[268]

웨슬리는 이 논쟁이 있기 얼마 전인 1741년 6월 15일 자 일지에서 모라비아 교도와의 논쟁에서 자신이 마주하고 있는 진짜 논적은 루터라는 생각을 표현했다.

---

265 Outler ed., *John Wesley*, 368-371.

266 설교, "우리의 의가 되신 주", II. 12; WW 8:369; 10:272, 274.

267 Outler ed., *Wesley*, 368-371; Peter Vogt, "'No Inherent Perfection in This Life': Count Zinzendorf's Theological Opposition to John Wesley's Concept of Sanctification," *Bulletin of the John Rylands University Library of Manchester* 85:2-3 (Summer-Autumn 2003), 297-307.

268 Outler ed., *Wesley*, 370-371; Dreyer, "John Wesley: ein englischer Pietist," 77-79.

"모라비아 교도의 중대한 오류의 참된 근원은, 그들이 좋건 나쁘건 루터의 가르침을 따른다는 것이다."[269] 웨슬리는 8년이 지난 1749년 7월 19일 자 일지에서도 루터의 "거칠고 사나운 성격과 자기 생각에 대한 집착이 하나님의 일에 크게 방해가 되었다"고 평가했다.[270]

그러나 친첸도르프가 루터의 가르침을 충실히 따랐다는 웨슬리의 평가가 적절한지는 점검할 필요가 있다. 웨슬리는 '신앙에 정도의 차이가 있는가'라는 주제에 관해 친첸도르프와 아우구스트 헤르만 프랑케(August Hermann Francke)가 각각 이끌던 독일 경건주의 운동의 두 그룹 사이에서 벌어진 '부스캄프'(Bußkampf) 논쟁을 잘 알고 있었다.[271] 프랑케는 요한일서 2:12-14의 구분을 따라 신자를 자녀들, 청년들, 아비들의 세 부류로 구분하면서 성화에는 정도에 차이가 있음을 주장했다.[272] 프랑케에 따르면, 회심의 과정에서 첫 번째로 오는 것이 '부스캄프' 즉 회개를 위한 내적 갈등이며, 그다음으로 오는 것이 '두르히브루흐'(Durchbruch) 즉 구원의 은혜에 의한 획기적 변화다. 그러나 친첸도르프는 사람을 죽은 자와 깨어난 자, 두 부류로만 구분한 후, 신앙의 각성 이후로는 성화에서의 어떤 성장 가능성도 부인했다. 그는 자신의 회심이 '부스캄프' 없이 이루어졌기 때문에, '부스캄프'를 가르치는 것은 사람의 주의를 율법이나 죄책 같은 잘못된 것으로 향하게 하므로, 회심이 시작되고 끝나는 지점은 언제나 속죄의 교리여야 한다고 생각했다. 사람은 신앙의 출발점을 구원에 대한 지식으로 기쁘게 시작해야 하며, 회개로 나아가는 것은 그 후 대속의 효력을 확신하는 가운데서 이루어져야 한다는 것이다.[273]

이러한 친첸도르프의 견해는 그리스도를 의로 붙든다는 점에서 일견 루터의 가르침과 유사하게 보이지만, 중요한 차이가 있다. 루터가 신자 자신의 의가 세상에서 온전해질 수 있다는 주장에 반대한 것은 사실이다. 그러나 동시에 그는 신자의 신앙 및 성령을 받는 정도에는 차이가 존재하며, 신자가 죄를 이기는 정도에 차이가 있는 것이 그것 때문임을 인정했다.[274] 따라서 루터는 신앙에는 정도의 차이

269 Journals 2:467.
270 Journals 3:409.
271 Dreyer, "John Wesley: ein englischer Pietist," 71-84.
272 같은 곳, 76-77.
273 같은 곳, 79-81.
274 LW 21:310; 30:154-155; 33:62; Althaus, *The Theology of Martin Luther*, 234-242; John W. Kleinig, "Luther on the Reception in God's Holiness," *Pro Ecclesia* 17:1 (Winter 2008), 77-78.

가 있을 수 없다는 친첸도르프의 주장에 동의할 수 없었을 것이다. 그뿐 아니라 사람들로 율법이 아닌 복음에만 집중하게 해야 한다는 친첸도르프의 주장은 아그리콜라의 율법무용론적 주장과도 유사한데, 루터가 그런 견해에 찬성하지 않았다는 사실을 우리는 2장에서 이미 살펴보았다. '부스캄프' 없는 회심에 대한 친첸도르프의 주장은 '부스캄프' 패턴 안에서 일어난 루터의 회심 경험과도 어긋난다.[275] 만약 루터가 웨슬리와 친첸도르프의 논쟁의 자리에 있었다면, 그는 율법의 선포를 통해 신자를 회개로 이끌 것을 강조할 뿐 아니라 신앙에는 정도의 차이가 있고, 의롭게 하는 신앙도 의심과 두려움의 영향을 받을 수 있으며, 확신 없이도 구원이 이루어질 수 있다고 역설한 웨슬리의 손을 들어주었을 것이다.

그럼에도 친첸도르프는 전가에 의한 성화의 주제에서는 루터를 충실하게 따랐다. 루터에게는 칭의와 성화 모두가 그리스도의 의의 전가를 통해서만 가능하다. 그리스도의 의는 나누어질 수 없으므로, 칭의와 성화는 전가된 그리스도의 의 전체를 통해 한순간에 이루어진다. 하나님의 은혜는 총체적으로 죄인 위에 부어지기 때문이다. 그리스도인이 의인이자 동시에 죄인이라는 말은, 그들이 전적으로 거룩하면서 동시에 전적으로 죄가 많음을 의미한다. 그리스도인은 자신의 성품으로 치면 여전히 죄 많은 상태이지만, 그리스도의 의를 가졌기 때문에 거룩하다.

> 하나님의 진노와 은혜는 총체적으로 부어진다. … 하나님의 진노 아래 있는 사람은 전적으로 온전한 진노 아래 있고, 하나님의 은혜 아래 있는 사람은 전적으로 온전한 은혜 아래 있다. … 하나님은 은혜 안에서 용납하신 사람을 전적으로 용납하신다. … 진노하시는 사람에게는 전적으로 진노하신다. … 그러므로 세례받은 사람이 여전히 죄 가운데 있다고 하거나, 그의 모든 죄가 완전히 용서받지 않았다고 하는 것은 가장 악한 말을 하는 것이다. 하나님께서 사랑하셔서 아무런 죄도 보지 않기로 하셨으며, 그의 전체를 용납하고 성화시키셨는데, 그에게 무슨 죄가 남아있다는 말인가? 그러나 이것은 우리의 순결 때문이 아니라 오직 사랑의 주님의 은혜 때문임을 알아야 한다. 은혜로 모든 것을 용서받았지만, 은사를 통해 모든 것을 치유받지는 못했다.[276]

따라서 웨슬리가 모라비아 교도의 오류의 원인을 루터에게서 찾은 것은 부분적으로는 옳고, 부분적으로는 그르다. 웨슬리는 루터와 친첸도르프의 주장이 같은지 그렇지 않은지를 구별하는 일에 더 신중했어야 했다.

---

275 Dreyer, "John Wesley: ein englischer Pietist," 81-84.
276 LW 32:228-229.

웨슬리는 루터와 칼빈이 가르친 전가 교리를 반대했다. 이는 그리스도의 순종이 신자 자신의 순종을 대신할 수 없기 때문이다. 그리스도의 완전한 순종은 오직 그리스도께서 우리 대신 자신을 흠 없는 희생제물로 드리기 위한 자격을 얻게 했을 뿐이지, 그 순종을 우리에게 전가하기 위한 것이 아니다. 그리스도께서 우리를 대신해 율법을 완벽히 지키셨다는 대리적 순종 및 그리스도의 완전한 순종을 우리에게 전가하신다는 전가된 의의 주장은, 신자 자신이 율법에 순종하는 것에 대해 태만하게 하는 율법무용론을 가져올 수 있다.

웨슬리의 "우리는 믿음으로 의롭다 함을 받는 것과 마찬가지로 믿음으로 성결하게 된다. … 믿음이 성결의 유일한 조건이며, 이는 칭의에서와 꼭 마찬가지다"라는 주장에서처럼, 웨슬리에게 완전성화는 하나님의 은혜에 의해 믿음을 통해 순간적으로 주어지는 것이다.[277] 이처럼 하나님의 은혜로 인한 순간적 성화를 논의할 때, 웨슬리는 그것을 그리스도의 의의 전가가 아니라 신앙과 연결 지었다.

그러나 완전성화 전후로 은혜 안에서의 점진적 성장에는 신자 자신의 책임이 따른다. 즉 신자 자신이 죄를 멀리하고 율법에 순종하기 위해 부단히 노력해야 한다.[278] 웨슬리는 "하나님의 전능하신 능력은 온전한 구원을 일으키실 수 있다. 당신을 위한 그의 은혜는 충분하다. 그러나 당신이 하나님과 함께 일하는 자가 되지 않는다면, 그렇지 않을 것이다"라는 말로 순종의 당위성을 강조했다.[279] 하랄드 린드스트롬(Harald Lindström)은, 웨슬리에게 하나님의 전적이며 순간적 은혜로서의 완전성화도 어느 정도는 점진적 과정으로서 은혜 안에서의 성장에 의존해 있다고 말한다. 하나님의 은총의 순간적 역사에서조차 신자가 전적으로 수동적이지만은 않은 것은, 은혜는 신자로 하여금 온 마음을 하나님께 굴복시키기를 요구하기 때문이다.[280] 그러나 이러한 강조를 인간의 공로에 대한 주장과 혼동해서는 안 된다. 하나님의 뜻을 알고도 순복하지 않는 것은 하나님께 반역한다는 것을 의미하며, 반역하지 않는 것은 당연하지 공로가 될 수 없다. 웨슬리는 다양한 방법으로 성화에서 인간의 역할을 감소시키지 않았다. 그리스도께서 율법을 가르치셨다는 사실은, 그가 인간의 책임을 강조하셨다는 사실과 필연적으로 연결되어 있다.

---

277 설교, "성경적 구원의 길", III. 3, 14-17.
278 Letters 5:112-113.
279 설교, "세상과 벗 된 것에 대하여", 18.
280 Lindström, *Wesley and Sanctification*, 132.

　　루터는 그리스도께서 율법을 성취하셨다는 말씀을, 그리스도께서 하나님의 율법에 완벽하게 순종하셨다는 의미로만 설명하고, 율법의 의미를 충분히 설명하신 것으로 해석하는 데는 반대했다. 그리스도께서 율법의 의미를 온전히 설명하신 것이 인간이 그 율법을 온전히 지켜야 하는 책임과 관련된다면, 그가 율법에 온전히 순종하셨다는 것은 그의 순종이 우리의 순종을 대신한다는 대리적 순종 및 그리스도의 의의 전가가 갖는 은혜의 특징을 강조하는 것이다. 따라서 루터의 가르침에서는 그리스도의 완전한 순종 및 대리적 순종은 그의 의의 전가 교리의 바탕이 된다.

　　만약 루터가 살아있었다면, 그리스도의 의의 전가 교리가 율법무용론적 태만을 야기할 수 있다는 웨슬리의 비판에 반대했을 것이다. 그리고 오히려 오직 그리스도의의 의의 전가 교리만이 신자로 하여금 율법의 위협과 강제가 아닌 율법으로부터의 전적 자유 속에서 하나님을 향한 자발적 사랑으로 마음에서부터 율법의 진정한 성취를 가능케 한다고 응수했을 것이다. 루터에게 그리스도인의 의가 신자 자신의 율법의 행위로 온전해질 수 있다는 주장은, 필연적으로 그리스도인이 언제나 이 세상에서 도달 불가능한 가설적 완전이라는 율법에 의해 언제나 정죄를 받게 됨을 의미한다. 따라서 신자 자신의 의라는 의미에서의 성화에 대한 가르침은 신자에게 위선이나 절망을 가져다줄 뿐이다.[281] 역설적으로 그리스도께서 율법의 마침이 되셔서 율법에서의 자유를 주시는 것이 율법의 진정한 성취를 가능케 한다. 전가된 의의 기초 위에서 신자의 참된 의가 시작된다.

　　신자가 절망이나 위선에 빠지지 않는 방법은, 이 세상에서 신자는 의인이자 동시에 죄인이라는 '동시적 특성' 및 이 세상에서 신자 자신의 의는 시작되지만 완성될 수는 없다는 '시작으로서의 특성' 두 가지 모두를 바르게 이해하는 데 있다. 동시성의 관점은, 신자가 부분적으로 거룩하고 부분적으로 죄 된 존재라는 의미가 아니다. 신자는 전적인 죄인이기 때문에, 율법에 의하면 그들은 언제나 죽음에 처할 존재다. 그러나 그들은 신앙을 통해 그리스도와 끊임없이 연합함으로 그리스도의 완전한 의를 소유하고 있다. 신자의 상태에 대한 루터의 교리, 즉 신자는 의인이자 동시에 죄인이라는 교리는 그리스도의 의의 전가 교리와 직접적으로 연결된 교리인 것이다.

　　더 나아가 루터는 신자에게 실제적 의가 결여됨으로 절망이나 위선에 빠질 수

---

281 LW 26:344-345.

있는 문제를, 신자의 현재적 결함과 미래적 완전을 대조한 후, 신자의 의가 온전케
될 종말론적 희망을 제시함으로 신자의 현재적 신앙을 강화하는 방식으로 해결했
다. 비록 신자는 지금은 불완전하지만 하나님께서 그들을 온전케 하실 것이라고
말씀하신 약속에 근거해 미래에 반드시 은혜가 주어질 것이라는 전망에 의해 이미
온전하게 여겨진다는 것이다. 루터의 설명은 다음과 같다.

> 우리는 아직 온전히 의롭지 못하다. 우리가 완전한 의미에서 의롭다 함을 받는 것은 미래의
> 일로 남아있고, 우리는 그것을 소망한다. 따라서 우리의 의란 사실상 아직 존재하지 않는다.
> 그러나 그것은 희망 속에서 이미 존재한다. … 당신은 하나님 앞에서 당신이 의롭게 될 것을
> 소망해야 한다. 즉 당신의 의는 눈에 보이지 않으며 느껴지지도 않는다. 그러나 때가 되면 그
> 의가 드러나게 될 것을 소망해야 한다. 그러므로 당신이 현재 죄를 의식하고 있음을 기초로
> 판단해서는 안 된다. 만약 그렇게 한다면 당신은 두려움에 빠질 것이고, 문제에 빠져들 것이
> 다. 당신은 신앙의 약속과 가르침을 기초로 판단해야 한다. 그 판단에 의하면 그리스도는 당
> 신을 위한 완전하고도 영원한 의로 당신에게 약속되어 있다.[282]

이러한 종말론적 희망은 언제나 신자에게 영향을 끼쳐, 비록 이 세상에서 완전
은 불가능할지라도 그들 속에서 참된 변화를 이끌어낸다. 그러나 미래의 완전과
비교할 때 현재적 변화는 그저 시작되었을 뿐이고 불완전하다. 동시성과 시작성에
대한 루터의 가르침은, 하나님의 은혜의 완전성과 인간의 의의 불완전성을 의미하
며, 이는 인간의 행위에 의한 구원 성취 가능성을 제한하고 반대한다. 그리스도의
완전한 의의 전가가 하나님의 온전한 은혜를 의미한다면, 불완전한 신자 자신의
의는 하나님의 은사로서 믿음의 정도에 따라 주어진다. 그리스도의 의의 전가에
대한 신앙은 신자의 죄책을 제거하고 하나님을 향한 사랑을 일으켜 하나님의 율법
에 대한 자발적인 순종을 일으킨다. 하나님의 은혜로 미래에 이루어질 신자 자신
의 의의 온전함에 대한 종말론적 희망은 신자로 하여금 자신에게 현재적으로 결여
된 의로 인해 절망에 빠지지 않도록 막아주고, 장래의 희망의 관점에서 현재적 신
앙을 강화해 준다. 그리스도의 의의 전가에서든 신자의 의의 종말론적 완성에서
든, 그리스도께서 신앙의 대상이 되시고, 그리스도로 인한 희망이 신자가 내적 의
를 이루는 본질적 원천이 된다.

성화를 위한 율법의 역할에 대한 웨슬리의 강조는, 루터의 가르침과 대조적으

---

282 LW 27:20-27; Forde, *The Preached God*, 214-221.

로, 그리스도의 삼중직에 대한 그의 가르침에서 잘 드러난다. 그리스도의 제사장
직분은 율법의 역할을 정죄로부터 성령의 도우심을 통해 실현 가능한 목표를 제
시하고 그곳으로 인도하는 역할로 바꾸어놓는다. 또한 하나님의 주도적이고 창
조적이며 희생적인 사랑을 받은 신자가, 응답적이고 자발적인 "자녀로서의 사랑"
에 의해 율법에 순종할 동기를 부여한다. 그뿐 아니라 그리스도의 제사장직은 하
나님의 형벌을 겁내는 "종으로서의 두려움"을 내쫓아, 사랑이라는 "복음적 원리"
가 두려움이라는 율법적 원리보다 율법을 성취하는 훨씬 강한 동기가 되게 만든
다.[283] 따라서 그리스도의 제사장직은 율법을 통해 그리스도의 예언직뿐 아니라 왕
직이 바르게 작용하는 토대가 된다.[284] 웨슬리에게 그리스도의 제사장적 사역은, 율
법의 행위가 죄인을 하나님께 용납되게 하는 수단이며 칭의와 성화의 은혜를 얻게
하는 근원적 요인이라는 펠라기우스적 주장을 전복시키는 성경적 진리인 것이다.

그리스도의 왕직 역시 율법을 "감추어진 약속"(covered promise)으로 변화
시킨다.[285] 웨슬리는 신자의 마음에 율법을 새기는 역할 및 하나님 형상을 회복시
키는 역할을 그리스도의 왕직으로 여겼다.[286] 교회의 머리이신 그리스도께서는 성
령을 통해 신자의 마음을 다스리심으로, 신자에게 율법의 명령을 행할 수 있는 능
력을 부여하신다. 그리스도께서 예언자 직분을 통해 명령하신 율법이 실제로 성취
되는 것은 그리스도의 왕으로서의 직분을 통해서다.[287] 그러므로 웨슬리에 의하면,
그리스도인의 완전 교리는 루터가 주장한 것처럼 신자를 낙심시키거나 위선자가
되게 하는 교리가 아니라, 신자로 은혜 안에서 성장하도록 동기를 부여하고 도전
하며 격려하는 성경적 진리다. 웨슬리는 "만약 여러분이 모든 신자로 완전으로 나
아가며, 매 순간 죄에서의 구원을 기대할 것을 강조하면, 그들은 은혜 안에서 성장
할 것입니다. 그러나 신자가 그런 기대를 잃어버리면, 그 순간부터 성장은 멈추고
신앙은 점점 냉랭해질 것입니다"라고 강조했다.[288] 그리스도인의 완전은 왕 되신
그리스도께서 성령의 능력으로 신자를 거룩하게 만드신 결과다.

웨슬리에게는, 그리스도의 제사장직이 율법 순종의 동기를 부여하고, 그리스

283 설교, "믿음으로 세워지는 율법 (1)", III. 3-4; ENNT I John 4:18; Deschner, Wesley's Christology, 98.
284 Lindström, Wesley and Sanctification, 164-165.
285 설교, "산상설교 (5)", II. 2-3.
286 설교, "믿음으로 세워지는 율법 (2)", I. 6.
287 설교, "율법의 기원, 본성, 속성 및 용법", I. 6; IV. 4.
288 Letters 6:66; Coppedge, John Wesley in Theological Debate, 268.

도의 왕직이 율법 성취의 능력을 부여함에도 신자가 죄를 범할 가능성이 있는 이상, 그리스도의 삼중직 모두는 성화에서도 중요한 요소로 남는다. 그리스도인이 죄에서 완전히 자유하기까지, 예언자 그리스도는 신자의 마음과 삶에 남아있는 죄를 계속적으로 깨닫게 하심으로 그들로 계속 제사장 그리스도를 가까이해 그의 피로 죄 씻음을 받게 하실 것이다. 그 후에는 왕 되신 그리스도께로 나아가 율법을 성취하게 할 성령의 능력부으심을 받고, 종말에 이르러 "그리스도께서 약속하신 것을 충만히 소유하게 될" 소망의 확증을 얻게 하신다. 그리스도의 삼중직 사이의 상호작용은 죄인의 칭의뿐 아니라 신자의 성화의 과정에서도 충만하게 지속된다.[289]

III. 율법에 대한 승리 vs. 율법을 통한 승리

웨슬리는 모라비아 교도와의 논쟁 중에 루터가 율법을 부정적으로 묘사한 것을 비판한 적이 있다.

> 루터는 도대체 어떤 생각으로 율법을 죄, 죽음, 지옥, 마귀와의 짝으로 만들고, 그리스도께서 우리를 그 모든 것에서 구원하신다고 가르쳐 선행과 하나님의 율법에 대해 모독적인 말을 한 것일까? 그리스도께서 우리를 하나님의 율법에서 구원하신다니, 그 말은 하나님께서 우리를 거룩함이나 천국에서 구출해내신다는 말처럼, 성경적으로 근거를 댈 수 없는 말 아닌가? … 율법을 악평하고 심판하는 당신은 도대체 누구인가?[290]

웨슬리는 율법을 악한 세력과 같은 범주에 포함시킨 루터의 오류가, 로마서 7:5의 "율법으로 말미암는 죄의 정욕이 우리 지체 중에 역사하여"라는 바울의 언급을 오해한 데서 기인했다고 생각했다. 그러면서 여기서 율법이 죄를 일으킨다는 말은 우리가 인식할 수 없는 방식으로 일해오던 죄를 율법이 "자세히 살피고 조사해" 드러낸다는 사실을 의미한다고 가르쳤다. 루터 역시 웨슬리의 이런 설명에 동의했을 것이다.[291] 그러나 웨슬리는 더 나아가, 율법이 죄를 일으킨다는 것이, "하나님의 율법이 죄 자체이거나 죄의 원인이 된다"는 것까지 의미할 수는 없다고 강조했다. 비록 "육적인 마음을 가진" 사람에게는 율법에 의해 죄의 정도가 이전보다

---

289 설교, "율법의 기원, 본성, 속성 및 용법", IV. 4.
290 Journals 2:467.
291 LW 1:163-164.

"훨씬 추악해지는" 경우가 "뜻하지 않게 발생"되는 일이 있더라도, 하나님의 율법은 언제나 "죄와는 짝할 수 없는 죄의 원수"로 남기 때문이다.[292]

웨슬리는 율법을 사탄의 도구로 여기지 않았고, 율법에 그런 표현이나 설명을 덧붙이는 것에 반대했다. 율법은 정죄를 통해서든, 지시를 통해서든 인간을 구원하시기 위한 하나님의 도구다. 비록 동일한 율법이 정죄 또는 지시라는 다른 역할을 하지만, 율법이 그중 어떤 일을 하게 될 것인지는 율법이 적용되는 사람의 상태에 달린 것이다. 즉 죄인에게 적용되는지 성도에게 적용되는지에 따라, 동일한 율법이 정죄나 지시의 전혀 다른 기능을 하게 된다. 율법이 정죄 또는 지시로 기능하는 것은 거룩한 사랑을 본성으로 가지고 있기 때문이다.

웨슬리는 죄가 율법을 향해 격렬하게 반항하는 경우를 "율법에 의해 죄를 자각했음에도 아직 그것에서 벗어나지 못한 사람"의 경우로 제한하면서, 이것을 신자의 일반적인 상태로 주장하는 것에 반대했다.[293] 신자에게는 왕 되신 그리스도께서 율법에 담긴 "거룩하고 의로우며 선한"(롬 7:12) 본성을 그들 마음과 삶에 새겨주셔서, 율법이 그 본성을 따라 "죄의 원수"로 작용하게 하신다.[294] 왕 되신 그리스도께서는 성결의 은혜를 통해 신자가 "죄를 이기는 승리자 그 이상의 존재"가 되게 하신다.[295] "그리스도께서는 자신의 율법이 명령하는 것을 행할 수 있도록 신자에게 능력을 부어주시므로" 모든 그리스도인, 심지어 그리스도 안에서 어린아이라도 죄와 싸워 이길 수 있을 만큼은 완전하다.[296] 죄를 이기는 승리는 그리스도인 시대에 모든 신자에게 주어지는 특권이다.[297] 웨슬리가 그리스도 안에서 어린아이라도 죄에 승리할 수 있음을 강조한 것은, 그리스도인 시대의 탁월성을 성결의 은혜에만 한정 짓지 않고 칭의와 중생의 단계에도 적용한 것이다.

웨슬리의 설명에서 그리스도의 승리는 어떤 방식으로 이루어지는가? 먼저 그리스도께서는 하나님의 율법에 온전히 순종하심으로 죄와 마귀에게 승리해 당신의 승리를 이루신다. 다음으로 그리스도는 신자가 율법을 짓밟아 모독하고 율법과 싸워 승리하게 하심이 아니라, 율법을 사랑하고 율법에 순종할 수 있게 하심으

---

292 ENNT Rom 7:5; 설교, "율법의 기원, 본성, 속성 및 용법", 서론. 3; III. 4.
293 설교, "율법의 기원, 본성, 속성 및 용법", III. 4.
294 ENNT Rom 7:5; 설교, "율법의 기원, 본성, 속성 및 용법", 서론. 3; III. 3.
295 설교, "그리스도인의 완전", II. 11.
296 같은 곳, II. 11, 20-21.
297 같은 곳, II. 8, 13.

로 계속적으로 죄와 마귀에게 승리하신다. 만약 그리스도께서 가르치신 "율법의 모든 일점일획"까지 모두 신자의 마음에 새겨진다면, 그리스도께서는 율법이 신자에게 자각하게 만든 모든 죄를 당신의 발로 짓밟아 왕으로서 거룩한 신자를 다스리실 것이다.[298]

루터는 자신이 율법을 부정적으로 묘사한 것에 관해, 성경에서 바울도 율법을 "약하고 천박한 초등학문"(갈 4:9)이라는 말로 "매우 모욕적으로" 묘사한 사례를 들어 자신을 합리화했다. 율법에 그런 이름을 붙이는 것이 신성모독처럼 보일지라도, 만약 율법이 정죄하고 절망만 안겨주면서 복음의 약속과 은혜를 보여주지 않는다면 "그것은 더는 하나님의 거룩한 율법일 수 없다"는 것이다. 루터는 율법으로 인해 공포에 사로잡혀 하나님의 은혜를 간절히 구하는 영적 잠에서 깨어난 죄인과, 율법을 오용해 스스로를 의롭다고 자랑하면서 하나님의 진노와 심판에 항거하는 타락한 위선자를 구별하면서, 바울이 "약하고 천박한 초등학문"으로서의 율법을 적용한 것은 오직 후자의 위선자라고 가르쳤다.[299] 루터는 자신이 율법을 매우 신랄하게 묘사한 것을 "아름다운 평가절하"라고 하면서, 율법이 구원을 주는 데 무능하다는 사실을 설명하기 위해 다음과 같이 다양한 비유를 사용했다.

율법이 사람을 더 약하고 비천하게 만드는 것은 … 마치 간질병을 앓던 사람이 흑사병까지 걸린 것과도 같고 … 믿음에서 떠나 율법을 좇는 사람은, 얻지 못할 것을 얻으려 노력하는 것이 이솝 우화에서 그림자를 낚아채려다 있던 고깃덩어리까지 잃어버린 개와 같으며 … 이미 무거운 짐을 지고 쓰러지기 직전인 사람 위에 더 무거운 짐을 얹어 놓는 것과 같고, 금 덩어리 백 개로 빵 한 조각도 얻지 못하는 것과 같으며, 헐벗은 사람에게서 옷을 빼앗는 것과 같고, 병들고 궁핍한 사람을 더 약하고 빈궁하게 만드는 것과도 같다.[300]

루터는 이런 부정적 묘사를 성경적 어법으로 정당화하면서 "만약 바울이 먼저 그렇게 하지 않았다면 나도 감히 율법에 그런 이름을 붙이지 못하고, 그런 이름 사용을 최고의 신성모독으로 여겼을 것"이라고 항변했다.[301] 루터에게 칭의와 성화는 율법에 의해서가 아니라, 우리를 위해 율법을 극복하고 승리를 얻으신 그리스도에 의해 이루어진다. 루터의 율법관은 "그리스도 안에서가 아니면 율법은 성취될 수

---

298 설교, "율법의 기원, 본성, 속성 및 용법", III. 10.
299 LW 26:402.
300 LW 26:402-407; 13:396.
301 LW 26:147, 407.

없다"는 말에 명확히 표현되었다.[302]

　　웨슬리의 가르침에서 칭의와 성화 모두가 그리스도의 삼중직에 의해 이루어진다는 사실은, 웨슬리의 기독론이 종교개혁 신학의 토대 위에 서 있음을 보여준다. 동시에 그리스도의 삼중직분은 구원이 인간의 율법 순종과 분명한 연관이 있음을 드러낸다는 점에서, 율법무용론을 반대하고자 했던 웨슬리의 관심이 두드러지게 나타난다. 데이비드 레이니(David Rainey)는, 웨슬리가 그리스도의 능동적 순종을 그리스도의 제사장직과 연결하지 않고 그의 예언직 또는 왕직과 연결한 것은 율법무용론을 경계하려는 의도에서 비롯된 것임을 바르게 지적한다.[303] 웨슬리는 종교개혁 이후 루터 추종자들에게서 나타난 도덕적 방종이나 사랑의 결핍을, 그들이 "거룩한 명령에서" 돌아선 데서 오는 피할 수 없는 결과로 생각했다. 율법을 바르게 가르치지 않는다면, 즉 신자 자신의 의가 없어도 그리스도의 전가된 의로 충분하다고 가르친다면, 그저 교리나 예배 형식의 개혁만으로는 신자의 "마음과 삶 … 성품과 실천"을 거룩함으로 이끌 수 없다.[304]

---

302 LW 29:202.

303 David Rainey, "John Wesley's Doctrine of Salvation in Relation to His Doctrine of God" (Ph.D. thesis, University of London, 2006), 147-148.

304 설교, "하나님의 사려 깊은 지혜", 10.

5장

성령 하나님

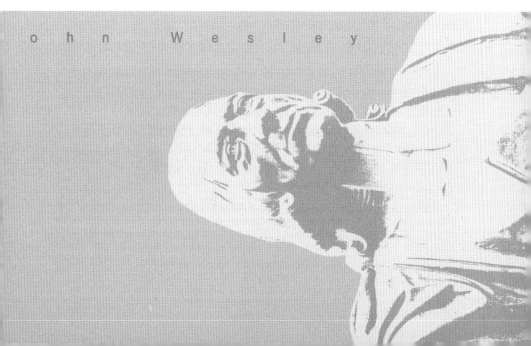

5장 성령 하나님

A. 마르틴 루터

I. 성령의 인격

루터 연구자 중에는 루터 신학에서 성령은 중요성을 갖지 못한다고 주장하는 사람이 있어왔다. 한 예로, 루돌프 오토(Rudolf Otto)는 박사학위 논문에서 루터 신학에서 그리스도인의 삶을 결정짓는 초월적 원인으로서 성령에 관한 모든 개념이 불필요하다고 주장했다. 루터에게서 성령에 관한 설명은 성령이라는 초월적 존재가 아니어도 말씀과 신앙이라는 내재적 요소를 통해 설명될 수 있다는 것이다.[1]

레긴 프렌터는 이런 주장에 반대해, 좀 더 주의 깊은 연구에 의하면 성령론은 루터 신학 전체와 조화를 잘 이루고 있고, 심지어 성령론이 루터 신학을 지배한다고 주장한다.[2] 루터 신학에서 성령은 일관되게 전능하신 구원자 또는 구원의 선물로 제시된다.[3] "성령께서는 참되고 유일하신 하나님이시다. 이는 그가 사람의 마음을 조명해 참된 하나님 지식을 갖게 하시고, 신앙을 촉발하고 강화하며 양심을 위로해 마귀와 온 세상이 주는 공포에도 낙심치 않도록 그들을 보존하시는 등 오직 하나님만이 하시는 일을 행하시기 때문이다."[4] 루터가 성령을 어느 정도로 중요하게 여겼는지는 1520년에 출판한 사도신경의 제3조항 해설에서 잘 드러난다.

> 성령은 성부, 성자와 더불어 단 한 분이신 참 하나님이시다. … 성령의 역사하심 없이는 아무도 하나님께 나아갈 수 없고, 그리스도의 삶과 십자가의 죽음 … 그리스도를 통해 주시는 어떤 축복도 받을 수 없다. … 성부와 성자는 성령을 통해 우리를 일깨우고 부르며 가까이 오게 하신다. 성령은 그리스도를 통해, 그리스도 안에서 우리에게 생명과 성결을 주시고, 우리 마음을 영적으로 바꾸신다. 성령은 그렇게 우리를 아버지께로 이끄신다. 성부는 성령으로 그리스도를 통해, 그리스도 안에서 모든 일을 행하시고, 모든 사람에게 생명을 주신다.[5]

1   Rudolf Otto, *Die Anschauung vom Heiligen Geiste bei Luther* (Göttingen: Vandenhoeck und Ruprecht, 1898).
2   Prenter, *Spiritus Creator*, intro. ix-x, 59-60; Lohse, *Martin Luther's Theology*, 232-239.
3   Lohse, *Martin Luther's Theology*, 239.
4   LW 24:298.
5   Martin Luther, "A Short Exposition of the Decalogue, the Apostles' Creed and the Lord's Prayer," in

하나님은 성육신 하신 그리스도에 의해 우리에게 알려진다면, 그리스도는 성령을 통해 우리에게 알려진다. 따라서 성부와 성자의 모든 성품과 사역은 오직 성령의 사역을 통해 우리에게 알려지고 효력 있게 된다. "성부 하나님의 마음을 보여주는 거울이신 주님 그리스도가 아니면 우리는 성부 하나님의 사랑과 은혜를 알 수 없었을 것이다. 그리스도를 떠나서 우리는 진노하시는 공포스러운 심판자로서의 하나님 외에는 알지 못했을 것이다. 그러나 그리스도께서 오셨더라도, 성령의 계시가 없다면 우리는 그리스도에 대해 아무것도 알 수 없었을 것이다."[6] 따라서 베른하르트 로제는 "오직 성령을 통해"라는 공식은 루터의 모든 신학 사상에 전제되고 부연되어 있는 말이라고 바르게 언급한다.[7]

루터는 성령과 성부·성자의 관계에 관해 필리오케(*Filioque*)를 인정했다. "성령은 성부만이 아니라 성자에 의해서도 보내심을 받으며 발현하신다."[8] "낳으시는 성부와 나시는 성자, 성부와 성자에게서 발현하시는 성령께서는 한 분 하나님이시다."[9] 성부와 성자에게서 발현한 성령께서는 창조와 교회 안에서 하나님과 그리스도의 모든 활동을 중재하신다.[10] 성령의 사역은 교회와 신자에게 한정되지 않고, 하나님의 모든 피조물을 다스리고 운행하심을 포함하는 "우주적 활동"이다.[11]

특히 루터는 요한복음 16:13("진리의 성령이 오시면 그가 너희를 모든 진리 가운데로 인도하시리니 그가 스스로 말하지 않고 오직 들은 것을 말하며")을 주해하면서, 한 분 하나님의 내재적 관계에서 성부는 말씀하시고, 성자 그리스도는 말씀 자체시며, 성령께서는 들으시는 관계로 설명했다. 이 내재적 관계를 토대로 성령은 구원의 경륜에서는 인간에게 하나님 말씀의 "설교자" 즉 계시자가 되신다.[12]

성령께서는 세상과 사람의 마음에서 일어나는 모든 일의 실제적·활동적 주체로서, 세상 모든 일을 통해 하나님의 진노 또는 은혜를 계시하시고, 그리스도의 죽

Reformation Writings of Martin Luther, tr. Bertram Lee Wolff (London: Lutterworth Press, 1952), 1:87. Gary D. Badcock, *Light of Truth and Fire of Love: A Theology of the Holy Spirit* (Grand Rapids: Wm. B. Eerdmans, 1997), 91에서 재인용.

6 BC 419.

7 Lohse, *Martin Luther's Theology*, 237.

8 LW 24:365.

9 LW 2:227.

10 LW 1:57-59; 24:297-298.

11 WA 39 II, 239, 29-31. Lohse, *Martin Luther's Theology*, 235에서 재인용; BC 415-420.

12 LW 24:362-365.

음 또는 부활이 신앙 안에서 신자 자신의 경험이 되게 하시며, 죄인에게 율법 또는 복음으로 작용하신다. 루터는 이러한 의미를 담아 "우리는 참으로 성령을 인식하고 그의 위로를 느끼게 될 것이다. 그러나 그 전까지는 … 모든 것이 그리스도인에게 두려움을 일으키고 슬프게 하며 절망하도록 만들 것이다"라고 말했다.[13] 창조와 구원의 실제적 사역자로서 세상의 모든 사물과 사건을 통해 율법과 복음의 변증법으로 신자를 다루시는 분이 성령이시다.

II. 성령과 계시

루터는 인간의 지식을 크게 창조주에 대한 지식과 이 세상에 관한 지식으로 구분했다. 그리고 인간의 타락 후 하나님이 인간의 "이성의 존귀함을 완전히 제거"하지는 않으셨지만, 그럼에도 타락한 이성은 창조주에 대해 "거의 아무것도" 알지 못하게 되었다는 사실을 매우 강조했다. 인간의 지식은 "물질적인" 대상에 제한되었고, 그 지식마저도 "오류와 기만에 매우 취약하게 되었다."[14]

그러나 죄인이 하나님 지식을 갖는 것이 완전히 불가능하지는 않다. 루터는 로마서 1:19-20을 설명하면서 "하나님에 관한 두 종류의 지식, 즉 일반적인 지식과 특별한 지식"을 구분했다. 일반 지식은 자연 계시와 양심의 작용 등을 통해 "하나님이 계시고, 그가 하늘과 땅을 창조하셨고, 그는 의로우시며 악한 자를 벌하신다는 것 등의 지식"으로 "모든 사람"이 가지고 있다. 이에 비해 특별 지식은 타락으로 상실되어 "사람이 알 수 없게" 된 "하나님에 관한 … 참된 지식으로, 하나님이 우리를 어떻게 생각하시며, 우리를 죄와 죽음에서 구원하시기 위해 무엇을 주고 무엇을 행하고자 하시는지"에 관한 것이다.[15] 루터가 죄인이 "거의 아무것도" 알지 못하게 되었다고 말하는 것은 특별 지식이다.

루터는 사람이 하나님에 대한 일반 지식인 "하나님이 계시다는 주된 전제"만 갖고 특별 지식을 갖지 못할 경우, 특별 지식만이 제공할 수 있는 영역에 대해 "마

---

13 LW 24:111.
14 LW 34:137-139.
15 LW 26:396-400.

음의 허구 … 하나님에 관한 자신의 거짓되고 공허한 생각"을 만들어낸다고 보았다. "모든 우상숭배가 생긴" 것은 이 때문이다[16] 일반 지식은 신성에 관한 피상적 지식에 불과하므로, 하나님의 계시를 통한 특별 지식 없이는 "순전히 오류, 위선, 악한 것, 우상숭배"로 기울어진다.[17]

　이는 사람이 단지 무지해서만이 아니라, 마귀가 그 무지를 악용하기 때문이다. 루터는 사람이 하나님에 관한 참된 지식에 이르지 못하는 데는 "사람을 속이는 일에 놀라운 기술을 가진 마귀"의 영향이 절대적이라고 명확히 밝힌다. 마귀는 사람이 가진 일반 지식의 한계와 오류를 통해 성령께서 말씀의 선포를 통해 계시하시는 특별 지식을 반대하고 거부하게 만든다. 마귀에게는 "은혜의 참 지식과 그리스도 안에 있는 믿음보다 더 용납할 수 없는 일은 없기 때문이다." 그래서 사람이 "그리스도께 집중하지 못하도록 그리스도를 제거하기 위해 여러 망령을 만들어낸다." 많은 망령 중 주된 것은 율법주의 망령으로, 마귀는 사람 속에 있는 "선악에 관한 구분"[18]을 율법주의로 왜곡해 "점차 믿음과 은혜의 지식이 아닌 율법 논의에 집중하게" 만든다. 그 결과, 사람에게서 "그리스도는 제거된다."[19]

　루터는 율법주의에 빠져 그리스도를 반대하는 일에는 "이방인, 교황주의자, 유대인, 이슬람교도, 분파주의자가 … 비록 섬기는 인물, 지리적 위치, 종교 의식과 종교 그 자체, 의무로서의 행위와 예배 형식은 다양하지만 … 이 모든 것이 헛된 망상이자 공상, 마음에서 만들어낸 우상"이라는 점에서 동일하다고 보았다.[20] 루터가 우상숭배의 대상에 유대교와 가톨릭주의를 포함시킨 것은 의미심장하다. 이는 알트하우스의 주장처럼 루터가 "기독교의 도덕주의 역시 이교의 우상숭배와 동일한 범주로 본" 것을 의미한다.[21] 그들이 비록 참 하나님을 신앙의 대상으로 삼았다 할지라도 특별 지식이 아닌 일반 지식의 한계와 오류 속에서 하나님을 안다는 점에서 이교도와 다를 바 없기 때문이다.

　루터가 율법주의로 인해 그리스도가 제거된다고 말한 것은 그리스도를 신앙의 대상으로 여기지 않는다는 뜻이 아니라 그리스도마저 율법주의적으로 이해한다

16　LW 26:399-400.
17　LW 26:395, 400.
18　LW 25:187.
19　LW 26:395.
20　LW 26:396-397.
21　Althaus, *The Theology of Martin Luther*, 17.

는 뜻이다. 그렇게 되면, "온 세상의 죄를 십자가에 못 박으심으로 없이 하시는 …
대제사장이자 중보자이신 그리스도"의 모습은 감추어지고, 그를 "율법 수여자, 심
판자, 정죄자"로서 "잔인한 주님"으로 알게 된다. 그 결과 죄인은 "그리스도를 마
치 사탄처럼 여겨 피하게 된다."[22] 또 죄인은 구원자 그리스도가 제거되어버린 제
단 위에 "율법의 능동적인 의"를 올려놓아 구원을 얻고자 함으로 그리스도 대신
"자기 의를 쳐다보는 일을 그만두지 못하게" 된다.[23] 죄인은 일반 지식에 기초해
어느 정도 "윤리적이고 종교적인" 지식을 가질 때조차 "도덕주의의 올무"에 갇혀
"율법에 따라 하나님을 계산"해보려 한다.[24] 루터는 그리스도를 의지하지 않는 사
람은, 그가 어떤 종교나 어떤 행위 규범과 예배 형식을 가졌든, 그들 모두가 "오직
율법의 의에 매달린다"는 오류에서 동일하다고 단언한다.[25] 그들은 마귀에게 속아
그리스도 대신 율법을 신뢰한다.[26]

　이로써 그리스도께 대한 신앙과 율법을 의존하는 인간의 이성은 서로 원수가
된다. 이성은 신앙을 "도살"하고, 신앙도 이성을 그렇게 한다.[27] 이 점에서 루터는
타락한 이성을 중립적인 지적 기능으로 보지 않고 그리스도의 복음을 반대하고 저
항하는 악한 의지와 연결한다. "이성이 율법과 연합하는 순간부터 … 율법과 이성
보다 신앙을 적대하는 것은 없다."[28] 이것이 "복음을 애매하게 하여 그리스도를 …
완전히 장사시켜" 버리는 "적그리스도인들의 신학"의 근원이다.[29] 결국 마귀에 오
용된 인간의 이성은 참 하나님과 구원자 그리스도를 폐위하고 "인간 자신의 힘과
행위와 의를 의지"한다는 점에서 명백한 "우상숭배"가 된다.[30] "악한 자들은 자신
의 행위로 하나님을 좌지우지하려는 욕망에 사로잡혀 하나님을 멸시하고 자기 자
신을 하나님으로 만든다."[31] 하나님께 드려야 할 "주권과 신성"을 인간 자신이 취

22　LW 26:37-39.
23　LW 26:5, 9-10.
24　Althaus, *The Theology of Martin Luther*, 67-69; Gerrish, *Grace and Reason*, 84-99.
25　LW 26:9-10.
26　LW 26:54, 88-89, 196-197.
27　LW 26:228.
28　LW 26:113.
29　LW 26:124-125; Inho Choi, "Historical Studies on *Ratio* in Luther: Comparison and Analysis of Luther's
　　Two Commentaries on Galatians of 1519 and 1535" (Ph.D. thesis, Luther Seminary, 2004), 113-128.
30　LW 27:87-88.
31　LW 16:121; 26:395-396.

한 이 우상숭배에서 "인간의 이성이라 불리는 짐승"은 "하나님의 가장 쓰디쓴 대적"이자 "모든 악의 근원"이 된다.[32]

결론적으로, 참 하나님은 하나님께 대한 특별 지식을 갖지 못한 자에게 숨겨져 있다. 그들은 우상숭배자일 뿐이다. 하나님께 호의적인 생각을 가지고 하나님을 섬긴다고 생각하는 때조차 그들이 섬기는 것은 참 하나님이 아니다. 불신자와 이교도, 유대인, 교황주의자, 개신교 율법주의자에게 참 하나님은 숨겨져 있다. 그들은 하나님을 아는 참된 지식 없이도 스스로를 하나님을 아는 자로 판단할 수 있으나, 이는 자신의 죄인 됨을 알아 그리스도를 붙드는 것과 무관한 것으로 자연 지식에 근거한 피상적 종교성일 뿐이다.

그렇다면 피상적 종교성을 가진 사람을 하나님께 대한 특별 지식으로 이끄는 길은 무엇인가? 루터는 하나님을 아는 특별 지식은 율법과 복음에 대한 바른 이해로 구성됨을 분명히 했다. "성경과 신학 전체에 대한 이해는 사실상 율법과 복음의 참된 이해에 달려있다."[33] 그러나 율법과 복음은 그 자체로 자명하게 드러나지는 않는다. 죄인의 내면에 율법과 복음의 의미를 밝혀 하나님에 관한 특별 지식을 주시는 "참된 교사"는 성령이시다.[34] 성령의 영감 없이 율법을 대하는 죄인은 교만과 자기 의로 자신을 변명하므로 그들에게는 율법이 그리스도께로 인도하는 몽학선생이 되지 못한다. 그러나 성령께서 율법을 계시하시면, 율법은 죄인으로 자신의 부패와 하나님께 순종하는 일에 무능함을 깨닫게 하는 살아있는 말씀이 된다.[35] 성령의 계시로 율법은 범위가 무한히 확장되고, 의미가 명확해지며, 엄격성이 드러난다.[36] 성령에 의해 율법은 죄인이 절망할 때까지 그의 의를 깨부수시는 하나님의 "강력한 쇠망치"가 된다.[37] 성령의 영감 없이는 복음도 복음으로 드러나지 않는다. 성령의 영감 없이 인간의 이성은 복음을 깨달을 수 없기 때문에 그리스도조차 사람이 본받아야 할 윤리적 모범으로만 여긴다.[38] 인간의 이성은 "무지하고 맹목적

---

32 LW 26:229-230.
33 WA 7:502, 34-35. Ebeling, *Luther: An Introduction to his Thought*, 111에서 재인용.
34 WA 17II, 459-460. Althaus, *The Theology of Martin Luther*, 37에서 재인용; Ebeling, *Luther: An Introduction to his Thought*, 98.
35 LW 25:188; 26:315; 35:365-368.
36 LW 22:140; 35:365-380; Yeago, "Martin Luther on Grace, Law, and Moral Life," 163-191; Heckel, *LEX CHARITATIS*, 17.
37 LW 1:163; 26:123-124, 310.
38 Prenter, *Spiritus Creator*, 113-122; BC 521-526.

이고 완고해서 … 성령께서 조명하고 가르치시기 전에는 복음을 전적으로 어리석은 이야기나 거짓말로 여길 뿐이다."[39] 성령의 영감 없이는 "그리스도는 연구를 통해서든, 듣는 것이나 질문 또는 찾는 노력을 통해서든, 사람에 의해서는 발견될 수 없다. 오직 하나님 자신만이 그리스도를 우리에게 주실 수 있다."[40]

그런데 성령의 계시는 "말씀과 함께 그리고 말씀을 통하여" 일어난다. 하나님의 말씀은 성령의 계시를 위한 "다리와 통로와 길과 사닥다리"다.[41] 따라서 하나님께 대한 참된 지식을 함양하는 길은 교회가 성령을 의지하는 가운데 율법과 복음을 바르게 선포하는 데 있다. 성령께서는 선포된 말씀 속에서 실제적으로 일하시면서 율법과 복음이라는 새로운 타자적 실재를 전달하신다.[42] 따라서 "하나님을 아는 참된 지식"을 가진 사람이란 성령께서 율법과 복음의 의미를 밝혀주심으로, 율법이라는 하나님의 진노의 천둥소리와 심판의 쇠망치로 영혼의 시련을 경험한 사람,[43] 그로 인해 그리스도의 복음을 붙들어 열린 천국 문을 통과한 사람이다.[44] 또 율법의 정죄를 받아 그리스도께로 피하는 사람, 율법과 복음의 변증법을 사실적으로 경험하는 사람이다.[45] 이것이 없는 신자는 일반 종교 지식에 근거하여 추측과 망상으로 하나님을 아는 것이다. 지옥 문을 보지 못한 그들에게는 천국 문도 숨겨져 있다. 율법으로 존재의 밑바닥이 깨어져 보지 않은 그들에게 그리스도는 자신과 아무 상관이 없는 존재며(요 13:8 참조), 하나님은 숨어계신다.

루터는 성령의 자유를 경시하지 않았다. 성령께서는 언제, 어떻게 역사하실지 스스로 결정하신다. 때로는 하나님의 말씀이 선포된 지 10년 이상 지난 후에 역사하시기도 하고, 때로는 말씀이 선포되었음에도 전혀 역사하지 않으시기도 한다.[46] 자신의 말씀과 어떤 수단에서도 자유하신 숨어계신 하나님의 자유는 성령께도 동일하게 적용될 수 있다. 그러나 지원용이 지적하듯, 성령의 자유에 대한 그런 관념이 루터 신학에서 실제적 가치를 갖지는 못한다. 루터는 성령의 사역과 말씀의

39 BC 521.
40 Prenter, *Spiritus Creator*, 113.
41 LW 40:147.
42 Prenter, *Spiritus Creator*, 101-130; Gerhard O. Forde, *The Preached God*, 60-68.
43 BC 303-310; LW 34:171-174; 26:315.
44 LW 34:337.
45 LW 42:7-14.
46 LW 22:302; 14:62; WA 31I, 100; 39I, 370; 38:205; 30III, 180. Althaus, *The Theology of Martin Luther*, 39-40 에서 재인용.

연결을 성령의 자유보다 훨씬 더 강조했기 때문이다.[47] 루터는 "성령께서는 물론 말씀 없이도 일하실 수 있다. 그러나 그는 그렇게 하기를 원치 않으신다"고 확언했다.[48]

루터가 성령과 하나님의 말씀을 매우 밀접하게 연결한 것은, 당시 로마 가톨릭 교회와 개신교 열광주의자의 주장 모두를 반박하기 위한 것이었다. 루터는 가톨릭 교회만이 사도를 계승하고 하나님 말씀과 교황, 성례와 함께 성령을 가졌다고 주장하면서 "교회, 교회!" 외쳐온 교황주의자를 반박할 때, 성령의 주된 직분은 그리스도를 설교하는 것이므로, 그리스도를 바르게 설교하는 종교개혁 교회가 성령의 임재의 진정한 표지를 가지고 있음을 주장했다. "그리스도를 증거하는 것이 성령의 특별하고 고유한 직분이다. 그리스도를 바르게 증거하고 있는가 하는 것이 다른 모든 가르침이 옳은지 그른지를 식별하는 기준이다."[49] 교회가 "모든 그리스도인을 낳고 기르는 어머니"로 여겨질 수 있더라도, 교회의 권위는 말씀을 통해 역사하시는 성령께 의존하고 있다. 따라서 "기독교 교회를 만들고 부르며 모으시는 성령은 그리스도가 설교되지 않는 곳에는 계시지 않는다."[50]

루터는 "성령, 성령, 성령!"을 반복하면서 "외적인 말씀 없이" 성령에게서 직접 배운다고 주장한 칼슈타트나 뮌처 같은 개신교 열광주의자를 반박할 때는 "하나님은 외적인 말씀과 성례 없이는 우리를 다루려 하시지 않는다"고 강조했다.[51] 루터는 말씀이 먼저 선포되면 성령은 "말씀과 함께, 말씀을 통해" 역사하심을 가르치면서, "성령께서는 결코 말씀을 제쳐놓고 일하지 않으신다"고 확언했다.[52] 말씀을 제쳐놓은 성령 제일주의자, 교회 제일주의자를 향한 그의 일갈은 다음과 같다.

> 우리는 하나님께서 외적인 말씀과 함께, 외적인 말씀을 통해서가 아니면 어느 누구에게도 성령과 은혜를 주시지 않는다고 굳게 확신해야 한다. 이로써 우리는 열광주의자, 즉 자신은 말씀 없이, 말씀보다 먼저 성령을 소유하고 있다고 떠벌리면서, 성경과 선포된 말씀을 자기 좋을 대로 판단하고 해석하며 왜곡하는 신비주의자에게서 자신을 보호해야 한다. 과거에 뮌처

---

47 Won Yong Ji, "The Work of the Holy Spirit and the Charismatic Movement, from Luther's Perspective," *CJ* 11:6 (Nov. 1985), 206.

48 LW 33:155.

49 LW 24:124-129, 294-295; 51:291-299.

50 BC 415-420.

51 LW 40:195; BC 312.

52 WA 21, 469. Ji, "The Work of the Holy Spirit and the Charismatic Movement, from Luther's Perspective," 206에서 재인용; LW 18:401; 24:362-365; 33:155; BC 312-313.

가 그랬고, 오늘날에도 … 영과 문자의 철저한 구분을 주장하는 자들이 여전히 그런 일을 하고 있다. 교황주의자도 열광주의자 외에 아무것도 아니다. 교황은 "모든 법이 내 마음의 성체 용기에 있다"고 떠벌리면서, 성경이나 선포된 말씀을 벗어나거나 상반되더라도 자신이 교회에서 결정하거나 명령한 모든 것은 영이고 법이라고 주장한다. 이 모든 일을 하는 것은 아담과 하와를 열광주의자로 만들었던 옛 마귀, 옛 뱀이다. 그것이 그들로 하나님의 외적 말씀을 떠나 신비주의와 자기망상에 빠지게 했는데, 이를 위해 사용한 도구 역시 다른 외적 말씀이었다. 그럼에도 오늘날의 열광주의자는, 마치 성경이나 사도가 선포한 말씀으로는 성령이 오실 수 없기 때문에 자신이 글을 쓰고 말을 해야 한다는 듯, 잠잠하지 못하고 쓰레기 같은 말과 글로 세상을 가득 채우면서 하나님 말씀을 폐기한다. 그들이 성경 없이 성령을 받았다고 떠벌린 대로라면, 성령께서는 그들의 글 없이, 그들의 글보다 먼저 사람들에게 직접 역사하실 수 있는데 왜 쓸데없이 계속 설교하고 글을 쓰는가? … 열광주의는 세상의 시작부터 종말까지 아담과 그 후손에게 달라붙어 떨어지지 않는다. 열광주의는 옛 용이 사람에게 주입한 독약으로, 모든 이단의 원천이며 힘과 능력이다. … 우리는 하나님께서 당신의 외적 말씀과 성례전 없이 우리를 다루려 하시지 않는다는 사실을 끊임없이 주장해야 한다. 말씀 및 성례전과 관계없이 성령의 일로 주장하는 모든 것은 마귀의 일이다.[53]

루터는 성령께서 계시하신 말씀과 성령의 계시가 없는 말씀의 차이를 아우구스티누스의 문자와 영의 개념을 빌려 설명했다. 일반적으로 루터는 하나님 말씀을 그 내용에 따라 율법과 복음으로 구분해, 율법은 인간 삶을 향상시키지 못한다는 의미에서 "문자"와 동일시하고, 성령께서 신자의 마음에 율법을 성취할 동기를 주는 살아있는 말씀으로서 복음은 "영"과 동일시했다.[54] 그러나 문자와 영의 구분에서 더 중요한 것은 말씀의 내용상 구분이 아니라, 성령의 영감의 유무다. 성령이 없이는 분명한 복음의 말씀조차도 필연적으로 사람이 거기서 윤리적 의미를 끌어내는 율법이 되고 만다. 인간의 이성이 자연법에 속박되어 있는 이상, 복음 자체이신 그리스도조차 역사적 지식의 대상 또는 사람이 본받을 윤리적 대상으로 여기는 데서 끝난다.[55] 성령이 없이는 죄인은 교만과 자기 의에 대한 생각으로 왜곡되어 자신을 변명하기에, 명백한 율법 역시 인간의 양심에 아무런 영향을 끼치지 못한다. 오직 성령께서 율법의 영적 성격을 계시하실 때만,[56] 율법은 죄인으로 자신이 부

---

53 BC 312-313.

54 LW 39:182-183; 27:188; 11:161; Prenter, *Spiritus Creator*, 58-59.

55 Prenter, *Spiritus Creator*, 114-122; BC 521-526.

56 LW 26:315.

패했으며 하나님께 순종하는 일에 무능함을 깨닫게 하는 살아있는 말씀이 된다.[57]

성령께서는 외적으로 선포된 말씀을 인간의 마음에 역사하는 내적인 말씀이 되게 하신다. 에벨링이 잘 표현한 것처럼, "이질적이고, 멀리 떨어져 있으며, 외적이었던" 말씀은 성령의 역사를 통해 "사람을 사로잡는, 마음속에 살아있는 말씀"으로 변화된다.[58] 외적인 말씀이 성령께서 사용하시는 재료라면, 그 말씀의 "참된 교사"는 성령이시다.[59] 율법을 천둥번개와 쇠망치가 되게 하시고,[60] 복음을 열린 천국 문이 되게 하시는 분은 성령이시다.[61]

성령께서 율법을 통해 죽이고 복음을 통해 살리는 사역자시라는 루터의 가르침은, 당시 대중적 가톨릭의 가르침과 다른 두드러진 특징이 있었다. 루터는 자신의 초기 저작『로마서 강해』(1515~1516)에서 신자의 마음에 있는 "성령의 법"을 모든 사람의 마음에 있는 자연법과 구분해 "성령에 의해 우리 마음에 쏟아부어진 하나님의 사랑"으로 설명했다.[62] 젊은 루터는 아우구스티누스와 스콜라 학자들이 사용한 사랑의 주입이라는 표현을 사용했다. "'율법을 그들 마음에 새기신다'는 말씀은 '성령께서 그 마음에 사랑을 주입하신다'는 말과 같은 뜻이다. 그것이 그리스도의 법이자 모세 율법의 성취다."[63] 그럼에도 루터는, 우리가 하나님의 피조물도 사랑하는데 하나님은 그 피조물보다 더 사랑할 수 있지 않은가라고 주장한 스콜라 학자들과 결정적으로 갈라선다.[64]

> 스코투스(Duns Scotus)는, 사람은 자연적 능력의 결과로 다른 어떤 것보다 하나님을 사랑할 수 있다고 말했다. … 그의 논리는 이런 식이다. 남성은 피조물인 여성을 사랑한다. 얼마나 끔찍히 사랑하는지, 자기 목숨을 걸기도 한다. 상인은 돈을 사랑한다. 얼마나 사랑하는지, 큰 이익을 위해서라면 천 번의 위험도 감수한다. 하나님보다 훨씬 못한 피조물에 대한 사랑도 그러할진대, 사람이 최고선이신 하나님을 사랑하는 것은 얼마나 더하겠는가? 그러므로 인간은 자연적 능력만 가지고도 하나님을 사랑할 수 있다는 것이다. … 그렇게 위대한 신학자가 하나님을 사랑하는 것이 무엇인지 전혀 모르고 있다.[65]

---

57 LW 25:188; 35:365-368.
58 Ebeling, *Luther: An Introduction to his Thought*, 98.
59 WA 17II, 459-460. Althaus, *The Theology of Martin Luther*, 37에서 재인용.
60 BC 303-310; LW 26:315; 34:171-174.
61 LW 34:337.
62 LW 25:67, 185-187.
63 WA., LVI, 203, 8. Prenter, *Spiritus Creator*, 3에서 재인용.
64 Prenter, *Spiritus Creator*, 3-27.
65 LW 2:112-124.

루터에 의하면, "인간의 본성은 매우 깊이 타락해 하나님을 사랑할 수 없다. 타락한 인간은 우상을 사랑하고 마음의 환상을 좇는다. 피조물에 대한 사랑에 매인 나머지, 말씀을 통해 하나님을 알게 된 후에도 하나님을 멸시하고 그의 말씀을 싫어한다."[66] 따라서 루터는 스콜라 학자들이 피조물에 대한 사랑과 하나님께 대한 사랑을 유비의 관계로 설명하는 것에 반대해, 하나님을 사랑하는 것과 하나님의 피조물이나 자기 자신을 사랑하는 인간의 죄 된 사랑은 정반대임을 단언했다.[67]

> 자신을 사랑한다는 것은, 자신을 미워하고 정죄하며 자신에게 최악의 일이 일어나기를 바라는 것이다. 그리스도께서 "이 세상에서 자기의 생명을 미워하는 자는 영생하도록 보전하리라"(요 12:25)라고 하신 말씀과도 같다. … 진정으로 자신을 사랑하는 것이란 … 자신의 방식이 아닌 하나님의 방식대로 … 모든 죄인, 즉 우리 모두를 미워하고 저주하며 우리가 싫어할 것을 의도하시는 하나님의 뜻에 일치하도록 자신을 사랑하는 것이다. 우리에게 유익한 것은 … 너무나 깊이 숨겨져 있어 정반대로 보이는 것 아래에 감춰져 있다. 우리의 생명은 죽음 아래 숨겨져 있고, 자신을 사랑하는 방법은 자신을 미워하는 것 속에 숨겨져 있으며, 영광은 치욕 아래, 구원은 저주 아래, 우리의 왕권은 유배생활 아래, 천국은 지옥 아래, 지혜는 어리석음 아래, 의는 죄 아래, 능력은 연약함 아래 숨겨져 있다.[68]

루터에게 성령에 의해 주어지는 주입된 사랑이란, 신자로 자신이 타락한 죄인임을 깨닫게 해 죄로 전복되어버린 선악의 판단 기준과 함께 자기 자신을 부인하게 하는 것이다. 이러한 사랑은 그 자체가, 성령께서 율법의 진정한 의미를 계시하심을 바탕으로 신자가 율법의 심판을 자신에게 바르게 적용한 결과다. 루터가 가르친 성령에 의해 주입된 사랑 개념은, 신자의 죄 된 사랑을 정죄하는 율법과 그런 죄인마저 하나님의 사랑 안으로 회복시키는 복음이라는 종교개혁적 변증법의 정수를 담고 있는 것이다.[69] 루터는 더 이른 저작 『첫 번째 시편 강해』(1513~1515)에서도, 시편 1:2을 주석하면서 신자는 "사랑에 매여 … 기쁘고 자발적인 마음으로" 하나님의 율법을 행하는데, 이런 사랑은 "하나님의 성령이 없이는 우리에게서" 생겨날 수 없는 것이라고 설명했다.[70] 프렌터는 루터 성령론의 신 중심성을 강조하면서, 성령께서 하나님의 율법에 "자발적이고 기쁘게" 순종하도록 만드시는 수단으

---

66 LW 2:124.
67 LW 31:9-15.
68 LW 25:382.
69 WA 56, 366, 14; Prenter, *Spiritus Creator*, 6-8.
70 LW 10:13-15.

로 루터가 가르친 주입된 사랑은 "사람의 주도로 시작되는 것이 아니다. … 그러한 의지는 언제나 강요되는 것이다"라고 지적한다.[71]

루터의 십자가의 신학은 확고하게 그의 성령론에 기초하고 있다. 역사 속 실재 그대로의 예수님을 우리가 본받아야 할 모범으로 제시한 신비주의자와 달리, 루터는 그리스도와의 일치는 인간이 주도적으로 이루려는 본받음에 의해서가 아니라, 신자가 그리스도의 죽음과 부활에서 죄인 된 자신이 형벌을 받았고 또 믿음 안에서의 새로운 삶이 시작되었음을 깨달을 때 이루어진다고 주장했다. 더 나아가 루터는 신앙뿐 아니라 신앙의 열매(또는 성령의 열매)가 "성령께서 함께하고 계심을 확실히 증거한다"고 가르쳤다. "그런 열매는 인간의 능력에 의해서도 … 어떤 훈련과 노력에 의해서도 생겨날 수 없기 때문이다."[72] 루터는 그리스도를 본받는 것이 성령을 받기 위해 필요한 준비 과정이라는 신비주의자들의 주장에 반대해, 오히려 그리스도를 본받는 것은 "성령께서 활동하신 직접적 결과"라고 가르쳤다.[73] 루터는 신앙과 신앙의 열매 모두를 성령께서 주시는 은혜로 여김으로, 인간이 주체가 되고 그리스도는 인간 노력의 객체로 남는 스콜라주의식 본받음의 경건(imitation piety)을 부인했다. 그는 성령의 위치를, 신자로 "자기 자신을 정죄"하게 할 뿐 아니라 하나님께 자발적으로 순종하도록 만드시는 일에서 능동적인 "주체"의 자리로 회복시켰다. 루터에게 성령은 먼저 율법으로 다가와 죄인을 죽이신 후 복음으로 다가와 신자를 구원하시는 살아계신 구원자시다.[74]

III. 성령과 성화

루터는 『대요리문답』(*The Large Catechism*)(1530)에서 사도신경의 세 번째 고백은 성령의 본성과 직분을 묘사한다고 설명하면서, 거기에 "성화"라는 제목을 붙였다.[75] "성령께서 성화를 시작하시고 또 더 자라게 하신다. 이를 위해 교회가 신앙 안

---

71 Prenter, *Spiritus Creator*, 8.

72 LW 26:374-380.

73 Arnold E. Carlson, "Luther and the Doctrine of the Holy Spirit," *LQ* 11 (May, 1959), 137-142; Prenter, *Spiritus Creator*, 10-11, 28.

74 Prenter, *Spiritus Creator*, 3-27, 49-53, 60-64.

75 BC 415; Kleinig, "Luther on the Reception in God's Holiness," 76-77.

에서 그리고 성령의 열매 안에서 성장하고 강해지게 하신다. … 세상에서 성결을 시작하게 하시고 증대시키시는 일은 성령의 직분이자 사역이다."[76] 따라서 루터는 거룩이라는 말은 오직 하나님께만 해당됨을 강조한다. "하나님께서 우리 안에서 행하시는 거룩함 외에는 어떤 것도 거룩하다고 할 수 없다."[77] "세상에 존재하는 모든 거룩함은 오직 하나님께만 그 원인을 돌려야 한다."[78] "거룩한 사람이라는 표현은 마치 하나님께서 죄에 빠지셨다는 말처럼 허구적인 것이다. 사람은 결코 그럴 수 없기 때문이다."[79] 만약 신자가 거룩하다고 불릴 수 있다면, 그것은 "하나님께서 그에게 행하시는 일을 기초로 해서만" 가능하다.[80] 루터는 하나님의 거룩하심과 그가 성령을 통해 거룩하게 하신다는 것이 성화라는 주제의 핵심임을 강조하면서 "은사나 지성, 좋은 습관, 우리의 최선의 노력같이 우리가 가진 것은" 성화에 관한 논의에서 제거되어야 한다고 단언했다.[81]

루터에게 성화는 무엇보다 성령께서 우리가 죄 용서 받은 사실을 반복적으로 확인시켜 주심에 기초하고 있다. 즉 성화란 성령께서 신자의 지각 속에서 계속적으로 칭의의 사실을 익숙해지게 하시는 것이다.

> 그리스도의 사역은 이미 끝났고 완료되었다. 그리스도께서는 우리를 위해 당신의 고난과 죽음과 부활로 구원의 보물을 획득하셨다. 그러나 그리스도께서 하신 일이 감추어져 있어 아무도 알지 못한다면 복음은 소용없게 될 것이다. 하나님께서는 이 보물이 땅에 묻혀 감추어져 있지 않고 사용되어 그 유익을 누리게 하시기 위해 말씀이 기록되고 선포되게 하셨다. 하나님께서는 이 말씀 안에서 성령을 주셔서 구원의 보물이 우리에게 제공되고 적용되게 하셨다. 그러므로 성령께서 성화시키신다는 것은 다른 무엇이 아니라 우리를 주님 그리스도께로 데려가 이 구원의 축복을 받게 만드는 것이다. 이 축복은 우리 스스로는 얻을 수 없다.[82]

포드는 루터의 성화론을 다음과 같이 요약한다. "성화란 칭의에 익숙해지는 기술이다. 성화는 칭의 위에 더해지는 무엇이 아니라 … 칭의 된 삶이다."[83] 존 클레이닉(John Kleinig)이 관찰한 것처럼, 루터는 성화라는 용어 사용에서 엄격하

---

76 BC 417-418.
77 LW 30:6.
78 LW 16:70.
79 LW 12:325.
80 LW 16:10; Forde, *The Preached God*, 226.
81 LW 16:70.
82 BC 415.
83 Forde, *The Preached God*, 226; BC 415-420; LW 26:293.

지 않아 때로는 성화에 신자 자신의 변화를 포함시키기도 했다.[84] 그러나 신자에게 따르는 어떤 능동적인 변화도 오직 성령에 의한 것이다. 성령께서 신자의 육적 욕망을 억제하시기에 "성령은 다스리시고 육체는 그 아래에서 굴복된다."[85] 이로 인해 신자는 자신의 타락한 육체, 죄로 향하는 성향, 거룩하지 못한 성품을 억제할 수 있게 된다.[86] 성령께서는 신자에게서 하나님 아버지의 사랑을 믿는 믿음과 다른 사람을 향한 사랑을 일으키심으로 그 속에 "진정한 형태의 그리스도인의 마음을 형성하신다."[87] "성령께서는 자만하고 노기등등하며 질투하던 사람을 겸손하고 온유하며 사랑이 많은 사람으로 바꾸신다. 그렇게 된 사람들은 자기 자신의 영광이 아닌 하나님의 영광을 구한다. 타인을 화나게 하거나 질투하지 않고 서로 양보하며 존중한다."[88]

인간의 측면에서 성화를 설명할 때 루터는 "그리스도인의 거룩함" 또는 "그리스도인의 의"는 수동적인 것임을 강조했다. 루터는 정치적·제의적 의 또는 십계명을 실천하는 의를 "우리가 성취해야 할 능동적 의"로 여긴 반면, "신앙과 은혜, 죄 용서, 그리스도인의 의"는 인간이 그것을 이루기 위해 할 수 있는 것이 "아무것도 없기" 때문에, "자신이 아닌 존재, 즉 하나님께서 그들에게 이루어주시는 것을 받아야만 하는 수동적 의"라고 가르쳤다.[89] 신자가 능동적 성결을 실천하는 것은 수동적으로 받는 성결에 의해서만 가능해진다. 수동적 성결이란 "우리가 수행하는 성결이 아니라, 그리스도와 성령의 의를 받아 이루어지는 성결이다. 우리가 내적으로 소유한 것이 아니라 외부에서 받아들이는 것이다."[90] 신자가 행해야 하는 능동적 의로서 "율법이나 십계명의 의"조차도 전적으로 능동적일 수는 없는데, 이는 그 성취가 신앙에 의해 습득된 수동적 의에 의존하기 때문이다.

> 그리스도인의 거룩함은 능동적이 아니라 수동적인 것이다. 그러므로 누구든 자신의 삶의 방식이나 금식, 기도, 매질, 자선, 또는 슬픔과 고통 속에 있는 사람을 위로하는 행위에 기초해 자신을 거룩하다고 말해서는 안 된다. … 그런 일은 물론 거룩하고, 하나님께서 우리에게 엄

---

84 Kleinig, "Luther on the Reception in God's Holiness," 77-78.
85 LW 27:70.
86 LW 27:96-97; 12:327-331.
87 LW 26:430.
88 LW 27:98.
89 LW 26:4-6.
90 LW 26:6.

격히 명령하신다. 그러나 그것이 우리를 거룩하게 만드는 것은 아니다. 당신과 내가 거룩하고, 교회와 도시, 그 백성이 거룩한 것은 그들 자신의 거룩함이 아니라, 그들의 것이 아닌 거룩함에 기초한다. 능동적 성결이 아닌 수동적 성결에 의해 거룩하다. 그들이 거룩한 것은 하나님의 사역으로의 부르심, 복음, 세례 등 그들이 신적이고 거룩한 것을 소유했기 때문인데, 이러한 것이 그들이 거룩해지는 기초다.[91]

루터의 성화론과 성령론을 종합하면, 성령께서는 용서와 갱신 즉 수동적이고 능동적인 성결을 통해 신자를 거룩하게 하신다. 여기서 후자(갱신 또는 능동적 성결)는 전자(용서 또는 수동적 성결)를 의존한다. 루터는 성령에 의한 이 두 가지 성화의 방법을 신자에 대한 율법의 폐지와 연결했다. 즉 율법은 "행위와 죄 용서"라는 두 가지 방법으로 폐지된다. (1) "죄 용서"에 의해 율법이 폐지된다는 것은, 신자가 율법의 요구를 수행할 수 없음에도 율법은 더 이상 신자를 "정죄할 권리"가 없기 때문이다. (2) "행위"에 의해 율법이 폐지된다는 것은, 신자는 "율법의 강제 없이도 자발적으로" 성령의 열매를 맺고 "율법이 요구하는 것 이상"을 행하므로, 더 이상 율법이 신자에게 명령할 필요가 없기 때문이다. 성령에 의해 신자는 "교훈하고 촉구하며 강제하는 율법이 전혀 필요하지 않은" 것처럼 살아가는 사람이 된다.[92]

성령께서 율법을 폐지하신다는 루터의 가르침은, 신자를 거룩한 삶으로 인도하는 역할을 소위 율법의 제3용법에서 성령께로 옮겨놓은 성령론적 전이를 보여준다. 루터는 신자의 능동적 의가 성령에게서 기인한 것으로 설명해 인간의 행위에 의한 의를 반대할 수 있었다. 루터는 율법의 행위에 의한 인간적 의의 불가능성과 성령의 인도하심으로 가능케 되는 의 사이를 다음과 같이 분명히 대조했다.

바울은 "성령을 따라 행하라"(갈 5:16)는 말씀을 통해 자신이 전에 말한 "사랑으로 서로 종 노릇 하라"(갈 5:13)는 말씀과 "사랑은 율법의 완성이니라"(롬 13:10)라는 말씀을 우리가 어떻게 이해해야 하는지 보여준다. 그 말씀은 마치 "서로 사랑하라는 말로 내가 요구한 것은 여러분이 성령을 좇아 행하는 것 바로 그것이다. 나는 여러분이 율법을 성취할 수 없을 것을 알기 때문이다. 여러분이 살아있는 동안 죄는 여러분에게 들러붙어 있으므로 여러분이 율법을 성취하는 것은 불가능하다. 그러나 그러는 중에도 여러분은 성령을 좇아 행하도록 주의해야 한다. 즉 여러분은 성령으로 육체와 싸워 이기고 영적인 소욕을 좇아야 한다"고 말하는 것과 같다. 그러므로 바울은 [사랑을 명령할 때조차] 칭의가 중요하다는 사실을 잊은 것이 아니다. 바

---

91 LW 26:4, 25; Kleinig, "Luther on the Reception in God's Holiness," 78-79.
92 LW 27:93-96.

울은 성령을 좇아 행하라고 명령함으로 행위가 의롭게 할 수 있다는 생각을 분명하게 부인하기 때문이다. 이는 마치 바울이 다음과 같이 말하는 것과 같다. "내가 율법의 성취를 말할 때 나는 우리가 율법으로 의롭게 된다고 말한 것이 아니다. 내가 말하려는 것은 너희 안에 성령과 육체라는 상반된 인도자가 있다는 것이다. 하나님께서는 너희 몸 안에서 충돌과 전쟁을 일으키신다. 성령께서는 육체를 대항하시고, 육체는 성령을 대항한다. 이로 인해 내가 너희에게 요구하는 모든 것, 너희가 이루어야 할 모든 것은, 성령의 인도를 따라 육체의 인도에 저항하라는 것이다. 성령께는 순종하고, 육체는 대항해 싸우라는 것이다. 율법을 가르치고 서로 사랑하라고 촉구한다고 해서, 내가 신앙의 교리를 버리고, 율법이나 사랑에 의롭게 되는 길이 있음을 말한다고 그릇되이 추측하지 말라."[93]

루터는 "그리스도의 법"을 서로 "사랑하라는 법"으로 설명하면서도, 사랑하는 자는 하나님의 율법의 요구에 부응하기에 충분한 의를 달성할 수 있다고 가르치지는 않았다. 그와는 정반대로 서로 사랑하라는 그리스도의 명령은 "모든 사람과 사회의 모든 부분에 허물이 있기 때문에" 주어졌다. 따라서 그리스도의 법, 사랑의 법에는 인간의 죄라는 현실이 전제되어 있다. 서로 사랑하라는 것은 "우리가 날마다 수없이 저지르는 허물과 죄를 … 참아주고 너그럽게 대하라"는 것을 의미한다.[94] 더 나아가 비록 사랑이 "율법의 완성"(롬 13:10)이더라도 신자의 사랑은 온전할 수 없는데, 그것은 육체 및 그들에게 들러붙어 있는 죄 때문이다. 이런 것은 오직 성령만이 통제하고 억눌러주실 수 있다.[95]

그러므로 신자가 거룩한 삶을 살기 위해 필요한 것은 율법을 지키는 노력이 아닌 "성령을 따르는 것"이다. 그러므로 루터에게 성화는 성령에 의한 성화 또는 신앙에 의한 성화지, 율법에 의한 성화가 아니다. 루터는 신자라도 율법을 지킬 수 없다고 가르쳐 "율법"이라는 용어를 부정적인 의미로 사용한 반면 성령과의 동행은 긍정적으로 묘사해, 성령을 따르는 신자는 율법의 요구를 성취한다고 가르쳤다. 이는 루터가 신앙과 성령으로 율법을 대체했음을 보여준다.[96]

93　LW 27:65-66.
94　LW 27:113-114.
95　LW 27:63-70.
96　LW 26:170-172, 202-216, 253-268, 374-380; 27:20-22, 86.

Ⅳ. 성령과 경험

『탁상담화』에서 루터는 "체험만이 신학자를 만든다"는 말로 그리스도인 신앙에서 체험의 중요성을 언급한 적이 있다.[97] 루터는 『루터의 라틴어 저작 전집에 붙이는 서문』(1545)에서 자신도 '탑의 체험'을 통해 복음에 대한 새로운 깨달음을 얻게 되었다고 고백했다.[98] 지원용은 체험이라는 말로 루터가 의미한 바는 "하나님의 손 안에 놓이는 경험이자 하나님의 말씀을 통해 표현되는 경험"이라고 바르게 지적했다.[99] 루터가 중요하게 여긴 그리스도인의 체험의 결정적 요소는 무엇인가?

성령으로 말씀을 통해 이루어지는 그리스도인의 체험은 양면적이다. 첫째, 신자는 성령께서 율법으로 다가오심을 통해 가혹한 안페히퉁(Anfechtung, 영적 시련)을 경험한다. 이 영적 시련은 심리적으로 불안정한 상태나 정신적 질병을 앓는 상태가 아니라, 성령께서 역사하시는 죄인의 일반적 상태다.[100] 프렌터는, 루터가 영적 시련 개념을 통해 신비주의자들의 영성 훈련 방법인 '지옥으로의 체념' 개념을 수정했다고 설명한다. 신비주의자의 '지옥으로의 체념'은 자기를 부인하고 성령의 오심을 준비하기 위한 상상적 사건인 데 비해, 루터에게 안페히퉁은 신자의 양심에 고통을 주는 실제적 지옥 심판으로, 안페히퉁을 경험한다는 것은 성령께서 이미 역사하고 계시다는 것이다. 성령께서는 신자가 충분히 자신을 부인하고 성령을 받을 자격을 갖출 때까지 기다리시는 것이 아니라, 먼저 주도하셔서 신자의 눈을 여심으로 그 양심에서 하나님의 진노와 지옥의 고통을 경험하게 하신다. 안페히퉁은 인간이 주도하는 능동적 경험이 아니라, 인간이 하나님의 역사하심을 수동적으로 받아들이는 경험이다.[101]

둘째, 안페히퉁을 통해 양심이 지옥의 고통을 경험한 자는 성령을 위로자로 경험한다. 루터는 요한복음 14:16-17("내가 아버지께 구하겠으니 그가 또 다른 보혜사를 너희에게 주사 영원토록 너희와 함께 있게 하리니 그는 진리의 영이라 세상은 능히 그를 받지 못하나니 이는 그를 보지도 못하고 알지도 못함이라 그러나 너희는

---

97   LW 54:7.

98   LW 34:336-337; 12:313; 22:145-146.

99   Ji, "The Work of the Holy Spirit and the Charismatic Movement, from Luther's Perspective," 208-209.

100   WA 9, 508, 11; Prenter, *Spiritus Creator*, 14.

101   Prenter, *Spiritus Creator*, 15-19; Carlson, "Luther and the Doctrine of the Holy Spirit," 138-140.

그를 아나니 그는 너희와 함께 거하심이요 또 너희 속에 계시겠음이라")과 15:26
("내가 아버지께로부터 너희에게 보낼 보혜사 곧 아버지께로부터 나오시는 진리의
성령이 오실 때에 그가 나를 증언하실 것이요"), 16:13("진리의 성령이 오시면 그
가 너희를 모든 진리 가운데로 인도하시리니 그가 스스로 말하지 않고 오직 들은
것을 말하며 장래 일을 너희에게 알리시리라")을 설명하면서 자주 성령을 위로자
와 진리의 영으로 언급했다. 위로자와 진리의 영의 역할은 서로 연결되어 있다. 성
령께서는 자신의 죄 때문에 어쩔 수 없이 나약하고 무력해진 신자를 위로하기 위
해 복음의 진리를 지속적으로 생각나게 하고 재확증하심으로, 세상과 마귀와 신자
의 양심에 의해 일어나는 율법의 모든 공격과 정죄에 맞서게 하신다.[102] "비록 그리
스도에 의해 하나님의 은혜를 받았더라도 우리는 지속적으로 죄 용서를 필요로 한
다. … 우리는 결코 죄 없는 상태가 아니기에, 우리 속에서 성령은 말씀을 통해 지
속적으로 죄 용서 받은 사실을 알려주신다."[103]

　　성령께서는 영적 시련 중에 있는 신자를 위해 탄식하심으로 기도하실 뿐 아니
라, 하나님께서 당신의 적절한 일을 시작하실 때까지 그들이 모든 고통을 견뎌내
도록 도우신다. 죄인이 성령을 위로자로 경험하는 것은, 그들이 하나님을 사랑하
는 원천이 된다.[104] 루터는 성령의 사역으로 인해 참으로 하나님을 사랑하는 사람은
마치 그리스도께서 죽기까지 하나님께 순종하신 것같이 "심지어 구원 받기를 원하
거나, 저주받기를 거절하는 것조차 원하지 않고 … 하나님을 위해 기꺼이 행복하
게 지옥의 형벌조차 감수하려 할 것이다"라고 주장했다. 지옥으로의 체념과 그리
스도와의 일치는 성령을 받기 위한 인간의 행위가 아니라, 성령께서 주신 은혜의
결과다.[105] 그리스도인이 성령을 경험하는 것을 안페히퉁과 위로의 경험으로 이해
한 것은, 신론에서 하나님의 낯선 사역과 본래의 사역의 변증법, 기독론에서 그리
스도의 십자가와 부활의 변증법을 가르친 것같이, 율법과 복음이라는 루터 신학의
변증법을 성령론적으로 재해석한 것이다.

---

102 LW 24:110-117, 290-298, 357-365.
103 BC 415-420.
104 LW 25:74-78, 364-370; Prenter, *Spiritus Creator*, 15-19.
105 LW 25:381-382; 33:62; Prenter, *Spiritus Creator*, 11-12.

B. 존 웨슬리

I. 성령의 인격

성령론에서 웨슬리는 서방교회와 영국 국교회의 삼위일체 교리를 따랐고, 필리오 케를 인정했다.[106] 즉 성령은 성부와 성자에게서 보냄을 받고 발현하시기에 성부의 영뿐 아니라 성자의 영도 되신다는 것이다. 웨슬리는 "성령께서 성부뿐 아니라 성 자에게서도 발현하신다는 사실은, 성령이 그리스도의 영으로 불린다는 데서 적절 하게 논증된다"[107]고 설명했다. 웨슬리는 삼위 안에서의 하나님의 통일성과 삼위 의 상호 내재를 가르치는 필리오케 교리를 토대로 성부와 성자 하나님께 해당되는 모든 속성과 사역을 성령께 돌렸다.[108] 성령은 성부와 성자의 현존으로서 창조와 구원 사역 모두에서 일하신다.[109] 웨슬리는 『로마 가톨릭 교도에게 보내는 편지』 (*A Letter to a Roman Catholic,* 1749)에서 성령의 사역을 다음과 같이 요약했다.

> 나는 무한하고 영원하신 성령께서 … 스스로 온전히 거룩하실 뿐 아니라, 우리 속 모든 거룩 함의 직접적 원인이심을 믿습니다. 그는 우리의 이해를 밝히시고, 감정과 의지를 바르게 하 십니다. 우리의 본성을 새롭게 하고, 우리를 그리스도께 연합시키며, 우리가 하나님의 양자 되었음에 관해 확신을 주십니다. 우리를 인도해 하나님의 뜻을 행하게 하시고, 우리 영혼과 몸을 깨끗하게 하고 성화시켜 하나님을 온전하고도 영원히 향유하게 하십니다.[110]

성령께서는 인간을 하나님의 형상으로 창조하셨을 뿐 아니라,[111] 인간이 타락 한 이후에는 선행은총을 통해 모든 사람 속에서 보편적으로 이성과 도덕적·종교

---

106 WW 7:514; ENNT Rom 8:10; Lycurgus Starkey, *The Work of the Holy Spirit: A Study in Wesleyan Theology* (Nashville: Abingdon Press, 1962), 24-38; Collins, *The Theology of John Wesley*, 144.

107 ENNT John 15:26.

108 설교, "하나님의 일체성", 21; Joseph W. Cunningham, "Perceptible Inspiration: A Model for John Wesley's Pneumatology" [Ph.D. thesis, The University of Manchester (Nazarene Theological College), 2010], 89-93.

109 Starkey, *The Work of the Holy Spirit*, 39-62.

110 J. Wesley, "A Letter to a Roman Catholic", in Selections from the Writings of John Wesley, ed. Herbert Welch (New York: Eaton and Mains, 1901), 227. Joseph W. Cunningham, John Wesley's Pneumatology: Perceptible Inspiration (Ashgate Methodist Studies, 2014), xii에서 재인용.

111 설교, "하나님의 일체성", 21.

적 감각을 어느 정도 회복시키신다.[112] 성령은 이 보편적 사역의 토대 위에서 죄인을 구원하는 사역을 진전시키신다. 즉 인간 마음속 영적 감각을 열어주시고, 하나님의 사랑을 죄인에게 증거하시며, 신자를 하나님의 형상으로 갱신시키신다. 아우틀러에 의하면, 웨슬리는 하나님의 의지와 인간의 의지 사이의 역동적인 상호작용에서 성령께서는 인간의 의지를 인도하시지 강제하지 않으신다고 가르치는 동방정교회의 영향을 받아, 성령의 역사가 인간의 선택의 자유와 양립할 수 있음을 가르쳤다.[113] 웨슬리가 창조에서의 하나님의 저항할 수 없는 주권 행사와 창조 이후 성령 사역의 저항 가능성 사이를 일관되게 구분하는 데 주된 영향을 끼친 것은 하나님과 인간의 협력을 가르친 동방정교회 전통이라는 것이다.[114]

매덕스는 웨슬리 성령론에서 인간의 선택의 자유와 율법의 중요한 역할은 "하나님의 전능하심을 약화하는 것이 아니라, 그 전능하심의 성격을 특징짓는 것"이라는 사실에 주목한다.[115] 웨슬리는 자주 하나님은 "강하지만 부드럽게" 역사하신다고 말했다.[116] 성령께서는 "제압이 아닌 … 능력 부으심을 통해" 일하시므로, 그 역사는 "강력하지만 불가항력적이지 않다."[117] 성령은 선행은총을 통한 구원의 예비적 사역과 구원 사역 모두에서 율법을 사용하신다.[118] 사람이 율법의 요구를 인식하는 것과 그 요구에 순응하는 것은, 성령의 역사를 수용하고 유지하며 더 깊은 역사를 죄로 방해하지 못하게 함으로 성령의 역사를 진척시킨다. 성령을 성부와 성자 하나님의 현존으로 이해한 것과, 성령께서 율법에 순응하는 사람과 상호작용하심을 강조한 웨슬리의 가르침은, 하나님의 거룩한 사랑과 은혜(값없는 은혜 및 협력적 은혜)라는 웨슬리 신학의 중심 주제와 조화를 이루어 그 이해에 빛을 던져준다.

112 WW 14:301; ENNT Acts 4:19; Starkey, *The Work of the Holy Spirit*, 40.
113 Outler, *Wesley*, 9-15.
114 BE 1:74-76.
115 Maddox, *Responsible grace*, 55.
116 ENNT Rom 8:28; 설교, "대심판", II. 10; "시대의 표적", II. 9; "하나님의 편재하심에 대하여", II. 1; Letters 6:345.
117 Maddox, *Responsible grace*, 55.
118 설교, "우리 자신의 구원을 성취함에 있어서", II. 1; III. 4; ENNT John 16:8; Rom. 2:14; WW 10:229-230; Lindström, *Wesley and Sanctification*, 47.

II. 성령의 영감

많은 신자는 창조에서의 성령의 보편적·예비적 사역을 알지 못해 성령께서 교회 안에서만 일하시는 것으로 여겨 모든 영혼과 세상 속에서 보편적으로 역사하시는 하나님의 광대하심을 축소한다. 또 성령께서 죄인의 구원을 위해 예비적으로 일하심을 알지 못해 그가 주도하시는 전도와 선교에 소극적인 태도를 보인다. 그러나 웨슬리에 의하면, 성령은 성부와 성자의 현존으로 창조와 구원 모두에서 일하신다.

창조에서 성령의 사역은, 범위에서는 모든 사람에게서 보편적으로 이루어진다면, 목적에서는 구원을 위한 예비적 성격을 갖는다. 성령의 사역은 시간적으로는 성령께서 주도권을 가지고 먼저 이끄시며, 그 방법은 강제가 아닌 영감을 통한 설득적 방법이라 할 수 있다. 성령께서 다스리시는 인류 역사의 두 영역은 선행은총으로 일하시는 일반적·보편적 역사와 죄인을 구원으로 이끄시기 위한 특별한 구원의 역사로 구별된다. 성령의 보편적인 역사는 죄인의 구원을 위한 준비로서 불완전하고 예비적인 방식으로 이루어진다면, 성령의 특별한 역사는 불완전하고 예비적인 사역의 목적을 충만하게 이루는 방식으로 이루어진다.[119] 성령께서 창조에서 보편적으로 역사하시는 것은 죄로 인해 전적으로 타락한 인간을 구원으로 인도하시기 위한 준비로서, 선행은총을 통해 인간의 전적타락의 결과를 완화하시기 위해서다. 이러한 성령의 활동은 다음의 여러 요소를 포함한다.

(1) 세상 모든 사람이 가지고 있는 하나님을 아는 어느 정도의 지식이다. 로마서 1:18-21은 "불의로 진리를 막는" 모든 타락한 사람에게도 "하나님을 알 만한 것이" 존재한다고 말씀한다. 이를 웨슬리는 "이방인도 하나님의 영원한 능력과 신성에 대해 인식할 수 있을 만큼의 빛을 받았다"라고 설명한다. 하나님께서 인간을 전적타락 상태에 내버려두셨다면 하나님을 알 길이 전혀 없었을 것이다. 그러나 성경은 어떤 사람도 영적 기능이 완전히 정지돼 하나님을 전혀 알 수 없다고 말씀하지 않는다. "하나님께서 이를 그들에게 보이셨느니라"(19절)는 구절에서 알 수 있듯, 하나님을 알 만한 것은 전적으로 타락한 인간의 원천에서는 나올 수 없는, 하나님이 주시는 빛이다. "하나님의 도움은 모든 사람, 이방인에게까지 미치므로, 그들

---

119 Starkey, *The Work of the Holy Spirit*, 41, 130.

이 그 도움을 바르게 활용하지 않을 때는 하나님 앞에서 변명할 수 없게 된다."[120] 웨슬리의 설명을 쉽게 고치면, "하나님께서 인간을 타락에 버려두셨다면 인간은 '하나님을 알 만한 것을 허락하지 않으셨으니 등지고 살 수밖에 없었다'며 불신앙을 핑계할 수 있었을 것이다. 그러나 하나님께서 타락한 인간에게 하나님을 알 만한 것을 허락해 주시자 그들은 불신앙을 핑계할 수 없게 되었다"는 의미가 된다.

(2) 모든 사람의 마음속 양심의 작용 역시 성령의 사역이다(롬 2:14-15 참조). 웨슬리는 양심을 통한 선악의 분별과 죄에 대한 어느 정도의 가책을 선행은총의 역사로 보았다.[121] 양심은 성령께서 죄인의 마음에 "율법을 선행적으로 재각인"[122] 하신 것이기에, 율법(성문법)을 받은 이스라엘은 율법으로 죄를 깨달으나, "율법 없는 이방인"은 양심이 율법(자연법)의 역할을 한다. 웨슬리는 외적 율법을 받지 못한 이방인의 마음에 자연법이 새겨진 것은 "돌판에 십계명을 새기신 바로 그 [하나님의] 손에 의해서"라고 설명한다.[123] 이로 인해 전적타락 상태에서는 불가능 했을 하나님의 율법에 대한 어느 정도의 지식과 이해가 타락한 인간에게 가능하게 되었다.

양심은 "기록된 율법 없이도" 모든 사람이 자신이 죄를 범했다는 사실을 깨닫게 할 수 있을 만큼 밝다.[124] 그럼에도 양심을 통한 죄의 자각은 "가볍고 일시적" 이다.[125] 양심이 죄로 더럽혀져 양심을 통한 성령의 역사가 소멸될 수 있기 때문이다.[126] "대부분의 사람"은 양심에서 일어나는 "죄에 대한 자각을 최대한 빨리 억눌러 버리고, 잠시 후 자신이 죄의 자각을 가졌다는 사실조차 잊어버리거나, 기억을 하더라도 쉽게 부인하고 만다." 그 결과 양심의 작용만으로는 자신의 죄를 인정하고 회개하는 데까지 나아가지 못한다.[127] 웨슬리는 많은 사람이 습관적으로 죄를 지으며 사는 것은 양심을 통한 성령의 은혜를 질식시켜 버리기 때문이라고 보았다.[128]

(3) 모든 사람이 가진 선택의 자유다. 누가복음 10:41-42에서 주님은 마리아

---

120 WW 9:268.
121 설교, "우리 자신의 구원을 성취함에 있어서", III. 4.
122 Deschner, *Wesley's Christology*, 97.
123 ENNT Rom. 2:14-15.
124 설교, "우리 자신의 구원을 성취함에 있어서", II. 1.
125 BE 3:203-204.
126 설교, "우리 자신의 구원을 성취함에 있어서", III. 4.
127 설교, "성경적 구원의 길", I. 2.
128 Crofford, "Streams of Mercy," 131.

가 더 "좋은 편을 선택"한 것을 모범으로 삼아 마르다에게도 좋은 편을 선택하라고 권면하신다. '선택'이라는 용어를 사용하신 것은, 인간에게 선택의 자유가 있음을 전제로 한다. 따라서 웨슬리는 하나님의 은혜와 인간의 선택의 관계에 관해, 하나님의 은혜는 인간의 "이해를 가져가시지 않고 밝혀 강화하시고", 인간의 "감정을 파괴하지 않고 이전보다 더 활발하게 하시며", 무엇보다 인간의 "자유 즉 선악 간에 선택할 수 있는 능력"을 제거하신 후 인간에게 "강제력을 행사하시지 않고" 마리아처럼 더 좋은 편을 택할 수 있도록 도우신다고 설명한다.[129] 웨슬리는 인간이 보편적으로 가진 선택의 자유를 선행은총의 결과로 보았다. 하나님께서 인간을 전적으로 타락해 아무것도 결정할 수 없는 전적 무능 상태에 두셨다면 사람은 더 나은 편을 선택하며 살아가는 것이 불가능했을 것이며, 성경은 아무것도 선택할 수 없는 인간에 관해 선택과 그에 따르는 책임 및 상벌을 말하지 않았을 것이라고 본 것이다.[130]

(4) 모든 사람이 가진 어느 정도의 선한 성품이다. 갈라디아서 5:22-23은 구원받고 성령의 인도함을 받는 신자에게서 맺히는 성령의 열매를 말씀한다. 웨슬리는 구원 받고 성령 충만한 신자는 "두려움과 의심" 없이 확고하고 "끊임없이" 이러한 성령의 "진정한 열매"를 누리지만, 구원 받기 전 사람도 선행은총을 통해 그 열매를 "어느 정도는" 누린다고 설명했다.[131] 김홍기는 선행은총이 전적타락 상태에서 인간의 도덕적 형상 일부를 회복시켰다는 조종남의 분석[132]에 반대해, "조종남 박사는 선재적 은총이 마치 도덕적·자연적·정치적 형상 모두의 회복인 양 해석한다. 하지만 웨슬리는 선재적 은총에 결코 도덕적 형상을 포함시키지 않는다"[133]고 주장했다. 그러나 김홍기의 주장은 잘못된 것이다. 웨슬리는, 성령의 열매는 하나님의 도덕적 형상에 속하며, 비록 선행은총에 의한 회복이 부분적이더라도 "단지 그림자가 아니라, 실질적 수준의 회복"이라고 말한다.[134] 웨슬리는 불신자라도 보편적으로 누리는 어느 정도의 선한 성품은, 하나님께서 인간을 전적타락의 상태에 내버려두셨다면 불가능했을 것으로 보았다. 따라서 그러한 성품을 성령의 열매의

129 BE 2:489.
130 Maddox, *Responsible grace*, 45.
131 설교, "성령의 증거 II", V. 4.
132 조종남, 『요한 웨슬레의 신학』 (서울: 대한기독교서회, 1993), 132-133.
133 김홍기, "존 웨슬리의 선재적 은총 이해", <<신학과 세계>> (서울: 감리교신학대학교 출판부, 1996), 117.
134 설교, "성령의 증거 II", V. 4.

"예비적 맛봄"(foretastes)으로 묘사하면서, 더 큰 은혜 즉 "진정한 열매"를 사모해 구원과 참 성결로 나아가게 하시기 위한 선행은총으로 보았다.[135]

(5) 세상의 악의 억제와 창조세계의 보존이다. 이제까지 웨슬리가 가르친 선행 은총의 누적 효과에는 개인과 세상의 "악의 제어"가 포함된다.[136] 선행은총은 구원 이전의 모든 사람에게 보편적인 은혜라는 점에서, 루터의 자연법(시민법)을 통한 창조의 보존 개념과 유사하고, 더 널리 알려진 칼빈의 일반은총 개념과도 유사하 다.[137] 웨슬리는 하나님께서 인간을 전적타락 상태에 내버려두셨다면, 사람의 인격 의 파탄뿐 아니라 인간 사회와 세상의 공멸을 피할 수 없었을 것이지만, 사람과 세 상이 보존되는 것은 오직 성령의 보편적 역사를 통한 은혜라고 보았다.

웨슬리는 선행은총을 통한 성령의 보편적·예비적 역사의 구원론적 의미를 다 음과 같이 설명했다.

> 선행은총은 하나님을 기쁘시게 하고자 하는 원시적 바람, 하나님의 뜻에 대한 원시적 자각, 하나님 앞에서 죄를 지었다는 원시적 죄의 자각을 포함합니다. 이 모든 것은 생명으로 향하 고자 하는 다소간의 경향이자 다소간의 구원의 시작으로, 하나님과 하나님의 일에 대해 전혀 알 수 없는 눈멀고 무감각한 마음으로부터의 구원의 시작을 의미합니다.[138]

따라서 지금까지 언급한 성령의 보편적·예비적 역사를 정리하면, 하나님께서 모든 사람에게 주신 "하나님을 알 만한 것"(롬 1:19)은, 앞으로 하나님을 아는 참 된 지식으로 인도하시기 위한 예비적 지식을 주신 것이다. 양심을 주셔서 어느 정 도 선악을 구별하게 하시고 죄책을 느끼게 하신 것(롬 2:14-15)은, 앞으로 교회의 말씀 사역을 통해 참된 회개로 인도하시기 위해 예비적 자각을 주신 것이다. 모든 사람에게 선택의 자유(눅 10:41-42)를 어느 정도 회복시키신 것은, 하나님께서 구 원으로 이끄실 때 인격적으로 응답할 수 있도록, 인간을 전적타락 즉 하나님의 은 혜에 응답조차 불가능한 전적 무능 상태에서 어느 정도 끌어올려 주신 것이다. 불 신자에게도 성령의 열매(갈 5:22-23)를 닮은 선한 성품을 어느 정도 부여해 주시는 것은, 더 온전한 열매를 소망하게 함으로 구원으로 이끄시기 위함이다.

성령께서는 이처럼 하나님의 창조세계에서 인간 본성의 회복과 세상의 보존에

---

135 같은 곳, V. 4.
136 Collins, *The Theology of John Wesley*, 77-82.
137 같은 곳; Crofford, "Streams of Mercy," 262-265.
138 설교, "우리 자신의 구원을 성취함에 있어서", II. 1.

이미 깊이 관여해 계신다. 따라서 세상 모든 믿지 않는 영혼은 그 속에서 성령께서 이미 일하시면서 구원을 위해 외적 여건과 내면의 마음 밭을 일구고 계시는 구원의 대상인 것이다. 웨슬리는 "만약 사람이 방해하지 않으면 선행은총을 통해 주시는 빛은 점점 더 빛날 것"이라고 말한다.[139] "방해하지 않으면" 또는 "성령을 소멸하지 않는다면"[140] 등의 표현은 선행은총이 보편적인 은혜임에도, 어떤 이유로 신앙 이전의 사람의 도덕성과 영성, 신앙의 수용에서 "상당한 차이"가 나타나는지에 대한 해답이 된다.[141]

웨슬리는 선행은총은 비록 예비적 은총이지만 동시에 실질적 은총이기에, 만약 "사람이 방해하지 않는다"는 조건이 충족된다면, 선행은총에는 죄인을 구원의 은혜가 필요하다는 자각으로 이끌 가능성이 있다고 생각했다.[142] 그럼에도 웨슬리는 선행은총으로 인한 구원의 필요성 자각에 제한을 두었다. 선행은총은 타락의 결과인 인간 이성의 둔함과 양심의 완고함에 의해 방해를 받기 때문에, 그 자체로는 구원의 필요성에 대한 자각으로 이끌지 못한다.[143] 죄가 선행은총을 질식시켜 더 이상 성령께서 죄인에게 의도하신 목적을 이루지 못하게 되면, 선행은총으로 죄인 속에 일깨워졌던 영적 감각은 닫혀져 "영적인 일에 관해 더 이상의 지식을 받아들이지 못하게 된다." 결국 죄인은 성령의 예비적 은혜에도 "스스로 죄의 종"이 되어 "하나님의 율법에 문외한"이 되어 살아간다.[144]

웨슬리는 성령의 "영감"을 선행은총을 통한 예비적 자각보다 한 단계 더 깊은 의미에서 "우리의 연약성을 도와 우리의 이해를 밝혀주고, 의지를 바르게 해주며, 우리를 위로하고 정결케 하며 거룩하게 하시는 성령의 내적 도움"으로 정의했다.[145] 성령께서는 죄인을 구원으로 인도하시기 위해 "진리를 계시하고 증거하며 변호"하시는데,[146] 그가 "보이는 세상이라는 한계를 뛰어넘지" 못하는 인간의 불완

---

139 ENNT John 1:9.
140 설교, "우리 자신의 구원을 성취함에 있어서", III. 4.
141 BE 2:180; Crofford, "Streams of Mercy," 121-122.
142 ENNT John 1:9.
143 Collins, *The Theology of John Wesley*, 122-123; WW 9:455; 설교, "종의 영과 양자의 영", II. 1; "공평하게 숙고된 이성의 역할", I. 1 - II. 10; 찰스 웨슬리 설교, "잠자는 자여 일어나라", I. 3.
144 설교, "종의 영과 양자의 영", I. 1-7; "우리 자신의 구원을 성취함에 있어서", III. 4.
145 Letters 4:39.
146 ENNT Luke 24:45; John 14:17.

전한 감각[147]을 치유하기 위해 사용하시는 것은, 눈에 보이지 않는 하늘의 진리에 대해 성령의 영감을 인식하는 신앙이다.[148]

웨슬리는 히브리서 11장에 근거해 신앙을 포괄적 의미로 "눈에 보이지 않는 것 … 특히 하나님과 하나님의 일에 대한 신적 증거와 확신"으로 정의했다.[149] 이 신앙은 또다시 두 가지로 구분되는데 "하나님을 두려워하고 의를 이루기 위해 노력하는" 종의 신앙과 자신이 하나님의 자녀가 되었음에 관해 성령의 증거를 가진 하나님 자녀의 신앙이다.[150] 웨슬리는 두 신앙 모두를 성령의 활동과 연결했다. 종의 신앙은 성령께서 율법을 조명하신 결과라면, 자녀의 신앙은 성령께서 하나님의 구원하시는 사랑을 증거하신 결과다.

종의 신앙은 성령께서 죄인에게 "자신에 대해 더 많은 지식을 갖게 해 돌과 같이 굳은 마음에서 더 멀리 벗어나게 하시는" 죄를 깨닫게 하는 은혜(convincing grace)를 통해 갖게 된다.[151] 이 은혜는 성령께서 "하나님의 율법의 내적이고 영적인 의미"를 조명하심으로 주어진다.[152] 죄인으로 자기 죄를 깨닫게 하시기 위해 성령께서는 "어떤 방법도 전혀 사용하지 않으시거나, 혹은 당신께서 기뻐하시는 어떤 방법이든 사용하셔서" 다양한 방법으로 역사하실 수 있다. "어떤 무시무시한 섭리를 통해서든, 혹은 … 성령께서 마음에 즉각적인 죄의 자각이 일어나게 하심으로든", "말씀을 듣고 읽고 묵상하며, 기도하고 성찬에 참여함으로든", 심지어 "하나님께서 그리스도 안에서 온 세상을 자신과 화해시키셨다"는 복음을 통해서도 역사하실 수 있다.[153] 리커구스 스타키(Lycurgus Starkey)가 잘 표현한 것처럼, 웨슬리의 성령론에서는 "성령과 하나님께서 명령하신 수단 사이에 어떤 필연적인 관계도 존재하지 않는다. 만약 그 관계를 필연적이라고 한다면, 그것은 인간이 성령을 좌지우지한다는 것이 되고 만다."[154] 성령께서 율법을 통해 간접적으로 역사하실지, 율법 없이 직접적으로 역사하실지 결정하는 것은 오직 주권자이신 성령의 자유다.

---

147 설교, "믿음의 발견에 대하여", 3.
148 Cunningham, "Perceptible Inspiration," 101-140; Letters 5:209.
149 설교, "믿음에 대하여", 서론 1.
150 같은 곳, I. 11-13.
151 설교, "우리 자신의 구원을 성취함에 있어서", II. 1.
152 설교, "종의 영과 양자의 영", II. 1-2.
153 설교, "율법의 기원, 본성, 속성 및 용법", IV. 1; "은총의 수단", V. 1; "종의 영과 양자의 영", II. 1.
154 Starkey, The Work of the Holy Spirit, 127.

그럼에도 웨슬리는 율법이 가진 특별한 역할을 부인하지 않았다. 하나님의 뜻을 가르치는 일에서 성령을 교사에 비유한다면, 성경은 교과서에 비유할 수 있다. 그리스도인은 성경이라는 교과서로 "모든 계시를 분별해 그것이 참인지 거짓인지" 알 수 있다.[155] 웨슬리는 특히 세상의 죄를 깨우쳐주시는 일에서 율법은 "하나님의 성령께서 사용하시는 일반적인 수단"임을 강조했다.[156] 성령께서는 율법을 통해 죄인에게 역사하셔서 "겹겹이 쌓인 마음의 모든 기만을 뚫고 … 모든 측면에서 죄의 깨달음을 일으키신다."[157]

율법의 계시에서 삼위 각 위격의 고유한 역할은 구분된다. 성부 하나님은 율법의 기원이시다. 성자 그리스도는 설교와 자신의 삶의 모범을 통해 율법을 가르치셨다. 성령은 율법을 인간의 마음에 들리는 내적인 음성이 되게 하신다.[158] 그러나 동시에 성령의 사역에는 성부와 성자가 현존하신다. 율법이 성령께서 죄를 깨우치시는 수단이 되는 것은, 성령은 다른 어떤 분이 아니라 바로 율법의 원천이신 하나님 자신의 현존이시자,[159] 율법의 교사이신 "그리스도 자신의 내적 현현"이시기 때문이다.[160] 이러한 관계에 기초해 조셉 커닝햄(Joseph Cunningham)은 웨슬리 신학에서 "성령과 그리스도는 절대적으로 연결되어 있다. 신자가 성령의 능력을 받을 때, 그것은 마치 그리스도의 영이 그 속에서 샘솟는 것과도 같다. 마찬가지로, 그리스도의 영이 신자 속에 거하시면, 그것은 성령께서 신자의 마음을 통치하시는 것이다. 웨슬리는 성령과 그리스도를 결코 배타적으로 구분 짓지 않았다"고 바르게 주장했다.[161] 성령과 성자 그리스도의 관계에 대한 커닝햄의 설명은 성령과 성부 하나님의 관계에도 동일하게 적용 가능하다. 죄인이 "성령의 조명을 통해 자신에게 적용된" 율법에서 "하나님의 진노에 대한 생생한 직감"을 느끼는 근본적인 이유는, 죄인이 성령의 임재에서 직면하는 분이 어떤 누구도 아닌 거룩한 본성을 가지신 하나님 자신이기 때문이다.[162]

---

155 Letters 2:117; 설교, "산상설교 (5)", II. 4.
156 설교, "율법의 기원, 본성, 속성 및 용법", IV. 1.
157 같은 곳; "종의 영과 양자의 영", II. 1-10; "하나님 나라로 가는 길", II. 1-7.
158 ENNT John 9:5.
159 설교, "종의 영과 양자의 영", II. 1-2.
160 설교, "그리스도의 오신 목적", II. 7; ENNT John 9:5; Eph 4:21.
161 Cunningham, "Perceptible Inspiration," 89-93.
162 설교, "종의 영과 양자의 영", II. 1-6.

III. 성령의 증거

성령의 조명하심으로 종의 신앙을 가진 뒤 율법의 정죄를 해결하기 위해 하나님의 은혜를 구하는 자에게, 성령은 "예수 그리스도의 얼굴에서 나타나는 하나님의 사랑"을 보여주심으로 하나님 자녀의 신앙을 주신다.[163] 웨슬리는 로마서 8:15-16 ("너희는 다시 무서워하는 종의 영을 받지 아니하고 양자의 영을 받았으므로 우리가 아빠 아버지라고 부르짖느니라 성령이 친히 우리의 영과 더불어 우리가 하나님의 자녀인 것을 증언하시나니")을 기초로, 성령에 의한 하나님 사랑의 계시에 "성령의 증거"라는 이름을 붙였다. 성령의 증거란 성령께서 직접 역사해 신자의 영혼에 하나님의 사랑에 대한 내적 인상을 각인시키시는 사역이다. 웨슬리는 "성령의 증거란 성령께서 내 영혼 위에 새기시는 내적 인상"으로 정의한다. 그러면서 성령께서는 이 증거를 통해 "내가 하나님의 자녀가 되었다는 사실과 예수 그리스도께서 나를 사랑하시고 나를 위해 자신을 주셨으며, 나의 모든 죄가 완전히 제거되었고, 하나님께서 심지어 나 같은 사람에게도 화해의 은혜를 주셨다는 사실을 직접적으로 내 영혼에 증거하십니다"라고 설명한다.[164]

하나님의 사랑에 대한 성령의 증거는 본질적으로 복음의 계시이지만, 거기서 그치지 않고 더 나아가 하나님의 율법의 본성 역시 계시하신다. 웨슬리는 히브리서 8:12("내가 그들의 불의를 긍휼히 여기고 그들의 죄를 다시 기억하지 아니하리라 하셨느니라")을 다음과 같이 풀어 설명했다.

> '내가 그들을 의롭다 할 것이다.' 이것이 하나님께 대한 모든 진정한 지식의 뿌리다. 그러므로 이것이 하나님의 방법이다. 먼저 죄인이 용서를 받는다. 그는 하나님께서 은혜롭고 자비로우신 분이심을 알게 된다. 그가 하나님의 자비를 깨닫는 순간 그의 마음에는 하나님의 율법이 새겨진다. 그는 하나님의 것이 되고, 하나님은 그의 것이 되신다.[165]

웨슬리는 신자가 하나님의 용서하시는 사랑을 경험하는 순간을, 하나님의 율법이 신자의 마음에 새겨지는 순간과 동일시했다. 죄인의 구원을 위해 자신의 독생자를 희생시키는 하나님의 사랑을 경험한 신자는 하나님이 "은혜로우시고 자비

---

163 같은 곳, II. 10; III. 1-3.
164 설교, "성령의 증거 I", I. 7.
165 ENNT Heb 8:12.

로우심"을 깨닫는다. 이때 성령은 하나님의 거룩한 사랑을 증거하심으로, 하나님의 율법 역시 동일한 사랑에서 비롯되었음을 계시하신다. 즉 신자의 눈을 열어, 하나님께서 율법을 주신 동기는 거룩한 사랑에서 비롯되었고, 율법의 진정한 정신은 거룩한 사랑이며, 율법에 순종하는 것이 하나님의 사랑에 바르게 응답하는 길임을 깨닫게 하신다.

율법이 신자의 마음에 새겨진다는 것은, 그리스도께서 가르치신 율법과 다른 종류의 율법이 있다는 것이 아니라, 신자의 마음에 근본적인 변화가 생긴다는 것이다. 칭의와 중생의 은혜를 받기 전 죄인에게 율법은 자신의 죄 된 본성과 조화를 이룰 수 없는 이질적인 것이었기에, 그들은 마음으로 율법을 사랑할 수 없었다. 율법과 죄인 사이에는 반목이 존재해 율법은 죄인을 정죄하고, 죄인은 율법을 혐오했다. 그러나 그리스도를 통해 하나님의 사랑을 경험한 자는, 율법을 하나님의 거룩한 사랑의 표현으로 수용해 사랑하게 되고, 찬양과 감사의 이유로 삼게 된다.

이 변화에서 성령은 하나님에게서 유래해 인간의 선택의 자유를 짓밟는 비인격적인 힘이나 물체가 아니라 성부와 성자 하나님의 인격적 현존으로서 함께하신다.[166] 성령은 하나님의 주도적이고 자기희생적인 용서하시는 사랑을 증거하심으로 신자 속에 하나님을 향한 사랑을 일으키신다. 이러한 사랑의 관계를 이루어 가시는 과정에서 성령의 증거는, 스타키의 표현을 빌면, 하나님께서 신자의 이성적·감정적 기능을 밝히시고 그들의 의지를 움직이는 "설득적 성격"을 갖는다.[167]

웨슬리가 가르친 성령의 증거 교리는 사실상 구원의 신앙이 신자 자신의 신실함이나 영적 능력이 아니라 성령의 역사하심에 의존해 있음을 가르치는 교리다. 칭의와 중생에서든, 성결에서든 신자가 갖는 믿음은 언제나 성령의 증거를 의존하고 있다는 점에서 성령의 증거 교리는 종교개혁 신학의 핵심으로, 인간의 행위가 아닌 하나님의 은혜가 구원의 원천이라는 진리의 성령론적 표현이다.

---

166 Maddox, *Responsible grace*, 20.
167 Starkey, *The Work of the Holy Spirit*, 134.

Ⅳ. 성령의 능력부음

웨슬리 신학에서 성령의 능력부음은 매우 중요한 위치를 차지하다. 성령의 영감, 성령의 증거와 함께 성령의 능력부음은 웨슬리 성령론의 주된 내용이자, 웨슬리 신학의 다른 주제를 형성하는 핵심사상이다. 예를 들어, 성령의 능력부으심이 있기에 웨슬리의 은총관은 죄 용서에 머물지 않고 신자로 하나님께 온전히 순종케 하시는 은혜를 포함하며, 구원은 칭의에 머물지 않고 성결을 포함한다. 웨슬리는 성령의 능력부음을 토대로 하나님의 은혜를 다음과 같이 설명했다.

> 하나님의 은혜란 … 성령께서 우리로 하나님의 기뻐하시는 뜻을 소원하고 행하게 하시는 하나님의 능력을 의미합니다. … 하나님을 통해 우리는 사람으로서는 불가능한 일을 행하게 됩니다. 성령으로 인해 우리는 우리의 삶을 바르게 할 수 있습니다. 우리는 모든 것을 빛과 능력 가운데 행할 수 있게 됩니다.[168]

조셉 커닝햄은 자신의 박사학위 논문에서 웨슬리에게 성령과 은혜와 능력이 매우 밀접하게 연결되어 있음을 입증했다.[169] 매덕스는 죄를 용서하는 하나님의 은혜와 하나님의 뜻을 행할 수 있도록 능력을 부으시는 하나님의 은혜[170] 중 후자의 능력부음이 웨슬리에게 더 결정적인 은혜의 요소라고 지적한다.[171] 이후정은 "웨슬리의 영성과 신학은 성령의 변화시키시는 사역에 중심을 두었다"고 바르게 지적한다.[172] 웨슬리에 의하면, 성령의 능력부음이 있기에 하나님의 뜻에 대한 순종인 율법의 성취는, 신자가 하나님의 형상으로 갱신되고 하나님의 창조 전체가 원래의 창조 질서로 회복되는 구원의 내용에 포함된다.[173]

하나님의 뜻을 행하는 일에서 인간의 무능함은, 원래 율법이 인간의 능력으로 지킬 수 없는 수준이기 때문이 아니라, 인간의 타락으로 찾아온 결과다. 인간의 타락 후 거룩한 사랑의 하나님께서는 "죄인이 더는 지킬 수 없게 된 것을 계속

---

168 설교, "우리 자신의 영의 증거", 15.
169 Cunningham, "Perceptible Inspiration," 85-89.
170 설교, "은총의 수단", II. 6.
171 Maddox, *Responsible grace*, 120, 특히 미주 5번.
172 Hoo-Jung Lee, "Experiencing the Spirit in Wesley and Macarius," in *Rethinking Wesley's Theology for Contemporary Methodism* (Nashville: Abingdon Press, 1998), 200; Hoo-Jung Lee, "The Doctrine of New Creation in the Theology of John Wesley" (Ph.D. thesis, Emory University, 1991), 154-209.
173 설교, "성경적인 기독교"; Lee, "The Doctrine of New Creation in the Theology of John Wesley," chapter 2-3.

요구하심으로 당신의 피조물을 조롱하지 않으시고"[174] "당신께서 명령하신 것을 당신께서 우리에게 주시기로" 결정하셨다.[175] 하나님의 은혜는 "우리 안에서 하나님 보시기에 받으심직한 모든 것을 이루시는 성령의 능력"으로 역사하셔서[176] "우리로 하나님을 믿고 사랑하며 섬길 수 있게 하신다."[177] 웨슬리의 "감추어진 약속"으로서의 율법 개념은 성령의 능력부음의 은혜에 확고하게 기초하고 있다. 웨슬리는 성령의 열매를, "내가 나의 법을 그들의 속에 두며 그들의 마음에 기록하여"(렘 31:33)라고 하신 하나님의 약속이 이루어져 신자의 마음에서 율법이 성취되는 것과 동일시했다.[178] 성령의 열매는 단순히 감정이 아니라 거룩한 성품과 기질, 감정을 포괄하는 것으로, 율법이 신자에게 요구하는 거룩한 생각과 말과 삶 자체다.

> 이들이 참으로 "영을 따라 행하는"(롬 8:4) 사람입니다. 그들은 믿음과 성령으로 충만해 성령의 참된 열매 즉 "사랑, 희락, 화평, 오래 참음, 자비, 양선, 충성, 온유, 절제"와 그 외에 온갖 사랑스럽고 칭찬받을 만한 것을 그 마음에 소유할 뿐 아니라, 그것을 삶에서 모든 말과 행동을 통해 나타냅니다. 그들은 모든 일에서 우리 구주 하나님의 복음을 빛나게 합니다(딛 2:10). 그리고 "예수를 죽은 자 가운데서 살리신"(행 3:15) 성령의 능력으로 행하고 있다는 충분한 증거를 모든 사람 앞에 나타냅니다.[179]

웨슬리의 성령의 능력부으심에 대한 가르침은 여러 면에서 개신교의 타 신학 전통과 구별되는 특징을 보인다.

첫째, 웨슬리는 구약에 기록된 옛언약이 실패로 끝나고 포로기를 거친 후 어느 시점인 "그날에" 성령을 주심으로 마음을 정결케 하고 하나님의 법이 성취될 것을 약속하는 새언약의 예언(신 30:6, 11-14; 렘 31:33; 겔 36:25-27)뿐 아니라, 성령의 은사와 능력을 부으신다는 예언(욜 2:28-29) 모두를 신약의 오순절과 연결했다. 따라서 오순절에 임하신 성령께서 신자의 "마음을 깨끗이"(행 15:9) 하실 뿐 아니라, 성령의 은사와 복음을 증거할 능력을 주심(행 1:8; 2:14-21)을 모두 인정한다.[180] 웨슬리의 오순절 해석은, 오순절 성령세례가 복음 증거를 위한 능력 세례일 뿐

---

174 WW 1:128; 설교, "완전에 대하여", II. 5.
175 설교, "산상설교 (5)", II. 3.
176 설교, "선한 청지기", I. 8.
177 *Instructions for Children*, 10. Maddox, *Responsible grace*, 120에서 재인용.
178 ENNT Heb 8:10.
179 설교, "성령의 첫 열매", I. 6; Maddox, *Responsible grace*, 132.
180 ENNT Acts 2:17; 15:9.

임을 주장하면서 동시에 성결의 은혜이기도 하다는 사실을 부인하는 현대의 오순절주의자나 로이드 존스 등의 주장과 확연히 구별된다. 퍼카이저(W. T. Purkiser)는 구약의 새언약에 관한 예언의 성취로서 오순절의 성령세례가 오직 복음 증거의 능력일 뿐이며 성결의 은혜임을 부인하는 사람에게 다음과 같이 답한다.

> 사도행전 15:8-9("또 마음을 아시는 하나님이 우리에게와 같이 그들에게도 성령을 주어 증언하시고 믿음으로 그들의 마음을 깨끗이 하사 그들이나 우리나 차별하지 아니하셨느니라")에서 사도 베드로는 오순절 성령세례와 믿음으로 신자의 마음을 깨끗게 하시는 것을 직접적으로 동일시한다. … 베드로가 가장 중요한 것으로 설명한 오순절의 요소는 급하고 강한 바람 같은 소리나, 불의 혀같이 갈라지는 형상, 다른 나라의 언어로 말하는 은사가 아니라, 참 신앙을 갖게 됨으로 "세상이 능히 받을 수 없는"(요 14:17) 성령의 충만함을 받아 그 마음이 깨끗하게 된 것이었다.[181]

나아가 웨슬리의 오순절 해석은, 이미 구원 받은 사람도 오순절 사건과 같은 제2차적 은혜를 통해 더 깊은 차원의 은혜로 나아갈 수 있다는 가르침에 반대하며, 구원 받은 자는 누구나 성령세례를 받았다고 주장하는 칼빈주의 주장과도 구분된다. 칼빈주의자는 신자가 경험하는 제2차적 은혜로서의 성령세례를 부인하기 위해, 하나님의 섭리 시대(dispensations)를 구분 짓는 구속사적 사건과 개인의 구원의 순서(구원의 서정, ordo salutis)를 구분한다. 이 구분을 기초로 신앙에 의한 칭의, 중생, 성결과 같은 사건은 하나님의 섭리 시대를 구분 짓는 구속사적 사건이 아니라 개인이 경험하는 구원의 단계로 분류한 후, 사도행전 2장에서 오순절에 임한 성령세례는 그런 개인 구원의 단계로 설명할 수 있는 사건이 아니라, 하나님의 구속사에서 새로운 시대를 여는 유일무이한 역사적 사건이라고 주장한다.

웨슬리는 사도행전 2장의 오순절 사건은 역사상 유일무이한 구속사적 사건이라는 해석에 동의한다.[182] 구약 시대에는 소수의 사람에게만 성령이 주어졌고, 심지어 신약 시대에도 오순절 전에는 "예수께서 아직 영광을 받지 않으셨으므로 성령이 아직 그들에게 계시지 아니하시더라"(요 7:39)는 말씀대로 "참된 신자에게도 아직 성령의 충만함 속에서 충만한 성령의 열매가 주어지지는 않았다".[183] 오순절 이

181 W. T. Purkiser, *Conflicting Concepts of Holiness* (Kansas City: Beacon Hill Press, 1972), 22-23.
182 리처드 개핀 외, 『기적의 은사는 오늘날에도 있는가』, 이용중 역 (서울: 부흥과개혁사, 2009), 29-51.
183 ENNT John 7:39.

후 성령은 과거 어느 시대보다 강력하게 모든 신자에게 주어진다.[184]

　동시에 웨슬리는 오순절을 유일무이한 구속사적 사건으로만 제한하지 않고, 개인 구원의 과정에서 칭의·중생보다 더 높고 충만한 은혜의 경험이라는 '비유적' 의미로도 사용했다. 역사적 오순절이 반복될 수 없고 영속적 효력을 가진 구속사적 사건임은 분명하다. 그러나 오순절 이후 모든 신자가 동등하게 성령의 충만함을 경험하는 것은 아니다. 구원 받은 신자라도 성령세례, 성령의 충만함을 받아야 한다는 강조는, 반복 불가능한 구속사적 사건이 재차 일어난다는 의미가 아니라, 개인의 구원의 서정에서 경험되는 성령의 은혜의 충만함이 오순절 사건에 비견할 수 있다는 의미다.[185] 오순절에 주신 것과 같은 성령의 선물을 주시겠다는 주님의 "약속은 너희와 너희 자녀와 모든 먼 데 사람 곧 주 우리 하나님이 얼마든지 부르시는 자들에게 하신 것"(행 2:39)이라는 말씀처럼, 반복 불가능한 역사적 오순절 사건과 그 후 반복적으로 주어지는 성령 충만한 은혜의 경험은 양자택일할 사항이 아니라, 둘 모두여야 한다는 것이 웨슬리의 가르침이다. 신자가 받는 제2차적 은혜로서 성령세례를 분명히 가르칠 뿐 아니라, 그것을 성결의 은혜와 동일시한 웨슬리의 말을 인용해보자.[186]

"나는 한 속회 모임에서 지난 5주 동안 여섯 사람이 죄 용서를 받았고, 한 밴드 모임에서 다섯 사람이 '두 번째 축복'(second blessing)을 받았다고 믿습니다"(Letters 4:133).

"오래된 메소디스트 교리를 절대 부끄러워하지 마십시오. 모든 신자에게 완전으로 나아가라고 촉구하십시오. 어디서든 '두 번째 축복'은 단순한 신앙에 의해 한순간에 받을 수 있으며, 바로 지금 받을 수 있음을 강조하십시오"(Letters 5:315).

"모든 믿는 사람에게 더 이상 지체 말고 서둘러 '두 번째 축복'을 받도록 권면하십시오. 그리고 뒤로 물러나지 말고 참으로 하나님을 경외하는 모든 자에게 그가 당신의 영혼을 위해 행하신 일을 선포하십시오"(Letters 5:333).

"하나님께서 당신에게 적절한 의미에서 '두 번째 축복'을 주신 것이 매우 확실합니다. 그가 당신을 쓴 뿌리에서, 자범죄뿐 아니라 타고난 죄에서도 구원하셨습니다"(Letters 6:116).

"만약 '두 번째의 변화'(second change)가 없다면, 즉 칭의 이후에 순간적 구원이 전혀 없고 오직 하나님의 점진적 역사밖에 없다면(하나님의 점진적 사역이 있다는 사실은 아무도 부인

184 ENNT Heb 8:7-8; 설교, "그리스도인의 완전", II. 8; "믿음으로 말미암는 구원", I. 5.
185 Wood, *The Meaning of Pentecost in Early Methodism*, 105-144.
186 콜린스, 『성경적 구원의 길』, 299-301.

하지 않습니다), 우리는 죽을 때까지 죄로 가득한 상태에 있을 수밖에 없으며, 그 상태로 사는 것에 만족해야 할 것입니다"(BE 1:346).

둘째, 웨슬리는 성령의 은사와 능력을 오순절 성령세례와 연결 지음으로, 루터와 칼빈이 가르친 은사중지론을 교리적으로 극복할 수 있었다.[187] 루터는 말년에 자신의 기도를 통해 후계자 멜랑히톤이 죽음에서 벗어나는 신유의 은혜를 경험했으며, 그로부터 5년 후이자 죽기 전 해(1545년)에는 야고보서의 치유의식에 대해 "이것이 우리가 행하는 일이고 우리는 이러한 일을 행하는 데 익숙합니다. ⋯ 우리는 이곳에서도 그리스도의 이름으로 기도함으로 정신착란으로 고통당하는 한 가구상을 치유했습니다"라고 기록했다.[188] 그럼에도 더 젊었을 때는, 계시의 기록이 완수된 후 "새롭고 특별한 계시나 기적이 더 이상 필요하지 않았기에" 기적은 끝났고, 신유라고 말하는 기적들은 악마의 술책일 뿐이라고 주장했다.[189] 칼빈 역시 『기독교강요』에서 "사도 시대에 안수함으로 주시던 기적적인 권능과 눈에 보이는 역사는 이미 중단되었다"고 확언했다. 초자연적 신유와 예언 등의 은사는 사도들에게만 주신 표적이었으며, 말씀이 충분히 드러난 이후에는 사도직과 함께 초자연적 은사들이 중지되었다는 것이다.[190] 종교개혁자들은, 교황이 사도적 영감을 받았다는 주장 및 중세 교회가 꾸며낸 기적들로 혹세무민하는 것에 대항하는 논증으로 은사중지론을 주장했으나, 후대에는 그 상황이 아닌 논증만 남게 되었다. 지금은 시대적 상황이 매우 다르며, 교회에서 성령의 초자연적 은사가 자주 나타남에도 여전히 많은 사람이 종교개혁자들의 논증에 매여 더 앞으로 나아가지 못하는 것은 안타까운 일이다.[191]

웨슬리는 설교 "성경적 기독교"의 서론에서 기독교의 본질은 소수에게 허락되는 "은사"보다 모두에게 주어지는 "성령의 열매"에 있음을 주장한다. 그럼에도 웨슬리가 은사보다 열매를 중시한 것을 '은사중지론'과 동일시하면 안 된다. 웨슬리는 하나님의 초자연적 기적에 관해 다음과 같이 확언했다. "나는 이 세상 끝날까

187 ENOT Joel 2:28-29; ENNT Acts 2:17; 설교, "더 좋은 길", 서론. 2.
188 모튼 T. 켈시, 『치유와 기독교』, 배상길 역 (서울: 대한기독교출판사, 2000), 245.
189 LW 24:367; 켈시, 『치유와 기독교』, 33.
190 Institutes, IV. 19. 6.
191 참고. B. B. Warfield, *Counterfeit Miracles* (Edinburgh: Banner of Truth Trust, 1983); 존 스토트, 『성령세례와 충만』, 김현희 역 (서울: IVF, 2002); 리처드 개핀 외, 『기적의 은사는 오늘날에도 있는가』, 28-83.

지 어느 시대, 어느 순간, 어떤 정도라도 하나님께서 당신의 전능하신 능력으로 기적 행하시기를 멈추실 것이라 생각하지 않습니다. 나는 신약에서든 구약에서든 … 기적이 사도 시대 … 혹은 특정 시기에 한정될 것이라고 가르치는 어떤 성경 구절도 알지 못합니다."[192]

일반 은사와 특별 은사 중 일반 은사마저 중지되었다고 주장하는 교단은 없다. 은사중지론이 중지되었다고 주장하는 은사는 병 고침, 기적, 방언, 환상, 통변, 예언 등 특별 은사다. 웨슬리는 특별 은사는 초대교회 때도 성도 전체에게 나타난 것이 아니라 소수에게 집중된 은사였으며, 성령께서 임하셔서 행하시는 더 중요한 사역은 성령의 열매를 맺게 하시는 것임을 가르쳤다.[193] 그렇더라도 웨슬리는 종교개혁자들이 주장한 은사중지론에 반대해 자신의 설교 "더 좋은 길"에서, 콘스탄틴 이후 시대에 "기독교 교회 내에서 성령의 은사가 더 이상 발견되지 않는 진정한 이유"는 은사가 중지되었기 때문이 아니라, "거의 모든 그리스도인의 사랑이 식어서 … 세상에서 믿음을 볼 수 없게" 되었기 때문이라고 분석했다.[194] 웨슬리의 분석에 따르면, 특별한 은사가 중지되지 않았음에도 초대교회보다 덜 나타나는 것은 신자의 사랑이 식었기 때문에, 달리 말해 그리스도인이 성결하지 않기 때문이라는 것이다.

자신과 신자들의 경험적 측면에서도 웨슬리는 하나님께서 오늘날에도 실제적으로 초자연적 기적을 행하심을 굳게 믿었다.[195] 다니엘 제닝스(Daniel R. Jennings)는 웨슬리가 53년간의 목회사역 현장에서 직접 지켜보았거나 경험한 초자연적 사건 중 주된 내용을 그의 일기, 편지, 설교 등에서 발췌해 자신의 책『존 웨슬리와 초자연적 사건』(The Supernatural Occurrences of John Wesley, 2005)에 실었다. 선별된 내용에는 축귀 등 귀신과의 영적 전쟁 16회, 자신과 지인, 심지어 말에게 일어난 신유의 체험 17회, 쓰러짐과 입신 19회, 성령의 역사에 의한 거룩한 웃음과 귀신에 사로잡힌 사악한 웃음 12회, 성령의 임재에 압도된 결과로서 마음의 괴로움과 회개, 위로, 확신, 진동 등 14회, 거짓 예언과 참 예언 11회, 꿈과 환상 30회, 악인으로부터의 초자연적 보호 10회, 천사에 의한 인도와 보호 9회, 그외에도

---

192 WW 8:465.
193 Journals 2:201-204; ENNT Acts 2:38.
194 설교, "더 좋은 길", 서론. 2.
195 WW 8:460.

기도에 대한 많은 기적적 응답, 성령세례의 현상을 기록하고 있다.[196]

　　오늘날 다수의 칼빈주의자는 은사중지론에 기초해 자주 모든 방언을 마귀방언으로 비난하거나, 어떤 기적적 은사에 관한 주장도 신사도주의적·이단적·광신적인 것으로 폄훼하곤 한다. 그러나 웨슬리에 의하면 그러한 주장은, 마귀는 많은 악한 기적을 행함을 인정하면서도 정작 사랑의 하나님은 성도가 당하는 어려움에 능력 있게 개입하지 않으신다는 터무니없는 주장이다.[197] 하나님의 역사와 마귀 역사를 분별하지 못해 모든 기적적 은사를 마귀적인 것으로 주장하는 그들의 섣부른 판단과 달리, 웨슬리는 참된 은사와 거짓된 은사를 구별하는 일에 매우 신중했다. 다소 길지만, 은사에 대한 웨슬리의 신중하면서도 열린 생각을 엿볼 수 있는 1759년 8월 6일 자 일지의 내용은 다음과 같다.

> 여러 차례 입신한 적 있는 안 손(Ann Thorn) 및 그 외 두 사람과 이야기를 나누었다. 그들에게서 모두 일치한 점은 다음과 같다. 첫째, 그들의 표현대로, 그들이 몸 밖으로 나갔을 때는 언제나 하나님의 사랑으로 충만했을 때였고, 둘째로 그 일이 예고 없이 한순간에 갑자기 찾아오면 자신들은 모든 감각과 힘을 잃었으며, 마지막으로 예외는 있지만 대체로 그 순간부터 그들은 다른 세계에 있기 때문에, 자기 주변 사람이 어떤 행동과 말을 하는지 전혀 알지 못한다는 것이다.
>
> 오후 5시쯤 나는 그들이 찬송 부르는 것을 들었다. 얼마 후 B 씨가 올라와 15세인 앨리스 밀러(Alice Miller)가 입신에 들어갔다고 말해주었다. 나는 즉시 내려가 그녀가 등받이 없는 의자에 앉아 벽에 기대어 눈을 뜨고 위를 쳐다보고 있는 모습을 보았다. 내가 때리는 시늉을 해보았지만, 두 눈은 전혀 미동하지 않았다. 그녀의 얼굴은 경외감과 사랑이 어우러진, 말로 다 표현할 수 없는 모습이었고, 아무 말 없이 양 볼에는 눈물이 흘러내렸다. 그녀의 입술은 조금 열려있었고 가끔씩 움직였으나 아무 소리도 내지 않았다. 나는 그렇게 아름다운 사람의 얼굴을 본 적이 없었다. 때때로 얼굴에는 기쁨과 사랑과 경외심이 어우러진 미소가 나타났고, 눈물방울은 빠르지 않았으나 연신 흘러내렸다. 그녀의 맥박은 매우 규칙적이었다. 30분쯤 지나자 그녀의 모습이 두려움과 연민과 고통으로 변하는 것을 보았다. 그러다 갑자기 눈물을 쏟으면서 "사랑하는 주님, 그들은 저주를 받을 것입니다! 그들은 모두 저주를 받을 것입니다!"라고 소리쳤다. 그러나 5분쯤 지나자 그녀는 다시 미소를 지었고, 오직 사랑과 기쁨만 얼굴에 나타났다. 6시 반쯤 다시 고통이 시작되더니 그녀는 비통하게 울면서 "사랑하는 주

196　Daniel R. Jennings, *The Supernatural Occurrences of John Wesley* (Oklahoma City: Sean Multimedia, 2005); Robert Webster, *Methodism and the Miraculous: John Wesley's Idea of the Supernatural and the Identification of Methodists in the Eighteenth-Century* (Lexington KY: Emeth Press, 2013).

197　WW 8:465.

님, 그들은 지옥에 갈 것입니다! 세상은 지옥에 갈 것입니다!"라고 소리쳤다. 잠시 후 그녀는 "크게 외치라! 목소리를 아끼지 말라!"(사 58:1)라고 했다. 몇 분 후 그녀의 모습은 또다시 진정되고, 그녀는 경외와 기쁨과 사랑의 말을 했다.

그러다 그녀는 "하나님께 영광을 돌리라"라고 크게 외쳤다. 7시쯤 그녀의 감각이 되돌아왔다. 나는 그녀에게 "너는 어디에 있었니?"라고 물었다. "저는 구세주이신 주님과 함께 있었습니다." "하늘에 있었니, 아니면 땅에 있었니?" "모르겠습니다. 그렇지만 저는 영광 중에 있었습니다." "너는 왜 울었니?" "저 자신을 위해서가 아니라 세상을 위해 울었습니다. 그들이 지옥의 가장자리에 있는 것을 보았기 때문입니다." "너는 누가 하나님께 영광을 돌리기를 원했니?" "세상을 향해 크게 외치는 목회자들입니다. 그렇게 하지 않는다면 그들이 교만해져서 하나님은 그들을 버리실 것이므로 자기 영혼마저 잃게 될 것이기 때문입니다."

8시부터 "악인들이 스올로 돌아감이여 하나님을 잊어버린 모든 이방 나라들이 그리하리로다"(시 9:17)라는 말씀으로 설교했다. 회중 전체가 진지하게 경청했다. 울부짖는 사람은 한두 사람 정도였고, 내가 본 바로는 그때와 아침 모두 쓰러진 사람이 아무도 없었다. 나는 대체로 하나님의 일반적인 사역이 시작될 때 이러한 외적 징후가 다소 나타나는 것을 목격해왔다. 뉴잉글랜드, 스코틀랜드, 네덜란드, 아일랜드, 그리고 영국의 많은 곳에서 그랬다. 그러나 어느 정도 시간이 지나면 이러한 징후는 점차 줄어들고, 하나님의 역사는 보다 고요하고 조용하게 지속된다. 하나님께서 당신의 역사에 사용하기를 기뻐하시는 사람은 이러한 징후에 대해 매우 수동적이어야 한다. 그들 자신은 어떤 것도 선택하면 안 되고, 하나님께서 역사하시는 모든 상황에서 모든 것을 오직 하나님께 맡겨야 한다.[198]

1759년 11월 25일 자 일지에는 웨슬리가 자신과 휫필드, 조너선 에드워즈 등의 집회에서 자주 나타났던 발작과 울부짖음, 방언과 예언 등의 현상을 무조건 비난하는 태도에 대해 전반적인 평가를 내린다.

오후에 하나님께서 강하게 임재하셨다. 죄를 깨닫게 하시기보다 위로하시는 은혜가 있었다. 하나님께서 역사하시는 방법이 내가 전에 이곳에서 경험한 것과 전혀 다름을 알 수 있었다. 이제 아무도 입신에 들어가거나 울부짖거나 넘어지거나 경련을 일으키지 않는다. 일부만 강하게 떨었고, 작게 중얼거리는 소리가 들렸고, 많은 사람이 큰 평화 속에서 새롭게 되었다.

고함이나, 경련, 환상, 입신 같은 특이한 현상을 지나치게 중시해 마치 그것이 내적인 역사에 필수적인 것처럼 여기고 그런 것이 없으면 내적인 역사가 더 이상 일어나지 않는다고 생각하는 것은 위험하다. 또 다른 위험한 태도는 그러한 현상을 지나치게 경시해 그런 역사 모두를 정죄하고, 그것이 하나님과 아무 관계가 없고 오히려 하나님의 역사에 방해가 된다고 생각하는 것이다. 반면 진리는 다음과 같이 정리할 수 있다. 첫째, 하나님께서는 급작스럽고 강하게 많은 타락한 죄인으로 죄를 깨닫게 하신다. 그 자연적인 결과가 갑작스럽게 고함을 지르는 것과 몸에 강한 경련이 일어나는 것이다. 둘째, 하나님께서는 믿는 사람을 고무하고 북돋우시며, 하나님의 역사를 좀 더 분명히 나타내시기 위해, 어떤 사람에게는 신비한 꿈을 꾸게 하시고, 다른 사람에게는 진동과 환상을 주신다. 셋째, 어떤 경우 얼마간 시간이 지나면 자연적인 현상이 은혜의 현상과 뒤섞이기도 한다. 넷째, 사탄은 이러한 하나님의 역사를 흉내내 이 모든 일에 대해 불신을 심어준다. 그렇다고 특이한 현상과 관련된 일을 단념하는 것은, 결국 하나님의 역사 전부를 포기하는 것과 같이 어리석은 일이다. 처음에 이런 일은 분명히 전적으로 하나님의 은혜의 역사였다. 아직도 부분적으로는 그렇다. 그리고 하나님께서는 우리가 이 일이 순수한 것인지, 아니면 어디에서 불순한 것이 뒤섞이고 타락하게 되었는지 분별할 수 있도록 능력을 주실 것이다.

어떤 경우 이런 일에 위선이 뒤섞여, 누군가 보거나 느끼지 않았으면서도 그런 척하면서 하나님의 영에 압도되어 울부짖고 경련을 일으키는 흉내를 낸다고 가정해보자. 그럼에도 그것이 참된 성령의 역사를 부인하거나 평가절하할 정당한 이유가 될 수는 없다. 그림자는 실체에 해를 끼칠 수 없고, 위조 다이아몬드가 있다 해서 진짜 다이아몬드의 가치가 떨어지지는 않는다. 우리는 사탄이 환상을 본 사람을 교만하게 한다고 생각할 수도 있다. 그렇다고 해서 거기서 어떤 교훈을 끌어낼 수 있는가? 그렇게 되는 것을 조심해야 한다는 것, 하나님은 겸손한 사람을 귀히 보시므로 자신을 낮추어야 함을 부지런히 권면해야 한다는 것 외에 어떤 것도 아니다. 그런데도 환상이라면 무조건 무시하고 비난하는 것은 비이성적이고 비기독교적이다.[199]

셋째, 성령의 능력부으심에 관한 웨슬리의 가르침은 심지어 웨슬리의 추종자이자 웨슬리의 성결론에 대한 해석자인 19세기 웨슬리안 성결운동가들이나 현대의 웨슬리안의 주장과도 동일하지 않았다. 19세기 웨슬리안 성결운동 그룹들을 비롯해 현대의 웨슬리안이 웨슬리의 성령론에 대해 자주 오해하는 점은, 그의 성결에 대한 가르침을 죄성 제거와 성령세례로 축소해 편협하게 이해하는 것이다. 그러나 웨슬리는 성결론이 그같이 축소된다면 성경의 풍성한 성결 개념을 온전히 담아낼 수 없고, 개신교 전체가 수용할 수도 없게 됨을 명확히 이해했다. 따라서 성결론의 축소에 반대해 성결론을 신론, 기독론, 성령론, 구원론, 인간론, 교회론, 기독교윤리 등 조직신학의 주제 전반과 연결해 광범위하게 다루었다. 웨슬리의 말을 인용하면 다음과 같다.

나는 성결을 반대하는 사람의 경우, 무엇보다 성결을 죄에서의 온전한 구원으로 설명할 때

---

199 Journals 4:359-360.

더 맹렬히 반대하는 것을 자주 보았습니다. 그들은 하나님과 사람에 대한 사랑, 그리스도 안에 있는 마음, 성령의 열매, 하나님의 형상, 보편적인 거룩함, 전적인 헌신, 영과 육의 성화, 우리의 모든 생각과 말과 행동을 하나님께 드리는 것으로 말하면 이 모든 것을 인정합니다. 그래서 나는 그들이 이 모든 것을 인정하는 이상, 우리도 죄, 약간의 죄(a little sin)가 죽을 때까지 우리 속에 남아있다고 인정하려 합니다.[200]

웨슬리의 이 언급은 두 가지 중요한 의미를 담고 있다. 1. 아우틀러가 바르게 설명한 것처럼, "죄 없는 완전"(sinless perfection)을 부인한 것이다.[201] 그럼에도 무죄적 완전을 부인한 것이 성결 교리를 포기한 것은 아니다. 웨슬리는 그리스도인의 완전을 타락 전 아담보다 못한 상태로 설명한다. 타락 전 아담과 타락 후 신자 사이에는 하나님의 율법을 이해하는 능력, 이해한 율법을 온전히 성취하는 능력에서 극복 불가능한 차이가 있기 때문이다.[202] 하나님께서 그리스도인에게 요구하시는 순종은 이런 현실을 반영한 것이다. 즉, 하나님께서 아담이 가졌던 모든 온전한 기능의 손상을 입은 오늘의 그리스도인에게 바라시는 것은, 타락 전 아담에게나 가능했을 행위의 "완전무결함"이 아니라, 신앙의 가장 중요한 열매인 사랑이라고 주장한다. "하나님은 천사[그리고 타락 전 아담]에게나 가능했을 완전에 대한 요구를 사랑에 대한 요구로 대체하셨다"[203]는 것이다. 웨슬리는 1760년 6월 19일 사무엘 펄리(Samuel Furly)에게 보낸 편지에 다음과 같은 생각을 적었다.

낙원에서 아담은 모든 것을 즉시 이해하고 바르게 판단할 수 있었습니다. 따라서 그렇게 하는 것은 그의 의무였습니다. 그러나 지금은 누구도 그럴 수 있는 사람이 없습니다. 그러므로 [아담처럼 완벽히 행해야 한다는 의무는] 지금은 어느 누구에게도 요구되지 않습니다. 지금은 아담에게 의무였던 그 법을 행하고 있거나 행할 수 있는 사람이 아무도 없기 때문입니다. 아담은 실수하지 않을 수 있었지만 우리는 그럴 수 없다는 사실만큼 분명한 사실이 어디 있습니까? 그는 실수를 피할 능력이 있었기에 피하는 것이 의무였지만, 그럴 수 없는 내게는 그것이 의무가 아니라는 사실만큼 분명한 것이 어디 있겠습니까? 어느 누구도 불가능한 것을 할 수는 없기 때문입니다. 산상수훈도, 율법도 이를 부인하지 않습니다.[204]

웨슬리는 성경이 가르치는 실제적인 죄의 기준을 설명하기 위해 하나님의 율

---

200 BE 3:85.
201 BE 3:85, 각주 72.
202 Letters 4:98.
203 Plain Account, 85; 설교, "인내에 대하여", 10; Letters 4:155.
204 Letters 4:98.

법을 고의적으로 위반하는 것과 하나님의 율법을 어기려는 의도 없이 어기는 실수 사이를 구분한 후, 죄를 전자와는 연결했으나 후자와는 연결하지 않았다.[205] 달리 말해, 성경은 사람이 하나님의 율법을 의도적으로 위반한 것과 의도성 없이 실수나 연약성에 의해 위반한 것을, 아무 구별 없이 동일한 범법 행위로 다루지는 않는다는 것이다(이 책 1장 A-II. 루터란의 비판 사례 중 비난2에 대한 반론 참고). 성경이 죄를 판별할 때는 의도성이 있는지 아닌지가 중요한 판별기준이 된다고 본 것이다.

> 사람은 순수한 사랑으로 충만해도 실수할 가능성이 있습니다. 나는 이 죽을 몸이 죽지 아니함을 입을 때까지는 실수에서 해방될 수 있다고 기대하지 않습니다. 실수는 영혼이 혈육에 거하는 데서 오는 자연스런 결과이기 때문입니다. 우리는 신체의 다른 부분처럼 제약성을 지닌 몇몇 기관의 중개 없이는 생각할 수 없습니다. 따라서 수시로 "잘못 생각하는 것"을 벗어날 수 없습니다. … 우리는 이러한 잘못된 판단 때문에 실제 행동에서도 잘못을 범할 수 있습니다.
>
> 그러나 모든 말과 행동이 사랑에서 나온다면, 이러한 잘못이 본질상 죄는 아닙니다. 이 역시 하나님의 준엄하신 공의 앞에서는 설 수 없기에 속죄의 피를 필요로 합니다. … 이 문제를 좀 더 설명하자면 첫째, 죄라고 불러 마땅한 것 즉 율법을 알면서 고의로 범한 것만이 아니라, 부당하게 죄로 불리는 것 즉 하나님의 율법을 범할 생각 없이 범한 것도 속죄의 피를 필요로 합니다. 둘째, 나는 죽을 운명인 인간의 한계 때문에 어쩔 수 없이 저지르는 무지와 잘못의 자연적 결과인 비고의적 위반을 배제하는 완전은 이 세상에서는 있을 수 없다고 믿습니다. 셋째, 그렇기에 나는 자가당착을 피하기 위해 "무죄적 완전(sinless perfection)"이라는 말을 결코 쓰지 않습니다. 넷째, 나는 하나님께 대한 사랑이 충만한 사람이라도 비고의적 위반을 피할 수는 없다고 믿습니다. 다섯째, 그런 잘못을 죄라고 부르고 싶으면 부르십시오. 나는 그렇게 부르지 않겠습니다. … 그것을 죄라고 부르지 않으려는 사람은, 결코 자신이나 다른 사람이 중보자 없이 하나님의 무한한 공의 앞에 설 수 있는 상태인 줄로 착각하지 말아야 합니다. 이런 태도는 자신이 최악으로 무지하거나 최고로 오만하고 외람됨을 나타내는 것입니다. 그것을 죄라고 부르려는 사람은, 자신이 죄로 불러야 마땅한 죄와 그렇지 않은 결함을 혼동하고 있지 않은지 경계해야 합니다. … 만일 모든 것을 차별 없이 죄라고 부른다면 어떻게 전자와 후자를 구별하겠습니까?[206]

웨슬리는 엄격한 의미로는 인간의 비고의적 실수나 연약성마저도 하나님의 절대적인 기준 앞에 죄가 되며, 그리스도의 속죄를 필요로 함을 부인하지 않는다. 그러나 동시에 하나님께서 실제로 인간의 어떤 실수도 용납하지 않고 모든 실수를

---

205 설교, "완전에 대하여", II. 9.
206 Plain Account, 53-56.

의도적으로 율법을 어긴 반역과 동일시하시며, 또 인간의 연약성 그 자체도 의도
적인 불순종처럼 악하게 여기시므로 이 모든 연약성까지도 초월해 온전해질 것을
요구하시는가? 웨슬리는 하나님께서 요구하시는 성결은 결코 무지와 실수와 연약
함을 허용하지 않는 모든 기능에서의 완벽함이 아니라고 보았다.

그 예로, 웨슬리는 성경이 "의인이요 당대에 완전한 자"로 부르면서 "하나님과
동행"했다고 기록한 노아(창 6:9)나 하나님께서 친히 "온전하고 정직하여 하나님
을 경외하며 악에서 떠난 자"로 칭하신 욥(욥 1:1, 8)을 주목한다. 성경이 "완전한
자" 혹은 "온전한 자"로 부른 그들은 의도성 없는 실수와 인간이 보편적으로 가진
연약성마저 초월했기에 온전하고 완전한 존재로 지칭되었는가? 그렇지 않다. 웨슬
리는, 성경이 사람에게 "완전한 자"나 "온전한 자"라는 표현을 사용했을 때, 그 뜻
은 행위 언약의 기준에서 보더라도 하나님의 율법을 어떤 부족함이나 실수도 없이
완벽하고 정확하게 수행했다는 의미가 아니라고 보았다. 오히려 그는 "하나님의
은혜로 성결케 되어 그 내면에 바른 원리와 기질이 심겨진 결과, 그의 삶 역시 의롭
게 되어 하나님과 사람 앞에 마땅한 일을 행했음"[207] 또는 "율법을 수행함에서의 완
벽함이나 정확함이 아니라, 순수한 의도와 마음을 다하는 사랑으로 하나님과 사람
앞에서 자신의 모든 의무를 다하기 위해 성실하게 최선을 다했음"[208]을 의미한 것
이라고 설명했다. 그들도 하나님의 엄격한 율법의 기준에서는 그리스도의 대속을
필요로 하는 죄인임이 분명하다. 그럼에도 하나님께서 그들에게 부어주신 성결의
은혜로 인해 그들에게 심겨진 순수한 의도와 사랑으로 역사하는 믿음을 보시고 그
들을 온전하고 완전한 자로 부르셨다는 것이다.

웨슬리는 주님께서 "하늘에 계신 너희 아버지의 온전하심과 같이 너희도 온전
하라"(마 5:48)고 말씀하실 때의 "온전함"이나, 바울이 "우리가 온전한 자들 중에서
는 지혜를 말하노니"(고전 2:6) 또는 "누구든지 우리 온전히 이룬 자들은 이렇게 생
각할지니"(빌 3:15)라고 말할 때의 "온전한 자", "온전히 이룬 자" 역시 어떤 비고의
적 실수나 인간적 연약함도 허용하지 않는 완벽함으로 해석할 수 없다고 보았다.
'완전'을 그렇게 해석하는 것은 "성경에 있는 대로의 완전" 즉, 인간의 타락 후에도
하나님의 은혜가 가능케 하시기에 성경이 신자에게 요구하시는 완전이 아니라, 성

---

207 ENOT Gen. 6:9.
208 ENOT Job 1:1.

경의 요구보다 "완전의 표준을 훨씬 높여놓는" 중대한 잘못을 저지르는 것이다.[209] 웨슬리가 가르친 완전성화는, 성령의 능력부음을 받아 변화된 사람의 사랑이 온전하고 의도가 순수하다는 것이지, 하나님의 뜻을 완벽히 이해하고 수행함에서 완벽하다는 의미가 아니다.

율법을 의도적으로 위반함으로 하나님께 반역하는 명백한 죄와, 하나님께 반역하려는 의도가 전혀 없음에도 하나님의 뜻을 이해하고 실행함에서의 비의도적인 결함이나 실수, 연약성 사이를 구분하지 않고 모두를 죄로 주장하면 어떤 결과가 초래되는가? (1) 성경이 완전하다고 언급한 사람은 의도적인 결함이나 실수, 연약성조차 없었다고 해석할 수 있다. 그러나 이 세상에서는 사람이 그런 상태에 도달할 수 없기에 이 주장은 불가능하다. (2) 성경이 완전하다고 언급한 사람도 고의적이든 비고의적이든 죄를 짓고 살았다고 해석할 수 있다. 만약 이 주장을 받아들이면 웨슬리가 "크게 우려"한 결과를 피할 수 없게 된다. 즉 그리스도인은 타락 후 인간의 한계성으로 주어진 실수와 연약성은 피할 수 없으나, 성령의 역사로 그 의도가 순수하고 사랑으로 충만할 수 있다는 성경적 성결론은 상실되고, 성경이 완전하다고 표현한 사람도 실제로는 세상에서 죄를 피할 길이 없었다는 성결에 대한 부정만 남게 된다.[210] 그러나 성경은 과연 전자와 후자를 구분하지 않는가? 길지만 매우 중요하기에 퍼카이저의 설명을 그대로 옮겨본다.

> 신약성경에서 "죄를 범하다"라는 동사가 정확히 무엇을 의미하는지 파악하기 위해 … 먼저 서로 다른 두 가지 죄의 정의를 최대한 간결하게 진술한 후, 그 각각의 정의를 신약성경에서 "죄를 범하다"라는 동사가 사용된 41개의 구절[211]에 차례차례 대입해 보자. … 죄의 법률적 정의는 간단히 말해 "완벽한 행위라는 절대적 기준에서 조금이라도 벗어나는 것"이다. 죄의 윤리적 정의는 웨슬리가 설명한 대로 "하나님의 알려진 율법을 의도적으로 위반하는 것"이다. … 죄의 윤리적 정의는 어떤 예외도 없이 41개 구절 전체와 잘 어울리고, 의미에 아무 문제가 없다. 그러나 단 네 구절 외에는 … 죄의 법률적 정의를 대입하면 앞뒤 문맥이 맞지 않고 자기 모순을 일으킨다. … 모두를 살펴보는 것이 도움이 되겠지만 임의로 다섯 구절을 선택해 살펴보자.

---

209 Plain Account, 57.
210 Plain Account, 56.
211 마 18:15, 21; 27:4, 눅 15:18, 21; 17:3, 4; 요 5:14; 8:11; 9:2, 3; 행 25:8, 벧전 2:20; 롬 2:12(2회); 3:23; 5:12, 14, 16; 6:15; 고전 6:18; 7:28(2회), 36; 8:12, 15:34; 엡 4:26; 딤전 5:20; 딛 3:11; 히 3:17; 10:26, 벧후 2:4; 요일 1:10; 2:1(2회); 3:6, 8, 9; 5:16(2회), 18.

첫째, 요한복음 5:14은 "그 후에 예수께서 성전에서 그 사람을 만나 이르시되 보라 네가 나았으니 더 심한 것이 생기지 않게 다시는 죄를 범하지 말라 하시니"라는 말씀이다. 이 구절에 죄의 법률적 정의를 대입하면 "보라 네가 나았으니 더 심한 것이 생기지 않게 다시는 완벽한 행위라는 절대적 기준에서 조금이라도 벗어나지 말라"라는 말씀이 된다. 이런 해석은 이미 가련한 사람을 이전보다 훨씬 끔찍한 위치에 두는 해석임이 분명하다! 그가 알려졌든 알려지지 않았든, 의도적이든 비의도적이든 완벽한 행위라는 절대적 기준에서 조금이라도 벗어나는 것을 피하는 일이 어떻게 가능하겠는가? 그러나 우리가 같은 구절에 죄의 윤리적 정의를 대입하면, 우리 주님의 요구는 합리적일 뿐 아니라, 주님의 은혜로 실현 가능한 것이 된다. 즉 "보라 네가 나았으니 더 심한 것이 생기지 않게 다시는 하나님의 알려진 율법을 의도적으로 위반하지 말라"라는 말씀이 된다.

둘째, 로마서 6:15의 "그런즉 어찌하리요 우리가 법 아래에 있지 아니하고 은혜 아래에 있으니 죄를 지으리요 그럴 수 없느니라"라는 말씀을 살펴보자. 여기에 죄의 법률적 정의를 대입하면 다음과 같이 너무나 터무니없는 구절이 되고 만다. "그런즉 어찌하리요 우리가 법 아래에 있지 아니하고 은혜 아래에 있으니 완벽한 행위라는 절대적 기준에서 조금이라도 벗어나리요? 그럴 수 없느니라." 그러나 같은 구절에 죄의 윤리적 정의를 대입하면 우리에게 그리스도인의 행동에 대한 신약성경의 기준을 제시한다. "그런즉 어찌하리요 우리가 법 아래에 있지 아니하고 은혜 아래에 있으니 하나님의 알려진 율법을 의도적으로 위반하리요? 그럴 수 없느니라."

셋째, 고린도전서 15:34의 "깨어 의를 행하고 죄를 짓지 말라 하나님을 알지 못하는 자가 있기로 내가 너희를 부끄럽게 하기 위하여 말하노라"라는 말씀이다. 여기에 죄의 법률적 정의를 대입하면 "깨어 의를 행하고 완벽한 행위라는 절대적 기준에서 조금이라도 벗어나지 말라 하나님을 알지 못하는 자가 있기로 내가 너희를 부끄럽게 하기 위하여 말하노라"라는 구절이 된다. 죄의 법률적 정의를 전파하는 사람들은, 사람이 그 언제라도 말과 생각과 행위에서 죄 없이 살 수 있다는 가능성 자체를 부인하기 때문에, 그들에게 이런 해석은 성경 구절을 터무니없게 만들어버리는 해석이다. 그러나 같은 구절에 죄의 윤리적 정의를 대입하면, 이 구절은 신약 시대의 모든 신자가 지켜야 할 보편적인 의무가 무엇인지 드러내는 말씀이 된다. "깨어 의를 행하고 하나님의 알려진 율법을 의도적으로 위반하지 말라 하나님을 알지 못하는 자가 있기로 내가 너희를 부끄럽게 하기 위하여 말하노라."

네 번째 사례는, 히브리서 10:26, "우리가 진리를 아는 지식을 받은 후 짐짓 죄를 범한즉 다시 속죄하는 제사가 없고"라는 말씀이다. 이 구절은 진리를 아는 지식이 있으면서도 의도적인 죄 속에 살아가는 사람에게는 그리스도의 속죄가 소용 없을 것임을 경고하는 준엄한 말씀이다. "짐짓"[willfully (KJV 역), 고의로, 일부러 – 역주)이라는 부사는 우리가 다루는 죄의 문제가 의지적 성격을 지닌다는 사실을 강조하는 용어로, 다른 말로 바꾸는 것이 쉽지 않다. 그럼에도 시도해본다면 "우리가 진리를 아는 지식을 받은 후 고의로 완벽한 행위라는 절대적 기준에서 조금이라도 벗어나면 다시 속죄하는 제사가 없고"라는 뜻이 된다. 이 해석은 모든 사람을 절망에 빠뜨리기에 충분할 것이다.

그러나 같은 구절에 죄의 윤리적 정의를 대입하면, "우리가 진리를 아는 지식을 받은 후 하나님의 알려진 율법을 의도적으로 위반하면 다시 속죄하는 제사가 없고"라는 뜻이 된다. 이 해석은 준엄한 경고의 말씀을 보존하면서도, 신약성경 전체의 취지와 완전하게 조화를 이룬다. 이 해석은 타락한 사람에게서 희망을 빼앗으려는 것이 아니라, 과거 하나님의 은혜 안에 살았는지 여부와 관계없이, 현재 알려진 죄를 고의로 지으며 살아가면서도 자신에게는 여전히 그리스도의 대속의 죽음이 유효하다고 당연히 주장할 수 있는 사람은 아무도 없음을 모두에게 경고하기 위한 것이다. 여기서 원문은 의도적으로 계속해서 죄를 지속한다는 의미의 분사 형태이기 때문에, 그런 죄에 대해서는 다시 속죄하는 제사가 있을 수 없다는 것이다. 타락한 사람이 다시 하나님께로 돌이키고 진정한 회개로 범죄하기를 멈추면, 그 사람은 그리스도의 대속의 보혈이 자신의 속죄를 위한 제사로서 전적으로 충분함을 발견한다.

마지막으로 요한일서 3:8-9은 다음과 같이 말씀한다. "죄를 짓는 자는 마귀에게 속하나니 마귀는 처음부터 범죄함이라 하나님의 아들이 나타나신 것은 마귀의 일을 멸하려 하심이라 하나님께로부터 난 자마다 죄를 짓지 아니하나니 이는 하나님의 씨가 그의 속에 거함이요 그도 범죄하지 못하는 것은 하나님께로부터 났음이라." 여기서 죄와 관련해서 두 용어는 명사고, 두 용어는 동사다. 그러나 그 용어들은 모두 같은 의미로 해석되어야만 문맥에서 의미상 조화를 이룬다.

먼저 죄의 법률적 정의를 적용해보자. 그러면 "완벽한 행위라는 절대적 기준에서 조금이라도 벗어나는 자는 마귀에게 속하나니 마귀는 처음부터 그 기준에서 벗어났음이라 … 하나님께로부터 난 자마다 절대적 의의 기준에서 조금도 벗어나지 아니하나니 이는 하나님의 씨가 그의 속에 거함이요 그도 거기서 벗어나지 못하는 것은 하나님께로부터 났음이라"라는 의미가 된다. 이런 해석은 틀림없이 하나님 자녀의 숫자를 극단적으로 제한하게 될 것이다. 이 해석은 확실히 모든 유한한 인간을 구원에서 배제해버린다.

그러나 우리가 죄의 윤리적 정의로 돌아가, 죄에 사용된 동사가 반복적이고 습관적인 행위를 표현하기 위해 사용되었음을 깨닫고 나면, 우리는 이 구절이 하나님의 계시 전체와 완벽하게 조화를 이룬다는 사실을 알게 된다. "하나님의 알려진 율법을 의도적으로 위반하는 자는 마귀에게 속하나니 마귀는 처음부터 그렇게 하나님의 율법을 위반하였음이라 … 하나님께로부터 난 자마다 하나님의 알려진 율법을 의도적으로 위반하지 아니하나니 이는 하나님의 씨가 그의 속에 거함이요 그도 하나님의 알려진 율법을 의도적으로 위반하지 못하는 것은 하나님께로부터 났음이라."

… 우리가 죄의 두 가지 다른 정의 중 어떤 것이 더 성경적인지를 시험해본 과정을 되돌아보면, 죄의 법률적 정의는 받아들일 수 없는 데 반해, 윤리적 정의는 성경의 각 구절에 대입해볼

때마다 결정적 시험을 통과했음을 알 수 있다. 나아가 신약성경은 일반적 그리스도인의 삶의 기준과 특별히 성결한 삶의 기준을 가르치고 있는데, 이 기준에 의하면 죄 된 행동은 신자의 삶 어디에도 자리할 곳이 없다는 사실이 분명해진다.[212]

웨슬리는 이 세상에서 성결을 부정하는 오류가 의도적인 죄와 비의도적인 결함과 실수, 연약성을 구분하지 못하는 데서 비롯됨을 정확히 간파했던 것이다.

인간의 타락 전에 주어진 행위 언약이 폐해진 것은 인간이 율법을 정확히 이해하고 완벽히 행하는 것이 불가능해졌기 때문이다. 그래서 하나님은 은혜 언약을 세워 완전한 행위가 아닌 사랑으로 역사하는 믿음을 요구하신다. 그럼에도 행위 언약이 요구하던 완벽한 행위의 기준으로 이 세상의 모든 사람, 심지어 가장 경건한 신자도 죄인일 뿐이며 율법에 의해서는 오직 정죄밖에 받을 것이 없다고 주장하는 것은, 은혜 언약 시대에 행위 언약 시대의 판단 기준을 제시하는 시대착오적 주장이다. 이는 사람이 율법의 행위로 구원을 받을 수 있다고 주장하는 자들이 자신을 타락 전 아담과 같이 무죄한 상태에 있는 것처럼 생각하는 것과는 정반대의 시대착오로, 과거에 폐해진 행위 언약의 기준을 은혜 언약 아래에서 하나님의 뜻에 순종하고 있는 현재의 신자에게 적용해 아무리 거룩한 신자도 결코 죄에서 벗어날 수 없는 죄의 필연성에 가두어 버리는 심각한 오류다.

우리가 이미 살펴본 두 언약과 두 시대에 관한 데쉬너의 개요에서 알 수 있듯 웨슬리에게서는 하나님의 온전한 뜻의 표현으로서의 율법이 인간 내면의 상태와 외적인 삶 모두에서 규범적 위치를 상실한 적이 결코 없다. 순종이 하나님과의 교제를 지속하는 조건이었던 행위 언약 시대와 달리, 은혜 언약 시대에는 신앙이 하나님과의 교제를 회복하는 조건으로 변경된 것은 사실이다.[213] 그럴지라도 하나님의 사랑에 대한 믿음은 하나님의 율법에 대한 자발적 순종을 일으키므로, 은혜 언약 시대에서조차도 하나님의 율법에 대한 존중과 사랑, 순종은 구원 받은 하나님의 자녀가 갖추어야 할 신앙의 중요한 요소가 된다. 비록 행위 언약 시대처럼 인간이 어떤 실수나 연약함에서도 영향받지 않는 상태는 아니더라도, 신자는 하나님의 은혜와 성령의 도우심으로 율법을 성취할 수 있기에, 율법은 성취 불가능하다

---

212 Purkiser, *Conflicting Concepts of Holiness*, 49-56.
213 Deschner, *Wesley's Christology*, 112-114.

는 말만 반복하는 것은 하나님의 은혜도, 성경도 오해한 것이다.[214] 비록 판단과 수행에서의 실수와 오류, 불완전함을 피할 수 없더라도, 믿음은 사랑을 통해 역사함으로 하나님과 율법을 자발적으로 사랑하고 순종한다. 은혜 언약 시대의 사랑으로 역사하는 믿음은 타락 이후 인간의 상황에 적합하도록 하나님께서 조정하신 율법, 즉 하나님께서 은혜로 역사하시는 신자가 가진 사랑의 능력과 균형을 맞춘 율법의 요구라 할 수 있다.[215]

2. 앞에서 인용한 웨슬리의 가르침의 또 다른 핵심은, 우리가 성결을 죄성 근절이나 성령세례로 축소해서는 안 되고, 성경이 포괄하는 모든 요소를 종합적으로 이해해야 한다는 것이다. 웨슬리는 설교 "완전에 대하여"에서, "죄에서 정결케 됨"은 성결의 중요한 요소이지만 "성결의 가장 작고 낮은 가지로서, 위대한 구원에 포함된 많은 것 중 부정적인 것과 관련된 일부분일 뿐"이라고 설명한다.[216]

로렌스 우드(Laurence Wood)는 웨슬리가 가르친 성결의 포괄적 개념을 "의와 참된 성결" "그리스도 예수 안에서 새롭게 지음 받음" "보편적 성결" "내적이고 외적인 의" "삶의 거룩함" "마음의 거룩함" "더 탁월한 길" "위대한 구원" "죄에서 구원" "영광스러운 자유" "하나님의 형상" "그리스도 예수의 마음" "성결과 행복" "성령에 의해 마음에 비추어진 하나님의 사랑" "하나님의 법을 마음에 기록함" "하나님의 거룩한 제사장 됨" "성령의 나누이지 않은 열매" 등으로 다양하게 설명했다.[217]

하워드 스나이더는 성결의 포괄적 개념을 "하나님과 동행" "하나님 안에서 안식" "약속의 땅에 들어감" "안식에 들어감" "포도나무에 붙어있음" "그의 날개 아래 거함" "그리스도의 마음을 가짐" "예수의 빛 속에서 삶" "예수 그리스도의 충만함을 즐거워함" "성령으로 충만함" "그리스도 안에 거함" "예수님처럼 행함" "아버지와 하나 됨" "신성한 성품에 참여함" "몸과 혼과 영의 거룩함" "그리스도의 충만함에 이르기까지 성장함" "거룩한 삶" "성전에 가득한 성령" "생수의 샘에서 마심" "하나님의 불로 충만함" "모든 죄에서 씻음" "성령의 기름부음 받음" "하나님 형상으로 새롭게 됨" "그리스도의 형상과 일치함" "성령으로 행함" "마음에 율법이 새겨짐" "마음에 부

214 설교, "믿음으로 얻는 의", I. 8.
215 Letters 4:155.
216 BE 3:76.
217 Wood, *The Meaning of Pentecost in Early Methodism*, 163-207.

어진 하나님의 사랑" "두려움을 내쫓는 온전한 사랑" "성령의 새 언약" "제물을 거룩하게 하는 제단" "예수님처럼 자비로움" "하나님과의 친교" "하나님의 손에 감추어짐" "복된 평안을 누림" "하늘 만나를 먹음" "시냇가에 심은 나무 같음" "산 제물이 됨" "선한 목자의 인도를 받음" "예수 그리스도 안에서 하나님과 교통" "많은 열매 맺음" "천국 잔치에 참여함" "천국에서 하나님과 함께 거함" "영과 육의 더러움에서 씻김" "부르심에 합당하게 살아감" "하나님 안에서의 평온과 확신" "어린 양의 피로 이김" "속사람이 날로 새로워짐" "그리스도와 함께 못 박히고 함께 살아남" "믿음으로 세상을 이김" 등으로 정리했다.[218]

웨슬리는 성결과 은사, 능력을 주시는 분은 성령이시기에, 신자의 거룩함과 능력은 인간의 소유가 아닌 성령의 현존의 열매로 보았다. 따라서 성령의 능력부음에 대한 웨슬리의 가르침은 하나님의 값없는 은혜의 진리의 성령론적 표현이다.

> 모든 공로가 하나님의 독생자 안에, 즉 그가 우리를 위해 행하신 일과 당하신 고난에 있듯, 모든 능력은 하나님의 성령 안에 있습니다. 따라서 모든 사람이 구원의 믿음을 갖기 위해서는 성령을 받아야 합니다. 성령을 받는 것은 기적을 행하기 위해서가 아니라, 믿음과 희락과 화평과 사랑, 즉 성령의 일반적인 열매를 맺기 위해 근본적으로 필요합니다. … 모든 참된 신앙과 구원 전체, 모든 좋은 생각과 말과 행동은 전적으로 하나님의 성령께서 일하심에 의한 것입니다.[219]

동시에 웨슬리는 그리스도인의 삶을 성령과 신자 상호 간의 호흡으로 제시함으로, 신자가 성령의 은혜에 반응해 하나님의 뜻으로서의 율법을 지속적으로 성취하는 것이 성령과의 교제를 지속하는 데 "절대적으로 필요"함을 강조했다.

> 신자의 영혼에 있는 하나님의 생명이 무엇입니까?…그것은 직접적이고 필연적으로 하나님의 성령의 끊임없는 영감을 의미합니다. 즉 하나님이 영혼에 숨을 불어넣으시는 일과 영혼이 하나님께 먼저 받은 그 숨을 돌려보내는 일입니다. 하나님께서 부단히 영혼에 역사하시고, 또 영혼은 하나님을 향해 반응하는 일입니다. … 하나님은 진실로 당신의 선하신 복으로 우리에게 먼저 역사하십니다. … 그러나 만일 우리가 먼저 사랑해주신 하나님을 사랑하지 않는다면, 만일 우리가 하나님의 음성을 듣지 않는다면, 만일 우리가 눈을 하나님께로 돌려 하나님께서 우리 위에 부으시는 빛에 주목하지 않는다면 … 하나님의 영은 점차 물러나 우리를 우리 자신의 마음의 어두움에 버려두실 것입니다. 우리 영혼이 하나님을 향해 숨을 돌려보내지 않으면, 사랑과 기도와 감사, 즉 하나님이 기뻐하시는 희생 제물을 하나님께 돌려보내

---

218 http://marginalchristianity.blogspot.com/2015/05/biblical-metaphors-for-holiness.html
219 WW 8:49; Maddox, *Responsible grace*, 132.

지 않는다면, 그가 계속 우리 영혼에 숨을 불어넣지는 않으실 것입니다.[220]

웨슬리는 신자가 하나님의 율법에 순종함으로 성령의 은혜에 바르게 반응할 때, 성령께서는 죄와 세상과 마귀를 정복할 능력을 "단번에 수년 동안 쓸 것을 쌓아놓을 만큼 주시지 않고 순간순간" 채워 주신다고 가르쳤다.[221]

220 설교, "하나님께로부터 난 자의 특권", III. 2-3.
221 설교, "신자의 회개", 17.

C. 관찰과 분석

I. 말씀의 설교자 성령 vs. 하나님의 임재로서의 성령

루터는 성령을 전능하신 구원자 또는 구원의 선물로 설명한 반면, 인간은 성령에 이끌려 하나님의 율법에 순종하든지, 아니면 성령에 의해 그리스도를 구원자로 영접하든지 간에 은총을 수동적으로 받는 존재로 여긴다. 그리스도의 죽음과 부활의 현실이 신자의 죄의 죽음과 은총 안에서의 새로운 삶으로 인식되는 것은 오직 성령의 계시하심을 통해서다. 영적 시련이나 위로는 성령의 현존하심에 의해 외부에서 오는 것이지, 신자 자신의 준비나 갈망으로 되는 것이 아니다.

　루터의 성령론의 이 같은 신 중심성은 성령께서 신자를 성화시키시는 방법과도 관계가 있다. 루터는 성령께서 외적인 말씀, 특히 설교를 죄인을 구원하시는 중요한 수단으로 사용하심을 강조했다. 롤런드 베인턴은 "종교개혁은 설교에 중심적 위치를 부여했다. … 루터는 구원이 말씀을 통한 것임을 주장했다. … 그러나 말씀은 말로 전해지지 않으면 소용이 없다"고 말한다.[222] 루터는 기록된 말씀을 연구하는 것은 연구자 스스로가 자연법에 매여있는 이상 인간의 일로 여길 수 있지만, 설교는 외부에서 주어지는 말씀의 타자성이라는 요소를 두드러지게 한다고 보았다. 설교된 말씀은 외부에서 찾아오는 율법이나 복음의 새로운 타자적 실재를 전달한다.[223]

　루터에게 선포된 말씀은 실제적 변화를 단지 의미만 할 뿐 아니라 내포하고 일으킨다. 설교의 본문은 중세 신비주의의 주장같이 단지 그리스도인이 경험하는 것의 정보만 전달하는 것이 아니다. 그 본문이 경험을 시작하게 하고 중재하며 일으킨다. 루터가 "하나님의 사역은 하나님의 말씀이다. 그가 말씀하시면 그것은 이루어진다. 하나님께는 말씀하시는 것과 행하시는 것이 동일하기 때문이다"라는 말로 가르친 것은, 본문이 단지 의미만 전달한다는 신비주의자들의 주장에 반대해, 본문이 실제로 일함을 주장한 것이다.[224] 제이 마크 비치(J. Mark Beach)는 구원

222　Bainton, *Here I Stand*, 348.
223　Prenter, *Spiritus Creator*, 101-130.
224　WA 3, 152, 7. Forde, *The Preached God*, 60-68에서 재인용.

이 이루어지는 과정을, 구원의 기초로서 그리스도께서 이루신 일과 그 일이 실제적 효과를 나타내도록 신자에게 시행되는 것으로 구분한 후, 어떻게 구원이 설교를 통해 신자에게 주어지는지 다음과 같이 설명한다.

> 십자가의 사역 자체가 십자가에서 성취된 은혜를 전달하는 것이 아니다. … 그리스도께서는 십자가에서 성취된 일을 "말씀을 통해", 즉 복음 설교를 통해 배분하신다. "그리스도께서는 십자가에서 단번에 구원을 이루셨다. 그러나 그 은혜의 배분은 그 이전과 이후로, 세상의 처음부터 끝까지 계속적으로 이루어진다. 그리스도께서 구원을 성취하기로 결정하신 이상, 그리스도께서 십자가 이전이나 이후에 말씀을 통해 구원을 배분하시느지 아니는지 그리스도 자신께는 어떤 차이도 만들지 않는다."[225] … 루터에게 말씀을 가르치고 설교하는 것은 하나님의 구원 사역의 핵심요소다.[226]

그리스도의 십자가 설교를 통해 성령께서는 먼저 율법으로 다가와 죄인을 정죄하신다. 그리스도의 부활 설교를 통해 성령께서는 복음으로 다가와 신자를 살리신다.[227] 설교의 효과뿐 아니라 설교 행위 자체가 교회를 통해 일하시는 성령의 사역이다.[228] 성령께서 주도하신 설교의 행위와 효과를 인간 편에서 수용하는 통로는 믿음이다. 그러나 이 믿음 역시 신자가 자신의 소유로 자랑할 수 있는 것이 아니라, 성령께서 말씀 선포를 통해 일으키시는 것이다. 성령께서는 설교를 통해 전달되는 내용이 실제로 이루어지게 하실 뿐 아니라, 설교를 듣는 자에게 설교에 의해 이루어지는 것이 실체임을 믿는 믿음을 주신다.[229] 요약하면, 외적 설교와 내적 조명을 통해 칭의시키고 성화시키며, 또 그런 은혜의 사건이 실제로 일어난 사실에 대해 믿음을 주시는 분은 성령이시다. 성령께서 칭의와 성화를 위해 모든 것에서 모든 일을 행하신다.

개리 배드콕(Gary D. Badcock)에 의하면, 중세 후기 신학은 개체를 강조하는 유명론의 영향으로 칭의 된 사람의 도덕적 삶에서 나타나는 "은총의 결과"에 관심을 돌리면서, 칭의의 은혜란 오직 값없이 주시는 은혜라는 사실을 간과했다. 루터는 이러한 경향을 펠라기우스주의적인 것으로 비판하면서, 은총의 결과가 무엇인

---

225 LW 40:214.
226 J. Mark Beach, "The Real Presence of Christ in the Preaching of the Gospel: Luther and Calvin on the Nature of Preaching," *Mid-America Journal of Theology* 10 (1999), 78-83.
227 Prenter, *Spiritus Creator*, 101-130.
228 Beach, "The Real Presence of Christ in the Preaching of the Gospel," 83-87.
229 Prenter, *Spiritus Creator*, 56-57, 118.

가는 부차적인 문제로 돌리고, 신학의 주된 초점을 신자가 아니라 하나님의 은혜에 두기 위해 노력했다. 배드콕은 이러한 입장이 그리스도인 삶에서의 성령의 사역에 대한 루터의 사상을 근본적으로 바꾸어놓았다고 주장한다. 즉 "불가피하게 구원이라는 주제의 중심에서 성령을 내몰게 되었다"는 것이다. 그 결과 "성령께서는 우리가 실제로 의롭게 되는 갱신을 일으키시는 주체보다, 우리로 하여금 홀로 칭의시키시는 그리스도께로 가게 만드는 수단이 되신다. 성령은 단지 부차적 의미에서만 도덕적 갱신, 즉 단지 구원의 원리 주변부에 위치한 것으로서 도덕적 갱신의 주체가 되신다."[230] 루터가 성화의 초점을 좁혀 용서나 수동적 의를 강조한 것은, 구원을 성령의 전적인 사역으로 돌리는 동시에 인간의 행위 안에 있는 어떤 공로도 부정하는 루터의 신 중심적 신학의 방향과 일치한다.

웨슬리는 루터가 가르친 것과 동일하게, 성령께서 칭의시키고 성화시키는 실질적 사역자이심을 가르쳤다.[231] 루터가 은혜를 강조한 것처럼, 웨슬리는 칭의와 성화 모두를 값없이 주시는 은혜로 설명했다. "신앙과 구원을 주시는 분은 오직 하나님뿐이십니다. … 하나님만이 모든 좋은 선물을 주시는 유일한 분이시며, 모든 선한 일을 이루시는 유일한 분이십니다. … 모든 참된 신앙과 구원의 모든 일, 모든 선한 생각과 말과 행위는 하나님의 성령께서 일하심으로만 가능합니다."[232] 그러나 아우틀러가 지적하듯, "웨슬리의 사상에서 … 은혜란 언제나 법적 용서 이상의 무엇으로 해석된다."[233] 성화라는 용어로 루터는 주로 칭의 시 주어진 용서의 적용 또는 용서의 사실을 굳게 하는 것을 의미한 반면, 웨슬리는 신자 자신의 변화에 초점을 맞추었다. 웨슬리는 설교 "은총의 수단"(1746)에서 다음과 같이 설명했다.

> 그들은 기독교 전체의 토대가 되는 진리인 "은혜로 구원을 받는다"는 말을 거의 이해하지 못합니다. 여러분이 여러분의 죄, 즉 죄책과 죄의 능력에서 구원 받아 하나님의 사랑과 형상으로 회복된 것은 여러분의 행위나 공로, 가치가 아니라 오직 하나님께서 값없이 주시는 은혜, 다시 말해 자신의 사랑하시는 아들의 공로를 통해 베푸시는 하나님의 자비 때문입니다. 여러분은 자신이나 다른 어떤 피조물 속에 있는 능력이나 지혜, 힘이 아니라, 오직 모든 것에서 모든 일을 행하시는 성령의 은혜와 능력으로 구원을 받은 것입니다.[234]

---

230 Badcock, *Light of Truth and Fire of Love*, 96-97.
231 ENNT Col 1:10; Journals 4:69; 설교, "완전에 대하여", III. 7; "인내에 대하여", 14; WW 11:218.
232 WW 8:49; ENOT 1 Chron 29:16; 설교, "악한 천사들에 대하여", II. 9.
233 Outler, *Wesley*, 33.
234 설교, "은총의 수단", II. 6.

더 나아가 웨슬리는, 루터가 성령의 사역을 주로 신자의 외부에서 오는 타자적인 것으로 설명한 것에 반해, 예레미야 31:33에서 "내가 나의 법을 그들의 속에 두며 그들의 마음에 기록하여"라고 하신 말씀처럼, 성령의 사역은 하나님의 은혜로운 약속의 성취로서 신자의 내면, 즉 신자의 본성에 심겨진다고 가르쳤다(신 30:6; 겔 36:24-28 참조).[235] 중생에서 성령은 당신의 거룩한 사랑을 신자의 마음에 불어넣으심으로 그 본성에 "질적인 변화"를 일으키신다. 성령은 신자의 마음에 "특별한 방법으로" 내주하시면서 참으로 신자의 새로운 본성을 형성하는 "구성 요소"가 되신다.[236] 신자 자신의 능동적 의의 측면에서 보면, "신자 속에 거하시는 하나님의 현존하심과 그로 인한 신자의 성품의 변화"에 대한 웨슬리의 가르침은 "외부에서 주입되는 … 외래적 의"로서의 루터의 성화 개념에 비해 성화에서 중대한 진전을 이룬 것이다.[237] 콜린스에 따르면, "웨슬리는 신자가 이전에 지었던 죄를 주기적으로 반복하면서 회개도 동일하게 반복하는 상태를 벗어나도록 하기 위해, 성령의 사역은 마음의 성향을 그 적합한 목적대로 변화시키시고 시간이 지난 후에도 오랫동안 거룩한 성품이 지속되고 쉽게 흔들리지 않게 해주셔서 거룩한 성품이 습관화되게 해주신다고 주장했다."[238] 성령에 의해 분여된 신자 자신의 의로서 새로운 성품은 신자를 "교만, 자기 의지, 정욕, 세상을 사랑함, 어리석고 해로운 욕망, 악하고 헛된 감정에서" 구원한다. 신자의 "삶이 거룩"해지는 것은 먼저 그 "마음이 거룩"하게 된 결과다.[239]

성령께서 먼저 주도적으로 값없는 은혜를 주시면, 신자는 새롭게 변화된 본성을 통해 자발적으로 하나님의 은혜에 반응하게 된다는 두 사실을 연결한 것이, 웨슬리의 "복음적 신인협력"에 대한 가르침을 형성한다.[240] 비록 웨슬리는 거룩함으로의 모든 변화를 성령의 사역으로 돌렸지만, 그러면서도 즉시 성령께서는 이성이나 의지, 영적 감각같이 인간이 가진 기능을 제쳐놓는 방식이 아니라 그 기능을 돕고 바로잡으며 강화하는 방식으로 일하신다고 덧붙인다.

---

235 설교, "율법의 기원, 본성, 속성 및 용법", I. 6; Laurence W. Wood, "Exegetical-Theological Reflections on the Baptism with the Holy Spirit," *WTJ* 14:2 (Fall 1979), 60.

236 Collins, *The Theology of John Wesley*, 124-126; Cobb, *Grace and Responsibility*, 47.

237 LW 31:297.

238 Collins, *The Theology of John Wesley*, 127.

239 설교, "여러 가지 시험을 통한 괴로움", IV. 5.

240 Starkey, *The Work of the Holy Spirit*, 116-123.

나는 무한하고 영원하신 하나님의 성령께서는 자신 안에서 온전히 거룩하실 뿐 아니라, 우리 안에 있는 모든 거룩함의 직접적인 원인이 되신다고 믿습니다. 그는 우리의 이해를 밝히시며, 우리의 의지와 감정을 바로잡아 주십니다. 우리의 본성을 새롭게 하시고, 우리의 인격을 그리스도와 연합시키십니다. 우리에게 하나님의 자녀 되었음을 믿는 확신을 주시고, 우리의 행동을 지도하십니다. 우리 영혼과 몸을 정결하고 거룩하게 하셔서 우리로 하나님의 충만하고도 영원한 기쁨이 되게 하십니다.[241]

루터에게서는 설교된 성경 본문 자체가 성령께서 이루고자 하시는 일을 성취하는 데 비해, 웨슬리에게 성경 본문은 단지 "하나님의 뜻은 우리의 거룩함"이라는 "일반적 법칙"을 가르칠 뿐이고, 신자로 하여금 "우리에게 가능한 가장 높은 정도로" 하나님의 성품에 참여하는 자가 되게 하시는 분은 성령이시다.[242] 그럼에도 웨슬리는, 설교의 행위뿐 아니라 그 효과 전부를 성령께로 돌린 루터와 달리, 인간의 자유의지와 이성의 역할이 성령의 역사를 수용하거나 거부하는 데 중요한 영향을 끼친다는 사실을 인정했다.[243]

배드콕에 따르면, 웨슬리에게 깊은 영향을 끼친 영국 국교회 전통은 "심지어 크랜머(Thomas Cranmer)의 신학에서 후커(Richard Hooker)의 신학에 이르기까지에 해당하는 영국의 종교개혁기에도 오직 믿음만으로 구원을 얻는다는 교리에서 벗어나 행위의 중요성을 강조하는 분명한 경향"을 띠고 있었다.[244] 그러나 웨슬리가 강조한 선행과 그리스도를 본받음에는 성령의 현존하심이 필수적이다. 따라서 스타키는, 루터가 본받음의 경건(imitation piety)을 추구하던 사람들에게 강하게 퍼부었던 비난은, 성화를 가능케 하기 위해서는 "성령의 능력이 반드시 시간적으로 앞서 주어져야 할 뿐 아니라 계속적으로 유지되어야만 한다"고 주장한 웨슬리에게는 "적용될 수 없다"고 바르게 지적한다.[245]

241 WW 10:82; 설교, "선한 청지기", I. 8.
242 설교, "광신의 본성", 23.
243 같은 곳, 24-25.
244 Badcock, Light of Truth and Fire of Love, 106.
245 Starkey, The Work of the Holy Spirit, 108.

II. 죄의 현실주의 vs. 은총의 낙관주의

루터는 신자의 상태를 의인인 동시에 죄인으로 묘사하는 데 일관되게 양면성을 나타낸다. 성령은 신자 속에서 죄와 육체를 이기시는 승리자로 묘사된다. 그러나 그 초점이 성령에서 신자로 옮겨지면, 신자는 자신의 본성을 개선하는 데 전혀 진전을 이루지 못한 죄인일 뿐이다. 루터는 창세기 8:21("사람의 마음이 계획하는 바가 어려서부터 악함이라") 말씀에서는 "신자도 제외되지 않는다"고 말했다. 루터에 의하면, 신자는 "악한 본성과 경쟁해 그것을 이기도록 주신 성령을 통해" 죄에 저항한다는 사실을 제외하면 불신자보다 "본성에서 하나도 나을 것이 없는" 사람이다. 신자 "역시 악하기" 때문이다. 그러나 그들이 "완전히 나쁘지 않을 수 있는" 것은 오직 "그들이 성령을 통해 악한 것과 싸우고 있기" 때문이다.[246]

하나님께서 신자를 용서하시면 그들의 죄는 "죽은 죄, 해를 끼치지 못하는 죄", "하나님의 진노가 없고 율법의 정죄가 없는 죄"가 되며, 성령은 "이미 용서받은 그 죄를 씻어 없애기" 시작하신다. 그럼에도 신자는 죄인이다. 루터는 "죄의 본성을 말하자면, 죄는 은혜를 받기 전이든 후든 여전히 죄일 뿐"이라고 말한다. "죄는 그 본성이 정말 죄 된 것이기에 죄라고 불린다." 그러나 칭의 이후에는 죄가 "더는 존재하지 않고 이미 쫓겨나버린 것처럼" 여김을 받는다고 주장했다.[247]

렌나르트 피노마(Lennart Pinomaa)는, 루터의 사상에서 신자가 언제나 죄의 종으로 남아있다고 말하는 것은 "말도 안 되는 비난"이라고 주장한다. 그러나 루터 자신은 분명 신자 속에서 일하시는 성령의 역사에 초점을 맞출 때는 신자를 성도로 표현하지만, 신자 자신에 초점을 맞출 때는 신자라도 죄인일 뿐이라고 설명하는 경향을 보인다. 용서받은 죄는 이제 정죄되지는 않으나, 여전히 신자 안에 잠복하고 있다 그 열매를 만들어낸다. 비록 그리스도의 의가 신자에게 전가되었고 그 속에 있는 옛 본성은 죽임을 당하기 시작했더라도, 신자는 필연적으로 "평강과 안식"보다 자신을 둘러싼 마귀와 죄와의 "그치지 않는 전투" 속에서 살아갈 뿐이다.[248] 이 전투에서 루터는 신자가 성령을 통해 전진할 수 있는 한계를, 기껏해

---

246 LW 2:118-119.
247 LW 32:229-230.
248 Lennart Pinomaa, *Faith Victorious: An Introduction to Luther's Theology*, tr. Walter J. Kukkopen (Philadelphia: Fortress Press, 1963), 62-64.

야 죄와 육체에 저항하는 상태 또는 계속적인 승리는 아니지만 가끔씩 그것을 억
누르는 상태로 제한했다.

> 당신이 어떤 육체의 방해도 느끼지 않을 정도로 모든 일에서 성령의 인도하심을 따라가는
> 것은 불가능하다. 당신의 육체가 당신이 하고자 하는 일을 방해하는 장애물이 될 것이다. 그
> 럴 때는 당신이 육체에 저항해 그 욕망을 만족시키려 하지만 않는다면 그것으로 충분하다.
> 그것이 바로 육체를 좇지 않고 성령을 좇는 것이다. 그러나 이것 역시 복수하고 불평하고 미
> 워하며 서로 물어뜯으려고 하는 등 더 인내하지 못하는 태도 때문에 쉽게 방해를 받는다.[249]

성경이 신자를 성도라고 부르는 것에 반해 신자 자신의 실제적인 경험은 여전
히 죄를 짓고 살아 성도라는 호칭과 너무나 차이가 나기 때문에, 피노마는 "성화에
서 진짜 전선(battle line)은, 신자의 죄 된 상태와 그리스도의 의 사이의 긴장에서
발견된다"고 주장한다.[250] 이 전투에서 성령께서 역사하시는 주된 인간론적 장소는
신자의 양심이지 의지가 아니다. 루터에 의하면, 이 전투에서 전선은 신자의 계속
적 승리 또는 신자 자신의 의를 보증할 정도까지 앞으로 나아가지 못하고, 칭의의
확실성을 기준점으로 삼아 거기에서부터 진퇴를 반복할 뿐이다. 신자도 죄인이므
로, 성령께서 신자의 양심에서 끊임없이 다루시는 대상은 율법의 정죄다.[251] 그러
므로 신자에게 필요한 것은 죄 용서의 사실을 성령께서 끊임없이 깨우치시는 것이
다. 성화란 죄인에게 끝없이 죄 용서를 각인시키는 성령의 사역으로, 성화를 위한
전투는 이 세상에서 그치지 않는다.

> 죄 용서는 끊임없이 필요하다. 비록 그리스도에 의해 하나님의 은혜를 받았고, 성령에 의해
> 거룩하게 되었더라도 … 우리는 육체의 방해를 받아 결코 죄가 없을 수 없기 때문이다. 따라
> 서 교회의 모든 사역의 초점은 우리가 살아있는 한 우리의 양심을 위로하고 되살릴 수 있도
> 록 말씀과 성례를 통해 날마다 온전한 죄 사함을 받도록 하는 데 있다.[252]

루터는 신자로 때때로 죄와 육체에 승리하게 하고 신자 자신의 의가 시작되게
하는 것을 성령의 사역으로 여김으로 칭의뿐 아니라 성화에서도 인간의 공로를 부
인할 수 있었다. 그러나 성령의 성화시키는 사역에 의한 인간 본성의 변화 자체는

---

249 LW 27:72.

250 Pinomaa, *Faith Victorious*, 69-73.

251 Randall C. Zachman, *The Assurance of Faith: Conscience in the Theology of Martin Luther and John Calvin* (Minneapolis: Fortress Press, 1993), 2.

252 BC 417.

부인함으로 심지어 성령론에서도 죄의 현실주의를 주장했다. 낙관적 희망은 이 세상에서의 성화가 아니라 오직 종말론적 견지에서만 가능하다.

> 다가올 세상에서 우리의 모든 허물과 죄가 완전히 씻겨지고 우리가 해와 같이 순수해질 때, 우리는 온전히 사랑하게 될 것이다. ··· 그러나 현재의 삶에서는 죄가 우리의 육체에 붙어 방해하므로 우리가 살아있는 동안에는 그러한 순결함이 방해받을 수밖에 없다. 우리 자신을 사랑하는 타락한 사랑은 너무나 힘이 강해 하나님과 이웃에 대한 사랑을 훨씬 능가한다. ··· 우리가 모든 죄에서 깨끗하고 하나님과 이웃을 향한 완전한 사랑으로 불타오른다면, 우리는 확실히 사랑에 의해 의롭고 거룩해질 것이다. ··· 그러나 그런 일은 이 세상에서는 일어나지 않고, 앞으로 다가올 삶으로 연기될 수밖에 없다. 이 세상에서는 우리가 성령의 선물과 그 첫 열매를 받으므로(롬 8:23) 사랑하기를 시작하기는 하나 그 사랑은 매우 약할 뿐이다.[253]

웨슬리는 루터가 성령의 역사를 주로 죄 용서인 칭의와 그 사실에 대한 반복적 확증에 한정함으로 성화를 위한 적절한 위치를 마련하지 못했다고 생각했다. 웨슬리는 루터에 대한 성숙한 견해를 반영하는 설교 "하나님의 포도원"(1779)에서 칭의 교리에 관해 루터를 호평했다. 그러나 성화의 교리에 대해서는 그를 신랄하게 비판했다.

> 누가 오직 믿음으로 구원 얻는다는 진리에 관해 루터보다 더 유능하게 설명한 사람이 있습니까? 그러나 성화의 교리에 대해 누가 더 그보다 무지하고 또 성화의 개념에서 더 혼동된 사람이 있습니까? 루터가 성화에 대해 전적으로 무지했다는 사실을 충분히 확인하고 싶다면, 찬사를 받고 있는 그의『갈라디아서 주석』을 아무런 편견 없이 한번 읽어 보는 것만으로도 충분할 것입니다.[254]

레오 콕스(Leo G. Cox)에 의하면, "루터의 글을 철저히 읽어보았든 아니든, 웨슬리는 결코 루터가 성화를 바르게 가르쳤거나 사람에게 삶의 철저한 변화를 촉구했다고 생각하지 않았다. ··· 웨슬리는 루터가 나아간 정도만큼은 매우 좋아했다. 그러나 그것을 전혀 충분하게 보지는 않았다. 웨슬리는 자신의 사명이 그 충분치 않은 부분을 철저히 밝혀내는 것이라고 생각했다."[255] 웨슬리는 신자가 비록 죄 용서를 받더라도 여전히 죄인이라는 루터의 가르침에 동의했다. "우리가 참으로 그리스도를 믿는 순간 새롭게 되고 씻음을 받으며 정결케 되고 성화 되더라도, 우리

---

253 LW 27:64-65.
254 설교, "하나님의 포도원", I. 5.
255 Leo G. Cox, "John Wesley's View of Martin Luther," *Bulletin of the Evangelical Theological Society* 7:3 (Summer 1964), 86-88.

는 완전히 새롭게 되거나 씻음을 받거나 정결케 된 것은 아닙니다. 우리 속에는 육
체와 악한 본성이 (비록 억제되었더라도) 여전히 남아 성령을 대항해 싸웁니다."[256]

그럼에도 루터와 확연히 구별되는 웨슬리의 주장은 성결 혹은 완전성화에 대
한 가르침이다. 웨슬리는 "칭의에서 주어진 은혜만으로 외적이고 내적인 죄 모두
를 근절할 수는 없더라도, 그리스도 우리 주님께서 우리 마음을 향해 또다시 … '깨
끗하게 되어라'라고 말씀하시면 부패는 제거됩니다. 그러면 악의 근원, 육적인 마
음은 파괴됩니다. 태어날 때부터 존재하던 죄가 더 이상 내재하지 않게 됩니다"라
고 가르쳤다.[257] 이러한 웨슬리의 그리스도인의 완전 교리는, 신자는 의인인 동시에
죄인이라는 루터의 가르침과 완전히 대조된다. 비록 신자가 죽을 때까지 필연적으
로 죄인으로 남을 수밖에 없더라도 그들이 죄에 저항하면 그것으로 충분하다는 루
터의 주장에 반대해, 웨슬리는 "그리스도인은 이 세상에서 모든 죄와 불의에서 구
원을 받습니다. 그러므로 신자는 죄를 짓지 않을 수 있을 만큼, 그리고 악한 생각과
성품에서 자유로울 수 있을 만큼은 완전합니다"라고 주장했다.[258]

웨슬리는 "성결은 하나님의 역사"이며,[259] "사람에게는 불가능한 것이라도 하
나님께는 가능합니다"[260]라는 강조를 통해, "성령의 현존은 신자의 마음속의 훌륭
한 의도를 선한 감정과 말과 행위로 바꾸어 주시기에 충분할 만큼 능력 있는 현존"
임을 매우 중요한 성경적 진리로 부각시켰다.[261] 웨슬리는 구약 시대와 신약 시대
의 하나님의 역사를 구분해, "오직 죄를 드러내던 두려움과 속박의 시대"였던 구
약 시대에는 죄가 신자를 지배했으나, 신약의 "자비로운 복음의 시대에는 … 성
령의 능력 아래 있는 모든 신자에게는" "죄를 완전하게 정복할" 능력이 주어진다
고 주장했다.[262]

웨슬리는 그리스도 안에서 "아비들" "청년들" "자녀들"을 구분한 요한일서
2:12-14을 풀이하면서, 그리스도 안에서 "아비들"은 "죄를 내쫓는 사랑"으로 가득

---

256 설교, "신자 안에 있는 죄", V. 2; "신자의 회개", I. 3-20.
257 설교, "신자의 회개", I. 20; LW 32:229-230.
258 설교, "그리스도인의 완전", II. 28; Lindström, *Wesley and Sanctification*, 129-132.
259 설교, "복음의 보편적 전파", 13.
260 설교, "완전에 대하여", II. 8; "부의 위험성", II. 20.
261 Starkey, *The Work of the Holy Spirit*, 106-107.
262 ENNT Rom 6:14.

하게 되어[263] "생래적 죄"에서 정결케 된 자들로 설명했다.[264] 주 안에서 강해진 "청년들"은 "악한 생각과 성품"에서 자유롭게 된 자들이다.[265] 웨슬리는 심지어 "가장 기초적인 의미에서 거듭난" 사람도 "율법을 고의로 어긴다"는 의미에서의 "죄를 짓지 않을 수 있을 만큼은 완전합니다"라고 설명했다.[266] 이러한 완전은 근본적으로 신자가 의지적 노력을 다해 달성해야 할 도덕적 완전이 아니라, 성령께서 능력을 부어 가능케 하시는 은혜이기에, 웨슬리는 목회자가 성도에게 이런 은혜를 간구하도록 도전해야 함을 역설했다. 웨슬리는 1771년 3월 9일에 조셉 벤슨(Joseph Benson)에게 보낸 편지에서도 "나는 사랑 안에서 완전케 된 사람 또는 성령으로 충만케 된 사람은 그리스도 안에서 아비들로 불리는 것이 적절하다고 믿습니다. 우리는 그리스도 안에서 자녀들과 청년들에게 더 큰 은혜를 갈망하고 기대하라고 도전해야 합니다. 그리고 그것은 바로 지금이어야 합니다"라고 강조했다.[267]

성결의 은혜의 원천은 바로 그리스도인에게 부어지는 성령이시다. 웨슬리는 신약 시대의 그리스도인의 삶을 성령론적으로 설명할 때 "성령을 받는다" "성령세례를 받는다" "성령으로 충만케 된다"라는 "세 가지 기본 표현"을 사용했다.[268] 처음 두 가지 표현은 모든 그리스도인에게 적용될 수 있다. 어떤 예외도 없이 모든 그리스도인은 칭의 시 "성령을 받는다" 또는 "성령세례를 받는다"고 할 수 있다.[269] 그럼에도 웨슬리는, 성결의 은혜는 성경의 오순절만이 아니라 자신의 개인적 오순절이 충만히 임하기를 기도하고 바라는 신자에게도 주어진다고 확언하면서, "성

---

263 설교, "성경적 구원의 길", I. 9.

264 설교, "신자의 회개", I. 20.

265 설교, "그리스도인의 완전", II. 1, 21.

266 설교, "하나님께로부터 난 자의 특권", II. 2.

267 Letters 5:229.

268 Collins, *The Theology of John Wesley*, 137-140; Herbert McGonigle, "Pneumatological Nomenclature in Early Methodism," *WTJ* 8 (Spring 1973), 61-72; Wood, "Exegetical-Theological Reflections on the Baptism with the Holy Spirit," *WTJ* 14:2 (Fall 1979), 51-63; William M. Arnett, "The Role of the Holy Spirit in Entire Sanctification in the Writings of John Wesley," 15-30; George Allen Turner, "The Baptism of the Holy Spirit in the Wesleyan Tradition," *WTJ* 14:1 (Spring 1979), 60-76; Alex R. G. Deasley, "Entire Sanctification and the Baptism with the Holy Spirit: Perspectives on the Biblical View of the Relationship," *WTJ* 14:1 (Spring 1979), 27-44; Mildred B. Wynkoop, "Theological Roots of Wesleyan Understanding of the Holy Spirit," *WTJ* 14:1 (Spring 1979), 77-98; Robert W. Lyon, "Baptism and Spirit Baptism in the New Testament," *WTJ* 14:1 (Spring 1979), 14-26; Joseph McPherson, "Historical Support for Early Methodist Views Of Water and Spirit Baptism" (Paper Presented at the Wesleyan Studies Summer Seminar at Asbury Theological Seminary, June 2011), 1-10.

269 ENNT Acts 1:5; Rom 8:9; WW 8:106-107, 184; Journals 2:361; Letters 5:215.

령을 받는다" 또는 "성령세례를 받는다"는 동일한 표현을 성령을 충만하게 받는다는 의미로 완전성화에도 사용했다.[270]

웨슬리가 세 번째의 "성령으로 충만케 된다"는 표현을 사용할 때에는, 그리스도 안에서 "아비들"이 가진 온전한 사랑,[271] "성경적 기독교", "그리스도의 마음" "성령의 열매",[272] 하나님의 형상으로의 회복[273] 등 주로 완전성화를 설명하는 용어와 병용했다. 그럼에도 웨슬리는 이 세 번째 표현 역시 배타적으로 성결한 그리스도인을 지칭하는 것으로만 사용하지 않고, "모든 진정한 그리스도인"에게 동일하게 적용했다. "그리스도인은 이제 성령을 '받습니다.' 그들은 '성령으로 충만케 됩니다.' 이는 복된 성령의 열매로 가득하기 위해서입니다. 성령께서는 모든 참 신자에게 어느 정도 사랑과 희락과 화평을 주시는데, 이 사랑과 희락과 화평은 사도들이 오순절날 처음 '성령으로 충만케' 되었을 때 받은 것들입니다."[274] 다시 말해, 성령의 역사로 경험되는 성령의 열매에는 비록 그 정도의 차이는 있으나, 칭의 된 자라도 참된 성령의 열매를 경험한다는 것이다. 이러한 웨슬리의 강조는 벤슨에게 쓴 1770년 12월 28일 자 편지에서 두드러진다.

> 내가 주장하는 것은 죄로부터의 전적인 구원과 하나님 형상의 온전한 회복, 온 마음과 영혼과 힘을 다해 하나님을 사랑하게 되는 은혜입니다. … 형제들이 열심과 성실로, 피 흘리신 그리스도를 믿는 믿음으로 그들의 죄 사함이 이미 성취되었음을 굳게 붙들게 하고, 또한 그들이 모든 죄에서 구원을 받고 사랑 안에서 온전케 되는 두 번째의 변화를 기대하도록 하십시오. 그들이 두 번째의 변화에서만 "성령을 받는다"고 말하려 한다면 그렇게 할 수 있을 것입니다. 그러나 그러한 표현은 성경적이지도, 적절하지도 않습니다. 그들 모두는 칭의 될 때 이미 "성령을 받았기" 때문입니다. 하나님께서는 칭의 시 그들에게 "그 아들의 영을 그 마음 가운데 보내셔서 아빠 아버지라 외치게" 하셨습니다(갈 4:6).[275]

콜린스에 의하면, 웨슬리가 세 가지 성령론적 표현을 완전성화만이 아니라 칭의와 중생에도 적용함으로 의도한 것은, "칭의 되고 … 하나님의 자녀로 거듭난 사람이라면 이미 성령의 사역을 풍성히 누리고 있음"을 가르치는 것이었다.[276] 맥고

270 ENNT Matt 3:11; Acts 8:15; 19:2.
271 Letters 5:229; WW 8:191.
272 설교, "성경적인 기독교"; "복음의 보편적 전파", 18-20; "하나님의 사려 깊은 지혜", 7.
273 설교, "불법의 신비", 8-11; "편협한 믿음에 대한 경고", I. 13.
274 WW 8:107; ENNT Acts 1:5.
275 Letters 5:215.
276 Collins, The Theology of John Wesley, 138.

니글 역시, 웨슬리는 완전성화가 그리스도인의 신앙의 목표임을 강조하면서도 동시에 칭의와 중생이 신자를 죄에 대한 승리자로 만드는 능력 있는 변화라고 가르침으로, 성도들이 칭의와 중생을 폄하하지 않도록 많은 주의를 기울였음을 중시한다. 웨슬리는 "단지" 칭의 되고 중생한 상태의 그리스도인은 어쩔 수 없이 죄를 지을 수밖에 없다는 율법무용론적 변명에 반대해 이를 강조했다는 것이다.[277]

웨슬리는 구약 시대에 비해 신약 시대에 부어지는 은혜의 우월성을 성결의 은혜가 부어진다는 점 외에, 중생의 상태마저도 구약의 유대인이 누린 은혜보다 훨씬 뛰어난 것으로 설명했다. 다시 말해, 오순절 성령강림은 "성결의 은총을 베푸시는 성령의 시대"를 새롭게 열어 구약의 선지자들이 예언한 새언약의 성취를 가능케 했다. 이 시대에 속한 그리스도인은 중생의 은혜만 받은 자더라도 이전보다 훨씬 뛰어나고 대단한 능력과 특권을 받는다. 웨슬리는 성결을 가능케 하시는 동일한 성령께서 중생한 자라도 죄를 이기게 하셔서 죄를 짓지 않는 삶을 살 수 있게 하심을 강조한 것이다.[278]

맥고니글은, 웨슬리가 설교 "그리스도인의 완전"(1741) 및 소책자『그리스도인의 완전에 관한 평이한 해설』(1777)에서 단순히 성령만 강조하지 않고, 언제나 성령의 열매와 성령에 의한 신자의 변화를 강조했음을 지적한다.[279] 웨슬리는 성령의 특별한 영감을 받았음을 자랑하면서 하나님의 율법에 순종하는 삶을 경시함으로 율법무용론으로 향하는 모든 종류의 열광주의에 반대해, 언제나 그리스도인의 성결이 기독교 신앙에서 차지하는 중요한 위치를 옹호하려 한 것이다.[280]

웨슬리에게 그리스도인의 완전은 단지 이론이 아니라 성경적 오순절의 현재적 실현이었음은 많은 문헌에서 드러나지만, 여기서는 두 가지 예만 소개하고자 한다. 웨슬리는 1762년 10월 28일 자 일지에 다음과 같이 적었다.

> 여러 해 전 내 동생은 "형님의 오순절은 아직 완전히 온 것이 아닙니다. 그러나 나는 그것이 오게 될 것을 의심치 않습니다. 그날이 오면 형님은 지금 사람들이 칭의의 은혜를 받는 것만큼이나 자주 성결의 은혜를 받은 것에 대해 듣게 될 것입니다"라고 자주 말했다. 아무런 편견 없이 글을 읽는 사람은 이제 그날이 완연히 도래했음을 알 수 있을 것이다. 우리는 런던

277 McGonigle, "Pneumatological Nomenclature in Early Methodism," 70; Arnett, "The Role of the Holy Spirit in Entire Sanctification in the Writings of John Wesley," 23.
278 설교, "그리스도인의 완전", II. 11.
279 McGonigle, "Pneumatological Nomenclature in Early Methodism," 63-66.
280 Starkey, *The Work of the Holy Spirit*, 73-77.

과 잉글랜드 대부분의 다른 지역에서, 그리고 더블린과 아일랜드 대부분의 다른 지역에서 사람들이 칭의의 은혜를 받은 것만큼이나 자주 성결의 은혜를 받은 일에 대해 듣고 있다.[281]

1776년 5월 30일, 웨슬리는 자신의 성결론을 성령론적으로 해석한 존 플레처에게 보낸 편지에 다음과 같이 적었다.

고린도교회, 에베소교회, 그리고 나머지 교회들같이 심지어 사도 시대에도 그랬던 것처럼 영국 국교회의 대부분의 신자는 그리스도 안에서 청년이 아닌 어린아이입니다. 그리스도 안에서 아비의 수는 훨씬 적습니다. 그럼에도 우리에겐 상당수의 그런 사람이 있습니다. 그리고 우리는 확실히 우리의 오순절이 완연히 오기를 기도하고 기대해야 할 것입니다.[282]

III. 체험을 극복하는 신앙 vs. 체험적 신앙

루터는 『마리아 찬가 해설』(1521)에서 세 처녀의 비유를 통해 신자가 가진 다양한 신앙의 형태를 비교했다.

예배를 드리는 중에 한 아름다운 소년이 제단에서 나와 첫 번째 처녀에게 가장 친근한 모습으로 다가와 사랑스럽게 바라보고 미소를 지으며 안아주었다. 다음으로 두 번째 처녀에게 가서는 그렇게 친근하게 대하지도 않고 안아주지도 않았다. 단지 그 얼굴의 베일을 들고 즐거운 미소를 지어주었다. 마지막 세 번째 처녀에게는 전혀 친근한 표현을 하지 않았다. 그녀의 얼굴을 때리고 머리를 쥐어뜯고 강하게 밀어 넘어뜨리며 너무나 가혹하게 대했다. 그 후에는 신속히 제단 뒤로 돌아가 사라졌다.[283]

루터에 의하면, 첫째 처녀는 자기 중심적 기쁨과 안정과 축복의 감정에 신앙의 기초를 두는 "순수하지 못하고 자기 자신만 추구하는 영혼", 둘째 처녀는 그 신앙이 때때로 하나님의 "미소"에 의존하는, "비록 하나님을 섬기기 시작했으나 … 자기 자신과 기쁨을 추구하는 일에서 자유롭지 못한 영혼", 셋째 처녀는 계속해서 하나님의 선하심과 반대되는 일만을 경험할지라도, 다른 무엇이 아닌 하나님만을 사랑하고 그의 선하심을 전적으로 신뢰하는 진정한 그리스도의 신부, 이렇게 세 부

---

281 Journals 4:532.
282 Letters 6:221.
283 LW 21:310.

류의 신자를 상징한다. 루터는 이 중 자신의 기분이나 느낌을 의지하기 때문에 그런 것이 없을 때는 하나님의 사랑을 전적으로 신뢰하려 하지 않는 처음 두 부류의 신자에 대해 신랄한 비판을 가했다.

> 기생충과도 같이 하나님을 이용해 자기 이익만 추구하는, 불순하고 비뚤어진 사랑을 가진 자는 순수하게 하나님의 선하심만을 사랑하거나 찬양하지 않는다. 오직 자기 자신에게 초점을 맞추어 하나님이 자신에게 어떤 좋은 일을 했는지, 하나님이 그 선하심을 얼마나 자신이 느낄 만큼 많이 나타내었는지, 하나님이 자신에게 얼마나 많은 좋은 일을 해주었는지만 따진다. 그들은 그것이 느껴질 때만 기뻐하고 찬양하며 하나님을 높인다. 그러나 하나님께서 그 얼굴을 숨기고 그의 선하신 빛을 감추어 자신을 돕지 않거나 불행 속에 두면 사랑과 찬양을 그치고 만다. 그들은 하나님 속에 숨겨져 있는 그대로의 선하심, 자신에게 느껴지지 않는 선하심은 사랑할 수도, 찬양할 수도 없다.[284]

루터에게 하나님의 선하심과 의로우심, 지혜, 그의 모든 좋은 것이 신자의 감각과 경험에는 숨겨져 있을 수 있다는 사실은, 신자에게 엄청난 시련을 가져다주어 하나님께 대한 참된 신앙을 시험하고 훈련한다.[285] 하나님께 대한 변함없는 신앙으로 시험을 통과한 신자에게도, 그들이 하나님께로 돌리는 선함은 여전히 숨겨져 있을 수 있다. "하나님께서 의롭고 선하심을 고백하는 것과 그것을 경험하는 것은 별개다. … 당신이 할 일은 고백하는 것뿐이다. 그것을 경험하게 하실지 아닐지는 하나님께서 결정하실 문제다."[286] 루터의 사상에서, 자신을 말씀에 제한하지 않으시는 숨어계신 하나님, 하나님께서 죄인의 기대와 반대로 일하심을 가르치는 십자가의 신학, 그리고 그리스도의 의의 전가의 외적이고 초월적인 성격 등은 모두, 이성적이고 감각적인 판단을 극복하는 것이 신앙의 성격이라는 주장과 논리적으로 연결되어 있다.

> 당신은 "나는 의를 소유했다는 사실이 느껴지지 않는다. 느껴지더라도 매우 희미하게만 느낄 뿐이다!"라고 말한다. 그러나 당신이 의를 가졌다는 사실은 느낌으로 알아야 하는 것이 아니다. 그것은 당신이 믿어야 하는 것이다. 당신이 의롭게 되었다는 사실을 믿지 않는다면, 물로 씻어 말씀으로 당신을 깨끗하게 하시고(엡 5:26), 십자가에서 죽으심으로 죄와 죽음을 정죄하고 죽여 당신으로 영원한 의와 생명을 얻게 하신 그리스도를 모욕하고 불경하게 대하는 것이다. 당신이 현저히 악하고 신성모독적이 되어 하나님과 그의 모든 약속, 그리스도와 그

284 LW 21:307-311.
285 LW 21:336.
286 LW 21:334-336.

가 주시는 모든 복을 경멸하려고 작정한 것이 아니라면, 당신은 이 사실을 부인할 수 없다. 이를 부인할 수 없다면, 당신이 의롭게 되었다는 사실 역시 부인할 수 없다.[287]

신앙이 붙드는 영적인 실재가 신자의 경험과 항상 일치하지는 않기 때문에 "하나님의 말씀만 붙들고 마음을 강하게 함으로 죄와 죽음의 공포와 싸우는 것은 카르투지아 수도회의 모든 규칙을 지키는 것보다 훨씬 어렵고 힘든 일이다." 따라서 루터는 "신앙은 사실상 매우 심오한 예술"이라고 가르쳤다.[288] 신앙은 경험을 의존하지도 않고, 경험과 일치하지도 않는다. 신앙은 오히려 경험을 극복한다.

신앙의 초경험적 성격은 루터의 성령론에서 잘 드러난다. 루터는 성령의 사역이 간접적·외적 표징을 통한 증거인 "우리의 양심의 증거"를 통해 인식될 수 있음을 인정했다. 루터가 열거한 성령께서 역사하신 표징은 다음의 것들이다. 즉 "우리에게 생겨난 새로운 판단 기준, 감각, 의욕" "영적인 욕구" "판단할 수 있는 능력, 우리의 말, 우리의 고백" "우리가 그리스도를 믿을 뿐 아니라 세상 앞에서 공개적으로 그의 이름을 선포하고 고백할 때 그것이 하나님의 선물이라는 사실을 확신하게 하는 우리 양심의 증거" "믿음과 즐거워하는 마음, 하나님께 대한 순종과 감사로" 가정을 꾸려나가고, 땅을 경작하며, 이웃을 섬기는 등 "일상적인 일"을 해나가는 태도, "그리스도에 대해 듣고 말하고 생각하며 가르치고 쓰는 것을" 즐거워함으로 말씀에 대한 사랑을 경험하는 것, 신앙고백과 그리스도와 그의 말씀 때문에 아내와 자녀와 재산과 생명을 버리는 것 등이다.[289] 루터는 신앙 그 자체를, 신자가 자신이 성령을 받았음을 확신할 수 있는 "내적 증거"로도 가르쳤다. 신자가 정말로 신앙을 가졌다면 자신의 신앙을 분명하게 인식하기 때문이라는 것이다. 성령의 내적 증거인 신앙과 외적 증거인 신앙의 열매 모두는 "인간의 의지나 이성이 만들어낼 수 있는 것이 아니라, 오직 성령께서 주시는 선물이다." 이러한 것은 성령 없이는 생겨날 수 없기에 신자의 양심에 큰 위로를 준다.[290]

그럼에도 루터는 성령께서 "말씀을 통해 … 신자의 마음에" 보냄을 받는 것은 "눈에 보이는 형태가 없이 일어난다"고 주장했다. "우리가 성령을 가졌는지 뚜렷

287 LW 27:26.
288 LW 23:179; Jeffrey K. Mann, "Luther and the Holy Spirit: Why Pneumatology Still Matters," *Currents in Theology and Mission* 34:2 (2007), 112.
289 LW 26:374-380.
290 같은 곳; BC 148.

하지 않다"는 사실은, 신자로 성령을 받았는지에 대해 불확실하게 만든다. 나아가 신자가 신앙을 가졌고 거룩한 삶을 산다는 사실에도 불구하고 여전히 "두려움과 의심, 슬픔 등 정반대의 느낌을 경험한다." 따라서 신자에게는 신앙과 의심 사이의 갈등이 필연적으로 존재할 수밖에 없다. 하나님의 은총과 구원에 관한 진리는 의심 없이 당연히 믿어지는 것이 아니기에, 모든 신자는 믿음에 익숙해지도록 자신의 신앙을 훈련해, 의심을 물리치고 확고한 신앙을 갖도록 노력해야 한다. 그 결과 "나는 (신앙이라는) '내적 증거'와 (신앙의 열매라는) '외적 표징' 모두를 통해 '내가 성령을 가졌음을 안다'고 말할 수 있어야 한다."[291] 포드는, 루터에게 "성화란 심지어 성화 된 신자에게도 숨겨져 있는 하나님의 비밀"이라고 주장한다.[292] 루터는 전가된 의는 우리가 경험할 수 있는 실체가 아니라, 본래 신자가 신앙으로 붙들어야 할 "신비에 감추어진 의"라는 말로 이러한 생각을 분명히 표현했다.[293]

신자가 경험하는 영적 시련은, 전가된 의와 자신의 죄 많음 사이의 불일치에서 오는 실존적 불안에서 비롯된다. 해결책은 위로자이신 성령께서 하나님의 용서와 자녀 삼아주심에 관해 말씀을 믿는 신앙을 일깨우시는 것이다. "우리에게 주어진 성령은 하나님께 대한 우리의 신앙을 강화함을 통해 우리의 영과 더불어 우리가 하나님의 자녀 되었음을 증거하신다(롬 8:15-16). 우리는 오직 우리가 믿는 대로 되고, 믿는 대로 소유하기 때문이다."[294] 이러한 루터의 주장에서 성령의 증거란 직접적인 증거가 아니라 신자가 신앙과 말씀을 스스로에게 적용함으로 이루어지는 증거, 즉 신자 자신의 신앙과 이성을 통해 중재된 간접적인 증거로, 루터의 성령론이 성령의 직접 증거라는 요소를 결여하고 있음을 의미한다.

웨슬리 신학은 그리스도인의 체험이라는 주제에서 루터와 중대한 차이를 갖는다. 웨슬리가 볼 때 중세 가톨릭교회가 "성령을 제도적 교회와 지나치게 결부"시키는 오류를 저질렀다면, 종교개혁 이후 개신교회는 그와는 반대 방향에서 성령의 활동을 축소시켰는데, 이는 "성령의 역사를 성경 안에 가둠"으로다.[295] 웨슬리는 『표준설교집』 서문에서 자신의 가르침과 메소디스트 운동이 로마 가톨릭과 개

---

291 LW 26:374-380.
292 Forde, *The Preached God*, 226-227.
293 LW 26:5.
294 LW 25:71.
295 Outler, *The Wesleyan Theological Heritage*, 163.

신교 양자 모두가 행해온 성령론의 축소를 바로잡으려는 분명한 목표를 가졌음을 다음과 같이 표현했다.

> 나는 참되고 성경적이며 체험적인 종교를 묘사하되, 그 참된 부분 중 어느 것도 제외되지 않게 하고, 또 기독교가 아닌 어떤 것도 더해지지 않게 함으로 … 이제 막 시선을 하늘로 향한 이들은 … 형식주의, 즉 마음의 종교를 세상에서 몰아낸 단지 외적인 종교에 빠지지 않게 하고 … 이미 마음의 종교와 사랑으로 역사하는 믿음을 아는 이들은 … 믿음으로 율법을 폐함으로 다시 마귀의 올무에 빠져들지 않게 하기 위해 노력했습니다.[296]

웨슬리가 "참되고 성경적이며 체험적인" 기독교로 의미한 것은 다음과 같다.

1. "참되고 성경적이며 체험적인" 기독교는 칭의와 중생뿐 아니라, 신자가 경험하는 제2차적 은혜로서의 성결을 포함한다. 웨슬리는 성경적인 기독교란 바리새주의(형식주의)와 율법무용론(신앙지상주의) 모두를 극복하고 마음의 종교와 그리스도인의 거룩한 삶 모두를 포괄함을 분명히 밝힌다. 나아가 웨슬리는 이신론과 이지주의에도 반대해 "신 중심적 그리스도인 경험의 교리"[297]를 제시했다. 그리스도인의 경험이라는 말로 웨슬리는, 성령의 초월적 은혜의 사역 및 신자가 율법에 순종함으로 그 은혜에 응답함을 통해 이루어지는 내적이고 외적인 성결을 의미했다. 린드스트롬이 "그리스도인의 체험은 웨슬리 신학에서 가장 중요한 역할을 차지한다"고 바르게 지적한 것처럼, 웨슬리 신학이 "체험의 신학"으로 불리는 것은 마땅하다.[298]

2. 웨슬리가 가르친 기독교의 체험적 요소는 그리스도인의 확신과도 관계가 있다. 웨슬리는 올더스게이트 체험 직후 한동안 모라비아 교도의 영향으로 구원에는 확신이 필수적으로 뒤따른다고 생각했다. 그러나 이후 더 깊은 성경 연구와 목회적 경험을 통해 구원 받은 자임에도 구원의 확신을 갖지 못할 수 있음을 인정했지만, 그런 경우는 일반적이지 않은 "예외적인 경우"임을 명확히 했다. 또한 웨슬리는 모라비아 교도의 주장과 달리 신앙과 확신에는 정도의 차이가 있음을 인정했다.[299]

웨슬리에게 그리스도인의 확신은 성령의 직접 증거와 우리 영의 간접 증거 모

---

296 WW 5:4.

297 Lindström, *Wesley and Sanctification*, 3.

298 같은 책, 1-6.

299 Collins, *The Theology of John Wesley*, 131-136; Arthur S. Yates, *The Doctrine of Assurance: With Special Reference to John Wesley* (London: The Epworth Press, 1952), 72-73.

두를 포함한다. 웨슬리는 1746년과 1767년에 출판한 동일한 제목을 가진 두 편의 설교 "성령의 증거"에서 성령의 증거를, 사도 시대에 있었던 "특별한 은사"의 한 종류가 아닌 "일반적인 그리스도인이 누리는 특권"으로 묘사했다.[300] 웨슬리에게 성령의 증거 즉 성령께서 우리의 "영혼에 주시는 내적 인상"이란, "사색이나 논증의 결과"도 아니고, 아서 예이츠(Arthur S. Yates)가 지적한 대로 "반드시 성경 본문을 마음에 적용한 결과"도 아니다. 그것은 성령께서 "즉각적이고 직접적으로" 증거하시는 것이다.[301] "예를 들어, 여러분이 개인적인 기도를 드리는 중에 하나님께서 여러분의 마음에 사랑을 쏟아부어 주신다고 생각해보십시오. 그때는 하나님께서 당신의 영혼에 직접 역사하십니다. 성령께서는 여러분이 체험하는 하나님의 사랑을 여러분 안에 직접 불어넣으십니다."[302] 루터가 성령의 직접 증거에 대한 어떤 주장도 열광주의 또는 영광의 신학으로 비난한 데 비해, 웨슬리는 성령의 증거의 직접성에 관해 "후커(Hooker), 돈(Donne), 피어슨(Pearson), 바로우(Barrow)" 같은 사람의 영향을 받은 "웨슬리 자신의 영국 국교회 전통", 모라비아 교도를 통해 전수된 "유럽 경건주의의 경험주의 전통", 리처드 백스터(Richard Baxter)와 같은 인물을 통해 전수 받은 17세기 영국의 비국교도 전통, 제한적이긴 하지만 조지 폭스(George Fox)와 같은 사람을 통한 급진주의 기독교 전통 등 다양한 기독교 전통에 영향을 받아, 그들의 가르침을 선별적으로 수용하고 종합했다.[303]

성령의 직접 증거와 우리 영의 간접 증거 사이의 관계는, 전자는 후자를 일으키는 원천이 되고, 후자는 전자로 인해 생겨나 전자를 확증하는 관계다. 하나님의 거룩한 사랑이 신자의 마음에 거룩한 사랑을 일으키고, 그 사랑으로 거룩한 삶을 살게 하시기 때문이다. 성령의 증거를 하나님의 거룩한 사랑의 계시라고 한다면, 우리 자신의 영의 증거는 우리가 사랑을 받아 그 사랑에 순응되었음을 우리 스스로가 "인식"하는 것을 의미한다. 다시 말해, 하나님의 사랑을 받은 결과 우리도 "하나님과 타인을 사랑하는 마음을 갖게 되었고", "하나님의 아들을 본받아" 거룩한 마음과 삶을 갖게 되었으며, 하나님의 거룩한 율법에 순종하게 된 것을 우리

---

300 설교, "성령의 증거 (1)", 서론. 2.
301 설교, "성령의 증거 (2)", III. 4.
302 Works 8:107.
303 Starkey, The Work of the Holy Spirit, 124-130.

자신이 의식하게 되었음을 의미한다.[304] 이러한 우리 영의 간접 증거는 "추론이나 사색의 결과로서 … 부분적으로는 하나님의 말씀에 비추어본 후에 내린 결론이라 할 수 있고, 부분적으로는 자신의 경험을 돌이켜본 결과로 내린 결론이라 할 수 있다."[305] 웨슬리는 그 추론 과정을 다음과 같이 설명했다. "이러한 표징(거리낌이 없는 양심과 믿음, 소망, 사랑, 그리스도의 계명에 대한 순종과 성령의 열매 등)을 가진 사람은 하나님의 자녀다. 그런데 우리는 이런 표징을 가지고 있다. 따라서 우리는 하나님의 자녀다."[306]

웨슬리의 복음적 신인협력에서 우리 영의 간접 증거는 하나님의 은혜가 일으킨 인간의 반응에 해당된다면, 성령의 직접 증거는 죄인을 용서하고 아버지의 사랑을 쏟아부으시는 하나님의 값없는 은혜에 해당된다. 웨슬리는 "성령의 직접 증거가 있다는 사실을 부인하는 사람은, 사실상 오직 믿음으로 구원 얻는다는 진리를 부인하는 것"으로,[307] "오직 성령의 열매라는 기초 위에서만 확신을 얻을 수 있다고 주장하는 것은 행위에 의해 의롭게 된다는 주장으로 되돌아가는 것"이라고 단언했다.[308] 즉, 성령의 직접 증거가 믿음을 일으키고, 그 믿음의 결과로 성령의 열매인 변화된 삶이 뒤따르므로, 이 모든 과정에서 근본적인 것이 성령의 직접 증거라는 것이다. 웨슬리의 성령의 증거 교리는, 사람에게 하나님의 사랑을 믿는 믿음이 생겨나는 것은 오직 성령께서 하나님 사랑을 증거하심에 의해서만 가능하다는 진리로, 종교개혁 사상의 핵심인 이신칭의의 성령론적 표현이다.

그러나 웨슬리는 신자가 가진 신앙이나 확신은 그가 은혜 안에서 얼마나 성장했는지에 비례해 정도의 차이가 있다고 보아, 이를 (1) "의심 및 두려움과 뒤섞인 신앙", (2) "신앙의 충만한 확신, 즉 현재 죄 용서를 받았다는 충만한 확신", (3) "소망의 충만한 확신, 즉 하나님께서 구원에 이르기까지 자신을 지켜주실 것에 대한 충만한 확신"이라는 세 단계로 구분했다.[309] 이러한 구분에서 율법의 중요성에 대한 웨슬리의 강조는 확신의 각 단계마다 명확하게 나타난다.[310]

---

304 설교, "성령의 증거 (1)", I. 2-6; II. 6-14.
305 설교, "성령의 증거 (2)", 6; "성령의 증거 (1)", I. 4, 11; Collins, The Theology of John Wesley, 129.
306 설교, "성령의 증거 (1)", I. 4, 11; Collins, The Theology of John Wesley, 129.
307 설교, "성령의 증거 (2)", III. 8.
308 Lindström, Wesley and Sanctification, 115; Letters 5:8.
309 Letters 3:305.
310 Collins, The Theology of John Wesley, 129-142.

(1) 성령의 직접 증거는 우리 영의 간접 증거를 낳는다. 그러나 율법에 대한 순종을 포함하는 우리 영의 간접 증거가 없이는 성령의 직접 증거가 계속 유지되지 않는다.[311] 만약 신자가 의식적으로 하나님의 명령을 어긴다면, 그는 종국에 성령의 간접 증거뿐 아니라 성령의 직접 증거 역시 잃게 될 것이다. "어떤 외적인 죄를 범하거나 잘 알고 있는 의무를 행하지 않는 것뿐 아니라, 어떤 내적인 죄에 양보하는 것, 즉 성령을 근심시키는 것은 무엇이든 성령의 증거를 소멸시킵니다."[312]

(2) 웨슬리는, 루터처럼 예정론으로 신자의 믿음을 강화하거나 성도의 견인 교리로 신자를 위로하려는 것이 많은 신자로 율법무용론에 빠지게 하는 빌미를 제공할 수 있음을 지적하면서, 성결의 은혜로 주어지는 신앙의 충만한 확신이 "신자의 궁극적 구원에 대한 모든 의심과 두려움을 몰아냅니다"라고 강조했다. "자연적 인간은 하나님을 두려워하지도 사랑하지도 않습니다. 율법으로 각성된 사람은 하나님을 두려워하지만 사랑하지는 않습니다. 그리스도 안에서 어린아이는 하나님을 사랑하기도 하고 두려워하기도 합니다. 그러나 그리스도 안에서 아비들은 두려움 없이 하나님을 사랑합니다."[313] 그럼에도 웨슬리는 성결의 은혜를 통한 구원의 확신을 "미래에 대한 확신이 아니라 오직 현재적 확신"으로 설명해, 이 확신조차도 성령께서 성결의 은혜를 지속하는 사람에게 "시시각각" 부어주심을 가르쳤다.[314] 하나님과의 바른 관계를 지속하지 못하고 받은 은혜를 상실한 사람에게는 구원의 확신이 지속될 수 없다는 것이다. 구원의 확신을 유지하기 위해 필요한 것은 신자가 언제나 하나님과의 바른 관계 속에 머무는 것이지, 바른 관계를 상실해도 구원의 보장은 영원히 흔들리지 않는다는 헛된 위로가 아니다.

(3) 웨슬리는 종말에 영광을 누릴 것에 대해 "일말의 의심의 가능성도 허락하지 않는" 가장 분명하고 흔들리지 않는 확신을 "소망의 충만한 확신"이라는 말로 설명했다. 그는 하나님께서 소망의 충만한 확신을 성결한 신자만이 아니라 중생한 자에게도 주실 수 있다고 가르쳤다. 그럼에도 만약 신자가 "거룩하지 않은 것"에 양보해 무너져버린다면, 소망의 충만한 확신 역시 "더는 계속되지 않는다."[315]

---

311 Yates, *The Doctrine of Assurance*, 79.
312 John Wesley, *Wesley's Standard Sermons*, ed. E. H. Sugden (London: Epworth, 1951), 2:343.
313 ENNT 1 John 4:18.
314 설교, "값없이 주시는 은총", 16; Plain Account, 94, 114.
315 WW 13:81.

3. 웨슬리가 가르친 체험적 기독교는 그리스도인의 행복과도 관계된다. 웨슬리는 설교 "사랑에 관하여"(1737)에서 "나에게 행복이라는 말은 금방 생겨났다 즉시 끝나는 가볍고 쉽게 흔들리는 즐거움이 아니라, 꾸준하고 지속적인 만족감으로 영혼을 만족시키는 그런 행복을 의미합니다"라고 적었다. 이러한 행복의 상태는 내세에서의 행복을 포함할 뿐 아니라, 우리가 하나님과 이웃에게서 받기도 하고 되돌려주기도 하는 거룩한 사랑의 결과로 "우리가 지금 누리는 행복"이기도 하다. 웨슬리는 "사랑 외에는 우리 삶을 행복하게 만들 만큼 우리에게 유익한 것은 아무것도 없습니다"[316]라고 강조한다. 악한 성품은 불행을 가져오는 반면, 행복의 길은 우리의 성품을 온전하게 하고 미래에 하나님의 상급을 받도록 하나님의 율법에 순종하는 것이다.[317]

웨슬리가 루터의 『갈라디아서 주석』에 관해 "신비주의에 깊이 물들어 있고, 많은 곳에서 아주 위험할 정도로 잘못되어 있다"고 비난한 것과 관련해 레오 콕스는, 이것은 웨슬리의 "성숙한 판단"이 아니라 모라비아 교도와 벌인 정적주의 논쟁에 영향을 받아 웨슬리가 갖게 된 "첫인상"일 뿐이라고 설명한다.[318] 그러나 웨슬리의 비판에서 드러난 루터와 웨슬리 신학의 차이는 좀 더 근본적이다. 루터에 대한 웨슬리의 비판의 초점은 밀드레드 와인쿱(Mildred Wynkoop)이 "그리스도인 경험에 대한 묵시적 해석"으로 분류한 요소에 맞추어졌을 가능성이 농후하다.

> 이 묵시적 관점에서는 비록 중대한 체험이 "일어나더라도" 그 체험 이전부터 있어왔던 삶과 맞물려 일어나지 않는다. 하나님과 인간 사이, 하나님의 은혜와 인간의 본성 사이, 초자연적인 것과 자연적인 것 사이에는 전적인 질적 괴리가 존재한다. 하나님께서 우리에게 또는 우리 안에서 행하시는 것은, 우리의 이해나 책임과 전혀 관계없이, 이성적 존재로서 우리의 존재를 가로질러 오시는 하나님의 침노로 여겨질 수 있다. 이 침노는 하나님의 시각에서 우리에게 새로운 지위를 가져오거나, 인간이 의식하지 못하는 가운데 인간 본성의 변화를 가져올 수도 있다.[319]

웨슬리에게 기독교란 신자 자신의 의로서의 실제적인 거룩함과, 성령의 증거 및 우리 자신의 영의 증거를 통해 하나님의 사랑과 구원에 대한 확신을 갖는 것, 그

---

316 설교, "사랑에 대하여", III.
317 설교, "율법의 기원, 본성, 속성 및 용법", I. 2; "험담의 치료", III. 5.
318 Cox, "John Wesley's View of Martin Luther," 86-87.
319 Wynkoop, "Theological Roots of Wesleyan Understanding of the Holy Spirit," 84.

리고 하나님의 율법에 대한 순종과 미래에 받을 상급을 통해 행복을 가져오는 경험적 종교다. 성결과 확신과 행복이라는 그리스도인 경험의 세 요소는, 근본적으로 성령께서 주시는 은혜이면서 동시에 율법에 대한 순종을 중시한 웨슬리의 강조점과 밀접하게 관련되어 있다.

6장

구원에서 신앙과 행위

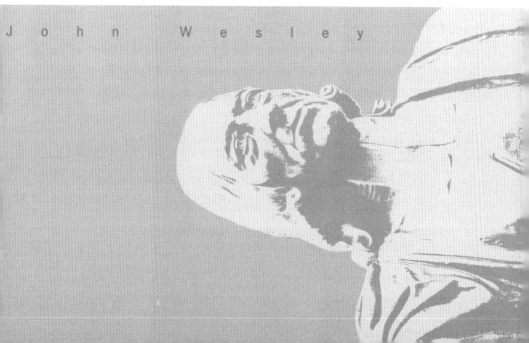

6장 구원에서 신앙과 행위

A. 마르틴 루터

I. 율법의 성취

루터는 율법을 주로 죄인의 정죄와 연결했으나, 그럼에도 율법이 본질상 하나님의 뜻임을 부인하지 않았다.[1] 하나님께서 원하시는 것은 사람이 마음으로부터 사랑함으로 율법에 순종하는 것이다. 만약 율법을 사랑한다면 신자는 외적으로 여전히 죄와 싸우고 있더라도 그 내면에서는 이미 율법이 성취된 것이다. "율법은 율법을 사랑하고 즐거워하는 내적 본성을 요구한다. 만약 사랑을 받는다면 율법은 이미 만족되고 성취되었다."[2] 그러나 사람이 외적으로 완전하게 보이더라도 마음으로 기꺼이 행하지 않은 율법의 행위는 "위선적으로 행한 행위", 마음에는 "율법에 대한 미움을 가진 채" 행한 행위에 불과하다.[3]

하나님께 기꺼이 순종하려는 마음이 율법 순종의 핵심 요소라면, 사람이 마음으로부터 하나님의 율법을 사랑하게 만드는 것은 신앙이다. 이 신앙은 하나님의 사랑을 받아들이는 것 외에 다른 것이 아니다. 이재하는 루터에게 바울 신학의 "지배적 주제"인 '하나님의 의'(*Iustitia Dei*)와 요한 신학의 주된 주제인 '하나님의 사랑'(*Caritas Dei*)은 서로 다르지 않다고 바르게 지적한다. 하나님께서 의를 부여하시는 것은 그의 사랑의 일면이기 때문이다.[4] 루터는 "사랑은 먼저 오거나", "믿음과 동시에 온다"고 언급함으로, 하나님의 사랑이 신앙을 통해 인식될 뿐 아니라 하나님의 사랑이 우리의 신앙을 일으킴을 가르쳤다.[5] 이재하는 하나님의 사랑과 우리의 신앙의 관계를 바탕으로, 그리스도인의 신앙에 대한 루터의 견해를 '하나님의 사랑

1 LW 22:143.
2 LW 9:278.
3 LW 27:233.
4 Jeha Lee, "Love or Theosis? A Critique of Tuomo Mannermaa's 'New Paradigm' of Luther's Concept of Love in his Commentary on The First Epistle of John (1527)" (Ph.D. thesis, Boston University, 1991), 118-120.
5 LW 44:30.

으로 형성된 신앙'(*fides formata Caritate Dei*)이라는 공식으로 제시한다. 루터가 직접 사용하지는 않았으나 이 공식은 루터의 가르침을 정확히 표현한다.[6]

기독론적 용어로 말하면, 신앙은 그리스도에 의해 형성된다. 그리스도는 "신앙의 대상"만이 아니라 "신앙 속에 현존하시는 하나님"이시다. 만일 "신앙이 그리스도를 붙들면" 그리스도는 "아름다운 색채가 벽면을 장식하듯 신앙을 장식하고 그 내용을 채워넣어 신앙을 형성하는 분"이 되신다. 신앙을 통해 신자는 "그리스도와 연합되어 … 한 몸을 이룬다."[7] "오직 그리스도 한 분"만이 "신앙의 형식"이시기 때문에, 그리스도인의 사랑이 그리스도를 대신해 신앙의 형식이 될 수는 없다. 신앙은 "그리스도인의 사랑이 없이, 그리스도인의 사랑이 있기 전에" 의롭게 한다. 칭의의 신앙이 관계하는 것은 오직 하나님의 사랑이지, 그리스도인의 사랑이 아니다.[8]

성령론적으로 루터는 성령에 의해 "주입된 신앙"이라는 용어를 사용해 신앙이 하나님께 기원을 두었다는 사실 및 인간 내면에 존재하는 하나의 특성이기도 함을 가르쳤다.[9] 루터는 이 신앙을 성령에 의해 주입된 하나님의 율법에 대한 사랑으로도 가르쳤는데, 이는 신앙을 통해 받은 하나님의 사랑이 이후에는 하나님과 이웃을 사랑하는 신자의 사랑으로 변화된다는 의미를 담고 있다.[10] 신앙이 하나님의 사랑의 "완전함으로 온전히 충족"되면, 그 신앙은 "기쁘고도 충성스러운 마음으로 행하는" 율법의 행위를 통해 응답적인 사랑을 표현하게 된다.[11] "사람으로 율법을 추구하게 하시는" 성령에 의해 신자는 "자발적인 마음으로 율법을 이루고자 하는 소원"을 갖게 된다.[12] 이 소원이 하나님의 뜻에 대한 순종을 가져오기 때문에, 루터는 신앙을 "율법의 성취" 또는 "기록된 율법이 명령하는 모든 것보다 훨씬 많은 것을 성취하는 또 하나의 법"으로 묘사했다.[13]

신앙은 자발적인 순종의 마음을 일으키는 데 의지적뿐 아니라 지적으로도 영향을 끼친다. 신앙은 죄인의 눈에 훌륭하고 영광스러워 보이는 일을 높이 평가하

---

6   Jeha Lee, "A New Interpretation of Faith Active in Love in Martin Luther," *Mission and Theology* 21 (2011), 57-60.

7   LW 26:129-130, 168.

8   LW 26:88-89, 137.

9   LW 27:28-31; 26:144-147, 269-270.

10 LW 27:233; 25:187.

11 LW 31:365; 27:336.

12 LW 35:367.

13 LW 25:187.

는 인간 이성의 가치판단을 부인하고, 순종할 만한 가치는 하나님에게서 나온다는 것을 깨닫는다.[14] 혹 신자가 하나님의 뜻을 이해하지 못하더라도, 신앙은 자신의 판단을 하나님의 지혜와 의와 선하심에 굴복시켜 하나님의 다스림을 받게 만든다.

> 신앙은 하나님을 진실하고 신뢰할 만하다고 여김으로 신뢰의 대상인 하나님을 최고의 경외와 존경으로 영화롭게 한다. … 이 일이 이루어지면 사람의 영혼은 하나님의 뜻에 동의하게 된다. 신앙은 하나님의 이름을 높이고 그 기뻐하심에 따라 다루어짐을 허락하는데, 이는 … 신앙은 진실하고 의로우며 지혜로우신 하나님께서 모든 일을 선하게 이루고 해결하며 공급하실 것을 의심하지 않기 때문이다. 이러한 사람이 신앙으로 모든 일에서 하나님께 최고의 순종을 보이지 않겠는가? 또 그러한 순종이 성취하지 못할 하나님의 명령이 어디 있겠는가? … 그러나 이러한 순종은 행위로는 불가능하고 오직 신앙으로만 가능하다.[15]

종합하면, 신앙은 하나님께 순종함에서 지성과 감정과 의지의 근본적 변화를 의미한다. 신앙은 "우리를 위해" 일하실 뿐 아니라 "우리 안에서 일하시는 하나님의 사역"으로, "마음과 영과 지식과 능력에서 우리를 전적으로 다른 사람이 되게 한다."[16] 신앙은 "율법의 성취, 영원한 의 … 육을 죽임, 영의 소생, 세상과 영과 지옥을 이김" 등 구원의 모든 측면을 내포한다. 따라서 신앙은 그리스도의 구원 사역의 성취이자 "영원한 생명 그 자체"다.[17]

루터는 만일 우리가 신앙을 가지면 신앙이 하나님의 뜻을 가르치는 율법의 역할을 대신한다고 가르쳤다.[18] 더 나아가 신앙은 "율법의 이해" 혹은 율법에 대한 모든 순종의 원천일 뿐 아니라,[19] 율법 순종을 대신해 신앙이 순종 그 자체가 된다. "신앙이 새로운 율법이다."[20] "'내게 순종하라.' 즉 '내가 너의 하나님인 것을 믿으라. 이 믿음만이 내가 네게 자비를 보이고 너를 도울 때 네가 나를 알기를 원하는 방식이니, 나는 너의 제물을 필요로 하지 않는다.'"[21] 루터는 하나님께서 사람에게서 찾으시는 것은 단지 외적 율법의 행위가 아니라 바로 이 신앙임을 강조했다. "신앙은 하나님 안에 감추어진 의로움을 가져온다 … 따라서 새로운 율법

---

14 LW 2:77-80; 4:102-107; 24:220-221.
15 LW 31:350.
16 LW 35:370-371.
17 LW 14:328-329; 31:359; 35:370-371.
18 LW 44:26.
19 LW 27:221.
20 LW 17:81.
21 BC 254.

의 전체 내용 및 그 의란 오직 하나 믿음뿐이다."[22] 신앙은 죄인이 자신의 행위로 성취할 수 없는 율법을 성취한다.[23] 루터는 신앙이 칭의와 그리스도인의 삶에서 "절대적으로 모든 것 중의 모든 것"이라고 단언했다.[24]

II. 사랑으로 역사하는 믿음

하나님의 사랑으로 형성된 신앙과 그리스도인의 사랑은 어떤 관계가 있는가? 루터는 "사랑으로써 역사하는 믿음"(갈 5:6)이라는 성경의 표현에 관해 신앙과 사랑의 관계를 어떻게 가르쳤는가? 구원과 그리스도인의 삶에서 더 지배적인 요소는 신앙인가 사랑인가? 스콜라주의자들이 가르친 것처럼, 사랑은 신앙을 온전케 함으로 구원을 이루는 데 영향을 주는가? 신앙과 사랑의 관계에 대한 루터의 가르침은 그 반대자들의 주장과 어떻게 구별되는가? 여기서는 이러한 질문에 답함으로 루터의 신학을 좀 더 명확히 드러내고자 한다.

　　루터는 신앙과 사랑, 신앙과 선행의 관계의 필연성을 강조하기 위해 "그것은 불가능하다"라는 표현을 자주 사용했다. 신앙은 신자에게서 "살아있고 부지런하며 활동적이고 힘 있는" 실재다. 그러므로 "신앙이 끊임없이 선행을 하지 않는 것은 불가능하다. … 행위를 신앙에서 떼어내는 것은 불가능하다."[25] "살아있는 사람이 … 움직이고 먹고 마시는 것과 같이 신앙은 선을 행하게 되는데, 이는 막을 수 없는 것이다. 신자에게는 아무도 선을 행하라고 요구하고 재촉할 필요가 없다."[26] "십계명의 첫 번째 돌판을 따라 하나님을 예배하는 자가 십계명의 두 번째 돌판을 지키지 않는 것은 불가능하다. … 두 번째 돌판에 대한 순종은 분명하고 틀림없는 결과다."[27] "몸에 그림자가 따라다니듯 행위는 신앙을 따라다닌다."[28] 루터는 이처럼 "신

22　LW 29:123.
23　LW 23:28.
24　LW 27:221.
25　LW 35:370-371.
26　WA 12. 559, 20-31. Gerhard Ebeling, "Faith and Love," in Helmut Gollwitzer ed., *Martinus Luther: 450th Anniversary of the Reformation* (Bad Godesberg: Internationes, 1967), 70에서 재인용.
27　LW 1:329.
28　WA 25, 324, 1. Forell, *Faith Active in Love*, 56에서 재인용.

자가 선을 행하는 것"은 "선을 행함으로 믿음을 실천하는 것"이라고 설명하면서, "만약 선행이 믿음을 뒤따르지 않는다면, 그것은 그 신앙이 참된 것이 아님을 보여 주는 가장 확실한 징표일 수 있다"고 확언한다.[29]

　　루터는 신앙과 사랑을 주종 관계로 가르치면서, 이를 사람과 행동의 비유로 설명했다. "신앙과 사랑의 관계는, 신앙이 사람이라면 사랑은 행위에 해당되는 것으로 구분할 수 있다." "신앙은 행위자라면, 사랑은 행위다."[30] 루터는 동일한 관계를 설명하기 위해 나무와 열매,[31] 기술자와 연장,[32] 그리스도의 신성과 인성[33] 등 다양한 비유를 들었다. 이 모든 비유에서 루터는 활동적이고 힘 있고 지배적인 특성은 신앙에 속한 것으로 보는 반면, 수동적이고 제한되고 부정적인 특성은 사랑에 속한 것으로 생각한다. 신앙을 사람과 나무와 기술자에 비유하고, 사랑을 행동과 열매와 연장에 비유함으로 루터가 가르치고자 한 것은, 사랑이 신앙을 낳는 것이 아니라 그 반대라는 것이다. 그리스도의 신성을 신앙에 비유하고 인성을 사랑에 비유한 것은, 신앙의 자기 충족성 및 신앙에 대한 사랑의 의존성 모두를 가르친다.

　　나는 진실로 "엄마의 무릎에 누운 아기가 천지를 창조했다"고 말할 수 있다. ⋯ 인성은 창조하지 않는다. 그럼에도 "사람이 창조했다"는 말이 틀린 것은 아니다. 신성이 성육신 해 인성을 갖게 되었기 때문이다. ⋯ "이를 행하라, 그러면 살 것이다"라는 문구는 "신앙에 바탕을 둔 '행함'으로 인해 살 것"이라는 의미다. 이 '행함'이 당신에게 생명을 주는 것은 오직 신앙 때문이다. ⋯ 행위로 돌려지는 모든 것이 사실은 신앙의 것이다. ⋯ 신성이 그리스도의 인성 전체에 내재해 있는 것과 똑같이, 언제나 신앙을 행위의 모든 것에 스며들어 있는 행위의 신성이 되게 하라. ⋯ 신앙이 모든 일을 하는 '일꾼'이다.[34]

　　루터는 신앙을 "행위의 신성"으로 묘사함으로, 성육신과 관계없이 그리스도의 신성이 완벽한 것이듯, 신앙에 의해 사랑이 생겨났든 아직 아니든 신앙은 그 자체로서 이미 구원을 위한 완벽한 자질임을 강조했다.

　　이와 대조적으로 그리스도인의 사랑은 칭의에서 배제된다.[35] 그리스도인의 사

29　LW 27:127.
30　WA 17, 2, 97-98. Ebeling, "Faith and Love," 69에서 재인용.
31　LW 1:329; 26:209-211, 255-256.
32　LW 27:28-29.
33　LW 26:264-268.
34　같은 곳.
35　LW 26:88.

랑은 구원의 맥락에서는 불필요할 뿐 아니라 해롭기까지 하다. 오직 구원 이후에
라야 그리스도인의 사랑은 참 신앙의 증거로 필요하며, 신자가 죄를 극복하고 신
앙을 유지하는 데 도움을 줄 수 있다.[36] 소망이 세상과 육체와 마귀로 인한 고난에
서 이미 시작된 신앙을 보존하도록 돕듯,[37] 사랑은 그리스도인의 자유를 핑계로 방
종에 빠지고, "말씀을 전하고 기도하며 선을 행하고 악을 견디는 일에서 게을러지
며", "육체와 타협해 편한 삶을 추구하고", 그 결과로 결국 "그리스도께 대한 신앙
마저 상실"하게 되는 것에서 신자를 보호해준다.[38]

그러나 이것은 신앙만으로는 충분하지 않으므로 사랑이 신앙을 보완해야 한다
는 의미가 아니라, 신앙이 "사랑을 통해 선행을 자극하고 그 동기를 유발한다"는
의미다. 루터는 사랑을 "신앙에 의해 사용되는 도구"로 묘사하고, 신앙을 "사랑을
도구로 삼아 일하는 기술자"로 묘사함으로 신앙을 사랑의 주인으로 만든다. 사랑
은 "자신에게서가 아니라 자신을 사용해서 일하는" 신앙으로부터 "힘과 움직임과
동작"을 얻는다.[39] 신앙은 사랑을 하인으로 고용해 자신을 보존하고 강화한다.[40] 신
앙이 사랑의 "시작과 중간과 끝"이지, 그 반대가 아니다.[41]

루터는 "사랑이 율법의 성취"임을 인정했다. 그러나 "사랑이 율법의 성취이
기 때문에 … 사랑하면 우리는 의롭다"는 논리에는 반대했다. 루터에 의하면, 무
엇인가가 명령되었다고 해서 우리가 그것을 할 수 있다고 결론을 내리는 것은 "전
적으로 잘못이다." 그런 결론은 "죄가 방해한다"는 사실과 인간의 타락성은 "우리
의 하나님 사랑과 이웃 사랑을 훨씬 능가한다"는 점을 간과한 것이다. 루터는 "만
약 우리가 모든 죄에서 깨끗하다면, 우리는 사랑을 통해 의롭게 될 수 있을 것"이
라고 인정한다. 그러나 세상에서 가장 경건한 신자의 사랑도 "불완전하고 순수하
지 못하며" 너무나 "작고 약해서" "완전한 의"를 달성할 수 없다.[42] 따라서 루터는
"칭의의 원인을 존재하지도 않고 존재해도 충분히 훌륭하지도 않은 사랑에서 찾

---

36   LW 27:48-50; 30:274.
37   LW 27:20-27.
38   LW 27:48-50; 30:274.
39   LW 27:28-31.
40   LW 44:32; 31:360.
41   LW 35:82.
42   LW 27:64, 68; 2:120; 25:342.

는 것은 아주 큰 잘못"이라고 결론을 내린다.[43] 만약 의가 사랑에서 기인한다고 하면, 그것은 사랑과 선행과 율법을, 신앙과 그리스도와 은혜, 복음과 대조되는 것으로 만드는 셈이 된다.[44] 그렇다면 "그리스도는 부정되고, 신앙은 파괴되고 만다."[45]

III. 율법의 제3용법이 있는가?

루터 신학에서 율법이 불신자를 신앙으로 인도하고, 신자는 신앙을 지속하도록 돕는 방법은 언제나 죄를 지적하는 것이다. 루터 학계에서는 루터가 소위 율법의 제3용법을 가르쳤는지에 대해 많은 논의가 있어왔다. 루터의 입장은 무엇이며, 그 근거는 무엇인가?

루터의 글 전체에서 율법의 제3용법을 가르치는 것으로 보이는 문구는 두 개다. 첫 번째는『율법폐기론자에 대한 두 번째 반박』(1538)에 나온다. "성도가 하나님께서 어떤 행위를 원하시는지를 알려면 율법은 보존되어야 한다. 성도는 율법을 통해 하나님께 대한 순종을 훈련받을 수 있다."[46] 그러나 베르너 엘러트와 게르하르트 에벨링이, 이 문구는 멜랑히톤의 제자가 이후에 삽입한 것임을 밝혀냈다.[47] 다른 한 문구는『성탄절 설교집』(The Christmas Postil, 1522)에 "율법의 삼중적 사용"이라는 직접적 표현으로 나온다. 그러나 이 문구는 시민적 용법, 신학적 용법, 제3의 용법과 같이 일반적인 율법의 용법을 가리키는 것이 아니라, 인간의 율법에 대한 세 가지 반응 즉 무시하는지, 외적으로만 지키는지, 혹은 외적·내적으로 모두 지키는지를 가리키는 것이다. 문맥을 자세히 살펴보면 루터가 가르친 내용은, 신자는 율법을 필요로 하지 않는다는 것이다. 즉 신자에게는 "모세가 아니라, 신앙으로 인도하시고 모세가 명한 모든 것을 성취하시는 예수 그리스도"가 계시다는 것이다.[48] 여기서 언급된 율법의 삼중적 사용은 율법의 제3용법 개념을 오히려 반

---

43   LW 27:64.
44   LW 21:285-294.
45   LW 26:143.
46   WA 39. 1. 485, 16-24. Lohse, *Martin Luther's Theology*, 183에서 재인용.
47   Gerhard Ebeling, *Word and Faith* (Philadelphia: Fortress Press, 1963), 62; Lawrence M. Vogel, "A Third Use of the Law: Is the Phrase Necessary?" *CTQ* 69:3-4 (2005), 193; Lohse, *Martin Luther's Theology*, 183.
48   WA 10. 1. 1. 458. 8-11. Ebeling, *Word and Faith*, 64에서 재인용.

대하는 것이다.[49]

루터 신학에 율법의 제3용법이 있다는 핵심 논거는, 루터가 신자의 삶을 위해 율법이 지시적 역할을 가지고 있음을 인정했고, 신자의 삶을 율법 성취와 연결한 사실에 기초한다. 알트하우스가 주장하듯, 그리스도께서 "강제하고 정죄하며 저주하는" 율법에서 신자를 자유롭게 하셨을지라도, 율법에 나타난 "사람을 향한 하나님의 뜻은 변하지 않고 남아있다"는 사실은 부인할 수 없다.[50] 그리스도의 법이든 십계명이든 자연법이든, 율법은 신자의 삶과 소명을 가르치는 지시적 역할을 가지고 있다.[51] 루터는 전혀 모호하지 않도록 이 사실을 명시해 "하나님의 명령은 나에게 삶을 위한 분명한 지시를 내린다. 그 명령은 나에게 의에 대한 풍부한 정보를 제공한다. … 율법은 하나님의 뜻을 지시하는 일에 봉사한다"고 말했다.[52]

그러나 루터는 율법의 지시도, 성취도 율법의 제3용법과 동일시하지 않았다. 그 근거는 다음과 같다. 첫째, 루터는 하나님의 뜻을 성취하는 능력을 율법에 부여하지 않았다. "율법이 나에게 올바른 방향을 알려주는 … 손과 같다"면, 신자를 그 손이 지시한 곳으로 데려다주는 "발과 마차, 말"은 "성령의 조명하심과 … 그리스도께 대한 우리의 신앙이다."[53] 루터는 지시적 역할은 율법이 가지고 있지만, 그 성취는 오직 신앙에서 기인한다고 여겼다.

신자는 두 가지 방법으로 율법을 성취한다. 즉 신앙은 율법을 내적으로 성취한다면, 사랑은 율법을 외적으로 성취한다.[54] 루터는 가톨릭의 수도사와 수녀가 행하던 "명상적 삶"에 반대해 그리스도인의 "활동적 삶"을 주창했다. 이는 "사랑의 행위로 율법이 명령하는 의무를 실행하는 삶이다."[55] 루터는 사랑이 긍정적으로는 "하나님의 명령을 토대로 자신의 의무"를 다하고, 부정적으로는 "육체의 정욕과 악행을 삼감으로" 율법을 외적으로 성취한다는 사실을 일관되게 인정했다.[56] 그러나 하나님 앞에서 "셀 수 없이 많은 죄를 철저히 덮어버리는" 신앙과 달리, 사랑은 육

---

49 WA 10. 1. 1. 456. 8-458. 13; Ebeling, *Word and Faith*, 62-64.
50 Althaus, *The Theology of Martin Luther*, 266.
51 Grobien, "A Lutheran Understanding of Natural Law in the Three Estates," 211-229.
52 LW 22:143.
53 LW 22:143-144.
54 LW 27:96; 27:223.
55 LW 26:287; 6:262; 3:274-476; 5:345-346.
56 LW 27:82.

체와 죄를 완전히 "제어"할 수 없다.[57] 이로 인해 사랑의 긍정적 역할에도 루터는 사랑을 율법의 제3용법이 아닌 신학적 용법과 연결했다. 인간의 불완전한 사랑은 불가피하게 율법의 신학적 용법에 의해 정죄를 받는다.[58]

둘째, 율법이 하나님의 뜻을 지시하더라도, 율법에 담긴 하나님의 뜻을 하나님의 의도대로 이해하게 만드는 것은 신앙이다. 이런 의미로 루터는 신앙을 "율법에 대한 바른 이해"로 설명했다.[59] 루터는 "율법의 영적 용법"과 "영적인 율법" 사이를 구분했는데, 전자는 신학적 용법을 말한다면, 후자는 영적으로 이해된 율법을 의미한다. 전자는 그리스도께로 인도하기 위해 "의롭게 되어야 할 사람"에게 적합한 율법이라면, 후자는 "율법 위에서 율법을 초월해" 살고 있는 이미 의롭다 하심을 얻은 자에게 적합한 율법이다.[60] 루터에게 신앙과 율법의 성취, 영적인 율법, 복음은 모두 같은 것이다. 그 모두는 이미 하나님의 율법을 이해하고 사랑하며 순종하는 신자의 상태를 묘사한다.[61] 비록 모세에 의해 율법의 모든 영적인 의미가 이미 계시되었더라도, 신앙이 없이는 누구도 율법을 바르게 이해할 수 없다.[62]

셋째, 신자의 율법 성취가 율법의 제3용법은 아니다. 루터는 이 세상에서 신자가 자신의 옛 자아를 죽이는 일이 시작은 되었지만 완성할 수는 없음을 설명하기 위해, 신앙이 주도하는 율법 성취의 '과정'(process)과 그 최종적 결과로서 율법의 '성취'(achievement)를 구분했다.[63] 이 구분을 통해 설명하면, 루터는 '과정'에는 '신앙'이라는 용어를 적용했다. 즉 신자가 율법을 이해하고 순종하기 시작하는 모든 과정의 주도자로 내세우는 것은 언제나 믿음이다. 그러나 주도적 신앙이 이루어낸 결과를 말할 때는 그제서야 율법이라는 용어를 등장시켜 율법이 '성취'되었다고 표현한다. 이는 신앙이 하나님의 뜻에 대한 인식이자 그 뜻을 이룰 동기와 활력이라면, 그 결과가 율법의 성취라는 것이다.

신앙이라는 용어를 사용하는 '과정'과 율법이라는 용어를 사용하는 '성취' 사이의 구분 없이는 루터에게 율법의 제3용법이 있는지 여부에 관한 논쟁은 해결될 수

---

57   LW 30:274; 54:234.
58   LW 54:234.
59   LW 27:221.
60   LW 26:344.
61   LW 10:401; Heckel, *LEX CHARITATIS*, 358.
62   LW 2:15.
63   LW 9:186.

없다. 신앙은 그 자체만으로 자기 충족적일 정도로 포괄적이고 많은 정보를 담고 있어 하나님의 뜻을 알려준다. 루터는 "이 신앙 안에 사는 그리스도인은 선행을 가르칠 스승이 필요 없다. 그는 상황이 요구하는 것은 무엇이든 하며, 또 하는 모든 일은 잘된다"라는 말로 신자의 삶에서 신앙이 얼마나 위대한 역할을 하는지를 설명했다.[64] 그러나 율법에 관해서는 "율법이 발견하는 것은 언제나 사람이 마지못해 행하는 모습과 그들에게 율법의 요구를 이룰 능력이 없다는 사실뿐이다"라는 말로 신앙과 대조했다. 율법에는 사람을 변화시킬 능력이 없다는 것이다.[65] 율법을 성취하는 능동적인 일꾼은 하나님 편에서는 성령이시고, 인간 편에서는 믿음이다.[66]

요약하면, 루터는 율법에 대한 이해와 사랑, 성취 모두를 신앙에 속한 것으로 보았다. 신앙이 모든 것을 다 하고 율법은 정죄하는 것 외에 아무것도 할 수 없는데, 하나님의 뜻을 가르치고 행하는 일에 율법이 여전히 유효하다고 할 수 있겠는가? 긍정적으로 율법은 하나님의 뜻을 이해하는 신앙을 통해 그것이 하나님의 뜻이라는 "재가를 받을" 뿐 아니라, 그것을 성취하는 신앙에 그 유효성의 "토대를 두고 있다."[67] 부정적으로 표현하면, 루터는 신앙을 가진 사람은 옛 율법에 대해 죽는다고 가르쳤다.[68] 신앙은 "어떤 율법보다도 훨씬 높고 뛰어나게" 일하면서 율법을 대체하기 때문이다.[69] "율법은 그것을 이미 성취하고 있는 사람 위에 있지 않다. … 율법의 성취는 율법의 죽음이다." 루터는 여기서 "율법의 성취"라는 말로 믿음을 지칭한다. 믿음이 곧 "율법의 죽음"이라는 것이다.[70] 달리 말해, 루터는 믿음으로 율법이 확립되든 아니면 믿음이 율법을 대체하든 동일한 결과를 말하고 있다. 즉 "모든 율법을 가지고 있든" 아니면 "율법을 하나도 가지고 있지 못하든" 신앙은 하나님의 뜻을 깨닫고 또 율법을 성취한다는 것이다. "율법이 있든 없든" 믿음은 하나님의 뜻에 완벽히 순종한다.[71]

하나님의 뜻이 율법을 통해 계시될 때 인간이 보일 수 있는 반응은 세 가지다.

---

64 LW 44:26.
65 LW 9:179.
66 LW 35:368-369.
67 LW 25:67.
68 LW 17:81.
69 LW 26:344.
70 LW 10:405.
71 LW 9:70.

첫째로 무시하거나, 둘째로 외적으로만 지키거나, 셋째로 내적·외적으로 모두 지키는 것이다. 차이를 만드는 것은 율법의 내용이나 용법이 아니라, 신앙의 유무 또는 성령의 현존하심의 여부다.[72] 하나님께서 누구신지 아는 신앙만이 율법에 담긴 그의 뜻을 정확히 파악한다. 하나님의 사랑을 받아들이는 신앙만이 율법이 명령하는 사랑을 일으킨다. "따라서 신앙을 가진 사람에게는 장황하게 선행을 요구할 필요가 없다. 신앙이 그에게 모든 것을 가르치고, 그가 하는 모든 일은 잘되기 때문이다."[73] 루터 신학에 율법의 제3용법이 없다는 것은, 율법에 지시적 역할이 없기 때문이 아니라, 지시적 역할에도 율법은 죄인이 율법을 이해하거나 성취하는 데 도움을 줄 수 없기 때문이다. 루터의 신학에서 율법은 언제나 정죄함으로 불신자를 신앙으로 이끌고 또 신자가 믿음을 지속할 수 있도록 이끈다. 율법은 오직 시민적 용법과 신학적 용법만이 유효하다.

---

72   LW 35:368-369.

73   WA 12. 559, 20-31. Ebeling, "Faith and Love," 70 에서 재인용.

B. 존 웨슬리

I. 율법의 성취

밀드레드 와인쿱은 『사랑의 신학: 웨슬리 신학의 역동성』(*A Theology of Love: The Dynamic of Wesleyanism*)에서 웨슬리의 인격과 사역, 메시지 전체를 함축해 그를 "현대의 사랑의 사도"로 칭했는데 이는 매우 적절하다. 웨슬리의 가르침은 "성결, 성화, 완전, 씻음, 신앙, 인간, 하나님, 구원, 또는 그 외 무엇이든, 그의 생각의 어떤 영역에 들어가 보아도 그것들은 함께 흘러나오고 또 서로 연결되어 있는데, 그 전체는 필시 사랑에 방향이 맞추어져 있다."[74] 웨슬리 신학 전체는 하나님의 사랑과 신자의 하나님 사랑, 그리고 신자의 이웃 및 하나님의 다른 피조물에 대한 사랑 사이의 역동적 관계의 관점에서 이해할 수 있다.

이 관계에서 첫째, 하나님의 사랑은 원인적이다. 웨슬리는 "하나님이 우리를 사랑하셨음을 먼저 알지 못하면 우리는 하나님을 사랑할 수 없다"는 말로, 하나님의 사랑이 다른 모든 사랑의 근원임을 가르쳤다.[75] 우리는 먼저 받을 자격 없는 과분한 사랑을 하나님께 받는다. 이 사랑이 우리로 하나님을 사랑하게 만들고, "사랑하는 그분"의 뜻에 따라 모든 것을 기꺼이 행하게 한다.[76]

둘째, 신자의 하나님 사랑은 응답적이다. 웨슬리는 신자가 하나님에 대해 갖는 사랑을 하나님을 "기뻐하는 사랑"(love of delight)과 하나님께 "감사하는 사랑"(love of gratitude)으로 구분해 설명했다. 전자의 기뻐하는 사랑은 "하나님께서 당신의 존재 안에서 어떠한 분이신지"로 인한 것으로, 하나님의 속성이 사랑의 대상과 이유가 된다. 후자의 감사하는 사랑은 "하나님께서 우리에게 어떤 분이신지"로 인한 것으로, 그가 베푸시는 구원과 은혜가 사랑의 대상과 이유가 된다.[77] 하나님을 기뻐하고 하나님께 감사하는 것 모두는 하나님께서 먼저 우리를 사랑하셨기에 가능하다. 웨슬리는 "여러분은 믿습니까? 그러면 하나님의 사랑이 여러분의

---

74 Mildred Bangs Wynkoop, *A Theology of Love: The Dynamic of Wesleyanism* (Kansas City: Beacon Hill Press, 1972), 10-31.
75 설교, "믿음에 의한 칭의", III. 2.
76 설교, "성령의 증거 (1)", II. 7; ENNT Rom 13:8-10.
77 설교, "하나님에 대한 사랑", I. 3.

마음에 부은 바 됩니다. 여러분은 그를 사랑합니다. 이는 그가 먼저 우리를 사랑하셨기 때문입니다"라고 가르쳐, 인간의 하나님 사랑은 하나님의 사랑에 대한 인격적 반응임을 강조했다.[78]

셋째, 신자의 이웃 및 다른 피조물 사랑은 하나님의 원인적 사랑 및 신자의 응답적 사랑 양자의 결과다.[79] 웨슬리는 고린도전서 13장이 말씀하는 그리스도인의 이웃 사랑이 가능케 된 것은 "하나님께서 그 사랑을 우리 마음에 부으셨기 때문"이라고 설명했다.[80] 하나님의 사랑은, 그것을 받아들이는 이에게 자신의 사랑을 하나님께 돌려드리려는 가장 강력한 동기가 될 뿐 아니라,[81] 하나님의 사랑을 닮은 새로운 본성을 그 마음에 심는다.[82] 신자가 타인과 하나님의 다른 피조물을 사랑하는 것은 단지 하나님의 사랑을 되갚기 위해서만이 아니라, 하나님께서 그들 속에 심어주신 새 본성, 즉 전적으로 새로워진 그리스도인의 본성을 따라 자연스러운 방법으로 사랑하는 것이다.

하나님의 사랑의 결과, 신자는 세 가지 주된 대상과의 관계에서 율법의 요구를 성취한다. (1) 먼저 하나님을 사랑한다.[83] 하나님께 드리는 사랑은 "하나님께 대한 순수하고 깨끗한 오염되지 않은 예배"가 된다.[84] (2) 다음으로 이웃을 사랑한다. 이웃에 대한 사랑은 황금률의 요구를 행한다. "사랑은 이웃에 대한 자비의 마음과 겸손과 친절, 온유와 오래 참음을 의미합니다. 사랑은 말로나 행위로나 이웃에 악을 행하지 않습니다. 사랑은 다른 사람에게 의도적으로 상처를 주거나 슬프게 하지 않습니다. 어떤 편견과 위선도 없이 자비와 선행으로 가득해 사랑은 선을 행하는 데 열정을 다합니다."[85] (3) 하나님의 다른 피조물을 사랑한다.[86] 신자는 하나님께서 자신을 사랑하시는 모범을 따라 하나님의 다른 피조물을 사랑한다.[87] 이 사랑은 하나님을 기쁘시게 하는데, 이는 "하나님이 우리에게 그의 피조물을 사랑하고

---

78   설교, "하나님 나라로 가는 길", II. 12.
79   설교, "하나님에 대한 사랑", I. 8; "성경적인 기독교", I. 5.
80   설교, "사랑에 대하여", II. 4-8; III. 1.
81   설교, "성령의 증거 (1)", II. 7; ENNT Rom 13:8-10.
82   ENNT Heb 8:12; 설교, "믿음으로 세워지는 율법 (2)", III. 3.
83   설교, "사랑에 대하여", II. 2; "하나님에 대한 사랑", I. 5.
84   설교, "율법의 기원, 본성, 속성 및 용법", III. 2; "산상설교 (9)", 4-5.
85   설교, "하나님 나라로 가는 길", I. 9; "산상설교 (10)", 23-24.
86   설교, "사랑에 대하여", II. 3.
87   설교, "하나님에 대한 사랑", I. 6.

기뻐하며 즐거워할 것을 명하셨기” 때문이다.[88]

웨슬리에게 구원의 상태는 이같이 하나님, 인간, 다른 피조물과의 사랑의 관계로 표현할 수 있기 때문에, 그는 사랑을 기독교의 목적이자 축복, 내용 그 자체로 생각했다.[89] 신자가 세상에서 받을 수 있는 최고의 은혜란 “마음과 삶을 지배하고 모든 성품과 말, 행동에서 나타나는 순수한 사랑”의 선물이다.[90] 웨슬리는 사랑을 기독교의 가장 중요한 가치로 매우 높이 평가했다.

> “하늘들의 하늘이 사랑입니다.” 기독교에서 이보다 더 높은 것은 없습니다. … 여러분이 더 큰 사랑이 아닌 다른 것을 추구한다면 표적을 벗어난 것이고, 완전한 길을 벗어나 있는 것입니다. … 하나님께서 모든 죄에서 당신을 구원하신 바로 그 순간부터 여러분은 사랑 외에 다른 것을 목적으로 삼으면 안 되고, 고린도전서 13장에 묘사된 그 사랑만을 더욱 추구해야 합니다. 당신이 아브라함의 품으로 옮기우기까지 사랑보다 더 높이 올라갈 수는 없습니다.[91]

웨슬리에게 율법의 요구와 본성, 성취의 가능성, 목적은 사랑이다.[92] 그는 사랑이 “그리스도인의 의의 총체”(롬 13:8 참조)임을 확언하면서,[93] “하나님과 이웃을 사랑하는 것이 … 모든 것 중 모든 것”(막 12:28-31 참조)이며 사랑 없이 “행하는 모든 것은 아무 유익이 없습니다”(고전 13:3 참조)라고 역설했다.[94]

II. 사랑으로 역사하는 믿음

웨슬리가 하나님의 사랑이 그리스도인의 사랑의 원인이라고 가르칠 때, 그 말에는 신앙의 역할이 이미 전제되어 있다. 변화를 일으키는 하나님의 사랑은 오직 신앙을 통해 받아들인 하나님의 사랑을 의미하기 때문이다. 따라서 신앙이 없이는 그리스도인의 사랑은 존재할 수도, 유지될 수도 없다.[95] 이처럼 신앙과 사랑의 밀접한 관

---

88 설교, “사랑에 대하여”, II. 3.
89 설교, “중요한 질문”, III. 2.
90 WW 11:397.
91 Plain Account, 102-103.
92 한영태, 『삼위일체와 성결』(서울: 성광문화사, 1992), 209.
93 설교, “하나님 나라로 가는 길”, I. 7-9; “산상설교 (10)”, 23-24.
94 설교, “산상설교 (4)”, III. 2.
95 설교, “믿음으로 말미암는 구원”, I. 4-5; “명목상의 그리스도인”, II. 1-6.

계를 토대로 웨슬리는 "사랑으로써 역사하는 믿음"(갈 5:6)이라는 성경적 표현과[96] "결과에서 원인을 알라"는 공식을 참 신앙과 사랑의 관계를 해석하는 원리로 삼았다.[97] 이 원리에 따라 그는 사랑이라는 그리스도인의 의무에 관한 성경적 가르침은 그것을 행할 수 있는 능력의 원천인 신앙과 연결하고, 또 반대로 신앙에 관한 성경적 가르침은 그 결과인 사랑과 연결했다. 몇 가지 사례를 살펴보자.

(1) 웨슬리는 설교 "우리 자신의 구원을 성취함에 있어서"(1785)에서 구원이 직접적으로 신앙을 통해 일어난다고 표현하지 않고 의도적으로 신앙이 가져온 간접적 결과와 연결해 구원은 "하나님과 이웃을 향한 거룩하고 겸손하고 온유하고 부지런한 사랑 속에서" 이루어지며 또 성숙한다고 주장했다.[98]

(2) 그는 역으로 고린도전서 13:3의 "내가 … 사랑이 없으면"이라는 구절은 율법의 행위나 윤리로 설명하지 않고 사랑을 일으키는 원천과 연결해 "만일 우리가 성령에 의해 우리 마음에 부어진 하나님의 사랑으로 새로워지지 않는다면"으로 해석했다. 즉 그리스도인의 사랑은 하나님의 사랑을 계시하시는 성령의 증거에 그 원천을 두고 있기에, 하나님의 사랑을 믿는 믿음이 그리스도인이 사랑의 능력을 받는 통로임을 강조한 것이다.[99]

(3) 웨슬리는 또한 요한일서 3:15의 "그 형제를 미워하는 자"를 윤리적인 행동이 잘못된 자라고 해석하지 않고, 그가 그렇게 행동하는 원인에 초점을 두어 "그 영혼에 영생에 이르도록 자라날 하나님의 씨가 심기지 않는 자"(요일 3:9; 벧전 2:2 참조)로 설명했다. 영생의 씨앗은 신앙을 통해 신자의 마음에 심긴다.[100]

(4) 마태복음 25:35-36에서 말씀하는 가난한 자를 먹이고 병든 자를 방문하며 나그네를 환영하는 신자의 사랑의 행위에 관해서는 "이 모든 외적인 자비의 행위에는 신앙이 전제되어 있다"고 가르친다. 그리스도인의 사랑은 하나님의 사랑을 믿는 참된 신앙의 열매이기 때문이다.[101]

웨슬리가 사랑이나 선행의 원인을 설명할 때는 그 원인을 추적해 하나님의 사

---

96   ENNT I Cor 7:19; Jam 2:14; 설교, "하나님께로부터 난 자의 특권", III. 1-4; "시대의 표적", II. 4; "믿음의 분요에 대하여", 17; "원죄", III. 3.

97   설교, "편협한 믿음에 대한 경고", I. 7.

98   설교, "우리 자신의 구원을 성취함에 있어서", II. 1.

99   설교, "사랑에 대하여", III. 1-2.

100 설교, "이웃에 대한 책망의 의무", II. 4.

101 설교, "의에 대한 보상", 서론. 3.

랑과 성령과 신앙을 제시하고, 또 구원을 설명할 때는 직접적으로 신앙을 말하기보다 신앙이 반드시 일으키는 신앙의 결과로서 사랑이라는 관계적 용어로 설명한 것은, 하나님의 사랑을 믿는 신앙이 그리스도인의 사랑의 기초이기 때문이다.

그러나 그리스도인의 사랑이 신앙에 의존하고 신앙 없이는 생겨날 수 없다면, 신앙은 사랑보다 더 중요한가? 웨슬리는 그렇지 않다고 답한다. 그는 마치 나무가 열매를 위해 존재하는 것처럼, 신앙은 사랑이나 선행을 위해 존재함을 주장했다.

> 선행은 기독교의 완성입니다. … 사랑에서 나오는 행위는 기독교의 가장 높은 부분입니다. 이에 대해 우리 주님은 직접 "너희가 과실을 많이 맺으면, 내 아버지께서 영광을 받으실 것이요"라고 말씀하셨습니다. 많은 열매! 이 표현이 우리가 말하고자 하는 것의 우월성을 의미하지 않습니까? 나무는 열매를 위한 것이 아닙니까? 열매를 맺음으로 그리고 오직 이것으로만 나무는 자신의 최고의 완전함을 성취하며, 나무가 심긴 목적에 응답하게 됩니다. 그리스도인이라 불리는 사람이 이러하다면 도대체 누가 선행을 경시할 수 있겠습니까?[102]

웨슬리는 신앙을 사랑을 위한 수단의 위치에 두고, 사랑은 신앙의 목표라는 더 높은 위치에 두었다. "사랑이 하나님의 모든 명령의 목적"이라면,[103] 신앙은 신자에게 사랑을 회복시키는 "가장 직접적이고 효과적인 수단"으로 봉사한다.[104] 신앙은 타락으로 인해 사랑이 상실된 순간부터 신자가 천국에서 완전한 사랑을 다시 회복할 때까지 단지 한시적으로만 존재할 것이다.[105] "사랑이라는 영원한 목표를 진작시키시기 위해 하나님께서 정하신 중요한 일시적 수단으로서 신앙이 갖는 모든 영광은 … 사랑을 위해 봉사하는 데 있습니다."[106] 비록 사랑은 신앙에서 생겨나 그 존재를 얻게 되더라도, 그 가치에서는 사랑이 신앙보다 우월하다. 웨슬리는 신앙에 지상권을 부여하는 것에 반대해 다음과 같이 주장한다.

> 본래 신앙은 하나님께서 사랑의 법을 다시 세우기 위해 계획하신 것입니다. 이렇게 말하는 것이 신앙의 가치를 떨어뜨리는 것이 아니라 … 오히려 신앙의 진가를 드러내 신앙을 적합한 위치로 끌어올리고, 태초부터 하나님의 지혜가 부여하신 그 자리로 되돌려놓는 것입니다. 신앙은 사람이 원래 창조되었을 때 존재하던 거룩한 사랑을 회복시키는 위대한 수단입니다. … 신앙은 사랑을 낳기 위해 하늘 아래 존재하는 유일한 수단입니다. 바로 그 점에서 신앙

---

102 설교, "의에 대한 보상", I. 6.
103 설교, "믿음으로 세워지는 율법 (2)", II. 1.
104 같은 곳, III. 2.
105 같은 곳, II. 1-6.
106 같은 곳, II. 2.

은 사람에게 말할 수 없는 축복이자, 하나님 앞에서 말할 수 없는 가치를 가지고 있습니다.[107]

웨슬리에 의하면, "수단의 참된 가치는, 목적을 이루는 일에 실질적으로 부합하는지에 달려 있다."[108] 사랑을 이루는 수단으로서 신앙과 그 신앙의 목적으로서 사랑의 관계는, 신앙은 사랑의 대용물이 될 수 없고 "오직 사랑의 시녀"일 뿐이라는 웨슬리의 언급에서 가장 현저히 강조된다.[109] 신앙이 목적하는 열매로서 사랑과 선행과 성결은 참 그리스도인의 신앙의 시금석이다.[110] 신앙에 의해 생겨난 사랑이 사람의 마음을 악한 성품과 육적 생각, 세상 정욕에서 정결케 하고, 그 대신 모든 진리와 선과 의로움으로 가득 채운다면, 그런 사랑이야말로 참된 신앙이 바르게 작용하고 있음을 입증한다.[111] 웨슬리에 의하면, 악을 행하지 않음으로 부정적인 율법을 성취하고, 선을 행함으로 긍정적인 율법을 성취하는 사랑이 신앙의 주인이다.[112]

III. 구원의 서정에서 신앙과 행위

웨슬리는 설교 "성경적 구원의 길"(1765)에서 구원의 의미를 죽은 후에 "영혼이 천국 가는 것"으로 축소하는 것에 반대해, 넓은 의미로 구원을 선행은총에 의해 "우리 영혼에 처음으로 은혜의 동이 틀 때부터" 영화의 은혜에 의해 "은혜가 완성될 때까지"의 "하나님의 역사 전체"로 정의했다.[113] 다른 설교 "우리 자신의 구원을 성취함에 있어서"(1785)에서는 구원의 순서를 하나님의 은총 사역의 연속, 즉 선행은총, 죄를 깨닫게 하는 은총, 칭의, 성화의 연속으로 묘사했다.[114] 하나님의 각각의 은혜 사역은 순간에 이루어지지만, 그 순간 전후에 은혜 안에서의 "점진적인" 성장은 신자가 이후의 더 큰 은혜를 얻기 위해 필요하다.

성경뿐 아니라 모든 경험은 이 구원이 순간적이기도 하고 점진적이기도 한 양면을 가지고

107 같은 곳, II. 6.
108 설교, "은총의 수단", II. 2.
109 설교, "믿음으로 세워지는 율법 (2)", II. 1.
110 설교, "산상설교 (13)", III. 5.
111 설교, "믿음으로 세워지는 율법 (2)", III. 4.
112 같은 곳, II. 1; III. 3.
113 설교, "성경적 구원의 길", I. 1-2.
114 설교, "우리 자신의 구원을 성취함에 있어서", II. 1.

있음을 보여줍니다. 구원은 우리가 의롭다 함을 받는 순간에 시작됩니다. … 구원은 점점 더 확대되다…또 다른 한순간 우리 마음이 모든 죄에서 깨끗해지고 하나님과 사람을 사랑하는 순수한 사랑으로 채워집니다. 그러나 이 순수한 사랑도 점점 더 성장해 우리는 "범사에 머리 가 되시는 그분에게까지 자라 그리스도의 장성한 분량"에 이르게 됩니다.[115]

케네스 콜린스는 구원에서 복음과 율법의 역할, 하나님의 은혜와 인간의 행위에 관한 웨슬리의 생각을 자신의 두 저술서에서 잘 설명하고 있다. 먼저 콜린스는 박사학위 논문 "존 웨슬리의 율법 신학"(John Wesley's Theology of Law, 1984) 에서 웨슬리가 설명한 구원의 순서를 '율법 중지'와 '율법 계속' 사이의 순환으로 재해석했다. 하나님께서 선행은총, 칭의의 은혜, 성화의 은혜를 값없는 선물로 주시는 순간은 '율법 중지'의 순간이다. 그러나 각 은혜를 받은 사람은 더 큰 은혜를 받을 때까지 이미 받은 은혜를 소멸하지 말고 받은 은혜가 충만한 가능성을 온전히 나타내도록 은혜를 헛되게 만들지 말라는 명령, 또는 일반적인 표현으로, 받은 은혜 안에서 더욱 성장하라는 명령을 받기에, 율법 중지의 순간 전후에는 "율법이 계속된다."[116]

콜린스는 그 후 『존 웨슬리의 신학: 거룩한 사랑과 은총』(The Theology of John Wesley: Holy Love and the Shape of Grace, 도서출판 KMC)에서 '율법 중지'와 '율법 계속'이 서로 교대하며 이어지는 구원의 과정에서 드러나는 '웨슬리 신학의 핵심적 종합'의 다양한 요소를 정리했다. (1) 웨슬리 신학에는 구원을 "오직 하나님만의 활동"으로 보는 견해와 복음적 신인협동 즉 하나님의 은혜와 인간의 응답 모두로 보는 견해가 종합되어 있다. (2) 은혜를 "자격 없는 자에게 베푸시는 하나님의 사랑"으로 보는 견해와 "사람이 하나님의 뜻 가운데 살 수 있게 하시는 성령의 능력"으로 보는 견해가 종합되어 있다. (3) 구원에서 인간의 역할을 "오직 하나님의 은혜를 받는 역할"로만 보는 견해와, 인간이 하나님의 은혜에 능동적으로 응답할 의무가 있다고 보는 견해가 종합되어 있다. (4) "하나님의 호의로서 은혜"로 이루어지는 구원의 "순간적" 요소와 인간의 율법의 행위를 통해 이루어지는 "과정적" 요소가 종합되어 있다.

콜린스는 이 요소 중 하나님의 은총을 강조하는 전자의 원천을 "영국 국교회

---

115 같은 곳; Collins, The Theology of John Wesley, 73-82.
116 참고. Collins, "John Wesley's Theology of Law."

종교개혁의 개신교적 유산 및 모라비아 교도와 독일 경건주의자들의 신학적 통찰"
로, 하나님의 은혜에 대한 인간의 책임적 반응을 강조하는 후자의 원천은 "광의적
아르미니우스주의" 또는 "광의적 가톨릭(영국 국교회, 로마 가톨릭, 동방정교회)
전통"으로 분석했다. 콜린스는, 웨슬리가 기독교의 다양한 전통이 가르쳐온 하나
님의 은혜와 인간의 응답의 측면을 종합한 방식은, 구원의 각 상태에서 사람이 응
답하기 전에 먼저 하나님의 은혜를 받는 것이 선행되는 방식이라고 설명한다. 다
시 말해, 구원에서 하나님의 은혜와 인간의 응답의 관계는, 먼저 하나님의 은혜는
인간의 응답보다 선행하며, 인간의 응답의 토대를 부여한다. 다음으로 인간의 응
답은, 먼저 하나님의 은혜를 선물로 받은 이후에, 그 은혜를 유지하고 이미 받은 은
혜에 내포된 모든 변화의 실현 가능성을 증대시키는 역할을 한다.

i. 선행은총[117]

웨슬리는 타락으로 끊어진 하나님과 인간의 관계를 회복하기 위한 기초이
자 구원으로 인도하시기 위한 예비적 은혜로 하나님께서 모든 사람에게 '선행
은총'(prevenient grace)을 부어주셨다고 가르쳤다. 어원적으로 '선행하는'
(prevenient)이라는 말은 '이전에'(before)를 의미하는 라틴어 *prae*와 '오다'(to
come)를 의미하는 *venire*'에서 유래했다.[118] 선행은총은 '~이전에 주어지는 은총'
'~보다 먼저 오는 은총'이라는 뜻을 가지고 있다.

웨슬리 신학에서 선행은총은 두 용례로 쓰인다. 첫째, '협의적' 의미로는 구원
이전에 주어지는 하나님의 은혜를 의미한다. '협의적' 선행은총을 매덕스는 "칭의
이전에 타락한 인간 속에서 활동하시는 하나님의 구원 사역"에 관한 교리라고 설
명한다.[119] 선행은총은 하나님의 사랑이 칭의 이전부터 부어진다는 사실을 의미하
며, 그 자체가 하나님과 인간의 관계의 회복은 아니지만, 회복을 위한 하나님 역사
의 '시작'으로 이해할 수 있다.[120]

---

117 참고. 장기영, "자유의지와 노예의지, 그 분기점으로서 웨슬리의 선행은총론"; "자유의지, 노예의지" 시리즈,
    <<활천>> (제720권 11호~739권 6호).
118 Crofford, "Streams of Mercy," 14.
119 Maddox, *Responsible grace*, 84.
120 같은 책, 86-87.

둘째, '광의적' 의미로 선행은총은 "은총의 선행"(prevenience of grace), 즉 "신앙의 가장 초기적 표현에서부터 성화의 가장 높은 단계에 이르기까지 모든 유익한 인간의 결정 및 행위는 그것을 행할 수 있도록 먼저 능력을 주시는 하나님의 은혜에 기초한다"는 사실을 의미한다.[121] 이 견해는 하나님의 은총이 칭의 이전부터 역사함을 인정할 뿐 아니라, 성화의 과정에서도 하나님께서 신자를 돕기 위해 주도적으로 역사하신다고 보는 관점이다.[122] '선행은총'이라는 분명한 용어를 사용할 때 웨슬리는 주로 '협의적" 의미를 지칭할 때가 많지만, 그럼에도 웨슬리의 글에는 '은총의 선행'으로서의 개념도 분명히 나타난다.

웨슬리의 선행은총 사상의 출처는 다음과 같이 요약할 수 있다.[123] 첫째는 성경으로, 요한복음 1:9, 사도행전 10장, 로마서 1:19-20, 2:14-16 같은 신약성경 구절이 선행은총을 암시한다.[124] 맥고니글은 웨슬리가 "성경에 대한 존중"에서부터 선행은총론을 통해 구원에서 하나님의 주도권뿐 아니라 인간의 응답의 중요성을 함께 강조하게 되었다고 바르게 분석한다.[125] 둘째로, "고대와 중세 신학"으로,[126] 특히 동방교부들에게서 그 개념이 나타나며,[127] 서방 신학자 중에는 아우구스티누스가 『자연과 은총』(De natura et gratia)에서 '선행은총'이라는 용어를 처음 사용했고,[128] 토마스 아퀴나스는 선행은총과 뒤따르는 은총의 관계를 다루었다.[129] 셋째로, 영국 국교회와 청교도, 장로교 신학자[130]을 포괄하는 16~18세기 영국 개신교 신학

121 같은 책, 30.
122 Rogers, "The Concept of Prevenient Grace in the Theology of John Wesley," 205.
123 Crofford, "Streams of Mercy," 22-86.
124 Charles A. Rogers, "The Concept of Prevenient Grace in the Theology of John Wesley," (Ph.D. dissertation, Duke University, 1967), 26; Crofford, "Streams of Mercy," 14.
125 Herbert McGonigle, John Wesley's Doctrine of Prevenient Grace (Derbys: Wesley Fellowship, 1995), 14.
126 Rogers, "The Concept of Prevenient Grace in the Theology of John Wesley," 27; Crofford, "Streams of Mercy," 22.
127 Maddox, Responsible grace, 66-67.
128 Crofford, "Streams of Mercy," 14-15, 270; Collins, The Theology of John Wesley, 73.
129 Crofford, "Streams of Mercy," 14-15, 270.
130 Journals 1:419; Rogers, "The Concept of Prevenient Grace in the Theology of John Wesley," 25-58. 로저스는 "웨슬리의 선행은총 개념의 주된 원천"을 영국 국교회의 39개 신조와 공동기도서, Robert Barnes(1495~1540), Thomas Rogers(d. 1616), Richard Hooker(1554~1600), William Beveridge(1637~1708), Gilbert Burnet(1643~1715), John Pearson(1612~1686), Samuel Annesley(1620~1696), William Tilly 등으로 언급한다; Crofford, "Streams of Mercy," 27-66. 크로포드는 로저스가 다루지 못한 Robert South(1635~1716), Edward Reynolds(1599~1676), Stephen Charnock(1628~1680), John Smith(1618~1652), John Preston(1587~1628), Isaac Ambrose(1604~1664), John Tillotson(1630~1694), Richard Sibbes(1577~1635), Robert Bolton(1572~1631), Samuel Annesley(1620~1696), Richard Lu-

의 영향이 결정적이다. 영국 국교회 39개 신조(제10조)는 구원에서 은혜의 우선성
및 지속성에 관한 선행은총 교리를 다음과 같이 표명하고 있다.

> 아담의 타락 이후 인간의 상태는, 자신의 자연적 능력과 선행으로는 자신을 바꾸고 준비시
> 켜 신앙과 하나님께 대한 간구로 나아갈 수 없다. 우리보다 앞서 행하시는 그리스도를 통한
> 하나님의 은혜, 즉 우리로 선한 의지를 갖게 하시고, 선한 의지를 갖게 되면 우리와 함께 일하
> 시는 은혜 없이는 우리는 하나님이 기뻐하시고 용납하실 만한 선을 행할 능력이 전혀 없다.[131]

영국 국교회 공동기도서 역시 구원의 모든 과정에서 하나님의 은혜가 앞선다
는 광의적 선행은총 사상을 담고 있다.[132] 웨슬리는 선행은총을 양심, 창조를 통한
계시, 성령의 깨우치심 등으로 설명한 16~18세기 영국 개신교 신학자들에게서 선
행은총의 기본 개념, 용어, 성경 해석의 근거를 물려받았다.[133] 넷째로, 또 하나의 중
요한 출처는 퀘이커 신학자 로버트 바클레이(Robert Barclay, 1648~1690)다. 웨
슬리가 발췌하거나 인용한 바클레이의 글은 그리스도의 보편적 속죄를 토대로 성
령의 빛이 모든 사람에게 보편적으로 임함에도, 사람들이 저항함으로 유익을 얻지
못할 가능성 및 바르게 반응해 구원으로 나아갈 가능성 등을 언급했다.[134]

웨슬리는 기독교의 3대 교리를 "원죄, 이신칭의, 성결의 교리"로 가르쳤다.[135]
타락한 인간은 "전혀 선이 없고" "전적으로 부패"했으며, "마음의 생각이 지속적
으로 악하다."[136] 타락의 결과 죽음과 무지, 실수, 영적·육적인 죽음은 인류에게 보
편적인 것이 되었다.[137] 원죄를 부인하는 것은 기독교 전체 체계를 무너뜨리는 것
이다.[138] 웨슬리의 원죄론은 그레고리 크로포드(J. Gregory Crofford)에 따르면 아
우구스티누스적이며,[139] 콜린스에 따르면 루터나 칼빈과 유사하다.[140]

원죄와 선행은총은 공생관계다. 인간의 타락이 없다면 선행은총이 필요 없으

---

cas(1648~1715), Jeremy Taylor (1613~1667) 등을 포함시켰다.
131 Crofford, "Streams of Mercy," 23.
132 같은 책, 24.
133 같은 책, 27-66.
134 Crofford, "Streams of Mercy," 67-86.
135 Letters 4:146.
136 BE 2:183-184.
137 BE 1:185, 204-207, 225-226.
138 Letters 4:67.
139 Crofford, "Streams of Mercy," 97.
140 Collins, *The Scripture Way of Salvation*, 38.

므로, 선행은총은 원죄를 부인하는 교리가 아니라 오히려 펠라기우스주의를 배제하는 교리다. 루터가 인간의 전적타락 때문에 예정을 가르치듯, 웨슬리는 인간의 전적타락 때문에 전적 무능을 해결하는 선행은총을 말하는 것이다.[141] 웨슬리는 한편으로는 원죄와 인간의 전적타락 교리를 인정하면서도, 다른 한편으로는 어떤 사람도 루터가 주장하는 것처럼 그렇게 무능하고 끔찍한 상황에 있지는 않다고 주장한다. 선행은총으로 인해 인간의 전적타락은 "그 범위에서는 전적이지만 … 그 정도에서는 그렇지 않게 되었기 때문이다."[142] 완전히 타락한 "자연인" 개념은 논리적으로만 가정해볼 수 있을 뿐이다. "세상의 모든 사람은 자연인 더하기(+) 선행은총의 상태로 존재"하기 때문이다.[143] 상황을 경감시키는 요소로서 선행은총은 인간이 하나님의 은혜에 반응할 능력조차 없이 무능해진 상태에서 반응할 수 있는 상태로 끌어올리시기 위한 하나님의 해결책이다.[144]

웨슬리는 선행은총을 삼위일체적으로 설명해 "죄인은 성부의 사랑에 이끌리고, 성자에 의해 빛이 비추어지며, 성령에 의해 죄를 깨닫게 된다"고 말한다.[145] 선행은총은 특히 그리스도의 대속을 토대로 주어진다.[146] 하나님께서 "자신의 어둡고 죄 많은 피조물"에게 선행은총을 베푸시는 것은, "자신이 행하신 일을 무시하지 않으시고 그의 사랑하시는 아들을 통해 사람들과 화해하셨기 때문"이다.[147] 모든 구원의 은혜는 하나님과 죄인의 화해의 길을 여신 그리스도의 대속에 기초한다. 구원을 위한 예비적 은혜 역시 마찬가지다. 그리스도의 대속이 없다면 예비적 은혜 역시 없을 것이기 때문이다.[148] 웨슬리는 로마서 8:32("자기 아들을 아끼지 아니하시고 우리 모든 사람을 위하여 내주신 이가 어찌 그 아들과 함께 모든 것을 우리에게 주시지 아니하겠느냐")을 설명하면서, 하나님께서 그리스도와 함께 우리에게 주신 "모든 것"에 선행은총도 포함된 것으로 가르쳤다.[149] 하나님께서는 모든 사람

---

141 Crofford, "Streams of Mercy," 97.

142 같은 책, 104; John L. Peters, *Christian Perfection and American Methodism* (Grand Rapids: Francis Asbury, 1985), 43.

143 Umphrey Lee, *John Wesley and Modern Religion* (Nashville: Cokesbury Press, 1936), 124-125.

144 Crofford, "Streams of Mercy," 98, 104.

145 WW 14:212; 설교, "성경적 구원의 길", I. 2.

146 Deschner, *Wesley's Christology*, 110.

147 BE 2:7; WW 8:277-278.

148 Crofford, "Streams of Mercy," 120-121.

149 Rogers, "The Concept of Prevenient Grace in the Theology of John Wesley," 26.

을 위한 그리스도의 대속의 은혜 일부를 모두에게 적용해 주시기 때문이다. 그리스도의 공로를 기초로 선행은총을 통한 실제적 사역자가 되셔서 사람에게 하나님의 뜻을 비추시고, 빛에 반하는 삶을 살 때 양심의 불안을 주시는 분은 성령이시다.[150]

웨슬리는 선행은총의 한계 역시 언급했다. 먼저, 선행은총은 하나님의 은혜에 인격적으로 응답할 수 있는 기능의 일부 회복이지, 구원 자체는 아니다. 그리고 선행은총으로 나아갈 수 있는 한계는 죄에 대한 어느 정도의 자각까지다. 선행은총을 통한 죄의 자각이 있기에 교회의 말씀 사역을 통한 율법 선포가 더 깊이 죄를 깨닫게 하고 복음의 필요성을 인정하게 한 결과, 죄인은 "무거운 짐을 지고 지쳐 구원의 능력을 가지신 분께 자신의 모든 죄를 던진다."[151]

웨슬리가 선행은총만으로 회개가 이루어진다고 가르치지 않았다는 사실은 매우 중요하다. 선행은총으로는 어느 정도의 죄책을 깨달을 뿐이므로, 참된 회개의 역사는 성령께서 말씀 선포를 통해 성경의 율법을 계시하심으로 이루어진다.[152] 따라서 선행은총과 죄를 깨닫게 하는 은총은 차이가 있다. 콜린스는, 선행은총은 하나님께서 모든 사람의 마음에 율법을 "객관적으로 재각인"해주신 은혜라면, 죄를 깨닫게 하는 은총은 말씀의 선포를 통해 사람의 마음에 율법을 "주관적으로 재각인"해주시는 은혜라고 설명한다.[153] 선행은총은 하나님께서 죄를 깨닫게 하는 은총을 주실 때 그 은혜에 반응할 수 있게 하는 예비적 깨달음의 기능이다. 구원의 과정을 하나님 은혜의 연결로 설명할 때 웨슬리의 전제는, 선행은총은 그 자체가 한계를 가진 은총이기에 하나님께서 이어지는 더 깊은 은혜를 주신다는 것이다.

하나님 은혜의 연결로 이루어지는 구원의 과정에서 인간의 역할은 무엇인가? 콜린스가 설명한 '율법 중지' 순간 전후의 '율법 계속'의 과정은, 구원이 전적 은혜에 기초하면서도 인간의 책임이 따름을 의미한다.[154] 웨슬리는 은혜 받은 자의 책임을 가르치는 성경적 용어로 "회개에 합당한 열매를 맺으라"(마 3:8)는 말씀을 중요하게 생각했다. 은혜에 대한 "합당한" 태도를 취하는지 아닌지가, 신자가 받은 은혜를 무효화할 것인지 아니면 받은 은혜 안에 내포된 가능성 안에서 최대한 성장

---

150 설교, "양심에 대하여", I. 5, 11-13.
151 WW 14:212.
152 설교, "종의 영과 양자의 영", II. 1-10; "은총의 수단", V. 1; "율법의 기원, 본성, 속성 및 용법", IV. 1-2.
153 Collins, "John Wesley's Theology of Law," 101.
154 설교, "성경적 구원의 길", III. 1-13.

해 다음 단계의 은혜로 나아갈 것인지에 영향을 끼친다. 선행은총의 단계에서 사람은 은혜에 저항하면서 굳어진 양심으로 죄에 거하거나, 반대로 민감한 양심을 통해 회개로 나아갈 수 있다.[155] 말씀을 통해 죄를 깨닫게 하시는 은혜를 받은 자는, 다시 죄 된 삶으로 돌아가 은혜를 무효화하거나, 회개에 합당한 태도로 순종하며 그리스도의 구원의 은혜를 간구할 수 있다.[156] 칭의와 중생의 은혜로 새 생명을 통해 죄를 이길 능력을 받은 신자는, 은혜를 소홀히 여겨 태만과 방종, 심지어 다시 불신앙으로 돌아갈 수도 있지만, 반대로 받은 은혜 안에서 자신에게 남아있는 죄에 저항하고, 그리스도와의 관계를 더 풍성하게 만들 수도 있다.[157] 성결의 은혜를 받은 신자라도 무죄한 아담이 타락한 것처럼 유혹에 넘어져 성결을 상실할 수도 있고, 성결의 은혜에서 더 깊이 성숙할 수도 있다.[158]

그렇더라도 인간의 의지적 노력이 하나님 은혜의 결과 이상으로 나아갈 수 있는 것은 아님을 기억해야 한다. 선행은총을 공로사상으로 오해하지 않으려면 신인협력이라는 말을 제한된 의미, 즉 하나님께서 주신 은혜의 범위 안에서라는 전제 아래 사용해야 한다.[159] 동시에 웨슬리는 인간이 아무 노력을 기울이지 않아도 될 정도로 은혜의 결과까지 완벽한 형태로 주어진다고 가르치지 않는다. 하나님의 은혜에 "합당한" 인간의 반응으로 웨슬리는, 네 가지 밭의 비유에서처럼, 하나님의 은혜 안에 모든 충만함의 비결이 담겨 있음에도 인간의 죄와 무지, 경박성, 연약성은 은혜를 거부하거나 깨닫지 못하거나 일부만 받아들일 가능성이 있으므로, 성경이 말씀하는 인간의 책임이란 사람이 죄 등으로 은혜를 방해하지 않도록 자신들 편에서 장애물을 최대한 인식하고 경계하며 제거해야 한다는 것이다. 받은 은혜에 "합당한" 태도를 취했는가 하는 질문이 '농부이신 그리스도가 동일하고 하나님 나라의 씨가 동일함에도 왜 사람들의 상태는 동일하지 못한가?' 하는 질문에 대한 웨슬리의 응답이다.[160]

웨슬리에 의하면, 죄인의 구원을 위해 하나님께서 주시는 은혜에는 부족함이

---

155 같은 곳, I. 2, 4.

156 설교, "부자와 나사로", III. 2-7; "성경적 구원의 길", III. 1-13.

157 참고. 설교, "신자 안에 있는 죄".

158 Otho Jennis, "Areas of Growth After Sanctification" in Kenneth Geiger ed., *Further Insights into Holiness* (Kansas City, MO: Beacon Hill, 1963), 141-160.

159 Crofford, "Streams of Mercy," 260-262.

160 ENNT Matt 13:3-16.

없다. 그렇다면 무엇이 문제인가? 하나님께서 은혜를 주시더라도 죄로 소멸시키는 사람이 문제다. 마치 에덴에서 하나님께서 원의(原義)를 주셨음에도 아담이 자유의 남용으로 은혜를 소멸해 타락에 이른 것처럼, 받은 은혜에 대해 합당한 태도를 취하지 않아 은혜를 헛되이 하는 것이 구원으로 나아감을 방해하고, 구원 이후에도 성결의 은혜로 나아감을 방해하며, 성결의 은혜를 받은 이후에도 성결을 지속하지 못하게 막는 방해물이다. 하나님의 말씀이 참되다면, 사람이 멸망당하는 이유가 무엇이든, 하나님의 뜻이 멸망의 이유일 수는 없다는 것이 웨슬리의 강조점이다.[161] 이는 교회의 부흥과 타락에도 동일하게 적용된다. 성령께서는 초대교회 오순절과 같은 부흥의 능력과 가능성을 부여하심에도, 교회가 하나님의 은혜를 합당한 태도로 받지 못하고 소멸시킬 때 그것이 교회가 침체되는 원인이 된다.[162] 그 점에서 웨슬리는 선행은총으로 회복된 자유의지의 작용을 회개와 칭의뿐 아니라, 성결 및 그 전후의 성장, 그리고 교회의 사역과도 연결했다.[163] 웨슬리는 위대한 가능성을 내포한 하나님의 은총을 소멸시키지 말고 합당하게 받아야 할 책임을 언제나 강조했다.

웨슬리의 선행은총론은 인간이 구원의 역사를 주도할 수 있다는 사상이 아니라, 하나님의 은혜와 성령의 역사가 구원의 과정을 주도하시고 주권적으로 진행해 나가실 때, 인간이 죄로 그 은혜를 "질식시키거나" "저항해" 거부하지 말고, 하나님의 은혜와 성령의 역사를 수용하고 "순응하며" "활용해" 그 속에 내포된 가능성을 "향상시켜야" 할 책임을 가지고 있다는 것이다.[164] 바로 이 점에서 콜린스는 웨슬리의 광의적 선행은총을 단순히 가톨릭이나 동방 전통에서의 신인협력으로 이해해서는 안 되며, "인간의 공로 없이 하나님의 활동만을 강조하는 개신교(바울) 입장"이라는 큰 틀에서 읽어야 한다고 정확히 말한다.[165] 선행은총은 콜린스의 표현을 빌리면 "값없이 주시는 은혜의 한 종류"다.[166] 이 은혜를 이미 받았기 때문에 모든 인간은 하나님의 은혜를 헛되이 만들지 않아야 할 책임을 갖게 된다.[167] 이 은

---

161 설교, "값없이 주시는 은총", 22; "자기 부인", I. 1-III. 4; "광야의 상태", II. 1; "여러 가지 시험을 통한 괴로움", III. 7; "양심에 대하여", I. 18.

162 설교, "기독교의 무능함의 원인들", 1-19.

163 James C. Logan ed., *Theology and Evangelism in the Wesleyan Heritage* (Nashville: Kingswood Books, 1994), 18.

164 Letters 2:118; BE 2:7; Crofford, "Streams of Mercy," 116; 설교, "성경적 구원의 길", I. 2; "우리 자신의 구원을 성취함에 있어서", II. 7; IV. 4; "잠자는 자여 일어나라", I. 12; III. 13; "사탄의 계략들", II. 7.

165 Collins, *The Theology of John Wesley*, 76.

166 같은 책, 73-82.

167 같은 곳; Collins, "John Wesley's Theology of Law," 83-100; 설교, "우리 자신의 구원을 성취함에 있어서",

혜는 값없이 주시는 선물이라는 점에서, 콜린스는 "구원을 향한 최초의 움직임은 하나님에 의한 것이며 … 인간의 주도권은 배제된다. 그러나 하나님께서 행동하셨기 때문에 인간의 응답이 가능하게 되었다"고 말한다.[168]

ii. 죄를 깨닫게 하는 은혜

웨슬리는 구원의 서정에서 구원을 위한 예비적 은총인 선행은총 이후에 오는 은혜를 '죄를 깨닫게 하는 은혜'(convincing grace)로 설명했다. 죄를 깨닫게 하는 은혜는 선행은총과 유사하면서도 구별된다. 두 은총은 모두 하나님의 주권적 역사이면서 인간의 반응을 요구한다. 두 은총은 모두 율법을 통해 인간이 하나님을 떠나 있는 죄인임을 자각하게 하는 은혜. 그러나 선행은총은 하나님께서 불가항력적으로 모든 사람의 마음에 율법을 "객관적으로 재각인"시키신 은혜라면, 죄를 깨닫게 하는 은혜는 "인간의 설교라는 수단을 통해" "주관적으로 재각인"시키시는 은혜라는 점에서 구별된다.[169] "대부분의 사람"이 선행은총에 의한 유익을 "질식시켜버리므로", 인간의 죄로 인한 방해가 없었다면 가능했을 선행은총의 목적은 이루어지지 못하는데, 이런 결과는 보편적이다.[170] 하나님께서는 선행은총을 보완하는 '죄를 깨닫게 하는 은혜'로 죄인에게 자신이 "하나님의 율법에 굴복하지 않았다"는 자기 인식을 주신다.[171] 웨슬리는 죄를 깨닫게 하는 은혜의 직접적인 결과를 다음과 같이 설명했다.

> 하나님의 율법의 내적이고 영적인 의미가 이제 그 사람에게 빛을 발하기 시작합니다. 그는 하나님의 계명은 무한히 넓으며(시 119:96), 아무것도 '그 빛에서 숨기지 못함'을 깨닫습니다. 그는 계명의 모든 부분이 단지 외적인 행위의 죄나 순종에만 관계하지 않고 하나님의 눈 외에는 누구도 꿰뚫어 볼 수 없는 영혼의 깊고 비밀한 곳까지 관계하고 있음을 확신합니다. … 하나님의 말씀이 혼과 영을 가르고 관절과 골수를 찌릅니다(히 4:12). 그는 그처럼 위대한 구원을 무시해왔으며, 자신을 죄에서 구해주신 '하나님의 아들을 짓밟고' '언약의 피를 불경하고 평범하며 거룩하게 할 수 없는 것으로 여겨온' 자신을 의식하기에 더욱 그렇습니다.[172]

III. 4; "성경적 구원의 길", I. 2.
168 Collins, "John Wesley's Theology of Law," 99.
169 같은 책, 101.
170 설교, "성경적 구원의 길", I. 2.
171 설교, "하나님 나라로 가는 길", II. 1; "성경적 구원의 길", III. 2.
172 설교, "종의 영과 양자의 영", II. 2.

웨슬리는 죄를 깨닫게 하는 은혜를 순간적이고도 "불가항력적인" 은혜로 설명하면서도,[173] 이 은혜를 받은 후에는 죄인이 바르게 반응하는 회개의 협력적·점진적 요소가 필요함을 가르쳤다. 즉 회개에 합당한 열매를 맺어야 한다는 것인데, 이는 죄를 깨닫게 해주신 하나님의 은혜에 대한 합당한 자세이자, 하나님께서 이후에 부어주실 칭의의 은혜를 받기 위한 합당한 준비가 된다. 그러나 동시에 웨슬리는 회개에 합당한 열매가 칭의에 "절대적으로 필요"한 조건이라는 주장에는 반대했다.[174] 예수님의 십자가 오른편 강도의 경우에서 알 수 있듯, 회개에 합당한 열매를 맺는 것은 시간과 상황이 허락할 때 요구될 뿐이다. 웨슬리는 만약 여건이 허락된다면 회개에 합당한 열매는 "최고로 필요하다"고 강조했다.[175]

iii. 칭의와 중생의 은혜

웨슬리는 구원의 서정에서 칭의를 '율법 중지'의 순간으로 설명했다. 칭의는 '죄 용서'이기에 인간의 죄 많고 불경건한 상태를 전제하기 때문이다.[176] 또 칭의가 '율법 중지'의 순간인 것은, 그리스도께서 죄인 대신 형벌 받으심으로 속죄가 이루어지기에 율법의 능동적 성취를 필요로 하지 않기 때문이다.[177] 웨슬리는 영국 국교회 입장을 따라 칭의에 필요한 세 요소로 하나님 편에서는 하나님의 은혜와 그리스도께서 하나님의 의를 만족시킴, 인간 편에서는 그리스도를 믿는 신앙을 가르쳤다.[178]

웨슬리는 시간적으로 칭의와 동시에 이루어지는 중생의 은혜를 매우 중시했다. 그는 칭의에서의 '율법 중지'를 구원의 과정 전체에 적용하는 것에 반대해, 신앙을 통해 하나님의 사랑이 거듭난 자에게 계시되는 순간, 성령께서는 그에게 "하나님이 기뻐하시는 것을 바라고 행할" 능력을 부으신다는 사실을 강조했다.[179] 중생의 은혜는 하나님의 자녀에게 죄의 능력에서의 자유 및 하나님의 뜻에 순종할 자유를

---

173 Journals 3:85.
174 WW 8:57, 275-276; Collins, "John Wesley's Theology of Law," 107-108; Collins, The Theology of John Wesley, 155-160.
175 설교, "성경적 구원의 길", III. 2; Collins, "John Wesley's Theology of Law," 102-111.
176 Collins, The Theology of John Wesley, 147, 160-172; 설교, "믿음에 의한 칭의", II. 5; "성경적 구원의 길", I. 3; Lindström, Wesley and Sanctification, 87.
177 Collins, "John Wesley's Theology of Law," 150-151.
178 WW 8:54.
179 설교, "우리 자신의 영의 증거", 15; Collins, The Theology of John Wesley, 195-199.

준다.[180] 구원 받은 신자에게는 이러한 은혜가 부어지기에 웨슬리는, 신자는 율법의 행위를 통해 하나님의 은혜에 바르게 응답해야 함을 가르쳤다. "첫째로, 하나님께서 일하십니다. 그러므로 당신은 일할 수 있습니다. 둘째로, 하나님께서 일하십니다. 그러므로 당신은 일해야 합니다."[181] 중생은 시간적으로 칭의와 동시에 이루어지는 "값없이 주시는 은혜의 한 종류"[182]이지만, 범위를 넓혀 이 은혜가 점진적 성화의 과정의 시작이라는 측면에서 보면 하나님의 변화시키시는 은혜와 율법을 통한 신자의 협력 사이의 신인협력적 요소를 함께 가지고 있다.[183]

칭의와 중생은 이 같은 밀접한 관계가 있기에, 중생이 가져오는 하나님의 율법에 대한 순종은 칭의의 신앙이 참됨을 입증하는 시금석이 되며, 구원 받은 신자가 다시 죄로 더럽혀져 타락하지 않도록 참 신앙을 보존하고 강화하며 온전케 하는 역할을 한다(약 2:22).[184] 웨슬리는 "칭의 이전뿐 아니라 이후에도 회개가 필요"함을 주장하면서, 칭의 이후의 복음적 회개 및 회개에 합당한 열매는 구원의 과정에 필요한 인간의 책임적 요소라고 가르쳤다. "만약 신자가 그러한 것을 의도적으로 소홀히 한다면, 그는 성화될 수 없습니다. 그는 은혜 안에서 자랄 수 없을 뿐 아니라, 이미 받은 은혜조차 유지할 수 없습니다. 그는 신앙을 지속할 수 없을 것이고, 하나님의 사랑에서도 멀어질 것입니다."[185] 웨슬리는 율법 없이 하나님의 은혜만 역사하는 칭의·중생의 순간을 제외하면 '율법은 계속됨'을 다음과 같이 강조했다.

> 우리가 하나님께 응답하지 않으면 하나님도 우리 영혼에 계속 역사하지는 않으실 것입니다. … 그는 먼저 우리를 사랑하셨고 … 우리를 부르셨으며, 우리 마음에 빛을 비추셨습니다. 그러나 먼저 우리를 사랑해주신 그분을 우리가 사랑하지 않는다면, 그의 목소리에 귀 기울이지 않는다면, 우리의 시선을 그에게서 다른 곳으로 돌려 그분이 우리에게 부어주시는 빛으로 향하지 않는다면, 그분의 성령께서 늘 똑같이 애쓰시지는 않을 것입니다. 그는 점차 물러나실 것이고 우리 자신의 마음의 어두움 속에 우리를 내버려두실 것입니다.[186]

---

180 Collins, "John Wesley's Theology of Law," 180-193.
181 설교, "우리 자신의 구원을 성취함에 있어서", III. 2.
182 Collins, *The Theology of John Wesley*, 82.
183 Collins, "John Wesley's Theology of Law," 193.
184 설교, "은총의 수단", II. 7-8.
185 설교, "성경적 구원의 길", III. 5.
186 설교, "하나님께로부터 난 자의 특권", III. 3.

iv. 성결의 은혜(그리스도인의 완전)

a. 성결에 관한 주된 오해

웨슬리의 가르침 중 '성결'(holiness) 또는 '그리스도인의 완전'(Christian perfection) 교리는 오랫동안 가장 많은 오해를 받아왔다. 여기에는 다양한 이유가 존재한다.

첫째, 아우틀러는 그 주된 원인 중 하나를 '완전'이라는 용어의 오해로 꼽는다. 골로새서 3:14("이 모든 것 위에 사랑을 더하라 이는 온전하게 매는 띠니라"), 히 브리서 6:1-2("그러므로 우리가 그리스도의 도의 초보를 버리고 죽은 행실을 회 개함과 하나님께 대한 신앙과 세례들과 안수와 죽은 자의 부활과 영원한 심판에 관한 교훈의 터를 다시 닦지 말고 완전한 데로 나아갈지니라") 등의 말씀에서 '완 전하다' 혹은 '온전하다'의 의미로 번역된 헬라어 'teleiotes'는, 일반적으로 영어로 는 'perfection'으로 번역되고, 라틴어로는 'perfectus'로 번역된다. 그러나 라틴어 'perfectus'는 성경의 원문인 헬라어 'teleiotes'의 의미를 왜곡하는 경향이 있는데, 그 이유는 'perfectus'는 더 이상의 발전이 없다는 의미의 정적인 상태를 묘사하는 단어인 데 비해, 헬라어 'teleiotes'는 발전의 개념을 가진 매우 역동적인 단어이기 때문이다. 그런데 영어는 헬라어보다는 라틴어에서 더 깊은 영향을 받았고, 이것 이 영어에서의 완전 개념 이해에 영향을 끼쳤다. 즉 영어에서 완전 개념은 더 이상 의 발전이 없는 정적인 개념과 유사하다. 이에 비해 성경을 연구할 때 라틴어 불가 타 버전이나 영어 킹제임스 버전이 아니라 언제나 헬라어 본문으로 연구했던 웨슬 리의 '완전' 개념은 라틴적 'perfected perfection'(더 이상의 발전이 없는 완성된 완전)이 아니라, 헬라적 'perfecting perfection'(더 발전 가능한 완성되어가는 완 전) 개념으로서, 이는 아우구스티누스 이전의 동방 교부들이 강조했던 것처럼 이 미 이루어진 온전한 사랑의 은혜 속에서 "더 충만한 사랑을 끊임없이 열망"하는 상 태다. 그럼에도 라틴어의 영향을 더 깊이 받은 영어권에서는 웨슬리의 헬라적 동 적 완전 개념을 오해해 라틴적 정적 완전 개념으로 받아들이는 것이다.[187] 웨슬리 는, 바울이 빌립보서 3:12에서는 "내가 이미 얻었다 함도 아니요 온전히 이루었다 함도 아니라 오직 내가 그리스도 예수께 잡힌 바 된 그것을 잡으려고 달려가노라"

---

187 BE 2:98.

고 고백했지만, 이후 15절에서는 "그러므로 누구든지 우리 온전히 이룬 자들은 이렇게 생각할지니"라고 언급해 자신을 "이미 온전해진" 것으로 설명한 예를 들어, 이미 완전하지만 더욱 완전을 이루어가는 '헬라적 동적 완전 개념'을 설명했다.[188]

둘째, '성결'을 반대하는 또 다른 이유는, 웨슬리가 성경에서 이끌어낸 '그리스도인의 완전'에 대한 가르침을 웨슬리가 주장하고 가르친 수준이 아니라, 웨슬리가 세상에서 성도가 도달할 수 없다고 가르친 영화의 상태로 오해하기 때문이다. 웨슬리는 "진리의 유일무이한 표준이자, 순수한 경건의 유일한 표본"은 오직 성경으로,[189] 성결을 말할 때는 "성경에 충실해 성경에 있는 대로의 완전을 기준으로 삼아야지" 성경적 기준보다 높거나 낮아서는 안 된다는 점을 철저히 강조했다.[190] 그럼에도 성결을 반대하는 사람은 성경이 말씀하는 그리스도인의 완전이 어떤 수준인지를 묻기보다, 즉시 '인간은 죄인인데 어떻게 성결이 가능한가?' 혹은 '인간이 어떻게 완전할 수 있는가?'라는 말로 성결에 대한 주장 자체를 반박한다. 이러한 태도는 웨슬리가 가르친 성결을 성경적 기준보다 더 높다고 오해하는 선입관 때문이다. 웨슬리가 활동하던 당시에도 이런 오해는 빈번했기에 웨슬리 자신이 성결에 대한 보편적 오해들을 누누이 설명해 이를 피하고자 했다.

한영태는 웨슬리 자신의 설명에 기초해[191] 웨슬리가 반대한 완전 개념을 다음과 같이 열거했다. 즉 그리스도인의 완전은 하나님께만 가능한 "절대적 완전"이 아니며, 순수하게 영적인 존재로서 본래의 거룩성을 유지한 "천사적 완전", 온전한 영적 육적 기능을 가지고 영적·도덕적·육체적으로 무죄했던 "타락 전 아담과 같은 완전", 다시 타락할 수 없고 연약성에서도 해방되는 "영화(glorification) 단계의 완전", 고의적 죄만이 아니라 비고의적 죄에서도 벗어나는 "무죄한 완전"(sinless perfection), 육체적 본능이나 욕구가 사라지는 완전, 다시 유혹도 받지 않고 과오나 실수도 없는 완전, 다시 잃어버릴 수 없는 완전, 더 이상의 성장이 없거나 지식, 판단, 기억, 봉사 등의 기능이 완전해지는 완전이 아니다.[192] 간단히 말해, 그리스도인의 완전은 하나님보다, 천사보다, 타락 전 아담보다 못한 완전이다. 성결의 은혜

---

188 ENNT Phil 3:12.
189 Plain Account, 7.
190 같은 책, 57.
191 설교, "그리스도인의 완전"; "완전에 대하여"; Plain Account.
192 한영태, 『그리스도인의 성결』(서울: 성광문화사, 1996), 127-149.

를 받더라도 타락의 결과로 생겨난 인간의 연약성을 벗어날 수 없으며, 다시 유혹 받고 타락할 가능성을 벗어날 수 없다. 동시에 성결은 지속될 수 있으며, 은혜 안에 서 더욱 성장할 수도 있다.

셋째로, '성결'을 반대하는 또 하나의 주된 이유는, 대다수 그리스도인이 성경 이 말씀하는 충만한 은혜에 도달하지 못한 결과, 자신이 알지 못하고 경험하지 못 한 은혜를 부인하는 경향에 기인한다. 이런 태도는 성경을 기준으로 자신을 점검 하고 바꾸는 것이 아니라, 자신을 기준으로 삼아 성경을 이해하는 매우 잘못된 태 도다.[193]

b. 성장하는 완전(perfecting perfection)

웨슬리는 설교 "완전에 대하여"(1784)에서 우리가 세상에서 경험할 수 있는 그 리스도인의 완전을 두 가지 표현으로 설명했다. 그중 한 가지는 "영혼이 육체에 머 무는 동안 사람이 얻을 수 있는 최상의 완전(the highest perfection)"인데, 이 설 명에서 그리스도인의 완전은 정적 상태가 아닌, 정도에 다양한 차이가 있고 완전 에 이른 후에도 지속적 성장이 가능한 동적 완전(perfecting perfection)이다.[194]

웨슬리는 지속적으로 성장 가능한 동적 완전 개념에, 순간적 경험과 점진적 과 정이라는 두 요소를 적절하게 결합시켰다. "당신은 칭의 된 순간부터 점진적인 성 화에서 더욱 진전할 것이지만, 죄에서의 온전한 구원은 내가 믿기로는 언제나 순 간적입니다."[195] 웨슬리는 만약 온전한 성결을 경험한 사람이 자신의 성결은 점진 적으로 이루어졌다고 주장한다면, 그것은 죄가 사라진 특별한 순간을 인식하지 못 했기 때문이라고 보았다.[196] 웨슬리는 성결의 은혜로 죄가 근절되는 순간을 인간의 육체가 죽는 순간에 비유하면서,[197] 완전성화란 죄가 섞이지 않은 순수한 사랑의 상 태로, 죄 된 성향이 뒤섞여 있는 중생과 비교해보면, 훨씬 높은 차원의 구별되는 은 총의 단계라고 설명했다.[198]

---

193 설교, "광신의 본성".
194 설교, "완전에 대하여", I. 3; Oden, John Wesley's Scriptural Christianity, 320.
195 Letters 8:190.
196 Letters 7:222; 설교, "성경적 구원의 길", III. 18.
197 WW 11:442; 8:329.
198 Lindström, Wesley and Sanctification, 132.

성결의 은혜로 죄가 '근절'(eradication)된다는 웨슬리의 가르침에 반대해 죄는 단지 '억압'(suppression)될 뿐이라는 개신교 내 타 신학 전통의 반대에 퍼카이저(W. T. Purkiser)는 다음과 같이 답한다.

> 로마서 6:6-7은 "우리가 알거니와 우리의 옛 사람이 예수와 함께 십자가에 못 박힌[crucified] 것은 죄의 몸이 죽어[개역한글판성경에서는 '멸하여'로, KJV에서는 'destroyed'로 사용됨-역주] 다시는 우리가 죄에게 종 노릇 하지 아니하려 함이니 이는 죽은 자가 죄에서 벗어나 의롭다 하심을 얻었음이라"라고 말씀한다. 성결 운동 외부의 많은 사람이 신자의 마음속 죄에 "근절"이라는 용어를 사용하는 것에 분개한다. 우리는 아무리 유용하더라도 성경에 나오지 않는 용어를 주장하고 싶은 마음은 없다. 우리는 기꺼이 성경적 용어를 사용할 것이다. 만약 우리 믿음의 형제들이 근절이라는 단어를 받아들일 수 없다면, 그 대신 하나님께서 옛 사람을 다루시는 방법으로 성경이 사용한 '십자가에 못 박음'(crucifixion)이나 '멸함(또는 죽음, destruction)이라는 용어로 대체하는 것은 어떤가? 성경 시대에 십자가에 못 박는 것은 사형 방법으로 널리 사용되었다. 그리고 그 결과는 언제나 죽음이었다. 온 세상에서 십자가에 못 박는다는 용어가, 마음속에 활동적인 세력으로 여전히 살아있는 무엇인가를 억누르거나 대항한다는 의미로 사용된 예는 한 번도 없다. 마찬가지로 죄의 몸이 멸한다는 말씀의 분명한 의미는, 만약 '전멸'(annihilation)이라는 뜻이 아니라면 적어도 죄의 몸이 제거된다는 것이다. 로마서 6장 전체의 말씀의 취지는, 그리스도께서 십자가에서 우리를 위해 행하신 일은 성령에 의해 우리에게서 이루어질 수 있고 또 이루어져야 한다는 것이다.[199]

신자 속에 남아있는 죄의 근절로서 성결의 은혜는 믿음을 통해 한순간에 받는다면,[200] 점진적 성장의 과정으로서 성화는 신자가 "이미 받은 은혜"에 바르게 반응함으로 그 은혜를 소멸시키지 않고 십분 활용하는 것과 관계가 있다. 올바른 반응의 방법이란 하나님 앞에서 경건의 행위와 이웃을 향한 자비의 행위 등 하나님께서 명령하신 율법을 준행하는 것, 즉 믿음으로 순종의 삶을 사는 것이다.[201] 웨슬리는 이 점을 "이 축복은 가장 직접적으로는 오직 신앙에 달려있지만, 우리의 행위에도 달려있다"는 말로 분명하게 주장했다.[202]

> 이미 받은 은혜를 바르게 활용하는 것은 더 큰 은혜를 받는 확실한 방법입니다. 당신이 가진 믿음을 십분 활용할 때 당신의 믿음은 더욱 커질 것입니다. 이 말은 믿음만이 아니라 매우 넓은 영역, 즉 하나님께서 우리에게 맡기신 모든 재능과 내적이고 외적인 신앙생활 모든 영역

199 Purkiser, *Conflicting Concepts of Holiness*, 23-24.
200 설교, "성경적 구원의 길", III. 3-5, 14-17; Letters 5:315; 7:317, 322; Collins, *The Theology of John Wesley*, 287.
201 Letters 5:112-513; Plain Account, 64.
202 Letters 4:71; 설교, "성경적 구원의 길", II. 2.

에도 적용 가능합니다.[203]

신자들은 이미 받은 은혜 속에 거하면서 그 은혜를 충분히 활용하는 동일한 방법에 의해 완전성화 이후에도 은혜 안에서 더욱 성장할 수 있다. 그것은 은혜 받은 신자에게 하나님께서 요구하시는 것이기도 하다.[204] 사람은 과거에 받은 은혜가 언제나 자기 것인 양 착각한다. 그러나 웨슬리는 "어느 누구도 은혜 안에서 계속 성장하려 하지 않는다면, 이미 받은 은혜를 유지조차 할 수 없게 될 것"이라고 경고했다.[205]

아우틀러는 웨슬리에게 그리스도인의 완전 교리란 하나님의 주권적 은혜를 드높이는 교리라고 바르게 지적한다.[206] 성결 혹은 그리스도인의 완전은, 그리스도인이 신앙적이고 윤리적인 노력으로 이루어야 할 상태나 삶이기 전에, 믿음을 통해 순간적으로 받는 성령의 능력이기 때문이다. 그러나 동시에 웨슬리는 하나님의 은혜를 헛되이 하지 않으려는 인간의 책임성 있는 태도를 경시하지 않았다. "하나님의 전능하신 능력은 여러분을 온전히 구원하실 수 있습니다. 여러분을 위한 그의 은혜는 부족함이 없습니다. 그러나 여러분이 그의 일에 동참하는 동역자로서의 자세를 갖지 않는다면, 그 은혜를 받지 못할 것입니다."[207] 칭의 이후 신자가 하나님께 순종하는 가운데 죄를 멀리하는 삶을 사는 것은, 은혜 안에서의 지속적인 성장 및 더 큰 은혜를 받기 위한 준비로서 필요하다는 점에서, 성결의 순간적 체험이 어느 정도는 성화에서의 점진적 성장에 의존한다는 린드스트롬의 말은 정확히 웨슬리의 생각을 반영한 것이다. 심지어 순간적 성결의 은혜를 받는 통로로서 신앙마저도 인간의 태도와 전혀 상관이 없는 배타적인 하나님의 사역만은 아니다. 인간의 측면에서 보면 성결의 신앙은 신자가 그 마음을 하나님께 전적으로 굴복시키는 것을 의미하기 때문이다.[208]

---

203 Letters 5:200.
204 Plain Account, 118.
205 WW 3:204.
206 Outler ed., *Wesley*, 253.
207 설교, "세상과 벗 된 것에 대하여", 18.
208 Lindström, *Wesley and Sanctification*, 132.

c. 제한적 완전(limited perfection)

웨슬리가 설교 "완전에 대하여"에서 설명하는 그리스도인의 완전의 또 다른 특징은, "부패하기 쉬운 몸 안에 살고 있는 동안 인간이 도달할 수 있는 완전"이라는 것이다. 이는 그리스도인의 완전이 타락 전 아담의 상태와 달리 인류의 타락이 초래한 보편적 결과로서 인간의 유한성과 연약성의 한계 안에 가두어진 제한적 완전임을 의미한다.[209] 웨슬리가 그리스도인의 완전에도 벗어날 수 없는 제약으로 설명한 내용에는 무지, 실수, 연약성, 유혹 등이 있다.[210] 웨슬리는 엄격한 의미로는, 온전히 성화 된 신자의 태만이나 부족한 점, 실수, 단점도 하나님의 완전한 율법에는 저촉되므로 그리스도의 대속을 필요로 하는 죄가 된다고 설명했다.[211] 그러나 일반적인 의미로 웨슬리는 하나님의 율법을 알고도 깨뜨리는 의도적인 죄와, 무지나 실수에 의해 의도치 않았음에도 부지 중에 하나님의 율법을 범하는 것 사이를 구분해, 죄를 전자 즉 고의성을 가진 율법 위반으로 제한했다.[212] 웨슬리는 이를 "믿음으로 하나님에게서 난 자는 … 행동이나 말이나 생각에서 연약성으로 인해 죄를 짓지는 않습니다"라는 말로 표현했다. 이 말을 통해 웨슬리는, 연약성은 성경이 말하는 죄의 범주에 포함되지 않는다는 것을 가르치고자 했다. "연약성은 의지의 작용으로 일어나는 것이 아니며, 그렇다면 적절한 의미에서 죄라 할 수 없기 때문"이다.[213] 실수와 연약성은 사랑과 반대된 것이 아니며, 따라서 인간의 반역적인 의지에서 나오는 "성경적 의미에서의 죄"는 아니라고 본 것이다.[214] 이처럼 웨슬리는 죄에 대한 엄격한 관점과 일반적인 관점 모두를 인정하면서도, 죄를 결정짓는 요소에는 하나님의 뜻을 어기는 일에서 고의성, 즉 인간의 의지가 개입되었는지 아닌지의 여부가 결정적이라고 보는 후자의 입장에서 "모든 죄는 하나님의 율법에 저촉된다", 그러나 "율법에 저촉되는 모든 것이 죄는 아니다"라고 주장했다.[215]

웨슬리는 인간의 의지가 개입된 자발적 죄와 연약성에 의한 비자발적 죄 사이

---

209 설교, "완전에 대하여", I. 4.
210 설교, "그리스도인의 완전", I. 3, 8; "질그릇에 담긴 하늘의 보배", II. 1; "인류의 타락에 대하여", II. 2; "시험에 대하여", I. 6; "광야의 상태", III. 14; Plain Account, 21-22, 55.
211 Plain Account, 55.
212 같은 곳; 설교, "하나님께로부터 난 자의 특권", II. 2.
213 설교, "믿음으로 말미암는 구원", II. 6.
214 Plain Account, 55; Letters 5:322; WW 12:394.
215 설교, "완전에 대하여", II. 9.

를 구분함으로 율법의 고의적 위반과 비고의적 실수에 의한 위반을 구분했고, 타락 이전 아담에게만 가능했던 율법의 절대적 성취와 타락 이후 인간에게 가능한 율법의 부분적 성취를 구별했다. 그런 후 웨슬리는 타락 이후 인간이 갖게 된 제약을 아시는 하나님은 우리에게 어떤 실수나 단점, 부족함에서도 벗어나 하나님의 율법을 철저히 지키라는 엄격한 의미에서 "천사적 완전을 요구하시는 대신", 비록 연약함이 있더라도 율법의 정신이자 목적인 하나님과 이웃에 대한 "사랑"으로 행하는 자가 되기를 원하신다고 가르쳤다.[216] 하나님께서는 타락한 인간의 불완전한 조건을 아시기에 타락 전 아담에게 요구하셨던 완벽한 행위가 아니라, 복음의 법으로서 사랑을 요구하신다는 것이다.[217] 타락 후 인간에게 요구하시는 하나님의 율법이 사랑이라는 주장과 함께, 웨슬리는 죄를 "사랑의 법을 고의로 깨뜨리는 것"으로 재정의했다.[218] 타락 후 인간의 한계성을 반영해 죄를 이해한 것을 토대로, 웨슬리는 그리스도인의 완전은 인간이 가진 한계로서 만 가지의 방황하는 생각이나 무지와 실수, 그외 다양한 연약성과 양립할 수 있음을 가르쳤다.[219]

웨슬리는 그리스도인이 타락 전 아담같이 율법을 철저하고 완벽하게 순종하는 것은 불가능하더라도, 하나님의 사랑에서 동기를 부여받고 성령의 능력부음을 받는다면 사랑의 명령을 성취하는 것은 가능하다고 보았다. 이처럼 웨슬리는 인간의 타락과 연약성을 핑계로 하나님의 율법을 처음부터 성취 불가능한 것으로 전제하는 데 반대해, 하나님께서는 여전히 그리스도인의 순종을 원하시기에 하나님의 은혜로 어느 정도의 순종이 가능한지에 관해 성경적 진리를 발견하고자 노력한 것이다. 인간의 타락 이후에도 하나님께서 은혜로 가능케 하시는 거룩함의 범위와 성령 충만한 신자가 율법을 성취할 수 있는 가능성에 관해 성경이 무엇을 말씀하는지 진지하게 고찰해보지도 않은 채 무분별하게 '세상에서 우리가 거룩할 수 있는가?' '우리가 율법을 다 지킬 수 있는가?'라고 쉽게 말하는 자는, 성경이 가르치는 바 하나님께서 주시는 은혜로 가능한 거룩함의 정도와 하나님의 말씀에 대한 순종 그 자체를 부인하는 것이다.

---

216 Plain Account, 85.
217 설교, "인내에 대하여", 10.
218 WW 12:394.
219 WW 11:416; 12:394.

C. 관찰과 분석

I. 구원의 전부인 칭의 vs. 구원의 입문인 칭의

웨슬리가 이신칭의의 교리를 받아들이는 데는, 루터의 추종자들뿐 아니라 루터 자신이 결정적 역할을 했다. 웨슬리는 미국 선교를 떠나는 길에 모라비아 교도를 만난 때를 시작으로 영국으로 되돌아온 후까지 줄곧 그들과 밀접한 교제를 나누며 아우구스트 스팡겐베르크(August Spangenberg)나 피터 뵐러(Peter Bohler) 등의 지도자와도 만남을 이어갔다. 웨슬리는 첫 만남에서 그들이 "믿음과 성령으로 충만한" 사람임을 즉시 알 수 있었고,[220] 그들에게서 루터의 "오직 믿음으로 구원 받는다"는 가르침을 전해들었을 때 도무지 이해할 수 없는 "낯설고" "새로운" 교리였다고 기록했다.[221] 또 자신의 올더스게이트 체험을 기록할 때는 그것이 루터의『로마서 서문』을 듣는 중에 이루어졌음을 상세히 묘사했다.[222] 웨슬리는『표준설교집』중 첫 번째 설교에서 루터를 "믿음으로 구원" 얻는 성경적 진리를 선포함으로 사탄의 나라를 전복시킨 "하나님의 사람"으로 칭송했다.[223] 메소디스트 신학 월간지 「아르미니우스주의 매거진」(The Arminian Magazine, 1778~1797)에서 신앙 위인의 전기를 수록할 때는 가장 먼저 루터의 생애를 다루었다.[224] 이 모든 사실은 웨슬리가 루터의 이신칭의 교리를 얼마나 중시했는지를 잘 보여준다.

아우틀러는 웨슬리의 이신칭의 교리의 주된 원천을 "16세기 영국 국교회 종교개혁자들"로 주장한다. 그러나 콜린스는 이에 반대해 웨슬리가 모라비아 교도를 만나기 전에는 "'오직 믿음'(sola fide)의 급진적 성격을 제대로 이해"하지 못했다고 바르게 수정한다. 비록 이후에 웨슬리가 영국 국교회 전통에서 이신칭의 교리의 풍부한 원천을 발견한 것은 사실이지만, "초기에 웨슬리가 끌어안은 이신칭의 교리"는 루터의 가르침이었음이 분명하다.[225] 웨슬리는 이신칭의 교리에서 자신이 "하나

---

220 Journals 1:110, 436.
221 Journals 1:440, 442, 457.
222 Journals 1:465-478.
223 설교, "믿음으로 말미암는 구원", III. 9.
224 WW 14:281.
225 Collins, "John Wesley's Theology of Law," 117-130.

님의 사자"[226] 또는 "하나님의 사랑을 크게 입은 분이자, 복되게 쓰임 받은 하나님의 도구"[227]로 높이 칭송한 루터의 충실한 제자였다.

그럼에도 웨슬리는 율법과 선행, 성화에서 루터와 거리를 둔다. 1738년 1월 24일 자 일지에서 웨슬리는 루터 신학이 신앙지상주의에 빠져 있다고 평가했다.

> 하나님의 때가 오기 전 나는 일부 루터주의와 칼빈주의 저자에게 빠져들었는데, 그들의 혼란스럽고 미숙한 설명은 신앙을 지나치게 크게 확대해 다른 모든 계명이 가려져 보이지 않게 될 정도로 만들어 버렸다. 그때 나는 이것이, 그들이 로마 가톨릭주의를 지나치게 두려워한 나머지 발생한 자연스런 결과, 즉 공로와 선행을 부르짖는 것에 지나치게 두려움을 가진 나머지 정반대의 극단에 빠져든 것임을 알지 못했다. 도대체 무엇이 잘못되었는지 알 수 없었고, 이 이상한 억측을 성경이나 일반 상식과 조화시킬 방법도 찾지 못한 채, 나는 미궁 속에서 완전히 길을 잃고 말았다.[228]

1739년 4월 4일 자 일지에서는 루터가 야고보서를 "지푸라기 서신"으로 언급한 것을 비판했다.[229] 루터의 『갈라디아서 강해』를 읽은 직후인 1741년 6월 15일에는 "루터는 거의 모든 부분에서 생각이 깊지 못하고 … 불명료하고 혼동되어 있다. 어떻게 선행과 하나님의 율법을 신성모독적으로 언급할 수 있단 말인가"라고 일지에 적었다.[230] 설교 "하나님의 포도원"(1787)에서는 루터에 관한 자신의 노년기의 생각을 다음과 같이 적었다. "오직 믿음으로 구원 받는 진리에 관해 루터보다 더 잘 쓴 사람이 누가 있겠습니까? 성화의 교리에 대해서는 … 누가 더 무지할 수 있겠습니까? 이 점을 철저히 확인하고 싶다면 … 아무 편견 없이 그의 유명한 『갈라디아서 강해』를 끝까지 읽어보는 것만으로도 충분할 것입니다."[231]

레오 콕스에 의하면, 이전에 모라비아 교도와의 논쟁으로 좋지 못한 기억도 있고 사실상 "매우 바쁘기도 했던" 웨슬리는 루터의 『갈라디아서 강해』를 정독하기보다 전체를 대충 훑어보았을 것인데, 그 목적은 "단 하나" 모라비아 교도의 오류의 원인을 루터에게서 발견하려는 데 있었을 것이라고 추측한다. 이는 웨슬리가 루터

226 설교, "편협한 믿음에 대한 경고", IV. 6; "믿음으로 말미암는 구원", III. 9; "우리의 의가 되신 주", 서론. 4; "하나님의 사려 깊은 지혜", 10.
227 Journals 3:409.
228 Journals 1:419.
229 Journals 2:174; LW 35:360-362.
230 Journals 2:467.
231 설교, "하나님의 포도원", I. 5.

신학을 바르게 이해하는 데 한계가 있었을 것이라는 주장이다.[232] 고든 럽(Gordon Rupp)도 이에 찬성해, 사실상 루터는 웨슬리가 오해한 것과 달리 "웨슬리가 사용한 고상한 표현보다 훨씬 거친 언어로 율법무용론자와 신비주의적 정적주의자의 잘못에 반대했다"고 주장한다.[233]

그러나 "만약 웨슬리가 루터의 모든 저작을 읽었다면" 웨슬리의 판단은 달라졌을까? 콕스는 "그렇지 않았을 것"이라 추측한다. 루터와 웨슬리의 구원론은 "근본적 차이"가 있기 때문이다. 콕스의 설명은 다음과 같다.

> 웨슬리는 루터가 성화를 가르쳤거나 신자의 삶에서 철저한 변화를 촉구했다고 생각하지 않았다. 웨슬리가 종교개혁의 약점이자 자신의 부흥운동의 강점으로 본 것이 바로 이 점이다. … 웨슬리는 루터가 나아간 만큼에 대해서는 그를 좋아했으나, 그 나아간 정도가 충분하지 않았다고 본 것이다. 웨슬리가 생각한 자신의 임무는 그 일을 계속해 완성하는 것이었다.[234]

윌리엄 캐논의 통찰은 루터와 웨슬리의 다른 칭의관 이해에 매우 중요하다.

> 기독교적 칭의 개념의 본질은 다음 두 가지 중 하나로 생각할 수 있다. 칭의는 하나님의 의로 우신 법 앞에서 저주 가운데 있는 죄인이 실제로 의로운 사람으로 바뀌어 하나님의 거룩한 기준을 충족시킬 수 있게 되고 어느 정도 절대적 의와 조화롭게 되어 하나님과 영원한 친교를 누릴 자격을 얻는 수단으로 볼 수 있다. 그렇지 않으면 칭의를 죄가 있음에도 죄인을 자신의 것으로 삼으시고, 그리스도로 인해 용서하시며, 구원 받은 무리의 영원한 교제 안으로 받아들이시는 전적인 하나님의 자비로 해석할 수도 있다. 전자는 전체 구원의 과정에서 칭의의 범위를 제한해 칭의를 기독교 전체나 최종 목표가 아니라 단지 그 출발로 만든다. 반면에 후자는 칭의가 거의 그리스도인의 삶 전체를 포괄할 정도로 칭의의 범위를 확장시킴으로 칭의를 구원 자체와 동의어가 되게 한다.[235]

콕스는 루터와 웨슬리의 신학 체계 안에서 차지하는 칭의의 위치를 비교하면서, 루터에게 "용서와 용납하심에서 하나님께서 하시는 일은 언제나 최종적이다. 그리고 삶과 인격에서의 모든 도덕적·영적 영향은 사람의 종교생활의 시작이자 목적인 죄 용서라는 한 가지 근본적인 일의 표현일 뿐이다"라고 말한다. 이에 비해 웨슬리에게 "용서와 용납하심에서 하나님께서 하시는 일은 그 후의 결과와 비교하면 상대적인 것이다. 용서는 그 자체가 목적이 아니라 더 영광스러운 목적을 위한

---

232 Cox, "John Wesley's View of Martin Luther," 87.
233 Gordon Rupp, *The Righteousness of God: Luther Studies* (London: Hodder and Stoughton, 1953), 46.
234 Cox, "John Wesley's View of Martin Luther," 88; 설교, "옛날에 대하여", 14.
235 Cannon, *The Theology of John Wesley*, 244-245.

수단이다." 칭의관에서 루터는 "총괄적인 칭의" 개념을 가졌다면, 웨슬리는 "덜 포괄적인" 칭의 개념을 가졌다.[236]

한편 루터의 신학 체계에서 성화는 칭의의 목적이 아니라, 둘은 동일한 것이다. 칭의 된 사람은 신앙을 통해 하나님을 바르게 예배하고, 그의 율법에 순종하며, 선을 행할 수 있다. 그러나 그 목적이 성화는 아니다. 오히려 그 자체에 성화를 포함하고 있는 포괄적 칭의가 그 모든 일의 원천이다. 포드의 표현을 빌리면, 구원에서 진전은 "부분에서 전체로 나아가는 것이 아니라, 언제나 전체에서 부분으로 나아가는 것"이다. 즉 존재의 변화에서 행동의 변화가 가능하고, 나무의 변화에서 열매의 변화가 가능하며, 신앙에서 선행이 가능하다.[237] 구원 "전체", 즉 죄 용서만이 아니라 옛 존재의 죽음과 선행, 그리스도인의 사랑이 모두 칭의에 포함되어 있다. 구원 전체를 잃어버릴 "총체적 위기"는 신앙의 상실에서 발생한다.[238]

루터가 칭의를 구원의 전체로 여기도록 영향을 끼친 것은 그의 율법 이해다. 신자는 자신 안에서는 완전하게 의롭지 못하기 때문에 율법은 그들을 정죄한다.[239] 율법의 정죄를 벗어날 수 있는 유일한 길은 하나님의 용서하시는 은혜를 다시 붙드는 것이다. 은혜 안에서의 "진전"이란 "이전에 있었던 일을 잊어버리고"[240] "언제나 다시 새롭게 시작하기의 문제다."[241] 필립 왓슨은 다음과 같이 말한다.

> 언제나 새롭게 다시 시작한다는 것은 진전하는 일에서 가장 좋은 길이 결코 아닌 것같이 보인다. 그러나 루터가 말하는 시작이란 무엇을 말하는가? 그것은 회개와 신앙, 즉 우리 자신의 어떤 것에도 중심을 두지 않고 하나님과 그의 은혜, 약속, 능력, 사랑에 중심을 두는 신앙이다. 루터는 우리가 얼마나 쉽게 이 중심에서 미끄러져 구원을 위해 우리 안에서 이루어지는 변화를 의존하게 됨으로 우리에게 그리스도인의 덕행이 있을 때는 스스로 자랑하고 덕행이 부족할 때는 낙심하게 되는지를 알았다. 그러나 참된 그리스도인의 덕행은 오직 회개의 믿음의 토대 위에서만 자라날 수 있기 때문에, 회개와 믿음을 떠나면 우리는 그리스도인의 덕행을 잃게 된다. 바로 이 점이 왜 우리가 오직 늘 새롭게 시작할 때 진전을 이룰 수 있는지에 대한 이유다. 회개와 신앙은 그리스도인의 삶의 영원한 토대다.[242]

---

236 Cox, "John Wesley's View of Martin Luther," 89; Lindström, *Wesley and Sanctification*, 91-92.
237 Forde, *A More Radical Gospel*, 126.
238 같은 책, 127.
239 같은 책, 119-125.
240 LW 11:541.
241 LW 25:478-479.
242 Philip Watson, "Wesley and Luther on Christian Perfection," *Ecumenical Review* 15 (1963), 299.

　　루터는 "우리는 늘 잃고 늘 죄 지으며 늘 죽기 때문에, 그리스도는 늘 우리에게 주셔야 하고 우리는 늘 새롭게 시작해야 한다"고 주장한다.[243] 즉 그리스도인의 삶의 핵심은 의롭게 하는 신앙을 날마다 갱신하는 데 있다는 것이다.[244] 칭의란 "단지 시작점으로서 시작된 이후에는 저 뒤로 물러나 멀어져 버리는 것"이 아니라, 구원과 그리스도인의 삶의 "영속적인 원천이자 항구적인 능력이다."[245]

　　루터가 구원을 칭의와 동일시한 이유는 구원의 유일한 원천으로서 은혜의 급진적 성격을 드러내기 위한 것이다.[246] 루터는 성경의 수많은 "보상과 공로에 관한 구절도" 구원을 위해 신자가 하나님과 협력할 수 있다는 생각을 뒷받침하는 것이 아니라고 가르쳤다. 선행에 대한 하나님의 보상은, 선행이 초자연적으로 주어진 신앙에 의해 행해졌다는 점에서뿐 아니라, 보상이 신앙으로 고난과 박해를 견디는 신자를 위로하기 위해 주어진다는 점에서, 더 깊은 하나님의 은혜를 드러낼 뿐이다.[247] 칭의 된 사람에게 하나님의 은혜는 완전하다. "가장 가난한 거지에게나 최고로 부유한 왕에게나 동일한 해가 비추는 것과 마찬가지로" 그들의 행위는 하나님의 은혜를 더하게 하지도 덜하게 하지도 못한다.[248]

　　루터의 포괄적 칭의관과 비교하면, 웨슬리는 칭의를 "우리 안에서 흉하게 되어 버린 하나님 형상의 총체적 회복"의 전 과정을 포함하는 구원의 일부분으로 여겼다.[249] 웨슬리는 루터처럼 기독교의 전체 건물은 이신칭의 위에 건축되어 있고, 이신칭의의 신앙은 항상 현재적인 것으로 갱신되어야 함을 중시했다.[250] 그럼에도 웨슬리는 구원 전체의 과정에서 칭의는 단지 기독교의 "대문"과 같을 뿐이며, 칭의 된 자가 반드시 들어가 살아가야 할 "기독교 자체" 즉 기독교의 정수는 성결의 상태라고 설명했다.[251] 이처럼 웨슬리에게는 칭의 이후의 성결이 구원의 목적일 뿐

243　LW 11:425.
244　Lindström, *Wesley and Sanctification*, 92.
245　Forde, *A More Radical Gospel*, 126.
246　LW 21:287.
247　LW 21:290.
248　LW 21:285-290.
249　Albert Outler and Richard Heitzenrater, eds., *John Wesley's Sermons: An Anthology* (Nashville: Abingdon Press, 1991), 69.
250　설교, "산상설교 (13)", III. 4.
251　Letters 2:268.

아니라,[252] 다른 모든 교리를 해석하는 토대가 되는 "결정적 요소"다.[253] 웨슬리에게 용서는 "거룩한 삶을 목적으로 삼으며", 믿음은 온전한 사랑의 관계의 회복을 목적으로 삼는다.[254]

로버트 레이크스트로우(Robert V. Rakestraw)는 웨슬리가 하나님의 은혜를 주로 세 가지로 이해했음을 지적했다. 첫째로, 하나님의 값없이 주시는 사랑 및 공로 없는 자에게 주시는 호의로서, "이 사랑에 의해 죄인 된 나는 그리스도의 공로를 통해 하나님과 화해하게 된다." 둘째로, "하나님께서 기뻐하시는 것을 바라고 행할 수 있도록 우리 안에서 역사하시는 성령 하나님의 능력"이다.[255] 마지막으로, 하나님의 호의와 성령의 능력부음의 결과로 생겨난 "인내, 온유, 오래 참음 등과 같은 … 수동적 은혜"와 "그리스도인의 삶에서 생겨난 열매, 덕, 인격, 성품"이다.[256] 웨슬리에게 하나님의 의롭다 하시는 사랑 또는 용서하시는 사랑은 "사랑과 능력과 덕" 모두를 포괄하는 총체적인 은혜의 관점에서 보면 은혜의 일부일 뿐이다.[257] 그러나 웨슬리가 칭의와 함께 짝으로 강조하는 중생과 성화는 은혜의 세 측면 모두와 관계된다.[258] 웨슬리는 더 폭넓은 하나님의 은혜의 사역으로서 중생과 성화를 칭의의 목적으로 확립한 것이다.[259]

성화에 대한 웨슬리의 강조는, 찰스 윌슨이 지적한 대로 "하나님과 인간 사이에는 사물의 본성에 기초한 본질적인 관계가 존재한다"는 믿음과 관련된다. 웨슬리는 하나님에게서 유래된 "사물의 본질적 본성"을 신앙적 탐구의 출발점으로 삼았다.[260] 기독교 신앙은 "하나님의 본성과 사람의 본성 및 그들의 상호 관계"에 의존하고 있기 때문에, "하나님과 인간의 합당한 관계"를 회복시키는 구원이란 인간의 본성이 하나님의 본성을 닮는 성결을 배제한 채 이루어질 수는 없는 것이다.[261]

252 Lindström, *Wesley and Sanctification*, 122.
253 Bence, "John Wesley's Teleological Hermeneutic," 18
254 Outler, *The Wesleyan Theological Heritage*, 93-94.
255 설교, "우리 자신의 영의 증거", 15.
256 Robert V. Rakestraw, "The Concept of Grace in the Ethics of John Wesley" (Ph.D. thesis, Drew University, 1985), 130-138; Outler ed., *John Wesley*, 253.
257 Rakestraw, "The Concept of Grace in the Ethics of John Wesley," 137.
258 Mitsuru Samuel Fujimoto, "John Wesley's Doctrine of Good Works" (Ph.D. thesis, Drew University, 1986), 172-179.
259 Lindström, *Wesley and Sanctification*, 120-124.
260 Wilson, "The Correlation of Love and Law in the Theology of John Wesley," 56.
261 WW 8:12.

II. 신단동설 vs. 복음적 신인협동설

루터와 웨슬리의 서로 다른 구원관은, 구원에서 하나님의 은혜와 인간의 행위의
역할에 대한 서로 다른 생각에서 비롯되었다. 루터가 인간의 행위는 구원의 수단
이 될 수 없음을 강조한 이유를 이해하려면, 중세 스콜라주의가 은혜와 행위의 관
계를 어떻게 가르쳤는지 살펴볼 필요가 있다.

　아우구스티누스(St. Augustine, 354~430)의 신학은 중세 전체 기간을 지배했
다고 할 수 있는데,[262] 그는 구원에 대한 양면적 이해를 가지고 있었다. 한편으로,
이중예정론, 공로 없는 자에게 주시는 하나님의 은혜, 모든 일에 대한 하나님의 절
대적 통치,[263] "인간의 타락과 … 도덕적으로 선한 행위를 위한 은총의 필연성,"[264]
그리스도 안에서 나타난 하나님의 아가페[265] 등에 관한 가르침에서는 하나님의 은
혜가 구원의 원천으로 강조된다.

　다른 한편으로, 구원에서 인간의 역할에 대한 강조점도 나타난다. 타락이 인
간을 죄와 마귀의 노예로 만들었으나, 성령은 신자에게 사랑을 주입해 '죄 된 방
법으로 세상을 사랑하는 인간의 의지'(cupiditas)를 '하나님을 사랑하는 의로운 사
랑'(caritas)으로 변화시키신다.[266] 은혜는 인간의 의지를 제거하는 것이 아니라 "나
쁜 것에서 좋은 것으로" 변화시키고, 회심을 통해 "이미 선하게 된 의지에는" 조력
한다.[267] "하나님께서는 우리 없이 우리가 의지하도록 역사하신다. 그러나 우리가
의지하면 … 하나님은 우리와 함께 협력하신다."[268] 이러한 아우구스티누스 신학의
양면성이 이후 스콜라 신학에서 절정에 달한 "공로의 가르침을 쌓아나가는 기초

262　Heiko Oberman, *Forerunners of the Reformation: The Shape of Late Medieval Thought* (New York: Holt, Renehart and Winston, 1966), 123; Jaroslav Pelikan, *The Growth of Medieval Theology* (Chicago: University of Chicago Press, 1978).

263　Johann Heinz, *Justification and Merit: Luther vs. Catholicism* (Berrien Springs, MI: Andrews University Press, 1981), 124-131.

264　McGrath, *Luther's Theology of the Cross*, 67.

265　Nygren, *Agape and Eros*, 468-475.

266　Augustine, *De civitate Dei*, XV. 7. 604, *NPNF.* vol. II; Augustine, *De Trinitate* (On the Trinity), VIII. 1. 5, *NPNF.* vol. III; Augustine, *Confessions*, X. 27. 38, *NPNF.* vol. II; X. 29. 40; X. 43. 70; Christopher Kirwan, *Augustine* (London, New York: Routledge, 1989), 90.

267　Augustine, *On Grace and Free Will*, 41, *NPNF.* vol. V.

268　같은 책, 33.

를 놓았다."[269] 맥그래스는 중세 신학을 "아우구스티누스 사상에서 특정한 요소가 강조되거나 다른 요소와 결합되면서 로마 가톨릭교회 안에 중세적 시각의 대부분을 형성"하게 된 "아우구스티누스적 종합의 연속"으로 생각한다.[270] 그러나 아우구스티누스의 유산 위에서 로마 가톨릭교회는 구원에서 하나님의 은혜라는 요소와 신앙보다 인간의 행위의 중요성을 더 강조하는 방향으로 그 신학을 발전시켰다.

토마스 아퀴나스(Thomas Aquinas, 1225~1274)는 중세 스콜라 신학자 중 가장 영향력 있는 신학자로 꼽히고, 그의 신학은 트리엔트 종교회의에서 로마 가톨릭교회 "신학의 표준"으로 확증되었다.[271] 아퀴나스는 칭의를 죄인이 불의한 상태에서 의로운 상태로 변해가는 과정 전체로 정의했다.[272] 이 과정은 순간적 은혜의 주입으로 생겨난 신앙과 더불어 시작되는데, 이 신앙에 의해 인간의 의지는 즉시 죄를 싫어하고 하나님께로 방향을 전환하게 된다.[273] 그러나 신앙으로 충분하지는 않다. 사랑에 의해 보완되지 않는다면 신앙만으로는 실제적인 변화가 일어나지 않는다. 따라서 죄를 대항하기 위한 목적으로 "사랑이 주입된다."[274] 아퀴나스에게 신앙은 진리를 붙드는 지적인 활동일 뿐 아니라, 신자 자신의 결단에 의해 온전케 되어야 하는 의지적 요소를 가지고 있다. 그런데 신자의 의지를 도와 온전하게 하는 것이 사랑이다. 그런 의미에서 "믿음은 사랑으로 역사한다."[275] 아퀴나스는 아리스토텔레스의 질료와 형상의 개념을 빌려 "신앙의 활동은 사랑을 통해 온전해지고 그 형태를 갖게 되기" 때문에 "사랑은 신앙의 형식이다"라고 설명했다.[276] 칭의에서 인간의 의지는 사랑을 통해 은총과 협력한다.[277] 아퀴나스는 신앙에 의한 회심을 "불완전한 회심"으로 부르면서 사랑이 회심을 온전하게 해야 함을 가르쳤다.[278] "신앙이 사랑으로 역사하지 않는다면, 신앙의 행위만으로는 공로가 될 수 없다."[279]

269 같은 책, 133.
270 Alister E. McGrath, *Iustitia Dei*, vol. 1 (Cambridge: Cambridge University Press, 1986), 38.
271 같은 책, 145.
272 ST Ia IIae q. 113 a. 1, 6.
273 ST Ia IIae q. 113 a. 2, 7.
274 ST Ia IIae q. 113 a. 4.
275 ST IIa IIae q. 4 a. 2.
276 ST IIa IIae q. 4 a. 3.
277 ST Ia IIae q. 113 a. 5.
278 ST Ia IIae q. 113 a. 10.
279 ST Ia IIae q. 114 a. 4; LW 26:88, 268.

아퀴나스에게서 신앙과 사랑의 관계는 적정공로(condign merit)와 재량공로(congruous merit)의 관계와도 관련된다. 적정공로란 행위의 정도에 따라 균등하게 보상이 이루어지는 공로를 의미한다. 엄밀히 말하면, 하나님께서 그 행위를 보상하실 만큼 온전한 공로를 가지신 분은 그리스도뿐이시다. 재량공로란 율법을 위반하지 않고 율법의 테두리 안에서 행해진 인간의 행위의 공로다. 인간의 행위 자체는 구원을 얻기에 적당하거나 충분하지 않으며, 절대적 균등의 관점에서 보아도 인간의 공로에 대한 하나님의 보상이란 있을 수 없다. 인간은 모든 것을 하나님께 받았기 때문이다. 그러나 은혜로우신 하나님은 탁월한 은혜로 보상하시므로 인간의 행위를 재량공로로 인정하신다.[280] 아퀴나스는 이런 공로사상에 입각해 영생을 받는 데 하나님의 자비는 첫 번째 원인이라면, 인간의 공로는 두 번째 원인이 되며, 이를 위해 사랑이 핵심적 요소가 된다고 가르쳤다.[281]

중세 후기 유명론을 대표하는 "중세 신학의 수확물"[282] 또는 "마지막 스콜라 신학자"[283]로 꼽히는 가브리엘 비엘(Gabriel Biel, 1420~1495)[284]은 구원에서 인간의 행위의 중요성을 아퀴나스보다 더 강조했다.[285] 그는 "자신이 할 수 있는 일에 최선을 다하면 누구나 하나님께 죄 용서를 받을 수 있다"고 주장하면서,[286] 사람이 자신의 "순수하게 자연적인 능력"으로, 즉 은총의 도움 없이 죄를 그치기 위해 노력하면, 은혜로우신 하나님은 그 노력에 대한 보상으로 그들의 죄를 용서하실 것이라고 가르쳤다.[287] 이러한 주장을 하면서 비엘은, 인간의 행위에 대한 하나님의 보상을 설명하기 위해 작은 납 동전 비유를 사용한 오캄(William of Ockham)과 함께, 계약적 인과관계에 대한 관점을 드러낸다. "무시해도 좋을 만큼 그 자체의 가치가 얼마 되지 않는" 납 동전이라도 왕의 선언에 따라 현행 화폐로 사용될 때는 "자신

---

280 ST Ia IIae q. 114 a. 1; LW 2:123-124.

281 ST Ia IIae q. 114 a. 3.

282 참고. Heiko Oberman, *The Harvest of Medieval Theology: Gabriel Biel and Late Medieval Nominalism* (Grand Rapids: Wm. B. Eerdmans Publishing Co., 1967).

283 Philip Schaff, *History of the Christian Church*, 6:188.

284 MaGrath, *Luther's Theology of the Cross*, 27-40, 53-63.

285 LW 26:214; 54:391-392.

286 Gabriel Biel, "The Circumcision of the Lord," in Oberman, *Forerunners of the Reformation*, 173.

287 LW 54:391-392; 26:130-131; Sun-Young Kim, "Luther on Faith and Love: The overriding thematic pair in the dynamics of Christ and the law in the 1535 Galatians Commentary" (Ph.D. thesis, Princeton Theological Seminary, 2008), 97; McGrath, *Luther's Theology of the Cross*, 61; Heinz, *Justification and Merit*, 136-153.

의 가치보다 훨씬 높은 가치"를 갖는 것처럼, 상당한 "내재적인 도덕적 가치"를 갖
지 못한 인간의 행위가 하나님과 인간 사이의 신적 계약에 의해 더 큰 "공로적 가
치"를 가진 것으로 인정된다.[288]

더 나아가 비엘은 "사람은 자기 자신의 능력만으로도 하나님을 최고로 사랑하
고 또 죄를 피할 수 있으며, 따라서 자유의지의 힘으로 재량공로를 통해 은혜를 받
을 수 있다"고 주장했다.[289] 비엘은 그리스도의 공로는 구원을 위해 유일한 공로적
원인이 아니라 단지 "최고이자 주된" 공로적 원인일 뿐이라고 보아, "만약 우리의
공로가 그리스도의 공로를 보충하지 않으면 그리스도의 공로만으로는 불충분하므
로 구원에 무가치하다"고 주장했다.[290] 오버만은, 비엘이 한 말의 의미는 율법을 통
한 인간의 보완적 행위 없이 그리스도의 구원 사역만으로는 최종적 구원을 확고히
할 수 없음을 주장하는 것이라고 정확히 해석한다.[291] 비엘에 의하면 인간은 최선을
다하는 것, 자기 속에 있는 것을 행하는 것으로 하나님의 최종적 용납을 얻는다.[292]

맥그래스는, 하나님과 인간의 계약을 통해 하나님이 은혜로 구원의 참된 가능
성을 열어놓으셨기 때문에, "오직 하나님께서 … 인간 구원의 주도권을 가지시므
로" 비엘의 칭의관은 펠라기우스적이 아니라 "사실상 아주 강하게 펠라기우스를
반대하고 있다"고 주장한다.[293] 오버만 역시 "만약 하나님께서 인간의 선행에 대해
… 은혜를 더하겠다고 결정하지 않으셨다면, 인간은 결코 구원 받을 수 없다"고 말
하면서, 그렇기에 비엘의 신학이 "오직 은총만으로"의 요소를 가지고 있다는 맥그
래스의 말에 동의한다. 그러나 그는 즉시 덧붙이기를, 그럼에도 비엘은 "오직 행위
로 의롭다 하심을 얻는다"는 측면을 "오직 은총만으로"보다 더 강조했다고 지적한
다. 하나님과 인간의 계약에서 하나님은 "은총의 주입과 최종적 용납을 허락하시
는 일에 헌신되어 있으시고, 심지어 반드시 그렇게 할 수밖에 없으시기 때문에", 인
간이 "하나님께서 은혜를 주시는 토대나 이유를 마련해야 하기 때문이다." 오버만
은, 사람이 자신의 능력으로 최선을 다하면 하나님의 보상은 "자동적으로" 따르므
로 칭의의 결정적 요소는 인간 행위의 공로가 되기 때문에, 비엘의 칭의 교리는 "본

288 McGrath, *Luther's Theology of the Cross*, 59-60.
289 Heinz, *Justification and Merit*, 141-142.
290 Biel, *Sermones de Festivitatibus Christi*, II G., Oberman, *"IUSTITIA CHRISTI and IUSTITIA DEI"*, 16에서 재인용.
291 Oberman, *"IUSTITIA CHRISTI and IUSTITIA DEI"*, 16.
292 Oberman, *The Harvest of Medieval Theology*, 176.
293 MaGrath, *Luther's Theology of the Cross*, 61-62.

질적으로 펠라기우스적"이라고 적절하게 지적한다.[294] 비엘에 관한 오버만의 생각은 비엘의 재량공로 주장을 비판한 루터의 생각과 일치한다.

> 만약 그것이 사실이라면, 이는 필연적으로 그리스도께서 헛되이 죽으셨다는 말이 된다. 그리스도 없이도 재량공로를 통해 사람이 은혜를 얻을 수 있고 선을 행할 수 있어서 결국 재량공로를 통해 영생을 얻을 수 있다면, 또는 율법을 행함으로 의롭게 되는 확실한 길이 있다면, 인간을 사랑해 인간을 위해 자기 자신을 주신 그리스도를 소유할 필요가 어디에 있겠는가? … 그리스도는 왜 태어나시고 십자가에 못 박혀 죽으셨는가? … 만약 궤변가들이 말한 칭의의 의미가 사실이라면, 그리스도는 단지 모든 일을 헛되이 하신 것이다. 은혜 없이, 그리스도 없이도 나는 율법이나 나 자신에게서 의롭게 되는 길을 찾을 수 있기 때문이다.[295]

루터의 관점에서, 인간 의지의 자연적 능력을 "지나치게 신뢰"하는 것은 "칭의를 위해 율법이 요구하는 의의 범위를 알지 못하고, 또 죄와 그 능력의 심각성을 잘못 평가"한 데서 기인한다. 이런 오류가 부득이하게 "율법과 그리스도를 대립구조"로 놓게 된 것이다.[296]

루터는 아퀴나스 역시 "(그의 책이 증명하듯) 모든 이단과 오류, 복음 말살의 근원이자 토대"로 비난했다.[297] 루터에게 "신앙의 주입"이라는 말은 용납할 만한 것이었다. 그러나 사랑이 신앙을 보완해야 구원에 이른다는 주장은 받아들일 수 없었다. 그런 주장은 하나님 앞에서 죄인을 의롭게 하는 능력을 신앙에서 박탈해버리고, 신앙을 단지 지적인 기능이나 기껏해야 마음의 소원 정도로 축소시키는, 신앙에 대한 평가절하에서 비롯된 것이다. 아퀴나스는 기독교 신앙을 "그 자체로는 아무런 쓸모가 없고 형태도 갖추지 못한 재료"와 같은 것으로 폄하했다.[298] 여기서부터 스콜라주의자들은 신앙에 결핍된 요소가 사랑의 우월성에 있다고 주장하게 된 것이다. 그러나 김선영은, 루터에게 "인간의 사랑은 깨끗하지 못한 것이다. 심지어 하나님을 사랑할 때도 자신의 유익을 위해서 그렇게 한다. 그 사랑은 순수한 동기에서가 아니라, 형벌에 대한 두려움 또는 보상에 대한 기대에 의한 것이다. 인간의 사랑이 타락했다는 사실을 알게 되면서, 루터는 하나님을 향한 … 인간의 성향을

---

294 Oberman, *The Harvest of Medieval Theology*, 175-178, 196.
295 LW 26:181-182.
296 Kim, "Luther on Faith and Love," 98-108, 135; LW 26:124-125, 371; 27:63-64.
297 WA 15:184. Michael Root, "Aquinas, Merit, and Reformation Theology after the Joint Declaration on the Doctrine of Justification," *Modern Theology* 20:1 (January 2004), 5에서 재인용.
298 Kim, "Luther on Faith and Love," 98.

500 개신교 신학의 양대 흐름

정의하는 일에 '사랑'이라는 용어 사용하기를 매우 꺼리게 되었다"고 바르게 주장한다.[299] 스콜라주의자들은 이론적으로는 은총과 행위를 구분했다. 그러나 루터는, 그들이 신앙을 온전케 하는 역할, 따라서 구원을 확고하게 하는 역할을 사랑이 가지고 있다고 생각한 점에서 실제로는 정반대로 가르친 것을 간파한 것이다.[300] 루터에게 이것은 은혜를 행위와 뒤섞고, 복음을 율법과 뒤섞어 하나님의 은혜를 인간의 행위로 변질시킨 것 외에 아무것도 아니었다.[301] 아퀴나스가 은혜를 행위와 뒤섞은 것에 반대해 루터는 "오직 그리스도만이 우리의 재량공로이자 적정공로다,"[302] 그리고 "그들이 사랑을 말하는 곳에서 우리는 신앙을 말한다"[303]고 단언했다.

루터는 아우구스티누스가 죄인의 타락한 의지가 성령에 의해 주입된 사랑을 통해 선한 의지로 바뀔 수 있다고 주장한 것에도 반대해, 인간 본성의 변화는 사랑이 아니라 오직 믿음에 의해서만 가능함을 주장했다. 루터는 인간 본성의 변화를 논의할 때는 언제나 그리스도인의 사랑은 제외하면서, 변화를 '오직 신앙' '오직 성령'과만 연결했다.[304] 루터는 베드로후서 1:4("이로써 그 보배롭고 지극히 큰 약속을 우리에게 주사 이 약속으로 말미암아 너희가 정욕 때문에 세상에서 썩어질 것을 피하여 신성한 성품에 참여하는 자가 되게 하려 하셨느니라")을 주해하면서, 신적 본성을 "영원한 진리, 의, 지혜, 영생, 평화, 기쁨, 행복" 등 "선하다고 말할 수 있는 모든 것"으로 정의한 후, 신자는 이 세상에서 제한된 방법으로 신적 본성 자체를 복으로 받을 수 있음을 인정했다. 신자 속에 이루어지는 신적 본성에 대한 인정은 루터에게서는 매우 드문 것이다. 그러나 신자가 제한적으로나마 신적 본성에 참예하게 됨을 인정했더라도, 이를 가능케 하는 수단은 언제나 하나님의 선물로 주어지는 믿음이다.[305]

루터는 신앙뿐 아니라 원죄의 관점에서도 스콜라 학자들의 인간의 행위와 공로에 관한 가르침을 지지할 수 없었다.[306] 따라서 성경에서 원죄로 인한 타락은 "인

---

299 같은 책, 107.
300 LW 26:144.
301 LW 26:130, 142-145.
302 LW 26:375; Kim, "Luther on Faith and Love," 109.
303 LW 26:129.
304 LW 25:67-68.
305 LW 30:154-155.
306 LW 2:119-120.

간의 마음의 상상 … 지혜 … 이성 및 그 모든 능력"을 포함하는 "포괄적인 용어"로 묘사되기에, 타락에서는 "성도라도 제외될 수 없음"을 강조했다.[307] 루터는 스콜라 학자들이 인간의 본성과 행위를 긍정적으로 보는 것은 성경 본문을 잘못 해석해 인간의 마음이 정말 악하다기보다는 "악으로 기울기 쉽다"고 생각하거나, 인간이 영적으로 타락했어도 그 자연적 이성이나 능력은 "손상되지 않았다"고 그릇되이 생각하는 데서 기인함을 보게 되었다. 그들은 "원죄를 하찮게 생각하는" 잘못된 견해 때문에 펠라기우스주의의 덫에 걸린 것이다.[308] "그들이 가르치는 것은 이것이다. '그리스도를 믿는 신앙은 사실상 의롭게 한다. 그러나 동시에 하나님의 계명을 준수하는 것도 필요하다.' … 바로 여기서 그리스도는 부정되고 신앙은 폐지된다. 그리스도께만 속한 것이 하나님의 계명이나 율법에 속한 것이 되기 때문이다."[309] 루터에게 "은혜와 공로는 상호배타적인 것이다." 죄인을 구원하는 것은 은혜이지, 재량공로든 적정공로든 공로는 아니다.[310] 하나님께 초자연적으로 부여받은 신앙이 구원에 필요한 모든 것이다. 루터는 "신앙이 모든 행위와 의의 시작과 중간과 끝이다"라고 단언했다. 신앙만이 '오직 은혜'(*sola gratia*)의 유일한 수단이다.[311]

웨슬리 신학에서 신자의 율법의 행위, 사랑, 선행을 기독교 신앙의 중요한 요소로 만드는 것은, 스콜라주의자들이 주장한 것처럼 인간 본성의 선함이나 행위의 공로로 구원을 얻는 능력에 대한 펠라기우스적인 자신감이 아니라, 루터가 가르친 것처럼 하나님의 은혜에 대한 깊은 신뢰다.[312] 웨슬리의 원죄 및 인간의 전적타락에 대한 견해는 루터와 일치한다. 또 웨슬리는 루터의 종교개혁 신학을 바탕으로 칭의와 성결의 유일한 조건은 믿음이라고 가르쳤다.[313]

> 믿음만이 눈에 보이지 않는 것에 대한 증거와 확신과 실증입니다. 믿음에 의해 우리의 이해력의 눈은 열리고, 그 속에 신적인 빛이 부어지며, 우리는 "하나님의 법의 기이한 것을 봅니다"(시 119:19). 하나님의 율법의 탁월함과 순결함, 율법과 그 가운데 포함되어 있는 모든 계명의 높이, 깊이, 길이, 넓이를 봅니다. "그리스도의 얼굴에 나타난 하나님의 영광"(고후 4:6)

---

307 같은 곳.
308 LW 2:118-123.
309 LW 26:143.
310 LW 21:285.
311 LW 35:82.
312 Starkey, *The Work of the Holy Spirit*, 116-123.
313 설교, "성경적 구원의 길", I. 9; III. 14-17.

을 보고 우리가 거울 앞에 서는 것처럼 우리 자신 안에 있는 모든 것과 우리 영혼의 깊은 중심의 움직임을 아는 것도 믿음에 의해서입니다. 그리스도께서 우리를 사랑하신 것같이 우리도 서로 사랑할 수 있게 하시는 복된 하나님의 사랑이 "우리 마음에 부어질"(롬 5:5) 수 있는 것도 믿음에 의해서입니다.[314]

웨슬리는 종교개혁 신학에서 도움을 얻어 로마 가톨릭의 "성경이나 고대의 전통에서 아무 근거를 찾을 수 없는 셀 수 없이 많은 새로운 것 속에서 비성경적, 비기독교적이며 … 전적으로 그릇되고 오류가 있는 실천과 교리 … 우상숭배뿐 아니라 천박한 미신"이 있음을 꿰뚫어볼 수 있었다.[315] 그는 로마 가톨릭주의를 복음 없는 율법 종교로 묘사하면서 "그 모든 오류를 하나씩 공격하려면 끝이 없을 것"이지만, 종교개혁자들이 가르친 성경적 진리인 "믿음에 의한 구원"이 "로마 가톨릭교회의 모든 기만"의 "근본을 강타"했다고 평가했다.[316]

그러나 웨슬리는 로마 가톨릭 교도 중에 비록 자신의 신앙을 교리적으로는 바르게 설명할 수 없더라도 "현재와 영원한 구원을 위해 오직 그리스도만을 의지하는" 진정한 그리스도인이 "의심할 수 없도록 많이" 있음 역시 인정했다.[317] 로마 가톨릭교회는 특히 트리엔트 공의회에서 불필요하고 비성경적인 신앙의 "새 조항"을 많이 추가했음에도, "성도들에게 전해진" "고대 교회의 신조를 하나도" 폐하지 않은 것을 높이 평가했다.[318] 더 나아가, 웨슬리는 1749년 7월 19일에 『마르틴 루터의 생애』의 번역을 마친 후, 다음 날 자신의 교회 일치 정신을 표현한 『로마 가톨릭 교도에게 보내는 편지』를 썼는데, 여기서 그는 루터의 "거칠고 다루기 힘든 정신, 사소한 의견에 대한 지나친 열정이 하나님의 일에 대단히 방해가 되었음"을 애석해했다.[319]

마이클 헐리(Michael Hurley)의 분석에 의하면, 로마 가톨릭 교도에 대한 웨슬리의 관대함은 아마도 그의 설교를 들었던 청중 가운데 로마 가톨릭 교도가 많

---

314 설교, "우리 자신의 영의 증거", 8; "성경적 구원의 길", II. 2; "성령의 증거 (1)", I. 8; "성령의 증거 (2)", III. 5.

315 설교, "편협한 믿음에 대한 경고", II. 5; "열심에 대하여", III. 5-6; "기독교의 무능함의 원인들", 5; "교회의 예배 참여에 대하여", 14-15; "불법의 신비", 27-28.

316 설교, "믿음으로 말미암는 구원", III. 8-9.

317 설교, "우리의 의가 되신 주", II. 15; "삼위일체에 대하여", 1; "부자와 나사로", I. 5.

318 설교, "믿음에 대하여", I. 7; "교회에 대하여", 19.

319 Journals 3:409; Michael Hurley, S. J. ed., *John Wesley's Letter to a Roman Catholic* (London: Geoffrey Chapman, 1968), 32.

이 있어서 그들에 대한 목회적 책임을 느꼈을 법한 상황을 반영한 것일 수 있다.[320]
그러나 웨슬리가 로마 가톨릭 교도를 향해 열린 태도를 가진 더 근본적인 이유는,
그가 "가톨릭 교도 중 많은 사람이 … 많은 오류가 있음에도 여전히 사랑으로 역
사하는 믿음을 가지고 있다"고 믿었기 때문이다.[321] 웨슬리가 판단하기에, 루터는
"성화의 교리에 대해 무지"한 채 이신칭의만 가르쳤다면, 로마 가톨릭교회는 "칭
의의 성격에 대해서는 전혀 몰랐음"에도 성화라는 강력한 성경적 교리를 잘 보존
하고 있었다. 웨슬리는 하나님께서 메소디스트에게 특별히 위임하신 것이 "칭의
와 성화 각각에 대해서와 그들 사이의 차이에 관한 충분하고 분명한 지식"이라고
믿었다.[322] 아우틀러는 이 점에서 웨슬리는 "도덕주의와 신앙지상주의라는 받아들
일 수 없는 두 극단"을 피하면서 "'오직 믿음'으로와 거룩한 삶이라는 반제"를 통합
한 "18세기의 가장 중요한 영국성공회의 중도(via media) 신학자"라고 말한다.[323]

웨슬리는 "도르트 회의와 아르미니우스보다 오래되고, 헨리 8세보다 오래
된 고대 영국 개신교 전통"의 풍토에서 "자라났는데", 이 전통의 주된 메시지는
"사랑으로 역사하는 믿음이 거룩으로 인도함"을 통한 "도덕적 정결의 복음"으로
이해할 수 있다.[324] 웨슬리가 읽었던[325] 『영국 국교회 설교집』(the Homilies)에 반
영된 영국 국교회 교리의 원천을 추적하면 크랜머, 마틴 부처(Martin Bucer), 크랜
머의 장인 안드레아 오시안더(Andreas Osiander), 에라스무스(Erasmus), "영국
유명론의 자유의지 전통", "리처드 롤(Richard Rolle)과 노리치의 줄리안(Juliana
of Norwich)의 거룩한 삶 신비주의"에까지 이른다.[326] 아우틀러는 웨슬리를 "영
국 국교회를 통해 옥스포드 유명론자들을 거쳐, '자신이 가진 것으로 최선을 다하
는 사람에게 하나님은 은혜 주시기를 거부하지 않으실 것'이라는 … 후기 교부들
의 슬로건에까지 도달하는 전통의 후계자"로 생각했다.[327] 유명론자들의 "자기 안
에 있는 것"(in se)에 대한 가르침이 "유럽 대륙에서는" 종교개혁자들에게 비난을

320 Hurley, *John Wesley's Letter to a Roman Catholic*, 33-34.
321 설교, "믿음에 대하여", II. 3.
322 설교, "하나님의 포도원", I. 5.
323 Outler, *The Wesleyan Theological Heritage*, 78-79, 200.
324 같은 책, 82-83, 91-92.
325 Journals 2:101.
326 Outler, *The Wesleyan Theological Heritage*, 86-87.
327 같은 책, 181.

받았지만, "영국에서는 살아남아" "영국 국교회 종교개혁에 가장 특징적인 신학"
을 제공했다.[328]

> 유명론은 영국, 특히 옥스포드에 깊은 뿌리를 두고 있다. 스코투스는 옥스포드 사람이었고,
> 그의 주요 저작은 '옥스포드 강의'(Opus Oxoniense)라는 제목이 붙었다. 옥캄도 옥스포드에
> 서 교육을 받았고, 토머스 브라드와딘(Thomas Bradwardine)의 『신의 원인에 대해서』(De
> cause Dei contra Pelatium)의 다섯 가지 식별 가능한 대상 중 넷은 영국적이고 옥스포드적이
> 었다. 유명론 철학은 이후 '영국 경험주의'를 형성한 강력한 뿌리였고 … 그 신학적 잔재가 존
> 웨슬리의 생각이 형성된 토양인 영국 국교회 전통의 전형적 특징이 된 '신앙과 행위'라는 특
> 별한 색깔을 더 풍부하게 만들었다. 이 모든 것은, 유럽과 영국에는 아르미니우스와 도르트
> 회의(Synod of Dort) 훨씬 이전부터 본토박이 기독교 신인협력 전통이 있었고, 웨슬리에게
> 자양분을 공급한 것이 이 전통임을 시사한다.[329]

웨슬리는 "제3의 대안"을 찾는 자기 자신의 방법으로 "유명론자들이 구분한
창조에서의 하나님의 절대적 주권(potentia absoluta)과 하나님께서 인간의 자유
와 조화를 이루시기 위해 조정하시는 능력(potentia ordinata)의 구분"[330] 및 "중세
의 자신 안에 있는 것으로 최선을 다하라는 전통"을 부분적으로 받아들였다.[331] 그
뿐 아니라 "개신의 믿음으로 의롭게 된다는(그리스도의 전가된 의) 신앙을 (중생
에서 성화로의) 그리스도인의 성숙 과정에서의 실제적인 의의 분여에 대한 가톨릭
적 주장"과 종합했다.[332] 웨슬리는 "칭의에서 공로 없는 자에게 주시는 하나님의 자
비"에 대한 개신교적 강조점 및 "우리의 구원을 성취함에서 우리의 능동적 참여"
에 대한 가톨릭적 강조점, 또한 개신교의 십자가 신학과 가톨릭의 영광의 신학, 그
리고 성결과 연결된 가톨릭의 행복주의적 이상과 그것을 성취할 방법으로서 개신
교적 신앙의 개념을 연결하고 종합했다.[333]

아우틀러에 의하면, 루터와 웨슬리가 "신앙의 복음"에서는 "깊은 유사성"을 가
진 반면, "복음전도, 그리스도인의 양육, 성결"에서는 "극과 극을 이루었는데", 서

---

328 같은 책, 199.
329 같은 곳.
330 WW 10:361-363; Oberman, The Harvest of Medieval Theology, 30-37.
331 Oberman, The Harvest of Medieval Theology, 129-145; 설교, "우리 자신의 구원을 성취함에 있어서", III. 6-7;
     "시대의 표적", II. 10; "복음의 보편적 전파", 9; "인간 지식의 불완전함", 1; "분열에 대하여", 21; LW 54:392.
332 Outler, The Wesleyan Theological Heritage, 64-65.
333 같은 책, 67-68.

로 간의 대립은 "인간 안에 있는 것"(*in se*)의 문제에 "초점이 맞추어졌다."[334] 루터의 관점에서 보면 웨슬리의 이신칭의에 관한 복음적 가르침은 "인간 안에 있는 것 사상을 지나치게 관용함으로 무효화되고 말았다." 루터는 웨슬리의 신학을 "실질적으로 펠라기우스적"이라고 비난했을 것이다.[335] 그러나 그런 비난과 달리 웨슬리가 말한 "인간 안에 있는 능력"에 의한 응답은 "하나님께서 하시는 일"이다. 그것은 하나님께서 인간을 자유로운 존재로 창조하신 것에 기초하며, "자신 안에 있는 것"을 따라 최선을 다하는 사람마다 하나님의 은혜로 재가를 받기 때문이다.[336] 랜디 매덕스는 "웨슬리의 저술"에는 "그가 기독교를 결정짓는 요소로 보았던 두 가지 진리 사이의 중요한 긴장을 유지하려는 지속적인 관심"이 나타난다고 말한다. "하나님의 은혜 없이 우리는 구원 받을 수 없다. 그러나 하나님은 (은총으로 능력을 부여받으나 강제받지는 않는) 우리의 참여 없이 은혜만으로 구원하기를 원하지 않으신다. 우리는 이를 '응답 가능한 은혜'(responsible grace)에 관한 관심으로 지칭할 수 있다."[337]

나아가 웨슬리는 사랑으로 형성된 신앙에 대한 아퀴나스의 가르침에 반대하고 루터의 하나님의 사랑으로 형성된 신앙의 개념을 수용해,[338] 하나님의 사랑이 우리의 신앙을 일으키고, 신앙만이 구원의 유일한 조건이라고 가르쳤다. 그는 믿음만으로는 구원에 불충분하기에 사랑이 신앙을 보완해야 한다는 아퀴나스의 주장을 부인한 것이다. 아퀴나스의 주장과 달리, 웨슬리에게 사랑은 신자가 주입된 신앙에 적절하게 반응한 후 주입되는 것이 아니라, 구원의 신앙이 주어지는 그 순간에 동시적으로 주입된다. 신앙에 의해 하나님의 사랑이 수용되면, 그 순간 하나님과 이웃을 사랑하는 새로운 본성 역시 신자 안에 심기는데, 이 모든 일은 오직 하나님의 전적인 은혜에 의해 한순간에 일어난다. 비록 논리적으로는 주입된 신앙이 주입된 사랑보다 앞서지만, 실제로는 주입된 신앙과 주입된 사랑 사이에는 인간의 어떤 응답도 끼어들 여지가 없다. 웨슬리는, 신자는 그 신앙이 "얼마나 강하고 명확한가와 정비례로" 사랑할 수 있고 거룩할 수 있다고 말한다.[339] 사랑은 신앙에서 분리되거

334 같은 책, 202.
335 같은 책, 181, 202-203; Kim, "Luther on Faith and Love," 93, 111.
336 Outler, *The Wesleyan Theological Heritage*, 182-183.
337 Maddox, *Responsible grace*, 19.
338 설교, "마음의 할례", II. 4; "가정의 신앙생활에 대하여", I. 1-3.
339 설교, "사탄의 계략들", I. 8; "광야의 상태", I. 1-2; "여러 가지 시험을 통한 괴로움", IV. 5; "공평하게 숙고된

나 고립될 수 없고 언제나 신앙을 의존한다. 심지어 신앙이 사랑을 일으켜 그 목적을 성취했더라도, 사랑은 여전히 그리고 항상 신앙을 의존한다.[340]

그럼에도 웨슬리는 신앙이 구원의 목적이 될 수 없고, "은총은 자연을 파괴하지 않고 온전케 한다"고 주장한 점에서 아퀴나스와 일치한다.[341] 웨슬리는 아퀴나스와 유사하게 성화를 "영혼의 습관적 기질"로 정의했다.[342] 웨슬리가 가르친 거룩한 성품은 아퀴나스의 "덕의 개념과 유사한데", 거룩한 성품과 덕은 그리스도인의 성결의 핵심 요소다. 두 신학자 모두는 이에 대해 하나님께서 "앞으로 올 세상에서는 완전하게, 그리고 이 세상에서는 불완전하게" 보상하실 것이라고 가르쳤다.[343] 또 두 사람 모두는 그리스도인의 삶을, 성결과 결합된 행복이라는 목적을 향해 은혜의 가장 낮은 상태에서 가장 높은 상태로 오르는 것으로 가르쳤다.[344]

원죄와 인간의 전적타락이라는 주제에서, 웨슬리는 아우구스티누스와 루터를 따라, "선을 행하고 악을 피하라"라는 말로 표현 가능한 인간 내면의 최초의 도덕적 원리는 인간의 타락에 의해 영향을 받지 않았다고 가르친 아퀴나스의 주장을 부인했다.[345] 하지만 그럼에도 웨슬리는 "은총은 자연을 온전케 한다"고 주장한 아퀴나스와 견해가 일치했는데, 이는 아퀴나스 역시 "자연적인 것은 그 자체로는 충분하지 않다"고 생각했음을 의미한다. 겸손과 회개에 대한 웨슬리의 가르침은 "우리 자신의 능력을 통한 … 인간적 성취"가 아니라 하나님의 은혜에 의해 주입된 덕이 "도덕적 삶의 요체"라고 주장한 아퀴나스와 일치한다. 스티븐 롱(D. Stephen Long)은, "이것은 분명히 말브랑슈(Malebranche), 노리스(Norris), 커드워스(Cudworth) 등을 통해 전해진 아퀴나스적 유산"이라고 주장한다.[346] 웨슬리는 기독교 전통에서, 특히 아퀴나스에게서 "이미 잘 확립되어 있던" 덕에 대한 가르침을 전수받고 발전시켰지 그것을 "자신이 만든 것은 아니었다."[347]

이성의 역할", II. 8-10; "부에 대하여", I. 2.

340 설교, "믿음으로 말미암는 구원", III. 1-2.

341 Long, *John Wesley's Moral Theology*, 129-130.

342 설교, "마음의 할례", I. 1.

343 Edgardo A. Colón-Emeric, *Wesley, Aquinas, and Christian Perfection: An Ecumenical Dialogue* (Waco: Baylor University Press, 2009), 137-138; 설교, "마음의 할례", I. 1.

344 Colón-Emeric, *Wesley, Aquinas, and Christian Perfection*, 135-138.

345 Long, *John Wesley's Moral Theology*, 143-144.

346 같은 책, 129-130.

347 같은 책, 145-146.

아우구스티누스의 가르침에 관한 루터의 비판은 구원을 위해 신자가 하나님과
협력할 수 있다는 주장에 관한 것이었던 것과 대조적으로, 웨슬리의 비판은 아우
구스티누스의 견해 중 정반대 측면, 즉 그가 이중예정론을 가르치고 그리스도인의
완전을 부인한 데 대한 것이었다.[348] 아우구스티누스는 신자가 "새 본성"을 가졌음
에도 여전히 남아있는 "옛 본성"은 이 세상에서는 "완전하게 치유될 수 없다"고 가
르쳤다면, 웨슬리에게 인간 의지의 치료는 "지금 여기에서 이루어질 수 있다."[349]
루터는 구원에서의 신인협력에 대한 아우구스티누스의 주장을 비판했다면, 웨슬
리는 아우구스티누스가 인간의 도덕적 자각 및 결정 능력을 충분히 가르치지 않은
것을 비판했다. 펠라기우스와 도나투스 모두에 대한 아우구스티누스의 가혹한 태
도와 대조적으로, 웨슬리는 두 사람이 그리스도인의 완전을 옹호한 사실에 관해서
는 호의적으로 언급했다.[350]

웨슬리의 스콜라 신학에 대한 호의적 시각은 그의 개신교적 신앙 개념과 함께,
인간 본성을 온전케 하는 가톨릭의 협력적 은총 개념과 값없이 주시는 은혜에 대한
개신교적 강조점을 종합하는 토대가 되었다. 스타키는 웨슬리 신학을 루터와 스콜
라 학자 양자에서 구분 짓는 "독특성"은 "그가 의지의 자유를 그 성격상 본질적으
로 종교개혁적인 인간 교리의 틀 안에서 설명한 방법"에 있다고 말한다.[351] 아우틀
러는 그 독특성은 "하나님의 주권적 은혜에 대한 복음적 강조점을 구원에서 인간
의 역할에 대한 가톨릭적 강조점과 통합한 방식"에 있다는 데 주목한다.[352] 그 결과
윌슨은, 웨슬리의 가르침에는 "구원을 위해 충분한 하나님의 사랑과, 구원을 지속
하기 위해 순종을 요구하는 하나님의 율법 사이의" 긴장이 존재한다고 말한다. 웨
슬리는 이러한 긴장이 은혜 언약에 이미 내재된 것으로 생각했다.[353]

제3의 길은 하나님의 선행은총에 관한 가르침으로 실현된다.[354] 아우틀러는

348 John C. English, "References to St. Augustine in the Works of John Wesley," *Asbury Theological Journal* 60:2 (Fall 2005), 9-15.
349 Seung-An Im, "John Wesley's Theological Anthropology: A Dialectic Tension Between the Latin Western Patristic Tradition (Augustine) and The Greek Eastern Patristic Tradition (Gregory of Nyssa)" (Ph.D. thesis, Drew University, 1994), 286-302.
350 English, "References to St. Augustine in the Works of John Wesley," 5-24.
351 Starkey, *The Work of the Holy Spirit*, 117, 119.
352 Outler, *The Wesleyan Theological Heritage*, 191, 194; Starkey, *The Work of the Holy Spirit*, 117, 119.
353 Wilson, "The Correlation of Love and Law in the Theology of John Wesley," 100-101; WW 8:289.
354 Collins, *The Scripture Way of Salvation*, 39.

"기독교 전통에서 웨슬리의 위치"를 결정짓는 신학적 특징이 그의 선행은총론임을 지적한다.[355] 스타키는 웨슬리가 "본질적으로 종교개혁적인 인간 교리의 틀 안에" 있으면서도, 선행은총론으로 인해 루터 및 스콜라 신학과 구분되는 "독특성"을 갖게 되었다고 분석한다.[356] 선행은총은 개인의 응답보다 앞선 하나님 은혜의 주도권이다.[357] 선행은총은 사람의 후속적 응답 여부와 상관 없이 모두가 "불가항력적으로" 받는 은혜. 인간이 타락해 구원에 무능해진 이상, "구원의 어느 시점에서는 불가항력적 은혜"가 필요한데, 웨슬리는 이 시점을 루터보다 빠른 칭의 이전으로 본 것이다.[358] 이 은혜가 인간에게 책임성을 부여하므로,[359] 원죄 교리에서 노예의지론과 예정론을 도출하는 루터식 "논리적 필연성의 연결고리"는 깨진다.[360]

콜린 윌리엄스(Collin W. Williams)는, 웨슬리는 선행은총 교리로 인해 원죄에 관해 두 가지 서로 다른 입장을 조화시킬 수 있게 되었다고 말한다. "절대적" 의미에서 "원죄는 총체적이다. 이 말 아래 어떤 사람도 죄인이기를 멈출 수 없게 되었다." 그러나 모든 사람은 절대적 의미로 이해된 원죄에서 해방되어 이미 구원의 길에 들어서 있다.[361] 웨슬리에게 하나님의 은혜는 구원의 서정에서 루터가 가르친 것보다 "더 앞선 시점에서부터" 작용한다.[362] 이 은혜는, 하나님의 구원 사역에서 죄인이 단지 하나님의 독단적인 결정에 의해 강제되어 수동적으로만 반응하는 것이 아니라, 하나님의 은혜로 능력을 부여받은 자유의지로 하나님께서 주신 은혜를 수용하거나 거부할 수 있을 정도까지 인간의 의지를 회복시킨다. 더 나아가 선행은총은 인간의 마음에 어느 정도 율법을 회복시키기에, 그 위에 하나님의 말씀이 더해지면 죄인이 자신의 죄를 자각하게 되므로, 선행은총은 비록 종의 신앙이더라도 회개에 합당한 행위를 일으키는 어느 정도 "활동적인 신앙"의 토대가 된다.[363]

마이클 번즈(Michael T. Burns)에 의하면, 회개할 수도 있고 또 "은총의 부가

355　Albert C. Outler, "The Place of Wesley in the Christian Tradition," in Kenneth E. Rowe, ed., *The Place of Wesley in the Christian Tradition* (1976; repr. Metuchen, New Jersey: The Scarecrow Press, 1980), 11-38.
356　Starkey, *The Work of the Holy Spirit*, 117, 119.
357　Crofford, "Streams of Mercy," 14-15.
358　Collins, *The Theology of John Wesley*, 80-81.
359　Letters 6:239; BE 2:489, 553; 3:207.
360　Colin W. Williams, *John Wesley's Theology Today* (Nashville: Abingdon, 1960), 44-46.
361　같은 책, 42-44.
362　Collins, "John Wesley's Theology of Law," 112-114.
363　같은 곳.

적인 선물도 받을 수 있도록" 선택의 자유를 부여한 선행은총에 의해[364] 모든 인간
은 이미 "은혜를 받고 있는" 존재다.[365] "신앙을 받아들일 수도 있고 거부할 수도 있
는" 자유는 "선행은총으로 회복된 기능" 안에서 주어진 것이다.[366] 성결이라는 더
큰 은혜 역시 부분적으로는 선행은총으로 회복된 자유를 선용하는 데 의존한다.
이 점에서 제임스 로건(James C. Logan)은 "선행은총은 … 사람이 칭의와 성결의
은혜를 이미 경험했더라도 여전히 작용을 계속한다"고 말한다.[367] 선행은총 개념에
의해 웨슬리는, 인간의 전적타락 교리를 견지하고 "펠라기우스주의나 반펠라기우
스주의라는 비난"을 피하면서도,[368] 율법과 복음에 반응하는 인간 능력에 대해 "전
적으로 부정적인 평가"를 극복할 수 있었다.[369]

웨슬리는 루터식 인간의 전적타락-노예의지론-예정론의 연결을 "과도한" 것으
로 보았다.[370] 인간을 과도하게 무능하고 수동적인 존재로, 인간의 운명을 과도하게
숙명론적인 것으로, 하나님의 전능하심을 하나님의 사랑을 희생시킬 정도로 과도
하게 독단적이고 무감성적인 능력으로 묘사하는 경향이 있다는 것이다. 이에 반해
웨슬리의 가르침에는 "구원을 위해 충분한 하나님의 사랑과 구원을 지속하기 위
해 순종을 요구하는 하나님의 율법 사이의" 긴장이 존재한다.[371] 웨슬리 신학은 인
간에게 하나님의 은혜를 무효화하지 않을 책임을 부여하는 동시에, 율법과 복음의
선포와 교육이라는 교회의 사역에 긴급성과 중요성을 부여한다.[372] 신자의 율법의
행위와 사랑, 선행, 더 나아가 교회의 복음전도와 신자의 양육을 기독교 신앙의 중
요한 요소로 만드는 것은, 인간 본성에 대한 펠라기우스적 자신감이 아니라, 루터
가 강조한 하나님의 은혜에 대한 깊은 신뢰다.[373]

맥고니글은 선행은총에 의해 웨슬리는 "원죄에 대해 거의 아우구스티누스적

364 Rogers, "The Concept of Prevenient Grace in the Theology of John Wesley," 8.
365 Michael T. Burns, "John Wesley's Doctrine of Perfect Love as a Theological Mandate for Inclusion and
     Diversity" [Ph.D. thesis, University of Manchester (Nazarene Theological College)], 2009], 121.
366 Collins, *The Theology of John Wesley*, 81; Williams, *John Wesley's Theology Today*, 41, 54.
367 Logan ed., *Theology and Evangelism in the Wesleyan Heritage*, 18.
368 Burns, "John Wesley's Doctrine of Perfect Love as a Theological Mandate for Inclusion and Diversity," 37.
369 Collins, "John Wesley's Theology of Law," 112-113.
370 Crofford, "Streams of Mercy," 255.
371 Wilson, "The Correlation of Love and Law in the Theology of John Wesley," 100-101; WW 8:289.
372 Crofford, "Streams of Mercy," 131.
373 Starkey, *The Work of the Holy Spirit*, 116-123.

이해를 가지면서도, 한편으로는 무조건적 선택과 다른 한편으로는 보편구원론을 부인할 수 있었다"고 분석한다.[374] 선행은총 개념은 웨슬리로 하여금 구원에서 인간 행위의 필요성을 지지하면서도 "(하나님의 선행은총을 제외한) 인간의 전적타락, 오직 은혜로의 구원, 그리고 모든 사람을 위한 구원의 제시라는 세 가지 주제를 함께 붙들" 수 있게 했다.[375] 찰스 로저스(Charles A. Rogers)에 의하면, 선행은총으로 인해 웨슬리는 "예정론, 정적주의, 율법무용론, 인간의 자기 결정주의를 피하면서 동시에 오직 은총(*sola gratia*)의 교리 및 인간의 참여의 자리 모두를 주장할 수 있었다."[376] 콜린스는 "웨슬리 신학에 선행은총이 포함되었다는 것은, 구원이 '하나님께서 인간의 수동성 위에 독단적으로 돌파하시는 것'이 아니라, '하나님과 인간 사이의 상호적인 작업'임을 의미한다. … 그러나 다시 말하건대, 이 신인협력에서도 은혜의 최고성이 존재한다. 주도하시는 분은 하나님이시고 응답하는 것이 인간이기 때문이다"라고 강조한다.[377] 웨슬리는 하나님의 주도적 은혜와 인간의 응답 사이의 관계를 전제로 할 때라야 하나님의 심판 역시 가능함을 다음과 같이 설명한다.

> 하나님께서 어떤 사람의 영혼에 역사해 죄를 깨닫게 하실 때 불가항력적인 힘으로 그를 사로잡아 주권적으로 행하실 수 있습니다. 우리의 회심에서 하나님의 역사하심 역시 불가항력적인 것으로 보입니다. 우리가 그리스도인으로서 영적 싸움을 하는 동안에도 많은 불가항력적인 개입이 있을 수 있습니다. … 그러나 사도 바울이라도 하늘의 비전에 순종하거나 불순종할 수 있었듯, 모든 개인은 하나님께서 은혜의 사역을 행하신 후 자신이 받은 은혜 안에서 진전을 이룰 수도 있고, 은혜를 무효화할 수도 있습니다. 따라서 하늘과 땅의 창조자 하나님께서 주권적으로 어떤 일을 행하셨든 … "온 세상의 심판자는 의를 행하시고, 의로 세상을 판단하시며" 가장 엄격한 공의에 따라 각 사람을 심판하신다는 일반적인 법칙은 마치 하늘을 떠받치는 기둥같이 흔들리지 않습니다. 하나님은 자신의 힘으로 도저히 피할 수 없는 어떤 일을 했다는 이유로 누군가를 심판하시거나, 자신의 힘으로 도저히 이룰 수 없는 어떤 일을 하지 못했다고 심판하시지 않습니다. 모든 형벌은, 그것을 행한 사람이 벌 받을 행위를 피할 수 있었음을 전제로 합니다.[378]

---

374 McGonigle, *Sufficient Saving Grace*, 193.
375 Collins, "John Wesley's Theology of Law," 85.
376 Rogers, "The Concept of Prevenient Grace in the Theology of John Wesley," v.
377 Collins, "John Wesley's Theology of Law," 113.
378 WW 10:361-363.

III. 신앙은 사랑의 주인 vs. 신앙은 사랑의 시녀

레온 힌슨은, "사랑으로 역사하는 믿음"을 가르침에서 루터의 강조점은 믿음에, 웨슬리의 강조점은 사랑에 있었다는 점을 제외하면 루터와 웨슬리가 크게 다르지 않다고 주장한다. 그는 다음과 같이 말한다.

> 루터가 특별히 걱정한 것은 행위로 말미암는 의라는 위험성에 관한 것으로, 그는 '오직 믿음으로'(sola fide)의 입장을 엄격하게 주장했다. … 존 웨슬리가 특별히 걱정한 것은 사랑과 분리된 믿음(율법무용론)이었다. 오직 믿음만이 의롭게 한다. 그러나 믿음은 사람을 갱신시키고 성화시킨다. … 루터는 사랑을 부인하지 않으면서 믿음의 교리를 지키고자 했다. 웨슬리는 신앙이 먼저임을 선포하면서도, 사랑의 교리를 지키고자 했다.[379]

힌슨의 견해는 수용할 만하다. 그럼에도 힌슨은 믿음과 사랑 중 어느 쪽을 강조하는지를 넘어서, 루터와 웨슬리의 구원 및 구원의 방법, 이 세상에서 가능한 구원의 정도에 대한 이해에 근본적인 차이가 있음을 간과하고 있다. 루터의 신단동론적 신학은 인간이 신앙을 통하지 않고는 하나님의 뜻을 이해하거나 행할 능력이 없음을 주장한다면, 웨슬리의 복음적 신인협동의 신학은 선행은총을 통해 구원에서 인간이 하나님께 반응할 여지를 남겨두었다. 이러한 차이는 신앙과 선행의 관계에서도 서로 다른 이해를 가져왔다.

루터에게는 신앙이 하나님과 인간의 근본적 관계를 나타내기에 믿음과 사랑의 관계는 원인(하나님의 사랑, 신앙, 칭의)과 결과(그리스도인의 사랑)로 설명될 수 있다. 콜린스는 루터에게 "구원의 과정은 율법에서 복음으로의 이동이며 … 복음에서 율법으로 돌아가는 정반대의 이동을 필요로 하지 않는다"고 말한다.[380] 엘러트는 "복음이 율법을 위해 봉사하는 것이 아니라, 율법이 복음을 위해 봉사한다"고 말한다.[381] 율법은 두 가지 방법으로 복음을 위해 봉사한다. 첫째, 율법은 정죄를 통해 죄인을 그리스도께 인도함으로 복음을 위해 봉사한다. 둘째, 율법은 하나님을 신앙하라는 분명한 명령을 내림으로 복음을 위해 봉사한다. 그러나 복음은 율법을 위해 봉사하지 않는다. 복음은 그 자체로 자족적이어서 율법이 있건 없건 완

---

379 Hynson, *To Reform the Nation: Theological Foundations of Wesley's Ethics*, 53-54.
380 Collins, "John Wesley's Theology of Law," 184.
381 Elert, *Law and Gospel*, 48.

벽하게 일하고, 사랑과 비교할 수 없을 정도로 더 좋은 것들을 주기 때문에, 복음은 율법보다 훨씬 뛰어나다. 복음은 율법을 대체하고 폐지한다. 루터는 신앙을 "모든 것 중의 모든 것"이라고 부르면서 웨슬리가 사랑에 속한 것으로 여긴 율법의 성취, 의, 성령 안에서의 소생 및 옛 본성의 죽음, 죄와 육체와 세상에 대한 승리 등을 신앙에 속한 것으로 보았다.[382]

웨슬리는 루터처럼 믿음과 사랑의 관계를 기본적으로 원인과 결과의 관계로 여기는 데 동의했다. 그럼에도 그는 믿음과 사랑의 관계에 또 하나 중요한 요소로 수단과 목적이라는 관계를 추가했다. "나는 믿음 그 자체를 목적으로 생각하지 않고, 단지 수단이라고 생각합니다. 계명의 목적은 사랑입니다. … 어떤 수단을 통해서든 이 사랑이 성취되게 하십시오. 그러면 나는 만족하고 다른 것을 바라지 않을 것입니다. 모든 것이 잘 될 것이기 때문입니다."[383] 웨슬리는 하나님과 인간의 관계를 닮음의 관점에서 이해하면서, 사랑의 회복을 믿음이 추구하는 목표와 구원의 본질로 보았다. 토어 메이스타드는, 웨슬리가 신앙을 거룩한 사랑의 회복을 위한 수단으로 여긴 "신학적 이유"는, "신앙 자체는 하나님의 형상이 아니라 하나님의 형상으로 인도하는 수단이라면, 사랑은 하나님의 형상 자체이기 때문"이라고 분석했다.[384] 시어도어 러년(Theodore Runyon)이 말하듯 "인간 속에 있는 하나님 형상의 갱신이 웨슬리의 구원론 전체의 필수 불가결한 핵심"이라면,[385] "웨슬리에게 사랑은 하나님을 닮은 사랑"이라고 번스는 주장한다.[386] 웨슬리가 강조한 "사랑으로써 역사하는 믿음"(갈 5:6)과 성화는 동일한 것이다.[387]

루터는 "행위 없는 믿음"이라는 표현을 "단지 헛되고 마음이 꾸며낸 꿈에 불과한 것" 또는 "잘못된 믿음"으로 여겼다.[388] 신앙은 반드시 사랑과 선행을 낳기 때문이다. 이러한 의미에서 김선영은 루터에게는 "신앙 속에 행함이 이미 내재되어 있다" 혹은 "신앙에 사랑이 이미 존재한다"고 설명한다.[389] 그럼에도 루터는 언제나

---

382 LW 14:328-329.
383 WW 12:79.
384 Meistad, *Martin Luther and John Wesley on the Sermon on the Mount*, 111.
385 Theodore Runyon, *The New Creation: John Wesley's Theology Today* (Nashville: Abingdon Press, 1998), 60.
386 Burns, "John Wesley's Doctrine of Perfect Love," 60.
387 같은 책, 43; WW 14:321.
388 LW 26:155.
389 Kim, "Luther on Faith and Love," 152.

칭의의 맥락에서 그리스도인의 사랑을 제외시켰다. 루터의 가르침을 자세히 살펴보면, 하나님의 사랑이 신앙을 일으킨다는 점에서 신앙은 하나님의 사역이라면, 신앙이 일으키는 그리스도인의 사랑은, 비록 하나님의 은혜에 간접적으로 의존해 있더라도, 인간이 행하는 일이다. 루터는 그리스도인의 사랑의 본성을 그 근원 되는 하나님의 사랑과 연결할 때는 긍정적으로 묘사하는 반면, 그리스도인의 사랑의 결과는 부정적으로 설명했다. 사랑이 그리스도인 속에 자리하는 한, 그리스도인의 사랑은 죄와 육체로 제한되고 방해받기 때문이다. 그렇더라도 참 신자가 "고의적인 악이 아니라 연약함으로" 짓는 죄는 "그들의 거룩함을 조금도 방해하지 않는다." "신앙으로 그들은 그리스도께로 돌아가 용서를 얻기 때문이다." 그들을 하나님 앞에서 "일어서거나 넘어지게 하는 것"은 사랑이나 선행, "도덕적 행위"가 아닌 믿음이다.[390] 의롭게 하는 믿음은 그리스도인의 삶 전체가 이루어지는 기초다. 그리스도인의 삶은 이 신앙을 지키기 위한 전투다.

　　루터와 비교하면, 웨슬리에게서도 하나님께서 중생과 성결의 은혜를 통해 부어주시는 그리스도인의 사랑의 능력은 자연적 감정이나 인간의 의지의 능력으로 여겨질 수 없다. 이 사랑은 하나님의 은혜에 의해 초자연적으로 동기와 능력을 부여받은 것이기 때문이다. 구원의 신앙이 은혜에 의해 순간적으로 주어지는 것처럼, 이 사랑도 초자연적으로 주어진다. 성결의 은혜란 다름 아닌 하나님께서 "순수한 사랑, 죄를 내쫓고 하나님 자녀의 마음과 삶 모두를 다스리는 사랑"을 주시는 은혜이며, 그 주체는 하나님이시다.[391] 하나님의 사랑에 대한 신앙과 그 열매로서 그리스도인의 사랑은 논리적으로는 순서를 구분할 수 있지만, 실제에서는 시간적으로 동시에 이루어진다. 이는 칭의 순간에 중생도 이루어지기 때문이다. 그리스도인의 사랑은 언제나 참된 신앙과 짝이며, 둘 모두가 하나님의 사역이다. 인간이 가진 자연적 사랑은 하나님께서 주시는 사랑의 강도와 순결함에 결코 필적할 수 없다. 웨슬리는 "모든 신자가 이러한 사랑을 갖게 될 수 있지만", 오직 은혜에 의해서만 가능하다고 믿었다.[392]

　　루터는 의롭다 함을 얻는 신앙이 사랑과 선행에 끼치는 영향에 대해 매우 긍정

---

390 LW 27:82.
391 WW 12:432.
392 WW 12:227.

적이었기에, 오직 그릇된 신앙만이 "영적 자유를 육적 자유로" 바꾸어 "육적인 방법으로" 하나님의 말씀을 왜곡한다고 생각했는데,[393] 웨슬리는 이 점에서 의견을 같이했다. 하나님께 즐겨 순종하는 참 신자와, 그와 반대로 하나님의 사랑이 "불순종할 자유, 하나님의 계명을 지키는 것이 아니라 깨뜨릴 자유"를 준다고 생각하는, "뻔뻔하게도 믿음을 흉내만 내는 사람" 사이의 근본적인 차이는, 성령께서 그들 마음에 증거하시는 하나님의 사랑을 받아들여 참 신앙을 갖게 되었는지 아닌지 하는 것이다.[394]

그러나 웨슬리는 거룩한 삶과 그렇지 못한 삶을, 루터처럼 참 신앙과 그릇된 신앙의 결과로 설명하는 데서 그치지 않는다. 웨슬리는 참 신앙을 가졌던 많은 신자가, 그 신앙이 참이었음에도, 또는 그 신앙이 참이었기에 오히려 "선행에 열심을 덜 가지게 되고, 악한 일을 삼가는 데 덜 주의하게 되며 … 자기를 부인하고 자기 십자가를 지는 데 덜 진지하게 되는" 경우를 자주 보았다. 처음에는 참 신앙이었기에 하나님께 순종하던 신자가, 이후에는 오히려 그 신앙을 빌미로 덜 순종적이게 되는 "실천적 율법무용론"에 빠질 수 있다는 것이다.[395] 이는 참 신앙이라도 "하나님의 은혜로 율법의 저주에서 벗어났다는 안도감"을 누림으로 인해, "율법의 요구에 대해 훨씬 느슨한 태도를 가질 가능성"이 농후하기 때문이다.[396] 따라서 웨슬리는 참 신앙이 율법무용론으로 타락하지 않기 위해서는 하나님의 율법에 지속적으로 순종하면서 죄와 육체를 극복하고 지속적으로 사랑과 선행을 실천하지 않으면 안 된다는 점을 강조했다.[397] 믿음이 사랑으로 역사할 때 그 믿음은 변질되지 않고, 성실하고 의욕적인 살아있는 믿음으로 지속된다.[398] 반대로 사랑의 부족은 "행해야 할 무엇인가를 행하지 않는 죄" 혹은 "어느 정도의 내적인 죄"에 문을 열어놓아 신앙의 변질이나 일시적 "상실"을 가져올 수 있고, "신앙의 상실"은 또다시 "외적인 죄를 저지르는" 결과로 나아갈 수 있다.[399] 사랑이 없이는 언제나 이런 약점에 빠지기 쉬운 것이 신앙인 데 비해, 사랑과 함께하는 신앙은 하나님의 법을 지키는 일에서

---

393 LW 27:48.
394 설교, "성령의 증거 (1)", II. 6-7.
395 설교, "믿음으로 세워지는 율법 (1)", II. 1, 4-8; "성령의 증거 (1)", II. 7.
396 Cobb, *Grace and Responsibility*, 61.
397 설교, "하나님께로부터 난 자의 특권", II. 7.
398 Cobb, *Grace and Responsibility*, 61.
399 참고. 설교, "하나님께로부터 난 자의 특권", III. 1; "광야의 상태".

느슨한 기준에 만족하지 않는다. 사랑은 "율법 전체를 지키고" "그중 하나라도 어기지 않기 위해" 노력하면서, 하나님과의 사랑의 관계라는 튼튼한 기초 위에서 신자를 보존하기 때문이다.[400]

지식적인 면에서는, 웨슬리는 참된 신자라도 교리적인 정확성을 가지고 자신의 신앙을 명확히 설명하기란 쉽지 않다고 보았다. 웨슬리는 참된 신자가 자신의 "정교"(orthodoxy, 바른 교리)를 정확히 표현하지 못할 때라도, 그들의 "정감"(orthopathy, 거룩한 성품이나 기질)과 "정행"(orthopraxy, 바른 행함)이 그들의 신앙의 진실성을 입증할 수 있으나, 정행과 정감이 없는 정교만으로는 진실한 신앙으로서 "불충분"하다고 생각했다.[401] 인간의 타락은 인간 속에 있던 하나님의 도덕적 형상을 상실하게 해 죄를 가져왔을 뿐 아니라, 자연적 형상 역시 손상시켜 지적 능력 및 다양한 활동의 능력이 타락 이전보다 훨씬 못하게 되었다.[402] 이는 비록 하나님의 은혜가 신자를 하나님의 도덕적 형상으로 회복시키더라도, 자연적 형상이 회복되지 않는 한 그들의 이해나 실천이 완벽할 수 없음을 뜻한다. 바로 이 점에서 웨슬리는 "바른 교리는 단지 기독교 신앙의 일부일 뿐"이며,[403] 참 신앙을 가지고 있음에도 교리적으로는 "많은 그릇된 소견"과 "수많은 착오"를 피할 수 없다고 본 것이다.[404]

웨슬리에 의하면, 칭의와 성결의 은혜를 받는 데는 믿음만으로 충분하더라도, 이미 받은 은혜를 유지하고 발전시키는 데서 인간의 행함의 고유한 역할은 여전히 남는다. 신앙이라는 말로 웨슬리가 의미한 것은 지적 동의만이 아니라, 죄인이 겸손하게 하나님의 은혜를 즉각적으로 받아들이려는 태도와[405] "하나님의 사랑"에 대한 "전적 신뢰와 확신"[406]을 포함하는 "마음의 성향"이기도 하다.[407] 참된 신자는 "그 마음이 신실하므로" 하나님의 풍성한 은혜를 핑계대면서 죄 짓기를 계속하지

400 Plain Account, 18.
401 Runyon, *The New Creation*, 147-149; Theodore Runyon ed., *Sanctification and Liberation* (Nashville: Abingdon Press, 1981), 45; 설교, "우리의 의가 되신 주", II. 15; "삼위일체에 대하여", 1; Letters 5:264.
402 설교, "하나님의 형상", I. 1; "신생", I. 1.
403 WW 8:249.
404 설교, "삼위일체에 대하여", 1-2.
405 설교, "믿음에 의한 칭의", IV. 8.
406 설교, "명목상의 그리스도인", II. 5; "성경적인 기독교", I. 1-2; "믿음에 의한 칭의", IV. 2.
407 설교, "믿음으로 말미암는 구원", I. 4-5; "명목상의 그리스도인", II. 1-6; "하나님 나라로 가는 길", I. 6; II. 10; "마음의 할례", I. 7; "신생의 표적", I. 3; "산상설교(3)", I. 6-11; "산상설교(9)", 4-8; "하나님 없는 삶에 대하여", 15.

않는다.[408] 신자는 "변덕스럽고 흔들리는 신앙으로 하나님을 방해"하지 않기 위해 자신이 이미 받은 은혜를 계속 되새김질함으로 신앙을 계속 북돋운다.[409] 이처럼 신앙을 갖기 위해 준비할 때든, 구원의 신앙을 갖게 된 후 그 신앙을 지켜나감에서든 인간이 하나님 앞에서 신앙의 바른 태도를 취하는 것은 필수적이다. 웨슬리는 오직 "거짓 없는 믿음"만을 참 믿음으로 옹호하면서,[410] 신자는 사랑으로 역사하는 믿음을 통해 하나님의 율법을 성취한다는 사실을 강조했다.

> 신자는 하나님을 사랑한다. 그래서 "그의 계명을 지킨다." 일부분이나 대부분이 아니라 모두를 지킨다. … 그는 "율법 전체를 지키지만 하나는 어기는" 것에 만족하지 않고, 모든 것에서 "하나님과 인간을 향해 거리낌 없는 양심"을 가진다. 그는 하나님께서 금하신 것은 무엇이든 피한다. 하나님께서 명하신 것은 무엇이든 행한다. "그는 하나님의 계명의 길을 달려간다." … 하나님의 모든 계명을 지킨다.[411]

---

408 설교, "믿음으로 말미암는 구원", II. 1-7; III. 4; "믿음에 의한 칭의", IV. 8-9; "믿음으로 얻는 의", III. 3;
    "성령의 첫 열매", II. 1-8; "신자 안에 있는 죄", IV. 12; "마음의 할례", I. 8; "타락한 자들을 부르심", II. 10 (6).
409 설교, "믿음에 의한 칭의", IV. 3.
410 설교, "산상설교 (4)", III. 2.
411 Plain Account, 18.

7장

인간의 상태

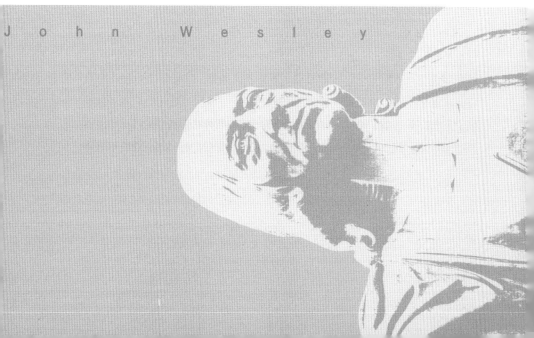

7장 인간의 상태

A. 마르틴 루터

I. 창조 시 인간

루터 신학에서 하나님과 구원이라는 주제는 그의 신학적 인간론과 매우 밀접하게 연결되어 있다. 루터는, 우리가 누구인지는 "우리의 근원이신 하나님" 안에서 우리 자신을 생각할 때 바르게 알 수 있다고 생각했다.[1] 그리고 이 점은 우리로 하여금 인간을 "(1) 하나님께서 창조하신 본래의 완전함 속에서, (2) 죄로의 타락에서, (3) 그리스도를 통해 죄에서 자유케 된 존재로" 구분해 이해함으로 구원의 성격을 더 분명히 알 수 있게 해준다.[2] 루터는 인간론을 창조, 타락, 구원의 세 가지 단계로 제시했다.

> 사람은 몸과 살아있는 영혼으로 이루어진 하나님의 피조물로서, 원래 하나님의 형상으로 죄가 없도록 그리고 생육하고 하나님의 다른 피조물을 다스리며 죽지 않도록 창조되었다. 그러나 아담의 타락 이후 사람은 마귀의 권세 및 마귀가 가진 정복할 수도 없고 영원한 두 악한 권세인 죄와 죽음의 권세에 굴복하게 되었다. 그러나 하나님의 아들이신 예수 그리스도를 믿을 때 오직 그를 통해 마귀의 권세에서 자유케 되고 영생을 얻는다.[3]

루터는 죄 없는 인간에게 있었던 하나님의 형상에 관한 성경적 가르침을 통해 인간 본성을 연구하고자 했다.[4] 아우구스티누스가 하나님의 형상을 "기억력, 지성, 의지"와 같은 "영혼이 가진 능력"으로 설명한 것에 대해, 루터는 "그런 능력이 하나님의 형상이라면, 우리보다 훨씬 뛰어난 자연적 능력을 가진 사탄도 하나님의 형상이라고 볼 수밖에 없다"며 반대했다.[5] 루터가 이해하기로는, 아담에게 있었던 하나님의 형상이란 아우구스티누스가 말한 인간의 자연적 능력보다 "훨씬 뛰어나

---

1 LW 34:138.
2 Althaus, *The Theology of Martin Luther*, 9-10.
3 LW 34:138.
4 LW 1:60.
5 LW 1:60-61.

고 탁월한 것"일 뿐 아니라, 크리스틴 크밤(Kristen E. Kvam)이 잘 지적한 것처럼, "서로 다른 관점에서 볼 수 있는 매우 다양한 국면"을 가진 것이었다.[6] 네이선 자스트람(Nathan Jastram)은 하나님의 형상을 설명하는 루터의 방식은 "이것뿐 아니라 저것 또한"이라는 포괄적 방식이라고 설명한다.[7]

루터는 하나님께 부여받은 자연적 능력의 측면을 보면 아담은 현재 인간의 상태와는 비교할 수 없을 정도로 월등했을 것으로 추측했다. "아담의 내적·외적인 감각은 가장 순수했다. 그의 두뇌는 최고로 명석했고, 기억력은 완전했으며, 의지는 더할 나위 없이 올곧았다."[8] 루터는 아담의 우월한 자질에 "하나님의 다른 모든 피조물"이 가진 능력을 능가하는 "가장 아름답고 훌륭한 특성을 가진 몸"을 포함시켰다. "아담의 눈은 스라소니와 독수리의 눈보다 밝았다. 그의 힘은 사자와 곰보다 강했고 … 맹수를 강아지 다루듯 다루었다."[9] 루터는 "아담이 음식으로 삼았던 과실은 그 맛이 훌륭하고 품질이 뛰어나 지금보다 훨씬 나았다"고 말해, 타락 이전에는 인간이 그 생태적 환경 측면에서도 하나님의 창조세계의 가장 훌륭한 특성을 누렸을 것임을 암시했다.[10]

그러나 다양한 하나님 형상의 개념 중 루터가 가장 중요하게 여긴 것은 "사람이 하나님과 가졌던 바른 관계"였다.[11] 즉, "하나님의 형상이란 아담이 하나님을 알았을 뿐 아니라 온전히 경건한 삶을 살았음을 의미한다. 아담은 죽음이나 위험에 대한 두려움 없이 하나님의 은혜로 만족을 누리며 살았다."[12]

루터는 "매우 밝은 이성, 하나님을 아는 참된 지식, 하나님과 이웃을 사랑하는 가장 순수한 열망 … 동물과 식물, 과일, 나무, 그외의 하나님의 피조물에 대한 완전한 지식과 통치권"과 같이 아담이 가진 영적·육체적 자질 모두를 열거하면서, "이 모든 자질이 함께 하나님의 형상을 반영하는 사람을 조성하고 만들어

6   Kristen E. Kvam, "Luther, Eve, and Theological Anthropology: Reassessing the Reformer's Response to the 'Frauenfrage'" (Ph.D. thesis, Emory University, 1992), 24.
7   Nathan Jastram, "Man as Male and Female: Created in the Image of God," *CTQ* 68:1 (Jan. 2004), 12.
8   LW 1:62.
9   같은 곳.
10   같은 곳.
11   Theo M.M.A.C. Bell, "Man Is a Microcosmos: Adam and Eve in Luther's *Lectures on Genesis* (1535-1545)," *CTQ* 69:2 (April, 2005), 163-164.
12   LW 1:62.

냈다"고 가르쳤다.[13] 자스트람은 루터가 가졌던 '하나님 형상의 정의'를 다음과 같이 요약한다.

> 루터는 하나님의 형상이 무엇을 포함하는지에 대해 다양하게 설명했는데, 그 설명은 주로 삼위일체 형식으로 표현되었다. 즉, 하나님의 형상은 하나님께 대한 지식과 하나님의 선하심을 믿는 믿음, 거룩한 삶이다.[14] 하나님의 형상은 "하나님께서 느끼고 생각하며 원하시는 것을 인간도 느끼고 생각하고 원함을 말한다."[15] 하나님의 형상은 의와 성결과 진리다. 하나님 형상은 영생과 두려움에서의 자유와 모든 선한 것이다. 하나님의 형상은 영광과 존귀함, 권세와 주권, 불멸성이다.[16] 하나님의 형상에 관한 루터의 언급 대부분은 하나님 형상이 영적 차원을 가진 것임을 강조하지만, 그럼에도 루터는 하나님의 형상에 영적이지 않은 특징도 포함될 수 있음을 부인하지 않았다.[17]

그렇다면 하나님의 형상으로 지음 받은 인간의 삶은 어떤 것인가? 루터는 땅이 단순히 육체적뿐 아니라 영적 삶까지 포함해 하나님께서 인간 삶을 위해 의도하신 장소라고 가르쳤다. 포드가 잘 설명하듯, 루터는 인간이 "신과 유사한" 존재가 아니라, "철저하게 피조물로" 창조되었다고 가르쳤다. 비록 인간이 하나님께 대한 상당한 지식을 가지고 있었더라도, 그들의 지적이고 영적인 기능은 하나님께 대한 신앙과 감사와 찬양 및 이웃에 대한 사랑 안에서 피조물의 삶을 살아가게 하기 위한 기능이다. 그러므로 루터의 강조점은 "인간은 인간이지 하나님이 아니다. 인간은 피조물이며, 언제나 피조물로 남아있어야 한다. … 인간이 창조될 때 가졌던 완전성이란 피조물로서의 완전성이었다"는 데 있었다.[18]

로버트 콜브(Robert Kolb)는 피조물로서의 삶의 핵심은 "하나님을 신뢰하는" 삶이라고 지적한다.[19] 루터는, "사람은 오직 믿음으로 의롭게 된다"는 말이 정확하게 "인간이 누구인지에 대한 정의를 요약하고 있다"고 단언했다.[20] 하나님의 형상은 "지금은 잃어버린 어떤 비밀스런 영적 기능"이라기보다 하나님과 다른 사람,

---

13   LW 1:63-64.
14   WA 42:51.
15   LW 26:431.
16   LW 34:177; 1:69, 84.
17   Jastram, "Man as Male and Female," 12.
18   Forde, *Where God Meets Man*, 53-54.
19   Kolb, "Luther on the Theology of the Cross," 459-460.
20   LW 34:139.

하나님의 다른 피조물과 더불어 평화롭게 살아갈 수 있는 능력이다.[21] 제임스 네스팅겐(James A. Nestingen)은 루터에게 이러한 인간을 향해 하나님의 율법이 가진 역할은, "하나님의 창조에 의해 의무로 부여된 피조물의 삶을 살아갈 것을 요구하는 것"이라고 설명한다.[22] 루터가 이해한 하나님 형상으로서의 아담의 삶은 다음과 같다. 창조 때 부여받은 본래의 의로움 속에서,[23] 아담은 최고의 기쁨을 누리며 어떤 타락한 욕구나 악한 성향, 죄도 없이 하나님과 다른 피조물을 사랑하면서[24] "자신의 창조주, 자기 자신, 자신의 세계와 더불어 평화롭게" 살았다.[25]

인간을 모든 것에 대해 철저히 창조주께 의존해 있는 존재로 여긴 루터는, 만약 타락이 없었다면 사람이 자연적인 능력만으로도 영원히 살 수 있었을 것이라는 생각을 부인하면서, 타락이 없었더라도 인간은 영생을 위해 하나님께 의존되어 있었을 것이라고 믿었다. 비록 인간이 "영원하고 영적인 삶을 살도록 창조되었다" 하더라도, "음식과 음료와 출산"에 의지하던 육체적 생명은 당분간 "에덴동산에서 살아간 이후에 죽음을 보지 않고 영원하고 영적인 생명으로 변화되었을 것"이라고 설명한다.[26]

II. 타락 후 인간

아담의 타락 후 하나님의 형상 안에서 죄 없던 인간의 상태는, 성경에서만 들을 수 있을 뿐 "우리가 전혀 경험할 수 없는 상태"가 되고 말았다.[27] 그러나 우리가 성경이 말씀하는 이 본래의 상태를 파악하면 타락과 구원의 성격을 더 명확히 알 수 있다. 타락을 우리에게 적합한 그 상태에서의 강등으로 이해하면, 그리스도께서 오신 목적 역시 우리가 잃어버린 것을 회복시키기 위한 것으로 생각할 수 있기 때문이다.[28]

---

21 Forde, *Where God Meets Man*, 54.
22 James Arne Nestingen, "The Lord's Prayer in Luther's Catechism," *Word & World* 22:1 (Winter 2002), 39.
23 BC 102-103; Jastram, "Man as Male and Female," 15-18.
24 LW 1:113.
25 Forde, *Where God Meets Man*, 54.
26 LW 1:104.
27 LW 1:63.
28 LW 1:164-166.

루터는 아담과 하와가 받았던 유혹은 "모든 유혹 중 가장 강하고 심각한 유혹"
이었다고 생각했는데, 이는 뱀이 그들의 "타락하지 않은 본성 안에 있는 가장 훌륭
한 능력"이자 "하나님께 대한 최고의 예배 그 자체"라 할 수 있었던 "하나님의 말씀
과 선하신 의도"를 믿는 그들의 믿음을 공격했기 때문이다.[29] 루터는 아담의 타락
과정을 "사탄의 모든 유혹이 보여주는 하나의 패턴"으로 여겼다. 즉, "사탄은 먼저
신앙을 뒤흔들어 하나님의 말씀에서 멀어지게 한다." 그렇게 되고 나면 "불순종과
… 두려움, 미움, 하나님을 회피함 등 다른 죄들이 불신앙을 뒤따른다"는 것이다.[30]

루터에 의하면 불신앙은 불의 그 자체와 동일시될 수 있는 가장 중대한 죄다.[31]
그는 또한 은혜를 알지 못하는 것 역시 "가장 부끄러운 죄이자 하나님께 대한 최고
의 경멸"로 묘사했다.[32] 그 외에도 인간의 본성은 "자기 자신에게로 매우 깊이 굽어
있어" 심지어 인간이 하나님을 찾을 때조차 "자신을 위해서만" 그렇게 한다.[33] 메
리 로웨(Mary E. Lowe)는 루터의 설명을 종합해 "루터는 불신앙과 교만, 자기 중
심성을 죄의 기본적 형식으로 보았는데, 이 죄는 모두 인간이 자신을 하나님의 자
리에 두는 죄다"라고 바르게 지적했다.[34]

원죄는 불신앙, 교만, 자기 중심성과 함께 아담에게 하나님의 형상 중 영적 특
성을 상실하게 했고, 자연적·육체적 특성에는 손상을 가져왔다.[35] 그것이 인간에
게 "의지와 지성, 기억력에서 특정한 자질의 결여"와 "원의, 즉 몸과 영혼의 올바
름이 전적으로 부족한 상태"를 초래했다.[36] 원죄는 생태적 환경에도 악영향을 끼쳤
다. "하나님께서는 죄를 벌하실 때마다 땅도 저주하시기 때문이다."[37] "창조세계의
타락과 저주"에서[38] "다른 피조물의 결함 역시 파생된다."[39] 인간은 이전에 가졌던
지적 능력뿐 아니라 육체적 능력을 상실했고, 짐승은 더는 인간에게 순종하지 않

29   LW 1:146.
30   LW 1:163, 171; BC 302.
31   LW 25:319.
32   LW 14:51.
33   LW 25:291.
34   Mary E. Lowe, "Sin from a Queer, Lutheran Perspective," in Mary J. Streufert, ed., *Transformative
     Lutheran Theologies: Feminist, Womanist, and Mujerista Perspectives* (Minneapolis: Fortress Press, 2010), 77.
35   Jastram, "Man as Male and Female," 15-18; BC 102-103.
36   LW 25:299-300; 2:65.
37   LW 1:99; 2:65
38   LW 1:77-78.
39   LW 1:64.

게 되었으며, 땅은 이전에 가졌던 비옥함을 잃어버렸다.[40] 루터는 원죄를 "다른 죄들의 불쏘시개" "독재자" "근원적 질병"으로 묘사하면서, 원죄는 매우 활동적 세력이지 단지 "우리 본성의 연약성"이나 "건강의 상실" 정도로 여길 수 있는 것이 아님을 강조했다.[41] 인간의 마음은 "사색과 지혜와 이성과 그 모든 힘, 즉 마음의 모든 능력"을 통해 일하는 원죄의 지배를 받아 "언제나 하나님의 율법에 대항한다. … 자신의 능력으로는 이런 악에서 벗어날 수 없다." 따라서 "인간의 자연적 능력이 손상되지 않았다"는 가정 위에서 인간이 자기 속에 있는 자연적 능력으로 최선을 다하면 구원에 이를 수 있다는 스콜라 신학자의 주장은 받아들여질 수 없다.[42]

> 만약 사도 바울과 다른 거듭난 사람의 자연적·육적 자유의지가 심지어 그들의 거듭남 이후에도 하나님의 율법에 대항해 싸웠다면, 회심 이전의 사람의 의지는 하나님의 율법과 뜻에 대해 훨씬 더 완고하고 적대적일 것이다. 이 사실에서 분명해지는 것은 … 자유의지란 그 자체의 자연적 능력만으로는 인간의 회심과 의, 평화, 구원을 위해 아무것도 할 수 없고, 성령께서 복음을 통해 하나님의 은혜와 구원을 제공하신다 해도 성령께 협력해 순종하거나 믿거나 동의할 수조차 없다는 것이다. 오히려 정반대로, 사람은 태어날 때부터 가지고 태어난 악하고 완고한 기질로 인해, 만약 성령께서 그를 조명하시고 다스려주시지 않는다면, 하나님과 그의 뜻에 도전적으로 저항한다.[43]

자스트람이 잘 요약한 것과 같이, 원죄의 결과에 대한 루터의 견해를 세분화해 살펴보면,[44] 첫째로 인간이 가졌던 본래의 의로움은 완전히 상실돼 인간 속에는 "영적으로 선한 것이란 어떤 것도 남지 않게 되었다." 둘째, 인간이 가졌던 자연적 재능과 기능은 심각하게 손상되었다. 비록 인간은 여전히 하나님에 대한 지식을 갖지 못한 다른 피조물보다는 뛰어나지만, 인간이 가진 하나님께 대한 지식은 "거의 전적으로 지워지고 말았다."[45] 창조된 원래의 세상과 낙원은 완전히 사라져버렸고, 단지 그 아름다움의 희미한 자취만 세상에 남아있는 것처럼,[46] 인간 속에 있는 하나

---

40 LW 1:78; 2:65; Bret Stephenson and Susan Power Bratton, "Martin Luther's Understanding of Sin's Impact on Nature and the Unlanding of the Jew," *Ecotheology* 9 (2000), 85-89.
41 LW 25:299-300.
42 LW 2:119-126; 34:139.
43 BC 524.
44 Jastram, "Man as Male and Female," 13.
45 LW 1:19.
46 LW 1:90; 2:204; Stephenson and Bratton, "Martin Luther's Understanding of Sin's Impact on Nature and the Unlanding of the Jew," 86-87.

님의 형상은 "죄로 인해 … 부패되고 손상된 잔해"만 남게 되었다.[47]

인간의 자연적 재능에 끼친 원죄의 결과는 또다시 인간의 이성에 초래된 결과와 의지에 초래된 결과로 구분할 수 있다. 첫째, 하나님께서는 인간의 "이성의 존귀함을 제거"하시지는 않았지만, 이성은 그 창조주에 대해 "거의 아무것도" 알지 못하게 되었다. 지식은 물질적인 대상에 제한되었고, 이성은 "오류와 기만에 매우 취약하게 되었다." 나아가 타락 후 인간의 이성은 "마귀의 세력 아래 놓이게 되어" 그 판단은 "불경하게도 신학을 반대한다."[48] 인간은 이성을 통해 기껏해야 하나님께 대한 "객관적인" 지식을 일부 얻을 뿐, "나를 위한" 하나님의 뜻이 무엇인지를 발견하는 데는 실패한다.[49]

> 자연적 이성은 하나님께서 다른 모든 것을 초월하는 어떤 분임을 인식한다. … 하나님을 친절하고 은혜롭고 자비로우며 호의적인 분으로 생각한다. … 그러나 이성은 두 가지 큰 결점을 가진다. 첫째, 이성은 하나님의 힘을 믿지만… 하나님께서 그 힘을 우리를 위해 사용하실 것인지 확신하지 못한다. … 둘째, 이성은 하나님이 계신 것을 안다. 그러나 결코 진정한 하나님을 발견하지 못하고 마귀를 발견하거나, 자신의 망상과 상상을 하나님으로 높이면서 그 자신의 하나님 개념을 만들어낸다.[50]

그 결과 죄인은 지식으로 하나님의 영광에 도달하려 하거나, 인간 이성의 판단에 대단해 보이는 헛된 일을 수행함으로 그 공로를 통해 자신이 확신하지 못하는 하나님의 은혜를 얻으려 노력한다.[51]

둘째, "선택의 자유는 사람에게 오직 인간의 영역에 있는 일에 대해서만 허락된다."[52] 즉 "삶 속 일상생활의 영역에서다."[53] 그러나 "하나님과 관련된 일에서는 사람은 선택의 자유가 없고, 하나님이나 사탄의 의지의 노예가 되어있다."[54] 루터에게 자유의지란 "그저 실체가 없는 제목이자 공허한 이름일 뿐이다."[55]

---

47 Jastram, "Man as Male and Female," 14.
48 LW 34:137-139.
49 Althaus, The Theology of Martin Luther, 10-11, 15-16
50 LW 19:53-55.
51 LW 3:276-277.
52 LW 33:70.
53 Gerhard O. Forde, The Captivation of the Will: Luther vs. Erasmus on Freedom and Bondage (Grand Rapids: Wm. B. Eerdmans, 2005), 49.
54 LW 33:70.
55 Forde, The Captivation of the Will, 47-49; LW 31:40.

캐머런 매켄지(Cameron A. MacKenzie)는 루터의 가르침에서 인간의 의지에 끼친 원죄의 영향을 다음과 같이 요약했다. "(1) 모든 인간은 죄인이다. (2) 각 사람을 보아도 그 속에 있는 모든 부분이 죄에 오염되었다. (3) 죄는 인간을 사탄의 힘 아래 두었다. (4) 심지어 세례를 받은 후에도 사람은 여전히 죄인이다."[56]

첫 번째 요소, 즉 인간의 보편적 타락에 관해 루터는 "아담의 타락 이후로 아담에게서 태어나는 모든 인간은 나면서부터 악하다"고 설명했다.[57] 그 결과 "그들 모두가 불경건하고 악하기 때문에, 그들이 행하는 일이란 하나님의 진노와 형벌을 받아 마땅한 일뿐이다."[58]

두 번째 요점은, "인간에게는 죄로 오염되지 않은 부분이 하나도 없다"는 것이다.[59] 루터는 로마서 3:20의 "율법의 행위로 그의 앞에 의롭다 하심을 얻을 육체가 없나니 율법으로는 죄를 깨달음이니라"라는 말씀을 설명하면서 이렇게 질문한다. 만약 하나님의 율법을 지키고 선을 행하는 데 열심인 "가장 훌륭하고 고상한" 사람이 "이성과 의지" 같은 "자신의 가장 훌륭하고 고귀한 부분"을 가지고서도 "하나님 앞에서 불경건에 대해 정죄를 받고 … 육체가 되었다는 말로 선고를 받았다면, 인류 전체에서 육체가 되지 않고 불경건하지 않은 사람이 도대체 누구겠는가?"[60]

세 번째 요점에 대해 루터는 "사탄은 그리스도의 영, 하나님의 영께서 낚아채시지 않은 모든 사람을 다스린다"고 가르쳤다.[61] 그러면 "사탄이 다스리는 한 인간의 의지는 자유로운 것이 아니라 죄와 사탄의 종이기 때문에 오직 그 주인이 원하는 것을 원할 뿐이다."[62] 이를 설명하기 위해 루터는 한 짐승과 그 짐승을 타게 될 두 기수의 비유를 들었다.

> 만약 하나님께서 인간의 의지에 올라타시면, 그 의지는 하나님께서 원하시는 것을 위해 그곳으로 가게 될 것이다. … 만약 사탄이 인간의 의지에 올라타게 되면 그 의지는 사탄이 원하는 것을 원해 그곳으로 가게 될 것이다. 인간의 의지가 두 기수 중 누구를 선택하거나 배제

---

56 Cameron A. MacKenzie, "The Origins and Consequences of Original Sin in Luther's Bondage of the Will," *CJ* 31:4 (Oct. 2005), 386.
57 LW 33:174.
58 LW 33:247.
59 MacKenzie, "The Origins and Consequences of Original Sin in Luther's Bondage of the Will," 387.
60 LW 33:257-258.
61 LW 33:287.
62 LW 33:238.

할 것인지 결정할 수 없고, 오직 두 기수가 의지를 소유하고 다스리기 위해 경쟁할 뿐이다.[63]

헤켈은 원죄의 영향을 받은 죄인의 상태에 관해 "인간의 이성은 율법의 의미를 전혀 깨닫지 못하며, 인간의 의지는 율법을 이행하려는 성향이 조금도 없다"는 말로 잘 표현하고 있다.[64]

그러나 루터는 인간이 원죄의 영향과 사탄의 지배 아래에서 죄에 묶여 있더라도, 인간 속에 있는 하나님의 형상은 "잃어버린 것이면서도 동시에 여전히 소유하고 있는 것", "이미 사라진 것이지만 동시에 손상된 상태로 여전히 남아있는 것"이라고 보았다.[65] 루터는 "하나님께서는 우리가 서로 서로 타인 속에 있는 이 형상을 존중하기를 원하시는데", "이 형상은 말씀과 성령을 통해 회복될 수 있기 때문"이라고 설명했다.[66]

네 번째 요점은, 신자는 의인인 동시에 죄인이라는 루터의 가르침을 표현한다.

III. 구원 받은 인간

루터는 그리스도인의 삶에서 신앙의 힘과 그 열매를 묘사할 때는 자신 있게 매우 긍정적으로 "옳은 일을 행하고 그 열매로 이를 나타내며, 이웃에 대해 더 이상 죄를 짓지 않는 사람이 하나님에게서 난 자다. 이웃에게 옳은 일을 행하지 않는 사람은 가짜 그리스도인이다"라고 단언했다.[67] 그러나 그리스도인을 묘사할 때는 이런 긍정적인 어조가 매우 위축된다. "보라! 그리스도인이 완전히 의로운가? 그렇지 않다. 그는 죄인이자 동시에 의인이다. 실제로는 죄인이지만, 그리스도의 의가 확실히 전가되었다는 사실 및 그를 완전히 고치실 때까지 계속해서 죄에서 건져내실 것이라고 약속하신 하나님의 약속의 관점에서 볼 때는 의롭다."[68] 루터는 "하나의 행동에서 그리스도인은 육적인 의지로는 죄를 지으면서도, 그와 반대되는 영적

---

63 LW 33:65.
64 Heckel, *LEX CHARITATIS*, 18.
65 Jastram, "Man as Male and Female," 13-14.
66 LW 2:141.
67 LW 30:264.
68 LW 25:260.

의지로는 죄를 짓지 않는다"고도 설명했다.[69]

신자는 의인인 동시에 죄인이라는 루터의 가르침에는 외관상 세 가지 모순이 존재한다. 첫째, 신자는 자기 자신이 아닌 "그리스도 안에서"는 성도이지만, "그리스도와 관계없이 우리 자신만 보면" 죄인이다.[70] 둘째, 종말론적 미래에 하나님의 약속이 반드시 이루어질 것이라는 점에서 신자는 "소망 안에서는 의롭지만", 현재는 죄인이다.[71] 셋째, 신자는 우리 삶에서 역사하시는 성령 안에서는 의롭지만, 육체 안에서는 반복적으로 죄를 짓는 죄인이다. 루터는 로마서 7:18의 "내 속 곧 내 육신에 선한 것이 거하지 아니하는 줄을 아노니"라는 말씀을 다음과 같이 설명했다.

> 바울이 자신의 일부만 육체임에도 마치 자신 전체가 육체인 듯 묘사하는 것을 보라. … 그의 육체는 정욕적이고 악하며 … 그의 영은 영적이고 선하므로 … "내가 원한다" 또는 "내가 미워한다" 등의 말은 영적인 사람 또는 영을 말하는 것이다. 그러나 "내가 행한다" 또는 "내가 일한다" 등은 육적인 사람 또는 육체를 말하는 것이다. 하지만 동일한 한 사람에게 육체와 영이 있기 때문에, 바울은 자신의 서로 반대된 부분에서 나온 상반된 두 특징을 한 사람에게 속한 것으로 본다. 이러한 방식으로 같은 사람 안에서 영적이고 육적이며, 의인이자 죄인이며, 선하면서 악한 서로 다른 두 특징이 교류하고 있다.[72]

부정적으로 말하면, 하나님의 말씀에 대한 신앙 안에서가 아닌 실제에서, 그리스도가 아닌 신자 자신 안에서, 또는 영이 아닌 육체 안에서 그리스도인은, "용서받은 후에는 다시 죄를 짓지 않기"보다 "반복적으로 죄를 짓고 계속적으로 용서받는다"는 점에서 단지 "용서받은 죄인"일 뿐이다.[73] 신자는 비록 죄책을 용서받았지만, 원죄의 영향에서는 자유로울 수 없다. "세례에서 원죄가 제거되었다"는 말은, 원죄가 이제 존재하지 않는다는 것이 아니라, "하나님께서 더는 그 책임을 우리에게 지우지 않으신다"는 것을 의미할 뿐이다.[74]

루터에게 육체(flesh)란 "성욕, 분노, 참을성 없음"과 같은 "육체의 정욕"이나

---

69 LW 31:62.
70 LW 38:158.
71 LW 25:258.
72 LW 25:331-332, 336.
73 Lowe, "Sin from a Queer, Lutheran Perspective," 77.
74 WA 17, II, 285. T. A. Noble, "Doctrine of Original Sin in the Evangelical Reformers," *European Explorations in Christian Holiness* 2 (2001), 71에서 재인용.

"열등한 욕구"만이 아니라, "의심, 하나님께 대한 불경, 우상숭배, 하나님을 경멸하고 싫어하는 것" 등 "영적인 것"을 포괄하는 말이다.[75] 맥그래스에 의하면, 루터에게 육체란 인간의 "저급한 본성"을 가리키는 것이 아니라 "저항할 수 없는 자기중심성 및 근본적으로 하나님으로부터 소외됨" 속에 있는 인간 "전체"를 의미한다면, 영이란 "하나님과 하나님의 약속을 전적으로 수용"하는 전인을 의미한다.[76] 루터는, 그리스도인은 그 육체로 인해 "언제나 죄인이고 언제나 회개해야 하지만, 그러면서도 언제나 의롭다"고 주장했다.[77] 신자는 "죄 안에서" 살면서 "날마다 용서를 받아야 하며, 그렇지 않으면 점점 더 죄로 더럽혀진다."[78] 루터는 그럼에도 "신앙에 의해 사람의 가장 고귀하고 훌륭하며 중요한 부분인 영이 경건하고 의롭게 유지된다면, 하나님께서는 덜 중요한 부분인 육체에 남아있는 죄 때문에 그를 정죄하시지는 않는다"고 주장했다.[79] 이 세상에서 "육체는 계속될 것이고, 그 결과로서 죄도 계속될 것이다." 신자가 할 수 있는 모든 것은 성령의 능력으로 "그것을 억누르는 것"뿐이다.[80]

---

75   LW 27:69.
76   McGrath, *Luther's Theology of the Cross*, 133.
77   LW 25:434.
78   LW 34:140.
79   LW 32:21.
80   LW 27:68-69; 7:234-235.

B. 존 웨슬리

I. 창조 시 인간

웨슬리는 인간의 본질과 가치를, 그가 "흙집"으로 부른 몸이나 단순히 지적·의지적 기능에서가 아니라, "하나님의 형상으로 만들어진 불멸의 영"에서 발견했다. 그는 이 영에 "물질 세계 전체와도 비교할 수 없을 정도로 무한한 가치"를 부여했다.[81] 웨슬리에게 인간이 하나님의 형상으로 만들어졌다는 사실은 그들이 하나님, 이웃, 하나님의 다른 피조물과 가지는 관계에서 심원한 의미를 지닌다. 웨슬리 신학은 그 특징이 구원론적이라면, 구원에 대한 그의 논의는 인간 속에 있는 하나님 형상의 상태에 초점이 맞추어져 있다. 즉 하나님 형상으로서의 본래의 상태, 하나님 형상을 잃어버린 상태, 하나님 형상이 회복된 상태다.

웨슬리는 타락 전 인간의 본래 상태를 설교 "신생"(1760)에서 다음과 같이 설명했다.

> 하나님께서는 사람을 자신의 자연적 형상으로 창조하셨습니다. 즉 자신의 불멸성의 화신으로서 이해와 의지의 자유, 다양한 감정을 부여받은 영적 존재로 창조하셨습니다. … 또한 하나님의 정치적 형상으로 창조하셔서 이 세상을 다스리는 자로 삼으셨습니다. … 그러나 무엇보다 하나님의 도덕적 형상인 의와 참된 성결을 가지도록 창조하셨습니다.[82]

웨슬리에게 이 모든 형상은 인간이 자신의 운명을 결정하는 자유로운 주체자로서의 특징을 형성하는 데 기여한다.

1. 웨슬리가 하나님의 자연적 형상의 범주에 포함시킨 것은 "이해, 의지, 선택의 자유"같이 인간에게 "스스로 움직이는 능력"을 주는 기능이다.[83] 아담은 무한하거나 전지한 지식은 아니지만 직관이나 추론에 의해 "참과 거짓을 구별할 수 있는 능력"을 가지고 있었다.[84] 웨슬리는 아담이 하나님께서 창조하신 모든 동물의 이름을 지은 사실을 예로 들어 아담의 이해력의 특징을, "모든 것이 그 실제적 본성대

81 설교, "사람이 무엇이관대?", II. 5; Cannon, *The Theology of John Wesley*, 179.
82 설교, "신생", I. 1.
83 설교, "우주적 구원", I. 1.
84 BE 4:293.

로 아담에게 보였다"는 점에서 "정확했고" "오류나 불확실한 것이 없이 분명했으며" "그 움직임이 신속했고" 그 영역은 광범위했다고 설명했다.[85]

웨슬리에게 인간의 "의지"(will)란 이해력보다 "훨씬 더 위대하고 고귀한" 재능으로,[86] "전통적으로 이해되어온 자유의지"보다는 "욕구 및 감정"과 연결되어 있는 개념이다.[87] 웨슬리는 타락 이전 아담의 의지에 대해 "오직 선한 것만 붙들면서 꾸준하고 한결같이 무오한 이해력이 내리는 명령의 인도를 받았다"는 말로 설명했다.[88] "아담은 오직 하나의 감정만 가지고 있었다. 아담은 하나님과 똑같이 사랑 그 자체였다. 사랑이 그의 영혼과 마음 전체를 가득 채웠다."[89]

웨슬리는 인간의 자유(liberty)를 "선택의 자유"[90] 또는 "스스로 결정하는 원리"[91]로 설명했다. 그는 "자유의지가 없다면, 의지와 이해력은 전혀 쓸모없는 것이 되고 말 것"이라고 가르치면서,[92] 아담은 "자신이 처음부터 가졌던 상태를 유지할 것인지 아니면 바꿀 것인지 결정할 수 있는 전적 자유"를 가졌다고 주장했다.[93] 인간으로 하여금 하나님의 언약의 대상이 되는 것을 가능케 하는 것이 바로 자유의지다.[94] "자유의지가 없는 곳에서는 도덕적으로 선한 것이나 악한 것이 있을 수 없고, 미덕이나 악행도 있을 수 없기에", 만약 자유의지가 없다면 인간은 "자유로운 주체자"가 되는 것이 불가능하다.[95]

2. 정치적 형상은 "세상에서 하나님의 대리자"로서 "하나님에게서 받은 모든 축복을 … 다른 피조물에게 흘려보내는" 인간의 역할과 관계된다.[96] 이 형상은 다른 사람 그리고 하나님의 다른 피조물을 돌보아야 할 인간의 위치와 책임성을 의미한다.[97] 정치적 형상 안에서 인간은 "하나님을 알고 사랑하고 순종할 수 있다"는

---

85 BE 4:293-294.
86 BE 4:294.
87 Young Taek Kim, "John Wesley's Anthropology: Restoration of the *Imago Dei* as a Framework for Wesley's Theology" (Ph.D. thesis, Drew University, 2006), 32.
88 설교, "우주적 구원", I. 2.
89 BE 4:294.
90 설교, "우주적 구원", I. 1.
91 WW 10:468.
92 설교, "그리스도의 오신 목적", I. 4; "인간이란 무엇인가?", 11.
93 BE 4:295.
94 Collins, *The Theology of John Wesley*, 53.
95 설교, "그리스도의 오신 목적", I. 4-6; "인류의 타락에 대하여", II. 6; "우주적 구원", I. 1.
96 설교, "우주적 구원", I. 3; II. 1.
97 Collins, *The Theology of John Wesley*, 54.

점에서 다른 열등한 피조물보다 뛰어나다면, "열등한 피조물"은 단지 "인간에게 사랑으로 순종하는 일"까지만 할 수 있다.[98]

3. 웨슬리는 하나님 형상의 다양한 측면 중 "주된 하나님의 형상"[99] 또는 "하나님 형상의 본질"[100]을 도덕적 형상으로 보았다. 인간에게 주어진 도덕적 형상이란, 하나님의 도덕적 형상을 닮은 "의와 참된 성결",[101] 성육신하신 그리스도의 도덕적 형상을 닮은 "사랑과 경외함, 하나님에 대한 위탁, 겸손, 온유, 친절, 잃어버린 영혼을 위한 사랑, 그리고 그 외의 모든 거룩하고 경건한 성품"을 모두 포함한다.[102]

콜린스는 도덕적 형상이 주된 형상인 이유 세 가지를 말한다. 첫째, 도덕적 형상은 "인간을 다른 모든 피조물과 구분되게 하는 요소다." 둘째, 도덕적 형상은 "죄의 가능성이 생겨나는 배경"이 된다. 셋째, 도덕적 형상은 하나님과 인간 사이의 관계의 표준으로서 도덕법의 유효성을 드러낸다. 이는 도덕법이 하나님의 도덕적 형상을 전달하기 때문이다.[103]

자연적 형상과 정치적 형상은 더 본질적이고 중요한 도덕적 형상을 돕는다. 정치적 형상은 인간이 도덕적 형상을 실현하는 관계 속에 인간을 위치시킨다면, 자연적 형상은 도덕적 형상을 행사하는 데 반드시 필요한 "근본적인 기능"을 제공한다.[104] 김영택은 하나님 형상의 세 측면을 모두 반영하면 하나님의 율법의 명령은, "하나님을 영화롭게 하라" "하나님을 사랑하라" "세상에서 하나님을 나타내라"라는 명령으로 요약될 수 있다고 통찰력 있게 정리했다.[105] 이 중에서 세 번째 명령의 대상은 생태적 환경 속에서 다른 사람뿐 아니라,[106] 하나님의 다른 모든 피조물을 포함한다.[107] 매덕스는 다음과 같이 말한다.

웨슬리의 인간론은 네 가지 기본적인 관계성을 인식한다. 즉 하나님, 다른 사람, 더 열등한 피

98 설교, "우주적 구원", I. 4-5; Kim, "John Wesley's Anthropology," 29, 42.
99 Kim, "John Wesley's Anthropology," 44-46.
100 Collins, The Theology of John Wesley, 56.
101 설교, "그리스도의 오신 목적", I. 7, 10.
102 설교, "우리의 의가 되신 주", I. 2; "산상설교 (4)", 서론. 1; II. 2; "믿음에 의한 칭의", I. 1.
103 Collins, The Theology of John Wesley, 55-57.
104 Kim, "John Wesley's Anthropology," 42-44, 52.
105 같은 책, 49-58.
106 설교, "자녀 교육에 대하여", 4; Collins, The Theology of John Wesley, 54-55.
107 Runyon, The New Creation, 200-207; Cobb, Grace and Responsibility, 50-55; Kim, "John Wesley's Anthropology," 51-58.

조물, 그리고 우리 자신과의 관계다. 거룩하고 온전한 사람이란 이 모든 관계가 적절하게 표현되는 사람이다. 하나님과의 바른 관계는 하나님을 알고 사랑하고 순종하며 영원히 즐거워하는 것이다. 다른 사람과의 바른 관계는 사랑으로 섬기는 것이다. 다른 피조물과의 바른 관계는 사랑으로 돌보는 것이다. 이 각각의 관계가 적절하게 표현되면, 우리는 우리 자신을 수용하게 되어 자신과 바른 관계를 맺게 된다.[108]

II. 타락 후 인간

"악은 어디에서 왔으며, 무엇 때문에 생겨났는가?" 웨슬리는 이러한 신정론적 질문, 즉 "악에서 선을 이끌어내는 하나님의 능력"에 관한 물음을 오랫동안 가져왔다.[109] 그리고 두 가지 악의 원천을 고찰함으로 그 해답을 발견했다. 첫째, 웨슬리는 하나님의 "공의와 선하심이라는 도덕적 속성"과 함께 하나님께서 "어떤 악과 죄도 없이 가능한 한 가장 훌륭한 세상"으로 창조하신 세계의 선함을 옹호하면서, 결코 악의 어떤 부분도 하나님께 속한 것으로 여기지 않았다.[110]

둘째로, 웨슬리는 자유의지의 남용이 "온 우주에서 첫 번째 범죄자, 죄의 창시자, 악을 하나님의 창조세계에 들여온 첫 존재"인 사탄에 의한 "천상 반란"을 초래했을 뿐 아니라, 아담과 이브에 의한 지상 반란을 초래했다고 가르쳤다.[111] 1782년에 웨슬리는 "왜 세상에 고통이 존재하는가? … 죄가 있기 때문이다. … 왜 죄가 존재하는가? 사람이 그저 물질이 아니라, 이해력과 의지와 자유의지를 부여받은 하나님의 형상으로 창조되었기 때문이다. … 사람은 악을 선택했다. 그러므로 '죄가 세상에 들어왔고' 모든 종류의 고통이 따르게 되었다"고 적었다.[112] 사탄은 스스로 유혹되어 "가장 먼저 교만에 넘겨졌고, 다음으로 자기 의지"에 넘겨진 반면, 인간은 사탄에 의해 외부의 유혹을 받아 불신앙에 빠졌고, "이 불신앙이 교만을 낳았으

---

108 Maddox, *Responsible Grace*, 68.
109 Barry E. Bryant, "John Wesley on the Origins of Evil," *WTJ* 30:1 (Spring 1995), 111-112; 설교, "죽은 자를 위한 애도에 대하여", 6.
110 Bryant, "John Wesley on the Origins of Evil," 111-120.
111 설교, "그리스도의 오신 목적", I. 8-10; "마음의 기만", I. 1; Bryant, "John Wesley on the Origins of Evil," 120-133.
112 설교, "인류의 타락에 대하여", 서론. 1.

며, 교만이 자기 의지를 낳았다."[113] 인간에게는 "불신앙이 모든 악의 근원이다."[114] 웨슬리의 설명에서 사탄과 인간의 타락은 서로 다르게 진행되었다.

> 사탄의 타락 과정: 스스로 유혹받음 → 교만 → 자기 의지 → 악한 성품
> 인간의 타락 과정: 외부의 유혹 → 불신앙 → 교만 → 자기 의지 → 악한 성품[115]

인간의 타락은 육체적·영적 죽음을 가져왔다. 육체적으로 아담의 몸은 "부패하고 죽을 수밖에 없게 되었다."[116] "죽음의 선고"는 아담에게만 내려진 것이 아니라, "아담처럼 명확히 율법을 어기지는 않은 그의 모든 후손" "심지어 한 번도 죄를 지은 적이 없는 유아"에게까지 편만하게 되었다.[117] 더 나아가 선고된 죽음은 "현세적 죽음만이 아니라 영적이고 영원한 죽음이었다."[118] 콜린스는 인간의 영혼이 죽었다는 것은 "비유적 의미"에서라고 설명한다. 즉 "영혼은 계속 존재"하지만 "하나님에게서 분리되었고"[119] "하나님의 은혜와 형상을 상실했다"는 의미에서 죽었다는 것이다.[120]

육체적·영적 죽음의 결과는 인간에게 있는 하나님의 형상에 영향을 끼쳤다. 첫째, 인간은 하나님의 도덕적 형상을 상실했다. "아담은 하나님의 도덕적 형상 전체, 즉 의와 참된 성결을 잃어버렸다. 그는 거룩하지 않게 되었다. … 그의 영혼은 하나님을 향해 완전히 죽어버렸다! 그리고 그날부터 그의 몸은 연약함과 질병, 고통에 취약한 상태가 되어 죽어가기 시작했다."[121] 죄인은 하나님의 형상 대신 "교만과 자기 의지" 같은 "마귀의 형상"과 "관능적 욕구와 정욕" 같은 "짐승의 형상"을 갖게 되었다.[122] 웨슬리는 비록 불신앙을 모든 죄의 근원으로 묘사했지만, 마귀적이고 짐승 같은 성품과 정욕을 하찮은 것으로 여기지 않았다. "거기에서 그치지 않는 악의 홍수가 흘러나와" 이 세상에 가득하게 되었기 때문이다.[123]

---

113 설교, "그리스도의 오신 목적", I. 8-9.
114 ENNT Heb 3:12.
115 Collins, *The Theology of John Wesley*, 58-59.
116 설교, "믿음에 의한 칭의", I. 5.
117 BE 4:297; ENNT Rom 5:14-16.
118 WW 9:291.
119 Collins, *The Theology of John Wesley*, 60-61; 설교, "믿음에 의한 칭의", I. 5.
120 설교, "타락한 인류를 향한 하나님의 사랑", 서론. 1.
121 설교, "그리스도의 오신 목적", I. 10.
122 설교, "신생", I. 2; "타락한 인류를 향한 하나님의 사랑", 서론. 1; "악한 천사들에 대하여", I. 4.
123 설교, "마음의 기만", I. 1; "악한 천사들에 대하여", II. 6, 8; "그리스도의 오신 목적", I. 8-9.

둘째, 정치적 형상이 역할을 할 수 없게 되었다. 존재의 사슬에 존재하던 질서와 일치, 조화는 혼란스럽게 되고 말았다.

> 사람이 그의 완전성이었던, 하나님께 대한 사랑에서 우러나는 순종을 상실한 것처럼, 짐승은 그들의 완전성이었던 사람에 대한 사랑의 순종을 상실했습니다. 많은 짐승이 사람을 싫어해 사람을 보면 도망치게 되었습니다. 또 그 외의 많은 동물은 사람을 무시하고, 할 수 있을 때는 사람을 죽이게 되었습니다. 소수의 종류, 주로 집에서 기르는 동물들만 하나님의 은혜를 통해 원래 가졌던 기질을 잃지 않아 여전히 사람을 사랑하고 사람에게 순종합니다.[124]

타락으로 인간이 하나님의 축복을 창조세계에 "전달할 수 없게" 되자 창조주와 짐승의 세계 사이의 교통은 끊어지게 되었다.[125] 그 비극적 결과로 창조세계 전체가 "무질서와 불행, 죽음"에 빠지게 되었고, 결국 모든 피조물이 함께 탄식하게 되었다(롬 8:22).[126]

셋째, 자연적 형상이 심각하게 손상되었다. 타락 후 아담의 의지는 슬픔과 분노, 미움, 두려움, 수치심 등 "많은 악한 감정"과 "세속적이고 육욕적이며 마귀적인 욕구"에 사로잡히게 되었다.[127] 그의 자유의지는 "미덕과 함께" 사라져버렸다.[128] 아담의 지적 능력은 매우 약화되어 "거짓을 진실로, 진실을 거짓으로 착각하게 되었으며, 무지에서 각종 오류가 생겨났고 오류는 또다시 무지를 증가시키게 되었다."[129] 무질서에 빠진 몸의 영향으로 영혼의 기능은 방해를 받아 무지와 실수, 연약성, 유혹을 피할 수 없게 되었다.[130] 특히 영적인 일에서 "사람은 하나님께 대해 전적으로 무지하게 되었고, 하나님의 율법에 대해 전적으로 문외한이 되었다."[131] 하나님께 대한 무지의 결과 "사람은 자기 자신에 대해서도 알 수 없게 되어" 자신의 결백함을 자신하면서 하나님의 심판을 두려워해야 할 이유를 발견하지 못하게 되었다.[132]

---

124 설교, "우주적 구원", II. 2.
125 같은 곳, II. 1.
126 설교, "하나님이 시인하신 일들", II. 3.
127 설교, "하나님의 형상", II. 3.
128 같은 곳, II. 4.
129 같은 곳, II. 2.
130 같은 곳, I. 1; "신생", I. 1; "질그릇에 담긴 하늘의 보배", II. 1; "인류의 타락에 대하여", II. 2, 6; "그리스도인의 완전", I. 3; "그리스도의 오신 목적", I. 3; Plain Account, 21-22.
131 설교, "종의 영과 양자의 영", I. 1.
132 같은 곳, I. 2-4.

웨슬리는 원죄 교리를 기독교와 이교를 구분 짓는 "십볼렛" 또는 "중대하고 근본적인 한 가지 차이"로 묘사하면서,[133] 아담의 타락의 결과가 모든 사람에게 전가되었다고 가르쳤다. "타락한 아담은 '자기 자신과 같은 후손을 낳게 되었고' … 아담과 그 후손은 '아무런 차이가 없게 되었다.'"[134] 콜린스의 지적에 따르면, 웨슬리는 『주일예배서』에서 영국 국교회 39개조 신앙고백의 제9조를 "원죄로 인해 하나님의 진노와 저주가 부어진다"로 수정해 죄책에 초점을 두는 표현을 삭제했다. 이러한 예는 웨슬리가 원죄 이해에서 "죄책의 전가"가 아닌 "타락한 본성의 전가"를 강조했음을 보여준다.[135]

III. 구원 받은 인간

웨슬리는 구원을 하나님 형상의 회복으로 이해했다. 아우틀러는 "상실된 하나님 형상의 회복은 웨슬리의 구원론의 핵심 주제"라고 바르게 지적한다.[136] 웨슬리는 설교 "원죄"(1759)에서 "종교의 위대한 목적은 우리의 마음을 하나님의 형상으로 회복해 첫 조상의 죄로 인해 전적으로 상실한 의와 참된 성결을 되찾는 것입니다"[137]라고 가르친다. 다른 설교 "그리스도의 오신 목적"(1781)에서는 기독교 신앙을, "사람을 하나님의 은혜로 회복시킬 뿐 아니라, 하나님의 형상으로도 회복시키는 신앙"으로 가르쳤다.[138] 신론으로 말하면 "우리를 창조하신 분의 형상,"[139] 기독론적으로는 "그리스도의 형상,"[140] 인간론적으로는 "우리가 처음에 창조되었던" 그 형상[141]을 회복하는 것이 구원의 목적이다.

이 회복 과정은 원죄의 죄책을 용서할 뿐 아니라 하나님의 형상을 부분적으로

---

133 설교, "원죄", III. 1-2.
134 같은 곳, 서론. 4.
135 Collins, *The Theology of John Wesley*, 64.
136 BE 2:185, n. 70.
137 설교, "원죄", III. 5.
138 설교, "그리스도의 오신 목적", III. 5; Kim, "John Wesley's Anthropology," 94-97.
139 WW 12:68.
140 WW 8:471.
141 설교, "완전에 대하여", II. 4.

회복시키는 은총인 하나님의 선행은총에 의해 시작된다.[142] 하나님의 형상 회복의
과정은 "자기 자신에 대한 더 많은 지식을 주는, 죄를 깨닫게 하는 은혜와 회개"로
이어지고,[143] 그 후에는 "칭의와 중생과 성화"라는 연결과정으로 이어진다.[144] 임승
안에 따르면, 타락한 인간의 질병을 깨닫는 것과 원래의 인간성을 회복하는 것은
"단 한 발짝" 차이다. 그런데 "회개한 사람이 새롭게 되려면 회개에 머물지 않고 신
앙으로 나아가야"[145] 하며, 죄의 자각은 오랫동안 계속 지속되는 것이 아니므로, 회
개와 회복은 "한 발짝 차이조차 없는" 경우가 많다.[146]

도덕적 형상 회복에서 신자는 칭의 된 순간부터 사랑 안에서 자라게 되는데,
"사랑은 유일한 종류의 거룩함이지만 … 그 정도에는 차이가 있다." 구원의 과정
의 차이점은 "사랑의 정도의 차이"로 설명이 가능하다.[147] "한 가지 사건의 두 측
면"[148]으로서 칭의란 신자가 용서를 통해 하나님의 거룩한 사랑을 경험하는 것이라
면, 중생은 신자가 동일한 하나님의 거룩한 사랑에 참여하는 것이다.[149] 웨슬리는
신생(new birth)을 "내적 악함에서 선함으로의 변화, 즉 우리의 가장 깊은 본성이
우리가 타고난 마귀의 형상에서 하나님의 형상으로 변화되는 것"으로 묘사했다.[150]
더 나아가 성결은 "사람이 하나님의 형상으로 전적으로 갱신되는 것이다."[151] 린드
스트롬은 중생과 성결을 바르게 구분하기를, 중생의 상태가 "죄 된 성향과 뒤섞여"
있다면, 완전성화란 "더 분명하게 구별되는 사랑의 단계"로 이 사랑은 "죄와 뒤섞
이지 않은 사랑, 순수한 사랑"이다.[152]

자연적 형상에서는, 사람은 선행은총만으로는 "보이지 않는 세계에 관해 아무
런 정보도" 인식할 수 없고,[153] 인간의 이성도 하나님의 일에 관해 제한적 지식을 가

---

142 Maddox, *Responsible Grace*, 87-88.

143 설교, "우리 자신의 구원을 성취함에 있어서", II. 1.

144 Kim, "John Wesley's Anthropology," 111.

145 Im, "John Wesley's Theological Anthropology," 190.

146 BE 4:312.

147 설교, "인내에 대하여", 10.

148 Runyon, *The New Creation*, 71.

149 설교, "하나님께로부터 난 자의 특권", 서론. 2.

150 Journals 2:275-276; 설교, "하나님의 포도원", I. 9.

151 Kim, "John Wesley's Anthropology," 138.

152 Lindström, *Wesley and Sanctification*, 141-142.

153 설교, "믿음의 발견에 대하여", 3.

졌음에도 "관계적인 의미에서는 하나님을 알지 못한다."[154] "보이지 않는 것에 대한 초자연적 증거"[155]로서 칭의와 중생의 신앙은 신자에게 "영적 시각"을 부여한다.[156] 신앙은 신자의 이성을 조명해 "하나님의 존재와 속성 … 그의 영원하심과 광대하심, 능력, 지혜, 거룩함 … 하나님께서 사람을 다루시는 방법, 신약과 구약 그리고 율법과 복음이라는 다양한 시대, 회개와 믿음, 칭의와 중생과 성경의 본성" 등 성경이 선포하는 수많은 일을 이해할 수 있게 해준다.[157] 신앙으로 새로운 깨달음을 갖게 된 이해력은 "즉시 사랑으로 우리의 의지를 교정하도록 우리를 이끈다."[158] 웨슬리는 "우리가 하나님께 대한 지식과 사랑에서 더 진전될수록" 자신이 하나님에게서 얼마나 멀어져 있는지를 자각하면서 "우리 존재가 의와 참 성결 안에서 완전히 새롭게 되어야 할 필요성을 더 절실히 느낀다"[159]고 말한다. 이처럼 자연적 형상에 속하는 기능은 서로 연결되어 서로에게 영향을 끼친다.[160] 무엇보다 "죄책만이 아닌 죄 자체에서의" 자유가 신자에게 회복된다.[161] 신앙의 열매란 "외적 죄와 내적 죄를 이기는 능력"이므로,[162] 거듭난 사람은 "죄의 속박에서 벗어나 하나님 자녀의 영광스러운 자유로 들어간다."[163]

그러나 웨슬리는 성결의 은혜를 받더라도 자연적 형상의 회복에는 한계가 있다고 가르쳤다.[164] 즉 온전히 성화 된 신자에게 하나님의 도덕적 형상은 회복되나, 지적 능력을 포함하는 자연적 형상은 그렇지 않다.[165] 웨슬리는 인간이 가진 많은 연약성의 예를 "이해력의 부족, 매우 느린 이해력, 아둔하거나 혼동된 견해, 생각의 비일관성, 무질서하고 조급거나 활발하지 못한 상상력 … 느리거나 좋지 못한 기억력 … 어눌한 말, 부적절한 언어, 좋지 못한 발음" 등으로 제시했다. 그러면서 "우리의 영혼이 하나님께 돌아갈 때까지는 누구도 이런 연약성에서 완전히 자유

154 Cunningham, "Perceptible Inspiration," 111.
155 BE 11:46.
156 Letters 5:209; 3:174.
157 설교, "공평하게 숙고된 이성의 역할", I. 6.
158 설교, "하나님의 형상", III. 2.
159 설교, "산상설교 (1)", I. 13.
160 Kim, "John Wesley's Theological Anthropology," 202.
161 설교, "종의 영과 양자의 영", III. 5.
162 설교, "신생의 표적", I. 4.
163 설교, "하나님의 형상", III. 3.
164 설교, "완전에 대하여", I. 3-4.
165 Cox, John Wesley's Concept of Perfection, 148-149.

로울 수 없습니다. 그때가 오기까지 우리는 유혹에서 자유롭게 될 것도 기대할 수 없습니다"[166]라고 주장했다. 다양한 연약성은 "가장 훌륭한 사람에게서도 발견"되며, "사람의 실수는 숨 쉬는 것만큼이나 자연스럽다."[167] 이 상태에서는 누구도 율법의 요구를 타락 전 아담같이 완전히 이행할 수는 없다.[168] 심지어 온전히 성화 된 사람도 죄를 짓는 것이 불가능한 상태에 이를 수는 없다.[169] 사람들은 심지어 성결한 그리스도인에게서 나타나는 연약성 때문에 시험에 빠질 수도 있다.[170] 그래서 웨슬리는 그리스도인에게 "어떤 악도 행할 수 있는 이 악한 세상에서는 유혹이 당연히 찾아올 것을 예상하십시오"[171]라고 조언한다. 그러나 성결한 그리스도인은 작은 유혹도 주의해 죄의 유혹이 일어날 때마다 즉시 대항해 승리하는 사람이다.[172]

166 Plain Account, 21-22.
167 같은 책, 84.
168 설교, "믿음으로 얻는 의", II. 5.
169 설교, "그리스도인의 완전", I. 8.
170 설교, "시험에 대하여", I. 6.
171 설교, "광야의 상태", III. 14.
172 설교, "하나님께로부터 난 자의 특권", III. 1.

C. 관찰과 분석

I. 땅의 피조물인 인간 vs. 신적 본성을 가진 인간

루터에게 하나님의 형상이란 "인간의 활동적인 능력"이라기보다 "사람이 하나님과 갖는 바른 관계"이며,[173] 바른 관계의 기초는 피조물이 창조주를 신앙하는 것이다.[174] 낙원에서 죄 없는 아담의 활동은 영적인 것만이 아니라, "먹고 마시고 자식을 낳는 등 육체적 생활을 위한 것이었다."[175] 아담과 하와에게 내리신 하나님의 명령은 다름 아닌 "땅과 바다와 공중의 지배자"가 되어 "그 육적 삶을 위해" "하나님의 피조물을 사용"함으로 하나님 형상으로서의 지위를 행사하라는 것이었다.[176] 신앙과 감사로 그것들을 사용하고 모든 육체적 활동을 해나가면, 그것이 바로 "하나님께서 기뻐하시는 예배"가 되었다.[177] 따라서 루터는 "그들이 얼마 동안 하나님께 순종하는 가운데 육체적 생명으로 산" 후에는, 하나님께서 그들에게 "더는 신체를 위해 음식을 먹거나 이 세상 삶에서 일상적인 다른 일을 하지 않고 천사와 같이 영적인 삶을 살도록 영적 생명"을 주셨을 것이라고 주장했다.[178]

낙원에서 아담의 삶의 특징은 하나님께 의지하고 순종하면서 육체적 삶을 사는 것이었다. 포드는 지적하기를, "낙원에서 인간이 하나님과 가진 관계는 전적으로 신앙의 관계로 이해할 수 있다. 그 말은 낙원에서도 사람은 하나님을 의지하는 가운데 매일을 살았다는 것이다. 아담은 분명 하나님을 알았지만, 그 앎이란 피조물이 창조주를 아는 그 정도의 앎이었다. 그 역시 매우 직접적 · 대면적 관계에서 하나님을 알았던 것은 아니라는 것이다."[179] 루터는 하나님께서 창조하신 피조물로서의 삶의 본질에 대해 다음과 같이 썼다.

하나님께서는 나와 존재하는 모든 것을 창조하셨다. … 하나님은 나에게 몸과 영혼, 모든 팔

---

173 Bell, "Man Is a Microcosmos," 163.
174 Kolb, "Luther on the Theology of the Cross," 459-460.
175 LW 1:56.
176 LW 1:66-73.
177 LW 1:56.
178 LW 1:57, 65.
179 Forde, *Where God Meets Man*, 54.

다리와 감각, 이성과 마음속 모든 기능을 주셨고 또 유지시켜 주신다. … 하나님은 나에게 삶의 모든 필요를 공급하시고, 모든 위험에서 나를 지키시며, 모든 악에서 나를 지켜 보존해 주신다. 내 편에서의 어떤 공로나 가치가 없음에도, 하나님께서는 순수한 아버지와 하나님으로서의 선하심과 자비로 이 모든 일을 행하신다. 이 모든 일로 인해 나는 하나님께 감사와 찬양, 섬김, 순종을 드릴 수밖에 없다.[180]

루터가 낙원에서의 죄 없는 아담의 활동을 주로 육체적인 활동으로 묘사한 이유는, 지적인 사색을 통해서든 선행의 공로를 통해서든 죄인이 상향적으로 하나님께로 나아갈 수 있다는 생각에 단호하게 반대한 이유와 다르지 않다.[181] 즉 "인간이 자신의 피조물 됨을 왜곡해 자신에게 영광을 돌리는" 자기 우상화의 어떤 가능성도 피하고자 했기 때문이다.[182]

더 나아가 루터가 인간을 하나님의 지상적 창조물로 본 것은, 그가 하나님의 창조세계 자체를 긍정적으로 이해했기 때문이기도 하다. 래리 라스무센(Larry Rasmussen)에 따르면, 루터에게 "하나님께 대한 성경의 증언"과 신자의 신앙고백 모두가 시작되는 지점이 하나님의 창조다.[183] "사도신경의 첫 번째 고백이나 창세기 강해, 그리고 창조의 교리 자체"에서 나타나듯, 루터의 생각에서 "땅은 하늘로 충만해 있다. 하나님께서 그의 창조세계에 들어오셔서 창조세계 안에, 창조세계를 통해, 그리고 [성육신을 통해] 창조물로 현존하시기로 결정하셨기 때문이다."[184] 루터는 "하나님께서는 본질상 어디에나 계신다. 즉 그는 창조세계 전체 안에서, 그 전체를 통해 그 모든 부분과 장소에 계시므로, 온 세상은 하나님으로 충만하고, 그는 세상을 가득 채우신다. … 그러나 하나님은 동시에 창조세계 위에 초월해 계신다"[185]고 가르쳤다. 따라서 인간은 "그리스도인의 삶을 하나님께로 나아가는 점진적이고 고행적인 상승의 과정"으로 보지 않고도, 하나님의 영광과 선하심을 인식하고, 가장 피조물다운 방식으로 그를 예배할 수 있다.[186]

심지어 인간의 타락 이후에도 하나님은 타락한 창조세계를 포기하시지 않고,

---

180 BC 345.
181 Forde, *On Being a Theologian of the Cross*, 12, 58.
182 Oswald Bayer, *Luthers Theologie*, 19. Theo A. Boer, "Is Luther's Ethics Christian Ethics?" *LQ* 21:4 (2007), 411에서 재인용.
183 Larry Rasmussen, "Luther and a Gospel of Earth," *Union Seminary Quarterly Review* 51:1-2 (1997), 2.
184 같은 곳, 2-3.
185 LW 37:59.
186 Rasmussen, "Luther and a Gospel of Earth," 3.

그리스도 안에서 세상을 자신과 화해시키심으로 창조를 재긍정하시는 방법으로 죄인을 구원하신다. 루터는 "하나님께서는 무엇보다 예수 그리스도의 인격 안에서 사람이 살아가는 세상 속에서 사람과 관계를 맺으셨다"[187]고 말한다. 에릭 그리취(Eric W. Gritsch)는, 그러므로 창조세계에 대한 루터의 관점은 "쾌락주의적 관점에서"가 아니라 "하나님을 세속과 연결시킨다는 점에서 세속적"이라고 지적한다.[188] 인간의 타락으로 인해 "우리는 아담이 모든 동물을 보면서 느낀 충만한 기쁨과 행복이 어떤 것이었을지조차 알지 못하게 되었다."[189] 그러나 그리스도 안에서 신자는 그 잃어버린 상태로 다시 회복되어 다시금 창조세계를 하나님의 선물과 축복으로 누릴 수 있게 되었다.[190] 그리취는 이러한 루터의 생각과 연결된 현상으로 "루터는 나이가 들수록 세속적인 언어 표현을 더 많이 사용"하게 되었음을 관찰했다. 즉, 루터는 신학적 사고가 성숙해질수록 하나님의 창조세계를 점점 더 긍정적으로 평가하게 되었다.[191]

루터의 사상에서, 인간이란 피조물의 삶의 영역에서 살아가면서 하나님께 예배하고 그의 창조세계를 돌보는 하나님의 피조물로 정의할 수 있다면, 하나님의 율법은 하나님의 피조물다운 삶을 살라는 명령으로 이해된다. 루터의 인간론은 창조주 하나님과 그의 피조물 인간의 차이를 강조할 뿐 아니라, 인간의 삶의 거처가 이 땅임을 가르친다. 율법은 그리스도인에게 인간으로 살고 하나님처럼 되려 하지 말라고 명령한다.

웨슬리는 루터와 달리 인간의 본질을 하나님의 본성을 닮은 존재라는 점에서 발견했고, 인간의 삶을 그 닮음을 기초로 이루어지는 하나님과의 교제의 관점에서 이해했다. 루터에게는 사람 속에 있는 하나님의 형상 자체라 할 수 있는 두려움과 염려 없이 땅에서 평안히 살아가는 삶이 신앙에서 오는 것이라면, 웨슬리는 그러한 삶의 비결을 하나님의 도덕적 형상인 사랑에서 찾았다.[192] 웨슬리는 "인간이란 하나님의 본성 그대로의 존재 곧 사랑"[193]이라고 말하면서, 하나님께서 아담에서

187 Eric W. Gritsch, "The Worldly Luther: Wholistic Living," *Word & World* 3/4 (1983), 362.
188 같은 곳, 361.
189 LW 1:66.
190 Forde, *A More Radical Gospel*, 149.
191 Gritsch, "The Worldly Luther," 355-363.
192 설교, "한 가지만으로도 족하니라", II. 2.
193 설교, "하나님의 형상", I. 2.

주신 율법의 내용은 사랑으로, "이 사랑이 바로 하나님의 형상"이고, "이 사랑이라는 목적을 위해 인간은 창조되었습니다"라고 가르쳤다.[194]

웨슬리는 "낙원에서도 신앙이 중요한 역할을 했을 것"라는 주장을 미심쩍게 여기면서, 죄 없는 아담은 하나님과 직접 얼굴과 얼굴을 마주하는 교제를 누렸을 것으로 생각했다. 즉 "신앙이 아니라 바라봄으로" 하나님과 동행했을 것이라는 것이다. 이 주장은 낙원에서 인간과 하나님의 관계는 신앙을 통한 간접적 교제이지, 사랑 속에서 서로를 바라본 직접적 교제가 아니었다는 관점을 반박한 것이다.[195] 웨슬리가 볼 때, 루터는 신앙을 강조하기 위해 하나님께서 인간과의 관계에서 뜻하신 사랑의 관계뿐 아니라, 인간에게 주신 하나님을 바라보며 교제를 누릴 수 있는 영적 능력까지 희생시켰다.[196]

웨슬리는, 루터가 인간의 삶의 영역을 땅으로 제한함으로 피하고자 한 교만이나 자기 우상화 같은 죄를, 하나님의 형상에 대해 바르게 가르침으로 배제한다. 인간이 부여받은 하나님의 정치적 형상은 천상적 존재와 지상적 존재를 포함하는 존재의 사슬 안에서 인간이 가진 바른 위치와 질서를 의미한다. 하나님의 자연적 형상으로서 인간이 가진 기능은 비록 다른 열등한 피조물보다 뛰어날 수 있으나, 더 우월한 기능을 가진 영적 존재에는 비할 바가 못 된다. 도덕적 형상은 겸손과 감사와 의로움 등 인간이 하나님 앞에서 갖는 경건한 태도와 기질, 정서를 포함한다. 따라서 죄인의 자기 우상화를 피하기 위해 정치적이든 자연적이든 도덕적이든 하나님 형상의 어떤 부분도 희생시킬 필요가 없다.

루터는 매우 드물게 인간이 "신성한 성품에 참여"하는 존재며, "영원한 진리와 의와 지혜와 영생과 화평과 기쁨과 행복"과 같은 덕을 소유했음을 인정했다. 그는 제한된 의미로 우리가 신앙 안에서 그리스도의 의를 전가 받는 것과 마찬가지로, 신자가 신앙에 의해 이러한 덕을 하나님에게서 수동적으로 받는다고 믿었다.[197] 그러나 웨슬리는 인간이 "신성한 성품에 참여하는 자"(벧후 1:4)라는 사실 가르치기를 주저하지 않았다.[198] 인간은 피조물일 뿐 아니라, 어떤 의미에서는 신적 존재다.

---

194 설교, "한 가지만으로도 족하니라", II. 2.
195 설교, "믿음으로 세워지는 율법 (2)", II. 4.
196 같은 곳, II. 3-4.
197 LW 30:154-155.
198 ENNT II Peter 1:4; 설교, "잠자는 자여 일어나라", II. 8; "산상설교 (10)", 17; "자녀 교육에 대하여", 3.

인간은 "하나의 소우주로서 하늘과 땅, 영혼과 몸으로 이루어져 있으며,"[199] "위대함과 보잘것없음, 고귀함과 비천함이 … 놀랍게 뒤섞여 있는 존재"[200]다. 웨슬리는 "아담의 본성은 열등한 세상에 속한 어떤 피조물보다 하나님의 본성을 더 닮았습니다"[201]라고 주장했다. 웨슬리는 하나님과 인간의 본성이 "하나님의 형상"에서 일치한다는 사실로 인해, "사람은 사랑에 의해 하나님을 닮을 뿐 아니라, 어떤 의미에서는 하나님과 하나가 된다"고까지 표현했다.[202] 루터와 칼빈 등 종교개혁자들이 신앙 안에서의 영적 혼인 또는 신비적 합일을 주장했다면, 웨슬리는 하나님의 형상 안에서 하나님과 인간이 본성적으로 동질성을 지닌다는 것과 인간이 하나님과의 사랑의 교제 안에서 믿음과 순종으로 하나님께 순응함을 통해 얻는 의지적 일치를 가르친 것이다. 그러므로 웨슬리는 인간이 하나님께 드리는 예배의 본질이, 인간을 하나님의 영광을 적절히 묵상할 수 없거나 자신의 운명에 관해 아무런 결정을 내릴 수 없는 존재로 낮추는 것이 아니라, 인간이 하나님께서 주신 모든 뛰어난 영적·육체적 능력과 기능을 가졌음에도 오히려 그 모든 것을 사용해 하나님을 사랑하고 그의 율법에 순종하는 가운데 "자유롭게 자발적으로 하나님을 섬기는" 데 있음을 발견한다.[203]

II. 하나님과 같아지려는 죄 vs. 하나님과 달라진 죄

루터는 인간 타락의 본질은 죄인이 "하나님께서 다스려 하나님 되시도록" 하는 것을 거부해 "하나님을 경외하고 사랑하며 신뢰"하지 않게 된 것이라고 생각했다.[204] 아담은 하나님의 말씀을 믿지 않고 사탄에게 속았기에 타락했다. 그를 유혹한 근본적인 죄는, 하나님을 신뢰하는 일에서 실패하고 "스스로 하나님처럼 되려 한" 것이다.[205] 아담 이후 모든 죄인은 유사한 방법으로 죄에 빠진다. 즉 교만한 마음으

---

199 ENOT Gen 2:4-7.
200 설교, "질그릇에 담긴 하늘의 보배", 서론. 1.
201 ENOT Gen 5:1-2.
202 설교, "한 가지만으로도 족하니라", II. 2.
203 설교, "율법의 기원, 본성, 속성 및 용법", I. 1-3.
204 Kolb, "Luther on the Theology of the Cross," 459-460; Watson, *Let God Be God*, 64.
205 Forde, *Where God Meets Man*, 53.

로 유혹을 받아 자신의 피조물 됨을 부인해 자신의 영역인 땅에서의 삶을 거부하고 하나님의 영역에 도달하기 위해 노력한다. 라스무센은 루터에게 "죄의 본질은, 우리같이 땅에 매인 피조물이 자신의 본성을 초월하려는 것"이라고 바르게 관찰한다.[206] 즉, 죄의 본질은 교만이다. 포드는 다음과 같이 주장한다.

> 죄는 주로 몸안이 아니라 오히려 우리의 영적 자만심과 야망 속에 자리 잡고 있다. 우리 삶을 파괴하고 우리를 부추겨 우리와 함께하는 사람을 불행하게 만드는 것은 우리 속에 있는 하나님같이 되려는 욕망이다. 루터는 이러한 기본적 이해를 토대로 자신의 인간 이해를 발전시켜 나갔다. ⋯ 만약 사람이 아담처럼 스스로 피조물의 한계를 뛰어넘으려 시도한다면, 그는 가장 근본적인 죄를 짓는 것이다.[207]

"육체의 저급한 욕구"는 아주 쉽고 명확하게 알아차릴 수 있는 반면, 포드가 "영적 욕구"로 부른 죄인의 오만과 우상숭배적 자기 숭배는 쉽게 간파되지 않는다.[208] 죄인이 하나님을 이성적으로 파악하려고 노력하거나 하나님을 기쁘시게 하려고 선을 행하는 것같이 매우 경건한 가면을 쓰고 시도하는 것은, 구원을 위해 하나님의 은혜를 전적으로 의지하거나 하나님께서 우리를 초월해 계신 절대자이심을 인정하지 않고 사실상 자신이 하나님과 같이 되고자 하는 것이다.

루터의 타락 및 죄에 대한 사상과 밀접하게 관계된 것이 하나님의 율법에 대한 이해다. 루터는 하나님의 율법의 주된 역할을 우리가 추구하는 자기 중심성과 교만, 자기 영광 등을 드러내 "우리가 얼마나 죄 된 존재인지 그 깊이"를 폭로하는 것이라고 설명했다. 로버트 콜브는 "죄인은 자신이 참 하나님을 의지하지 않았다는 사실을 깨닫기까지, 자신이 이 세상에서 가진 문제의 깊이나 뿌리가 되는 원인을 알 수 없다. 율법은 죄인이 자신의 삶에 대한 주권을 주장하는 오만함을 박살 낸다. ⋯ 율법은 그들의 이해를 밝혀 자신의 삶을 왜곡하고 타락시킨 원천이자 뿌리가 되는 근본적인 죄가 이러한 신뢰의 부재 속에 존재함을 보게 한다"[209]고 지적한다.

이와 대조적으로 웨슬리는 타락의 본질을 사랑의 관계의 상실로 보았다. 타락의 결과는, 하나님과 사랑의 관계를 누렸던 죄인이 하나님 대신 세상의 것을 즐기는 것뿐 아니라, 그들이 마귀와 짐승의 형상으로 변질된 것이다. 웨슬리의 죄관은

---

206 Rasmussen, "Luther and a Gospel of Earth," 3.
207 Forde, Where God Meets Man, 53-54.
208 같은 책, 106.
209 Kolb, "Luther on the Theology of the Cross," 459-460.

불신앙 및 악한 성품이라는 양면적 초점을 가지고 있다.

첫째, 웨슬리는 불신앙을 "무신론의 정수" 즉 "하나님을 그가 창조하신 세계와 … 그의 모든 지적 피조물로부터 추방시키려는 술책"으로 묘사하면서, 이는 "불멸의 영혼을 파괴하는 최고의 수단"이라고 가르쳤다.[210] 신앙의 상실은 그들이 이전에 가졌던 사랑과 기쁨, 평화, 능력의 상실을 초래한다.[211] 불신앙은 "모든 종교를 일거에 소멸시켜 사람을 멸망할 짐승의 수준으로 만들어버린다."[212]

둘째, 사탄과 악한 천사는 불신앙으로 사람을 타락시킨 후 그들을 악한 성품에도 빠지게 했다.[213] 심지어 신자는 그렇게 되지 않을 수 있음에도 영적으로 방황하는 상태에 빠지기도 한다.[214] 그들의 방황은 불신앙에서 기인하는 것만이 아니라, 다양한 "죄와 사탄의 속박"에서 기인할 수 있다.[215] 즉 "여러 종류와 정도의 교만과 자기 의지, 세상에 대한 사랑, 정욕과 분노와 까다로움 등 어떤 죄 된 성품과 욕구와 감정, 그리스도 안에 있었던 마음과 반대된 기질"[216] 같은 것들이다. 웨슬리는 불신앙을 "모든 악의 근원"으로 묘사한 것과 마찬가지로,[217] 악한 성품 역시 "모든 악의 진정한 기원"[218] "참된 종교의 방해물"[219] "쓴 뿌리"[220]로 불렀다. 악한 성품은 불신앙과 마찬가지로 인간을 하나님에게서 분리시킨다는 점에서 "일종의 실천적 무신론"이라 할 수 있다.[221]

루터와 웨슬리는 타락의 본질뿐 아니라 자연적 재능에 끼친 타락의 결과에 대해서도 서로 견해를 달리했다. 첫째, 인간의 자유의지에 대해 루터는 죄인 속에 있는 어떤 선택의 자유도 부인했다.[222] "원죄는 자유의지 속에 죄를 지을 능력 외에 어떤 것도 남겨두지 않았다."[223] 루터는 자신의 『하이델베르그 논제』 제14조의 "타

210 설교, "보이는 것으로 행하는 것과 믿음으로 행하는 것", 20-21.
211 설교, "광야의 상태", I. 1-5.
212 설교, "보이는 것으로 행하는 것과 믿음으로 행하는 것", 21.
213 설교, "악한 천사들에 대하여", I. 4; "타락한 인류를 향한 하나님의 사랑", 서론. 1; "마음의 기만", I. 1.
214 설교, "광야의 상태", 서론. 1-2; II. (I.) 1-10.
215 같은 곳, 서론. 1; II. (I.) 1-10.
216 설교, "신자 안에 있는 죄", II. 2.
217 ENNT Heb 3:12.
218 설교, "마음의 기만", I. 1; "그리스도의 오신 목적", I. 8-9.
219 설교, "산상설교 (2)", II. 1.
220 설교, "산상설교 (11)", I. 3; "악한 천사들에 대하여", II. 6-8.
221 설교, "산상설교 (3)", I. 11.
222 LW 31:39-40; Forde, On Being a Theologian of the Cross, 23-67.
223 LW 33:272.

락 이후 자유의지가 선을 행할 능력을 가지는 것은 오직 수동적 수용을 통해서뿐
이다. 능동적 능력을 통해서는 언제나 악을 행한다"는 논제에 관해,[224] 영적으로 죽
어있는 사람이 생명을 얻게 되는 길은 오직 자신의 "수동적 능력"에 의해, 즉 주님
께서 그를 일으키실 때만 가능하다고 설명했다.[225] 루터는 심지어 타락 전에도 아
담은 오직 자신의 "수동적 능력" 안에서 하나님께로부터 "행동의 능력을 부여받았
다"고까지 주장했다.[226] 또한 "인간의 능력 아래의 일에 대해" 어느 정도 제한된 자
유를 인정할 때도, 루터는 즉시 "심지어 이마저도 오직 하나님의 선택의 자유에 의
해 통제를 받는다"고 덧붙였다.[227] 타락 이전과 이후 모두에서 루터는 인간을 엄격
하게 "신앙에 의해 살고 … 자신의 능력으로 살지 않는 피조물"로 묘사했다.[228] 그
는 모든 일에서 하나님을 의지하지 않는 사람에 대해, "그가 지은 죄만 죽을 죄가
아니라, 심지어 그가 행한 선행까지도 죄일 뿐이다"라고 단언했다.[229]

웨슬리 역시 죄인이 자신의 자연적 능력으로는 "하나님께로 돌이킬" 수 없다
고 가르쳤다.[230] 웨슬리는 루터처럼 죄인이 "자연적인 능력으로서 자유의지"를 가
지고 있다는 주장을 부인하면서,[231] 죄인은 "그 본성으로는 아무런 의가 없으며 심
판받지 않을 수 없습니다"라고 가르쳤다.[232] 루터와 웨슬리는 "저주의 보편성 및 하
나님의 은혜가 없다면 인간에겐 이 상황을 바로잡을 수 있는 어떤 능력도 없다"고
가르친 점에서 서로 일치한다.[233]

그러나 웨슬리는 타락 후 하나님께서 모든 사람에게 부어주신 선행은총으로
인해 모든 사람이 어느 정도 자유의지를 가지고 있다고 가르친 점에서 루터와 갈
라졌다.[234] 선행은총은 각 사람이 자신의 구원에 관해 바른 결정을 내리는 문제에
서 "책임성을 부여받은" 존재로 만든다.[235] 웨슬리는 만약 사람에게 어느 정도의 자

---

224 LW 31:40.
225 LW 31:49.
226 LW 31:50.
227 LW 33:70.
228 Forde, *On Being a Theologian of the Cross*, 57; LW 31:49.
229 LW 27:76.
230 Williams, *John Wesley's Theology Today*, 47-48.
231 WW 10:229.
232 Cannon, *The Theology of John Wesley*, 200.
233 Collins, "John Wesley's Theology of Law," 82.
234 설교, "인간이란 무엇인가?", 11.
235 Collins, *The Theology of John Wesley*, 77-82.

유의지조차 없다면, 하나님께서는 그들이 달리 어쩔 수 있는 능력이 없기에 필연적으로 짓게 된 죄에 대해 정죄하실 수 없으며,[236] 더 나아가 하나님 자신에 의해 그렇게 할 수밖에 없도록 강제된 예배나 순종은 "그 자체가 하나님 앞에 가치가 없을" 뿐 아니라, 하나님께서 받으심 직한 것이 아니라고 보았다.[237] 웨슬리는 다음과 같이 설명한다.

> 만약 사람이 자유를 갖지 못했다면 … 보상이나 벌을 받을 능력조차 없는 것입니다. 그는 덕이나 악을 행할 능력도, 도덕적으로 선하거나 악할 능력도 없는 것입니다. 사람이 해와 달과 별 같은 사물보다 더 많은 자유를 가진 것이 아니라면, 그것들보다 더 많은 책임성도 가지지 않은 것이 될 것입니다. … 그런 존재인 사람에게서 미덕이나 악을 말하는 것은, 통나무 조각이 덕이나 악을 행했다고 말하는 것만큼이나 터무니없는 일이 될 것입니다.[238]

루터에게서 불신자는 전혀 자유의지가 없고 신자만이 제한된 의미에서 자유의지를 행사하는 반면, 웨슬리는 자유의지가 없는 사람이란 존재할 수 없다고 생각했다. 죄가 있는 곳에서는 "얼마간 사람의 의지적 동의는 반드시 있기 마련이기 때문"이다.[239]

둘째, 인간의 이성에 관한 논의에서 웨슬리는, 루터의 『갈라디아서 주석』을 읽은 직후인 1741년 6월 15일 자 일지에 비이성주의를 이유로 루터를 비판했다. "어떻게 그는 (대부분 타울러가 한 말을 써가면서) 옳은 것과 그른 것을 구분조차 하지 않고 이성을 그리스도의 복음과 화해할 수 없는 적이라며 공공연히 비난할 수 있는가? 무엇이 이성인가? … 이해와 판단과 설명할 수 있는 능력이 아닌가?"[240] 웨슬리의 비판대로라면 마치 루터가 신앙 문제에서 인간의 이성을 심각하게 평가절하한 것처럼 느껴진다.

웨슬리는 인간의 이성에 대한 루터의 생각을 바르게 이해했는가? 그렇지 않다. 루터가 영적인 영역에서 구원 이전 죄인의 이성에 관해 매우 비판적인 생각을 가진 점에서 웨슬리는 부분적으로 옳았다고 할 수 있다. 루터는 이성을 풍자적으로 비꼬아 "매춘부 이성"[241] 또는 독일 신화에 등장하는 아주 변덕스러운 요정의 이

---

236 설교, "성령의 첫 열매", II. 9.
237 설교, "율법의 기원, 본성, 속성 및 용법", I. 1-3.
238 설교, "예정에 대하여", 6.
239 설교, "성령의 첫 열매", II. 11; "시험에 대하여", II. 2.
240 Journals 2:467.
241 LW 33:122, 206.

름을 따 "프라우 훌다(Frau Hulda)"[242]로 부르면서, "마귀의 창녀" "대(大) 창녀" "마귀의 신부" "멋진 매춘부" 등으로 매우 심하게 비판했다.[243]

최인호에 따르면, 영적인 영역에서 불신자의 이성에 대한 루터의 이해는 "무지, 오도, 반역"이라는 말로 특징지울 수 있다. 영적인 일에 대해 "불신자의 이성은 첫째, 무지하기 때문에 아무런 능력이 없다. 둘째, 오도하므로 잘못된 것이다. 셋째, 반역적으로 하나님을 거부하므로 철저히 악한 것이다."[244] 타락한 인간의 이성은 자신이 가진 것과 성취한 일을 하나님의 은혜가 아닌 자신의 공로로 돌려 자기 자신을 영화롭게 한다.[245] 이성이 자연법에 기초해 어느 정도의 "윤리적이고 종교적인" 지식을 가질 때조차 이성은 "도덕주의의 올무"에 갇혀 "복음을 이해하지 못하고" "율법에 따라 하나님을 계산"해보려 한다.[246] 이성은 삼위일체나 성육신과 같은 영적인 일을 이해하지 못하므로, 그것을 "터무니없고 믿을 수 없으며 불가능한 일"로 여긴다.[247]

그러나 이성에 대한 부정적 묘사가 루터가 가르친 전부는 아니다. 루터에 의하면, 창조 시 인간은 하나님께 이성이라는 매우 고귀한 선물을 받았다.[248] 비록 이성이 가진 지식은 하늘의 일에 대해서는 제한적이지만,[249] "모든 법률과 과학과 경제" 등 세상사의 모든 영역에서 이성은 "완전한 지식"을 가지고 일했다.[250] 타락 후 인간의 이성은 "심각한 손상을 입었지만" 그럼에도 여전히 남아 활동하는데, 특히 이 세상의 영역에서다.[251] 타락이 이성에 끼친 영향으로 많은 왜곡이 발생했음에도 이성의 본질은 남았다. 따라서 이성이 성령에 의해 신앙을 통해 재조명되기만 한다면, "하나님께서 주신 이성의 본질"은 "다시 살아나 재생"될 수 있다.[252] 그렇게 되면 "성령에 의해 계몽된 이성은 우리로 하여금 성경을 이해하도록 돕게 된

242 LW 40:174, 192, 193, 195, 202, 208, 215, 216.

243 LW 40:174; 51:374; BC 345.

244 Choi, "Historical Studies on *Ratio* in Luther," 113-128.

245 Althaus, *The Theology of Martin Luther*, 65-66; Gerrish, *Grace and Reason*, 76-78.

246 Althaus, *The Theology of Martin Luther*, 67-69; Gerrish, *Grace and Reason*, 84-99.

247 Althaus, *The Theology of Martin Luther*, 66-70.

248 BC 345.

249 Forde, *Where God Meets Man*, 54; LW 1:42, 63; Althaus, *The Theology of Martin Luther*, 65.

250 WA 40 III, 222. Althaus, *The Theology of Martin Luther*, 65, 각주 5번에서 재인용.

251 LW 1:64.

252 Althaus, *The Theology of Martin Luther*, 70-71.

다. … 이성이 그렇게 계몽되기만 한다면 신앙을 돕는다. … 계몽된 이성은 그 모든 사상을 말씀으로부터 받는다."[253] 루터는 이성과 신앙 사이에 "인식론적 교량"(the epistemological bridge)을 놓으면서 신자의 이성을 매우 높이 평가했다.[254]

> 우리가 신앙과 하나님 지식으로 나아오기 전 우리의 이성은 흑암이었다. 그러나 신자에게는 이성이 훌륭한 도구가 된다. … 그러면 신앙은 우리가 신앙을 갖기 전 큰 장애물이 되었던 이성과 수사학과 언어체계로부터 도움을 받는다. 신앙 속에 통합된 계몽된 이성은 신앙으로부터 새로운 재능을 받는다. … 경건한 사람 속에 있는 이성은 전과 다른 새로운 것이 되어 더는 신앙과 분쟁을 일으키지 않고 오히려 신앙을 돕는다.[255]

이처럼 루터는 타락 전과 구원 후 인간의 이성을 매우 긍정적으로 평가했다. 게리쉬는 이성에 대한 루터의 가르침을 다음과 같이 세 종류로 나누어 정리했다.

> 만약 루터 사상의 복잡성을 공정하게 다루고자 한다면, (1) 고유한 영역인 지상의 왕국에서 다스리는 자연적 이성, (2) 신앙의 영역인 하늘의 왕국을 침범하는 교만한 이성, (3) 신앙이라는 집 안에서 겸손히 섬기면서 언제나 하나님의 말씀에 복종하는 거듭난 이성 사이를 신중하게 분별해야 한다. 첫째 이성은 하나님의 탁월한 선물이고, 둘째 이성은 마귀의 창녀인 프라우 훌다며, 셋째 이성은 신앙의 시녀다.[256]

웨슬리는 루터가 세상사와 영적 영역에서 이성의 역할을 구분한 사실뿐 아니라, 창조 때 받은 은사로서의 이성과 타락 후 죄인의 이성, 그리고 신앙에 의해 조명된 신자의 이성을 구분했음을 인식하지 못했다.[257] 최인호가 지적하듯, "이성은 어떻게 사용하는지에 따라 좋은 것도, 나쁜 것도 될 수 있기에", 루터가 비판한 것은 이성을 부적절하게 사용하는 것이지, 이성 그 자체가 아니었다.[258] 게리쉬는, 루터가 이성을 부정적으로 묘사하는 경우에는 그 속에 '신앙의 조명 없이' 또는 "성령의 인도하심 없이"라는 의미가 전제되어 있다고 설명한다.[259]

인간의 이성에 대한 웨슬리의 이해는 실상 루터와 크게 다르지 않았다. 확실히 웨슬리는 이성의 역할을 높이 평가해 "이성을 부인하는 것은 종교를 부인하는 것

253 WA, TR 3, 2938. Althaus, *The Theology of Martin Luther*, 71에서 재인용.
254 Choi, "Historical Studies on *Ratio* in Luther," 135.
255 WA, TR 3, 2938. Althaus, *The Theology of Martin Luther*, 71에서 재인용.
256 Gerrish, *Grace and Reason*, 17.
257 Althaus, *The Theology of Martin Luther*, 64; Forde, *Where God Meets Man*, 9-10.
258 Choi, "Historical Studies on *Ratio* in Luther," ii, 120; Gerrish, *Grace and Reason*, 84.
259 Gerrish, *Grace and Reason*, 167.

입니다. … 종교와 이성은 함께 손잡고 있습니다. … 모든 비이성적 종교는 잘못된 종교입니다"라고 강조하면서,[260] 이성은 "종교의 영역에서는 아무런 소용이 없고 오히려 방해가 된다"며 이성을 폄하하는 주장에 반대했다.[261] 그는 "종교에서 이성이 할 수 있는 일이 무엇인가?"라고 질문한 후, "종교의 기초와 그 상부 구조에 관해 이성은 매우 많은 일을 할 수 있습니다. … 성령의 인도하심을 받는 이성은 우리가 성경이 선포하는 것을 이해할 수 있게 돕습니다"라고 답했다. 웨슬리는 다음과 같이 설명한다.

> 진정한 종교는 하나님 말씀에 기초해 있습니다. 참 종교는 예수 그리스도를 모퉁이 돌로 삼아 예언자들과 사도들 위에 세워져 있습니다. 우리가 살아있는 말씀을 이해하거나 다른 사람에게 설명할 때 이성은 매우 훌륭하게 사용됩니다! 이성이 없다면 우리가 가진 사도신경이라는 훌륭한 진리의 요약, 그 안에 내포된 본질적 진리를 이해하는 것이 어떻게 가능하겠습니까? 하나님의 존재와 속성, 그의 영원하심과 광대하심, 능력과 지혜와 거룩하심을 이해하게 하는 것이 이성 아닙니까? 하나님께서 우리에게 사람의 자녀를 다루시는 방법, 하나님의 서로 다른 섭리 시대 간 차이, 옛언약과 새언약, 율법과 복음의 본질을 어느 정도 이해할 수 있도록 하신 것은 이성을 통해서입니다. 우리가 회개가 무엇인지, 회개하지 않는 것이 무엇인지, 구원의 신앙이 무엇인지, 칭의의 성격과 조건, 직접적이고 부수적인 열매가 무엇인지 이해하는 것도 이성에 의해서입니다. 우리는 이성에 의해 천국에 가기 위해 반드시 필요한 신생, 주님을 뵙는 데 꼭 필요한 성결이 무엇인지 배웁니다. 우리는 이성을 바르게 사용함으로 내적 성결에 해당하는 성품이 무엇인지, 또 모든 삶의 태도에서 외적으로 거룩한 것이 무엇인지, 즉 거룩함이란 그리스도의 마음을 품고 그리스도께서 행하신 것처럼 행하는 것임을 알게 됩니다.[262]

루터처럼 웨슬리는 불신자의 이성은 영적 문제에서 무능함을 가르쳤다. 이성은 믿음, 소망, 사랑을 만들어내지 못한다. 그러므로 사람을 행복하게 만들지 못한다.[263] 렉스 매튜스(Rex D. Matthews)는 웨슬리 자신도 루터가 이성을 마귀의 "창녀"로 지칭한 것과 유사하게 신자에게 "이성 마귀를 조심하라" 혹은 "이성이라는 마귀에게 맹렬히 저항하라"고 주의를 주었음을 지적하면서,[264] 웨슬리가 경고하고

---

260 WW 14:354.
261 설교, "공평하게 숙고된 이성의 역할", 서론. 1.
262 같은 곳, I. 6.
263 같은 곳, II. 1-10.
264 Rex Dale Matthews, "Religion and Reason Joined: A Study in the Theology of John Wesley" (Th.D. Dissertation, Harvard University, 1986), 181; LW 33:122, 206; 40:174, 192, 193, 195, 202, 208, 215, 216; 51:374; BC 345; Arthur Skevington Wood, *Captive to the Word: Martin Luther, Doctor of Sacred Scripture*

자 한 것은 "이성이 오용될 수 있고, 이성에 대한 신뢰가 잘못될 수 있다"는 사실이었다고 설명한다.[265] 웨슬리에 의하면, 이성을 바르게 사용하는 데 실패하면 신자도 다시 불신앙으로 넘어질 수 있다.[266] 이는 "이성이 신앙의 영역까지 침범하도록 허락하면 그 결과는 불신앙"일 것이라고 경고한 루터 역시 가르친 것이기도 하다.[267]

만약 웨슬리가 인간의 이성에 대한 루터의 가르침을 바르게 이해했다면, 루터가 불신자의 이성을 평가절하한 것보다 신자의 이성을 지나치게 높이 평가한 점을 비판했을 것이다. 웨슬리에 비해 루터는 신자의 이성에 더 많은 것을 돌렸기 때문이다. 시그베르트 벡커(Siegbert W. Becker)에 따르면, 루터는 신앙을 "하나님에 대한 마음의 바른 생각"으로 정의하면서, 신앙과 "인간 영혼 속에서의 이성의 활동"을 동일시했다.[268] 루터는 초기 저작이 아닌 그의 무르익은 종교개혁 사상이 표현된 1535년의 『갈라디아서 강해』에서도 하나님의 뜻을 깨닫는 역할을 주로 신앙의 일로 설명하면서, 신자는 성령에 의해 신앙의 인도를 받기 때문에 "율법을 필요로 하지 않는다", "어떻게 선하게 살아야 하는지를 가르쳐 줄 율법이 필요 없다"고까지 주장했다.[269] 그 외에도 루터는 인간의 이성, 특히 신자의 이성을 지나치게 신뢰해 영적인 일에서뿐 아니라 사회의 일에서도 바른 판단을 내리는 데는 율법이 필요하지 않다고 주장했다.

> 만약 통치자가 지혜롭다면, 그는 법보다는 공평에 대한 자연적 감각으로 더 잘 다스릴 것이다. 그가 지혜롭지 못하다면, 그는 법을 어떻게 사용해야 할지 모르고, 당면한 사건에 법을 어떻게 적용해야 하는지도 알지 못하므로, 법을 통해 오히려 악을 조장하는 일을 하게 될 것이다. 그러므로 사회의 일에서는 법을 만드는 것 자체보다 선하고 지혜로운 사람에게 직책을 맡겨야 한다는 사실을 더 중시해야 한다. 그런 사람은 그 자신이 최고의 법이 될 것이고, 공정성에 대한 선명한 감각을 가지고 모든 것을 바르게 판단할 것이기 때문이다. 만약 하나님의 율법의 지식이 자연적 지혜와 함께 협력한다면, 기록된 법은 전적으로 불필요할 뿐 아니라 오히려 해가 될 것이다. 무엇보다 사랑은 어떤 법도 필요로 하지 않는다.[270]

(London: Paternoster, 1969), 159.

265 Matthews, "Religion and Reason Joined," 163.

266 WW 12:369, 517; Letters 2:230.

267 Gerrish, Grace and Reason, 78.

268 Siegbert W. Becker, The Foolishness of God: The Place of Reason in the Theology of Martin Luther (Milwaukee: Northwestern Publishing House, 1999), 87-91.

269 LW 27:96, 378; 44:34-35; 45:94.

270 LW 36:98.

그러나 웨슬리에게는 어떤 사람도 하나님의 뜻을 깨닫는 데서 율법의 도움을 필요로 하지 않을 만큼 지혜로운 사람은 있을 수 없다.

III. 의인이자 죄인인 신자 vs. 연약하지만 거룩한 신자

루터는 구원을 타락 이후 상실한 하나님 형상을 회복하는 것으로 설명했다. 그러나 이 세상에서 가능한 회복의 정도에 분명한 한계를 두었다. 이 세상에서 신자 자신의 의는 비록 시작되었지만, 육체로 인해 "완전에 이를 수 없다." 루터가 육체를 신자가 온전한 의를 이룰 수 없는 불가능성과 연결했을 때, 여기서 육체란 단지 "몸을 경멸적으로 언급한 것"이 아니라 "인간의 상태"를 의미한다.[271] 루터는 갈라디아서 2:16을 설명하면서 다음과 같이 썼다.

> 바울에게서 '육체'(flesh)란 궤변가들이 추측하듯 어리석은 죄를 의미하는 것이 아니다. 그런 죄는 바울이 간음, 음행, 호색 등과 같이 각각 나름대로의 이름을 불렀다(갈 5:19 이하 참조). 이 구절에서 바울이 '육체'라는 말로 의미한 것은, 그리스도께서 "육으로 난 것은 육이요"(요 3:6)라고 말씀하신 것과 같은 의미다. 그러므로 '육체'란 이성과 그 외 모든 능력을 포함해 인간의 본성 전체를 의미한다. … 바울에게 '육체'란 세상이 가질 수 있는 최고의 의와 지혜, 예배와 종교, 이해와 의지를 의미한다.[272]

루터는 『노예의지론』(1525)에서도 요한복음 3:6에 대해 "인간 본성의 가장 뛰어난 부분도 육체에 불과"하며 "인간에게서 지배 요소는 육체"라고 설명했다. "영에서 나지 않은 모든 것이 육체"이기 때문이다.

> 인간의 일부나 가장 뛰어난 부분, 지배 요소뿐 아니라 전인적 인간 역시 육체이며, 더 나아가 모든 백성 … 전 인류가 육체다. … 육신과 영혼의 모든 능력과 행실, 선악, 지혜와 우둔함, 의와 불의 … 그 모든 것이 육체다. 그것은 모두 … 하나님의 영과 영광을 결여하고 있기 때문이다. … 로마인이 자기 신념에 따라 선하거나 가치 있는 어떤 일을 한 것은 끊이지 않는 영광에 대한 열망 때문이며, 헬라인과 유대인, 전 인류도 마찬가지였다. 그것이 인간이 보기에는 영광스러운 일이라도 하나님 보시기에는 … 극단적인 신성모독이다. 그들은 … 하나님께 영광을 돌리려 한 것이 아니라 하나님에게서 그 영광을 찬탈해 자신에게 귀속시켰기 때문이다. … 사실 그들이 하나님과 그 영광에 대해 무지한데 어찌 하나님의 영광을 위해 행동할 수 있

---

271 Choi, "Historical Studies on *Ratio* in Luther," 114.
272 LW 26:139-140.

겠는가! … 자신의 가장 칭송받는 덕으로 가장 영예를 누리고 가장 찬양 받을 때조차 인간은 하나님의 영광의 찬탈자이며 하나님의 위엄을 거짓 뽐내는 자일 뿐이다.[273]

루터에게 육체는 "성령의 다스림으로 회복되지 않은 모든 것" 또는 "무엇이든 그리스도 밖에 있는 것"을 의미했다.[274] 게리쉬에 의하면, "루터는 육체나 육욕이라는 말을 스콜라주의자들이 의미한 좁고 특정한 의미로 한정 짓지 않았다. … 육욕이란 '자기 사랑' 또는 '자기 중심성'이고, 육체란 '그리스도를 떠난 인간 전체'다. … 이와 반대로 신앙의 사람이란, 영적인 영역을 향해 삶을 살고 그의 중심이 그리스도인 사람을 말한다."[275] 루터는 육체가 단지 인간의 저열한 욕구만이 아니라 인간의 "가장 훌륭한 소질"을 포함하는 전인적 인간 자체를 의미한다는 사실을, 인간의 저열한 욕구만이 아니라 인간의 "가장 고귀한 부분"에 대해서도 그리스도의 구원의 은혜가 필요하다는 사실을 통해 효과적으로 논증했다.

> 만약 인간에게서 가장 훌륭한 소질은 불경하거나 버림받거나 저주받은 것이 아니며, 다만 육체와 비천하고 저급한 욕망만 그러하다면, 도대체 그리스도가 무슨 구세주라고 할 수 있는가? 그리스도께서 흘리신 피의 가치를 그렇게 낮추어 잡아, 그가 다만 인간의 가장 저급한 소질만 구했을 뿐 인간의 가장 훌륭한 소질은 스스로를 보살필 수 있으므로 그리스도를 필요로 하지 않는다고 누가 말할 수 있단 말인가? 만약 그렇다면 장차 우리는 그리스도가 전인적 인간의 구원자가 아니라, 인간의 가장 저급한 부분 즉 육체의 구원자이며, 가장 고귀한 부분에 관해서는 인간 자신이 스스로의 구원자라고 설교해야 할 것이다. 이처럼 인간의 가장 고귀한 부분은 올바르기에 구원자 그리스도를 필요로 하지 않고 … 그리스도는 단지 좀 더 저급한 부분을 보살필 뿐이므로, 인간의 그 고귀한 부분은 그리스도의 영광을 능가하는 영광을 누린다고 할 때 당신이라면 어느 쪽을 기꺼이 선택하겠는가? 만약 그렇다면 사탄의 왕국도 단지 인간의 좀 더 저급한 부분을 지배할 뿐이고 더 높은 부분에 관해서는 오히려 인간의 지배를 받는 것이므로 사탄 또한 그다지 대수롭지 않은 것이 될 것이다. … 만약 그리스도가 이 세상 죄를 없애는 하나님의 어린 양(요 1:29)이시라면, 결국 온 세상이 죄와 저주와 악마에 매여있는 것이며, 으뜸가는 부분과 저급한 부분의 구별은 아무런 소용이 없다. '세상'은 바로 인간을 뜻하며, 인간은 자신에게 속하는 모든 면에서 세상의 일을 소망하기 때문이다.[276]

루터는 이처럼 신자 안에서 성령은 자기 중심적인 죄 된 본성을 가진 자아 전체와 싸우신다고 보았다. 신자 안에서의 싸움은 신자의 의로워진 본성과 육적인

---

273 LW 33:222-229.
274 Gerrish, *Grace and Reason*, 69.
275 같은 책, 71.
276 LW 33:227-228.

본성 사이의 싸움이 아니라, 거룩하신 성령과 육체로서의 신자 자신의 싸움이라는 것이다.[277] 육체로서의 신자의 본성은 신자에게 온전한 의가 이루어지는 것을 불가능하게 만든다. "사람이 모든 행위와 공로, 미사, 각종 의와 예배 행위로 인해 이성과 하나님의 율법의 기준에서는 아무리 지혜롭고 의롭더라도" 그 육체의 본성 때문에 신자는 여전히 죄인이다.[278]

그러나 루터는 동시에 "육으로 난 것은 육이요 영으로 난 것은 영이니"(요 3:6)라는 동일한 구절을 통해 "영에서 난 육"을 말하는 것이 불가능하듯 믿음으로 난 자는 영적인 존재요 거룩한 자임을 주장했다. "하나님의 말씀을 믿어 믿음을 통해 … 거듭난 사람은 그에게 육의 잔여물이 남아 그가 받은 성령의 첫 열매와 대적해 싸운다는 점만 제외하면, 결코 더는 육이 아니다."[279] 따라서 육으로서 죄인인 신자와 성령의 인도를 받는 영으로서의 신자에 관한 설명에는, 신자는 의인인 동시에 죄인이라는 루터의 가르침이 여전히 유지되고 있다. 의인으로서의 신자를 가르칠 때 루터의 초점은 언제나 신자 자신이 아니라, 신자에게 진리를 계시하심으로 불신앙과 싸우시며 또 성령의 인도하심을 통해 신자의 육적 본성과 싸우시는 성령의 활동에 주어진다.

웨슬리의 관점에서 볼 때, 루터의 가르침에서 경악할 만한 요소는 하나님께서 신자에게서 죄 된 본성을 제거하시지 않는다는 주장이다.[280] 루터는 "성령께서는 때때로 그리스도인으로 타락하고 실수하며 넘어지고 죄 짓게 하신다"고 하면서, 성령께서 그렇게 하시는 목적은 "우리가 마치 스스로의 힘으로 거룩해진 것처럼 자기 만족에 빠지는 것을 막고, 우리가 어떤 존재인지와 거룩함의 원천이 무엇인지 깨닫게 해 오만과 자만에 빠지지 않게 하시려는 것"이라고 설명했다.[281] 루터에 의하면, 신자가 하나님 앞에서 계속 자신의 죄를 자각할 때라야 하나님은 계속 "두려움과 경외, 예배의 대상"이 되신다.[282] 간단히 표현하면, 하나님께서 신자를 의인인 동시에 죄인인 상태에 머물러 두시는 이유는, 그들로 하나님 앞에 겸손하여 구원을 위해 하나님의 전적인 은혜만 의지하도록 하기 위한 것이다. 루터는 인간의

---

277 LW 27:65.
278 LW 26:140.
279 LW 33:229.
280 LW 27:65.
281 LW 24:172; 21:301.
282 LW 6:85-86.

주된 죄를 하나님에게서 벗어나 독립하게 만드는 불신앙과 교만, 자기 중심성으로 이해한 것에 기초해, 하나님께서는 신자를 그러한 주된 죄에 빠지지 않게 하시기 위해 그들이 다른 죄에 빠지는 것을 허락하신다고 주장한 것이다.

루터의 이러한 주장은 "죄는 죄에 의해서 제거된다. … 하나님은 인간이 교만에 빠지지 않도록 어느 정도까지 인간을 버리시기도 하신다. … '죄를 짓지 않기 위해 죄를 지을 필요가 있다.' … '하나님께서는 네가 교만하게 되어감으로 인해, 네가 스스로 존재하는 것이 아니라 하나님의 것임을 가르쳐 주시고, 또한 교만해지지 않도록 어느 정도까지 너를 버리시기도 하신다.' … 사탄의 활동이 사탄에 의해 제재를 받는다. … 죄는 죄에 의해 치료를 받는다. … 독은 독으로 치료할 수 있다. … 불은 불로 끌 수 있다"[283]고 언급한 아우구스티누스의 주장을 이어받은 것이다. 이는 또다시 "악이 생겨난 것은 하나님께서 의도하신 것이 아니라 단지 허용하셨기 때문이라고 주장함으로 하나님의 공의로우심을 입증하려는 것은 얼마나 어리석고 부실한 생각인가. … 성경이 하나님은 악을 의도하실 뿐 아니라 악의 원인이시기도 함을 보여주고 있음에도, 하나님은 악을 허용만 하실 뿐이라고 말하는 것은 매우 어리석은 도피행위다"[284]라는 칼빈의 주장으로도 이어진다. 아우구스티누스, 루터, 칼빈 모두 하나님께서 인간이 교만해지지 않게 하시기 위해 오히려 죄에 빠지게 하신다고 주장한 것은 이 세상에서는 성결이 불가능하다는 논리로 귀결된다.

웨슬리는 신자 속에 죄가 남아있을 수 있으며, 그리스도는 "죄가 남아있는" 신자의 마음에 거하실 수 있음에 대해 루터의 관점과 일치한다. 그는 "그리스도는 죄가 다스리는 곳에서는 다스리지 못하십니다. 그는 죄가 허락된 곳에는 거하실 수 없으십니다"라고 주장하면서도, 동시에 "그리스도는 그 마음이 온전히 정결하게 되지 못했더라도, 죄와 싸우는 모든 신자의 마음에는 계시고 그 속에 거하십니다"라고 인정한다.[285] 웨슬리는 설교 "성령의 첫 열매들"(1746)에서 다음과 같이 적었다.

> 비록 그들이 자신 속에서 육체와 악한 본성을 느끼고 그들이 날마다 자신의 "마음이 기만적이고 또 절망적일 정도로 악하다"고 느끼더라도, 그들이 거기에 굴복하지 않는 한, 그들이 마귀에게 어떤 자리도 내어주지 않는 한, 육체가 자신을 이기지 못하도록 그들이 모든 죄와 교

---

283 필립 샤프 편, 『어거스틴의 은총론 (II)』, 차종순 역 (서울: 한국장로교출판사, 1997), 175-178
284 John Calvin, *The Eternal Predestination of God* (Cambridge: James Clarke & Co., 1961), 176.
285 설교, "신자 안에 있는 죄", III. 8; IV. 6-7.

만, 분노, 정욕과 계속 싸우며 계속 "성령을 따라 행하는"한, 그리스도 예수 안에 있는 그들에게는 결코 정죄함이 없습니다(롬 8:1). 하나님께서는 그들의 불완전하지만 성실한 순종을 기뻐하실 것이며, 그들은 "하나님께서 그들에게 주신 성령에 의해" 자신이 하나님의 것임을 알고, "하나님을 향한 확신을 가집니다."[286]

그러나 이러한 웨슬리의 주장은 루터와 뉘앙스에서 차이를 보인다. 웨슬리는 "사람이 비록 죄를 느끼더라도 그는 여전히 하나님의 사랑 안에 있을 수 있지만, 그가 죄에 굴복하면 그렇지 않습니다. 그 속에 아직 죄가 있다는 것이 하나님의 사랑을 상실케 하지는 않습니다. 그러나 죄에 넘어지는 것은 하나님의 사랑을 상실하게 만듭니다. 비록 당신의 육체가 '성령을 거스리는 정욕을 일으키더라도' 당신은 여전히 하나님의 자녀일 수 있습니다. 그러나 당신이 '육체를 좇아 행하면' 당신은 마귀의 자녀입니다(요일 3:10 참조)"라는 주장을 이어가기 때문이다.[287]

서로 다른 주장은 어디서 발생하는가? 랜달 자크만(Randall C. Zachman)에 따르면, 루터는 "하나님의 은혜가 역사하는 인간론적 장소(locus)"를 신자의 의지보다 양심이라고 보았다. 신자의 양심은 그리스도 밖에서는 필연적으로 정죄를 받는 반면, 그리스도의 복음은 죄책에서 "양심을 자유케" 할 뿐 아니라, 행위를 통해 "하나님 앞에서 자기 양심을 의롭게 만들기 위한 노력에서도" 자유롭게 한다.[288]

웨슬리는 루터와 대조적으로, 하나님의 은혜는 신자의 양심뿐 아니라 의지에도 역사하심을 강조했다. 그는 설교 "우리 자신의 영의 증거"(1746)에서 신자가 하나님 앞에서 선한 양심을 갖기 위해서는 네 가지가 필요하다고 가르쳤다. (1) "하나님께서 우리를 향해 가지신 '거룩하시고 기뻐하시고 온전하신 뜻'을 바르게 이해하는 것이다." (2) "우리 자신에 대한 참된 지식을 갖는 것이다." (3) 하나님의 뜻과 신자의 마음과 삶이 일치하는 것이다. (4) 그리고 이러한 일치를 "끊임없이 인식"하는 것이다.[289] 웨슬리는, 성령께서 하나님의 용서하시는 사랑을 신자에게 증거해 그 양심을 죄책에서 자유케 하심과 동시에, 거듭난 새로운 본성과 사랑의 능력을 부어주시기에 신자는 하나님의 은혜로 거룩한 삶을 살 수 있고 또 살아야 함

---

286 설교, "성령의 첫 열매", II. 6.
287 설교, "신자 안에 있는 죄", IV. 13.
288 Zachman, The Assurance of Faith, 2.
289 설교, "우리 자신의 영의 증거", 7.

을 강조했다.[290] 루터와 같이 웨슬리도 하나님께서 인간을 당신의 형상으로 창조하신 것은 하나님의 값없는 은혜에 의한 것임을 믿었다.[291] 그러나 죄로 잃어버린 하나님 형상의 회복에서도 하나님께서는 동일하게 값없이 주시는 은혜로 역사하시는데, 이 은혜는 죄 용서만이 아니라 죄를 이길 성령의 능력 부여라는 요소를 포함한다. 웨슬리는 바로 이 성령의 능력이 "우리 안에서 역사해 우리로 하여금 하나님께서 기뻐하시는 일을 소원하고 행하게 하십니다(빌 2:13)"라고 강조했다.[292]

웨슬리에 의하면, 하나님께서는 "자신을 부인하실 수 없으시며" "자신과 반대로 행동하실 수 없으시므로,"[293] 하나님께서 신자를 죄 짓게 하심으로 그들을 겸손케 하시는 일은 있을 수 없다. 하나님께서 신자로 죄를 짓게 하신다는 주장은, "사람이 시험을 받을 때에 내가 하나님께 시험을 받는다 하지 말지니 하나님은 악에게 시험을 받지도 아니하시고 친히 아무도 시험하지 아니하시느니라"(약 1:13)라는 말씀을 정면으로 부정하는 잘못된 주장이다. 이 구절이 말씀하는 시험은 신앙을 성숙시키기 위한 연단이 아니라, "죄 짓게 만드는" 잘못된 욕심과 그것을 주입하는 마귀에 의한 "유혹"으로, 그 결과는 겸손이 아니라 "사망"이다(약 1:14-15). 웨슬리는 "하나님께 시험 받는다 하지 말지니"라는 말씀을 주해하면서 "하나님은 어느 누구도 죄로 유혹하시지 않는다"고 단언했다.[294]

하나님께서 신자가 교만에 빠지지 않도록 죄에 빠지게 하신다는 루터식 주장을 수용하기 힘든 이유를 쉽게 이해하도록 죄를 두 범주로 나누어 보자. 첫째 범주는 루터가 주된 죄로 여긴 교만이다. 교만은 죄인으로 자신이 죄에 빠져 구원에서 무력하게 되었음을 인정하지 않고 하나님의 은혜에 굴복하기를 거부해 자력으로 구원의 방법을 모색하게 만든다. 둘째 범주는 불순종이다. 교만의 죄가 하나님의 은혜에 굴복하는지 아닌지의 문제와 관련된다면, 불순종의 죄는 창조주와 통치자로서 하나님의 주권을 인정하는지 아닌지의 문제와 관련된다. 불순종은 하나님의 주권을 인정하기를 거부함으로 그의 명령에 순종하지 않는 중대한 죄악이다.

이렇게 죄를 하나님의 은혜에 굴복하지 않고 하나님에게서 독립하려는 교만

---

290 설교, "성령의 증거 (1)", I. 10-11; "우리 자신의 구원을 성취함에 있어서", III. 1-8.
291 설교, "믿음으로 말미암는 구원", 서론. 1.
292 설교, "우리 자신의 구원을 성취함에 있어서", I. 1; "우리 자신의 영의 증거", 15.
293 설교, "하나님의 섭리에 대하여", 15.
294 ENNT Jam. 1:13-15.

의 죄와, 하나님의 주권에 굴복하지 않고 그 통치에서 독립하려는 불순종의 죄로 나누어 보면, 하나님께서 신자로 전자의 교만의 죄에 빠지지 않게 하시기 위해 후자의 불순종의 죄에 빠지게 하신다는 말은 어떤 의미가 되는가? 하나님께서 신자로 겸손히 낮아져 하나님의 은혜에 굴복하게 하시기 위해, 그들로 하나님의 주권을 부인하는 죄에 빠지게 하신다는 해괴한 주장이 되고 만다. 또한 하나님의 주권을 거부해 죄를 짓는 불순종이 하나님의 구원의 은혜를 수용하는 겸손을 만들어낸다는 것이 된다. 이를 역으로 생각해 보면, 하나님의 주권을 인정해 순종함으로 범죄하지 않는 자는 필시 교만해져 하나님의 은혜를 거부하는 상태에 이르게 된다는 괴이한 인과관계를 주장하는 것이 된다. 그렇다면 루터의 주장은, 하나님을 존중해 순종하는 자는 교만에 빠질 것이고, 하나님을 모독하는 불순종을 저지르면 겸손케 된다는 것이다. 이런 논리가 과연 수용 가능한 성경적 가르침일 수 있겠는가?

아우구스티누스, 루터, 칼빈의 주장의 배경을 이해하려면 로마 가톨릭의 '대죄'와 '소죄' 개념을 살펴볼 필요가 있다. 로마 가톨릭에서는 하나님을 배반해 그 은혜를 상실하게 만들어 천국을 거부당할 수밖에 없는 중죄를 '대죄'라 하고, 은혜의 일부를 상실하지만 용서받을 수 있는 비교적 가벼운 죄를 '소죄'로 구분한다. 소죄는 사제가 정해주는 보속 행위를 통해 참회함으로 죄가 사해지지만, 대죄는 반드시 고해성사를 통해 사제가 하늘의 공로창고에 쌓여있는 성인들의 잉여 공로로 그 죗값을 보속해 주어야만 해결할 수 있다고 가르쳤다.

종교개혁자들은 가톨릭의 대죄와 소죄 구분을 자의적이고 비성경적인 것으로 여겨 반대했다. 율법의 엄격한 기준에 따르면 하나님 앞에서는 어떤 죄도 가벼운 죄가 될 수 없고, 모든 죄는 하나님의 진노와 지옥 형벌을 받아 마땅한 중죄이기 때문이다. 나아가 모든 율법을 어기지 않아도 율법 중 단 하나만 어기더라도 율법 전체를 깨뜨린 것과 같기 때문이다(약 2:10). 따라서 가톨릭이 주장하는 어떤 소죄도 사실상 율법 전체를 깨뜨린 것과 같은 대죄라는 것이 종교개혁자들의 주장이다. 그럼에도 아우구스티누스, 루터, 칼빈은 나름대로 대죄와 소죄 개념을 가지고 있었다. 그들은 최초로 사탄과 인간을 타락하게 하고, 그 후로도 타락한 죄인이 하나님의 은혜와 예수 그리스도의 복음으로 나아가는 길을 가로막으며, 인간이 자기 자신을 우상화하는 근본적인 중죄가 교만이라고 설명하면서, 교만을 대죄 개념으로 이해했다. 이에 비해 교만의 죄가 아닌 다른 죄는 소죄 개념으로 이해했는데, 소죄는 비록 죄이지만 어떤 면에서 하나님과의 관계를 끊어놓기보다는 오히려 죄인이 자신의 죄인 됨을 깨달아 그리스도를 영접하는 데 도움을 주는 죄라고 이해한 것이다. 루터와 칼빈은 가톨릭의 대죄와 소죄 구분이 잘못되었음을 주장하면서도, 어떤 부분에서는 그들 자신이 그런 비성경적 구분의 틀을 벗어나지 못한 것이다.

하나님께서 신자로 교만을 피하게 하기 위해 죄에 빠지게 하신다는 아우구스티누스, 루터, 칼빈의 주장은 개신교에 널리 퍼졌고, 많은 개신교 신자가 은연중에 그것을 성경적이라고 믿게 되었다. 그 결과 자신이 성결하지 못한 이유를 어느 정도는 자신이 자유의지를 남용했기 때문이라고 인정하면서도, 다른 한편으로는 자신이 죄에서 벗어날 수 없는 이유를 하나님의 뜻에 의한 것으로 합리화하는 경향이 개신교 신자들 사이에 널리 퍼진 것이 사실이다. 이와 함께 신자는 의인인 동시에 죄인이라는 루터의 가르침과 신자에게는 옛 본성과 새 본성이 항상 공존한다는 칼빈의 가르침은, 개신교 신자가 거룩하지 못한 책임을 하나님께 돌리는 이론적 근거가 되었다.

그러나 웨슬리는 하나님께서 죄의 창시자가 되실 수는 없음을 단언했다.

> 어떤 논리를 갖다붙이든 사람이 죄를 지을 수밖에 없다고 말해서는 결코 안 됩니다. 그렇지 않습니다. 하나님께서는 우리에게 그런 말을 금하셨습니다! 죄를 지을 수밖에 없는 필연성이란 결코 사람에게 부과되지 않습니다. 분명히 하나님의 은혜는 충분합니다. … 하나님께서는 누구든 죄로 시험을 당해도 넘어지지 않도록 그들이 시험 당할 즈음에 피할 길을 내십니다 (고전 10:13). 그러므로 어느 누구에게도 감당할 수 없을 정도의 시험은 허락되지 않습니다.[295]

웨슬리에 의하면, 하나님께서 신자를 겸손케 하시는 방법은 그들을 죄 즉 도덕적 형상의 상실 속에 머물게 하심이 아니다. 오히려 그들 속 도덕적 형상을 회복시켜 하나님과의 관계에서 죄 문제는 해결해 주심에도, 자연적 형상의 손상을 회복시키지 않으시는 방법을 사용하신다. 즉 모든 신자, 성결한 신자조차 "육체적 연약함과 질병, 고통 … 이해의 부족" 등의 한계와 연약성에 머물러 있게 하심으로 스스로의 연약함을 깨닫고 겸손할 수밖에 없도록 만드신다.[296]

"무지와 실수 모두는 인간성에 속합니다." 하나님께서는 현 상태에서는 우리에게 단지 매우 적은 지식의 분량만 허락하셔서, 우리가 지식 때문에 교만해져 또다시 스스로 하나님인 척

---

295 설교, "그리스도인의 완전", II. 14.
296 설교, "그리스도의 오신 목적", III. 3.

하지 않게 하셨습니다. 하나님께서 우리를 이 모든 연약성, 특히 이해의 부족에 둘러싸인 채 "너는 흙이니 흙으로 돌아가라" 하신 선고가 이루어질 때까지 살게 하신 것은, 우리 속에서 교만으로 향하게 하는 모든 유혹과, 자유라는 명목으로 하나님에게서 독립하고자 하는 모든 생각을 제거하시기 위한 것입니다.[297]

루터가 신자로 불신앙, 교만, 하나님으로부터의 독립과 같은 주된 죄를 피하게 하기 위해 그들을 의인인 동시에 죄인인 상태로 설명했다면, 웨슬리는 신자가 하나님의 은혜를 의지하는 태도를 갖는 것이 그들의 범죄에 의해 유지된다는 주장을 부인하고, 성령의 능력부음을 토대로 신자가 하나님의 율법에 순종하는 것이 구원의 매우 중요한 요소임을 강조했다. 신자를 겸손하게 하고 하나님께 대한 의존의 태도를 지속하게 하시기 위해 하나님은 율법에 순종하는 신자에게서 연약성을 제거하지 않으신다.[298]

웨슬리는 고의적 율법 위반과 비고의적 실수를 구분해, 죄를 전자와만 연결했다.[299] 신자는 율법을 고의적으로 위반하려는 의도가 없어도 만 가지나 되는 종잡을 수 없는 생각과 건망증에 빠질 수 있다.[300] 그렇더라도 실수와 연약성은 "사랑에 반대"되는 성질의 것이 아니므로 "성경적 의미에서 죄"는 아니다.[301] 하지만 온전히 성화 된 신자에게서 나타나는 연약성은 하나님의 완전한 율법의 기준에 미치지 못하게 만든다는 점에서, 성결한 신자 역시 그리스도의 속죄를 필요로 한다.[302]

---

297 같은 곳.
298 같은 곳; "질그릇에 담긴 하늘의 보배", II. 4-5.
299 설교, "완전에 대하여", II. 9.
300 Letters 5:322; WW 12:394.
301 Plain Account, 55.
302 같은 곳.

8장

교회와 실천

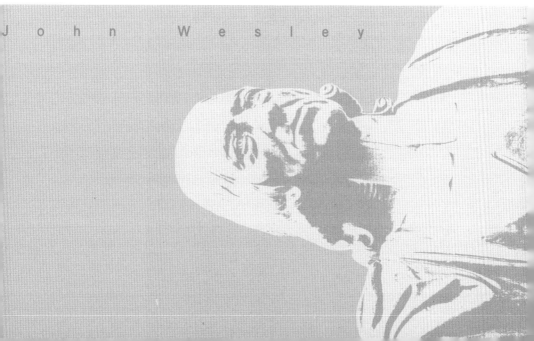

8장 교회와 실천

A. 마르틴 루터

I. 교회를 위한 실천

루터는 교회를 "참된 신자의 모임"[1] 또는 "은총과 죄 용서와 성령 … 매일의 죄 씻음과 삶의 갱신을 통해 우리로 죄에 머물지 않고 … 모세의 율법의 두 돌판이 명령하는 대로 모든 종류의 선한 일에 풍성해 새로운 삶을 살도록 그리스도께서 그 속에 내주하시는 거룩한 그리스도의 백성"[2]으로 이해했다. 따라서 교회는 복음을 믿고, 그로 인해 하나님의 율법에 순종하는 하나님의 거룩한 백성들이다.

실천적으로 교회의 외적 징표는 복음의 설교와 성례의 집행이다.[3] "하나님의 말씀이 있는 곳마다 교회가 반드시 존재"하는 것과 마찬가지로, "세례와 성찬이 있는 곳마다 하나님의 백성은 반드시 존재하며, 하나님의 백성이 있는 곳에는 반드시 세례와 성찬이 있다."[4] 교회를 분열시켰다며 로마 가톨릭교회가 비난하자 루터는 종교개혁 교회가 진정한 교회의 표지를 가졌다고 주장했을 뿐 아니라, 가톨릭교회의 "전통과 의식과 예법"은 인간이 만들어낸 것이라며 공격했다.[5] 스티븐 오즈맹(Steven Ozment)은 로마 가톨릭 전통 중 인간이 만들어낸 것의 목록을 다음과 같이 열거한다.

> 의무로서의 금식, 비밀 참회, 성자 숭배, 성물과 성상, 면죄부, 순례여행과 성지, 죽은 자와 죽어가는 자를 위한 철야와 행진, 죽은 자를 위한 미사, 연옥의 교리, 라틴어 미사와 예전, 전통적 의식과 축제와 휴일, 수도원과 수녀원, 탁발수도회, 혼인성사, 종부성사, 견진성사, 신품성사, 고해성사, 성직자 독신제도, 성직자의 세금 및 세속 재판 면제, 비거주 성직록, 교황의 파

---

1. Tappert, Theodore G., tr. and ed. *The Augsburg Confession: Translated from Latin* (Philadelphia: Fortress Press, 1959), 32.
2. LW 41:143-144.
3. *The Augsburg Confession*, 32; LW 41:152.
4. LW 41:152.
5. Forde, *A More Radical Gospel*, 159-160; Steven Ozment, *The Age of Reform 1250-1550* (New Haven: Yale University, 1981), 435.

문과 성사수여 금지, 계율들, 교황과 주교의 영지 통치, 성직자의 전통 스콜라주의 교육 ….[6]

루터는 『교회 회의와 교회에 관하여』(*On the Councils and the Church*, 1539)[7]에서 로마 가톨릭이 구원의 은총을 나누어주는 통로라고 주장한 7성례에 대응하는 참된 은혜의 방편으로서, 그리스도인의 성화를 일으키도록 돕는 "교회의 일곱 가지 거룩한 소유"를 가르쳤다.[8]

첫째, 교회가 구두로 선포하는 "하나님의 거룩한 말씀"이다. 루터는 하나님의 선포된 말씀은 "순례여행 귀신, 면죄부 귀신, 교서 귀신, 형제단 귀신, 성인 귀신, 미사 귀신, 연옥 귀신, 수도원 귀신, 사제 귀신, 군중 귀신, 반역 귀신, 이단 귀신, 교황 귀신, 율법폐기론 귀신"을 몰아내고 모든 것을 거룩하게 하는 "모든 거룩한 소유 중 가장 거룩한 소유"라고 설명했다.[9]

두 번째 소유는 세례다. 루터는 세례를 "성령을 통한 중생의 거룩한 목욕으로, 세례를 통해 우리는 하나님의 어린 양의 순결하고 거룩한 피로 죄와 죽음을 씻어낸다"[10]고 가르쳤다. "세례는 그저 물이 아닌 하나님의 말씀과 연결된 물이다."[11]

세 번째는 "거룩한 제단의 성례"다. 그리스도께서는 "죄를 용서하시고, 영혼을 위로하시며, 신앙을 강화시키기 위해" 자신의 몸을 먹으라고 명령하셨다. 루터는 "성만찬을 바르게 행하고, 믿음으로 받아들이면" 성만찬의 은혜는 육적이고 죄 많은 죽을 죄인을 "신앙 안에서 영적이고 거룩하며 살아있는 사람으로" 변화시킨다고 말한다.[12]

네 번째 거룩한 소유는 그리스도께서 "죄와 더럽혀진 양심에 대항해 위로와 도움을 주시려고" 제정하신[13] "열쇠의 직분"[14]이다. 이 직분은 "공적 또는 개인적"인 두 가지 용도가 있다. 공적으로는 "연약한 양심"을 가지고 있어 쉽게 좌절하거나 "그리스도인의 교리로 지도 받을 필요가 있는" 신자를 위로하고 격려한다.[15] 타인

6   Ozment, *The Age of Reform*, 435.
7   LW 41:166.
8   LW 41:9-178; Kleinig, "Luther on the Reception in God's Holiness," 76-91.
9   LW 41:148-150.
10 LW 41:151.
11 BC 348.
12 LW 41:152;.37:101-102.
13 BC 312.
14 LW 41:153.
15 BC 312; LW 41:153.

과의 개인적 관계에서는 이웃을 사랑하고 돕는 방법으로 사용될 수 있다.[16]

다섯 번째 거룩한 소유는, "감독과 목사, 설교자와 같이 … 이미 말한 네 가지 거룩한 소유를 사용할 수 있는" 직분이다.[17] 로마 가톨릭교회처럼 하나님과 인간 사이를 중재하기 위한 "위계적 조직"은 필요하지 않다. 하나님과 인간 사이의 중재는 그리스도만의 역할이다.[18] 모든 신자는 하나님 앞에서 동등한 제사장이다. 교회의 사역자를 임명하는 유일한 이유는, "현실적으로 교인 전체가 설교하고 세례를 주고 용서를 선언하며 성만찬을 집례할 수 없기 때문에 그 일을 한 사람에게 맡기는 것이다."[19] 성직 안수를 받는 사람을 성별하는 것은 도유식(塗油式) 자체가 아니라, 루터가 "하나님의 영적 도유식"이라 부른 하나님의 말씀이다.[20] 교회의 사역을 통해 하나님의 백성을 거룩하게 만드는 것은, 목사의 거룩함이 아니라 하나님의 말씀이다.[21] 하나님의 말씀은 교회의 엘리트가 자신의 통제 아래 둘 수 있는 성격의 것이 아니라, 모든 그리스도인 공동의 소유이며, 모든 그리스도인이 하나님의 말씀으로 다스림을 받아야 한다.[22]

여섯 번째 거룩한 소유는 기도다.[23] 데이비드 스캐어(David P. Scaer)에 따르면, 루터에게 "기도는 그리스도인의 간절한 필요에 의해서만이 아니라 하나님께서 그리스도인과 세우신 아버지와 아들의 관계로 인해 이루어져야 하는 것이다." 하나님께서는 신자에게 구원과 도움이 필요하기 때문만이 아니라, 그들의 기도에 응답하실 것이라는 하나님의 약속을 믿는 믿음으로 기도하라고 하신다.[24] 루터는 『개인 기도서』(1522)에서 기도를, 십계명(율법)과 사도신경(복음)과 주기도문(기도)의 상관성 속에서 설명했다.[25] 신자는 먼저 율법에서 기도하라는 요구를 받고, 다음으로 복음에서 기도에 응답하실 것이라는 약속을 받아, 실제적 기도로 하

16　LW 21:148-155.

17　LW 41:154.

18　Carter Lindberg, *Beyond Charity: Reformation Initiatives for the Poor* (Minneapolis: Fortress Press, 1993), 98-99.

19　LW 41:154.

20　LW 38:185-186.

21　Kleinig, "Luther on the Reception in God's Holiness," 83; LW 41:155.

22　Lindberg, *Beyond Charity*, 98.

23　LW 41:164.

24　David P. Scaer, "Luther on Prayer," *CTQ* 47:4 (Oct. 1983), 305-306.

25　LW 43:13-14.

나님께 나아간다.[26] 기도는 율법과 복음으로서의 하나님의 말씀에 의존해 있다.[27]

마지막 일곱 번째 거룩한 소유는 신자로 "그리스도와 하나님의 말씀만을 확고하게 붙들도록" 만드는 "거룩한 십자가"다.[28] 클레이닉은 여기서 십자가는 "새로운 성물"이 아니라, 다른 여섯 가지의 거룩한 소유 뒤에 놓인, "하나님의 거룩한 소유가 인간 실존에 충분히 효과를 발휘할 수 있게 만드는" 환경을 말하는 것이라고 설명한다.[29] 루터는 십자가를 "모든 불행과 핍박, 사탄과 세상, 육체에서 기인한 모든 종류의 시련과 악 … 내적 슬픔, 소심함과 두려움, 외적 가난과 모욕당함, 질병과 연약함"[30] 등으로 열거했다.

전반적으로 보면, 루터에게 성화를 위한 은혜의 방편이란 다름 아닌 하나님의 칭의의 은혜를 확증해주는 것들로서, 모든 거룩한 소유에 스며들어 있을 뿐 아니라 모든 거룩한 소유를 참된 은혜의 방편으로 바꾸어 놓는 가장 본질적·근본적 요소는 복음의 설교다.[31]

II. 세상을 위한 실천

i. 하나님의 두 왕국

하나님의 두 왕국에 대한 루터의 가르침은 신자가 세상과 어떤 관계를 맺고 있는지, 특히 이 세상 나라에서 신자는 오직 신자에게만 주어진 그리스도의 법을 따라야 하는지, 아니면 사회의 실정법을 따라야 하는지의 문제를 다룬다. 다른 사람의 잘못을 용서하고 악에 저항하지 말고 폭력을 감수하며 원수를 사랑하라는 그리스도의 법과, 죄인을 벌하고 악에 저항하며 원수에게 복수하라고 명령하는 이 세상의 법 사이에는 분명한 모순이 존재한다. 루터는 서로 반대되는 두 법의 모순을 해결하기 위해 다음과 같이 말했다.

---

26 Nestingen, "The Lord's Prayer in Luther's Catechism," 36-48.
27 Scaer, "Luther on Prayer," 305.
28 LW 41:164-165.
29   Kleinig, "Luther on the Reception in God's Holiness," 83; LW 41:164.
30 LW 41:164.
31 Kleinig, "Luther on the Reception in God's Holiness," 89-90.

우리는 직분과 개인 사이를 뚜렷이 구분해야 한다. … 하나님께서는 당신을 자녀로, 나를 아버지로 만드셨다. 한 사람은 주인, 다른 사람은 종 … 한 사람은 왕, 다른 사람은 백성으로 만드셨다. … 한스 또는 닉이라는 개인으로만 만드신 것이 아니라 잭슨의 제후, 아버지, 또는 주인으로도 만드셨다. … 그러나 산상수훈에서 그리스도는, 단지 각 개인인 자연적 인간이 다른 사람과의 관계에서 어떻게 행해야 하는지를 말씀하셨을 뿐이다. 그러므로 만약 우리가 어떤 직분 또는 통치자로서의 위치에 있다면, 우리는 날카롭고 엄격해야 하며, 분노하고 형벌을 내릴 수 있어야 한다. … 공적이지 않은 다른 관계에서는 다른 모든 사람을 향해 온유하기를 배워 이웃을 부당하게 대하고 미워하며 복수하는 일이 없도록 해야 한다.[32]

루터가 "직분과 개인"을 구분한 것은 그리스도의 율법이 세상 나라에는 적용되지 않는다는 의미가 아니다. 정반대로, 사랑이 두 왕국 모두에 해당되는 유일한 율법의 원리며,[33] 신자는 두 왕국 모두에 속한 시민이다.[34] 따라서 "산상수훈이 가르치는 미덕은 세상 나라에서도 역시 유효한 것일 수밖에 없다."[35] 그러나 그리스도의 율법을 세상 나라에 적용하는 데는 제한이 있어야 한다. 그리스도의 법은 "신자의 마음가짐" 및 그들이 다른 사람과 맺는 개인적 관계를 다스려야지, 세속 사회를 다스리는 공적인 규칙이 될 수는 없다.[36] 신자의 마음이나 개인적 관계가 그리스도의 법에 의해 움직이고 다스림을 받더라도, 공적인 직분에서 신자가 이웃을 사랑하는 양식과 수단, 방법은 시민법을 따라야 한다.

루터는 『세속 권력: 어디까지 순종해야 하는가?』(1523)에서 사람을 두 왕국 모두에 속한 참된 신자와 오직 세속 나라에만 속한 사람 두 종류로 나눈 후, 참 신자는 "모든 법과 가르침이 요구하는 것보다 훨씬 많은 것을 자발적으로 행하므로" "어떤 소송이나 제소, 법정이나 판사, 형벌, 율법, 칼도 필요하지 않다"고 주장했다.[37] 그러나 루터는 즉시 덧붙이기를 "그런 진정한 신자란 극히 소수에 불과하다. … 그런 그리스도인은 흔치 않은 데 비해 악인은 언제나 선인보다 수가 많다"고 했다.[38] 신자 역시 죄인인 한, 그들도 세상 나라의 칼의 지배 아래 있을 수밖에 없다. 루터는 재세례주의자들과 농민전쟁의 지도자들이 "복음으로 세상을 다스리고, 모든 세

---

32 LW 21:23.
33 Meistad, *Martin Luther and John Wesley on the Sermon on the Mount*, 18.
34 같은 책, 14-15.
35 같은 책, 18.
36 같은 책, 15.
37 LW 45:88-89.
38 LW 45:90-91.

상의 법과 칼을 철폐"하려 한 위험한 시도에 반대해, 그러한 시도는 마치 "사나운 들짐승을 묶어놓은 밧줄과 사슬을 풀어버려 서로를 물어뜯고 해치게 만드는" 것과도 같다고 말한다. 사람은 악하게도 "복음의 자유를 왜곡"해 그리스도의 이름으로 "악한 일을 행할" 것이기 때문이다.[39] 루터는 다음과 같이 말한다.

> 복음으로 온 나라 또는 세상을 다스리려고 시도하는 사람은 한 우리 속에 늑대, 사자, 독수리, 양을 함께 넣어두고, "자유롭게 지내고, 서로 사이좋고 평화롭게 지내거라. 우리는 막힘 없이 서로 통해 있고 우리 안에는 많은 양식이 있다. 너희는 개나 몽둥이를 무서워할 필요가 없다"고 말하면서, 짐승들로 서로 자유롭게 어울리게 하려는 목자와 같다. 의심할 바 없이 양은 평화를 유지하고, 주인이 준 음식을 먹으며 평화롭게 지내려 할 것이다. 그러나 오래 살지는 못할 것이다. 다른 짐승들도 살아남지 못하게 되고 말 것이다.[40]

"수천 명 중 참 그리스도인은 한 명을 찾기도 어렵기" 때문에, 그 결과는 "사람이 서로를 집어삼키려 한" 나머지, "세상은 혼란 그 자체가 되고 말 것이다."[41] 메이스타드는 많은 사례를 들어 루터가 내적·개인적으로는 그리스도의 법에 순종하는 신자라도 공적으로, 특히 두 왕국의 법이 서로 충돌하는 듯 보일 때는 더욱 세상의 법을 따라야 한다고 가르쳤음을 입증한다.[42] 신자는 "개인과 사회의 관계를 적절한 균형 속에 유지"할 수 있어야 한다.[43] 보른캄은 다음과 같이 설명한다.

> 루터는 두 왕국을 통해 그리스도인이 살아가면서 맺는 두 가지 관계를 설명하고 있다. 한쪽에는 그리스도인의 존재와 그가 다른 사람에 대해 갖는 개인적 태도, 그의 복음에 대한 증거가 있다. 이 영역에서는 용서와 인내와 희생에 대한 무조건적 명령이 유효하다. 다른 한쪽에는 사람이 공동으로 함께 살아가는 삶이 있다. 이 삶에서 법은 필히 악을 확고히 제어해야 한다. 그리스도인은 반드시 누구도 불의를 겪거나 타인으로 인한 희생자가 되지 않도록 도울 수 있어야 한다.[44]

바른 구별 위에서 두 왕국은 보완적으로 협력한다. 하나님의 영적 나라는 하나님 앞에서의 내적인 의로움을 만들어낸다면, 하나님의 세상 나라는 외적인 죄를

39 LW 45:91.
40 LW 45:91-92.
41 LW 45:90-91.
42 Meistad, *Martin Luther and John Wesley on the Sermon on the Mount*, 9-80.
43 같은 책, 18; LW 45:96.
44 Heinrich Bornkamm, *Luther's Doctrine of the Two Kingdoms* (Philadelphia: Fortress Press, 1966), 8; 참고. Joo-Han Kim, "Personal Piety and the Common Good: Luther's Interpretation of the Sermon on the Mount and his Two Kingdoms Doctrine" (Ph.D. thesis, Boston University, 1999).

막고 외적 평화를 보존한다. "세상에서 어떤 나라도 다른 한 나라가 없이는 충분하지 않다." 영적 나라만으로는 "모든 종류의 악행"에 문을 열어놓게 될 것이며, 세상 나라만으로는 사람을 "참으로 의롭게" 만들 수 없다. 따라서 "두 왕국 모두는 반드시 보존되어야 한다."[45] 보른캄은 "그리스도인은 자신의 삶에서 두 영역 모두를 충족시켜야 한다"고 지적한다.[46]

라인홀드 니버(Reinhold Niebuhr)는, 루터가 "개인 도덕과 공적 도덕"뿐 아니라 하나님의 영적 나라와 세상 나라를 "배타적으로 구분"한 것으로 오해했다.[47] 이러한 잘못된 관찰을 바탕으로 그는 루터의 두 왕국론에 부정적인 결론을 내렸다. 첫째, 니버는 루터의 가르침이 정치 윤리 문맥에서 그리스도의 법을 배제함으로 "신자가 역사에서 선을 실현할 상대적 가능성"을 부인하는 "사회·정치 영역에서의 패배주의"를 배태했다고 주장했다. 둘째, 니버는 루터가 세상의 통치자는 "공적 도덕의 수호자"로 묘사하면서도 그 백성은 "산상수훈의 윤리에 따라" 살아야 할 "개인으로서 시민"으로 묘사함으로 사회 계층 간 불평등뿐 아니라 봉건제도를 옹호했다며 비판했다. 니버는 루터가 하나님의 영적 나라의 "완벽주의적 개인 윤리"를 세상 나라의 "현실적이고 공적인 윤리"와 적절히 통합하지 못했다고 주장하면서, 루터의 두 왕국론에는 "그리스도인이 사회 구조를 바꾸어야 한다는 책임성이 없다"는 결론을 내린다.[48]

알트하우스는 이러한 니버의 해석에 반대한다. 알트하우스의 설명에 따르면, 초기의 루터는 세상 나라를 신자와 아무런 관계가 없는 사탄의 영역으로 부정적으로 묘사했으나, 1529년 이후로는 하나님의 두 왕국을 하나님 자녀의 삶이 이루어지는 "하나의 동일한 삶의 서로 다른 영역"으로 보았다. 즉 영적 나라는 하나님의 백성의 나라, 세상 나라는 사탄의 백성의 나라로 이원화화지 않았다는 것이다.[49] 보른캄은 루터의 두 왕국론이 다루는 세 가지 차원의 관계를 "교회와 국가" "영적 나라와 세속 나라" "그리스도인의 자기 자신을 위한 활동과 타인을 위한 활동"의 관계로 정리하면서, 이 모든 관계에 대한 논의는 사실상 "하나의 동일한" 주제로 신

45   LW 45:92.
46   Bornkamm, *Luther's Doctrine of the Two Kingdoms*, 7.
47   Reinhold Niebuhr, *The Nature and Destiny of Man*, vol. 2. *Human Destiny* (London: Nisbet & Co. LTD., 1943), 201-202.
48   같은 책, 200-202.
49   Paul Althaus, *The Ethics of Martin Luther* (Philadelphia: Fortress Press, 1972), 51-53.

자가 어떻게 "이 세상 질서"에 참여해야 하는지를 다루는 것이라고 바르게 지적한다.[50] 보른캄은 더 나아가 "하나님 나라와 세상 나라, 복음과 율법, 신자와 불신자, 영적인 것과 세속적인 것, 자신을 위한 일과 타인을 위한 일, 하나님의 말씀과 칼 등 하나님의 두 왕국을 대조한 루터의 목록" 중에 루터가 "사랑의 나라와 사랑 없는 나라"를 구분한 적이 결코 없음을 관찰한다.[51] 신자가 개인적으로 행동하든 공적으로 행동하든, 하나님의 영적 나라에서 일하든 세속 나라에서 일하든, "하나님께서 세상을 다루시는 방법과 그리스도인의 책임을 조화시키는 것은 사랑"이기 때문이다.[52] 사랑은 하나님의 영적 나라와 세상 나라 모두에서 신자의 행동의 유일한 규준이므로, 두 영역에서 그리스도인의 활동은 사랑이 그 두 영역에서 어떻게 다른 역할을 하는지의 차이만 있을 뿐이다. 즉 "정의를 보호하고 옹호하는지, 아니면 희생하고 봉사하는지"의 차이다.[53] 김주한의 표현을 빌리면, "개인 경건"과 "이웃에 대한 개인적 사랑"을 행하는지, 아니면 "공공의 선"과 "이웃에 대한 공적인 사랑의 방법"을 행하는지의 차이다.[54]

　　루터의 두 왕국론에 관해 라인홀드 니버는 사실상 루터가 가르친 것에 대해서가 아니라 오히려 반대한 내용으로 루터를 비난했다. 즉 루터 자신은 그리스도의 법으로 세상 나라를 다스리려 해서는 안 된다는 것을 주장했는데, 니버는 루터가 그리스도의 법을 세상 나라에 적용하지 않았다는 이유로 루터를 비난한다. 하지만 루터가 세상 나라를 변화시킬 신자의 책임을 말한 것은 소명의 개념을 통해서이며, 소명을 통한 책임은 자연법에 기초해 있다. 따라서 니버가 루터의 두 왕국론에서 복음이 갖는 사회적 의미를 적절히 논의하고자 했다면, 자신의 질문을 "루터의 가르침대로 그리스도인이 자신의 소명을 따라 다양한 사회적 위치에서 자연법의 요구를 충실히 이행한다면, 그것이 세상 나라의 개선에 기여할 수 있는가?"로 바꾸었어야 옳았다. 더 나아가 루터는 그리스도의 법을 신자의 내면의 태도에 제한해 적용했다는 점에서, 니버는, 루터가 죽은 후 오랜 뒤에 형성된 후대의 루터주의가 사회의 개선에서 가지게 된 한계를 비판하는 관점에서가 아니라, 순수하게 루터의

50　Heinrich Bornkamm, *Luther's Doctrine of the Two Kingdoms in the Context of His Theology* (Philadelphia: Fortress Press, 1966), 16, 26-27.
51　같은 책, 9.
52　같은 책, 33.
53　같은 책, 33-34.
54　Kim, "Personal Piety and the Common Good," 178-185.

두 왕국론 속에 내재된 역사 개선의 잠재성의 입장에서, 루터가 강조한 그리스도의 법에 의해 형성된 신자의 마음의 태도가 과연 이 세상을 개선하는 일에 효과적인지를 질문했어야 한다. 이제 그리스도인의 소명에 관한 루터의 가르침에서 니버의 비난이 정당했는지 확인해 보자.

ii. 그리스도인의 소명

루터의 신학에서, 인간의 행위가 하나님의 구원 사역에 아무것도 더할 수 없다는 신자의 깨달음은 윤리적 행동의 방향과 목적에 근본적 변화를 일으킨다. 그 변화는 사중적이다.

첫째, 신자는 이전에 하나님의 은혜와 구원을 얻으려는 목적으로 행했던 경건한 행위와 선행으로 하나님께 상향적으로 접근하기를 포기하고,[55] 수도승들과 스콜라 철학자들이 "자신을 다른 모든 종류의 삶 위에 높이려는" 목적으로 고안한 "명상적 삶"을 포기한다. 신자는 신앙 안에서 얻은 하나님의 은혜를 토대로 이 세상에서 감사함으로 하나님의 뜻에 순종한다.[56]

둘째, 루터 윤리의 하향적 성격과 밀접하게 연결된 것이 이타주의다. 칭의는 신자의 윤리적 행동의 방향을 내부에서 외부로 바꾸어놓는다. 루터에게 하늘로의 상향적 접근은 이웃과의 관계를 자신의 구원을 위한 수단으로 삼기에 자기 중심성에서 전적으로 자유로울 수 없다.[57] 심지어 중세 후기 가톨릭교회의 "수도원 형제단 내에서의 관계" 역시 단체 속에서 개인이 자신의 구원을 추구한다는 점에서 "공동체적 자기 사랑" 이상의 그 무엇이 아니었다.[58] 그러나 카터 린드버그(Carter Lindberg)가 설명하듯, 루터 신학에서는 구원이 그리스도인의 삶의 기초이지 목표가 아니기 때문에, 그리스도인은 "아직 얻지 못한 저 세상을 얻기 위해 쏟아부었던 모든 힘과 자원을 이 세상에서의 활동을 위해 사용할 수 있게 된다."[59] 윌리엄 라자레스(William H. Lazareth) 역시 다음과 같이 설명한다. "아무런 공로 없이 주

55 LW 31:55-56 ("Heidelberg Disputation," Thesis no. 25).
56 LW 5:345-346.
57 LW 2:119.
58 Lindberg, *Beyond Charity*, 101.
59 같은 책, 97.

시는 그리스도의 용서 안에서 갖게 된 구원의 확신으로 인해 그 마음에 감사가 넘치게 된 그리스도인은 자신의 지혜와 선한 행위를 이웃의 유익을 위한 봉사에 사용할 자유를 얻는다."[60] 그 결과, 신앙 안에서의 신자의 행위는 이웃을 섬기는 것 그 자체를 목적으로 삼게 된다. 신자에게는 "사랑을 실천해야 할 대상 중에 이웃보다 더 고귀한 존재가 없게 된다."[61] 루터는 궁핍한 사람에게 나누어주기 위한 "공동 기금"의 정기적 모금과 같은 가난한 자를 위한 사회적 봉사를 예배 순서에 통합시키기 위해 노력했다.[62] 이는 신자들이 오직 믿음으로 얻는 구원을 예배와 성례 속에서 이웃에 대한 이타적 봉사로 연결할 수 있도록 하기 위해 루터가 어떤 노력을 기울였는지를 보여주는 실천적 사례다.

셋째, 칭의는 훌륭한 일과 사소한 일을 구분하는 인간적 구분을 철폐한다. 인간은 "하나님께서 명령하신 것을 무시함"뿐 아니라, "하나님이 명령하신 것보다 더 큰 것을 하려 함"으로 하나님 앞에 죄를 짓는다. 더 큰 것에 대한 잘못된 추구는 "굉장한 일" "매우 인상적이고 비범한 일" "보통의 것보다 더 좋아 보이고 더 어려워 보이는 일"에서 더 큰 기쁨을 얻는 "인간의 지혜의 어리석음"에서 기인한다.[63] 루터에게 그런 구분은, 하나님의 사랑을 믿지 못하기 때문에 "무엇인가를 충분히 해냄으로써 하나님께 영향을 끼치기 위해" 좀 더 효과적인 방법으로 "공로를 쌓으려는" 사람이 만들어낸 구분일 뿐이다.[64] 그들은 하나님의 율법이 명령하는 "일상적이고 덜 중요해 보이고 우스운" 일을 무시한다.[65] 그러나 루터는 "우리가 하나님의 명령을 대할 때는 무엇이 명령되었는지가 아니라, 누가 그것을 말씀하셨는지를 반드시 생각해야 한다. 그 명령을 주신 분이 누구인지를 생각하는 사람이라면, 가장 사소해 보이는 일까지도 최고로 중요한 일로 여길 수밖에 없다"[66]고 강조했다. "신자가 행하는 모든 일을 영화롭게 하고 그 일을 숭고하게 만드시는" 분은 하나님이시다.[67] 루터는 신자와 하나님의 관계를 "서로를 진정으로 사랑하고, 또

---

60 LW 44: xi-xvi.
61 LW 27:58.
62 LW 35:57, 68-69; Lindberg, *Beyond Charity*, 100-110.
63 LW 2:77-79.
64 LW 44:26-28.
65 LW 2:77-79.
66 LW 2:78-79.
67 LW 4:103.

서로에 대한 사랑을 철저히 확신하기 때문에" 큰 일에서든 작은 일에서든 최선을 다해 서로를 섬기는 "남편과 아내"의 관계에 비유하면서, 신앙 안에서는 "모든 일이 똑같아진다. … 훌륭한 일과 사소한 일의 구분 자체가 사라진다"고 역설했다.[68]

넷째, 믿음으로 의롭다 하심을 얻는다는 교리는 일의 구분뿐 아니라, 사제와 평신도의 구분 및 영적이고 세속적인 일의 구분도 철폐한다. 루터는 사제 직분이라는 "영적 신분"과 그 외의 "세속적 신분"을 구분한 가톨릭에 반대해 "모든 그리스도인은 진정으로 영적 신분에 속해 있으며, 그들 사이에는 오직 어떤 직분을 가졌는지의 차이밖에 없다"고 확언했다.[69] 루터는 인간의 행위가 그리스도인을 만드는 것이 아니듯, 그리스도인의 신앙이 "신자를 제후로 만들거나 … 남편, 사제로 만드는 것이 아니다"라고 주장함으로,[70] 신자가 하고 있는 일을 영적인 일이 되게 하는 것은 신앙이며, 신앙 없는 교회에서 일하는 직업을 가졌더라도 그 자체로 영적인 일이 되는 것이 아니라고 가르쳤다. 구스타프 빙그렌에 의하면, 루터는 소명이라는 단어를 통해 그리스도인이 직업으로 맡게 된 세속적이거나 영적인 일 모두를 지칭했다.[71] 루터는 "모든 직업이 각각의 요구사항과 의무조항을 가질 뿐 아니라, 하나님 앞에서 그 자체의 영예를 가지므로,"[72] 신자는 자신의 소명이 "하나님을 기쁘시게 한다"는 확신을 가져야 함을 강조했다. 모든 훌륭한 통치자와 근면한 노동자, "경건한 배우자와 엄마들"은 마지막 심판의 날에 믿음 안에서 행한 신실한 소명의 일에 대해 하나님께서 주시는 상을 받을 것이다.[73] 그들 모두는 각자의 삶의 영역에서 하나님을 섬기는 제사장이기 때문이다.[74]

지금까지 살펴본 신자의 윤리의 방향과 목적의 네 가지 변화는, 루터의 창조세계에 대한 이해 및 창조세계에서의 삶을 위한 명령으로서의 율법 이해와 관련된다. 신자는 비록 인간이 타락했음에도 하나님의 창조세계가 여전히 선하다는 사실을 알고 있다.[75]

---

68   LW 44:26-28.
69   LW 44:126.
70   LW 24:220-221.
71   Gustaf Wingren, *Luther on Vocation*, tr. Carl C. Rasmussen [Eugene: Wipf & Stock Publishers, (1957), 2004], 1-2.
72   LW 46: 246.
73   LW 24:220-221.
74   LW 44:130.
75   LW 15:8; 46:304.

많은 설교자가 영광과 권세, 사회적 지위와 부, 황금과 명성, 아름다움과 여성에 대해 독설을 퍼부어 공개적으로 하나님께서 만드신 창조세계를 비난하는 것은 어리석을 뿐 아니라 악한 것이다. … 하나님께서는 모든 것을 선하게 또 사람이 사용할 수 있도록 목적에 맞게 창조하셨다. 비난을 받아야 할 것은 하나님이 만드신 것이 아니라, 타락한 인간의 욕망과 욕구다. … 사람에겐 먹고 마시며 모든 수고 중에 낙을 누리는 것보다 더 나은 것이란 없다(전 5:18).[76]

루터가 하나님의 두 왕국을 구분한 것은 세상 나라는 정치적 영역만, 또 영적 나라는 인간의 내적인 영역만 다룸을 의미한 것이 아니다. 하나님의 영적 나라는 그 나름의 "외적 세상과 관련된 측면"이 있고, 외적 세상에서의 하나님의 통치 역시 영적인 것이다.[77] 영적 특성을 부여하는 것은 "신앙이라는 내적 삶"이기 때문에, 예를 들면 신자의 결혼처럼 신앙 안에서 행한 것은 외적인 것이더라도 영적인 것으로 부를 수 있다. 이를 역으로 말하면, 이 세상에 그 자체로 영적인 제도란 존재하지 않는다. 심지어 외적으로 종교적 사역을 담당하는 교회 제도라도 그 자체로 영적이지는 않다. 그 외적 사역을 행하는 자에게 내적 신앙이 있을 때라야 비로소 영적인 사역이 되는 것이다.[78] 만약 신앙 안에서 수용되기만 한다면, 십계명의 첫 번째 돌판뿐 아니라 두 번째 돌판 역시 "가장 중요한 의무이자 가장 고결한 예배의 의식"이 된다. 신앙으로 행하기만 한다면 두 번째 돌판이라 해서 첫 번째 돌판에 비해 "열등한" 종류의 의무나 예배가 되는 것은 아니다.[79] "정치가, 가장, 종, 교사, 학생 등 직업과 관계없이 신자는 삶의 어떤 분야에서든 하나님께서 부르신 소명의 일을 행하고 있는 것이다."[80]

루터는 창세기 2:16을 주해하면서 교회와 가정, 국가라는 세 가지 기본적인 "신분이나 제도, 기관, 직무, 위계질서"는 하나님의 명령으로 "인간 삶의 기본 형태"가 되었다고 가르쳤다.[81] 교회는 하나님께서 창조 시 다른 것보다 먼저 인간 삶의 형태로 제정하신 제도다. "가정을 돌보는 것이나 국가를 통치하는 것"보다 하나님과 아담 사이의 관계가 더 우선적이었다는 것은, 루터의 하나님 중심적 창조관,

---

76 LW 15:8.
77 Osward Bayer, *Freedom in Response: Lutheran Ethics: Sources and Controversies*, tr. Jeffrey F. Cayzer (Oxford: Oxford University Press, 2007), 94-95.
78 LW 28:17-18.
79 LW 12:44.
80 LW 27:119-120.
81 LW 3:217; 13:358, 368-369; 14:15; 37:364; 41:177; Althaus, *The Ethics of Martin Luther*, 36-37; Bayer, *Freedom in Response*, 93.

즉 하나님께 대한 예배가 인간 삶의 첫째 목적이 되는 창조질서에 대한 이해를 드러낸다.[82] 루터는 인간이 타락한 이후에도 "영생이 순간적 삶보다 더 뛰어나다"는 진리가 불변하는 한, 영원한 의와 평화와 생명을 부여하는 영적 직분은, 일시적으로 "평화와 정의와 생명"을 보존하는 세속 직분보다 뛰어남을 인정했다.[83] 육체적 삶은 영원한 생명을 목적으로 삼는다.[84]

　그럼에도 루터는 교회 제도를 세속 신분의 하나로 보았다. 여기서 교회 제도란 "설교자, 성례 집례자, 공동기금 관리인, 교회지기, 전령, 그들을 돕는 시종" 모두를 포함한다.[85] 하나님의 말씀은 "하나님의 은혜를 받아들이는 마음"을 창조하시는 것이지, "사람을 사제나 수사나 주인이나 종 … 군주나 백성이나 남편, 그외의 다른 무엇이 되게 하는 것이 아님"을 루터는 주장한다.[86] 교회 제도와 직책이 영적 특성을 갖게 하는 것 역시 창조질서에 해당되는 제도나 신분 자체가 아닌 신앙이다. 신앙에 의해 "나라와 백성을 다스리고, 집안을 꾸려가고, 아이를 기르고 가르치며, 시중들고 노동하는 등" 모든 직분과 일은 영적인 것이 된다.[87]

　인간 삶의 두 번째 형태는 하나님께서 아담의 배우자로 하와를 주심으로 시작된 가정이다. 가정에 관한 규례는 "자녀와 부모의 관계, 남편과 아내의 관계, 땅을 가꾸고 농사하는 … 일의 영역, 자연을 개발하는 일, 생활 수단과 일용할 양식을 생산하는 일", "미망인과 결혼하지 않은 여성"에 관한 일을 포함한다.[88]

　그로비엔은 루터의 가정관을 다음과 같이 요약한다. "가정은 한 남자와 한 여자가 각각 자신이 아닌 상대방을 섬기는 가운데 서로 사랑하기를 배워나가는 곳이며, 부모가 자녀를 낳음으로 하나님께서 인류를 보존하시고, 또 교육을 통해 젊은 사람이 성숙해가며 하나님을 경외하는 것과 이웃 사랑하기를 배우도록" 하나님께서 제정하신 기관이다.[89] 신자는 결혼생활에서 "사랑과 끝없는 즐거움"을 발견할 수 있어야 하는데(잠 18:22 참조), 그것이 "하나님의 일이며, 하나님께서 기뻐

82　LW 1:103-106.
83　LW 46:237.
84　LW 6:257.
85　LW 37:364.
86　LW 24:220; Grobien, "A Lutheran Understanding of Natural Law in the Three Estates," 221-222.
87　LW 24:220-221.
88　Bayer, *Freedom in Response*, 93; LW 37:364-365.
89　Grobien, "A Lutheran Understanding of Natural Law in the Three Estates," 222-223.

하시기" 때문이다.

> 창세기 1:28의 하나님의 말씀을 믿는 사람은 … 결혼 및 결혼생활에 따르는 모든 행동과 일,
> 고생까지도 하나님께서 기뻐하신다는 사실에 확신을 가져야 한다. 사람이 자신의 신분과 행
> 동, 일을 하나님께서 기뻐하심을 확신함으로 하나님 안에서 누리는 것보다 더 큰 행복과 기
> 쁨과 즐거움이 어디에 있겠는가? 그것이 아내를 발견하는 것이다. 많은 사람이 아내가 있지
> 만, 아내를 발견한 사람은 거의 없다. 왜 그런가? 눈이 멀었기 때문이다. 그들은 아내와 함께
> 하는 자신의 삶과 행동이 하나님의 작품이며 하나님을 기쁘시게 한다는 사실을 모르고 있
> 다. 그들이 그것을 발견한다면, 어떤 아내가 그렇게 밉고 성질이 나빠 보이며, 무례하고 정 떨
> 어지고 괴롭게 느껴져 그녀에게서 즐거움을 찾지 못하고 언제나 하나님의 사역과 창조와 뜻
> 만 나무랄 수 있겠는가? 사랑하는 주님께서 결혼을 기뻐하고 즐거워하심을 아는 사람은, 순
> 교자가 고통 속에서 그랬던 것처럼 슬픔 속에서도 평강을, 괴로움 속에서도 기쁨을, 시련 속
> 에서도 행복을 느낄 것이다.[90]

가정이라는 제도를 제정하신 분은 하나님이시고, 하나님은 가정에서 이루어지
는 일을 기뻐하시기에, 루터는 가사의 모든 일을 하나님을 섬기는 일로 규정했다.
가정에 충실한 사람을, 세상을 등진 사제나 수도사보다 바르고 가치 있는 일을 하
는 사람으로 묘사했다. "지혜로 가정을 돌보고 자녀를 양육함으로 하나님을 섬기
는 모든 부모는 순결하고 거룩한 일, 거룩한 사역과 거룩한 직분에 종사하는 이들
이다. 자녀와 종이 부모나 주인에게 순종하는 것 역시 순결하고 거룩한 일이다. 그
렇게 사는 사람이 이 땅의 살아있는 성인이다."[91]

> 기독교 신앙은 이 모든 별로 중요해 보이지 않고 싫어할 만하며 경시되어 온 의무를 성령 안
> 에서 바라본다. 그리고 하나님께서 그 일을 인정하시고 가장 값진 금과 보석으로 장식하셨
> 음을 안다. … 아내는 아이에게 젖을 물리고 흔들어주고 목욕시키고 돌보며 … 남편을 돕고
> 순종한다. 이러한 일은 참으로 소중하고 고귀한 일이다. … 아빠가 아이를 위해 기저귀를 빨
> 거나 다른 성가신 일을 기독교 신앙으로 행할 때 하나님께서는 당신의 모든 천사 및 피조물
> 과 함께 미소를 지으신다. … 그가 그 일을 기독교 신앙 안에서 하고 있기 때문이다. 그를 비
> 웃는 사람이 있다면 그는 세상에서 가장 어리석은 존재로 하나님과 그 모든 피조물을 비웃
> 고 있는 것이다. 그들은 마귀의 어릿광대에 불과하다.[92]

하나님께서 정하신 인간 삶의 세 번째 형태는 "군주와 귀족, 판사, 행정 공무원,

---

90 LW 45:38-39.
91 LW 37:364.
92 LW 45:40.

백성"의 직무를 고루 포함하는 국가로, 이 제도는 인간이 타락한 후에도 하나님께서 그들의 죄를 제어하고 삶을 지켜주시기 위한 창조질서에 속한다.[93] 루터는 비록 자신의 직분을 악용하는 악한 사람이 있음에도 국가 제도 자체는 "하나님께서 세우신 것"으로 선하다고 가르쳤다.[94] 창조질서에 속하는 세상의 국가를 위해 "하나님께서 세우신 직분은 계속될 것이고 모든 나라에서 세상 끝날까지 남아있을 것이다."[95] 루터는 국가 제도를 위해 봉사하는 사람은 "순수하고 거룩한 일에 종사하는 사람이며, 이를 통해 하나님 앞에서 거룩한 삶을 살고 있다"고 가르쳤다.[96]

이러한 루터의 설명에서 하나님의 창조세계는 그 자체로 선하고 하나님께서 기뻐하시는 것이다. 타락한 것은 인간의 마음이지, 창조세계 자체가 타락해서 악해졌기 때문에 성례를 통해 속량을 받아야 하는 대상은 아니다.[97] 이런 이해를 바탕으로 하나님의 창조세계가 그 자체의 선함을 되찾고 나면, 창조세계는 더는 가톨릭의 수도사가 그랬던 것처럼 구원을 얻기 위해 등지고 떠나야 할 죄 된 세상이 아니라 그리스도인 본연의 삶의 자리가 된다.[98] 또한 세상의 직분과 직업은 버려야 할 타락한 것이 아니라, 하나님께서 기뻐하시는 그리스도인의 소명의 자리가 된다. 세상의 모든 직분은 "이 세상에서의 삶을 위해 유익하고 꼭 필요한 기능을 가지고 있기에" 총체적으로 보면 인간 생명을 잉태하고 그 삶을 보존하는 일을 한다.[99] 그러므로 "하나님께서 제정하신 모든 직분과 사역을 최대한 높이 존중해야 하며, 어느 하나도 다른 것에 비해 경시해서는 안 된다."[100]

> 하나님께서 은혜로우신 분이심을 알고 나면 … 나는 밖으로 나가 하나님께로 향하던 얼굴을 다른 사람에게로 향할 수 있게 된다. 즉 나는 소명에 집중할 수 있게 된다. 내가 왕이라면 세상을 다스릴 것이다. 내가 가정의 가장이라면 가정의 일을 이끌 것이다. 내가 교사라면 학생을 가르쳐 경건한 습관과 시각 형성을 도울 것이다. 이 모든 일은 하나님께 대한 예배로 부르는 것이 옳다. … 경건과 참 종교의 진정하고 주된 내용은, 가장 먼저 하나님께 대한 신앙이

---

93 LW 1:103-106; Grobien, "A Lutheran Understanding of Natural Law in the Three Estates," 218.
94 LW 46:248.
95 LW 13:369.
96 LW 37:364-365.
97 Forde, *Where God Meets Man*, 69-70; Scott Hendrix, "Luther on Marriage," *LQ* 14 (2000), 336-338; LW 44: xi-xvi.
98 Forde, *Where God Meets Man*, 46-47, 56-60; Forde, *A More Radical Gospel*, 145-150; Kleinig, "Luther on the Reception in God's Holiness," 86.
99 Althaus, *The Ethics of Martin Luther*, 37; LW 13:370; 46:246-248.
100 LW 46:246.

며 … 다음으로 이웃과의 관계에서 우리가 받은 소명, 즉 다스리고 지도하며 가르치고 위로하고 교훈하는 등의 일을 하면서 삶을 살아가는 것이다.[101]

모든 사람은 그리스도인이든 아니든 관계없이 "적어도 하나 이상의 직분"을 가지고 있다. 그런 직분은 사람이 "필요로 하는 일"뿐 아니라 사람 사이의 관계를 이어주므로, 사람은 자신의 직분을 충실히 이행함을 통해 다른 사람을 돕고 사랑할 수 있게 된다.[102] 모든 사람이 서로 연결되어 있는 직분과 직업의 관계에서 그리스도인이 불신자에 비해 탁월한 점은, "오직 그리스도인만이 하나님께서 이러한 직분을 제정하셨다는 사실을 안다는 데 있다."[103] 루터는 "이 세상에서 그리스도인처럼 세상의 직분이 무엇인지 잘 이해하고 가르칠 수 있는 사람은 없다. 그들만 이것이 하나님께서 제정하신 규례이자 제도임을 안다. 그러므로 그들만 감사하고 그일을 위해 기도한다"[104]고 말한다. 그로비엔은 "삶의 직분 속에 있는 그리스도인에게는 타락한 세상에서도 자연법의 취지가 충분히 실현되는데", 이는 "그리스도인은 성령에 의해 갱신되어 하나님의 진리와 선을 인식하며 이웃을 사랑하기 때문"이라고 설명한다. 이에 반해 "거듭나지 않은 사람은 자연법을 통해 그저 하나님과 선에 관해 짧고 희미하게밖에는 감지하지 못한다."[105]

그리스도인은 하나님께서 직분을 주셨음을 아는 이상, 자신의 직업이나 직분을 하나님의 "소명"으로 받아들인다.[106] 루터는 "소명"(Beruf)이라는 말로 그리스도인의 외적 지위 또는 직업을 통해서 하는 세상적이고 영적인 일 모두를 지칭했다.[107] "그리스도인이 행하는 소명과 불신자가 하는 일을 구별 지을 수 있는 특별한 외적 특징이 있는 것은 아니지만", 그리스도인은 "하나님께서 자신을 이 일로 부르셨고" 이 일이 하나님을 기쁘시게 한다는 확신 속에서 자신의 소명을 성실히 행한다.[108] 그들은 "하나님께 기꺼이 순종하기 위해 필요한 모든 헌신과 열정과 용기를 다 바친다."[109] 자기 소명을 수행하는 가운데 하나님께서 "사람 사이의 다양

---

101 LW 3:117-118.
102 Grobien, "A Lutheran Understanding of Natural Law in the Three Estates," 219.
103 Althaus, *The Ethics of Martin Luther*, 37-38.
104 LW 13:370.
105 Grobien, "A Lutheran Understanding of Natural Law in the Three Estates," 217; LW 45:89.
106 Althaus, *The Ethics of Martin Luther*, 39.
107 Wingren, *Luther on Vocation*, 1-2.
108 Althaus, *The Ethics of Martin Luther*, 40-41.
109 LW 49:207-208.

한 직업과 직분 그리고 의무"를 통해 얼마나 놀랍게 일하시는지를 발견하는 사람
은 오직 그리스도인뿐이다.[110] 그러므로 그리스도인은 하나님께서 인간을 통해 일
하신다는 사실을 인식하는 일뿐 아니라 자신의 소명을 훌륭히 수행하는 일에서 불
신자보다 탁월하다.

신자는 하나님의 창조세계에서 각종 직업과 직책, 소명이 이웃을 사랑하게 하
시는 하나님의 의도와 명령에 따라 모든 사람에게 부과된 하나의 특별한 종류의 하
나님의 율법임을 깨닫는다. 사회의 모든 신분은 신자가 이웃을 위해 할 수 있는 일
을 행하는 통로가 되기 때문에, 각 신분은 하나님의 창조세계 안에 내재된 율법이
라 할 수 있다. 자연법, 십계명, 또는 복음의 법은 "모든 곳에서 모든 사람에게 적용
가능한" 인간의 의무의 원리를 가르친다. 그러나 각각의 사회적 신분은 "개인으로
서 우리가 지금 여기에서 다른 사람과 함께 살아가면서 무엇을 해야 하는지 매우
확실하고 상세한 지침"을 준다.[111] 또한 모든 신분은 "이 세상에서의 삶에서 유익하
고도 필요한 기능을 가진 다른 신분과의 유기적 관계 속에서" 다른 신분을 의존하
고 있다.[112] 그러므로 루터에게 사회적 신분이란 창조주 하나님께서 "창조세계 안
에 이미 자연적으로 만들어두신" 하나님의 율법이라 할 수 있다.[113] 라자레스는 "루
터의 사회 윤리에서 삶의 모든 직업과 신분은 사회적 제도의 형태로 하나님의 율
법의 특정 명령을 구체화한다. 그것은 모두 사람이 살아가는 세상 나라에 통합되
어 있다"[114]고 말한다. 사람은 "자연스럽게 문화적이고 사회적인 생활방식에 적응
하게 되므로", 사회적 신분 속에 있는 사람은, 심지어 자신이 이웃을 위해 봉사하
고 있다는 사실을 알지 못하는 때조차 여전히 다른 사람을 위해 봉사하고 있다.[115]
루터는 다음과 같이 단언했다.

> 만약 당신이 육체 노동자면, 당신은 성경책이 당신의 일터에, 당신의 손에, 당신의 마음에 들
> 어있음을 알 것이다. 그 성경책은 당신이 어떻게 이웃을 대해야 하는지 가르치고 설교한다.
> 당신의 도구를 바라보라. 당신의 바늘과 골무, 맥주 통, 저울이나 자, 되를 바라보라. 그러면

---

110 LW 13:368.
111 Althaus, *The Ethics of Martin Luther*, 36, 38; LW 5:72; 41:177; Grobien, "A Lutheran Understanding of Natural Law in the Three Estates," 211-217.
112 Althaus, *The Ethics of Martin Luther*, 37; LW 7:190; 51:348, 351-352.
113 Forde, *A More Radical Gospel*, 154.
114 LW 44: xi-xvi.
115 LW 27:58.

당신은 그것 위에 새겨진 이러한 말을 읽게 될 것이다. 이 모든 것이 끊임없이 당신에게 외칠 것이다. "친구여, 당신의 이웃이 당신과의 관계에서 당신의 도구를 어떻게 사용하기를 바라든지 그 방법 그대로 당신은 당신의 이웃과의 관계에서 나를 사용하시오."[116]

사회적 신분에 대한 루터의 가르침이 의미하는 바는, 그리스도인은 소위 율법의 제3용법을 필요로 하지 않는다는 것이다. 라자레스가 강조하듯, 루터에게는 하나님의 창조세계의 질서에 "특별히 그리스도인에게 해당되는 형태"의 질서가 따로 있지 않고 단지 "자연질서"가 있는 것처럼, 세상 삶을 위한 율법에도 "특별히 그리스도인에게만 해당되는 형태"가 따로 있는 것이 아니다.[117] 시민법 또는 사회적 신분이라는 율법은 황금률이라는 짧은 원리 속에 "거의 끝이 없을 정도로 많은" 법을 함축하고 있는 자연법을 토대로 삼아 이웃을 향한 그리스도인의 의무를 가르치되, 다른 어떤 법도 그 위에 더할 필요가 없도록 충분히 가르친다.[118] 루터는 요한복음 16:20을 설명하면서, 만약 신자가 자신의 직업의 의무를 신실하게 수행한다면 그것은 마치 그들이 자기 십자가를 지는 것과도 같이 신자의 죄성을 죽이게 될 것이라고 말한다.[119] 이와 관련해 포드는 다음과 같이 주장한다.

> 루터는 명백히 율법의 두 용법만 가르쳤다. 그중 하나는 정치적 용법으로, 우리는 그것을 윤리적 용법이라 부를 수 있을 것이다. 다른 하나는 신학적 용법이다. … 정치적으로 말하면, 율법은 질서를 보존하고 악을 제어한다. … 신학적으로 말하면, 율법은 우리를 정죄하고, 죄를 깨닫게 해 우리로 구원 받을 수 있게 한다. … 만약 누군가 루터의 사상에서 인간 삶과 윤리를 위한 율법의 긍정적인 용법을 발견하고자 한다면, 루터의 율법의 첫 번째 용법, 즉 정치적 또는 윤리적 용법을 지켜보아야 한다. … 우리는 우리가 필요로 하는 모든 것을 거기서 얻게 될 것이며, 율법의 제3용법을 필요로 하지 않게 될 것이다![120]

루터는 창조세계의 "제도와 질서 위에" 오직 그리스도인에게만 해당되는 또 하나의 질서, 즉 "그리스도인의 사랑이라는 일반적인 질서"를 추가했다. 그리스도인은 세상 나라의 법뿐 아니라, "더 높은 법"이라 할 수 있는 그리스도의 법을 지킨다.[121] 그리스도인은 "굶주린 자를 먹이고, 목마른 자에게 물을 주고, 원수를 용서하

---

116 LW 21:237.
117 LW 44: xi-xvi.
118 LW 27:56.
119 LW 24:377-379.
120 Forde, *A More Radical Gospel*, 152-154.
121 Steinmetz, *Luther in Context*, 123.

고, 세상 사람들을 위해 기도하며, 세상에서 모든 종류의 악을 견디는 등 모든 종류의 자애로운 행위를 통해 일반적으로 모든 곤궁한 사람을" 섬긴다.[122] "일상적인 의무를 훨씬 뛰어넘는" 그리스도인의 사랑은 "부모와 자녀 또는 주인과 종 등 … 하나님께서 서로 이웃이 되게 해주신 사람과의 무제한적이고 예측 불가능할 정도로 다양한 인간 관계", 즉 다른 모든 신분과의 관계에 적용될 수 있다.[123]

이제 앞에서 제기한 질문, 즉 '그리스도인이 사회의 개선에 기여할 가능성이 있는가'라는 질문으로 다시 돌아와 답할 차례다. 루터는 한 나라의 통치자가 그 나라를 잘 통치하기 위해서는 꼭 그리스도인이어야 한다고 생각하지 않았다. 하나님께서는 그의 세상 나라를 "자연법과 인간의 지혜"를 통해 다스리시기 때문이다.[124] 루터는 그리스도인 개인과 그가 세상 나라에서 가진 직분을 "날카롭게 구분"하면서, "군주가 그리스도인일 수 있다. 그러나 그는 그리스도인으로서 다스려서는 안 된다. 그가 다스리는 이상, 그의 이름은 '그리스도인'이 아닌 '통치자'다. 개인은 참 그리스도인이더라도, 그의 직분 또는 통치자로서의 직책이 그의 개인의 신앙에 영향을 받아서는 안 된다"고 가르쳤다.[125]

그러나 루터의 이 말은, 개인적 기독교윤리와 공적 기독교윤리를 구분해야 한다는 의미에서, 공적인 기독교윤리가 적용되어야 할 곳에 개인적 기독교윤리를 적용해서는 안 된다는 의미지, 통치자 개인의 신앙이 공적인 영역에서 쓸모가 없다는 의미가 아니다. 루터는 신자가 불신자보다 훨씬 훌륭한 통치자가 될 수 있음을 추호도 의심하지 않았다. 그리스도인 통치자는 자신 위에 "더 높은 분"이 계심을 인식하기 때문이다.[126] 그리스도인은 세상 나라의 법만이 아니라, "더 높은 법"인 그리스도의 법에도 순종한다. 데이비드 스타인메츠(David C. Steinmetz)가 잘 진술한 것처럼, 이러한 그리스도인이 가진 공적 직분이나 신분은 "오직 신앙으로 의롭게 된 신자가 그 내면에 촉발된 이웃 사랑을 실천할 수 있는 적법한 통로를 제공"한다.[127] 그리스도인 통치자는 "하나님께 드리는 예배의 보호"를 "국가의 가장 엄

122 LW 37:365.
123 Althaus, *The Ethics of Martin Luther*, 40-41.
124 Steinmetz, *Luther in Context*, 123.
125 LW 21:170.
126 Heinrich Bornkamm, *Luther's World of Thought*, tr. Martin H. Bertram (Saint Louis: Concordia Publishing House, 1958), 246-247.
127 Steinmetz, *Luther in Context*, 122-123.

숙한 의무"로 여길 것이다.[128] 그들은 이웃을 위해 "평화를 보전하고, 죄를 벌하고, 악인을 제어"하며, "가난한 자, 고아와 과부"를 돕는다.[129] 보른캄이 지적한 것처럼, 루터는 그리스도인이 최고의 통치자, 지도자, 재판관이 될 수밖에 없다고 믿은 것은 분명하다.[130] 루터는 "이 세상에 불경한 왕보다 더 해로운 역병이 없고 … 하나님을 두려워하는 왕보다 더 큰 보물은 없다"[131]고 확언했다.

루터 자신의 삶과 사역은, 그리스도인이 어떻게 사회 체계의 개선에 기여할 수 있는지를 보여주는 좋은 모범이 된다. 린드버그에 의하면, 개인적으로 루터는 "가난하고 억압당하는 사람"과 "가난한 목사 및 수도원이나 수녀원을 떠난 수사와 수녀들"을 열정적으로 도왔고, "과부와 가난한 사람, 병자와 감옥에 갇힌 죄인을 위해 셀 수 없이 법적인 일을 도왔다." 특히 그는 "자신의 개인 수입으로" 사람을 돕는 일에 "악명높을 정도로" 관대했기 때문에, 그의 아내는 자주 재정을 걱정해야 했다.[132]

공적인 영역에서 루터는 통치자가 "합리적이고 도시적인 사회복지법 제정"을 통해 가난 문제를 해결할 것을 강조했다. 그는 "교정적 차원의 사회적 지원뿐 아니라 예방적 지원 제도를 발전시키는 일에도 깊은 관심을 가져"[133] "한 사람이 거지 신세로 전락하지 않도록 도와주는 것은 이미 거지가 된 사람을 도와주는 것만큼이나 선한 일이고 미덕이며 자선을 베푸는 것"임을 역설했다.[134]

루터가 자신의 가르치고 설교하는 소명을 따라 통치자의 임무를 가르쳤다면, 이를 수용한 사회의 통치자들은 각각 자신의 소명대로 공적 직분과 권세를 통해 루터의 제안을 실제로 법제화했다. 비텐베르크 시의회는 루터가 제안한 "공공 기금 법안"을 마련해 가난한 사람을 위해 공적인 지원을 시작함으로 "루터의 신학적 윤리학의 사회적 법률화"를 실현했다. 기금은 "매 주일 예배시간에 거두어 금고에 모아두었다가" 네 명의 집사가 궁핍한 사람의 "필요에 따라" 빌려주거나 나누

---

128 같은 책, 247-248; LW 13:52-53, 59-60.
129 LW 45:94; 13:53-67.
130 Bornkamm, *Luther's World of Thought*, 246.
131 LW 13:60.
132 Lindberg, *Beyond Charity*, 119.
133 같은 책, 119.
134 LW 13:54.

어 주었다.[135] 라이스니히 시의회 역시 루터의 제안대로 "라이스니히 공적 기금 조례"(1523)를 공표해 사회복지 기금 마련을 위해 세금을 걷을 뿐 아니라, 가톨릭 자산으로 되어 있던 수도원이나 성당을 팔아 가난하고 궁핍한 자를 위한 공공 기금으로 사용했다.[136] 루터의 사회복지 실현의 열망은 알텐부르크, 뉘른베르크, 스트라스부르, 함부르크, 이프르 등에서도 수용되어 루터의 가르침의 법제화가 구체적으로 진행되었다. 이러한 현상은 루터와 그의 추종자들의 광범위하고 심원한 사회적 영향력을 드러낼 뿐 아니라, 더 중요한 사실은 신자가 자신의 소명을 신실하게 수행할 때 사회 전체의 시스템이 개선될 수 있다는 루터의 가르침을 입증하고 있다.[137] 윌리엄 라자레스는 다음과 같이 주장한다.

> 루터는 보통은 그리스도인의 사회적 책임을 이미 존재하던 사회 구조를 바꾸는 것이라고 생각하지 않았다. 개인은 하나님 나라에서 복음으로 변화 받는다면, 제도는 사람의 나라에서 법에 의해서만 개혁될 수 있다. 사람이 하나님을 대항해 죄 짓는 일을 강요당하지만 않는다면, 그들은 기존 사회의 구조를 (창조주께서 만드신 죄에 대한 방어수단으로서) 있는 그대로 수용하고, (구원자께서 다른 사람들을 도우시는 통로가 되어) 그 구조 안에서 책임 있는 그리스도인 시민으로 행동하도록 노력해야 한다. 우리가 사람들 중에서 갖는 세속 직업이 하나님의 다스리심을 받는 신앙적 소명의 일부임을 성실히 인정할 때, 그리스도인의 사랑은 세상의 법에 윤리적 내용을 제공하고, 세상의 법은 그리스도인의 사랑에 그 사회적 형태를 제공한다.[138]

---

135 Lindberg, *Beyond Charity*, 119-120.

136 같은 책, 123-127.

137 같은 책, 128-160.

138 LW 44: xi-xvi.

B. 존 웨슬리

I. 교회를 위한 실천

웨슬리는 "교회에 대하여"(1785)라는 설교에서 교회를 "신자들의 모임"으로 정의하면서, "교회는 거룩하다. 교회를 이루는 구성원 각각이 거룩하기 때문이다"라고 주장했다.[139] 웨슬리는 거룩한 본성을 가지고 거룩한 삶을 사는 것을, 사람이 교회의 "살아있는 구성원이 되고 또 구성원으로서의 자격을 지속하기 위한" 필수적 요소라고 가르쳤다.[140] 프랑크 베이커(Frank Baker)가 지적하듯, 이러한 웨슬리의 교회관은 제도로서의 교회와 선교로서의 교회에 대한 강조점을 포괄한다.[141] 오광석에 의하면, 웨슬리는 "1746년에 피터 킹(Lord Peter King)의 책 『초대교회의 조직, 훈련, 통일성, 예배에 관한 연구』(*An Enquiry into the Constitution, Discipline, Unity & Worship, of the Primitive Church*)를 읽은 후 더는 교회의 사도적 계승을 문자적으로 믿지 않게 되었다."[142] 하워드 스나이더는, 웨슬리의 교회관의 정의에는 본질적 사역을 중심으로 교회를 기능적으로 이해하는 기능적 정의가 중요한 부분을 차지하고 있음을 지적한다.[143] 웨슬리의 교회관은, 죄인을 용서하시는 하나님의 칭의의 은혜와 하나님의 거룩한 본성을 분여하시는 성결의 은혜의 교회적 실현을 중시하면서, 이를 위한 방편으로서 율법과 복음의 철저한 교육과 체험 및 개인적·사회적 실현을 사역의 주요 목표로 삼아야 한다는 실천적 강조점을 반영하고 있다.

웨슬리의 기능적 교회 이해와 연결된 중요한 요소가 칭의와 성결을 이루는 수단으로서 은총의 수단(또는 은혜의 방편) 사용에 대한 가르침이다. 웨슬리는, 하나님께서는 사랑을 모든 계명의 목적으로 제시하셨을 뿐 아니라, 사람의 마음에 "그 사랑을 가져오시는 통로"로 은총의 수단(은혜의 방편) 사용을 명령하셨음을 가르

---

139 설교, "교회에 대하여", 28.

140 설교, "부에 대하여", 서론. 4; "교회에 대하여", 20-30.

141 Baker, *John Wesley and the Church of England*, 137-159.

142 Gwang Seok Oh, *John Wesley's Ecclesiology: A Study in Its Sources and Development* (Lanham: Scarecrow Press, 2008), 22.

143 Howard A. Snyder, *The Radical Wesley and Patterns for Church Renewal* (Eugene: Wipf & Stock Publishers, 1996), 19, 154-157.

치면서,[144] 은총의 수단 사용을 하나님의 말씀에 의한 "분명한 지시사항" "단호한 명령" "명백한 명령" "명백한 의무" 등으로 표현했다.[145] 은총의 수단은 "하나님께서 사람에게 선행은총, 칭의의 은혜, 성결의 은혜를 전달하시는 일반적인 통로"이기 때문에, "하나님의 은혜를 사모하는 사람은 은총의 수단을 사용하면서 은혜를 기다려야지, 그 수단을 제쳐두어서는 안 된다."[146]

이러한 이해를 기초로 웨슬리는 메소디스트의 모임을 은총의 수단의 적합한 사용을 훈련하는 모임으로 삼았다. 웨슬리는 설교 "하나님의 포도원"(1779)에서 메소디스트 모임의 체계화된 조직은 사람들의 영적 성장의 단계에 맞추어 적합한 그리스도인의 훈육을 제공하기 위한 것임을 명확히 밝힌다.[147] 린드스트롬은 다음과 같이 말한다.

> 성화에서 점진적 성장이라는 웨슬리의 가르침은 메소디스트 신도회의 조직에 잘 반영되어 있다. 메소디스트 신도회는 속회와 반회, 선발신도회 등으로 조직되었다. 어느 조직에 속하는지는 그들의 영적 상태와 체험의 정도에 따른 것이었다. 속회의 회원은 "다가올 하나님의 진노를 피하려는 열망을 가진 자"면 누구나 회원이 될 수 있었지만, 반회와 선발신도회는 오직 중생한 사람이나 완전성화를 경험한 사람들만 회원이 될 수 있었다. 각 모임의 범주는 칭의 이전의 회개, 칭의, 그리고 완전성화라는 구원의 단계와 일치한다.[148]

다양한 모임에서 메소디스트는, 부정적으로는 하나님의 율법을 위반한 죄를 고백하도록 훈련받았고, 긍정적으로는 경건과 자비의 일을 행하도록 격려와 도전을 받았다.

웨슬리는 "성경을 읽고 들으며, 성찬에 참여하고, 개인적 또는 공적인 기도 생활에 힘쓰며, 금식하는 일" 등 경건의 일은, 비록 그 실천이 신앙생활 자체는 아니지만, 신자로 하여금 끊임없이 하나님과 교통하고 하나님께 의지하게 함으로 "신앙생활에 탁월한 도움"이 됨을 강조했다.[149] 그는 은총의 수단을 세분화해 "제정된(instituted) 은총의 수단" "일반적(general) 은총의 수단" 또는 "재량적

---

144 설교, "은총의 수단", I. 2; II. 2.
145 설교, "은총의 수단", III. 1-2, 7, 11; "아픈 자들을 심방하는 일에 대하여", 서론. 4; "성찬을 규칙적으로 시행해야 할 의무", I. 1.
146 설교, "은총의 수단", II. 1; III. 1; "광신의 본성", 27.
147 설교, "하나님의 포도원", II. 1-III. 3.
148 Lindström, *Wesley and Sanctification*, 122; Snyder, *The Radical Wesley and Patterns for Church Renewal*, 53-64.
149 설교, "아픈 자들을 심방하는 일에 대하여", 서론. 1; "은총의 수단", III. 1-12; "중요한 질문", III. 1, 5; "모든 사람을 기쁘게 하는 일", 서론. 1.

(prudential) 은총의 수단"으로 설명하기도 했다. 그중 일반적 은총의 수단은 "하나님의 모든 명령을 행하고 … 자신을 부인하고 자기 십자가를 날마다 지는 것"으로, 제정된 은총의 수단은 기도와 성경 연구, 성찬 참여 등으로 설명했다. 또한 신자가 각자의 판단에 따라 자신만의 특별한 규칙을 정하거나, 특정 모임에 참여하거나, 특별한 습관을 형성하는 등 재량적 은총의 수단을 사용하는 것은 큰 유익이 된다고 조언했다.[150] 그러한 수단을 꾸준히 사용하는 것은, 신자로 꾸준히 하나님을 의지하게 하고, "하나님께 나아갈 수 있게 하는 모든 성품을" 가꾸어나가게 도와주며,[151] "하나님의 뜻에 대한 분명한 지식"을 습득하게 하고,[152] 영혼의 양식으로 신자의 영혼을 강화시킨다.[153] 경건의 일에 참여하는 것은 불신자에게는 구원을 추구하도록 도우며, 신자에게는 하나님께 대한 사랑이 더 커질 수 있도록 돕는다.[154]

웨슬리는 은총의 수단으로서 이웃에게 자비를 베푸는 일은 그 일을 행한 사람 자신이 하나님의 은혜를 더 크게 받는 방법이 될 뿐 아니라,[155] 다른 사람에 대한 사랑이 더 깊어지게 하는 방법임을 가르쳤다.[156] 자비의 일은 그것을 행하지 않으면 받을 수 없는 하나님의 특별한 은혜를 전달한다.[157] 예를 들어, 웨슬리는 만약 아픈 사람이 있는데도 찾아가지 않으면, "당신을 이러한 고통과 질병에서 구해주시고 계속 건강과 힘을 주시는 하나님께 더 큰 감사를 느낄 수 있는 훌륭한 기회뿐 아니라, 고통받는 사람에게 더 공감하고 그들에게 사랑을 베풀 수 있는 기회"를 잃어버리게 될 것이라고 주의를 주었다.[158]

> 부자가 일반적으로 가난한 사람에게 동정심을 갖지 못하는 큰 이유 중 하나는, 그들이 가난한 사람을 거의 방문하지 않는다는 데 있습니다. 이로 인해 … 세상의 한 부분의 사람은, 세상의 다른 부분의 사람이 어떤 고통을 당하고 있는지 전혀 모르고 있습니다. 그중 많은 사람은 알려고 하지 않기 때문에 모르는 것입니다. 그들은 알 수 있는 방법 자체를 멀리합니다. 그

---

150 WW 8:322-324; Collins, "John Wesley's Theology of Law," 227-228, 230-238.
151 설교, "산상설교 (6)", II. 5; III. 3.
152 설교, "단순한 눈에 대하여", I. 3.
153 설교, "성찬을 규칙적으로 시행해야 할 의무", I. 2.
154 설교, "중요한 질문", III. 4.
155 같은 곳, III. 5; "모든 사람을 기쁘게 하는 일", 서론. 1.
156 설교, "아픈 자들을 심방하는 일에 대하여", I. 3.
157 같은 곳, 서론. 1; Randy Maddox, "'Visit the Poor': John Wesley, The Poor, and the Sanctification of Believers," in Richard P. Heitzenrater ed., *The Poor and the People Called Methodists 1729-1999* (Nashville: Kingswood Books, 2002), 76-80.
158 설교, "아픈 자들을 심방하는 일에 대하여", 서론. 1; I. 2; Maddox, "Visit the Poor," 76-80.

러면서 자신의 고의적인 무지로 마음이 굳어진 사실을 숨기기 위해 변명만 늘어놓습니다.[159]

웨슬리는 궁핍한 자에 대한 "고의적 무지"는 하나님의 은혜를 메마르게 하고, 신자를 더 자기밖에 모르는 자로 만든다고 경고했다.[160] 자비의 일은 이웃을 사랑하기 위한 방편이자 이웃 사랑의 결과이기도 하다는 것이다.[161]

웨슬리는 자비의 일을 이웃의 육신을 돌보기 위해 세상적 도움을 주는 육적 자비의 일과, 영혼을 돌보기 위해 영적인 도움을 주는 영적 자비의 일로 구분한 후,[162] 비록 이웃의 영적인 필요를 채우는 일이 "가치에서는" 더 뛰어나지만, "물질적 필요를 채우는 일이 시간적으로는 우선성을 가져야 함"을 가르쳤다.[163] 웨슬리는 이웃에게 물질적 도움을 주는 사람은 그들의 영적인 일을 돌볼 특별한 기회를 가질 수 있다는 점에서 영적 자비의 일을 행하는 데까지 나아가라고 권면했다.[164]

그러나 매덕스가 지적하듯, 웨슬리의 권면의 의도는 자비의 일을 행하는 것을 단지 "믿지 않는 사람을 기독교 신앙으로 인도하는 미끼"로 삼으라는 것이 아니다. 많은 그리스도인이 궁핍한 이웃을 보고도 사랑을 실천하지 않음으로 다른 사람을 "실족시키는 큰 장애물"이 되는 것을 보아온 사람으로서 웨슬리의 중심 논지는, 오직 이웃을 위해 영적이고 물질적인 자비의 일을 모두 실천하기 위해 노력하는 그리스도인만이 "넓게 퍼져있는 기독교 진리의 신뢰성의 위기를 극복할 수 있다"는 것이다.[165] 웨슬리는 각각의 현세적인 자비의 일은, 비록 그것이 영적 자비의 일과 직접적 연관성이 없더라도, 그 자체에 헤아릴 수 없을 정도의 많은 덕의 가능성을 가지고 있다고 강조했다. 예를 들어, 웨슬리는 물에 빠져 죽을 뻔한 사람을 구해낸 사람들을 언급하면서, 그들이 하나의 자비의 일을 행한 것이 그 상대에게 얼마나 현세적으로 그리고 영적으로 유익할 수 있는지를 설명했다.

> 그 한 가지 일에 얼마나 많은 기적이 들어있습니까! 그 가련한 사람은 다시 그의 가족에게 생필품을 조달해줄 수 있게 되었습니다. … 여러분은 그 가족에게 충분한 음식이 없었을 경우

---

159 설교, "아픈 자들을 심방하는 일에 대하여", I. 3.
160 설교, "기독교의 무능함의 원인들", 16.
161 설교, "중요한 질문", III. 5.
162 설교, "산상설교 (3)", II. 5-6; III. 10; "산상설교 (7)", IV. 7; "아픈 자들을 심방하는 일에 대하여", I. 5; II. 4; III. 3-4; "성경적 구원의 길", III. 9-10; "의에 대한 보상", I. 5; "중요한 질문", III. 5.
163 Collins, *The Theology of John Wesley*, 283; 설교, "열심에 대하여", II. 9.
164 설교, "아픈 자들을 심방하는 일에 대하여", II. 4.
165 Maddox, "Visit the Poor," 68-69.

자연스럽게 찾아왔을 질병에서 그들을 지켜준 것입니다. … 여러분은 그 자녀가 고아가 되어 방황하게 되는 일로부터 … 그러다 음산하고 쓸쓸한 감옥에서 살아가게 되는 것으로부터 그들을 지켜준 것입니다. 남편은 그 아내의 손을 다시 힘있게 만들어줄 수 있게 되었습니다. 그는 아내와 함께 자녀를 가르칠 수 있게 되었고, 그들이 가야 할 길을 바르게 훈련할 수 있게 되었습니다. 그들은 자라서 연약해진 부모에게 위로가 되어줄 수 있게 되었고, 사회에 유익한 일원이 될 수 있게 되었습니다. … (만약 그가 믿지 않는 사람이었다면) 당신은 그 가련한 사람을 영원한 멸망의 문턱에서 낚아채 내어 건져낸 것일지도 모릅니다.[166]

웨슬리는 은총의 수단을 사용하는 원리를, "우리는 할 수 있는 한 모든 계명을 준수하는 것이 의무"라는 말로 제시했다.[167] 그 이유를 "은총의 수단을 사용하는 것이 하나님의 명령이라는 점에서 생각하면, 그것을 할 수 있음에도 행하지 않는 사람은 경건하지 않은 것입니다. 그것이 하나님의 은혜라는 점에서 생각하면, 그것을 할 수 있음에도 행하지 않는 사람은 지혜롭지 않은 것입니다"[168]라는 말로 설명했다. 웨슬리는 은총의 수단을 경시하는 것은 "하나님의 은혜와 권위 모두를 경시해" 하나님께 불순종하는 태도라고 경고했다.[169]

II. 세상을 위한 실천

i. 그리스도인의 개인 윤리

웨슬리의 윤리는 그리스도인의 사랑의 윤리라 할 수 있다. 그리스도인의 사랑은 율법의 총체라 할 수 있는, 이웃에게 "악을 행치 않고 선을 행할" 강력한 동기가 된다.[170] 사랑은 선행을 대체하는 것이 아니라 선을 행하도록 재촉하기 때문에,[171] 내적 종교는 외적 종교와 연결되는 것이지, 둘 사이는 갈라놓을 수 있는 것이 아니다.[172] 그러나 신자가 계속 사랑으로 행하기 위해서는 죄와 이기적인 자기 사랑에

---

166 설교, "의에 대한 보상", II. 4-6.
167 설교, "성찬을 규칙적으로 시행해야 할 의무", II. 4.
168 같은 곳, II. 5.
169 같은 곳, II. 9.
170 WW 8:270-271; 설교, "믿음으로 세워지는 율법 (2)", III. 3.
171 설교, "산상설교 (4)", III. 2.
172 같은 곳, III. 3.

저항해야 한다. 웨슬리는 사랑의 장애물을 극복하고 사랑을 유지하고 더 커지게 하는 실천적 방법으로 자기 부인과 선한 청지기 의식을 강조했다.[173]

웨슬리는 설교 "자기 부인"(1760)에서 자기 부인 또는 자기 십자가를 짊어지는 것은 "모든 시대와 모든 사람 … 모든 일에" 적용되어야 할 "가장 일반적이면서도 없어서는 안 될 절대적인" 그리스도의 명령으로, 이 말씀에 순종하지 않는 사람은 결코 그리스도를 따르는 자가 될 수 없다고 가르쳤다.[174] 이 명령은 매우 광범위하기에 이를 실천하기 위해 신자는 매일의 삶에서 셀 수 없이 많은 사랑의 장애물과 대항해 싸워야 한다.[175] 자기를 부인하는 것은, 하나님께서 우리보다 더 지혜로우실 뿐 아니라, 우리 자신이 타락한 존재이므로 사랑을 실천하기 위해 부패성에 저항해야 하기 때문이다.[176] 만프레드 마르쿠바르트(Manfred Marquardt)에 따르면, "웨슬리는 신앙적 이유로 내면세계에서부터의 절제를 전파하는 것에 관해 성경의 전통, 특히 청교도 전통에서 깊이 영향을 받았다."[177] 그 외에 토마스 아 켐피스와 같은 가톨릭 전통과 윌리엄 로 같은 영국 국교회 작가에게서 중대한 영향을 받았다.

웨슬리는 또 하나님의 것을 맡은 자가 지닐 가장 중요한 태도는 청지기 의식임을 강조했다. 게리 볼 킬보른(Gary L. Ball-Kilbourne)에 의하면, "그리스도인의 마땅한 생활 방식"으로서 선한 청지기 의식으로 살아가는 것에 관한 주제는 "웨슬리의 글 전체에서 광범위하게" 발견된다.[178] 웨슬리는 설교 "선한 청지기"(1768)에서 하나님과 인간의 관계의 다양한 측면 가운데 주인과 청지기라는 관계보다 인간의 윤리적 책임성을 표현하는 더 좋은 개념은 없다고 강조했다.[179] 웨슬리는 우리의 영혼과 몸, 물건, 재능 등 하나님께서 맡기신 많은 것에 대해 다음과 같이 말한다.

> 남의 돈을 빌린 사람은 자신이 빌린 것을 되돌려주어야 하지만, 되돌려주기 전까지 빌린 돈을 자기 마음대로 사용할 수 있는 자유가 있습니다. … 그러나 청지기는 자기 손에 맡겨진 것을 자기 마음대로 사용할 자유가 없고, 주인이 원하는 대로 사용해야 합니다. … 하나님과의

---

173 Collins, *A Faithful Witness*, 170-177.

174 설교, "자기 부인", 서론. 1-2.

175 같은 곳, 서론. 4; II. 1-7.

176 같은 곳, I. 2-14; Mark Lewis Horst, "Christian Understanding and the Life of Faith in John Wesley's Thought" (Ph.D. thesis, Yale University, 1985), 201-206.

177 Marquardt, *John Wesley's Social Ethics*, 41.

178 Gary L. Ball-Kilbourne, "The Christian As Steward in John Wesley's Theological Ethics," *Quarterly Review* 4:1 (Spring 1984), 43, 48.

179 설교, "선한 청지기", 서론. 1-2; I. 1-8.

관계에서 모든 사람은 바로 이 경우에 해당됩니다. … 하나님께서는 우리가 오직 주인을 위해서만 사용한다는 조건, 또 그가 말씀에 분명히 지시하신 대로만 사용한다는 조건으로 세상에서의 모든 것을 우리에게 잠시 위탁하셨습니다.[180]

웨슬리는 자기 부인과 선한 청지기 의식 모두를, 어떻게 돈을 사용하고, 어떤 옷을 입으며, 어떤 즐거움을 허락할 것인지, 어떻게 시간을 사용할 것인지 등 일상생활의 다양한 영역에 적용했다.[181] 그 예로, 웨슬리는 증류주를 만드는 것과 과도하게 술을 마시는 것을 반대했는데, 그것이 자기 부인과 선한 청지기 의식 모두와 상반되기 때문이었다.[182] 과도한 음주는 사람을 "분노나 악한 생각, 색욕"과 같은 "세속적이고 정욕적이며 마귀적인" 성품에 빠져들게 할 뿐 아니라,[183] 맥주와 증류주 제조업은 "엄청난 양"의 양식을 소모시켜 가난한 사람의 굶주림을 초래하기 때문이었다.[184] 악한 성품에 빠져드는 것과 궁핍함을 유발하는 것 모두는 사랑에 반대되고, 자기 부인과 선한 청지기 의식에도 반대된다.

웨슬리는 설교 "더 좋은 길"(1787)에서 자기 부인과 선한 청지기 의식을 시간과 돈 사용에 적용해 신자는 "몸과 마음의 건강을 증진"시키고, "자신과 가족을 위해 필요한 것을 공급"하며, "세상에서 하나님의 뜻을 이루어나가고", 가난한 사람을 돕기 위해 시간과 돈을 절약해야 함을 권면했다.[185] 그는 "잠과 기도와 일, 음식 섭취, 대화와 오락, 특별히 매우 중요한 은사로서 돈의 사용에서 언제나 '더 좋은 길'을 택해야 함"[186]을 촉구했다.

웨슬리는 돈을 하나님께서 허락하신 매우 소중한 축복 중 하나로 여겼다.[187] 설교 "돈의 사용"(1760)에서는, 그리스도인의 경제 윤리의 세 가지 법칙을 "할 수 있는 대로 벌어라. … 할 수 있는 대로 저축하라. … 그리고 할 수 있는 대로 나누어 주라"는 말로 정리했다.[188] 매덕스의 설명에 의하면, 첫 번째 규칙은 "재화나 자본, 생산 수단"을 획득하는 "방법"에 초점을 맞춘다면, 두 번째 법칙은 그런 자산을 사

---

180 같은 곳, I. 1.
181 Collins, "John Wesley's Theology of Law," 238-246.
182 같은 책, 242-244.
183 WW 11:169-170.
184 Letters 5:350; WW 11:53-55; Marquardt, *John Wesley's Social Ethics*, 44.
185 설교, "더 좋은 길", I. 1 - VI. 6.
186 같은 곳, VI. 6.
187 설교, "선한 청지기", I. 7; "돈의 사용", 서론. 2.
188 설교, "돈의 사용".

용할 때 자기를 부인함으로 무익한 지출과 사치를 피하라는 강조이고, 세 번째 법칙은 하나님의 선한 청지기로서 기본적 필요 이상의 재화를 축적하지 말고 이웃의 필요를 채우기 위해 사용할 것을 역설하는 것이다[189] 웨슬리는 다른 설교 "기독교의 무능함의 원인들"(1789)에서 "처음 두 법칙은 지키면서 세 번째 법칙은 지키지 않는 자는, 이전보다 배나 더 지옥의 자식이 되고 말 것"이라고 경고했다.[190] 매덕스는 이러한 웨슬리의 경제 윤리를 네 가지로 요약해 설명한다. "첫째, 모든 것은 하나님의 것이다. 둘째, 우리는 맡겨진 모든 것을 하나님이 보시기에 합당하도록 사용해야 한다. 셋째, 하나님은 우리가 재물을 자신과 가족을 위한 집과 음식 등 필요한 곳에 사용하기를 기뻐하신다. 넷째, 궁핍한 가운데 살아가는 사람이 있음에도 자신을 위한 사치에 재물을 허비하는 자는 하나님의 것을 도둑질하는 것이다."[191]

웨슬리는 우리가 어떤 것이라도 하나님의 뜻에 반하도록 사용해 "하나님의 것을 도둑질"하지 말아야 함을 경고했다.[192] "모든 잘못의 근원"은 우리가 가진 것을 우리 것이라고 생각하는 데 있다. 이웃과의 관계에서 우리는 가난하고 고통당하는 자의 불행의 원인을 하나님께 돌리지 말아야 한다. 그들의 불행 중 대부분은, 우리가 자기 부인을 하지 않고 악한 청지기로 살아가는 데 그 원인이 있기 때문이다.

> 여러분이 옷에 더 많은 돈을 쓸수록 여러분은 헐벗은 자를 입히고, 가난한 자를 먹이고, 나그네를 도우며, 아픈 자와 감옥에 갇힌 자를 위로하고, 이 눈물의 골짜기에서 사는 동안 이웃이 겪는 무수한 고통을 덜어주기 위해 사용할 돈이 없을 것입니다. … 여러분이 불필요하게 옷에 투자한 한푼 한푼은 사실상 하나님과 가난한 사람의 것을 도둑질한 것입니다.[193]

웨슬리는 선한 청지기 의식과 자기 부인을 사랑의 계명 또는 황금률과 종합해, 부자가 가난한 사람을 도울 때 가져야 할 분명한 태도는 자신을 주인이 아닌 청지기, 시혜자가 아닌 수혜자로 여기는 것임을 다음과 같이 설명했다.

> 여러분은 여러분 자신을 하늘과 땅과 모든 것의 주인께서 자신의 지시대로만 사용하라며 그 소유 중 일부를 맡긴 사람으로 생각해야 합니다. 그의 지시사항은 여러분이 자신을, 여러분에게 맡겨둔 주인의 재산에서 공급받아야 할 가난한 사람 중 하나로 여기라는 것입니다.[194]

189 Maddox, "Visit the Poor," 62.
190 설교, "기독교의 무능함의 원인들", 8.
191 Maddox, "Visit the Poor," 62.
192 설교, "재물 축적의 위험성에 대하여", I. 12-13.
193 설교, "의복에 대하여", 14-16.
194 설교, "더 좋은 길", VI. 4.

웨슬리에 의하면, 그리스도인이 사랑과 자기 부인, 선한 청지기 의식으로 행하지 않는 것은, 가난한 사람을 빈곤 속에 머물게 내버려두는 것일 뿐 아니라, 자신의 "나쁜 모범을 전파해 자신과 타인이 모두 교만과 허영, 분노와 육욕, 세상에 대한 사랑, 그외에 천 가지가 넘는 어리석고 해로운 정욕에 빠지게 만드는 것"과 다름없다.[195] 웨슬리는 우리가 실상은 "우리의 것"이 아닌 주님의 소유를 바르게 사용한다면, 주님은 "영원한 것이 우리의 소유가 되도록" 보상하실 것임을 강조했다.[196]

ii. 그리스도인의 사회 윤리

토머스 마드론(Thomas W. Madron)은 웨슬리에게 사랑이란 "개인주의적 개념이 아닌 사회적 개념"이며, 성화는 "정치적·사회적 개혁"의 차원을 지녔음을 관찰했다.[197] 웨슬리는 설교 "산상설교 (4)"에서 "은둔종교"나 오직 개인적인 것으로만 여겨지는 그리스도인의 윤리에 반대해 "기독교는 본질적으로 사회적 종교"[198]라고 주장하고, 자신의 『찬송과 성시집』(*Hymns and Sacred Poems*)"(1739) 서문에서는 그리스도의 복음을 "사회적 성결"(social holiness)의 복음으로 주장했다.[199] 이는 첫째, 그리스도인의 거룩한 기질이나 성품은 다른 사람과의 관계, "심지어 불경건하고 악한 사람과의 교제"를 통해 훈련될 수 있기 때문이다.[200] 둘째, 그리스도인은 "자신이 받은 은혜를 자신이 관계를 맺고 있는 사람에게" 전파하고 베풀며 확산시킬 수 있기 때문이다.[201] 웨슬리는 감추어질 수 없는 "참된 기독교"의 빛이란 신자의 "말뿐 아니라 삶"이라고 강조했다.[202]

웨슬리가 기독교를 사회적 종교, 복음을 사회적 성결의 복음으로 제시하면서 강조한 참 그리스도인의 믿음과 성품, 삶에 대한 묘사를 종합해 그의 '사회' 개념을 추론하면, 사회란 하나님의 사랑과 그리스도의 구원의 대상으로서 인간 세상이자,

---

195 설교, "의복에 대하여", 18, 27.
196 설교, "선한 청지기", I. 1.
197 Thomas W. Madron, "John Wesley on Economics," in Theodore Runyon ed., *Sanctification and Liberation* (Nashville: Abingdon Press, 1981), 106.
198 설교, "산상설교 (4)", 서론. 5.
199 WW 14:321-322.
200 설교, "산상설교 (4)", I. 1-7.
201 같은 곳, I. 7-8.
202 같은 곳, II. 6; Maddox, "Visit the Poor," 68-69.

그리스도인이 함께 살아가면서 영적·정서적·물질적 영향을 주고받는 대상, 그리고 하나님께 받은 사랑과 은혜를 전해야 할 섬김과 선행의 대상이라 할 수 있다. 사회에는 그리스도인과 비그리스도인, 악인과 선인, 가난한 자와 부자, 다스리는 자와 다스림을 받는 자가 모두 포함되어 있다. 부정적 측면에서, 사회란 하나님의 형상을 잃어버린 타락한 인간이 모여 사는 곳으로, 그 안에서 부정과 불의, 탐욕과 권력 남용, 정욕과 방탕, 가난과 빈부 격차 등 수많은 개인적·사회적 죄로 인해 사람이 억압과 고통을 당하는 세상 그 자체다.

웨슬리에 따르면, 그리스도인이 사회에 관심을 갖고 선을 실천하는 것이 당연하고도 필연적인 것은, 하나님께서는 그리스도인의 믿음과 성품, 삶을 통해 그들을 사랑할 것을 요구하시기 때문이다.[203] 사랑의 실천을 위한 메소디스트의 사회 활동은 처음에는 가난하고 소외된 사람, 억압받는 사람을 돕는 것으로 시작되었지만, 점차 사회의 경제적·도덕적 불의에 저항하는 데까지 확대되었다. 그리스도인의 사랑에 대한 가르침과 짝을 이룬 메소디스트의 사회적 활동은, 웨슬리가 그리스도인의 사랑에 기초한 사회적 봉사를 기독교 신앙과 결합시키고자 얼마나 노력했는지 보여준다.

웨슬리는 옥스포드의 학생이었을 때부터 "옥스포드의 두 감옥, 가난한 가정, 구빈원, 가난한 아이들을 위한 학교" 등에서 열정적으로 사회봉사에 참여했다.[204] 부모 중에 아픈 사람이 있는 "불우한 가정"을 최소한 일주일에 한 번 이상 방문하고, 마을 구빈원에서 신세 지고 사는 사람을 위해 "약품과 의복을 제공하고, 어린이를 가르쳤으며, 가족 전체를 대상으로 기독교 교리를 가르쳤다." 가난한 자를 지원하기 위해 "일반적인 학생이 즐기는 것과 좋은 옷을 자제하거나, 금식을 하면서 돈을 아꼈고", 친구들과 자신의 기부를 통해 기금을 조성했다. 수년 동안 학교를 열어 교사들의 사례비를 지급하고, 아이들의 공부와 만들기를 지도하고, 기독교 신앙을 가르치면서 "그 외의 방법으로는 전혀 교육받을 수 없는 가난한 가정의 아이들"에게 교육의 기회를 제공했다.[205]

웨슬리는 1738년 이후 메소디스트 운동이 부흥기로 접어들자 음식과 의복의

---

203 설교, "하나님이 시인하신 일들", I. 14; "값없이 주시는 은총", 1, 21; "믿음으로 세워지는 율법 (2)", II. 3; "이웃에 대한 책망의 의무", III. 2; Journals 3:506.
204 Marquardt, *John Wesley's Social Ethics*, 24.
205 같은 곳.

공급, 무료의료 활동, 무이자 대출, 일자리 알선, 학교 설립 및 빈민층 자녀 교육, 주일학교 운동, 문맹 퇴치를 위한 성인 교육, 출판 사업 등 다양한 사회봉사를 메소디즘 활동에 포함시켰다.[206] 마드론은 이 모든 사회봉사 활동으로 인해 "런던의 올드 파운더리 집회소는 미망인을 위한 자선의 집, 아이들을 위한 학교, 아픈 사람을 위한 약국, 일하는 직장과 직업 소개소, 대출 사무소와 은행, 도서관 등 다양한 활동과 계획의 용광로였다"[207]고 말한다.

그러나 웨슬리는 점점 가난한 사람에게 구제금을 전달하거나 스스로 자립할 수 있도록 도와주는 것만으로는 사회적 불의와 빈곤 문제를 해결할 수 없음을 깨닫고,[208] 사회의 구조적 문제 해결을 위해 가난과 실업에 연결된 사회적 원인과 연결고리를 분석해 경제적 불의 배후에 숨어있는 도덕적인 악을 공격했다.[209] 그는 빈농의 공동경작지 사용을 금지함으로 그들을 시골에서 내쫓아 도시빈민으로 전락하게 만든 공동경작지 폐쇄법을 비난했고,[210] 초기 자본주의와 정부 불간섭 정책에 반대해 경제 위기의 시기에는 정부 주도적 경제 계획 및 통제가 이루어져야 함을 역설했다.[211]

웨슬리는 특히 노예무역을 "기독교 세계에서 가장 혐오스러운 일"로 여겨 그 잘못을 공격하는 일에 열정적이었다.[212] 그는 노예무역은 "경제적으로 필요"할 뿐 아니라 아프리카 사람에게 "문명이 발전된 나라에서 살 수 있는 혜택"을 부여한다는 "경건한 변명"에 반대해, "하나님의 피조물이자 동료인 그들의 눈물과 땀, 피로 값 주고 산 모든 부요함보다 차라리 정직한 가난이 더 낫다"는 말로 응수했다.[213] 그는 노예 소유자를 다음과 같이 꾸짖었다. "당신은 당신의 돈을 상인에게 지불함으로 상인을 통해 아프리카인 도살업자에게 돈을 지불한 것이다. 당신이 그 모든 일이 일어나게 하는 근원이다. 그들은 당신 없이는 한발짝도 움직이지 않을 것이다. 당신은 이 모든 사람의 피에 대해 ⋯ 책임지게 될 것이다."[214] 웨슬리는 생애의 마

---

206 같은 책, 27-30, 51-60.
207 Madron, "John Wesley on Economics," 113.
208 Runyon ed., *Sanctification and Liberation*, 11-12.
209 Madron, "John Wesley on Economics," 110-113.
210 Runyon ed., *Sanctification and Liberation*, 11-12.
211 Madron, "John Wesley on Economics," 114-115.
212 Runyon ed., *Sanctification and Liberation*, 12.
213 WW 11:72-74.
214 WW 11:78.

지막 편지에서 윌버포스(William Wilberforce)의 반노예제 운동을 찬성하면서 "영국만이 아니라 미국에서도 노예가 완전히 사라질 때까지 하나님의 이름과 그의 전능하신 능력으로 이 일을 계속하십시오"라며 격려했다.[215]

나아가 웨슬리는 설교 "생활방식의 개혁"(1763)에서 생활방식개혁협회의 활동 같은 그리스도인의 사회적 봉사를 장려하면서 진정한 그리스도인이 연합해 악한 일을 반대하고 이 세상에서 하나님 나라를 촉진시키기 위해 궁핍한 자를 돕는 일을 독려할 뿐 아니라, 안식일을 범하는 일, 노름, 매춘, 불경한 맹세, 공적인 소란행위같이 불경건하고 불의한 일을 대항할 것을 역설했다.[216] 이처럼 웨슬리의 통찰과 실천, 미래를 향한 소망 속에서 그리스도인의 윤리가 적용되어야 할 분야는 직업과 노동, 교육, 의료, 인권 등 모든 부분을 포괄했다.[217] "사랑으로 역사하는 믿음"이 그리스도인의 사회봉사에 동기를 부여하는 힘이라면, 이를 통해 웨슬리가 이루고자 한 목표는 "성경적 기독교를 온 땅 … 나라 전체에 전파"하고자 하는 것이다.[218]

얼브 브렌들링거(Irv A. Brendlinger)는, 비록 "웨슬리는 변화된 개인이 사회를 지속적으로 개혁해나갈 가장 효과적인 수단임을 믿었지만", 그럼에도 자주 "개인이 연합해 사회적 불의에 대항함으로 더 효과적으로 일할 것"을 촉구했음을 관찰했다. 웨슬리의 노예무역 반대 활동이 잘 보여주듯 그는 1780년대 후반기에 이르러 사회 문제 해결을 위해 "순수한 개인적인 접근을 초월해" 자신을 따르는 이들이 의회에 법 개정을 청원할 것을 요구하는 데까지 나아간다. 이러한 변화는 웨슬리가 점차 사회적 불의에 대항하던 초기의 방법인 개인적 접근방법을 수정했음을 보여준다.[219] 따라서 웨슬리가 죄를 개인적 악과 방종으로 보았지, 탐욕과 억압과 사회적 불균형으로 바라보지 못했기 때문에 웨슬리의 윤리로는 철저한 사회 개혁의 희망이 전적으로 불가능하다는 리처드 니버(H. Richard Niebuhr)의 섣부른 비판은 받아들여질 수 없다.[220] 브렌들링거는 이러한 주장에 반대해 "비록 사회

---

215 Letters 8:265; Runyon ed., *Sanctification and Liberation*, 12.

216 설교, "생활방식의 개혁", 서론. 1-II. 12.

217 Madron, "John Wesley on Economics," 113.

218 설교, "하나님의 포도원", II. 8.

219 Irv A. Brendlinger, *Social Justice Through the Eyes of Wesley: John Wesley's Theological Challenge to Slavery* (Ontario: Joshua Press, 2006), 141-143.

220 H. Richard Niebuhr, *The Social Sources of Denominationalism* (New York: Henry Holt & Co., 1929), 66-67.

의 구조 자체를 개혁하는 것이라기보다 사회의 가장 작은 단위인 개인에게서 퍼져 나가는 것을 통해서지만, 웨슬리는 완전한 사회 개혁을 꿈꾸었다"고 바르게 주장한다.[221] 성결한 개인이 사회 변화의 열쇠라고 보았던 웨슬리의 방법은 옳았고, 그의 계획은 성공적이었는가? 브렌들링거의 대답은 매우 긍정적이다.

> 대체로 웨슬리는 그의 사회 윤리를 사회 구조 개혁으로 연결하지 못했지만, 시간이 흘러 그에게서 영향을 받은 사람들은 점점 사회 구조의 개혁으로까지 나아갔다. 감리교의 제2세대, 제3세대 지도자들은 탄원과 배척 등 법적 행위를 통해 웨슬리의 메시지를 사회 정책 수립의 중추에까지 확장시키는 일에 적극적으로 가담했다. 18세기 말과 19세기 초의 입법 개혁은 복음적 부흥운동에 깊이 영향을 받아 금주운동, 어린이와 동물 학대 방지, 더 발전된 노예방지운동 등의 개혁을 이루는 데까지 나아갔다. … 변화된 개인은 사회 구조의 변화를 일으키도록 고무되었고, 사회 구조 개혁을 지지하고 이루어내는 일에 중추적 역할을 감당했다. … 웨슬리는 자신의 생애 말년에 그러한 종합에 가까이 다가가고 있었다. 그는 평생 사회를 이루는 구성요소로서 개인의 중요성을 결코 경시한 적이 없지만, 사회 구조가 지닌 실질적 영향력을 점점 더 깊이 이해하게 된 것이다.[222]

Brendlinger, *Social Justice Through the Eyes of Wesley*, 144에서 재인용.
221 같은 책, 144.
222 같은 책, 145-146; Meistad, *Martin Luther and John Wesley on the Sermon on the Mount*, 243-245.

C. 관찰과 분석

I. 복음 전달 수단 vs. 영적 훈련 수단

오광석에 의하면, 교회가 무엇인지 정의하는 일에서 "루터와 웨슬리의 가장 중요
한 일치점은 … 교회란 근본적으로 하나님의 거룩한 백성의 모임이라는 이해에 있
다."[223] 웨슬리는 교회를 정의할 때 영국 국교회 39개 신조 중 제19조 "그리스도의
가시적인 교회는 믿는 사람의 모임으로, 그 안에서 순수한 하나님의 말씀이 선포
되고, 그리스도의 규례에 따라 성례전이 바르게 집행된다"는 설명을 따랐다.[224] 이
제19조는 멜랑히톤이 루터란의 신학을 정리한 "아우크스부르크 신앙고백" 제7조
"교회란 모든 신자의 모임으로 그들 중에서 복음이 순수하게 설교되고, 복음에 따
라 거룩한 성례가 집행된다"는 조항에서 영향을 받았다.[225] 따라서 웨슬리의 교회
론의 "방향은 부분적으로 루터란적이다."[226] 고든 럽은, "하나님의 거룩한 백성의
모임으로서 우리는 처음부터 하나의 거룩한 그리스도인의 교회로 존재해왔다"고
말하는 것에 루터와 웨슬리 모두가 동의했을 것이라고 주장한다.[227]

그러나 두 신학자의 교회론에는 근본적인 차이점 역시 존재한다. 오광석의 표
현을 빌리면, 루터의 교회론은 "본질적으로 복음적이고 또 기독론적이다." "복음
적이라는 이유는 … 복음이 교회의 실체를 형성할 뿐 아니라, 교회의 지속적인 존
재를 확고하게 하는 데 유일하게 필요한 것이기 때문이다." 기독론적이라는 이유
는 "그리스도가 복음이시기 때문이다."[228] 루터의 교회론은 또 하나님 중심적이다.
존 클레이닉이 지적한 것처럼, 루터에게는 "오직 하나님만이 본질적으로 거룩하
시다." 만약 신자가 거룩하다고 불릴 수 있다면 그 거룩성은 하나님에게서 파생된

---

223 Oh, *John Wesley's Ecclesiology*, 52.

224 Gilbert Burnet, *An Exposition of the Thirty-Nine Articles of the Church of England by Gilbert, Bishop of Sarum*, ed.
James R. Page (New York: D. Appleton and Company, 1866), 233. Oh, *John Wesley's Ecclesiology*, 51에서
재인용.

225 BC 32.

226 Oh, *John Wesley's Ecclesiology*, 51-52.

227 Gordon E. Rupp, *John Wesley und Martin Luther: Ein Beitrag zum Lutherischen-Methodistischen Dialog* (Stuttgart:
Christliches Verlagshaus, 1983), 5. Oh, *John Wesley's Ecclesiology*, 52에서 재인용.

228 Oh, *John Wesley's Ecclesiology*, 48-49.

거룩함일 뿐이다.[229] 이 거룩은 "도덕적 개념"이 아닌 "성례전적 실재"로서 신자가 신앙 안에서 하나님께 수동적으로 받는 것이다.[230] 신자의 능동적 거룩함은, 그들에게 신앙과 성령을 주시는 하나님의 말씀에 의존해 있다.[231]

루터는 교회가 은총의 수단을 필요로 하는 것은, 게리쉬가 잘 지적한 것처럼, 신앙이라는 것이 "영혼에 한 번 심겨지고 나면 영원히 변하지 않는" 것이 아니라, "복음이 계속적으로 선포되어야만 지속될 수 있기" 때문이라고 보았다.[232] 루터는 은총의 수단을 하나님의 말씀을 전달하고 새롭게 하는 방편으로 설명하면서, 그 근본적인 특징을 "우리를 하나님의 수준으로 끌어올리는 무엇"이 아니라, 오히려 "그것을 통로로 삼아 하나님께서 우리의 수준으로 내려오시는" 수단으로 재정의했다. 이는 루터가 교리적뿐 아니라 실천적으로도 하나님과 인간의 관계를 상향적 방향에서 하향적으로 바꾸어놓았음을 의미한다.[233] 루터는 다음과 같이 말한다.

> 하나님께서는 이 세상 어디서든 우리와 말씀을 나누시는 곳마다 그곳에 하나님 나라로 가는 길이 활짝 열려지게 하는 방식으로 우리를 다스리신다. … 당신은 성 야고보에게 달려가거나 … 수도원에서 은둔할 이유가 전혀 없다. … 신앙 안에서 말씀과 성례가 있는 곳을 바라보라. … 그리고 그곳에 '하나님께 가는 문'이라고 기록하라.[234]

그리스도는 하나님의 말씀과 성례에서 "확실하게 발견될 것이다."[235] 루터 자신의 회심이 성경에서 복음을 발견한 결과였듯,[236] 은총의 수단 사용에서 루터의 강조점은 주로 복음에 초점이 맞추어졌다. 라자레스는 은총의 수단에 대한 루터의 가르침에서 가장 중요하고 중심이 되는 것은 "복음과 신앙"이라고 지적한다.[237]

루터와 웨슬리의 구원론의 차이는 교회론에서도 차이를 가져왔다. 웨슬리의 성결과 율법의 중요성에 대한 강조는 그의 교회론 및 은총의 수단에 대한 가르침

---

229 Kleinig, "Luther on the Reception in God's Holiness," 76-77; LW 12:325; 30:6.

230 같은 책, 78-79; LW 26:25; 27:82; 30:32.

231 같은 책, 79.

232 Brian. A. Gerrish, "Priesthood and Ministry in the Theology of Luther," *Church History* 34:4 (Dec. 1965), 409-410.

233 Forde, *Where God Meets Man*, 69-70.

234 LW 5:247; John Kleinig, "Where is Your God? Luther on God's self Localization," in Dean O Wenthe and others eds., *All Theology Is Christology: Essays in Honor of David P. Scaer* (Fort Wayne: Concordia Theological Press, 2000), 117-131.

235 LW 3:108.

236 McKim ed., *The Cambridge Companion to Martin Luther*, 89.

237 LW 38의 서문(Introduction) 참고.

에 잘 반영되어 있다. 루터에게 신자의 행위란 오직 기독교 신앙의 결과이지 결코 그 반대가 아니라면, 웨슬리에게는 신자의 행위가 단지 기독교 신앙의 결과라고만 할 수 없다. 신자의 행위가 그리스도인의 영성을 일으키고 발전시키는 "형성적 역할"도 하기 때문이다.[238] 신앙은 "행위보다 먼저이면서, 행위와 함께" 간다. 그리고 "행위가 신앙을 일으키는 것은 아니다." 그러나 그럼에도 행위에는 신앙과는 구분되는 그 자체만의 "힘과 작용"이 있다. 따라서 웨슬리는 야고보서 2:22의 "믿음이 그의 행함과 함께 일하고 행함으로 믿음이 온전하게 되었느니라"라는 말씀을 중시해, "신앙이 행위를 낳는다. 그러나 그 후에는 행위를 통해 신앙이 더 온전해진다. … 신앙은 행위를 통해 존재하게 되는 것이 아니다. 신앙이 행위보다 먼저이기 때문이다. 그러나 신앙은 행위를 통해 그 온전함을 갖게 된다"고 강조했다.[239] 신앙과 행위는 서로를 강화시키고 온전케 한다. 마찬가지로 복음과 은총의 수단의 관계는 상호 의존적이다. 루터가 선행은 의롭게 하는 신앙의 결과라고 강조한 것만큼이나, 웨슬리는 그 신앙은 은총의 수단을 부단히 사용함을 통해서만 유지되고, 강화되며, 온전해질 수 있음을 강조했다.

하나님과 이웃을 사랑하는 방법으로서 성경에 있는 조언과 지시, 경고와 같은 은총의 수단은 "확실히 철저하게 숙고하고 진지하게 연구할 가치가 있다." 그것은 기독교 교리가 이 세상과 그리스도인의 삶에 실현되는 것을 돕기 때문이다.[240] 역으로, "은총의 수단 중 어떤 것이라도" 경시하면, 그것은 결국 "신앙의 파선"을 가져오게 될 것이다.[241] 웨슬리는 노년에 쓴 "기독교의 무능함의 원인들"(1789)이라는 설교에서 다음의 두 가지 질문을 던졌다. 하나는 "왜 기독교가 이 세상에서 선한 일을 이룬 것이 그렇게 적은가?" 하는 질문이고,[242] 다른 하나는 왜 대부분의 그리스도인이 기독교 교리에 대한 지식은 가지고 있으면서도 자신의 성품과 삶을 변화시키지 못하는가 하는 질문이다. 웨슬리는 그리스도인이 은총의 수단을 바르게 사용함으로 올바른 그리스도인으로 훈련을 받는 일에 실패했다는 사실에서 그 해답을 발견했다. "바른 훈련이 없는 곳에서는 어떤 교리가 선포되든 그것이 듣는 자

---

238 Maddox, "Visit the Poor," 64; 설교, "성경적 구원의 길", III. 3-13; "우리 자신의 구원을 성취함에 있어서",
     II. 1; III. 1-8.
239 ENNT Ja 2:22.
240 설교, "의복에 대하여", 4.
241 Letters 1:207.
242 설교, "기독교의 무능함의 원인들", 1.

에게 온전히 영향을 끼치는 것이 불가능하기 때문입니다."[243]

　그 실제 사례로 웨슬리는, 노년의 루터가, 자신이 "사람들의 지식과 예배의 형태는 개혁했지만" 자신을 추종하는 사람의 "마음과 삶을 교황 추종자보다 조금도 나아지게" 만들지 못했다고 통탄한 사실을 상기시켰다. 즉, 많은 개신교인이 바른 그리스도인의 훈련을 받지 못했기 때문에, 결국에는 "참 신앙과 선한 양심이 파선" 하고 말았다는 것이다.[244] 또한 웨슬리는 노년의 휫필드 역시 자신의 설교에 영향받았던 대부분의 사람이 신앙을 지키지 못하고 이후 하나님에게서 떨어져나가고 말았음을 매우 슬퍼했음도 언급한다.[245]

　웨슬리는 그런 사례와 비교할 때 메소디스트 사역의 선한 영향력이 지속되고 있는 원인이 그리스도인의 훈련에 있음을 상기시키면서, 만약 그리스도인이 서로의 영혼을 돌아볼 수 있도록 소그룹에서 바른 훈련을 받지 못한다면, 설교를 통해 큰 은혜를 받은 사람이라도 결국 하나님의 은혜를 상실하게 될 것이라고 경고했다. "누군가가 나태함에 빠지거나, 심지어 죄에 빠지더라도 그를 돌이키게 해줄 사람이 아무도 없다면, 그가 점점 더 그것에 깊이 빠져들다 결국 지옥에 갈 수밖에 없게 된다 해도 누가 상관하겠습니까?"[246] 웨슬리는 "영혼과 몸은 사람을 만들지만, 성령과 훈련은 그리스도인을 만든다"는 초대교회의 격언을 인용해 은총의 수단 사용의 훈련이 얼마나 중요한지 역설했다.[247]

　웨슬리도 루터와 유사하게 수도원적 은둔종교에 반대해, 신자는 "영원한 은둔의 장소"로 숨어들어서는 안 된다고 경고했다. 그럼에도 동시에 "하나님이 잊혀져 버린 세상에서" 신자는 하나님의 임재를 의식하고 각자의 믿음을 강화하기 위해 "구별된 그리스도인 공동체로서의 모임을 자주 갖는 것"이 절대적으로 필요함을 강조했다.[248] 또한 율법무용론의 왜곡에서 성화의 교리를 지켜내기 위해 신자에게 "매우 높은 도덕적 책임성"을 가질 것을 요구했다. 앨런 카피지(Allan Coppedge) 가 바르게 지적한 것처럼, 하나님께서 신앙을 통해 순간적으로 성결의 은혜를 주시

---

243 같은 곳, 7.
244 설교, "하나님의 사려 깊은 지혜", 10.
245 설교, "최근 북미에서의 하나님의 사역", I. 6.
246 같은 곳, I. 7.
247 설교, "기독교의 무능함의 원인들", 7; "최근 북미에서의 하나님의 사역", I. 7.
248 Henry H. Knight III, *The Presence of God in the Christian Life: John Wesley and the Means of Grace* (Lanham: The Scarecrow Press, 1992), 96-99.

더라도, 이 은혜는 "올바른 영적 책임감과 은총의 수단의 바른 사용을 통해" 간직되어야 한다.[249] 웨슬리가, 신자는 자신의 영혼에 대해 책임을 져야 함과 은총의 수단 사용이 신자의 영성 형성에 중대한 영향을 끼친다는 사실을 강조한 것은, 사람이 "행함으로 구원 얻기를 기대하기 때문이 아니라" 정반대로 "은총의 수단 속에서 우리를 만나주시겠다고 약속하신 그리스도"를 신뢰하기 때문이었다.[250] 모라비아 교도들은 은총의 수단을 "사용"하는 것과 "의지"하는 것을 구분하지 못해 정적주의에 빠졌지만, 웨슬리가 가르친 것은 은총의 수단을 "의지하라"는 것이 아니라 "사용하라"는 것이었다.[251] 만약 성령께서 "은총의 수단 안에서, 그 수단을 통해" 역사하시지 않는다면, 은총의 수단 그 자체에는 "아무런 고유한 능력"이 없다.[252] 신자가 은총의 수단을 사용하는 가운데 하나님을 향해 가져야 할 바른 태도로 웨슬리가 가르친 것은, "남의 집 문 앞에 찾아와 구걸하는 거지와도 같이 은총의 수단을 통해 하나님께서 은혜 주시기를 기다리는 것"이다.[253]

II. 창조의 윤리 vs. 하늘의 윤리

그리스도인의 윤리는 구원과 매우 밀접하게 연결되어 있다. 구원을 어떻게 이해하는지는, 그리스도인의 삶이 어떠해야 하는지를 파악하는 데 결정적인 요소가 된다.

루터는, 참된 그리스도인은 하나님께로의 상향적 접근, 자기중심적이고 이기적인 공적사상, 크고 작은 일 사이의 인위적인 구분이나 영적 또는 세속적 신분의 구분 모두에서 자유롭게 된다고 가르치면서, 그리스도인의 삶이란 이 땅에서 "이웃과 함께" 직업과 세속적 신분을 가지고 살아가는 것이라고 설명했다. 루터는 자신의 종교개혁이 하나님의 말씀을 가톨릭교회의 속박에서 해방시키는 것일 뿐 아니라,[254] 신자로 하늘로 올라가는 상향적 사닥다리 시스템에서 자유케 하는 것이라

249 Coppedge, *John Wesley in Theological Debate*, 268.
250 Knight, *The Presence of God in the Christian Life*, 43.
251 같은 책, 41; Starkey, *The Work of the Holy Spirit*, 84; 설교, "산상설교 (4)", III. 6-7.
252 설교, "은총의 수단", II. 3.
253 Starkey, *The Work of the Holy Spirit*, 84.
254 Lindberg, *Beyond Charity*, 98.

고 믿었다. 이처럼 루터는 그리스도인의 삶의 장소를 초월적 천상(天上)의 무대가 아니라 하나님의 창조의 영역으로 되돌려 놓았다. 우리가 하나님을 위해 할 수 있는 것이 아무것도 없음을 깨달은 신자는, 역설적으로 이 세상에서 피조물로 살아가되, 우리의 존재를 초월하거나 우리의 본성을 신적인 본성으로 바꾸려고 하지 않는 것이 하나님의 뜻에 순종하는 길임을 이해하게 된다. 기독교윤리란 천상적 윤리가 아니라, 하나님의 창조세계의 윤리다.

루터는 "일종의 자연법 윤리학자"이자 실재론자였으나 유명론자는 아니었다. 루터에게 율법이란, 웨슬리의 플라톤주의적 율법 개념처럼 "영원한 율법을 모방한 복사본이거나 그것을 반영한 것"일 필요가 없다.[255] 모방의 경건은 "각 사람이 각자의 소명에 따라 하나님께 무엇을 드려야 하는지"를 경시하고, "사람 사이에서 높이 평가되고, 사람들이 존경하는 그런 일"을 크게 보이게 만든다.[256] 그러나 율법은 "초자연적인" 것일 필요가 없다. 율법은 이웃과의 관계 속에서 날마다의 삶을 살아갈 것을 요구하는 것으로, "하나님의 창조세계에 이미 내재되어 있다는 의미에서 자연적이다."[257]

비록 루터 신학의 입장이 아니라 해방신학의 입장에서 쓴 글이지만, 해방신학자 요세 미게스 보니노(José Míguez Bonino)가 웨슬리의 하늘의 윤리를 분석한 내용은, 땅의 윤리를 가르친 루터가 웨슬리를 어떻게 비판했을지를 대변할 수 있는 내용으로 보인다. 루터의 입장에서 볼 때 웨슬리 신학은, 그 자신의 실체로서 영적 존재인 인간과, 그 실체에 종속되어 있고 부수적인 "세속적이고 사회적이며 육체적인 삶" 사이를 "철저히 구분 짓는 이원론"을 벗어나지 못하고 있다. 그 둘 중에서 웨슬리는 전자를 더 중시했다.[258]

웨슬리가 비록 은둔종교에 반대해 "그리스도인의 삶의 사회적 성격"을 반복적으로 강조했더라도, 웨슬리의 사상에서 사회란 "단지 개인의 성숙을 위해 사용하기 편리한 장치"일 뿐이다. "최종적으로 구원 받고, 성화 되고, 완전케 되는 것은 개인의 영혼이며, 다른 사람과의 교제란 결국 외적인 도움을 주는 수단일 뿐이다.

---

255 Kenneth J. Collins, "John Wesley's Platonic Conception of the Moral Law," *WTJ* 21 (1986), 116-128.
256 LW 25:408.
257 Forde, *A More Radical Gospel*, 154.
258 José Míguez Bonino, "Wesley's Doctrine of Sanctification From a Liberationist Perspective," in Runyon ed., *Sanctification and Liberation* (Nashville: Abingdon Press, 1981), 56-57.

… 비록 사랑의 행위를 통해 외적 표현을 추구하더라도, 칭의와 성화라는 드라마는 인간의 내면적 삶이라는 주관성 안에서 일어난다."[259]

나아가 웨슬리는 칭의를 지나간 과거에 있었던 하나의 순간으로 치부하고, 성화를 근거로 최종칭의에 대해 결정이 내려질 또 하나의 순간이 있다고 가르침으로, 칭의가 전적으로 하나님의 은혜로 주어지는 선물이라는 본질 및 "하나님 은혜의 신실성과 일관성"을 모호하게 한다. 이미 칭의를 얻은 신자라도 "하나님의 도덕법이라는 매개체"를 통해 성화를 추구해야 한다는 주장은, 신자가 윤리적으로 율법의 행위를 통해 하늘 가는 길을 찾겠다는 상향적 접근과 선행을 자신을 위한 도구로 삼는 자기 중심성에서 자유로울 수 없다는 것이 된다. 개인적이고 상향적 관점에서 크고 중요한 일과 사소한 일 사이에서 경중을 따지는 가톨릭교회의 윤리와 유사하게, 웨슬리의 윤리는 율법의 속박을 벗어나지 못하고 있다. 만약 그렇다면 웨슬리의 윤리는 "역사의 실제적인 상황을 가지고 씨름할 수 있는" 자유와 능력을 가지고 있지 못하다. 그러한 자유와 능력은 오직 복음에 의해서만 주어지는 것이기 때문이다.[260]

보니노는, 그 결과 웨슬리는 "하나님의 창조와 구원 사이의 조화로운 관계가 명확히 신학적 표현의 중심을 이루는 성화의 신학을 제대로 발전시키지 못했다. 만약 웨슬리가 그것을 할 수 있었다면, 인간의 삶 전체와 사회적 상황에 대한 웨슬리의 관심은 좀 더 온전한 것이 되었을 것이고, 단지 성화의 교리에 부수적인 것에 머무르지 않았을 것"이라고 주장한다.[261] 루퍼트 데이비스(Rupert E. Davies) 역시 해방신학의 입장에 서 있고 종교개혁 신학 입장을 대변하지는 않는다. 그러나 "세속적 현실이 자율성을 결여하도록" 만들지 않으려면, 그리스도인은 어떤 형태든 "경건주의의 형태" 또는 "어떤 종류든 초월적인 세상에 집중하려는 사고"에 의존하기보다, "정치적이고 사회적인 현실세계라는 무대로 직접적으로 뛰어들" 수 있어야 한다는 그의 주장은, 웨슬리의 윤리에 대한 루터 입장에서의 비판이 될 수 있을 것이다.[262] 루터의 윤리는, 상향적으로 하늘에 도달하려는 경건주의적 접근

---

259 같은 곳, 55.
260 같은 곳, 56-57.
261 같은 곳, 58.
262 Rupert E. Davies, "Justification, Sanctification, and the Liberation of the Person," in Runyon ed., *Sanctification and Liberation*, 72.

법에 동조하지 않고, 상황적 접근과 자기중심적이고 공적 중심의 관심에서 벗어나 그리스도인의 자유 위에 확고하게 기초해 있고, 또한 그 자유에서 윤리적 동기를 얻기 때문이다.

이제 웨슬리의 입장을 살펴보자. 첫째, 하향적 접근법을 가진 루터의 윤리와 비교하면, 웨슬리의 윤리는 목적지향적 관심을 가지고 있다.[263] 웨슬리는『표준설교집』서문에서 모든 일을 통해 자신이 추구해온 유일한 목표는 "단 한 가지, 하늘로 가는 길"을 걷는 것이라고 기록했다.[264] 그는 그리스도의 산상설교의 가르침을 하늘로 가는 "최고의 길"로 묘사했다.[265] "하나님의 창조의 목적이 무엇인가?"라고 질문한 후, "영생을 준비하기 위해서입니다. … 당신은 창조된 것 속에서, 해 아래 존재하는 것에서 행복을 찾도록 지음을 받은 것이 아닙니다"라고 대답했다.[266] 그는 신자가 세상에서 천국을 추구하는 삶을 살지 않는 기독교의 일반적인 상태를 탄식했다. "영원 속을 걸으며 하늘을 살아가듯 사는 사람이 얼마나 적습니까! … 그들은 세상 곧 즐거움과 안일함과 돈을 얼마나 사랑합니까! 그들에게서 형제애를 찾아볼 수 있습니까!"[267] 그는 메소디스트 운동을 통해 신자가 "영원 속을 걸어가면서 이곳 아래에서 천사들같이 살아가게" 될 것을 기대했다.[268] 웨슬리는 설교 "보이는 것으로 행하는 것과 믿음으로 행하는 것"(1788)에서 "믿음으로 걷는다"는 것은 "모든 세상의 것, 일과 즐거움과 관심거리 등 우리 주의를 끄는 모든 것", 눈에 보이는 것에 마음을 빼앗기지 않고, "눈에 보이지 않는 영원한 것"을 추구하는 것이라고 설명했다.[269] "신앙생활이란 다름 아닌 이 땅에서 살아가면서도 영원 속을 살아가는 것입니다."[270]

루터가 모방의 경건을 인간의 교만과 자기 우상화에서 기인한 하나님께로의 상향적 접근으로 여기면서, 인간을 오직 하나님의 피조물로 제시해 하나님과 인간의 존재론적 차이를 강조한 데 반해, 웨슬리는 중세의 "본받음의 윤리"를 수용

263 Collins, "John Wesley's Theology of Law," 228-230.
264 WW 5:3.
265 설교, "산상설교 (1)", 서론. 3.
266 설교, "인간이란 무엇인가?", 13, 15.
267 WW 8:302.
268 설교, "하나님의 포도원", V. 1.
269 설교, "보이는 것으로 행하는 것과 믿음으로 행하는 것", 14, 17-18.
270 같은 곳, 17-18.

했다.[271] 웨슬리는, 인간은 하나님의 형상으로 창조되었을 뿐 아니라, 그 마음과 삶을 하나님의 율법의 요구에 일치시킴으로 그 본성을 온전케 할 수 있다고 가르쳤다.[272] 웨슬리는 "하나님을 닮는다" 또는 "하늘로 올라간다" 등의 개념을 통해, 루터가 경계한 것같이 신자가 인간의 본성을 초월하게 된다는 것이 아니라, 신자가 타락한 상태에서 하나님께서 원래 주셨던 하나님의 형상으로 회복되는 것을 의미했다.[273] 웨슬리는 심지어 범죄함으로 타락한 상태에서도 모든 사람은 하나님의 은총에서 기인한 절대적이고 비교할 수 없는 가치를 가지고 있다고 믿었다.[274] 인간의 본성을 그 원천이신 하나님의 본성에서 이해하는 것은 인간을 우상화하는 것이 아니라, 하나님께서 우리에게 부여하신 고귀한 지위를 감사하는 마음으로 책임성 있게 받아들이는 것을 의미한다. 루터가 모방의 경건이 사람을 하늘로의 사닥다리 시스템 속에 가두어 놓는다고 생각한 것에 비해, 웨슬리는 인간 속에 하나님의 형상이 있음을 아는 것은 인간을 죄에서 벗어나게 할 뿐 아니라 하나님의 형상인 인간에게 가해지는 사회적 불의와 억압, 차별을 스스로 벗어나게 하거나 혹은 그것에 반대하게 하는 원동력이 된다고 보았다.[275] 모방의 경건이 개인적 · 사회적 죄악을 치유할 가능성을 지니고 있다고 본 것이다.[276]

둘째, 루터 윤리의 이타적 요소에 관해, 웨슬리는 그리스도인의 윤리가 전적으로 이타적 동기를 가진다는 주장에 동의했을 것이다. 그러나 웨슬리는 행복이 그리스도인의 사랑의 결과일 뿐 아니라 목적도 된다는 사실을 부인하지 않았다.[277] 그는 아담의 타락 이전에도 인간이 하나님의 율법에 순응함으로 그 본성을 온전케 만들어 더 많은 행복을 누리는 것이 하나님의 원래의 의도였을 것이라고 추측했다.[278] 인간에게 불행을 초래하는 것은 외적인 죄뿐 아니라 내적인 죄 그 자체다. 웨슬리는 내적인 죄라는 말로 "교만, 분노, 비통함, 질투, 악의, 복수하려는 마음" 등 "육적이고 정욕적이며 악마적이어서" 사람을 슬프게 하고, 슬픔과 후회와 죄책

271 Hynson, *To Reform the Nation*, 22.
272 설교, "율법의 기원, 본성, 속성 및 용법", I. 2-3.
273 설교, "신생", I. 1.
274 설교, "사람이 무엇이관대", II. 5-7, 14.
275 Hynson, *To Reform the Nation*, 45-51; Brendlinger, *Social Justice Through the Eyes of Wesley*, 74-83.
276 Kim, "John Wesley's Anthropology," 211-233.
277 Collins, "John Wesley's Theology of Law," 226-228.
278 설교, "율법의 기원, 본성, 속성 및 용법", I. 2.

감, 서로 상반된 느낌과 욕망을 일으키고 악화시키는 기질과 성향을 의미했다.[279] 이와 반대로 사랑과 거룩한 성품은 죄와 정반대의 일을 할 뿐 아니라, 그 자체가 행복을 낳는다. 신앙을 통한 행복 추구에 대해 루터가 가진 부정적 태도와 달리, 웨슬리에게 행복은 단순히 개인적이고 자기중심적인 개념이 아니다. 그에게 행복이란, 거룩한 사랑의 관계의 실현을 통해 하나님과 다른 사람, 자기 자신과 평화를 누리는 것을 의미한다.[280]

웨슬리가 가르친 행복은 필연적으로 우리가 하늘과 영원을 추구하는 것과 연결되어 있다. 일시적 행복이란 참된 행복일 수 없기 때문이다. 신자가 세상에서 자기를 부인하고 이웃을 섬기는 것은, 신앙이 그들의 눈을 하늘과 영원에 고정하게 하기 때문이다. 영원한 행복과 하나님의 상급에 대한 종말론적 희망은 신자로 거룩하고 이타적 삶을 살게 하는 중요한 자극이 된다.[281] 웨슬리는 "참된 기독교와 성결에는 쾌활함이 따르지 않을 수 없고, 한결같은 쾌활함은 성결과 참된 기독교가 없이는 불가능합니다"라고 확언했다.[282] 콜린스는 웨슬리가 평생 참된 행복의 주창자였다고 설명한다.[283] 웨슬리의 기독교윤리에서 하늘에 대한 관심과 이타주의와 행복 추구는 서로 연결되어 있다.

> 만약 사람이 최후의 심판에 관해 깊이 생각한다면, 그것이 얼마나 효과적으로 사회를 유익하게 할 수 있겠습니까? 참 도덕을 실행하고, 진정한 미덕을 끊임없이 추구하며, 공평과 자비와 진리로 한결같이 행하는 데 무엇이 그보다 강한 동기가 될 수 있겠습니까? "심판주께서 문 앞에 서 계시며" 우리가 곧 그 앞에 서게 될 것을 강하게 확신하는 것보다, 모든 선한 일에 우리 손을 강하게 하고 모든 악에서 우리를 멀어지게 하는 것이 무엇이 있겠습니까?[284]

웨슬리의 관점에서 볼 때 루터의 윤리는 칭의 된 신자가 전적으로 이타적일 수 있다고 주장한 점이나, 신자는 천국에서의 상급이나 지옥 형벌이 없더라도 하나님께 순종할 것이라고 주장한 점에서 지나치게 이상적이거나 낙천적인 측면이 있

---

279 설교, "부의 위험성", I. 18-19; "분열에 대하여", I. 12; "중요한 질문", III. 10; "인류의 타락에 대하여", I. 2; "영적 우상숭배", II. 2.

280 설교, "험담의 치료", III. 5; "인류의 타락에 대하여", I. 2; "영적 예배", III. 1-8; "영적 우상숭배", II. 3; "하나님의 일체성", 17.

281 설교, "영원에 대하여", 12-17; "믿음의 분요에 대하여", 19; "의에 대한 보상".

282 Letters 1:218.

283 Collins, "John Wesley's Theology of Law," 227-228.

284 설교, "대심판", 서론. 3.

다.[285] 그러면서도 루터는 죄인으로서 신자의 상태에 대해서는 지나치게 부정적이다. 알트하우스는 "루터의 윤리 전체는 시작점과 그 모든 주된 특징이 그의 신학의 심장이자 중심인 칭의에 의해 결정된다"는 사실을 인정한다.[286] 브라이언 헤블스웨이트(Brian Hebblethwaite)은 이를 다르게 표현해 루터의 윤리는 "종말론적"이라고 주장한다. 비록 최후의 심판이 천국인지 지옥인지를 결정할 것임에도, 신자는 자신의 양심에서 지금 그 둘 중 하나를 경험하기 때문이다.[287] 고든 럽은 루터의 종말론을 "신앙의 종말론"으로 칭하면서,[288] 루터에게 종말론적 순간은 "하나님께서 그리스도 안에서 우리를 위해 행하신 일을 받아들일 때" 찾아온다고 주장했다.[289] 힌슨에 따르면, 루터의 "칭의의 윤리"의 관점에서 보면 웨슬리의 "성화의 윤리"는 "성결에 대한 의도적 추구에 의해 칭의의 윤리가 가진 자유와 자발성을 결여"한 것으로 보일 수 있다.[290] 또한 "그리스도인의 삶에서 일정한 기쁨과 그 기쁨이 주는 능력을 빼앗아 버리는, 일종의 신경과민적인 종류의 기독교"로 보일 수 있다.[291]

그러나 루터가 칭의에 부여한 전체성이 그의 인간론과 양립할 수 있는가? 루터의 이타적 윤리는 하나님의 은혜에 대한 전적 신뢰에 의존하고 있다. 그런데 신자가 그런 신앙을 가질 수 있는가? 루터에게 신자가 가진 신앙은 온전할 수 없기에, 복음을 지속적으로 재확인함으로 유지될 필요가 있는 것이다. 그렇다면 그리스도인의 윤리를 칭의의 전체성 위에 기초하게 하는 것은, 전체나 전무 사이에서 양자택일하라는 것이 되지 않겠는가?

웨슬리에게 칭의의 신앙은 비록 기독교윤리의 시작점과 토대이지만, 만약 더 큰 은혜인 성결의 은혜를 받지 못한다면 신자 속에서 루터가 가르친 것 같은 전체성을 가진 신앙으로 존재할 수 없고, 단지 "의심이나 두려움과 뒤섞인 신앙"으로 존재할 수밖에 없다.[292] 그런 신앙으로는 신자가 이웃을 단지 "신앙의 정도에 비례

285 LW 33:153; 44:26-28.
286 Althaus, *The Ethics of Martin Luther*, 3; Leon O. Hynson, "Christian Love: The Key to Wesley's Ethics," *MH* 14 (October 1975), 49.
287 Brian Hebblethwaite, *The Christian Hope* (New York: Oxford University Press, 2010), 71.
288 Rupp, *The Righteousness of God*, 255.
289 Hebblethwaite, *The Christian Hope*, 71; Winfried Vogel, "The Eschatological Theology of Martin Luther, Part 1: Luther's Basic Concepts," in *Andrews University Seminary Studies* 24:3 (Autumn 1986), 252, 254.
290 Hynson, "Christian Love," 52.
291 같은 곳, 53.
292 Letters 3:305.

해 낮은 수준에서" 사랑할 수밖에 없다. 오직 신앙이 성숙할 때만 신자 속 이타주의 역시 "신앙이 성장한 정도만큼" 자라난다.[293] 심지어 신자가 "현재 용서받았음을 온전히 확신"하는 축복을 받은 후에라도,[294] 이 확신은 지속적인 사랑의 실천 속에서 주어지는 "우리 자신의 영의 증거"가 동반될 때 유지될 수 있다.[295] 이것은 신자가 칭의에 머물러서는 안 되고, 성결의 은혜로 나아가고, 또 그 후에도 은혜 안에서 계속 성장해가야 한다는 것을 의미한다.[296] 다시 말해, 신자가 전적으로 이타적일 수 있는 것은 성결의 은혜로 신자의 신앙과 사랑이 온전해진다는 전제, 그리고 그들이 그 은혜를 지속하고 은혜 안에서 더욱 성장한다는 전제에서만 가능하다.[297] 성결의 은혜를 받지 못한 신자가 과연 루터가 말하는 은혜와 승리의 상태에 이르거나 그 상태를 지속할 수 있겠는가? 그럴 수 없는 이유를 웨슬리는 다음과 같이 설명했다.

> 그의 모든 거룩함은 뒤섞여 있습니다. 그는 겸손하지만 그것이 전적인 겸손은 아닙니다. 그의 겸손은 교만과 뒤섞여 있습니다. 그는 온유합니다. 그러나 그의 온유함은 자주 분노와 불편하고 사나운 감정에 의해 방해를 받습니다. 하나님을 향한 사랑은 자주 피조물에 대한 사랑, 이웃에 대한 사랑, 악한 생각, 또는 사랑에 반대되는 성품은 아니더라도 어떤 생각 때문에 멈춥니다. 그의 의지는 하나님의 의지 속에 완전히 녹아버리지 않았습니다. … 그는 "주님, 내 뜻대로가 아닌 당신의 뜻대로 이루어지기를 원합니다"라고 분명히 말할 수가 없습니다.[298]

셋째, 루터는 중요한 일과 사소한 일의 구별을 제거한 데 반해, 웨슬리는 "각각의 일에 내재한 선" 또는 "종교의 각 부분이 가진 상대적 가치"에는 정도의 차이가 있다고 가르쳤다. 웨슬리는 이러한 서로 다른 가치에 따라 거룩한 일과 성품의 가치를 가장 낮은 단계에서부터 가장 높은 단계에 이르기까지, (1) 교회를 유지하기 위한 사역, (2) 경건의 일, (3) 자비의 일, (4) 거룩한 성품, (5) 그리고 가장 높은 사랑의 순서로 순위를 매겼다.[299] 이 순서는 더 높은 단계에 속하는 것이 그보다 낮은 단계의 것보다 더 많은 공로를 갖는다는 의미가 아니다. 신앙이란 한순간에 완

---

293 설교, "인내에 대하여", 10.
294 Letters 3:305.
295 설교, "성령의 증거 (1)", I. 1-6.
296 Hynson, "Christian Love," 49.
297 Collins, "John Wesley's Theology of Law," 230.
298 설교, "인내에 대하여", 10.
299 설교, "열심에 대하여", II. 5-11.

성될 수 있는 것이 아니라 더 성장하고 강화되어야 하는 것이기 때문에,[300] 신자는 어떤 은총의 수단과 어떤 마음의 태도, 어떤 사역이 자신의 신앙을 뒷받침하는 일에 더 가치가 있는지 분별할 수 있어야 한다는 것이다. 또 이 순서는 더 높은 단계의 가치가 그보다 낮은 단계의 가치보다, 그것을 소유한 사람의 신앙의 깊이와 진정성을 좀 더 신뢰할 만하게 입증할 수 있음을 의미한다.

넷째, 모든 신자의 제사장직과 관련해 웨슬리는 세상 나라도 하나님께서 다스리시는 영역이며, 이 세상에서 신자의 사역은 하나님을 섬기는 방법으로 여겨질 수 있다는 점에서 원칙적으로 루터의 가르침에 동의했다. 그뿐 아니라 모든 신자가 제사장이라는 원리는 웨슬리의 메소디스트 운동에 잘 수용되고 적용되어, 평신도 설교자와 여성 지도자들은 자신의 제사장직을 실천하는 훌륭한 모범으로서 중요한 역할을 감당했다.[301]

그러나 성결이 그리스도인 삶의 목적론적 지향점으로 남아있고, 또 일들 사이에 "상대적 가치"가 존재하는 이상, 신자는 자신을 거룩하게 하는 데 더 유익한 일이 어떤 것인지에 많은 관심을 가져야 한다는 것 역시 사실이다. 웨슬리는 세상의 일은 그 자체로 선하더라도, 그 일의 참된 가치는 그것이 얼마나 성화에 기여하는지에 달려있다고 보았다. 따라서 영적 신분과 세속적 신분 사이의 가치의 구별을 전적으로 제거하지는 않았고, 전자를 좀 더 높게 평가했다.

루터가 세상에서의 그리스도인의 삶을 소명으로 설명했는데, 웨슬리의 가르침에서 그 소명에 해당되는 것이 청지기 직분이다. 소명과 청지기 직분 모두에서 하나님은 모든 것을 다스리시는 궁극적 통치자가 되신다. 둘 사이의 차이점은, 루터의 소명은 이미 얻은 온전한 구원에 대한 감사로 하나님의 세상 나라에서 수행되는 것이라면, 웨슬리의 청지기 직분은 초기적 칭의와 최종칭의 사이에서 살아가면서 거룩한 삶을 살고자 애쓰는 신자에게 해당되는 것이다. 청지기 직분은 하늘로 가는 과정이자 주인의 최종적 판단을 준비하는 과정에서 수행되는 것이다. 웨슬리의 청지기 직분에는 "이미 그러나 아직"의 긴장이 남아있다. 웨슬리는 청지기 직분 개념을 통해 그리스도인이 세상에서 살아가는 방식을 묘사했음에도, 그의 강조점과 주된 관심, 그리스도인의 삶의 동기는 여전히 세상이 아닌 하늘에 있었

---

300 설교, "종의 영과 양자의 영", IV. 1; "그리스도인의 완전", II. 1.
301 Snyder, *The Radical Wesley and Patterns for Church Renewal*, 19, 154-157; Collins, *John Wesley*, 21.

다. 하나님의 은혜의 열매로서 소명은 이미 하향적으로 완성된 구원에 기초해 루터 신학의 신 중심성을 드러낸다면, 웨슬리의 청지기 직분은 하나님의 주권과 인간의 응답 모두에 대한 이중적 강조점을 가진다. 루터의 소명 개념에서는 이웃에 대한 수평적 봉사를 통해 신자가 마지막 날 자신의 신앙이 참된 것임을 증명할 것이지만,[302] 웨슬리의 선한 청지기 개념에서는 하나님과 신자 사이의 수직적 관계가 좀 더 중요하게 여겨진다.[303]

마르쿠바르트는 웨슬리의 윤리와 루터의 윤리 사이의 본질적 유사성을 다음과 같이 설명한다. "유사성은, 선행이 칭의에 기여한다고 가르치지 않으면서도, 모든 행위를 윤리적으로 적합하게 해 그리스도인의 삶을 살게 하고, 모든 일을 신학적으로 하나님과 이웃을 위한 섬김으로 해석해 의무의 성취를 강조하는 데서 나타난다."[304] 그러나 차이점이 있다. 루터에게는, 그리스도인이 이웃을 섬기는 것에 대한 "일반적 표준"은 삶의 신분이나 직업을 통해 이루어진다면, 그리스도의 법에 따른 신자의 사랑의 사역은 "특별한" 것으로 여겨진다.[305] 그러나 웨슬리에게는, 신자가 세상에서 자신의 삶으로 이웃을 섬길 때, 그들의 기독교윤리의 표준은 웨슬리가 신자의 "행위의 복음적 원리"라고 칭한 그리스도의 법이다.[306] 그리스도의 법은 원래 율법을 제정하신 분의 가르침이므로, 이 법을 따르는 신자의 행위는 인간의 이성이 추정해서 만든 것보다 훨씬 뛰어나다.[307] 그 행위는 지나치게 추상적이거나 이상적인 것이 아니라, "모든 일에서 영원한 적합성"을 가지고 있기에 모든 상황과 관계에 적용되어도 아무 문제가 없을 만한 행위다.[308] 웨슬리는 신자가 하나님의 창조세계 안에서 직업이나 인간의 마음에 새겨진 자연법과 같이 자연에 내재된 것에서 기독교윤리의 원리를 배운다고 주장한 루터에게 일부 동의했을 것이다. 그러나 그렇더라도 웨슬리에게 그러한 법은 그리스도께서 해설해주신 법의 탁월성에 필적할 수 없고, 그리스도의 법을 대신할 수 없다.[309]

---

302 LW 45:286; Lindberg, *Beyond Charity*, 97-98.
303 설교, "선한 청지기", III. 3-6.
304 Marquardt, *John Wesley's Social Ethics*, 40-41.
305 Althaus, *The Ethics of Martin Luther*, 40-41; LW 5:311.
306 설교, "믿음으로 세워지는 율법 (1)", III. 4.
307 설교, "산상설교 (1)", 서론. 2.
308 설교, "율법의 기원, 본성, 속성 및 용법", II. 5; III. 5.
309 설교, "산상설교 (1)", 서론. 7.

웨슬리에게 성결이란 하나님의 나라가 먼저 신자의 마음을 다스리고, 또한 세상에서 신자가 맺는 모든 관계를 다스리는 상태다. 하나님 나라는 일반적으로 하늘에서 미래에 누릴 "영광의 상태" 뿐 아니라 "현재의 복음의 시대"를 포함한다.[310] 웨슬리는 미래의 천국을 준비하며 목적 삼는 것을 경시하지 않으면서도, 신자로 하여금 신앙생활의 초점을 항상 "세상에서의 참된 신앙", 즉 현재 하나님과의 관계 및 다른 관계가 어떠한가에 둘 것을 강조했다.[311] 미래의 영광의 나라는 "인간의 노력의 결과가 아니라" 하나님의 은총의 선물로 주어질 것이다. 그러나 "이 세상에서 현재의 삶 가운데" 이미 선물로 주어진 현재의 하나님의 나라에서는, 신자는 "인류 전체가 모든 일에서 하나님의 뜻 전체를 행하게 되기를" 기도해야 한다. 즉, 우리는 하나님의 뜻 성취를 수동적으로 기다리기만 하는 것이 아니라, "하나님의 뜻에 능동적으로 순응"함으로 하나님 나라를 구해야 한다.[312] 그럴 때 현재적 하나님 나라는 "이 세상의 삶을 바꿀" 가능성을 제공한다. 성결은 마지막 날에 하나님 앞에 설 수 없게 만드는 개인과 사회의 죄를 이기고 정화해 "개인의 삶"뿐 아니라 "역사"를 깨끗하게 할 것이기 때문이다.[313] 이 점에서 메소디스트 모임은 이 땅에서 하늘에 속한 사회적 관계를 만들어나가기를 노력한 "종말론적 공동체"였다는 헨리 나이트(Henry H. Knight III)의 분석은 적절하다.[314]

사회적 악의 문제를 해결하는 일에서 루터는 나라의 권위자에 의해 그들의 소명 안에서 집행되는 공적인 법의 역할을 강조했다면, 웨슬리의 윤리는 동일한 문제를 좀 더 개인적인 방식으로 접근한다. 웨슬리는 사회에서는 시민법이 인간의 죄를 외적으로 제어하는 일에 긍정적인 역할을 한다는 사실을 부분적으로 인정했다. 그러나 사회의 구성원인 개인을 그 타락한 상태에서 하나님의 형상으로 다시 회복시키지 않는다면, 사회의 개선은 한계에 봉착할 것이다.[315] 브렌들링거가 지적한 것처럼, 웨슬리는 "개인의 죄를 다수가 경험하면 그 죄는 사회적인 죄가 된다는 점에서" 각 개인이 다른 사람과 맺는 상호작용은 "사회 구조의 핵심"이 된다고 믿

310 ENNT Matt. 3:2.
311 설교, "부에 대하여", 서론. 4.
312 Runyon ed., *Sanctification and Liberation*, 10-11; 설교, "산상설교 (6)", III. 8-10.
313 Runyon ed., *Sanctification and Liberation*, 36-37.
314 Knight, *The Presence of God in the Christian Life*, 109.
315 설교, "생활방식의 개혁", II. 8.

었다.[316] 즉, 각 개인 속에 존재하는 "악이 불행의 근원"이다. 개인적 악이 그가 관계하는 사회적 관계 속에서 경제적 부정, 모반과 반역, 전쟁, 제국주의와 수탈, 사치와 신성모독 등 모든 사회적 악을 일으킨다. 따라서 사회 문제의 해결 방법이란 가장 먼저는 개인에게서부터 죄를 제거하는 하나님의 성결의 은혜여야 한다는 것이다.[317] 로버트 버트너(Robert W. Burtner)는 이러한 의미에서 비록 웨슬리가 "그리스도인의 사랑의 이름으로" 인간 삶에 만연한 "많은 사회적 죄악"을 매우 열정적으로 비난했지만, 그에게 그리스도인의 사회 윤리는 먼저 개인 안에서 이루어진 성결의 적용이자 확장이어야 한다고 주장했다.[318]

316 Brendlinger, *Social Justice Through the Eyes of Wesley*, 144; 설교, "국가적 죄와 비극들", 서론. 5; I.1.-II.7.
317 Brendlinger, *Social Justice Through the Eyes of Wesley*, 144; 설교, "국가적 죄와 비극들", II. 9-10.
318 Burtner and Chiles eds., *A Compend of Wesley's Theology*, 223.

나가는 말

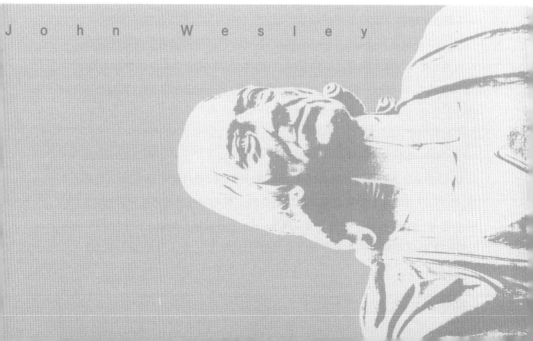

나가는 말

지금까지 우리는 마르틴 루터와 존 웨슬리의 신학을 그 각각의 신학 체계 안에서 고찰한 후, 각 주제에 관해 두 신학의 입장을 비교해 보았다. 이제 글을 마무리하면서 이 책에 대한 자평과 아쉬운 점, 앞으로 국내 신학과 교회의 발전을 위한 제언을 적어보고자 한다.

첫째, 지금까지 정리한 루터와 웨슬리 신학의 차이를 간단히 정리하면, 루터 신학은 그 전체 체계와 각 주제에서, 사람이 하나님 앞에서 행한 어떤 경건과 이웃을 위해 행한 어떤 선행도 구원의 방법이 될 수 없고, 인간 삶과 구원의 모든 것이 하나님의 은혜에 전적으로 의존하고 있음을 강조하는 신 중심성을 나타낸다. 이에 비해 웨슬리는 루터 신학의 신 중심적 동기를 전적으로 계승하면서도, 하나님의 은혜는 사람의 순종을 약화시키는 이유가 될 수 없고 오히려 순종의 동기와 능력, 목표를 부여함을 강조해, 루터가 가르친 하나님의 은총을 바탕으로 인간의 인격적 책임성과 성결의 가능성을 역설했다.

부정적인 측면에서 보면, 루터는 인간의 죄성이 율법 성취와 높은 영성을 빙자해 하나님께서 부여하시는 의를 의존하지 않고 자기 의를 내세워 하나님으로부터 독립을 추구하는 인간의 교만을 경계했다. 이에 비해 웨슬리는 루터와 동일하게 인간의 자기 의 추구를 경계하면서도, 동시에 인간의 죄성이 복음에 대한 신앙을 빙자해 태만과 방종, 거룩하지 못한 성품과 삶으로 나아가는 율법무용론을 경계했다.

이처럼 루터와 웨슬리 신학은 하나님의 은혜를 바르게 가르치고 성경적 교리와 실천으로 신자를 거룩함으로 이끌려는 동일한 목적 아래 서로를 보완한다. 심지어 이 책이 드러내는 루터와 웨슬리 신학의 대립적 요소조차도 역설적으로 그 대립을 통해 성경의 폭넓은 진리를 발견하는 일에서 우리가 가진 한계를 보완하는 긍정적 역할을 한다. 나는 오랜 시간 동안 루터와 웨슬리를 비교하면서 때로는 루터 신학이 주는 평안과 확신에 감사하고, 때로는 웨슬리가 가르친 성결의 진리가 더 나은 신앙으로 나아가게 하는 지침과 희망이 되어 감사했다. 목회자나 신학생, 평신도가 목회나 신앙에 관해 루터나 웨슬리 신학 입장에서 조언을 구할 때, 어떤 분은 루터에게서, 다른 분은 웨슬리에게서 더 큰 유익을 경험하는 경우를 자주 보아왔다. 루터와 웨슬리의 깊은 신앙적 체험, 신학적 통찰, 목회적 경험에서 오랫동안 축적된 지혜는 시대와 문화를 초월해 하나님의 백성에게 유익을 끼치는 것이다. 그래서 나는 목회자와 신학생, 평신도가 루터와 웨슬리를 함께 연구해 나간다면 그 유익은 매우 클 것이라 믿기에 앞으로도 그들 신학에 관한 연구를 게을리하지 않기를 바란다.

둘째, 서론에서 밝힌 것처럼 이 책은 루터와 웨슬리 신학의 공통분모에 초점을 맞춘 프란츠 힐데브란트의 『루터에서 웨슬리에게로』(*From Luther to Wesley*)와 달리 두 신학의 차이에 더 초점을 두었다. 따라서 어떤 독자는, 이 책이 루터가 하나님의 은혜를 대하는 인간의 자세와 책임성을 강조한 면이나, 웨슬리가 하나님의 은총을 구원과 거룩한 삶의 모든 것으로 강조한 면을 충분히 드러내지 못했다고 느낄 수 있을 것이다. 두 신학의 공통분모를 충분히 다루지 않은 결과, 루터에게서는 신 중심성을 지나치게 강조하고 웨슬리에게서는 인간의 책임을 지나치게 강조해 두 신학자의 간격을 지나치게 넓혀 놓은 것으로 보일 수 있을 것이다. 그러나 루터와 웨슬리 신학 사이에는 이 책이 제시하는 것보다 훨씬 큰 공통분모가 존재하는 것이 사실이다.

한편, 어떤 독자는 이 책이 현대의 독자를 지나치게 의식해 루터와 웨슬리 신학이 각각의 시대 속에서 가졌던 역할과 특징을 희석시켰다고 생각할 수도 있을 것이다. 즉, 루터에게서 성경적으로 균형 있는 가르침을 발견하기 원하는 현대의 독자를 만족시키기 위해, 하나님의 주권을 더 강조한 루터를 하나님의 주권과 인간의 책임 모두를 가르친 루터로 변질시킨 것으로 여길 수 있다. 웨슬리의 경우, 타 신학 전통으로부터의 오해와 비난에서 그를 변호하려는 현대의 독자를 만족시키기 위해, 실제는 좀 더 가톨릭적이고 율법주의적이었던 웨슬리를 억지로 종교개혁적 은총의 신학자로 변모시킨 것으로 여길 수 있을 것이다. 다른 독자는 그와 반대로, 웨슬리가 실제로는 종교개혁 신학의 많은 부분을 계승했음에도, 종교개혁자의 후예인 현대 개신교회가 가진 많은 문제점을 의식해, 종교개혁 신학과의 차별화를 억지로 시도한 것으로 여길 수도 있을 것이다.

루터와 웨슬리를 평가하는 기준을 그들이 사역했던 당시의 정황에 두는지, 오늘 우리 시대의 상황에 두는지에 따라 이 책에 대한 독자의 평가는 달라질 수 있을 것이라고 생각한다. 나는 이 책이 현대 개신교가 가진 많은 약점을 이해하고 그것을 교정하려는 목표를 가지면서도, 동시에 루터와 웨슬리 신학이 당대의 시대 속에서 가졌던 역할과 특징을 충분히 드러낸 것이기를 기대한다. 그렇더라도 이 책은 내용과 형식 모두에서 완벽하지 않기에 독자의 어떤 판단과 비평, 의견도 저자에게 중요한 가치가 있고, 또 앞으로 이 책을 수정·보완하는 데 큰 도움이 될 것이라 믿는다.

셋째, 출판을 위해 책의 수정과 보완을 마무리하지만, 여전히 이 책의 내용과 분량으로는 루터와 웨슬리의 신학을 충분히 소개하고 비교하는 데 많은 부족함을 느낀다. 사실 조직신학의 주요 주제에 관한 두 신학의 비교는 단권의 책 속 각 장(chapter)으로는 불가능하고, 동일 주제에 관해 쓰인 다양한 단행본 비교를 통해 이루어지는 것이 바람직할 것이다. 그러나 국내 신학계가 지금까지 축적한 연구 자료만으로는 사실상 그런 연구가 쉽지 않다. 무엇보다 연구자료가 제한되어 있기 때문이다. 국내 칼빈 신학 자료는 비교적 풍부하고, 루터 신학 자료는 종교개혁 500주년을 기점으로 상당히 쏟아져 나오고 있으나, 유독 웨슬리 신학계에서는 자료 확충이 매우 지지부진한 실정이다. 국내 웨슬리안 교단과 신학교의 무관심 속에서 웨슬리의 훌륭한 영적 신학이 적어도 국내에서만큼은 사장되어 교회를 살리는 원천과 토대가 되지 못하고 있다.

현재 국내의 개신교회는 내부적으로 영적·도덕적 타락을 극복하고, 외부적으로 불신과 혐오를 극복해 다시금 구원의 방주와 사회의 빛과 소금으로서 위치를 회복해야 할 시대적 사명을 가지고 있다. 이런 때일수록 하나님께서 교회의 개혁과 부흥을 위해 위대하게 사용하신 적이 있는 종교개혁 신학과 웨슬리 신학은 오늘의 교회 갱신과 성숙을 이끌 매우 중요한 영적 원천이 될 수 있다. 그런 점에서 특히 국내의 웨슬리안 교단과 신학교는 조직신학 주제별 단행본 서적조차 거의 전무한 상태에 있는, 웨슬리 신학 자료의 현실을 이대로 방치하지 말고, 연구자료의 확충 및 그중에서도 특히 해외에는 엄청난 분량으로 축적되어 있는 훌륭한 연구서를 번역·출판하는 일에 큰 관심을 가져주기를 간곡히 요청드린다. 한국 교회가 웨슬리 신학을 유용하게 활용해볼 기회조차 갖지 못한 채 그 힘을 잃는 불행한 일이 일어나는 것이 아니라, 하나님께서 웨슬리 신학을 도구로 사용하셔서 한국 교회를 거룩하게 회복시켜 주시기를 간절히 기도드린다.

참고문헌

I. 1차 자료

1. 마르틴 루터

마르틴 루터. 『루터 선집』 (총 12권). 지원용 편. 서울: 컨콜디아사, 1981-1989.

마르틴 루터. 『대교리문답』. 최주훈 역. 서울: 복 있는 사람, 2017.

Luther, Martin. *Luther's Works*. eds. Jaroslav Pelikan and Helmut T. Leh-mann. 55 vols. Saint Louis: Concordia / Philadelphia: Fortress, 1955-86.

Plass, Ewald M., ed. *What Luther Says, an Anthology*. 3 vols. Saint Louis: Concordia Pub. House, 1959.

Tappert, Theodore G., tr. and ed. *The Augsburg Confession: Translated from Latin*. Philadelphia: Fortress Press, 1959.

_____., tr. and ed. *The Book of Concord: the Confessions of the Evangelical Lutheran Church*. Philadelphia: Fortress Press, 1959.

2. 존 웨슬리

한국웨슬리학회 편. 『웨슬리설교전집』 (총 7권). 서울: 대한기독교서회, 2006.

Burtner, Robert W. and Robert E. Chiles, eds. *A Compend of Wesley's Theology*. New York & Nashville: Abingdon Press, 1954.

Cragg, Gerald R., ed. *The Works of John Wesley*. Bicentennial ed. vol. 11: *The Appeals to Men of Reason and Religion and Certain Related Open Letters*. Nashville: Abingdon Press, 1975.

Curnock, Nehemiah, ed. *The Journal of Rev. John Wesley*. 8 vols. London: Epworth Press, 1909-1916.

Hurley, Michael, ed. *John Wesley's Letter to a Roman Catholic*. London: G. Chapman, 1968.

Jackson, Thomas, ed. *The Works of Rev. John Wesley*. 14 vols. London: Wesleyan Methodist Book Room, 1829-1831. Reprinted Grand Rapids: Baker Book House, 1978.

Outler, Albert C., ed. *John Wesley*. New York: Oxford University Press, 1964.

_____., ed. *The Works of John Wesley*. Bicentennial ed. vols. 1-4: Sermons. Nashville: Abingdon Press, 1984-1987.

Outler, Albert C., and Richard P. Heitzenrater, eds. *John Wesley's Sermons: An Anthology*. Nashville: Abingdon Press, 1991.

Sugden, Edward H., ed. *Wesley's Standard Sermons*. 2 vols. London: Epworth

Press, 1951.

Telford, John, ed. *The Letters of the Rev. John Wesley.* 8 vols. London: Epworth Press, 1931.

Wesley, John. *Explanatory Notes upon the New Testament.* Grand Rapids: Baker Book House, 1987.

_____. *Explanatory Notes upon the Old Testament.* 3 vols. Salem, OH: Schmul Publishers, 1975.

_____. *A Plain Account of Christian Perfection.* London: Epworth Press. Philadelphia: Trinity Press International, 1990.

3. 그 외

존 칼빈. 『칼빈의 예정론』. 한국칼빈주의연구원 편역. 서울: 기독교문화협회, 1986.

Aquinas, Thomas. *Summa Theologica.* tr. Fathers of the English Dominical Province. 5 vols. New York: Benziger Brothers, 1948.

Augustine. *Confessions. NPNF.* vol. II. ed. Philip Schaff. Grand Rapids: Wm. B. Eerdmans, 1956.

_____. *De civitate Dei* (City of God). *NPNF.* vol. II. ed. Philip Schaff. Grand Rapids: Wm. B. Eerdmans, 1956.

_____. *De Trinitate* (On the Trinity). *NPNF.* vol. III. ed. Philip Schaff. Grand Rapids: Wm. B. Eerdmans, 1956.

_____. *On Grace and Free Will. NPNF.* vol. V. ed. Philip Schaff. Grand Rapids: Wm. B. Eerdmans, 1956.

Burnet, Gilbert. *An Exposition of the Thirty-Nine Articles of the Church of England by Gilbert, Bishop of Sarum,* ed. James R. Page. New York: D. Appleton and Company, 1866.

Mcneil, John. T., ed. *Calvin: Institutes of the Christian Religion.* Louisville: Westminster Press, 1960.

II. 2차 자료

1. 마르틴 루터

단행본 및 연구 논문

기독교고전총서 제9권,『중세 초기 신학』. 서울: 두란노아카데미, 2011.
루이스 벌코프.『벌코프 조직신학』. 권수경, 이상원 공역. 서울: 크리스천다이제
　　스트, 2009.
마이클 호튼.『언약적 관점에서 본 개혁주의 조직신학』. 이용중 역. 서울: 부흥과
　　개혁사, 2012.
로이드 존스.『부흥』. 정상윤 역. 서울: 복 있는 사람, 2011.
_____.『성령세례』. 정원태 역. 서울: 기독교문서선교회, 2010.
_____.『청교도 신앙: 그 기원과 계승자들』. 서문강 역. 서울: 생명의말씀사,
　　2000.
아더 C. 쿠스탕스.『칼빈의 교리신학』. 한국칼빈주의연구원 편역. 서울: 기독교문
　　화협회, 1986.
알리스터 맥그래스.『루터의 십자가 신학』. 정진오, 최대열 공역. 서울: 컨콜디아
　　사, 2006.
앨리스터 맥그래스.『신학의 역사: 교부시대에서 현대까지 기독교 사상의 흐름』.
　　소기천 외 3인 공역. 서울: 지와 사랑, 2013.
앤서니 후크마.『개혁주의 구원론』. 이용중 역. 서울: 부흥과개혁사, 2012.
에밀 두메르그.『칼빈 사상의 성격과 구조』. 이오갑 역. 서울: 대한기독교서회,
　　1995.
유창형. "죄사함과 의의 전가를 중심으로 한 칼빈의 칭의론과 그 평가". 성경과 신
　　학. 제52권(2009): 1-35.
장기영. "인간의 죄에 대한 제어로서 하나님의 숨어계심: 루터의 종교개혁사상의
　　현대적 적용". 한국교회사학회지. 44호(2016): 67-108.
_____. "루터의 성화의 장치: 한국 개신교의 종교개혁 메시지 왜곡에 대한 종교
　　개혁자의 교정". 한국교회사학회지. 47호(2017): 245-283.
_____. "구원 받은 신자는 창조세계를 선물로 받는다: 루터의 창조세계 긍정과
　　신자의 일상적 삶의 책임". 한국교회사학회지. 50호(2018): 7-42.
정성욱 편.『칼빈과 복음주의 신학』. 서울: 부흥과개혁사, 2011.
존 스토트.『성령세례와 충만』. 김현희 역. 서울: IVF, 2002.
프랑수아 방델.『칼빈: 그의 신학 사상의 근원과 발전』. 김재성 역. 서울: 크리스천
　　다이제스트, 1999.
피터 브라운.『아우구스티누스』. 정기문 역. 서울: 새물결플러스, 2012,
필립 샤프.『교회사 전집 7: 독일 종교개혁』. 박종숙 역. 서울: 크리스천다이제스
　　트, 2010.
최덕성. "존 웨슬리의 이단 관용정신". 제31차 한국복음주의조직신학회 정기논문

발표회 자료집: 26-41.

Althaus, Paul. *The Theology of Martin Luther*. Philadelphia: Fortress Press, 1966.

_____. *The Ethics of Martin Luther*. Philadelphia: Fortress Press, 1972.

Arand, Charles P. "Luther on the God behind the First Commandment." *LQ* 8 (1994): 397-423.

Auleìn, Gustaf. *Christus Victor: An Historical Study of the Three Main Types of the Idea of the Atonement*. London: S.P.C.K., 1970.

Badcock, Gary D. *Light of Truth and Fire of Love: A Theology of the Holy Spirit*. Grand Rapids: Wm. B. Eerdmans, 1997.

Bainton, Roland H. *Here I Stand: A Life of Martin Luther*. Tring: Lion Publishing plc, 1987.

Bayer, Oswald. *Freedom in Response: Lutheran Ethics. Sources and Controversies*. tr. Jeffrey F. Cayzer. Oxford: Oxford University Press, 2007.

_____. *Martin Luther's Theology: A Contemporary Interpretation*. Grand Rapids: Wm. B. Eerdmans, 2008.

_____. "I Believe That God Has Created Me With All That Exists: An Example of Catechetical-Systematics." *LQ* (Summer 1994): 129-161.

Beach, J. Mark. "The Real Presence of Christ in the Preaching of the Gospel: Luther and Calvin on the Nature of Preaching." *Mid-America Journal of Theology* 10 (1999): 77-134.

Becker, Siegbert W. *The Foolishness of God: The Place of Reason in the Theology of Martin Luther*. Milwaukee, WI: Northwestern Pub. House, 1982.

Beecroft, Mason and J. Scott Horrel. "Review of Union with Christ: The New Finnish Interpretation of Luther." *Bibliotheca Sacra* 157 (April-June 2000): 250-251.

Bell, Theo M.M.A.C. "Man Is a Microcosmos: Adam and Eve in Luther's *Lectures on Genesis* (1535-1545)." *CTQ* 69:2 (April 2005): 159-184.

Bienert, Wolfgang A. "The Patristic Background of Luther's Theology." *LQ* 9 (1995): 263-279.

Boer, Theo A. "Is Luther's Ethics Christian Ethics?" *LQ* 21:4 (2007): 404-421.

Bornkamm, Heinrich. *Luther's World of Thought*. Saint Louis: Concordia Pub. House, 1958.

_____. *Luther's Doctrine of the Two Kingdoms in the Context of His Theology*. Philadelphia: Fortress Press, 1966.

_____. *Luther and the Old Testament*. Philadelphia: Fortress Press, 1969.

Boutot, M. Hopson. "How Did Luther Preach? A Plea for Gospel-Dominated Preaching." *CTQ* 81 (2017): 95-118.

Braaten, Carl E., and Robert W. Jenson, eds. *Union with Christ: The New Finnish Interpretation of Luther*. Grand Rapids: Wm. B. Eerdmans, 1998.

Carlson, Arnold E. "Luther and the Doctrine of the Holy Spirit." *LQ* 11 (May

1959): 135-146.

Carson, D. A., "The Vindication of Imputation: On Fields of Discourse and Semantic Fields," in *Justification: What's at Stake in the Current Debates*, ed. Mark Husbands and Daniel J. Treier (Downers Grove: InterVarsity Press, 2004): 46-78.

Clark, R. Scott. "*Iustitia Imputata Christi*: Alien or Proper to Luther's Doctrine of Justification." *CTQ* 70 (2006): 269-310.

Dorman, Ted. "Review of Union with Christ: The New Finnish Interpretation of Luther." *First Things* 98 (December 1999), 49-53.

Ebeling, Gerhard. *Luther: An Introduction to His Thought*. Philadelphia: Fortress Press, 1970.

_____. *Word and Faith*. Philadelphia: Fortress Press, 1963.

Edwards Jr., Mark U. *Luther and the False Brethren*. Stanford, CA: Stanford University Press, 1975.

Elert, Werner. *Law and Gospel*. Philadelphia: Fortress Press, 1967.

Engelbrecht, Edward A. *Frends of the Law: Luther's Use of the Law for Christian Life*. St. Louis: Concordia Publishing House, 2011.

Forde, Gerhard O. *A More Radical Gospel: Essays on Eschatology, Authority, Atonement, and Ecumenism*. eds. Mark C. Mattes and Steven D. Paulson. Grand Rapids: Wm. B. Eerdmans, 2004.

_____. *The Law-Gospel Debate: An Interpretation of Its Historical Development*. Minneapolis: Augsburg, 1968.

_____. *Where God Meets Man: Luther's Down-to-Earth Approach to the Gospel*. Minneapolis: Augsburg, 1972.

_____. *On Being a Theologian of the Cross: Reflections on Luther's Heidelberg Disputation, 1518*. Grand Rapids: Wm. B. Eerdmans, 1997.

_____. *The Preached God: Proclamation in Word and Sacrament*. Grand Rapids: Wm. B. Eerdmans, 2007.

_____. *The Captivation of the Will: Luther Vs. Erasmus on Freedom and Bondage*. Grand Rapids: Wm. B. Eerdmans, 2005.

Forell, George Wolfgang. *Faith Active in Love: An Investigation of the Principles Underlying Luther's Social Ethics*. New York: American Press, 1954.

_____. "Justification and Eschatology in Luther's Thought." *Church History* 38:2 (1969): 164-174.

Gerrish, B. A. *Grace and Reason: A Study in the Theology of Luther*. Oxford: Clarendon Press, 1962.

_____. *The Old Protestantism and the New: Essays on the Reformation Heritage*. Chicago: University of Chicago Press, 1982.

_____. "Priesthood and Ministry in the Theology of Luther." *Church History* 34:4 (December 1965): 404-422.

Gritsch, Eric W. "The Worldly Luther: Wholistic Living." *Word & World* 3/4

(1983): 355-363.

Grobien, Gifford. "A Lutheran Understanding of Natural Law in the Three Estates." *CTQ* 73 (2009), 211-229.

Han, S. J. "An Investigation into Calvin's Use of Augustine." *Acta Theologica Supplementum* vol. 10 (2008): 70-83.

Headley, John M. *Luther's View of Church History*. New Haven: Yale University Press, 1963.

Hebblethwaite, Brian. *The Christian Hope*. New York: Oxford University Press, 2010.

Heckel, Johannes. *Lex Charitatis: A Juristic Disquisition on Law in the Theology of Martin Luther*. tr. and ed. Gottfried G. Krodel. Grand Rapids: Wm. B. Eerdmans, 2010.

Heinz, Johann. *Justification and Merit: Luther vs. Catholicism*. Eugene, OR: Wipf and Stock Publishers, 2002.

Hendrix, Scott H. "Luther on Marriage." *LQ* 14 (2000): 335-350.

Jastram, Nathan. "Man as Male and Female: Created in the Image of God." *CTQ* 68:1 (Jan. 2004): 5-96.

Ji, Won Yong. "The Work of the Holy Spirit and the Charismatic Movement, from Luther's Perspective." *CJ* 11:6 (Nov. 1985): 204-213.

Johnson, Dale A. "Luther's Understanding of God." *LQ* 16:1 (Feb. 1964): 59-69.

Kirwan, Christopher. *Augustine*. London, New York: Routledge, 1989.

Kleinig, John W. "Luther on the Reception in God's Holiness." *Pro Ecclesia* 17:1 (Winter 2008): 76-91.

_____. "Where is Your God? Luther on God's self Localization." Dean O Wenthe et. al. eds. *All Theology Is Christology. Essays in Honor of David P. Scaer.* Indiana: Concordia Theological Press, 2000: 117-131.

Kolb, Robert. "Luther on the Theology of the Cross." *LQ* 16:4 (Winter 2002): 443-466.

Laato, Timo. "Justification: The Stumbling Block of the Finnish Luther School." *CTQ* 72 (2008): 327-346.

Lee, Jeha. "A New Interpretation of Faith Active in Love in Martin Luther." *Mission and Theology* 21 (2011): 41-67.

Lienhard, Marc. *Luther, Witness to Jesus Christ: Stages and Themes of the Reformer's Christology*. Minneapolis: Augsburg Pub. House, 1982.

Lindberg, Carter H. *Beyond Charity: Reformation Initiatives for the Poor*. Minneapolis: Fortress Press, 1993.

Lohse, Bernhard. *Martin Luther's Theology: Its Historical and Systematic Development*. tr. Roy A. Harrisville. Edinburgh: T & T Clark, 1999.

Lowe, Mary E. "Sin from a Queer, Lutheran Perspective." ed. Mary J. Streufert, *Transformative Lutheran Theologies: Feminist, Womanist, and Mujerista*

Perspectives. Minneapolis: Fortress Press, 2010: 71-86.

MacKenzie, Cameron. A. "The Origins and Consequences of Original Sin in Luther's Bondage of the Will." *CJ* 31:4 (Oct. 2005): 384-397.

Malcom, Lois. "A Hidden God Revisited: Desecularization, the Depths, and God's Sort of Seeing." *Dialog* 40 (Sept. 2001): 183-191.

Mann, Jeffrey K. "Luther and the Holy Spirit: Why Pneumatology Still Matters." *Currents in Theology and Mission* 34:2 (2007): 111-116.

Mannermaa, Tuomo. *Christ Present in Faith: Luther's View of Justification*. ed. Kirsi Irmeli Stjerna. Minneapolis: Fortress Press, 2005.

Martinus Luther: 450th Anniversary of the Reformation. Bad Godesberg: Inter Nationes, 1967.

McDonough, Thomas M. *The Law and the Gospel in Luther: A Study of Martin Luther's Confessional Writings*. London: Oxford University Press, 1963.

McGrath, Alister E. *Iustitia Dei*, vol. 1. Cambridge: Cambridge University Press, 1986.

_____. *Luther's Theology of the Cross: Martin Luther's Theological Breakthrough*. Oxford, New York: B. Blackwell, 1985.

_____. "The Moral Theory of the Atonement: An Historical and Theological Critique." *Scottish Journal of Theology* 38 (1985): 205-220.

McKim, Donald K. *The Cambridge Companion to Martin Luther*. Cambridge; New York: Cambridge University Press, 2003.

Nestingen, James A. "The Lord's Prayer in Luther's Catechism." *Word & World* 22:1 (Winter 2002): 36-48.

Niebuhr, H. Richard. *The Social Sources of Denominationalism*. New York: Henry Holt & Co., 1929.

Niebuhr, Reinhold. *The Nature and Destiny of Man*, vol. 2 *Human Destiny*. London: Nisbet & Co. LTD., 1943.

Noble, T. A. "Doctrine of Original Sin in the Evangelical Reformers." *European Explorations in Christian Holiness* 2 (2001): 70-87.

Nygren, Anders, *Agape and Eros*. tr. Philip S. Watson. London: SPCK, 1953.

Oberman, Heiko Augustinus. *Forerunners of the Reformation: The Shape of Late Medieval Thought*. New York: Holt, 1966.

_____. *The Harvest of Medieval Theology: Gabriel Biel and Late Medieval Nominalism*. Grand Rapids: Wm. B. Eerdmans, 1967.

_____. *Luther: Man Between God and the Devil*. tr. Eileen Walliser-Schwarzbart. New York: Image Books, 1992.

_____. "*IUSTITIA CHRISTI* and '*IUSTITIA DEI*': Luther and the Scholastic Doctrines of Justification." *Harvard Theological Review* 59:1 (January 1966): 1-26.

Ozment, Steven E. *The Age of Reform (1250-1550): An Intellectual and Religious History of Late Medieval and Reformation Europe*. New Haven: Yale University Press, 1981.

Pelikan, Jaroslav. *Luther the Expositor*. St. Louis: Concordia, 1959.

Peterson, Rober A. & Michael D. Williams, *Why I Am Not An Arminian*. Downers Grove, IL: InterVarsity Press, 2004.

Pinomaa, Lennart. *Faith Victorious: an Introduction to Luther's Theology*. Philadelphia: Fortress Press, 1963.

Prenter, Regin. *Spiritus Creator*. Philadelphia: Muhlenberg Press, 1953.

Rasmussen, Larry. "Luther and a Gospel of Earth." *Union Seminary Quarterly Review* 51:1-2 (1997): 1-28.

Root, Michael. "Aquinas, Merit, and Reformation Theology after the Joint Declaration on the Doctrine of Justification." *Modern Theology* 20:1 (January 2004): 5-21.

Reu, Johann Michael. *Luther and the Scriptures*. Columbus, OH: The Wartburg Press, 1944 [Reprint: St. Louis: Concordia Publishing House, 1980].

Rupp, E. Gordon. *The Righteousness of God: Luther Studies*. London: Hodder and Stoughton, 1953.

Scaer, David P. "Luther on Prayer." *CTQ* 47:4 (Oct. 1983): 305-316.

Schaff, Philip. *History of the Christian Church*. 6 vols. Grand Rapids: WM. B. Eerdmans Pub. Co., 1910.

Shelton, R. Larry. *Cross and Covenant: Interpreting the Atonement for 21st Century Mission*. Tyrone, GA: Paternoster, 2006.

Siggins, Ian D. Kingston. *Martin Luther's Doctrine of Christ*. New Haven: Yale University Press, 1970.

Steinmetz, David C. *Luther in Context*. Grand Rapids: Baker Academic, 2002.

Stephenson, Bret and Susan Power Bratton. "Martin Luther's Understanding of Sin's Impact on Nature and the Unlanding of the Jew." *Ecotheology* 9 (2000): 84-102.

Streufert, Mary J. *Transformative Lutheran Theologies: Feminist, Womanist, and Mujerista Perspectives*. Minneapolis: Fortress Press, 2010.

Vickers, Brian J., *Jesus' Blood and Righteousness: Paul's Theology of Imputation*. Wheaton, IL: Crossway, 2006.

Vogel, Lawrence M. "A Third Use of the Law: Is the Phrase Necessary?" *CTQ* 69:3-4 (2005): 191-220.

Vogel, Winfried. "The Eschatological Theology of Martin Luther, Part 1: Luther's Basic Concepts." *Andrews University Seminary Studies* 24:3 (Autumn 1986): 249-264.

Warfield, B. B. *Counterfeit Miracles*. Edinburgh: Banner of Truth Trust, 1983[1918].

Watson, Philip S. *Let God Be God: An Interpretation of the Theology of Martin Luther*. Philadelphia: Fortress Press, 1947.

Weeter, Mark L. *John Wesley's View and Use of Scripture*. Eugene, OR: Wipf &

Stock, 2007.

Wengert, Timothy J. *Harvesting Martin Luther's Reflections on Theology, Ethics, and the Church*. Grand Rapids: Wm. B. Eerdmans, 2004.

_____. "Buindling on the One Foundation with Straw: Martin Luther and the Epistle of James." *Word & World* 35, no. 3 (2015): 251–261.

_____. "Fear and Love in the Ten Commandments." *CJ* 21.1 (1995): 14-27.

Wingren, Gustaf. *Luther on Vocation*. Philadelphia: Muhlenberg Press, 1957.

Wood, Arthur Skevington. *Captive to the Word: Martin Luther, Doctor of Sacred Scripture*. London: Paternoster, 1969.

Yeago, David S. "Martin Luther on Grace, Law, and Moral Life." *The Thomist* 62:2 (1998): 163-191.

Yule, George. *Luther: Theologian for Catholics and Protestants*. Edinburgh: T. & T. Clark, 1985.

Zachman, Randall C. *The Assurance of Faith: Conscience in the Theology of Martin Luther and John Calvin*. Minneapolis: Fortress Press, 1993.

학위 논문

Choi, Inho. "Historical Studies on *Ratio* in Luther: Comparison and Analysis of Luther's Two Commentaries on Galatians of 1519 and 1535." Ph.D. dissertation, Luther Seminary, 2004.

Kim, Joo-Han. "Personal Piety and the Common Good: Luther's Interpretation of the Sermon on the Mount and his Two Kingdoms Doctrine." Ph.D. dissertation, Boston University, 1999.

Kim, Sun-Young. "Luther on Faith and Love: The Overriding Thematic Pair in the Dynamics of Christ and the Law in the 1535 Galatians Commentary." Ph.D. dissertation, Princeton Theological Seminary, 2008.

Kvam, Kristen E. "Luther, Eve, and Theological Anthropology: Reassessing the Reformer's Response to the 'Frauenfrage'." Ph.D. dissertation, Emory University, 1992.

Lee, Jeha. "Love or Theosis? A Critique of Tuomo Mannermaa's 'New Paradigm' of Lurther's Concept of Love in his Commentary on The First Epistle of John (1527)." Ph.D. dissertation. Boston University, 1991.

Mann, Jeffrey K. "Shall We Sin?: The Influence of the Antinomian Question in Lutheran Theology." Ph.D. dissertation. Vanderbilt University, 2001.

2. 존 웨슬리

단행본 및 연구 논문

김홍기. "존 웨슬리의 선재적 은총 이해". 신학과 세계. 서울: 감리교신학대학교, 1996: 112-165.

데이비드 햄튼.『성령의 제국 감리교』. 이은재 역. 서울: 기독교문서선교회, 2009.

데일 M. 요컴.『기독교 신조 대조: 칼빈신학과 알미니안신학의 비교연구』. 손택구 역. 서울: 예수교대한성결교회 출판부, 1988.

리처드 개핀 외.『기적의 은사는 오늘날에도 있는가』. 이용중 역. 서울: 부흥과개혁사, 2009.

모튼 T. 켈시.『치유와 기독교』. 배상길 역. 서울: 대한기독교출판사, 2000.

박창훈,『존 웨슬리, 역사비평으로 읽기』. 서울: 대한기독교서회, 2007.

_____.『존 웨슬리, 사회비평으로 읽기』. 서울: 대한기독교서회, 2014.

_____. "오해와 설득: 올더스게이트(Aldersgate) 체험 이후의 발전과 그 의미." 역사신학논총. 제17권(2009): 59-88.

_____. "존 웨슬리 신학의 급진성: 기존 신학과 거리 두기." 한국복음주의역사신학회. 제122차 학술대회 자료집(2014. 03. 22): 223-234.

서울신학대학교 글로벌사중복음연구소 편저.『글로벌신학과 사중복음』. 서울: 한들출판사, 2015.

윌리엄 M. 그레이트 하우스.『웨슬레 신학 원류』. 김용련 역. 서울: 생명줄, 1987.

이선희. "John Wesley의 산상수훈 설교에 관한 연구". 한국조직신학논총. 제37집(2013): 249-282.

_____. " 웨슬리신학은 소위 '복음적 신인협동설'이 아니다." http://www.kmctimes.com/news/articleView.html?idxno=9190

이후정. "닛사의 그레고리의 '완전' 이해." 세계의 신학. 15(1992): 27-46.

_____. "마카리우스의 변모영성과 존 웨슬리." 신학과 세계. 57(2006): 74-91.

장기영. "자유의지와 노예의지, 그 분기점으로 웨슬리의 선행은총론." 신학과 선교. 제45권(2014): 137-182.

조종남.『요한 웨슬레의 신학』. 서울: 대한기독교서회, 1993.

존 N. 오스왈트. "이사야서에 나타난 성결." 서울신학대학교 제11회 카우만 기념강좌 자료집(2013): 3-34.

프레드 샌더스.『웨슬리가 말하는 그리스도인의 삶: 사랑으로 새로워진 마음』. 이근수 역. 서울: 아바서원, 2015.

케네스 콜린스.『성경적 구원의 길: 존 웨슬리 신학의 정수』. 장기영 역. 서울: 새물결플러스, 2017.

_____.『존 웨슬리 톺아보기: 그의 삶과 신학 여정』. 이세형 역. 서울: 신앙과지성사, 2016.

하워드 A. 스나이더. "웨슬리 신학에서 섭리와 고통." 서울신학대학교 제14회 카우만 기념강좌 자료집(2016): 40-78.

한영태. 『삼위일체와 성결』. 서울: 성광문화사, 1992.

_____. 『그리스도인의 성결』. 서울: 성광문화사, 2012.

Arminius, James. *The Writings of James Arminius*. 3 vols. Grand Rapids, MI: Baker Book House, 1956.

Arnett, William M. "The Role of the Holy Spirit in Entire Sanctification in the Writings of John Wesley." *WTJ* 14:2 (Fall 1979): 15-30.

Baker, Frank. *John Wesley and the Church of England*. London: Epworth Press, 1970.

Ball-Kilbourne, Gary L. "The Christian as Steward in John Wesley's Theological Ethics." *Quarterly Review* 4:1 (Spring 1984): 43-54.

Bassett, Paul M. & Wiilam M. Greathouse, *Exploring Christian Holiness II: The Historical Development*. Kansas City: Beason Hill Press, 1985.

Brendlinger, Irv A. *Social Justice Through the Eyes of Wesley: John Wesley's Theological Challenge to Slavery*. Ontario: Joshua Press, 2006.

Brown, Dale W. "The Wesleyan Revival from a Pietist Perspective." *WTJ* 24 (1989): 7-17.

Bryant, Barry E. "John Wesley on the Origins of Evil." *WTJ* 30:1 (Spring 1995): 111-133.

Burtner, Robert W. and Robert E. Chiles eds., *A Compend of Wesley's Theology*. Nashville TN: Abingdon Press, 1954.

Cannon, William Ragsdale. *The Theology of John Wesley: With Special Reference to the Doctrine of Justification*. New York, Nashville: Abingdon-Cokesbury Press, 1946.

Carter, Charles W., R. Duane Thompson, and Charles R. Wilson, eds. *A Contemporary Wesleyan Theology: Biblical, Systematic, and Practical*. 2 vols. Grand Rapids: Francis Asbury Press, 1983.

Clapper, Gregory Scott. *John Wesley on Religious Affections: His Views on Experience and Emotion and Their Role in the Christian Life and Theology*. Metuchen, NJ: Scarecrow Press, 1989.

Cobb, John B. *Grace and Responsibility: A Wesleyan Theology for Today*. Nashville: Abingdon Press, 1995.

Collins, Kenneth J. *A Faithful Witness: John Wesley's Homiletical Theology*. Wilmore, KY: Wesley Heritage Press, 1993.

_____. *John Wesley: A Theological Journey*. Nashville: Abingdon Press, 2003.

_____. *The Scripture Way of Salvation: The Heart of John Wesley's Theology*. Nashville: Abingdon Press, 1997.

_____. *The Theology of John Wesley: Holy Love and the Shape of Grace*. Nashville: Abingdon Press, 2007.

_____. "John Wesley's Platonic Conception of the Moral Law". *WTJ* 21 (1986): 116-128.

Collins, Kenneth J. & Christine L. Johnson, "From The Garden to the Gallows: The Significance of Free Grace in the Theology of John Wesley," *WTJ* 48, no. 2 (2013): 7-29.

Colon-Emeric, Edgardo Antonio. *Wesley, Aquinas, and Christian Perfection: An Ecumenical Dialogue*. Waco, TX: Baylor University Press, 2009.

Coppedge, Allan. *John Wesley in Theological Debate*. Wilmore, KY: Wesley Heritage Press, 1987.

Cox, Leo G. *John Wesley's Concept of Perfection*. Kansas City: Beacon Hill Press, 1964.

_____. "John Wesley's View of Martin Luther." *Bulletin of the Evangelical Theological Society* 7:3 (Summer 1964): 83-90.

Cunningham, Joseph W. *John Wesley's Pneumatology: Perceptible Inspiration*. Ashgate Methodist Studies, 2014.

Deasley, Alex R. G. "Entire Sanctification and the Baptism with the Holy Spirit: Perspectives on the Biblical View of the Relationship." *WTJ* 14:1 (Spring 1979): 27-44.

Deschner, John. *Wesley's Christology: An Interpretation*. Grand Rapids: Francis Asbury Press, 1988.

Dorman, Ted M. "Forgiveness of *Past* Sins: John Wesley on Justification: A Case Study Approach." *Pro Ecclesia* 10, no 3(Summer 2001): 275-294.

Dreyer, Frederick. *The Genesis of Methodism*. Bethlehem, PA: Lehigh University Press, 1999.

_____. "John Wesley: ein englischer Pietist." *MH* 15 (2001-02): 71-84.

English, John C. "References to St. Augustine in the Works of John Wesley." *Asbury Theological Journal* 60:2 (Fall 2005): 5-24.

Geiger, Kenneth ed. *Further Insights into Holiness*. Kansas City, MO: Beacon Hill, 1963.

Hambrick, Matthew and Lodahl, Michael. "Responsible Grace in Christology? John Wesley's Rendering of Jesus in the Epistle to the Hebrews." *WTJ* 43 (Spring 2008): 86-101.

Hammond, Geordan. "John Wesley and 'Imitating' Christ." *WTJ* 45:1 (2010): 197-212.

Hildebrandt, Franz. *From Luther to Wesley*. London: Lutterworth Press, 1951.

Hynson, Leon O. *To Reform the Nation: Theological Foundations of Wesley's Ethics*. Grand Rapids: Francis Asbury Press, 1984.

_____. "Christian Love: The Key to Wesley's Ethics." *MH* 14 (October 1975): 44-55.

Jennings, Daniel R. *The Supernatural Occurrences of John Wesley*. Oklahoma City: Sean Multimedia, 2005.

Jones, Scott J. *John Wesley's Conception and Use of Scripture.* Nashville: Kingswood Books, 1995.

Kevan, Ernest Frederick. *The Grace of Law: A Study in Puritan Theology*. London: Carey Kingsgate Press, 1964.

Knight, Henry H. *The Presence of God in the Christian Life: John Wesley and the Means of Grace*. Metuchen, NJ: Scarecrow Press, 1992.

Lee, Umphrey, *John Wesley and Modern Religion*. Nashville: Cokesbury Press, 1936.

Lindström, Harald. *Wesley and Sanctification: A Study in the Doctrine of Salvation*. Nashville: Abingdon Press, 1946.

Logan, James C. ed. *Theology and Evangelism in the Wesleyan Heritage*. Nashville: Kingswood Books, 1994.

Long, D. Stephen. *John Wesley's Moral Theology: The Quest for God and Goodness*. Nashville: Kingswood Books, 2005.

Lyon, Robert W. "Baptism and Spirit Baptism in the New Testament." *WTJ* 14:1 (Spring 1979): 14-26.

Maddox, Randy L., ed. *Rethinking Wesley's Theology for Contemporary Methodism*. Nashville: Kingswood Books, 1998.

_____. *Responsible Grace: John Wesley's Practical Theology*. Nashville: Kingswood Books, 1994.

_____. "Responsible Grace: The Systematic Perspective of Wesleyan Theology." *WTJ* 19:2 (1984): 7-22.

_____. "The Rule of Christian Faith, Practice, and Hope: John Wesley on the Bible." *Methodist Review* 3 (2011): 1–35.

_____. "Seeking a Response-able God: The Wesleyan Tradition and Process Theology" in *Thy Nature and Thy Name is Love: Process and Wesleyan Theologies in Dialogue*, eds. Bryan Stone and Thomas Oord. Nashville TN: Kingswood Books, 2001: 111-142.

Maddox, Randy L. and Jason E. Vickers eds., *The Cambridge Companion to John Wesley*. Cambridge: Cambridge University Press, 2010.

Marquardt, Manfred. *John Wesley's Social Ethics: Praxis and Principles*. Nashville: Abingdon Press, 1992.

McGonigle, Herbert. B. *Sufficient Saving Grace: John Wesley's Evangelical Arminianism*. Carlisle: Paternoster, 2001.

_____. *John Wesley's Doctrine of Prevenient Grace*. Derbys: Wesley Fellowship, 1995.

_____. "Pneumatological Nomenclature in Early Methodism." *WTJ* 8 (Spring 1973): 61-72.

McPherson, Joseph. "Historical Support for Early Methodist Views of Water and Spirit Baptism." Paper Presented at the Wesleyan Studies Summer Seminar at Asbury Theological Seminary (June 2011): 1-10.

Meistad, Tore. *Martin Luther and John Wesley on the Sermon on the Mount*. Lanham, MD: Scarecrow Press, 1999.

Monk, Robert C. *John Wesley: His Puritan Heritage, A Study of the Christian Life*. London: Epworth Press, 1966.

Oden, Thomas C. *John Wesley's Scriptural Christianity: A Plain Exposition of His Teaching on Christian Doctrine*. Grand Rapids: Zondervan, 1994.

Oden, Thomas C. and Leicester R. Longden, eds. *The Wesleyan Theological Heritage: Essays of Albert C. Outler*. Grand Rapids: Zondervan, 1991.

Oh, Gwang Seok. *John Wesley's Ecclesiology: A Study in Its Sources and Development*. Lanham, MD: Scarecrow Press, 2008.

Olson, Roger. *Arminian Theology: Myths and Realities*. Downers Grove, IL: InterVarsity Press, 2006.

O'Malley, J. Steven. "Pietistic Influence on John Wesley: Wesley and Gerhard Tersteegen." *WTJ* 31:2 (Fall 1996): 127-139.

Peters, John L. *Christian Perfection and American Methodism*. Grand Rapids: Francis Asbury, 1985.

Clark H. Pinnock, "The Beauty of God: John Wesley's Reform and Its Aftermath," *WTJ* 38:2 (2003): 57-68.

Purkiser, W. T. *Conflicting Concepts of Holiness: Some Current Issues in the Doctrine of Sanctification*. Kansas City: Beacon Hill Press, 1953.

Riss, Richard M. "John Wesley's Christology in Recent Literature." *WTJ* 45:1 (Spring 2010): 108-129.

Runyon, Theodore. *The New Creation: John Wesley's Theology Today*. Nashville: Abingdon Press, 1998.

_____., ed. *Sanctification & Liberation: Liberation Theologies in Light of the Wesleyan Tradition*. Nashville: Abingdon Press, 1981.

Shelton, R. Larry. *Cross and Covenant: Interpreting the Atonement for 21st Century Mission*. Tyrone, GA: Paternoster, 2006.

Snyder, Howard A. *The Radical Wesley & Patterns for Church Renewal*. Downers Grove, IL: Inter-Varsity Press, 1980.

Starkey, Lycurgus Monroe. *The Work of the Holy Spirit: A Study in Wesleyan Theology*. Nashville: Abingdon Press, 1962.

Turner, George Allen. "The Baptism of the Holy Spirit in the Wesleyan Tradition." *WTJ* 14 (Spring 1979): 60-76.

Vogt, Peter. "'No Inherent Perfection in This Life': Count Zinzendorf's Theological Opposition to John Wesley's Concept of Sanctification." *Bulletin of the John Rylands University Library of Manchester* 85:2-3 (Summer-Autumn 2003): 297-307.

Watson, Philip. "Wesley and Luther on Christian Perfection." *Ecumenical Review* 15 (1963): 291-302.

Webster, Robert. *Methodism and the Miraculous: John Wesley's Idea of the Supernatural and the Identification of Methodists in the Eighteenth-Century*. Lexington KY: Emeth Press, 2013.

Weeter, Mark L. *John Wesley's View and Use of Scripture*. Eugene, OR: Wipf & Stock, 2007.

Williams, Colin. *John Wesley's Theology Today*. Nashville: Abingdon Press, 1960.

Wood, Laurence W. *The Meaning of Pentecost in Early Methodism: Rediscovering John Fletcher as Wesley's Vindicator and Designated Successor*. Lanham, MD: Scarecrow Press, 2002.

_____. "Exegetical-Theological Reflections on the Baptism with the Holy Spirit." *WTJ* 14:2 (Fall 1979): 51-63.

Wynkoop, Mildred B. *A Theology of Love: The Dynamic of Wesleyanism*. Kansas City: Beacon Hill Press, 1972.

_____. "Theological Roots of Wesleyan Understanding of the Holy Spirit." *WTJ* 14 (Spring 1979): 77-98.

Yates, Arthur S. *The Doctrine of Assurance: With Special Reference to John Wesley*. London: Epworth Press, 1952.

Zehrer, Karl. "The Relationship between Pietism in Halle and Early Methodism." tr. James A. Dwyer. *MH* 17:4 (July 1979): 211-224.

학위 논문

장기영. "요한 웨슬레의 율법 이해". M.Div. 논문. 서울신학대학교, 1996.

한영태. "삼위일체 하나님의 성결에 관한 연구". Ph.D. 논문. 서울신학대학교, 1990.

Bence, Clarence. "John Wesley's Teleological Hermeneutic." Ph.D. dissertation. Emory University, 1981.

Bryant, Barry E. "John Wesley's Doctrine of Sin." Ph.D. thesis. University of London (King's College), 1992.

Burns, Michael T. "John Wesley's Doctrine of Perfect Love as a Theological Mandate for Inclusion and Diversity." Ph.D. thesis. University of Manchester (Nazarene Theological College), 2009.

Collins, Kenneth J. "John Wesley's Theology of Law." Ph.D. dissertation. Drew University, 1984.

Cunningham, Joseph W. "Perceptible Inspiration: A Model for John Wesley's Pneumatology." Ph.D. thesis. University of Manchester (Nazarene Theological College), 2010.

Fujimoto, Mitsuru S. "John Wesley's Doctrine of Good Works." Ph.D. dissertation. Drew University, 1986.

Hammond, Geordan. "Restoring Primitive Christianity: John Wesley and Georgia, 1735-1737." Ph.D. thesis. University of Manchester, 2008.

Horst, Mark Lewis. "Christian Understanding and the Life of Faith in John

Wesley's Thought." Ph.D. dissertation, Yale University, 1985.

Im, Seung-An. "John Wesley's Theological Anthropology: A Dialectic Tension Between the Latin Western Patristic Tradition (Augustine) and the Greek Eastern Patristic Tradition (Gregory of Nyssa)." Ph.D. dissertation. Drew University, 1994.

Kim, Young Taek. "John Wesley's Anthropology: Restoration of the *Imago Dei* as a Framework for Wesley's Theology." Ph.D. dissertation. Drew University, 2006.

Kwon, Tae Hyoung, "John Wesley's Doctrine of Prevenient Grace: Its Impact on Contemporary Missiological Dialogue." Ph.D. dissertation. Temple University, 1996.

Lee, Hoo-Jung. "The Doctrine of New Creation in the Theology of John Wesley." Ph.D. dissertation. Emory University, 1991.

Matthews, Rex D. "Religion and Reason Joined: A Study in the Theology of John Wesley." Th.D. dissertation. Harvard University, 1986.

Park, Chang Hoon. "The Theology of John Wesley as "Checks to Antimonianism".' Ph.D. dissertation. Drew University, 2002.

Rainey, David. "John Wesley's Doctrine of Salvation in Relation to His Doctrine of God." Ph.D. thesis. University of London (King's College), 2006.

Rakestraw, Robert Vincent. "The Concept of Grace in the Ethics of John Wesley." Ph.D. dissertation. Drew University, 1985.

Renshaw, John R. "The Atonement in the Theology of John and Charles Wesley." Ph.D. dissertation. Boston University, 1965.

Rogers, Charles A. "The Concept of Prevenient Grace in the Theology of John Wesley." Ph.D. dissertation. Duke University, 1967.

Tyson, John H. "The Interdependence of Law and Grace in John Wesley's Teaching and Preaching." Ph.D. thesis. University of Edinburgh, 1991.

Wilson, Charles Randall. "The Correlation of Love and Law in the Theology of John Wesley." Ph.D. dissertation. Vanderbilt University, 1959.

Yang, Jung. "The Doctrine of God in the Theology of John Wesley." Ph.D. thesis. University of Aberdeen, 2003.